陕西统计年鉴 2017

SHAANXI STATISTICAL YEARBOOK

陕 西 省 统 计 局
国家统计局陕西调查总队 编

中国统计出版社
China Statistics Press

图书在版编目（CIP）数据

陕西统计年鉴. 2017 = Shaanxi Statistical Yearbook-2017 : 汉英对照 / 陕西省统计局, 国家统计局陕西调查总队编. -- 北京 : 中国统计出版社, 2017.8
ISBN 978-7-5037-8252-7

Ⅰ. ①陕… Ⅱ. ①陕… ②国… Ⅲ. ①统计资料－陕西－2017－年鉴－汉、英 Ⅳ. ①C832.41-54

中国版本图书馆 CIP 数据核字（2017）第 189286 号

陕西统计年鉴—2017

作　　者 / 陕西省统计局　国家统计局陕西调查总队
责任编辑 / 郭　栋
封面设计 / 翟　竞
出版发行 / 中国统计出版社
通信地址 / 北京市丰台区西三环南路甲 6 号　邮政编码 /100073
电　　话 / 邮购（010）63376909　书店（010）68783171
网　　址 /http://www.zgtjcbs.com/
印　　刷 / 河北鑫兆源印刷有限公司
经　　销 / 新华书店
开　　本 /880mm×1230mm　1/16
字　　数 /1200 千字
印　　张 /37.5　彩页 1.25 印张
版　　别 /2017 年 8 月第 1 版
版　　次 /2017 年 8 月第 1 次印刷
定　　价 /398.00 元

本书附同版本 CD-ROM 一张，光盘内容以书面文字为准。
如有印装差错，由本社发行部调换。

陕西一日

5.01
地方财政收入
（亿元）

1107
出　生
（人）

648
死　亡
（人）

910
结　婚
（对）

215
离　婚
（对）

3.36
粮食产量
（万吨）

46.68
住户存款
（亿元）

1743
油料产量
（吨）

9240
入境旅游人数
（人次）

3.01
苹果产量
（万吨）

2.54
进口总值
（亿元）

5.18
蔬菜产量
（万吨）

2.86
出口总值
（亿元）

3051
肉类产量
（吨）

194
客运量
（万人）

生产总值（亿元）	第一产业	第二产业	第三产业
53.00	4.63	25.93	22.45

140
原煤产量
（万吨）

407
货运量
（万吨）

9.57
原油产量
（万吨）

1.13
天然气
（亿立方米）

4.74
发电量
（亿千瓦小时）

1149
汽车产量
（辆）

33.12
能源消费量
（万吨标准煤）

20.13
社会消费品零售额
（亿元）

生产总值（亿元）

人均生产总值（元）

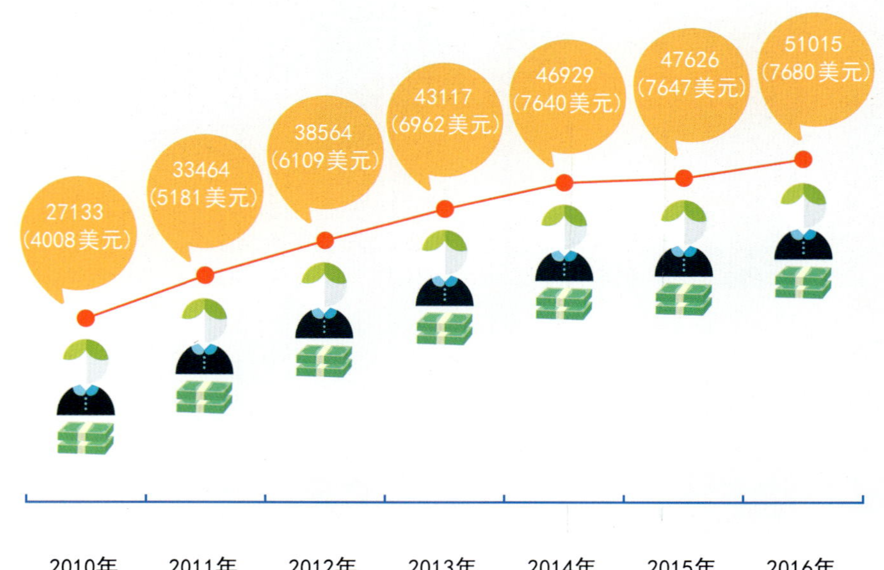

《陕西统计年鉴－2017》

编委会和编辑工作人员名单

Shaanxi Statistical Yearbook - 2017

EDITORIAL BOARD AND EDITORIAL STAFF

I. Editorial Board

II. Editorial Staff

编 者 说 明

一、《陕西统计年鉴－2017》是一部全面系统反映陕西省经济、社会、科技发展状况的资料性年刊。书中资料根据全省各专业统计年报加工而成，并收录了各市、县及省级有关部门的统计数据。

二、全书内容分为21部分：1．行政区划和自然资源；2．综合；3．国民经济核算；4．人口；5．就业和工资；6．固定资产投资；7．能源；8．财政、金融和保险；9．价格指数；10．人民生活；11．环境和城市；12．农业；13．工业；14．建筑业；15．运输、邮电和服务业；16．批发、零售和住宿、餐饮业；17．对外经济贸易和旅游；18．教育、科技和文化；19．体育、卫生和其他；20．水利；21．全国各省、市、自治区主要指标。附录为2016年陕西省统计局大事记、2016年陕西调查总队大事记、陕西省统计局机构一览表、陕西调查总队机构一览表。为方便读者使用，各篇章前设有简要说明，列示主要统计指标提要和统计图，后面附主要统计指标解释。

三、本年鉴数据以2016年为主，主要指标列示改革开放以来重点年份的资料。

四、2012年韩城市试点设立省内计划单列市，本年鉴在各市（区）主要指标中增加了韩城市的数据。

五、本年鉴全国及各省、市、自治区主要指标资料来源于《中国统计摘要－2017》，部分数据为初步统计数，正式数据以《中国统计年鉴－2017》为准。

六、本年鉴表中的符号使用说明："..."表示数据不足本表最小单位；"空格"表示该项统计指标数据不详或无该项数据；"#"表示其中项。

EDITOR'S NOTES

Ⅰ. *Shaanxi Statistical Yearbook-2017* is an annual statistical publication, which reflects various aspects of province's economic, social science and technology development.

The major data sources of the publication are statistical annual report of different sectors. Also some other statistical data of city, county, and relevant departments are filled.

Ⅱ. The yearbook contains the following twenty-one chapters:

1. Divisions of Administrative Areas and Natural Resources;
2. General Survey;
3. National Accounts;
4. Population;
5. Employment and Wages;
6. Investment in Fixed Assets;
7. Energy;
8. Government Finance, Banking and Insurance;
9. Price Indices;
10. People's Livelihood;
11. Environment and Cities;
12. Agriculture;
13. Industry;
14. Construction;
15. Transport, Post and Telecommunication Services, and Service Industry;
16. Wholesale and Retail Trades, Hotels and Catering Services;
17. Foreign Trade and Tourism;
18. Education, Science, Technology and Culture;
19. Sports, Public Health and Others;
20. Irrigation;
21. Main Indicators of National Economy by Countrywide, Province, Municipality and Autonomous Region.

The addenda include chronicle of events of Shaanxi Provincial Bureau of Statistics in 2016, chronicle of events of NBS Survey Office in Shaanxi in 2016, list of institutions of Shaanxi Provincial Bureau of Statistics and list of institutions of NBS Survey Office in Shaanxi.

As a matter of convenience for readers, we make Brief Introduction, abstract of major indicators and statistical charts at the beginning of each chapter and explanatory notes on main statistical indicators at the end of each chapter.

Ⅲ. The yearbook is based on data of 2016. Each part includes statistical materials for historically important years, especially from 1978. Since then we have been implementing the reform and opening policy.

Ⅳ.The Hancheng city has established the city specifically designated in the province plan in 2012. So, the main index by city(district) has added the data of Hancheng city in the yearbook.

Ⅴ.The rough data of the nation and other provinces are taken from *China Statistical Abstract-2017*. The official data should refer to *China Statistical Yearbook-2017* later.

Ⅵ.Explanatory symbol for notations used in this yearbook:

"..." indicates that the figure is not large enough to be measured with the smallest unit in the table;

"   " (blank) indicates that the data not available;

"#" indicates that the major items of the total.

目　录

CONTENTS

一、行政区划和自然资源
Divisions of Administrative Areas and Natural Resources

二、综合
General Survey

三、国民经济核算
National Accounts

四、人口
Population

五、就业和工资
Employment and Wages

六、固定资产投资

Investment in Fixed Assets

七、能源
Energy

八、财政、金融和保险
Government Finance, Banking and Insurance

九、价格指数
Price Indices

十、人民生活
People's Livelihood

十一、环境和城市
Environment and Cities

十二、农业
Agriculture

十三、工业
Industry

十四、建筑业
Construction

十五、运输、邮电和服务业
Transport, Post and Telecommunication Services, and Service Industry

十六、批发、零售和住宿、餐饮业
Wholesale and Retail Trades, Hotels and Catering Services

十七、对外经济贸易和旅游

Foreign Trade and Tourism

十八、教育、科技和文化
Education, Science, Technology and Culture

十九、体育、卫生和其他
Sports, Public Health and Others

二十、水利
Irrigation

二十一、全国各省、市、自治区主要指标
Main Indicators of National Economy by Countrywide, Province, Municipality and Autonomous Region

一、行政区划和自然资源

Divisions of Administrative Areas and Natural Resources

资料整理：李　娟　潘英杰

简　要　说　明

一、本篇资料反映陕西行政区划、自然资源的开发和利用等情况。自然资源包括土地、气候、森林、水利、矿产资源情况。

二、本篇资料来源：行政区划、矿产资源、森林资源、水利、气象资料分别由省民政厅、省国土资源厅、省林业厅、省水利厅、省气象局提供，土地资源资料取自省国土资源厅《陕西省国土资源公报（2015年度）》。

Brief Introduction

Ⅰ.This chapter reflects the data on administrative division's areas and the exploitation and utilization of the natural resources of Shaanxi Province. Natural resources cover land, climate, forest, water conservancy and mineral resources.

Ⅱ.Data resources: the data on administrative divisions, mineral resources, forest resources, water conservancy and meteorology are provided by Shaanxi Province Department of Civil Affairs, Shaanxi Province Department of Land and Resources, Shaanxi Province Forestry Department, Shaanxi Province Water Department of Resources and Shaanxi Province Meteorological Bureau. The data on land resources are obtained from "Shaanxi Territorial Resources communiqué (2015)".

1.行政区划和自然资源

陕西位于东经105° 29′ －111° 15′ 和北纬３１° ４２′ －３９° ３５′ 之间，东隔黄河与山西相望，西连甘肃、宁夏，北临内蒙古，南连四川、重庆，东南与河南、湖北接壤。2015年全省设西安、铜川、宝鸡、咸阳、渭南、延安、汉中、榆林、安康、商洛10个省辖市和杨凌农业高新技术产业示范区，有３个县级市，76个县和28个市辖区，989个镇，23个乡，280个街道办事处。

全省面积为20.56万平方公里。地势南北高、中间低，西部高、东部低，地形复杂多样，北部为陕北黄土高原，中部为号称“八百里秦川”的关中平原，南部为陕南秦巴山地。

全省以秦岭为界南北河流分属长江水系和黄河水系。主要有渭河、泾河、洛河、无定河和汉江、丹江、嘉陵江等。陕西属大陆性季风气候，2016年平均气温13.9摄氏度，年平均降水量566.4毫米，南北差异明显。

全省自然资源丰富，矿产多，储量大，探明矿产居全国前十位的矿种60种。

主要城市年平均气温（摄氏度）
（2016年）

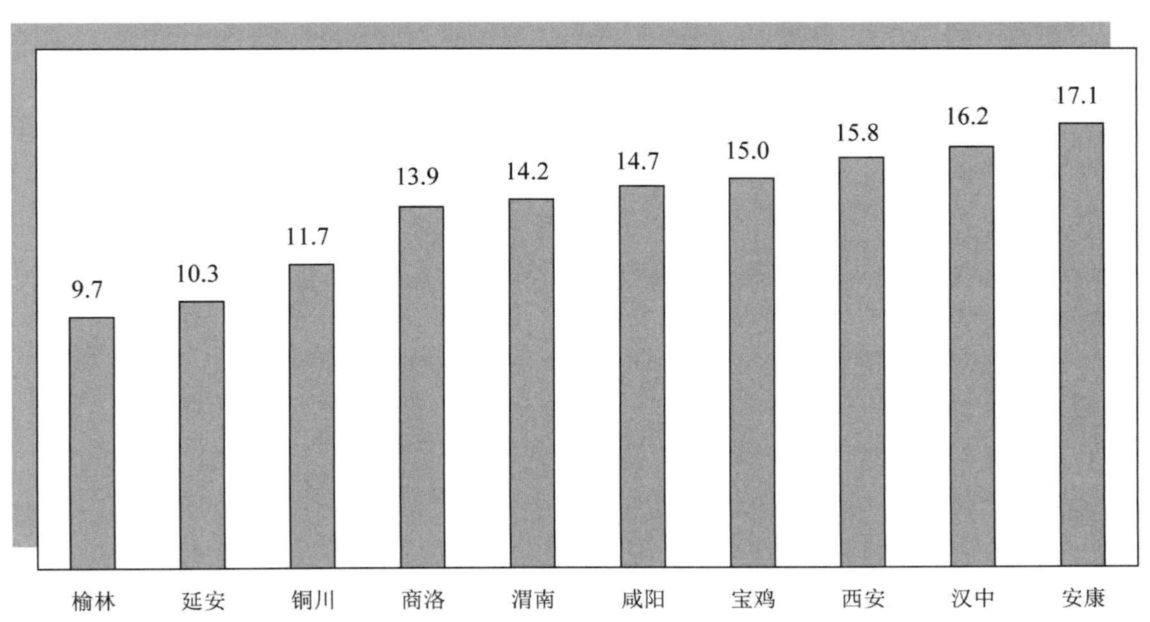

1-1 陕西省行政区划(2016年)
Divisions of Administrative Areas in Shaanxi (2016)

单位：个 (unit)

地　　区	Region	地级市 Cities at Prefecture Level	县级市 Cities at County Level	县 Counties	市辖区 Districts under the Jurisdiction of Cities	镇 Towns	乡 Townships	街道办事处 Street Communities
全　　省	**Shaanxi**	**11**	**3**	**76**	**28**	**989**	**23**	**280**
西 安 市	Xi'an	1		3	10	55		115
铜 川 市	Tongchuan	1		1	3	20	1	17
宝 鸡 市	Baoji	1		9	3	99		17
咸 阳 市	Xianyang	1	1	10	2	99		37
渭 南 市	Weinan	1	2	7	2	110		20
延 安 市	Yan'an	1		11	2	84	12	16
汉 中 市	Hanzhong	1		10	1	152		24
榆 林 市	Yulin	1		10	2	146	10	15
安 康 市	Ankang	1		9	1	136		4
商 洛 市	Shangluo	1		6	1	86		12
杨凌示范区	Yangling	1			1	2		3

1-2 陕西省行政区划一览(2016年)
Divisions List of Administrative Areas in Shaanxi (2016)

单位：个 (unit)

地区	Region	镇 Towns	乡 Townships	街道办事处 Street Communities	村民委员会 Village Committees	居民委员会 Neighbourhood Committees
全　省	**Shaanxi**	**989**	**23**	**280**	**20276**	**2761**
西安市	**Xi'an**	**55**		**115**	**2279**	**934**
新城区	Xincheng			9		103
碑林区	Beilin			8		97
莲湖区	Lianhu			9		134
灞桥区	Baqiao			9	209	51
未央区	Weiyang			12	111	148
雁塔区	Yanta			8	64	151
阎良区	Yanliang	2		5	80	23
临潼区	Lintong			23	213	55
长安区	Chang'an			25	401	105
高陵区	Gaoling	3		4	86	17
蓝田县	Lantian	18		1	337	9
周至县	Zhouzhi	19		1	260	20
户　县	Huxian	13		1	518	21
铜川市	**Tongchuan**	**20**	**1**	**17**	**477**	**75**
王益区	Wangyi	1		6	39	20
印台区	Yintai	5		4	107	24
耀州区	Yaozhou	8		6	153	29
宜君县	Yijun	6	1	1	178	2
宝鸡市	**Baoji**	**99**		**17**	**1695**	**173**
渭滨区	Weibin	5		5	104	55
金台区	Jintai	4		7	102	52
陈仓区	Chencang	15		3	330	16
凤翔县	Fengxiang	12			233	4
岐山县	Qishan	9			144	15
扶风县	Fufeng	7		1	157	9
眉　县	Meixian	7		1	122	7
陇　县	Longxian	10			158	3
千阳县	Qianyang	7			97	3
麟游县	Linyou	7			82	3
凤　县	Fengxian	9			100	4
太白县	Taibai	7			66	2
咸阳市	**Xianyang**	**99**		**37**	**2202**	**277**
秦都区	Qindu			12	72	111
渭城区	Weicheng			10	102	66
三原县	Sanyuan	9		1	172	9
泾阳县	Jingyang	12		1	214	8
乾　县	Qianxian	15		1	184	8

1-2 续表 1 continued

单位：个 (unit)

地区	Region	镇 Towns	乡 Townships	街道办事处 Street Communities	村民委员会 Village Committees	居民委员会 Neighbourhood Committees
礼泉县	Liquan	11		1	213	13
永寿县	Yongshou	6		1	168	7
彬县	Binxian	8		1	236	22
长武县	Changwu	7		1	145	2
旬邑县	Xunyi	9		1	123	2
淳化县	Chunhua	7		1	204	2
武功县	Wugong	7		1	190	6
兴平市	Xingping	8		5	179	21
渭南市	**Weinan**	**110**		**20**	**2070**	**306**
临渭区	Linwei	16		8	344	58
华州区	Huazhou	9		1	121	29
潼关县	Tongguan	4		1	18	10
大荔县	Dali	15		1	272	26
合阳县	Heyang	11		1	127	94
澄城县	Chengcheng	9		1	163	14
蒲城县	Pucheng	15		1	275	14
白水县	Baishui	7		1	124	11
富平县	Fuping	14		1	268	9
韩城市	Hancheng	6		2	246	26
华阴市	Huayin	4		2	112	15
延安市	**Yan'an**	**84**	**12**	**16**	**2527**	**138**
宝塔区	Baota	9	4	5	319	47
安塞区	Ansai	8		1	211	6
延长县	Yanchang	7		1	288	6
延川县	Yanchuan	7		1	163	14
子长县	Zichang	8		1	358	8
志丹县	Zhidan	7		1	109	5
吴起县	Wuqi	8		1	91	3
甘泉县	Ganquan	3	2	1	62	9
富县	Fuxian	6	1	1	114	22
洛川县	Luochuan	7	1	1	371	2
宜川县	Yichuan	4	2	1	202	5
黄龙县	Huanglong	5	2		47	3
黄陵县	Huangling	5		1	192	8
汉中市	**Hanzhong**	**152**		**24**	**1947**	**262**
汉台区	Hantai	7		8	177	71
南郑县	Nanzheng	20		1	292	21
城固县	Chenggu	15		2	232	36
洋县	Yangxian	15		3	271	14
西乡县	Xixiang	15		2	179	36
勉县	Mianxian	17		1	173	25
宁强县	Ningqiang	16		2	200	13
略阳县	Lueyang	15		2	145	20
镇巴县	Zhenba	19		1	159	24
留坝县	Liuba	7		1	75	1
佛坪县	Foping	6		1	44	1

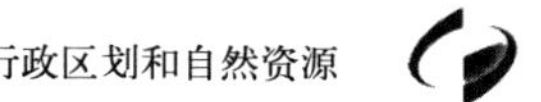

1-2 续表 2 continued

单位：个 (unit)

地区	Region	镇 Towns	乡 Townships	街道办事处 Street Communities	村民委员会 Village Committees	居民委员会 Neighbourhood Committees
榆林市	**Yulin**	**146**	**10**	**15**	**4302**	**140**
榆阳区	Yuyang	14	5	8	317	52
横山区	Hengshan	13		1	361	6
神木县	Shenmu	15			325	8
府谷县	Fugu	14			232	10
靖边县	Jingbian	16		1	213	14
定边县	Dingbian	14	4	1	335	6
绥德县	Suide	15			661	8
米脂县	Mizhi	8		1	206	5
佳县	Jiaxian	12		1	653	7
吴堡县	Wubu	5		1	98	9
清涧县	Qingjian	9			351	4
子洲县	Zizhou	11	1	1	550	11
安康市	**Ankang**	**136**		**4**	**1624**	**250**
汉滨区	Hanbin	25		4	423	101
汉阴县	Hanyin	10			141	8
石泉县	Shiquan	11			140	21
宁陕县	Ningshan	11			68	12
紫阳县	Ziyang	17			175	22
岚皋县	Langao	12			125	11
平利县	Pingli	11			137	6
镇坪县	Zhenping	7			58	4
旬阳县	Xunyang	21			253	52
白河县	Baihe	11			104	13
商洛市	**Shangluo**	**86**		**12**	**1098**	**183**
商州区	Shangzhou	14		4	250	34
洛南县	Luonan	14		2	205	39
丹凤县	Danfeng	11		1	132	23
商南县	Shangnan	9		1	101	23
山阳县	Shanyang	16		2	198	41
镇安县	Zhen'an	14		1	147	7
柞水县	Zhashui	8		1	65	16
杨凌示范区	**Yangling**	**2**		**3**	**55**	**23**
杨陵区	Yangling	2		3	55	23

1-3 自然状况及资源
Natural Conditions and Resources

指　　标		Item		2016
一、自然状况		**Natural Conditions**		
1.土　地		Land		
土地总面积	(万平方公里)	Land Area	(10 000 sq.km)	20.56
2.气　候		Climate		
全省年平均降水量	(毫米)	Annual Average Precipitation in the Whole Province	(mm)	566.4
全省年平均气温	(摄氏度)	Annual Average Temperature in the Whole Province	(℃)	13.9
全省年平均日照时数	(小时)	Annual Average Sunshine Hours in the Whole Province	(hour)	2088.1
全省年平均风速	(米/秒)	Annual Average Wind Speed in the Whole Province	(m/s)	1.9
全省年平均无霜期	(天)	Annual Average Frost-free Period in the Whole Province	(day)	242.4
二、自然资源		**Natural Resources**		
1.土地资源		Land Resources		
耕地面积	(万公顷)	Area of Cultivated Land	(10 000 hectares)	399.5
园地面积	(万公顷)	Area of Plantation Land	(10 000 hectares)	82.0
林地面积	(万公顷)	Area of Forestland	(10 000 hectares)	1119.4
草地面积	(万公顷)	Area of Grassland	(10 000 hectares)	285.4
城镇村及工矿用地	(万公顷)	Residential Purpose, Manufacturing and Mining Land	(10 000 hectares)	80.1
交通运输用地	(万公顷)	Transportation Land	(10 000 hectares)	25.6
水域及水利设施用地	(万公顷)	Water-conservancy Projects Land	(10 000 hectares)	30.8
其他土地面积	(万公顷)	Area of Unused Land	(10 000 hectares)	33.4
2.林木资源		Forest Resources		
森林面积	(万公顷)	Forest Area	(10 000 hectares)	887.00
森林覆盖率	(%)	Forest-coverage Rate	(%)	43.06
林木蓄积量	(亿立方米)	Stock Volume of the Forest	(100 million cu.m)	4.79
3.水利资源		Water Resources		
河流流域面积	(万平方公里)	Drainage Area of Rivers	(10 000 sq.km)	
黄河流域		Yellow River (Huanghe River) Drainage Area		13.33
长江流域		Yangtze River (Changjiang River)Drainage Area		7.23
水资源总量	(亿立方米)	Total Amount of Water Resources	(100 million cu. m)	271.48
地表水资源量		Surface Water		249.17
地下水资源量		Ground-Water		107.39
地表水与地下水资源重复量		Duplicated Measurement between Surface and Underground		85.08

注：本表土地资源数据为2015年数。

a) The data of land resources in this table are 2015.

1-4 主要山脉
Main Mountain Ranges

名 称	Mountain Range	海拔高度(米) Altitude above Sea Level (m)
太白山	Taibai Mountains	3767
化龙山	Hualong Mountains	2917
首阳山	Shouyang Mountains	2719
终南山	Zhongnan Mountains	2604
华 山	Huashan Mountains	2160
白于山	Baiyu Mountains	1823
巴 山	Bashan Mountains	1500～2000
子午岭	Ziwuling Mountains	1400～1600

1-5 主要河流
Major Rivers

名 称	River	流域面积(平方公里) Drainage Area (sq.km)	河 长(公里) Length (km)
无定河	Wudinghe River	30261	491.2
延 河	Yanhe River	7687	284.3
泾 河	Jinghe River	45421	455.1
渭 河	Weihe River	62440	818.0
北洛河	Beiluohe River	26905	680.3
嘉陵江	Jialingjiang River	9930	244.0
汉 江	Hanjiang River	61959	652.0
丹 江	Danjiang River	7551	244.0

1-6 主要矿产保有储量(2016年)
Ensured Reserves of Major Mineral (2016)

矿 种		Item		保有储量 Ensured Reserves
钠 盐	(亿吨)	Sodium Salt NaCl	(100 million tons)	9277.71
煤	(亿吨)	Coal	(100 million tons)	1639.45
石油(剩余可采储量)	(万吨)	Petroleum(Surplus Developable Resources)	(10 000 tons)	38375.60
天然气(剩余可采储量)	(亿立方米)	Natural Gas(Surplus Developable Resources)	(100 million cu.m)	7802.50
岩 金	(金属吨)	Rock Gold	(Metal,ton)	384.08
砂 金	(金属吨)	Placer Gold	(Metal,ton)	14.81
伴生金	(金属吨)	Associated Gold	(Metal,ton)	4.15
钼	(金属万吨)	Molybdenum	(Metal, 10 000 tons)	124.97
铅	(金属万吨)	Lead	(Metal, 10 000 tons)	251.38
锌	(金属万吨)	Zinc	(Metal, 10 000 tons)	388.90
汞	(金属吨)	Mercury	(Metal, 10 000 tons)	1269.04
锑	(金属吨)	Antimony	(Metal, 10 000 tons)	41700.00
水泥用石灰岩	(矿石亿吨)	Cement Limestone	(Ore, 100 million tons)	77.25
玻璃用石英岩	(矿石亿吨)	Glass Quartzite	(Ore, 100 million tons)	1.89
铁	(矿石亿吨)	Iron	(Ore, 100 million tons)	7.81

1-7 陕西重要矿产保有储量在全国和西部的位次(2016年)
Precedence of Shaanxi Major Mineral Ensured Reserves in China and Western China(2016)

矿种	Item	位次 Precedence 全国 National Total	西部 West	矿种	Item	位次 Precedence 全国 National Total	西部 West
煤	Coal	4	3	钼矿	Molybdenum	7	3
石油	Petroleum	3	2	金矿	Gold	10	6
天然气	Natural Gas	4	4	银矿	Silver	24	9
铁矿	Iron	18	7	硫铁矿	Pyrite Ore	18	9
铜矿	Copper	17	8	磷矿	Phosphorus Ore	7	4
铅矿	Lead	13	9	盐矿	Sodium Salt NaCl	1	1
锌矿	Zinc	13	10	水泥用灰岩	Cement Limestone	6	3
铝土矿	Bauxite	12	6				

1-8 陕西矿产保有储量居全国前十位的矿种(2016年)
Mineral Kinds of Shaanxi Mineral Ensured Reserves Within the Top Ten Places in China (2016)

位次 Precedence	矿种 Item	矿种数 Types
1	盐矿、水泥配料用黄土、片麻岩、透辉石 Salt(NaClmilliontons), Cement batching with loess, Gneiss, Diopside	4
2	煤层气、铼矿、毒重石、透闪石 CBM, Rhenium ore, Witherite, Tremolite	4
3	石油、钛矿(金红石)、镁盐MgCl2、高岭土、饰面用板岩、蓝石棉、蛭石、石榴子石(矿物)、锶矿、电石用灰岩 Petroleum, Titanium ores(rutile TiO2), Magnesium(MgCl2), Kaolin, Finishes with slate, Blue asbestos, Vermiculite, Garnet(mineral), Strontium, Calcium carbide with limestone	10
4	天然气、制碱用灰岩、镁盐MgSO4、煤炭、碲矿、矽线石、玻璃用石英岩、海泡石粘土、陶粒页岩、陶粒用粘土 Natural Gas, Soda limestone, Magnesium(MgSO4), Coal, Tellurium ore, Sillmanite, Glass with quartz, Sepiolite clay, Haydite shale, Ceramsite clay	10
5	锗矿、重晶石、石墨（隐晶质）、伴生硫、钒矿 Germanium, Barite, Graphite(aphanitic), Associated with sulfur, Vanadium	5
6	长石、水泥用灰岩、化肥用蛇纹岩、石棉 Feldspar, Cement with limestone, Fertilizer with serpentinite, Asbestine	4
7	石榴子石（矿石）、饰面用大理岩、石煤、钛矿(原生钛[磁]铁矿)、钼矿、铌矿、磷矿、富铬矿、油页岩、石墨（晶质） Garnet (mineral), Marble, Stone coal, Titanium (Ti-native [magnetic] iron ore), Molybdenum ore, Niobium, Phosphate, Chromium ore (Cr2O3> 32%), Oil shale, Graphite (crystalline)	10
8	岩金、铍矿(绿柱石矿)、云母（片云母）,冶金用石英岩、自然硫 Rock gold, Berylliume(Beryl mineral), Mica (mica), Metallurgical quartzite, Natural sulfur	5
9	汞矿、镍矿、冶金用白云岩、钛矿(钛铁砂矿矿物)、砂金、 Mercury, Nickel, Metallurgical dolomite, Titanium (ilmenite placer minerals), Gold dust	5
10	冶金用脉石英、红柱石、玻璃用白云岩 Metallurgical vein quartz, Andalusite, Glass with dolomite	3

1-9 主要城市气候基本情况(2016年)
Basic Statistics on Climate of Major Cities (2016)

城市	City	平均气温(摄氏度) Average Temperature (℃)	日照时数(小时) Sunshine Hours (hour)	平均风速(米/秒) Average Wind Speed (m/s)	相对湿度(%) Relative Humidity (%)	无霜期(天) Frost-free Period (day)	气压(百帕) Pressure (hPa)	降水量(毫米) Precipitation (mm)
西安市	Xi'an	15.8	2140.3	2.4	59	244	969	456
铜川市	Tongchuan	11.7	2386.6	2.4	64	217	905	494
宝鸡市	Baoji	15.0	1728.1	1.2	61	258	946	487
咸阳市	Xianyang	14.7	2191.9	2.1	63	228	961	443
渭南市	Weinan	14.2	1929.1	1.8	63	278	942	589
延安市	Yan'an	10.3	2453.7	2.2	58	216	884	502
汉中市	Hanzhong	16.2	1530	1.0	74	244	957	563
榆林市	Yulin	9.7	2727.9	2.8	51	256	886	725
安康市	Ankang	17.1	1796.8	1.2	70	257	982	748
商洛市	Shangluo	13.9	1996.4	2.3	66	226	932	657

1-10 主要城市平均气温(2016年)
Monthly Average Temperature of Major Cities(2016)

单位：摄氏度 (℃)

月份	Month	西安市 Xi'an	铜川市 Tongchuan	宝鸡市 Baoji	咸阳市 Xianyang	渭南市 Weinan	延安市 Yan'an	汉中市 Hanzhong	榆林市 Yulin	安康市 Ankang	商洛市 Shangluo
一月	Jan.	0.3	-3.2	0.5	-1.4	-1.0	-6.2	3.4	-8.9	3.9	0.1
二月	Feb.	4.8	0.4	4.2	2.7	3.6	-2.3	5.9	-4.5	7.3	4.0
三月	Mar.	11.5	7.3	10.8	10.3	9.9	6.1	12.4	5.2	12.6	9.6
四月	Apr.	18.3	14.1	17.2	17.0	16.8	14.2	17.3	13.9	18.3	16.1
五月	May	20.2	15.9	18.9	19.3	18.5	15.2	20.1	16.6	20.8	17.6
六月	June	26.7	21.6	25.3	26.1	24.8	20.6	25.5	21.0	25.5	23.2
七月	July	28.3	23.8	27.2	27.8	26.4	22.4	27.3	22.8	28.7	25.0
八月	Aug.	28.6	24.2	27.7	28.2	26.6	22.7	28.3	22.6	29.4	25.3
九月	Sept.	22.6	18.2	21.2	21.5	20.7	16.8	22.3	17.0	23.6	20.5
十月	Oct.	15.3	11.5	14.0	14.6	13.8	10.6	15.8	10.5	16.7	13.6
十一月	Nov.	8.3	4.8	8.1	6.8	7.0	3.8	10.1	2.6	11.1	7.5
十二月	Dec.	4.7	1.2	4.3	3.2	3.4	-0.5	6.2	-2.0	7.0	4.0
极端最高	Highest	38.6	34.5	38.9	38.2	37.5	34.3	38 6	34.5	40.9	36.0
极端最低	Lowest	-11.5	-17.5	-11.5	-16.3	-13.1	-21.4	-8 2	-23.8	-8.8	-13.8
年平均	Annual Average	15.8	11.7	15.0	14.7	14.2	10.3	16.2	9.7	17.1	13.9

1-11 主要城市降水量(2016年)
Monthly Precipitation of Major Cities(2016)

单位：毫米 (millimeters)

月 份 Month	西安市 Xi'an	铜川市 Tongchuan	宝鸡市 Baoji	咸阳市 Xianyang	渭南市 Weinan	延安市 Yan'an	汉中市 Hanzhong	榆林市 Yulin	安康市 Ankang	商洛市 Shangluo
一 月 Jan.	8.9	3.2	1.8	7.9	7.1	0.8	4.1	0.1	5.5	2.0
二 月 Feb.	2.0	3.5	10.0	1.7	7.2	7.2	17.7	6.6	19.6	5.1
三 月 Mar.	5.9	6.5	19.5	5.7	4.8	12.1	24.8	12.9	23.0	8.3
四 月 Apr.	26.4	24.8	32.2	19.9	49.7	22.0	34.3	28.6	54.2	45.9
五 月 May	53.7	43.3	69.4	55.9	74.2	40.5	99.3	35.4	96.1	95.1
六 月 June	80.7	82.5	62.1	48.1	120.9	76.6	61.2	74.4	159.8	93.7
七 月 July	104.8	204.2	125.4	107.4	92.2	175.4	107.4	185.9	83.3	229.1
八 月 Aug.	50.0	15.5	35.8	62.8	71.9	33.0	19.3	257.3	33.9	16.8
九 月 Sept.	13.3	24.4	57.2	23.1	29.2	48.7	90.5	42.3	105.6	34.0
十 月 Oct.	69.3	60.2	67.5	77.9	81.6	73.1	67.6	75.0	142.3	92.4
十一月 Nov.	33.4	10.9	2.4	24.7	40.4	4.0	35.0	3.4	21.1	28.1
十二月 Dec.	7.6	14.6	3.5	7.6	10.2	8.9	2.2	3.0	3.3	6.5
全 年 Annual Total	456.0	493.6	486.8	442.7	589.4	502.3	563.4	724.9	747.7	657.0

1-12 主要城市日照时数(2016年)
Monthly Sunshine Hours of Major Cities(2016)

单位：小时 (hours)

月 份 Month	西安市 Xi'an	铜川市 Tongchuan	宝鸡市 Baoji	咸阳市 Xianyang	渭南市 Weinan	延安市 Yan'an	汉中市 Hanzhong	榆林市 Yulin	安康市 Ankang	商洛市 Shangluo
一 月 Jan.	111.9	196.9	119.8	148.1	119.2	232.0	83.3	250.9	94.6	150.4
二 月 Feb.	205.5	227.0	161.2	199.7	188.5	240.2	114.4	224.7	169.4	201.0
三 月 Mar.	168.8	189.1	149.7	167.6	162.9	231.2	108.0	268.4	127.9	154.5
四 月 Apr.	211.9	230.0	145.2	199.6	170.9	244.1	127.5	226.2	131.9	167.8
五 月 May	200.7	219.0	175.3	197.2	157.8	216.3	174.2	294.7	181.9	184.3
六 月 June	258.9	262.3	194.8	257.7	212.5	266.8	207.4	232.7	217.2	233.3
七 月 July	231.6	210.0	190.3	238.8	235.8	202.5	188.7	155.3	245.0	211.7
八 月 Aug.	290.7	284.6	186.3	266.8	220.9	163.6	222.7	193.7	253.6	197.2
九 月 Sept.	141.5	167.6	132.9	138.0	119.6	169.5	120.8	251.1	135.1	149.2
十 月 Oct.	89.2	102.1	59.0	96.4	80.0	106.3	52.8	179.8	58.7	85.5
十一月 Nov.	119.4	149.3	108.3	128.5	109.4	183.1	51.2	245.9	79.4	120.6
十二月 Dec.	110.2	148.7	105.3	153.5	151.6	198.1	79.0	204.5	102.1	140.9
全 年 Annual Total	2140.3	2386.6	1728.1	2191.9	1929.1	2453.7	1530.0	2727.9	1796.8	1996.4

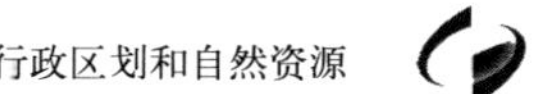

1-13 历届陕西省人民代表大会代表人数
Number of Deputies to All the Previous Shaanxi Province People's Congresses

单位：人 (person)

届 次	Congress	年份 Year	代表人数 Number of Deputies	# 女代表 Female Deputies 人数 Number	占代表总数% As Percentage to Total Deputies (%)	# 少数民族代表 Ethnic Minority Deputies 人数 Number	占代表总数% As Percentage to Total Deputies (%)
第一届	First Congress	1954	386	51	13.2	9	2.3
第二届	Second Congress	1959	400	67	16.8	12	3.0
第三届	Third Congress	1964	520	84	16.0	15	2.9
第四届	Fourth Congress	1975					
第五届	Fifth Congress	1978	1186	234	19.7	26	2.2
第六届	Sixth Congress	1983	727	168	23.1	29	4.0
第七届	Seventh Congress	1988	600	117	19.3	19	3.2
第八届	Eighth Congress	1993	602	118	19.6	22	3.7
第九届	Ninth Congress	1998	566	129	22.8	19	3.4
第十届	Tenth Congress	2003	565	117	20.7	18	3.2
第十一届	Eleventh Congress	2008	574	142	24.9	19	3.3
第十二届	Twelfth Congress	2013	578	132	22.8	18	3.1

1-14 历届陕西省政治协商会议委员人数
Number of Deputies to All the Previous Shaanxi Province People's Political Consultative Conferences

单位：人 (person)

届 次	Congress	年份 Year	委员人数 Number of Deputies	中国共产党党员代表 Deputies from the Communist Party of China 人数 Number	占代表总数% As Percentage to Total Deputies (%)	民主党派和无党派爱国人士代表 Deputies from Democratic Parties and Non-partisan Patriot 人数 Number	占代表总数% As Percentage to Total Deputies (%)
第一届	First Congress	1955	165	42	25.5	123	74.5
第二届	Second Congress	1958	262	85	32.4	177	67.6
第三届	Third Congress	1963	275	91	33.1	184	66.9
第四届	Fourth Congress	1977	420	205	48.8	215	51.2
第五届	Fifth Congress	1983	428	162	37.9	266	62.1
第六届	Sixth Congress	1988	502	191	38.0	311	62.0
第七届	Seventh Congress	1993	506	244	48.2	262	51.8
第八届	Eighth Congress	1998	539	216	40.1	323	59.9
第九届	Ninth Congress	2003	590	235	39.8	355	60.2
第十届	Tenth Congress	2008	627	248	39.6	379	60.4
第十一届	Eleventh Congress	2013	648	258	39.8	390	60.2

主要统计指标解释

行政区划 指国家对行政区域的划分。根据有关法规规定，我国的行政区域划分如下：(1)全国分为省、自治区、直辖市；(2)省、自治区分为自治州、县、自治县、市；(3)自治州分为县、自治县、市；(4)县、自治县分为乡、民族乡、镇；(5)直辖市和较大的市分为区、县；(6)国家在必要时设立的特别行政区。

气候 指地球与大气之间长期能量交换与质量交换所形成的一种自然环境状态，它是多种因素综合作用的结果。气候既是人类生活和生产的环境要素之一，又是供给人类生活和生产的重要资源。气温、降水、湿度等气象要素的多年平均值是用来描述一个地区气候状况的主要参数，而各种气象要素某年、某月的平均值(或总量)则可以反映出该时期天气气候状况的重要特征。

自然资源 指人类可以直接从自然界获得，并用于生产和生活的物质资源。自然资源一般可以分成可再生资源和非再生资源两大类。可再生资源指在较短时间内可以再生、可以循环利用的资源，包括土地资源、水资源、气候资源、生物资源和海洋资源等。非再生资源指在使用后不能再生的资源，包括矿产资源和地热能源。

土地资源 土地指陆地的表层部分，它主要由岩石、岩石的风化物和土壤构成。土地资源按利用类型可以分为农用地、建筑用地和未利用地。农用地包括耕地、园地、林地、牧草地和水面。建筑用地包括居民点及工矿用地、交通用地和水利设施用地。未利用地指农用地和建筑用地以外的土地，包括滩涂、荒漠、戈壁、冰川和石山等。

森林面积 指由乔木树种构成，郁闭度0.2以上(含0.2)的林地或冠幅宽度10米以上的林带的面积，即有林地面积。森林面积包括天然起源和人工起源的针叶林面积、阔叶林面积、针阔混交林面积和竹林面积，不包括灌木林地面积和疏林地面积。

森林蓄积量 指一定森林面积上存在着的林木树干部分的总材积。它是反映一个国家或地区森林资源总规模和水平的基本指标之一，也是反映森林资源的丰富程度、衡量森林生态环境优劣的重要依据。

森林覆盖率 指一个国家或地区森林面积占土地总面积的百分比。森林覆盖率是反映森林资源的丰富程度和生态平衡状况的重要指标。在计算森林覆盖率时，森林面积包括郁闭度0.2以上的乔木林地面积和竹林地面积，国家特别规定的灌木林地面积、农田林网以及四旁(村旁、路旁、水旁、宅旁)林木的覆盖面积。计算公式为：

$$森林覆盖率(\%)=\frac{森林面积}{土地总面积}\times 100\%$$

矿产资源 矿产资源指由地质作用形成的，具有利用价值的，呈固态、液态、气态的自然资源，是社会生产发展的重要物质基础。目前我国已发现矿种有170多种，按其特点和用途，可分为能源矿产(如煤炭、石油、天然气、地热)、金属矿产(如铁矿、锰矿、铜矿、铅矿、铝土矿)、非金属矿产(如金刚石、石灰岩、粘土)和水气矿产(如地下水、矿泉水、二氧化碳气)四大类。其中：金属矿产按其物质成份和性质又可分为：黑色金属矿产、有色金属矿产、贵金属矿产、稀有金属矿产、稀土金属矿产、分散元素金属矿产六类。

气温 指空气的温度，我国一般以摄氏度(℃)为单位表示。气象观测的温度表是放在离地面约1.5米处通风良好的百叶箱里测量的，因此，通常说的气温指的是离地面1.5米处百叶箱中的温度。其统计计算方法为：

月平均气温是将全月各日的平均气温相加，除以该月的天数而得。

年平均气温是将12个月的月平均气温累加后除以12而得。

降水量 指从天空降落到地面的液态或固态(经融化后)水，未经蒸发、渗透、流失而在地面上积聚的深度。其统计计算方法为：

月降水量是将全月各日的降水量累加而得。

年降水量是将12个月的月降水量累加而得。

日照时数 指太阳实际照射地面的时间。其统计方法与降水量相同。

Explanatory Notes on Main Statistical Indicators

Divisions of Administrative Areas refers to the division of administrative areas by the State. The relative laws stipulate that 1) the whole country is divided into provinces, autonomous regions and municipalities directly under the Central Government; 2) provinces and autonomous regions are further divided into autonomous prefectures, counties, autonomous counties and cities; 3) autonomous prefectures are further divided into counties, autonomous counties and cities; 4) counties and autonomous counties are further divided into townships, ethnic townships and towns; 5) municipalities directly under the Central Government and large cities are divided into districts and counties, 6) the State shall, when necessary, establish special administrative regions.

Climate refers to the natural environmental status formed by the long-term exchange of energy and mass between the earth and the atmosphere, and is the result of interaction of many factors. Climate is both one of the environment factors and also the important resources for living and production activities of the human being. The average values across several years of meteorological factors such as temperature, rainfall and humidity are used as important parameters to describe the climate of a region, while the average values (or total values) of a given year or month of meteorological factors reflect the key characteristics of climate for that period of time.

Natural Resources refers to material resources that could be obtained from the nature by human being and used for production and living. Natural resources in general can be classified as renewable resources and non-renewable resources. Renewable resources refer to resources that could be renewed and recycled during a relatively short period of time, including land resource, water resource, climate resource, biology resource and marine resource. Non-renewable resources include resources that could not be renewed, such as minerals and geothermal resource.

Land Resource Land refers to the surface of the earth, consisting of mainly rocks and its weathering and earth. Land resource can be classified, by its utilization, as land for agriculture, land for construction and unused land. Land for agriculture includes cultivated land, plantation land, forestland, grassland and waters. Land for construction includes land for residential purpose, for manufacturing and mining, for transportation and for water-conservancy projects. Unused land refers to land other than land for agriculture and construction, including beaches, deserts, Gobi, glaciers and rock mountains

Forest Area refers to the area of forest where trees and bamboo grow with canopy density above 0.2, including land of natural woods and planted woods, but excluding bush land and thin forest land. It reflects the total areas of afforestation.

Stock Volume of Forest refers to total stock volume of wood growing in forest area, which shows the total size and level of forest resources of a country or a region. It is also an important indicator illustrating the richness of forest resource and the status of forest ecological environment.

Forest Coverage Rate refers to the ratio of area of afforested land to total land area. It is a very important indicator that reflects the status of abundance of forest resource and balance of the ecosystem. Forest area includes the area of trees and bamboo grow with canopy density above 0.2, the area of shrubby tree according to regulations of the government, the area of forest land inside farm land and the area of trees planted by the side of villages, farm houses and along roads and rivers. The formula for calculating forest coverage rate is as follows:

$$\text{Forestry coverage rate (\%)} = \frac{\text{Area of Afforested Land}}{\text{Area of Total Land}} \times 100\%$$

Mineral Resources refers to useful minerals, with solid state, liquid state, gaseity, due to the geological process. Minerals are important natural resources, and important material base for social development. At present, there are more than 170 types of minerals discovered in China. They can be categorized into four groups: energy producing minerals (including coal, petroleum, natural gas and terrestrial heat), metallic minerals (including iron, manganese, copper, lead and bauxite), non metallic minerals (including diamond, limestone and clay), and water/gas related minerals (including ground water, mineral water and carbon dioxide). Metallic minerals can be further classified as ferrous, non-ferrous, noble metal, rare metal, rare earth metal and dispersed metals.

Temperature refers to the air temperature. China uses centigrade as the unit. The thermometry used for weather observation is put in a breezy shutter, which is 1.5 meters high from the ground. Therefore, the commonly used temperature refers to the temperature in the breezy shutter 1.5 meters away from the ground. The calculation method is as follows:

Monthly average temperature is the summation of average daily temperature of one month divided by the actual days of that particular month.

Annual average temperature is the summation of monthly average of a year divided by 12 months.

Volume of Precipitation refers to the deepness of liquid state or solid state (thawed) water falling from the sky to the ground that has not been evaporated, infiltrated or run off. The calculation method is as follows:

Monthly precipitation is the summation of daily precipitation of a month.

Annual precipitation is the summation of 12 months precipitation of a year.

Sunshine Hours refers to the actual hours of sun irradiating the earth. The calculation method is the same as that of the precipitation.

二、综　合

资料整理：马　靖　张　蓉

简要说明

一、本篇资料反映陕西经济、科技、社会等方面的规模、水平、速度、结构、比例、效益情况，并收录了基本单位统计情况。

二、国民经济综合资料是抽取全书的精华，通过对各篇章主要统计指标及其速度、结构、比例和效益等的加工计算，来反映国民经济和社会发展的总体情况。

三、本篇资料根据各专业统计年报资料以及国家统计局、省级有关部门提供的统计资料加工整理而成。

Brief Introduction

Ⅰ.This chapter reflects the scale, level, speed, structure, proportion and efficiency of the national economy, science and technology and the social development of Shaanxi Province.

Ⅱ. The summary data on the national economy reflect the overall situation of the economic and social development by presenting further processed statistics including growth, structure, ratio, and efficiency data derived from other chapters.

Ⅲ.The summary data are processed and prepared on the basis of the annual reports of various specialized fields provided by Statistics Bureau of Shaanxi Province and the statistics provided by the National Bureau of Statistics and some related departments of Shaanxi Province.

2.综　合

2016年全省		
生产总值	19399.59	亿元
全社会固定资产投资	20825.25	亿元
地方财政收入	1833.99	亿元
社会消费品零售总额	7367.57	亿元
进出口总额	1976.30	亿元
城镇居民人均可支配收入	28440	元
农村居民人均可支配收入	9396	元

生产总值增长速度

（比上年增长%）

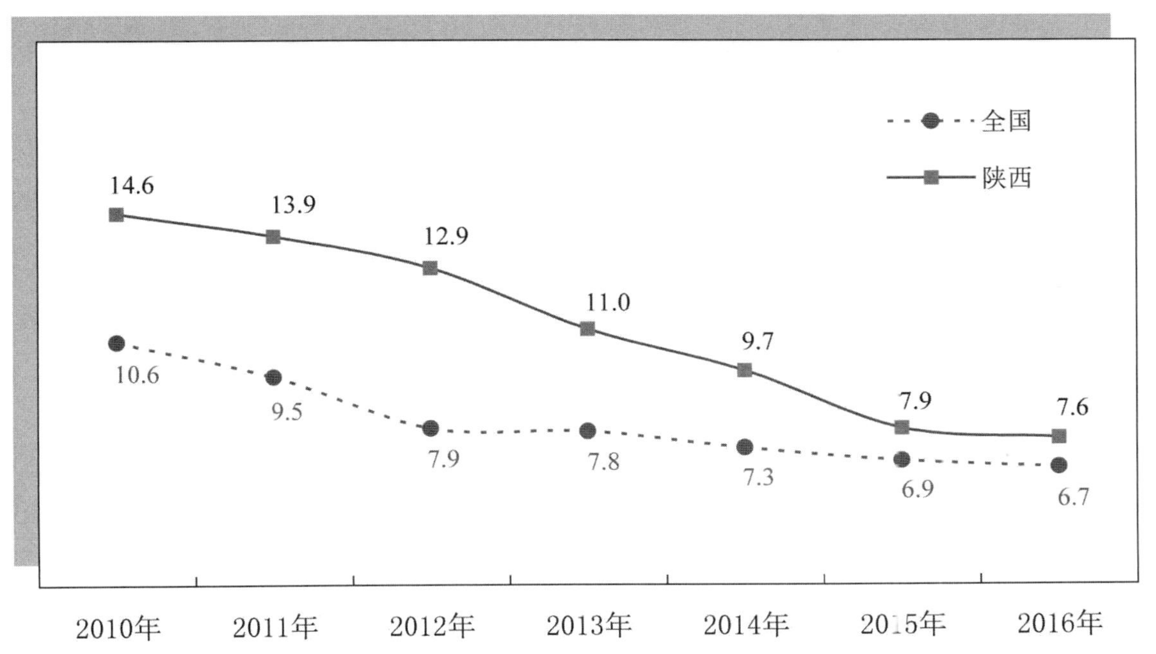

2-1 陕 西 一 日

Selected Indicators on Average Daily Social and Economic Activities

指 标		Item		2005	2010	2014	2015	2016
每天创造的财富		**Daily Production**						
生产总值	(万元)	Gross Domestic Product	(10 000 yuan)	107773	277356	484656	493750	530043
第一产业		Primary Industry		11939	27081	42875	43771	46280
第二产业		Secondary Industry		53462	149208	262390	248825	259309
第三产业		Tertiary Industry		42372	101067	179391	201153	224454
地方一般预算收入	(万元)	Local General Bugetary Revenue	(10 000 yuan)	7543	26252	51792	56437	50109
粮 食	(万吨)	Grain	(10 000 tons)	3.12	3.19	3.28	3.36	3.36
棉 花	(吨)	Cotton	(ton)	213	190	116	106	92
油 料	(吨)	Oil-bearing Crops	(ton)	1242	1536	1707	1717	1743
肉 类	(吨)	Meat	(ton)	3674	2812	3199	3182	3051
布	(万米)	Cloth	(10 000 m)	217.26	206.16	167.04	186.51	219.56
原 煤	(万吨)	Coal	(10 000 tons)	29.62	98.95	142.49	143.08	139.76
原 油	(吨)	Crude Oil	(ton)	48717	82665	103228	102376	95695
发 电 量	(万千瓦小时)	Electricity	(10 000 kwh)	13834	30189	43860	43674	47399
粗 钢	(吨)	Crude Steel	(ton)	8419	16570	28445	28144	25264
每天消费量		**Daily National Consumption**						
能源消费量	(万吨标准煤)	Energy Consumption	(10 000 tons of SCE)	15.26	22.71	30.75	32.10	33.12
社会消费品零售额	(万元)	Total Retail Sales of Consumer Goods	(10 000 yuan)	36475	89248	162156	180223	201300
每天其他经济活动		**Other Daily Economic Activities**						
货 运 量	(万吨)	Freight Traffic	(10 000 tons)	125.27	286.09	372.32	386.05	407.24
客 运 量	(万人)	Passenger Traffic	(10 000 persons)	107.16	257.41	189.41	193.99	193.50
邮电业务总量	(万元)	Business Volume of Postal and Telecommunication Services	(10 000 yuan)	9072	24736	15525	20742	32891
进出口总值	(万元)	Total Value of Imports and Exports	(10 000 yuan)	1253.93 (万美元)	3310.36 (万美元)	46047	51925	53997
# 出口总值		Total Exports		842.69 (万美元)	1700.75 (万美元)	23438	25163	28554
入境旅游人数	(人次)	Number of Overseas Visitor Arrivals	(person-times)	2544	5813	7296	8028	9240
每天人口变动和婚姻		**Daily Population Changes and Marriages**						
出 生	(人)	Births	(person)	1013	994	1047	1047	1107
死 亡	(人)	Deaths	(person)	608	613	647	651	648
结 婚	(对)	Marriages	(couples)	571	950	1046	976	910
离 婚	(对)	Divorces	(couples)	64	122	187	203	215

注：1. 本表价值量指标中，除邮电业务总量按不变价格计算，其余均按当年价格计算。
2. 工业产品产量为规模以上企业数据。
3. 能源消费量按等价值计算。

a) Figures in value terms in this table are at current prices, except that on the business volume of postal and telecommunication services which is at constant prices.
b) Output of industrial products are obtained from above designated size enterprises.
c) Energy consumption are calculated at equivalent value.

2-2 陕西省主要国民经济指标占全国比重(2016年)
Percentage of Shaanxi Main Indicators on National Economic to National Total(2016)

指标		Item		陕西 Shaanxi	全国 National Total	陕西占全国% Shaanxi as Percentage of National Total (%)
年底总人口	(万人)	Population at Year-end	(10 000 persons)	3813	138271	2.8
就业人员	(万人)	Number of Employed Persons	(10 000 persons)	2073	77603	2.7
生产总值	(亿元)	Gross Domestic Product	(100 million yuan)	19399.59	744127	2.6
第一产业		Primary Industry		1693.85	63671	2.7
第二产业		Secondary Industry		9490.72	296236	3.2
第三产业		Tertiary Industry		8215.02	384221	2.1
全社会固定资产投资总额	(亿元)	Total Investment in Fixed Assets	(100 million yuan)	20825.25	606466	3.4
地方一般预算收入	(亿元)	Local General Bugetary Revenue	(100 million yuan)	1833.99	87195	2.1
主要产品产量		Output of Major Products				
粮食	(万吨)	Grain	(10 000 tons)	1228.30	61625.0	2.0
棉花	(万吨)	Cotton	(10 000 tons)	3.38	530.0	0.6
油料	(万吨)	Oil-bearing Crops	(10 000 tons)	63.80	3629.5	1.8
肉类	(万吨)	Meat	(10 000 tons)	111.68	8537.8	1.3
水果	(万吨)	Fruits	(10 000 tons)	2017.84	28351.1	7.1
原煤	(万吨)	Coal	(10 000 tons)	51151.37	341060.4	15.0
原油	(万吨)	Crude Oil	(10 000 tons)	3502.43	19968.5	17.5
天然气	(亿立方米)	Natural Gas	(100 million cu.m)	411.91	1368.7	30.1
发电量	(亿千瓦小时)	Electricity	(100 million kwh)	1734.79	61424.9	2.8
粗钢	(万吨)	Crude Steel	(10 000 tons)	924.67	80836.6	1.1
水泥	(万吨)	Cement	(10 000 tons)	7555.86	241352.6	3.1
化肥	(万吨)	Fertilizers	(10 000 tons)	153.10	7128.6	2.1
纱	(万吨)	Yarn	(10 000 tons)	39.22	3733	1.1
布	(亿米)	Cloth	(100 million m)	8.04	906.8	0.9
汽车	(万辆)	Motor Vehicles	(10 000 units)	42.04	2811.9	1.5
货物周转量	(亿吨公里)	Total Freight Ton-kilometers	(100 million ton-km)	3445.91	186629.5	1.8
邮电业务总量	(亿元)	Business Volume of Postal and Telecommunication Services	(100 million yuan)	1203.81	43345.5	2.8
社会消费品零售总额	(亿元)	Total Retail Sales of Consumer Goods	(100 million yuan)	7367.57	332316.3	2.2
进出口总值	(亿元)	Total Value of Imports and Exports	(100 million yuan)	1976.30	243386.3	0.8
# 出口总值		Exports		1045.07	138454.5	0.8
入境旅游人数	(万人次)	Number of Overseas Visitor Arrivals	(10 000 person-times)	338.20	13844.0	2.4
国际旅游外汇收入	(亿美元)	Foreign Exchange Earnings from International Tourism	(USD 100 million)	23.39	1200.0	1.9
大学生在校学生数	(万人)	Students Enrollment of College and University	(10 000 persons)	107.63	2695.8	4.0

注：水果产量含果用瓜。
a) The fruit production includes melons for fruits use.

2-3 国民经济和社会发展总量与速度指标

指　标		Item		1978	2000
人口与就业		**Population and Employment**			
人　口		Population			
年底总人口	(万人)	Population at Year-end	(10 000 persons)	2779	3644
城镇人口		Urban		454	1176
乡村人口		Rural		2325	2468
男性人口		Male		1444	1896
女性人口		Female		1335	1748
就　业		Employment			
就业人员	(万人)	Number of Employed Persons	(10 000 persons)	1078	1813
# 职工人数		Number of Staff and Workers		257	328
城镇登记失业人数	(万人)	Registered Unemployment in Urban Areas	(10 000 persons)		11.39
宏观经济		**Macro Economy**			
国民经济核算		National Accounting			
生产总值	(亿元)	Gross Domestic Product	(100 million yuan)	81.07	1804.00
第一产业		Primary Industry		24.70	258.22
第二产业		Secondary Industry		42.13	782.58
第三产业		Tertiary Industry		14.24	763.20
固定资产投资		Investment in Fixed Assets			
全社会固定资产投资总额	(亿元)	Total Investment in Fixed Assets	(100 million yuan)	20.35	745.85
# 固定资产投资		Investment in Fixed Assets			
# 房地产开发投资		Investment in Real Estate Development			78.89
财　政		Government Finance			
地方一般预算收入	(亿元)	Local General Bugetary Revenue	(100 million yuan)		114.97
一般预算支出	(亿元)	General Bugetary Expenditure	(100 million yuan)	18.30	271.76
物价指数	(上年＝100)	Price Indices	(preceding year=100)		
商品零售价格指数		Retail Price Index		100.5	98.3
居民消费价格指数		Consumer Price Index		100.6	99.5
利用外资		Utilization of Foreign Capital			
签订利用客商直接投资协议额	(万美元)	Contracted Value of Direct Investments	(USD 10 000)		49931
实际利用客商直接投资额	(万美元)	Actually Utilized Value of Direct Investments	(USD 10 000)		28842
能源生产与消费(等价值)		Production and Consumption of Energy	(Equivalent Value)		
能源生产总量	(万吨标准煤)	Total Energy Production	(10 000 tons of SCE)		
能源消费总量	(万吨标准煤)	Total Energy Consumption	(10 000 tons of SCE)		

注：1.本表价值量指标中，除邮电业务总量按不变价格计算，其余指标均按当年价格计算。

2.2000年及以后工业产品产量、财务指标为规模以上企业数据。
3.1998年及以后职工人数、职工工资总额、职工平均工资为在岗职工数据。
4.本表速度指标中，生产总值及三次产业增加值、物价指数、农林牧渔业增加值、工业增加值、城乡居民收入和职工平均工资指标均按不变价格计算。固定资产投资平均增长速度按累计法计算。
5.2016年固定资产投资、财政收支增长速度为同口径增长速度。

Principal Aggregate Indicators on National Economic and Social Development and Growth Rates

2005	2010	2014	2015	2016	2016年为下列年份% 2016 as Percentage of the Following Years(%)						1979-2016 平均增长% Average Annual Growth Rate(%)
					1978	2000	2005	2010	2014	2015	
3690	3735	3775	3793	3813	137.2	104.6	103.3	102.1	101.0	100.5	0.8
1374	1707	1985	2045	2110	464.7	179.4	153.6	123.6	106.3	103.2	4.1
2316	2028	1790	1748	1703	73.2	69.0	73.5	84.0	95.1	97.4	-0.8
1899	1930	1949	1958	1969	136.4	103.9	103.7	102.0	101.0	100.6	0.8
1791	1805	1826	1835	1844	138.1	105.5	103.0	102.2	101.0	100.5	0.9
1976	2074	2067	2071	2073	192.3	114.3	104.9	100.0	100.3	100.1	1.7
323	343	479	474	474	184.5	144.5	146.8	138.3	99.0	100.0	1.6
21.54	21.42	22.35	22.35	22.74		199.7	105.6	106.2	101.8	101.8	
3933.72	10123.48	17689.94	18021.86	19399.59	4953.2	636.1	363.3	181.8	116.1	107.6	10.8
435.77	988.45	1564.94	1597.63	1693.85	685.2	233.3	181.7	134.9	109.3	104.0	5.2
1951.36	5446.10	9577.24	9082.13	9490.72	7346.9	809.0	409.0	190.9	114.4	107.3	12.0
1546.59	3688.93	6547.76	7342.10	8215.02	9349.9	606.5	362.6	181.0	120.2	108.8	12.7
1982.04	8561.24	18709.49	20177.86	20825.25						112.1	20.3
		18357.84	19826.65	20474.85						112.3	
298.95	1159.47	2426.49	2494.29	2736.75						109.7	
275.32	958.21	1890.40	2059.95	1833.99						106.0	
638.96	2218.83	3962.50	4376.06	4389.37						106.5	15.5
100.1	103.6	100.7	99.8	100.3	516.9	131.1	130.1	110.0	100.1	100.3	4.4
101.2	104.0	101.6	101.0	101.3	653.5	146.3	138.0	116.3	102.3	101.3	5.1
158237	221030	585453	578208	463330		927.9	292.8	209.6	79.1	80.1	
62839	182006	417557	462118	501178		1737.7	797.6	275.4	120.0	108.5	
14576	31846	46982	48491	46545			319.3	146.2	99.1	96.0	
5571	8288	11222	11716	12120			217.5	146.2	108.0	103.5	

a) Figures in value terms in this table are at current prices, except that on the business volume of postal and telecommunication services which is at constant prices.

b) Since 2000, Output of industrial products and financial indicators are obtained from above designated size enterprises.

c) Figures on number of staff and workers ,total wage bill and average wage refer to fully employed staff and workers since 1998 .

d) The indices and growth rates of the follow indicators are calculated at constant prices: gross domestic product, value-added of the three strata of industry,price indices,value-added of agriculture, forestry, animal husbandry and fishery ,value-added of industry, per capita income of urban and rural residents, average wage of staff and workers. The average annual growth rate of total investment in fixed assets is calculated at the accumulate method.

e) The increase rates of investment in fixed assets,general bugetary revenue and expenditure are the same requirements data in the 2016.

2-3 续表 1

指标		Item		1978	2000
产　　业		**Industry**			
农　业		Agriculture			
常用耕地面积	(千公顷)	Cultivated Land	(1 000 hectares)	3854	3114
农林牧渔业增加值	(亿元)	Value-added of Agriculture, Forestry, Animal Husbandry and Fishery	(100 million yuan)	24.70	258.22
主要农产品产量		Output of Major Farm Products			
粮　食	(万吨)	Grain	(10 000 tons)	800	1089
棉　花	(万吨)	Cotton	(10 000 tons)	10.54	2.74
油　料	(万吨)	Oil-bearing Crops	(10 000 tons)	5.65	38.76
烤　烟	(万吨)	Flue-Cured Tobacco	(10 000 tons)	1.38	7.36
茶　叶	(吨)	Tea	(ton)	1408	6126
水　果	(万吨)	Fruits	(10 000 tons)	33.41	493.79
蔬　菜	(万吨)	Vegetables	(10 000 tons)		556.53
肉　类	(万吨)	Meat	(10 000 tons)	14.20	92.12
工　业		Industry			
工业增加值	(亿元)	Value-added of Industry	(100 million yuan)	36.52	629.88
主要工业产品产量		Output of Major Industrial Products			
纱	(万吨)	Yarn	(10 000 tons)	13.85	15.68
布	(亿米)	Cloth	(100 million m)	5.81	7.18
原　煤	(万吨)	Coal	(10 000 tons)	1666.00	3493.00
原　油	(万吨)	Crude Oil	(10 000 tons)	6.03	746.44
天然气	(亿立方米)	Natural Gas	(100 million cu.m)		21.10
发电量	(亿千瓦小时)	Electricity	(100 million kwh)	66.10	272.28
粗　钢	(万吨)	Crude Steel	(10 000 tons)	24.29	53.65
钢　材	(万吨)	Rolled Steel	(10 000 tons)	17.38	57.70
水　泥	(万吨)	Cement	(10 000 tons)	210.66	989.44
化　肥	(万吨)	Fertilizers	(10 000 tons)	13.69	93.90
汽　车	(万辆)	Motor Vehicles	(10 000 units)		1.93
规模以上工业企业		Industrial Enterprises above Designated Size			
资产总计	(亿元)	Original Value of Fixed Assets	(100 million yuan)		2683.07
主营业务收入	(亿元)	Revenue from Principal Business	(100 million yuan)		1133.82
利润总额	(亿元)	Total Profits	(100 million yuan)		63.80
交通运输		Transportation			
货物运输量	(万吨)	Freight Traffic	(10 000 tons)	7160	29973
# 铁　路		Railways		2400	4697
公　路		Highways		4733	25200
货物周转量	(亿吨公里)	Freight Ton-kilometers	(100 million ton-km)	176.11	593.24
# 铁　路		Railways		165.58	448.15
公　路		Highways		10.39	143.64
旅客运输量	(万人)	Passenger Traffic	(10 000 persons)	5628	28693
# 铁　路		Railways		2009	2661
公　路		Highways		3605	25600
旅客周转量	(亿人公里)	Passenger-Kilometers	(100 million passenger-km)	60.73	376.99
# 铁　路		Railways		47.56	178.89
公　路		Highways		12.95	151.04

continued

2005	2010	2014	2015	2016	2016年为下列年份% 2016 as Percentage of the Following Years(%)						1979-2016 平均增长% Average Annual Growth Rate(%)
					1978	2000	2005	2010	2014	2015	
2788	2861	2866	2904	2915	75.6	93.6	104.5	101.9	101.7	100.4	-0.7
435.77	988.45	1635.85	1673.22	1776.29	687.1	233.9	182.2	135.3	109.4	104.1	5.2
1140	1165	1198	1227	1228	153.5	112.8	107.8	105.4	102.5	100.1	1.1
7.78	6.92	4.22	3.86	3.38	32.1	123.4	43.5	48.9	80.1	87.6	-2.9
45.35	56.08	62.30	62.66	63.80	1129.2	164.6	140.7	113.8	102.4	101.8	6.6
5.88	6.73	7.20	7.21	6.74	488.4	91.6	114.6	100.1	93.6	93.5	4.3
11382	25052	49128	54854	62136	4413.1	1014.3	545.9	248.0	126.5	113.3	10.5
765.74	1238.50	1553.98	1630.62	1713.96	5130.1	347.1	223.8	138.4	110.3	105.1	10.9
869.93	1384.02	1724.68	1822.53	1896.18		340.7	218.0	137.0	109.9	104.0	
134.11	102.64	116.76	116.15	111.68	786.5	121.2	83.3	108.8	95.7	96.2	5.6
1650.63	4558.97	7993.39	7344.62	7598.00	8103.7	841.5	407.0	191.4	113.1	106.8	12.3
19.43	27.12	40.05	49.46	39.22	283.2	250.1	201.9	144.6	97.9	79.3	2.8
7.93	7.52	6.10	6.81	8.04	138.3	111.9	101.3	106.8	131.8	118.0	0.9
10810.72	36115.50	52008.20	52224.16	51151.37	3070.3	1464.4	473.2	141.6	93.4	97.9	9.4
1778.16	3017.28	3767.81	3736.73	3502.43	58083.4	469.2	197.0	116.1	93.0	93.7	18.2
80.59	223.47	410.11	415.92	411.91		1952.2	511.1	184.3	100.4	99.0	
504.94	1101.91	1600.88	1594.11	1734.79	2624.5	637.1	343.6	157.4	108.4	108.8	9.0
307.28	604.82	1038.26	1027.27	924.67	3806.8	1723.5	300.9	152.9	89.1	90.0	10.1
337.10	994.89	1683.92	1655.58	1233.79	7098.9	2138.3	366.0	124.0	73.3	74.5	11.9
1972.13	5463.79	9083.49	8580.09	7555.86	3586.8	763.7	383.1	138.3	83.2	88.1	9.9
122.86	82.74	179.33	187.13	153.10	1118.3	163.0	124.6	185.0	85.4	81.8	6.6
4.26	65.21	37.47	34.14	42.04		2177.2	986.4	64.5	112.2	123.1	
5085.90	14688.70	24371.44	26393.17	28939.56		1078.6	569.0	197.0	118.7	109.6	
3302.50	10888.80	18622.14	18823.01	20110.64		1773.7	609.0	184.7	108.0	106.8	
400.70	1469.57	1846.98	1412.41	1550.02		2429.5	386.8	105.5	83.9	109.7	
45724	104423	135897	140908	149049	2081.7	497.3	326.0	142.7	109.7	105.8	8.3
12123	27121	37483	32951	35459	1477.4	754.9	292.5	130.7	94.6	107.6	7.3
33483	77123	98221	107731	113360	2395.1	449.8	338.6	147.0	115.4	105.2	8.7
1115.31	2465.99	3263.87	3264.64	3445.91	1956.7	580.9	309.0	139.7	105.6	105.6	8.1
905.76	1267.90	1603.38	1435.91	1518.27	916.9	338.8	167.6	119.7	94.7	105.7	6.0
207.85	1195.91	1658.80	1826.80	1925.83	18535.4	1340.7	926.5	161.0	116.1	105.4	14.7
39137	93954	69133	70806	70822	1258.4	246.8	181.0	75.4	102.4	100.0	6.9
3600	5411	7077	7866	8302	413.2	312.0	230.6	153.4	117.3	105.5	3.8
34780	87457	60645	61436	61093	1694.7	238.6	175.7	69.9	100.7	99.4	7.7
571.60	851.45	912.85	908.58	886.84	1460.3	235.2	155.2	104.2	97.2	97.6	7.3
279.08	362.60	464.74	464.44	464.17	976.0	259.5	166.3	128.0	99.9	99.9	6.2
206.54	383.99	287.21	293.23	290.80	2245.6	192.5	140.8	75.7	101.3	99.2	8.5

2-3 续表 2

指　　标		Item	1978	2000
邮电通信业		Postal and Telecommunication Services		
邮电业务总量	(亿元)	Business Volume of Postal and Telecommunication Services (100 million yuan)	0.50	85.04
函　件	(万件)	Number of Letters Delivered (10 000 pieces)	9188	17444
报刊期发数	(万份)	Number of Newspapers and Magazines Distributed (10 000 copies)	319	454
固定电话	(万户)	Number of Fixed Telephone Subscribers (10 000 subscribers)	4.65	345.24
城　市		Urban Telephone Subscribers	3.24	252.86
农　村		Rural Telephone Subscribers	1.41	92.39
移动电话	(万户)	Number of Mobile Telephone Subscribers (10 000 subscribers)		151.67
互联网宽带用户	(万户)	Number of Internet Subscribers (10 000 subscribers)		19.87
国内商业		Domestic Trade		
社会消费品零售总额	(亿元)	Total Retail Sales of Consumer Goods (100 million yuan)	33.37	725.64
对外贸易和旅游		Foreign Trade and Tourism		
进出口总值	(亿元)	Total Value of Imports and Exports (100 million yuan)		21.40亿美元
进口总值		Imports		8.30亿美元
出口总值		Exports	0.12亿美元	13.10亿美元
国际旅游		International Tourism		
入境旅游人数	(万人次)	Number of Overseas Visitor Arrivals (10 000 person-times)	1.37	71.28
旅游收入	(万美元)	Foreign Exchange Earnings from International Tourism (USD 10 000)	177	28025
金　融		Financial Intermediation		
金融机构人民币存款	(亿元)	Deposits of National Banking System in RMB (100 million yuan)		
金融机构人民币贷款	(亿元)	Loans of National Banking System in RMB (100 million yuan)		
教育·科技·文化		**Education, Science and Technology and Culture**		
教　育		Education		
专任教师数	(万人)	Full-time Teachers (10 000 persons)		
普通高等学校		Regular Institutions of Higher Education	1.07	2.07
中等职业学校		Vocational Secondary Schools	0.33	2.17
普通中学		Secondary Schools	9.17	12.23
小　学		Primary Schools	17.30	18.23
在校学生数	(万人)	Students Enrollment (10 000 persons)		
普通高等学校		Regular Institutions of Higher Education	3.44	24.17
中等职业学校		Vocational Secondary Schools	2.93	36.37
普通中学		Secondary Schools	193.47	230.52
小　学		Primary Schools	450.51	480.93
科　技		Science and Technology		
全省从事科技活动人员数	(万人)	Personnel Engaged in S&T Activities in the Whole Province (10 000 persons)		15.51
R&D经费内部支出	(亿元)	Internal Expenditure on Research and Development (100 million yuan)		
文　化		Culture		
出版数量		Number of Publication		
图　书	(万册)	Books (10 000 copies)	7661	15958
杂　志	(万册)	Magazines (10 000 copies)	1423	4944
报　纸	(万份)	Newspapers (10 000 copies)		70389
制作电视节目	(小时)	Time for TV Programs Production (hour)		16174

continued

2005	2010	2014	2015	2016	2016年为下列年份% 2016 as Percentage of the Following Years(%)						1979-2016 平均增长% Average Annual Growth Rate(%)
					1978	2000	2005	2010	2014	2015	
331.13	902.85	566.66	757.09	1203.81	239565.1	1415.6	363.5	133.3	212.4	159.0	22.7
15119	9734	3310	2499	2176	23.7	12.5	14.4	22.4	65.8	87.1	-3.7
286	517	375	379	316	99.1	69.6	110.5	61.1	84.3	83.4	…
859.32	781.89	750.79	723.28	679.86	14634.5	196.9	79.1	87.0	90.6	94.0	14.0
561.84	519.55	556.61	558.04	524.15	16199.5	207.3	93.3	100.9	94.2	93.9	14.3
297.47	262.34	194.17	165.24	155.71	11043.1	168.5	52.3	59.4	80.2	94.2	13.2
938.10	2518.23	3607.21	3649.65	3813.29		2514.2	406.5	151.4	105.7	104.5	
236.90	368.83	552.44	605.42	802.96		4040.2	338.9	217.7	145.3	132.6	
1331.35	3257.54	5918.71	6578.14	7367.57	22078.4	1015.3	553.4	226.2	124.5	112.0	15.3
45.77亿美元	120.83亿美元	1680.72	1895.25	1976.30					117.6	104.3	
15.01亿美元	58.75亿美元	825.23	976.78	931.24					112.8	95.3	
30.76亿美元	62.08亿美元	855.48	918.47	1045.07					122.2	113.8	25.5
92.84	212.17	266.30	293.03	338.20					127.0	115.4	15.6
44625	101596	141630	200022	233855					165.1	116.9	20.8
6446.48	16456.05	28111.34	32415.24	35255.48			546.9	214.2	125.4	108.8	
3983.19	10033.12	18837.20	21760.61	23921.75			600.6	238.4	127.0	109.9	
4.29	5.83	6.50	6.65	6.61	618.1	319.1	154.3	113.5	101.8	99.4	4.9
2.85	3.46	2.75	2.17	2.26	686.8	104.4	79.4	65.4	82.4	104.3	5.2
15.91	17.05	16.44	16.18	15.94	173.8	130.4	100.2	93.5	97.0	98.5	1.5
18.66	17.52	14.75	14.31	14.28	82.5	78.3	76.5	81.5	96.8	99.8	-0.5
66.69	92.78	109.96	109.97	107.63	3128.8	445.3	161.4	116.0	97.9	97.9	9.5
55.84	89.93	50.26	43.69	41.17	1405.1	113.2	73.7	45.8	81.9	94.2	7.2
304.56	259.91	196.83	187.57	183.42	94.8	79.6	60.2	70.6	93.2	97.8	-0.1
340.09	261.04	226.41	233.11	241.78	53.7	50.3	71.1	92.6	106.8	103.7	-1.6
13.49	20.69	24.91	24.17	27.52		177.4	204.0	133.0	110.5	113.8	
92.15	217.50	366.77	393.17	419.56			455.3	192.9	114.4	106.7	
17628	19830	18925	20625	19304	252.0	121.0	109.5	97.3	102.0	93.6	2.5
6450	7522	5305	3693	3067	215.5	62.0	47.5	40.8	57.8	83.0	2.0
68219	62239	68245	60132	56382		80.1	82.6	90.6	82.6	93.8	
71983	83275	110336	117762	127759		789.9	177.5	153.4	115.8	108.5	

2-3 续表 3

指　　标	Item	1978	2000
家庭・生活・环境	**Family, People's Living Conditions and Environment**		
家　庭	Family		
家庭总户数 (万户)	Total Number of Households (10 000 households)	560.82	948.06
居民家庭平均每户居住人口 (人)	Average Household Size of All Households (person)		
城镇居民平均每户居住人口 (人)	Average Household Size in Urban Areas (person)		
农村居民平均每户居住人口 (人)	Average Household Size in Rural Areas (person)		
婚　姻	Marriages and Divorces		
结婚数 (对)	Number of Marriages (couples)	136230	203598
离婚数 (对)	Number of Divorces (couples)		26031
居　住	Housing		
居民家庭人均住房建筑面积 (平方米)	Per Capita Floor Space of All Households (sq.m)		
城镇居民人均住房建筑面积 (平方米)	Per Capita Floor Space of Urban Residents (sq.m)		
农村居民人均住房建筑面积 (平方米)	Per Capita Floor Space of Rural Residents (sq.m)		
生　活	People's Living Conditions		
居民人均可支配收入 (元)	Per Capita Annual Disposable Income of All Households (yuan)		
城镇居民人均可支配收入 (元)	Per Capita Annual Disposable Income of Urban Households (yuan)		
农村居民人均可支配收入 (元)	Per Capita Annual Disposable Income of Rural Households (yuan)		
居民人均生活消费支出 (元)	Per Capita Living Expenditure of All Households (yuan)		
城镇居民人均生活消费支出 (元)	Per Capita Living Expenditure of Urban Households (yuan)		
农村居民人均生活消费支出 (元)	Per Capita Living Expenditure of Rural Households (yuan)		
工　资	Wages		
职工工资总额 (亿元)	Total Wages of Staff and Workers (100 million yuan)	16.44	257.28
职工平均工资 (元)	Average Wage of Staff and Workers (yuan)	654	7804
卫　生	Health Care		
医院数 (个)	Number of Hospitals (unit)	3064	2779
医生数 (万人)	Number of Doctors (10 000 persons)	3.43	6.43
医院床位数 (万张)	Number of Hospital Beds (10 000 units)	4.99	9.26
市政建设	Municipal Works		
自来水供应量 (万立方米)	Volume of Tap Water Supply (10 000 cu.m)	21119	67062
排水管道长度 (公里)	Length of Sewer Pipelines (km)	431	1856
城市天然气供应量 (万立方米)	Volume of Natural Gas Supply in Urban Areas (10 000 cu.m)		17770
道路长度 (公里)	Length of Paved Roads (km)	639	2537
园林绿地面积 (公顷)	Area of Green Land (hectare)	488	9079
环境、灾害	Environment and Disaster		
环境污染治理投资总额 (万元)	Total Investment in the Treatment of Environmental Pollution (10 000 yuan)		
突发环境事件次数 (次)	Environmental Disasters (time)		
火灾发生数 (起)	Number of Fire Disasters (unit)		3818
火灾损失 (万元)	Loss of Fire Disasters (10 000 yuan)		2613
交通事故发生数 (件)	Number of Traffic Accidents (unit)	3979	11846
交通事故损失 (万元)	Loss of Traffic Accidents (10 000 yuan)	165	3978

continued

2005	2010	2014	2015	2016	2016年为下列年份% 2016 as Percentage of the Following Years(%)						1979-2016 平均增长% Average Annual Growth Rate(%)
					1978	2000	2005	2010	2014	2015	
1055.74	1198.37	1265.65	1268.08	1281.55	228.5	135.2	121.4	106.9	101.3	101.1	2.2
		3.21	3.20	3.16					98.3	98.6	
		2.96	2.90	2.90					97.9	100.0	
		3.38	3.36	3.33					98.6	99.1	
208421	346645	381682	356413	332952	244.4	163.5	159.7	96.0	87.2	93.4	2.4
23447	44402	68328	74097	78588		301.9	335.2	177.0	115.0	106.1	
		35.99	37.00	38.69					107.5	104.6	
		30.58	31.30	32.60					106.6	104.2	
		41.01	42.58	44.71					109.0	105.0	
		15837	17395	18874					116.5	107.1	
		24366	26420	28440					114.3	106.3	
		7932	8689	9396					115.8	106.9	
		12204	13087	13943					114.3	106.5	
		17546	18464	19369					110.4	104.9	
		7252	7901	8568					118.1	108.4	
477.97	1176.33	2542.73	2734.38	2927.55	17807.5	1137.9	612.5	248.9	115.1	107.1	14.6
14796	34299	52119	56896	61626	1378.0	559.4	303.9	155.2	115.7	106.9	7.1
2674	2639	2587	2612	2655	86.7	95.5	99.3	100.6	102.6	101.6	-0.4
6.03	6.28	7.65	7.95	8.57	249.9	133.3	142.1	136.5	112.0	107.8	2.4
10.34	13.72	19.37	20.63	22.10	442.9	238.7	213.7	161.1	114.1	107.1	4.0
71170	81335	87921	97664	104174	493.3	155.3	146.4	128.1	118.5	106.7	4.3
3250	5666	6925	8026	8678	2013.5	467.6	267.0	153.2	125.3	108.1	8.2
76285	164654	279088	311286	342797		1929.1	449.4	208.2	122.8	110.1	
3191	4810	5794	6508	6783	1061.5	267.4	212.6	141.0	117.1	104.2	6.4
15003	26063	34496	56108	58679	12024.4	646.3	391.1	225.1	170.1	104.6	13.4
		2763183	2418911	2534473					91.7	104.8	
		82	58	45					54.9	77.6	
7490	4620	13137	13548	17639		462.0	235.5	381.8	134.3	130.2	
4683	8354	13875	11180	12757		488.2	272.4	152.7	91.9	114.1	
12011	6004	5055	5406	5917	148.7	49.9	49.3	98.6	117.1	109.5	1.0
6242	3311	3652	3742	3813	2310.9	95.9	61.1	115.2	104.4	101.9	8.6

2-4 国民经济主要结构指标
Main Composition Indicators on National Economy

单位：% (%)

指　　标	Item	2000	2005	2010	2014	2015	2016
人口与就业	**Population and Employment**						
人　口	Population						
城乡结构	Urban and Rural Composition						
城　镇	Urban	32.3	37.2	45.7	52.6	53.9	55.3
乡　村	Rural	67.7	62.8	54.3	47.4	46.1	44.7
性别结构	Sexual Composition						
男	Male	52.0	51.5	51.7	51.6	51.6	51.7
女	Female	48.0	48.5	48.3	48.4	48.4	48.4
宏观经济	**Macro Economy**						
国民经济核算	National Accounting						
生产总值产业结构	Industrial Composition						
第一产业	Primary Industry	14.3	11.1	9.8	8.8	8.9	8.7
第二产业	Secondary Industry	43.4	49.6	53.8	54.1	50.4	48.9
第三产业	Tertiary Industry	42.3	39.3	36.4	37.0	40.7	42.4
生产总值地区结构	By Region						
关　中	Guanzhong	72.5	66.2	62.8	62.7	65.4	65.7
陕　南	Southern Shaanxi	14.2	12.2	11.1	12.9	13.7	14.1
陕　北	Northern Shaanxi	13.3	21.6	26.1	24.4	20.8	20.2
投　资	Investment						
全社会固定资产投资结构	Composition of Total Investment in Fixed Assets						
第一产业	Primary Industry	2.7	2.7	5.7	5.5	6.7	5.7
第二产业	Secondary Industry	36.2	34.1	35.1	31.2	31.5	26.9
第三产业	Tertiary Industry	61.1	63.2	59.2	63.4	61.7	67.5
全社会固定资产投资经济类型结构	Compositione of Total Investment in Fixed Assets by Registration Status						
国有经济	State-Owned Units	63.5	51.3	49.3	42.2	45.2	45.4
集体经济	Collective-Owned Units	5.6	3.9	4.8	3.3	3.3	1.8
其他经济	Others	18.4	38.1	42.8	52.2	49.6	51.0
个　　体	Individuals	12.5	6.7	3.0	2.2	2.0	1.8

2-4 续表 1 continued

单位：%　　　　(%)

指　标	Item	2000	2005	2010	2014	2015	2016
能　源	Energy						
能源生产总量结构	Composition of Total Energy Production						
原　煤	Coal		74.7	76.5	76.1	76.5	76.7
原　油	Crude Oil		17.4	13.5	11.5	11.0	10.7
天然气	Natural Gas		6.7	9.1	11.6	11.4	11.5
水电、风电及其他能发电	Hydro-power, Wind Power and Others		1.1	0.9	0.9	1.1	1.1
能源消费总量结构	Composition of Total Energy Consumption						
煤　品	Coal		75.6	70.5	72.4	72.7	75.5
油　品	Petroleum		17.4	17.1	15.1	13.3	9.9
天然气	Natural Gas		4.1	9.0	8.9	9.5	10.5
水电、风电及其他能发电	Hydro-power, Wind Power and Others		3.0	3.4	3.6	4.5	4.1
产　业	**Industry**						
农　业	Agriculture						
农林牧渔业产值结构	Composition of Gross Output Value of Agriculture, Forestry,Animal Husbandry and Fishery						
农　业	Farming	70.5	64.7	66.5	68.2	67.9	67.9
林　业	Forestry	5.9	3.4	2.1	2.7	2.7	2.9
牧　业	Animal Husbandry	22.9	27.2	26.1	23.6	23.7	23.3
渔　业	Fishery	0.8	0.8	0.5	0.7	0.8	0.9
农林牧渔服务业	Services in Support of Agriculture,Forestry,Animal Husbandry and Fishery		3.9	4.8	4.7	4.9	5.0
工　业	Industry						
轻重工业产值结构	Composition of Gross Output Value of Light and Heavy Industry						
轻 工 业	Light Industry	35.1	24.0	18.9	21.3	21.5	22.1
重 工 业	Heavy Industry	64.9	76.0	81.1	78.7	78.5	77.9
交通运输业	Transportation						
客运量结构	Composition of Passenger Traffic						
铁　路	Railways	9.3	9.2	5.8	10.2	11.1	11.7
公　路	Highways	89.2	88.9	93.1	87.7	86.8	86.3
水　运	Waterways	0.8	0.9	0.3	0.6	0.5	0.6
民用航空	Civil Aviation	0.8	1.1	0.8	1.5	1.6	1.4
货运量结构	Composition of Freight Traffic						
铁　路	Railways	15.7	26.5	26.0	27.6	23.4	23.8
公　路	Highways	84.1	73.2	73.9	72.3	76.5	76.1
水　运	Waterways	0.2	0.3	0.2	0.1	0.2	0.2
民用航空	Civil Aviation	…	…	…	…	…	…

2-4 续表 2 continued

单位：% (%)

指标	Item	2000	2005	2010	2014	2015	2016
国内贸易	Domestic Trade						
社会消费品零售总额构成	Composition of Total Retail Sales of Consumer Goods						
城　镇	Urban			87.0	88.4	88.1	88.1
乡　村	Rural			13.0	11.6	11.9	11.9
国际旅游	International Tourism						
入境旅游人数结构	Composition of Overseas Visitor Arrivals						
外国人	Foreigners	82.0	80.3	73.2	69.8	66.3	67.6
港澳台同胞	Hong Kong, Macao and Taiwan Compatriots	18.0	19.7	26.8	30.2	33.7	32.4
生活·环境	**People's Living Conditions and Environment**						
生　活	People's Living Conditions						
居民可支配收入结构	Annual Per Capita Disposable Income						
工资性收入	Wages Income				55.9	54.8	54.9
经营净收入	Net Income from Business				15.2	14.6	13.4
财产净收入	Property Income				6.5	6.9	5.8
转移净收入	Transfer Income				22.4	23.8	25.8
居民消费支出结构	Annual Per Capita Consumption Expenditure						
食品、烟酒	Food,Tobacco and Alcohol				27.9	27.9	27.7
衣　着	Clothing				7.7	7.6	7.3
居　住	Residence				21.2	21.3	20.4
生活用品及服务	Living Articles and Services				6.5	6.8	6.8
交通通信	Transportation and Communications				12.6	11.7	11.9
教育文化娱乐	Recreation, Education and Culture Services				12.3	12.3	12.8
医疗保健	Medicine and Medical Services				9.7	10.4	11.0
其他用品和服务	Others				2.1	2.1	2.0
环　境	Environment						
工业污染防治投资结构	Consumption of Investment in the Treatment of Industrial Pollution						
治理废水	Waste Water Treatment				19.7	21.9	23.1
治理废气	Waste Gas Treatment				70.3	57.9	64.2
治理固体废物	Solid Wastes Treatment				0.6	5.1	2.1
治理噪音	Noise Abatement				0.4	3.1	2.0
其　他	Others				9.0	12.0	8.5

2-5　国民经济和社会发展比例与效益指标

Indicators on Proportions and Efficiency in National Economic and Social Development

指　标	Item	2000	2005	2010	2014	2015	2016
人　口	Population						
出生率 (‰)	Birth Rate (‰)		10.02	9.73	10.13	10.10	10.64
死亡率 (‰)	Death Rate (‰)		6.01	6.01	6.26	6.28	6.23
自然增长率 (‰)	Natural Growth Rate (‰)		4.01	3.72	3.87	3.82	4.41
就　业	Employment						
城镇登记失业率 (%)	Registered Unemployment Rate in Urban Areas (%)	2.7	4.2	3.9	3.4	3.4	3.3
国民经济核算	National Accounting						
一、二、三产业增加值比例(%)(第一产业＝100)	Ratio of Value-added by Type of Industry(%) (Value added in Primary Industry=100)						
第一产业	Primary Industry	100.0	100.0	100.0	100.0	100.0	100.0
第二产业	Secondary Industry	303.1	447.8	551.0	612.0	568.5	560.3
第三产业	Tertiary Industry	295.6	354.9	373.2	418.4	459.6	485.0
人均生产总值 (元)	Per Capita GDP (yuan)	4968	10674	27133	46929	47626	51015
固定资产投资	Investment in Fixed Assets						
全社会固定资产投资相当于生产总值比例 (%)	Proportion of Investment in Fixed Assets to GDP (%)	41.3	50.4	84.6	105.8	112.0	107.3
全社会房屋建筑面积竣工率(%)	Rate of Total Floor Space of Buildings Completed (%)	75.5	49.2	22.9	21.0	21.1	18.2
财　政	Government Finance						
地方一般预算收入相当于生产总值比例 (%)	Proportion of Local General Bugetary Revenue to GDP (%)	6.4	7.0	9.5	10.7	11.4	9.5
一般预算支出相当于生产总值比例 (%	Proportion of General Bugetary Expenditure to GDP (%)	15.1	16.2	21.9	22.4	24.3	22.6
利用外资	Utilization of Foreign Capital						
实际利用外资额相当于签订利用外资额比例 (%)	Proportion of Actually Utilization of Foreign Capital to Signed Utilization of Foreign Capital (%)	57.8	39.7	82.3	71.3	79.9	108.2
能　源	Energy						
能源生产弹性系数	Elasticity Ratio of Energy Production		1.14	1.15	0.59	0.41	-0.53
能源消费弹性系数	Elasticity Ratio of Energy Consumption		0.99	0.72	0.59	0.56	0.45
每万元生产总值消耗的能源 (吨标准煤)	Energy Consumption Per 10 000 yuan of GDP (ton of SCE)		1.416	0.818	0.708	0.643	0.618

注：本表能源生产用等价值折算，2005年每万元生产总值消耗的能源GDP按2005年价格计算，2010年、2014年按2010年价格计算，2015年及以后GDP按2015年价格计算。

a) Energy production in this table are converted on the basis of equal value.Energy Consumption Per 10 000 yuan of GDP in 2005 is calculated at 2005 constant prices. The Figure in 2010 and 2014 are calculated at 2010 constant prices. The Figure are calculated at 2015 constant prices since 2015.

2-5 续表 1 continued

指标	Item	2000	2005	2010	2014	2015	2016
农业	Agriculture						
人均耕地面积 (公顷)	Per Capita Cultivated Land (hectare)	0.09	0.08	0.08	0.08	0.08	0.08
每公顷耕地农业机械总动力(千瓦)	Total Power of Agricultural Machinery per Hectare of Cultivated Land (kw)	3.36	5.04	6.60	8.90	9.18	7.45
每公顷耕地化肥施用量 (公斤)	Chemical Fertilizer Consumption per Hectare of Cultivated Land (kg)	421	527	688	803	799	316
每公顷耕地生产的农业产值 (元)	Agricultural Output Value per Hectare of Cultivated Land (yuan)	14929	26205	58243	95667	96880	102425
每公顷播种面积农产品产量(公斤)	Output of Farm Crops per Hectare of Sown Area (kg)						
粮食	Grain	2850	3300	3687	3893	3992	4003
棉花	Cotton	911	1107	1361	1358	1407	1405
油料	Oil-bearing Crops	1277	1638	1861	2071	2098	2094
工业	Industry						
总资产贡献率 (%)	Ratio of Total Assets to Industrial Output Value (%)	7.8	15.4	17.1	15.7	12.2	11.1
资产负债率 (%)	Assets-Liability Ratio (%)	68.2	62.2	56.8	56.8	56.0	56.1
流动资产周转次数 (次/年)	Number of Times of Annual of Turnover Circulating Funds (times/year)	1.1	1.7	1.7	2.2	2.1	2.0
成本费用利润率 (%)	Ratio of Profits to Industrial Cost (%)	6.1	14.5	16.1	11.5	8.4	8.6
产品销售率 (%)	Proportion of Products Sold (%)	96.7	97.7	96.9	95.5	95.2	95.7
建筑业	Construction						
产值利润率 (%)	Ratio of Per-tax Profits to Gross Output Value (%)	0.6	1.5	1.9	2.8	3.3	1.9
全员劳动生产率 (元/人)	Overall Labor Productivity (yuan/person)	59672	135356	269553	327323	374782	445384
运输邮电通信业	Transportation, Postal and Telecommunication Services						
铁路网密度 (公里/平方公里)	Railway Density (km/sq.km)	0.011	0.016	0.019	0.022	0.022	0.023
公路网密度 (公里/平方公里)	Highway Density (km/sq.km)	0.214	0.265	0.717	0.813	0.827	0.839
铁路客运密度 (万人公里/公里)	Density of Passenger Traffic (10 000 person-km/km)	658.0	850.8	1004.4	1137.9	1122.3	1096.1
铁路货运密度 (万吨公里/公里)	Railway Freight Traffic Density (10 000 ton/km)	1634.6	2686.1	2863.5	3405.7	3094.5	3188.0
固定电话普及率 (部/百人)	Access to Fixed Telephones (set/100 persons)	9.47	23.28	20.93	19.89	19.07	17.83
城市电话普及率 (部/百人)	Access to Urban Telephones(set/100 persons)	21.50	40.89	30.44	28.05	27.29	24.84
移动电话普及率 (部/百人)	Access to Mobile Telephones (set/100 persons)	4.16	25.42	67.42	95.55	96.22	100.02

2-5　续表 2　continued

指　　标	Item	2000	2005	2010	2014	2015	2016
国内商业	Domestic Trade						
人均消费品零售额 (元)	Per Capita Retail Sales of Consumer Goods (yuan)	1998	3612	8731	15702	17384	19374
对外贸易	Foreign Trade						
进出口总值相当于生产总值比例 (%)	Proportion of Total Value of Imports and Exports to GDP (%)	9.8	9.5	8.1	9.5	10.5	10.2
金　融	Financial Intermediation						
金融机构存款相当于生产总值比例 (%)	Deposits of Financial Institutions as Percentage of GDP (%)				158.9	179.9	181.7
金融机构贷款相当于生产总值比例 (%)	Loans of Financial Institutions as Percentage of GDP (%)				106.5	120.7	123.3
教育、科技	Education, Science and Technology						
每万人大学生数 (人)	Number of College and University Students per 10 000 Population (person)	66	181	248	291	290	282
R&D经费内部支出相当于生产总值比例 (%)	Internal Expenditure on Research and Development as Percentage of GDP (%)		2.35	2.15	2.07	2.18	2.16
文　化	Culture						
每万人有艺术表演团体 (个)	Number of Troupesper 10 000 Population (unit)	0.03	0.03	0.03	0.02	0.02	0.02
每万人有公共图书馆 (个)	Number of Public Libraries per 10 000 Population (unit)	0.03	0.03	0.03	0.03	0.03	0.03
每万人有博物馆 (个)	Number of Museums per 10 000 Population (unit)	0.02	0.02	0.03	0.06	0.07	0.07
广播电视	Radio and Television						
广播人口覆盖率 (%)	Radio Coverage of Population (%)	90.3	93.2	96.7	97.8	98.1	98.3
电视人口覆盖率 (%)	TV Coverage of Population (%)	91.4	94.4	97.7	98.5	98.7	98.9
卫　生	Health Care						
每万人医院数 (个)	Number of Hospitals per 10 000 Population (unit)	0.8	0.7	0.7	0.7	0.7	0.7
每万人医生数 (人)	Number of Doctors per 10 000 Population (person)	18	16	17	20	21	22
每万人医院病床数 (张)	Number of Hospital Beds per 10 000 Population (unit)	25	23	37	51	54	58
市政建设	Municipal Works						
城市用水普及率 (%)	Coverage Rate of Urban Population with Access to Tap Water (%)	96.50	93.20	99.39	96.31	97.12	95.61
城市燃气普及率 (%)	Coverage Rate of Urban Population with Access to Gas (%)	74.53	79.80	90.39	95.08	94.73	94.66
人均公园绿地面积 (平方米)	Per Capita Public Green Area (sq.m)			10.67	12.48	12.57	12.30
灾　害	Disasters						
平均每起火灾损失 (元)	Average Loss of per Fire Disaster (yuan)	7028	6253	18082	10562	8252	7232
平均每起交通事故损失 (元)	Average Loss of per Traffic Accident (yuan)	3358	5197	5515	7225	6922	6444

2-6 社会经济主要指标平均每人水平
Per Capita Main Indicators on Society and Economy

单位：元 (yuan)

年 份 Year	生产总值 Gross Domestic Product	工农业总产值 Gross Industrial and Agricultural Output Value	工业总产值 Gross Industrial Output Value	农林牧渔业总产值 Gross Output Value of Agriculture, Forestry, Animal Husbandry and Fishery	社会消费品零售总额 Total Retail Sales of Consumer Goods
1978	291	480	349	131	121
1980	334	539	390	149	154
1985	604	910	644	267	268
1990	1241	1881	1359	522	490
1995	2965	4147	3056	1091	1141
1996	3446	4583	3312	1271	1346
1997	3834	4892	3611	1281	1553
1998	4070	5019	3681	1338	1680
1999	4415	5416	4162	1254	1824
2000	4968	6001	4721	1280	1998
2001	5511	6649	5336	1312	2218
2002	6161	7423	6031	1392	2482
2003	7057	8781	7387	1394	2757
2004	8638	10992	9220	1771	3163
2005	10674	13133	11150	1983	3612
2006	12840	16430	14206	2224	4175
2007	15546	20495	17787	2708	4961
2008	19700	25954	22512	3442	6241
2009	21947	29257	25665	3592	7322
2010	27133	37759	33293	4465	8731
2011	33464	47796	42290	5506	10433
2012	38564	55752	49607	6145	12225
2013	43117	62214	55396	6818	13956
2014	46929	65491	58218	7274	15702
2015	47626	63091	55656	7435	17384
2016	51015	67149	59298	7852	19374

2-6 续表 continued

年 份 Year	职工平均工资(元) Average Wage of Staff and Workers (yuan)	每万人有 Per 10 000 Population		
		大学生(人) College and University Students (person)	医院床位(张) Hospital Beds (unit)	医生数(人) Doctors (unit)
1978	654	12	18	12
1980	785	19	19	13
1985	1122	27	22	17
1990	2042	29	24	18
1995	4396	37	26	18
1996	4882	38	26	18
1997	5184	39	25	17
1998	6029	42	25	17
1999	6931	50	25	18
2000	7804	66	25	18
2001	9120	87	26	18
2002	10351	112	26	16
2003	11461	136	27	16
2004	13024	159	27	16
2005	14796	181	28	16
2006	16918	196	29	16
2007	21296	209	31	16
2008	25942	226	33	16
2009	30185	240	35	16
2010	34299	248	37	17
2011	39043	258	39	18
2012	44330	273	43	19
2013	48853	286	48	20
2014	52119	291	51	20
2015	56896	290	54	21
2016	61626	282	58	22

2-7　人均工农业主要产品产量
Per Capita Output of Major Industrial and Agricultural Products

年份 Year	粮食(公斤) Grain (kg)	棉花(公斤) Cotton (kg)	油料(公斤) Oil-bearing Crops (kg)	蔬菜(公斤) Vegetables (kg)	水果(公斤) Fruits (kg)	肉类(公斤) Meat (kg)	禽蛋(公斤) Poultry Eggs (kg)	水产品(公斤) Aquatic Products (kg)
1978	289.3	3.8	2.0		12.1	5.1	0.9	0.1
1980	268.5	2.9	3.9		9.9	8.2	1.1	0.1
1985	319.0	1.4	10.0	99.6	11.2	10.1	3.8	0.2
1990	328.7	2.4	10.3	112.8	19.0	14.4	5.7	0.6
1995	261.2	1.1	10.9	103.8	81.2	22.7	11.5	1.1
1996	345.0	0.9	10.6	122.1	102.7	19.3	10.2	1.2
1997	293.7	0.6	10.3	110.0	91.8	20.8	11.2	1.3
1998	363.7	0.6	9.9	128.3	120.2	23.8	11.1	1.4
1999	299.9	0.5	8.8	138.6	136.8	23.8	11.1	1.6
2000	299.9	0.8	10.7	153.3	136.0	25.4	11.7	1.7
2001	267.7	1.4	10.3	144.0	146.4	26.4	11.6	1.7
2002	274.9	1.2	11.2	180.6	157.9	28.9	12.7	1.8
2003	264.1	1.4	11.3	193.3	169.4	31.1	13.4	1.8
2004	315.6	2.2	12.5	213.6	200.1	33.3	13.2	1.9
2005	309.2	2.1	12.3	236.0	207.8	36.4	13.2	2.0
2006	282.0	2.4	11.2	229.7	238.7	27.5	11.1	1.3
2007	288.4	2.4	10.6	250.6	253.9	25.9	11.7	1.4
2008	310.0	2.7	13.3	287.4	287.5	30.0	12.9	1.4
2009	303.9	2.3	14.6	337.8	309.1	26.5	12.9	1.5
2010	312.2	1.9	15.0	371.0	331.9	27.5	12.6	1.6
2011	319.5	1.8	15.8	383.1	356.4	26.6	13.5	2.2
2012	332.2	1.8	16.1	407.1	383.6	28.6	13.8	2.8
2013	323.5	1.5	15.8	433.5	395.7	29.9	14.7	3.3
2014	317.8	1.1	16.5	457.5	412.3	31.0	14.5	3.7
2015	324.2	1.0	16.6	481.6	430.9	30.7	15.3	4.6
2016	323.0	0.9	16.8	498.6	450.7	29.4	15.6	4.8

2-7　续表　continued

年份 Year	纱(公斤) Yarn (kg)	布(米) Cloth (m)	机制纸及纸板(公斤) Machine-made Paper and Paperboard (kg)	原煤(公斤) Coal (kg)	原油(公斤) Crude Oil (kg)	发电量(千瓦小时) Electricity (kwh)	粗钢(公斤) Crude Steel (kg)	水泥(公斤) Cement (kg)
1978	5.0	21.0	2.4	602.4	2.2	239.1	8.8	76.2
1980	5.3	23.4	3.2	635.7	3.0	280.7	8.7	81.4
1985	5.3	21.5	6.3	902.5	7.4	364.5	11.6	128.6
1990	4.6	22.4	12.9	1021.5	21.5	459.7	15.0	162.7
1995	4.0	22.6	24.6	1214.8	47.8	677.1	15.4	243.6
1996	3.6	20.8	24.2	1307.8	62.6	761.6	15.3	259.6
1997	3.9	22.2	25.5	1391.5	80.4	758.6	13.5	327.8
1998	3.9	17.9	6.3	635.8	89.6	686.5	14.7	239.7
1999	4.0	19.1	6.5	674.1	178.3	707.1	14.0	274.4
2000	4.3	19.8	6.6	962.0	205.6	749.9	14.8	272.5
2001	4.3	18.9	7.8	1242.1	251.0	831.8	19.0	304.3
2002	4.8	19.9	6.6	1602.0	290.8	939.2	24.0	363.2
2003	4.9	20.2	8.7	2016.0	345.6	1121.4	47.4	418.4
2004	5.1	20.3	14.2	2291.9	415.6	1308.2	60.0	489.7
2005	5.3	21.5	10.9	2933.3	482.5	1370.1	83.4	535.1
2006	5.1	21.1	13.8	4184.0	538.3	1562.6	105.2	643.0
2007	5.8	22.2	19.2	4944.9	611.8	1886.8	107.0	817.1
2008	5.9	19.9	19.8	6458.8	663.5	2264.3	82.1	965.0
2009	6.6	20.0	20.0	7954.6	724.2	2415.6	140.4	1199.4
2010	7.3	20.2	23.2	9679.8	808.7	2953.4	162.1	1464.4
2011	7.3	16.4	24.8	11002.2	862.7	3233.2	201.0	1720.0
2012	7.7	17.3	21.4	12781.8	941.2	3550.0	221.1	2015.2
2013	9.5	15.3	21.4	13338.9	981.3	3974.2	260.8	2273.7
2014	10.6	16.2	18.8	13797.1	999.6	4247.0	275.4	2409.8
2015	13.1	18.0	18.5	13801.5	987.5	4212.8	271.5	2267.5
2016	10.3	21.1	19.0	13451.2	921.0	4561.9	243.2	1986.9

2-8 各市(区)国民经济主要指标(2016年)

指标		Item		关中 Guanzhong	西安市 Xi'an
年底常住人口	(万人)	Number of Usual Residents in the Households Surveyed at Year-end	(10 000 persons)	2401.74	883.21
城镇非私营单位就业人员年末人数	(万人)	Number of Fully Employed Staff and Workers in Urban Non-private Units at Year-end	(10 000 persons)	346.04	187.89
生产总值	(亿元)	Gross Domestic Product	(100 million yuan)	12525.19	6282.65
全社会固定资产投资总额	(亿元)	Total Investment in Fixed Assets	(100 million yuan)	14926.65	5191.36
# 固定资产投资		Investment in Fixed Assets		14616.06	5097.00
# 房地产开发投资		Investment in Real Estate Development		2417.80	1955.82
地方一般预算收入	(亿元)	Local General Bugetary Revenue	(100 million yuan)	894.25	641.07
一般预算支出	(亿元)	General Bugetary Expenditure	(100 million yuan)	2038.39	942.52
城镇非私营单位就业人员工资总额	(亿元)	Total Wages Bill of Fully Employed Staff and Workers in Urban Non-private Units	(100 million yuan)	2062.58	1281.35
城镇非私营单位就业人员平均工资	(元)	Average Wage of Fully Employed Staff and Workers in Urban Non-private Units	(yuan)		67428
城镇居民人均可支配收入	(元)	Per Capita Annual Disposable Income of Urban Households	(yuan)		35630
农村居民人均可支配收入	(元)	Per Capita Annual Disposable Income of Rural Residents	(yuan)		15191
农林牧渔业总产值	(亿元)	Gross Output Value of Agriculture, Forestry, Animal Husbandry and Fishery	(100 million yuan)	1788.68	405.63
粮食产量	(万吨)	Grain	(10 000 tons)	745.86	175.33
棉花产量	(吨)	Cotton	(ton)	32623	237
油料产量	(万吨)	Oil-bearing Crops	(10 000 tons)	15.85	0.86
规模以上工业总产值	(亿元)	Gross Industrial Output Value above Designated Size	(100 million yuan)	14001.19	4669.32
邮电业务总量	(亿元)	Business Volume of Postal and Telecommunication Services	(100 million yuan)	890.72	538.14
固定电话	(万户)	Number of Fixed Telephone Subscribers	(10 000 subscribers)	493.47	298.61
移动电话	(万户)	Number of Mobile Telephone Subscribers	(10 000 subscribers)	2625.41	1445.23
社会消费品零售总额	(亿元)	Total Retail Sales of Consumer Goods	(100 million yuan)	5883.66	3767.20
进出口总值	(亿元)	Total Value of Imports and Exports	(100 million yuan)	1941.68	1829.95
# 出口总值		Exports		1023.32	947.31
实际利用外商直接投资额	(万美元)	Actually Utilized Value of Direct Investments	(USD 10 000)	452459	450461
卫生机构数	(个)	Health Care Institutions	(unit)	19048	5869
卫生机构床位数	(张)	Number of Beds	(unit)	144742	56332
卫生技术人员	(人)	Medical Technical Personnel	(person)	196631	86258

注：本表价值量指标中，除邮电业务总量按不变价格计算，其余均按当年价格计算。

Main Indicators on National Economic by City(District)(2016)

铜川市 Tongchuan	宝鸡市 Baoji	咸阳市 Xianyang	渭南市 Weinan	# 韩城市 Hancheng	杨凌示范区 Yangling	陕南 Southern Shaanxi	汉中市 Hanzhong	安康市 Ankang	商洛市 Shangluo	陕北 Northern Shaanxi	延安市 Yan'an	榆林市 Yulin
84.72	377.50	498.66	537.16	39.98	20.49	847.40	344.63	265.60	237.17	563.48	225.28	338.20
11.50	41.13	55.81	45.04		4.67	68.56	29.97	18.77	19.82	75.71	33.65	42.06
311.61	1932.14	2390.97	1488.62	320.38	119.20	2691.48	1156.49	842.86	692.13	3855.96	1082.91	2773.05
423.23	3199.84	3643.74	2289.51	406.72	178.97	3071.82	1209.89	926.37	935.55	2826.78	1359.33	1467.45
409.86	3116.18	3584.67	2233.56	404.30	174.78	2834.15	1061.25	867.70	905.20	2461.92	1203.94	1257.98
42.74	132.41	178.86	96.95	17.46	11.00	200.58	85.40	95.12	20.06	118.38	77.84	40.55
21.51	75.16	81.50	65.69	21.62	9.32	102.07	45.19	30.11	26.77	363.24	130.55	232.69
96.87	283.04	338.32	352.51	38.66	25.13	720.95	280.17	247.80	192.98	798.47	327.34	471.13
57.63	210.16	267.18	222.14		24.13	342.34	156.66	97.09	88.59	457.14	198.10	259.05
50005	51475	48542	49376		51086		52736	52195	45324		58460	62140
27594	31730	31662	27485	29784	35510		25595	25962	25468		30693	29781
9478	10287	10481	9415	12400	14959		8855	8590	8358		10568	10582
44.32	301.55	605.37	418.69	30.58	13.13	719.39	364.26	177.06	178.07	492.08	209.77	282.31
24.18	145.67	187.09	211.53	6.87	2.06	253.18	103.65	87.65	61.88	238.09	78.01	160.08
	47	110	32229	124		82	53	27	2	941	834	107
0.85	1.80	5.04	7.29	0.14	0.01	36.92	19.20	15.15	2.57	11.00	2.36	8.64
559.83	2929.65	3541.50	2141.37		159.52	3056.81	992.02	1129.48	935.31	4362.92	1090.42	3272.50
52.76	82.21	114.50	103.12			150.03	74.79	39.64	35.60	163.06	64.18	98.89
12.73	61.32	46.37	74.44			105.60	49.79	33.03	22.79	80.79	33.10	47.69
67.38	300.61	398.34	413.84			611.30	266.71	199.92	144.68	576.58	228.15	348.43
134.97	702.16	688.55	574.01	48.24	16.76	803.91	369.17	259.81	174.93	680.00	257.95	422.05
2.14	63.61	30.59	12.13		3.27	23.47	7.02	2.02	14.42	11.15	1.46	9.68
2.14	45.53	16.10	10.65		1.60	16.49	4.80	1.84	9.85	5.25	1.17	4.09
		1995	3			2013	2013			4398	840	3558
950	3024	4744	4291		170	9768	3698	3042	3028	7782	3151	4631
5939	24506	29653	26972		1340	46838	20580	13976	12282	33820	13384	20436
8159	27307	42323	30575		2009	51280	21973	16276	13031	40920	16030	24890

a) Figures in value terms in this table are at current prices, except that on the business volume of postal and telecommunication services which is at constant prices.

2-9　按国民经济行业分的法人单位数(2016年)

单位：个

行　　业	Sector	法　人 单位数 Number of Legal Entites
全省总计	**Total**	**395374**
农、林、牧、渔业	Agriculture,Forestry,Animal Husbandry and Fishery	38053
农　业	Farming	15203
林　业	Forestry	2652
畜牧业	Animal Husbandry	15350
渔　业	Fishery	922
农、林、牧、渔服务业	Services in Support of Agriculture	3926
采矿业	Mining	5072
煤炭开采和洗选业	Mining and Washing of Coal	1212
石油和天然气开采业	Extraction of Petroleum and Natural Gas	113
黑色金属矿采选业	Mining and Processing of Ferrous Metal Ores	329
有色金属矿采选业	Mining and Processing of Non-Ferrous Metal Ores	462
非金属矿采选业	Mining and Processing of Nonmetal Ores	1310
开采辅助活动	Mining Supporting Activities	1520
其他采矿业	Mining of Other Ores	126
制造业	Manufacturing	41258
农副食品加工业	Processing of Food from Agricultural Products	3136
食品制造业	Manufacture of Foods	2061
酒、饮料和精制茶制造业	Manufacture of Wine,Beverages and Refined Tea	1391
烟草制品业	Manufacture of Tobacco	8
纺织业	Manufacture of Textile	740
纺织服装、服饰业	Manufacture of Textile and Clothing	468
皮革、毛皮、羽毛及其制品和制鞋业	Manufacture of Leather, Fur, Feather and Related Products, and Shoes	138
木材加工及木、竹、藤、棕、草制品业	Processing of Timbers, Manufacture of Wood, Bamboo, Rattan, Palm, and Straw Products	765
家具制造业	Manufacture of Furniture	784
造纸和纸制品业	Manufacture of Paper and Paper Products	817
印刷业和记录媒介的复制	Printing, Reproduction of Recording Media	1357
文教、工美、体育和娱乐用品制造业	Manufacture of Culture, Education,Articles,Sports and Entertainment Supplies	582
石油加工、炼焦及核燃料加工业	Processing of Petroleum, Coking, Processing Nuclear Fuel	352
化学原料及化学制品制造业	Manufacture of Chemical Raw Material and Chemical Products	2020
医药制造业	Manufacture of Medicines	851
化学纤维制造业	Manufacture of Chemical Fibers	46
橡胶和塑料制品业	Manufacture of Rubber and Plastics	1460
非金属矿物制品业	Manufacture of Non-metallic Mineral Products	6877
黑色金属冶炼及压延加工业	Smelting and Pressing of Ferrous Metals	567
有色金属冶炼及压延加工业	Smelting and Pressing of Non-ferrous Metals	1196
金属制品业	Manufacture of Metal Products	2362
通用设备制造业	Manufacture of General Purpose Machinery	4308
专用设备制造业	Manufacture of Special Purpose Machinery	3008
汽车制造业	Automotive Industry	445

Number of Legal Entites by Sector(2016)

(unit)

企业法人 Business Entity	事业法人 Institution Entity	机关法人 Government Entity	社会团体 Social Organization	农民专业合作社 Specialized Farmers Coope-ratives	其他法人 Others
287034	**29980**	**9641**	**7282**	**7945**	**53492**
22967	599			6861	7626
8297	38			3616	3252
1930	131			292	299
10043	27			2325	2955
636	5			95	186
2061	398			533	934
5072					
1212					
113					
329					
462					
1310					
1520					
126					
41041				217	
3031				105	
2017				44	
1368				23	
8					
736				4	
466				2	
136				2	
754				11	
784					
816				1	
1357					
563				19	
352					
2020					
850				1	
46					
1459				1	
6876				1	
567					
1196					
2362					
4308					
3008					
445					

2-9 续表 1

单位：个

行　　业	Sector	法人单位数 Number of Legal Entites
铁路、船舶、航空航天和其他运输设备制造业	Manufacture of Railway,Shipping,Aerospace and Other Transport Equipments	487
电气机械和器材制造业	Manufacture of Electrical Machinery and Equipment	2142
计算机、通信和其他电子设备制造业	Manufacture of Computers,Communication and Other Electronic Equipment	1157
仪器仪表制造业	Manufacture of Instrument and Apparatus	686
其他制造业	Other Manufacturing	399
废弃资源综合利用业	Comprehensive Utilization Industry of Waste Resources	201
金属制品、机械和设备修理业	Industry of Metalwork,Machinery, and Equipment Repair	447
电力、热力、燃气及水生产和供应业	Production and Distribution of Electricity,Gas and Water	3046
电力、热力生产和供应业	Production and Supply of Electric Power and Heat Power	1811
燃气生产和供应业	Production and Supply of Gas	319
水的生产和供应业	Production and Supply of Water	916
建筑业	Construction	22139
房屋建筑业	Construction of Buildings	5279
土木工程建筑业	Civil Engineering Construction	4920
建筑安装业	Construction and Installation	2975
建筑装饰和其他建筑业	Architectural Decoration and Other Construction	8965
批发和零售业	Wholesale and Retail Trades	98539
批发业	Wholesale Trade	45833
零售业	Retail Trade	52706
交通运输、仓储和邮政业	Transport, Storage and Post	9041
铁路运输业	Railway Transport	135
道路运输业	Road Transport	5547
水上运输业	Water Transport	31
航空运输业	Air Transport	91
管道运输业	Transport Via Pipelines	47
装卸搬运和运输代理业	Loading, Unloading and Other Transport Services	1178
仓储业	Storage	1301
邮政业	Post	711
住宿和餐饮业	Hotels and Catering Services	9337
住宿业	Hotels	3572
餐饮业	Catering Services	5765
信息传输、软件和信息技术服务业	Information Transmission, Software and Information Services	8656
电信、广播电视和卫星传输服务	Telecommunications, Broadcasting Television and Satellite Transmission Services	843
互联网和相关服务	Internet and Related Services	1787
软件和信息技术服务业	Software and Information Technology Services	6026
金融业	Financial Intermediation	3119
货币金融服务	Monetary and Financial Services	1418
资本市场服务	Capital Market Services	671

continued

(unit)

企业法人 Business Entity	事业法人 Institution Entity	机关法人 Government Entity	社会团体 Social Organization	农民专业合作社 Specialized Farmers Cooperatives	其他法人 Others
487					
2142					
1157					
686					
398				1	
201					
445				2	
3009	25			1	11
1803	6			1	1
317	1				1
889	18				9
22139					
5279					
4920					
2975					
8965					
97860				679	
45339				494	
52521				185	
8595	322			19	105
128	6				1
5267	271				9
30	1				
88	3				
46					1
1174	3				1
1172	29			19	81
690	9				12
9300	9			3	25
3562	6				4
5738	3			3	21
8533	99				24
771	71				1
1767	10				10
5995	18				13
2730	84	6		1	298
1080	55	6			277
664	4				3

2-9 续表 2

单位：个

行　　业	Sector	法人单位数 Number of Legal Entites
保险业	Insurance	706
其他金融业	Others	324
房地产业	Real Estate	13811
房地产业	Real Estate	13811
租赁和商务服务业	Leasing and Business Services	24939
租赁业	Leasing	2688
商务服务业	Business Services	22251
科学研究和技术服务业	Scientific Research, Technology Services	13174
研究和试验发展	Research and Experimental Development	1104
专业技术服务业	Professional Technical Services	7444
科技推广和应用服务业	Services of Science and Technology Exchangesand Promotion and Application	4626
水利、环境和公共设施管理业	Management of Water Conservancy, Environment and Public Facilities	4200
水利管理业	Management of Water Conservancy	1058
生态保护和环境治理业	Ecological Protection and Environmental Management	499
公共设施管理业	Management of Public Facilities	2643
居民服务、修理和其他服务业	Residents Service, Repair and other Services	8169
居民服务业	Services to Households	2843
机动车、电子产品和日用产品修理业	Motor Vehicle, Electronic Products and Daily Product Repair	3649
其他服务业	Other Services	1677
教　育	Education	16191
教　育	Education	16191
卫生和社会工作	Health, Social Work	14649
卫　生	Health	13683
社会工作	Social Work	966
文化、体育和娱乐业	Culture, Sports and Entertainment	7689
新闻和出版业	Journalism and Publishing Activities	267
广播、电视、电影和影视录音制作业	Broadcasting, Television, Movies and Video Recording	981
文化艺术业	Cultural and Art Activities	2440
体　育	Sports Activities	482
娱乐业	Entertainment	3519
公共管理、社会保障和社会组织	Public Management, Social Security and Social Organization	54292
中国共产党机关	Organs of Communist Party of China	1364
国家机构	Government Agencies	16810
人民政协、民主党派	CPPCC and Democratic Parties	202
社会保障	Social Security	529
群众团体、社会团体和其他成员组织	Mass Organizations, Social Organizations and Religion Organizations	8089
基层群众自治组织	Grass Roots Self-governing Organizations	27298

continued

(unit)

企业法人 Business Entity	事业法人 Institution Entity	机关法人 Government Entity	社会团体 Social Organization	农民专业合作社 Specialized Farmers Cooperatives	其他法人 Others
688	15				3
298	10			1	15
13728	78				5
13728	78				5
23761	743			25	410
2638	5			14	31
21123	738			11	379
9577	2281			89	1227
844	164				96
6045	1345			6	48
2688	772			83	1083
2681	1457				62
217	799				42
299	197				3
2165	461				17
7839	137			47	146
2614	106			9	114
3622	9			2	16
1603	22			36	16
1440	9324			1	5426
1440	9324			1	5426
804	4187		63		9595
688	3683				9312
116	504		63		283
5940	1389		58	2	300
184	64				19
809	169				3
1199	1034				207
297	90		58		37
3451	32			2	34
18	9246	9635	7161		28232
	21	1343			
	8719	8091			
	2	200			
18	504	1			6
			7161		928
					27298

2-10 各市、县(市、区)法人单位数(2016年)

Number of Legal Entites by City and County (City and District)(2016)

单位：个 (unit)

地　区	Region	法人单位数 Number of Legal Entities	地　区	Region	法人单位数 Number of Legal Entities	地　区	Region	法人单位数 Number of Legal Entities
全　省	**Shaanxi**	**395374**	永寿县	Yongshou	1750	宁强县	Ningqiang	1667
西安市	**Xi'an**	**130101**	彬　县	Binxian	2259	略阳县	Lueyang	2030
新城区	Xincheng	8703	长武县	Changwu	1862	镇巴县	Zhenba	1697
碑林区	Beilin	14295	旬邑县	Xunyi	1611	留坝县	Liuba	681
莲湖区	Lianhu	12910	淳化县	Chunhua	1403	佛坪县	Foping	550
灞桥区	Baqiao	5043	武功县	Wugong	3103	**榆林市**	**Yulin**	**54974**
未央区	Weiyang	22108	兴平市	Xingping	4365	榆阳区	Yuyang	16567
雁塔区	Yanta	33143	**渭南市**	**Weinan**	**30845**	横山区	Hengshan	2305
阎良区	Yanliang	3036	临渭区	Linwei	5913	神木县	Shenmu	9848
临潼区	Lintong	4683	华州区	Huaxian	1675	府谷县	Fugu	4268
长安区	Chang'an	9031	潼关县	Tongguan	989	靖边县	Jingbian	6400
高陵区	Gaoling	3689	大荔县	Dali	3260	定边县	Dingbian	3646
蓝田县	Lantian	4359	合阳县	Heyang	2687	绥德县	Suide	2528
周至县	Zhouzhi	3658	澄城县	Chengcheng	2822	米脂县	Mizhi	1825
户　县	Huxian	5443	蒲城县	Pucheng	3662	佳　县	Jiaxian	2192
铜川市	**Tongchuan**	**9527**	白水县	Baishui	1930	吴堡县	Wubu	1174
王益区	Wangyi	1754	富平县	Fuping	2650	清涧县	Qingjian	2002
印台区	Yintai	1607	韩城市	Hancheng	3530	子洲县	Zizhou	2219
耀州区	Yaozhou	5093	华阴市	Huayin	1727	**安康市**	**Ankang**	**18736**
宜君县	Yijun	1073	**延安市**	**Yan'an**	**26988**	汉滨区	Hanbin	6136
宝鸡市	**Baoji**	**38516**	宝塔区	Baota	8599	汉阴县	Hanyin	1940
渭滨区	Weibin	8248	安塞区	Ansai	1778	石泉县	Shiquan	1787
金台区	Jintai	7049	延长县	Yanchang	1363	宁陕县	Ningshan	792
陈仓区	Chencang	4722	延川县	Yanchuan	1851	紫阳县	Ziyang	1301
凤翔县	Fengxiang	3424	子长县	Zichang	2019	岚皋县	Langao	837
岐山县	Qishan	3347	志丹县	Zhidan	1697	平利县	Pingli	1466
扶风县	Fufeng	2505	吴起县	Wuqi	1594	镇坪县	Zhenping	761
眉　县	Meixian	3611	甘泉县	Ganquan	997	旬阳县	Xunyang	2652
陇　县	Longxian	1434	富　县	Fuxian	1241	白河县	Baihe	1064
千阳县	Qianyang	1215	洛川县	Luochuan	2329	**商洛市**	**Shangluo**	**14712**
麟游县	Linyou	831	宜川县	Yichuan	1311	商州区	Shangzhou	2903
凤　县	Fengxian	1161	黄龙县	Huanglong	788	洛南县	Luonan	2743
太白县	Taibai	969	黄陵县	Huangling	1421	丹凤县	Danfeng	2104
咸阳市	**Xianyang**	**39346**	**汉中市**	**Hanzhong**	**29309**	商南县	Shangnan	1735
秦都区	Qindu	4487	汉台区	Hantai	9359	山阳县	Shanyang	2453
渭城区	Weicheng	4563	南郑县	Nanzheng	3445	镇安县	Zhen'an	1797
三原县	Sanyuan	3307	城固县	Chenggu	2814	柞水县	Zhashui	977
泾阳县	Jingyang	4245	洋　县	Yangxian	1954	**杨凌示范区**	**Yangling**	**2320**
乾　县	Qianxian	3243	西乡县	Xixiang	2228			
礼泉县	Liquan	3148	勉　县	Mianxian	2884			

主要统计指标解释

平均增长速度 平均增长速度表明社会经济现象在一个较长的时期内逐期平均增长变化的程度，它不能根据各个环比增长速度直接求得，但与平均发展速度之间存在着一定的数量关系：平均增长速度＝平均发展速度－1。

平均发展速度是一种根据环比发展速度计算的序时平均数，由于各时期对比的基础不同，所以计算平均发展速度不能采用一般的序时平均数的计算方法，计算方法分为水平法和累计法。水平法，又称几何平均法，即将环比发展速度按连乘法用几何平均数公式计算。累计法，也称方程法，根据一段时期内各年发展水平总和与基期水平的关系，列出方程式计算平均发展速度。水平法着重考虑最后一年所达到的发展水平；累计法着重考虑整个时期累计发展水平的总量。

本《年鉴》内所列的平均增长速度，除固定资产投资用“累计法”计算外，其余均用“水平法”计算。从某年到某年平均增长速度的年份，均不包括基期年在内。如建国六十年以来的平均增长速度是以 1949 年为基期计算的，则写为 1950-2009 年平均增长速度，其余类推。

企业（单位）登记注册类型 是以在工商行政管理机关登记注册的各类企业为划分对象，以工商行政管理部门对企业登记注册的类型为依据，将企业登记注册类型分为内资企业、港澳台商投资企业和外商投资企业三大类。内资企业包括国有企业、集体企业、股份合作企业、联营企业、有限责任公司、股份有限公司、私营公司和其他企业；港澳台商投资企业和外商投资企业分别包括合资经营企业、合作经营企业、独资经营企业和股份有限公司。对不在工商行政管理部门进行登记注册的行政机关、事业单位和社会团体，主要按其经费来源和管理方式进行划分。

国有企业 指企业全部资产归国家所有，并按《中华人民共和国企业法人登记管理条例》规定登记注册的非公司制的经济组织。不包括有限责任公司中的国有独资公司。

集体企业 指企业资产归集体所有，并按《中华人民共和国企业法人登记管理条例》规定登记注册的经济组织。

股份合作企业 指以合作制为基础，由企业职工共同出资入股，吸收一定比例的社会资产投资组建，实行自主经营，自负盈亏，共同劳动，民主管理，按劳分配与按股分红相结合的一种集体经济组织。

联营企业 指两个及两个以上相同或不同所有制性质的企业法人或事业单位法人，按自愿、平等、互利的原则，共同投资组成的经济组织。联营企业包括国有联营企业、集体联营企业、国有与集体联营企业和其他联营企业。

有限责任公司 指根据《中华人民共和国公司登记管理条例》规定登记注册，由两个以上、五十个以下的股东共同出资，每个股东以其所认缴的出资额对公司承担有限责任，公司以其全部资产对其债务承担责任的经济组织。有限责任公司包括国有独资公司以及其他有限责任公司。

股份有限公司 指根据《中华人民共和国公司登记管理条例》规定登记注册，其全部注册资本由等额股份构成并通过发行股票筹集资本，股东以其认购的股份对公司承担有限责任，公司以其全部资产对其债务承担责任的经济组织。

私营企业 指由自然人投资设立或由自然人控股，以雇佣劳动为基础的营利性经济组织。包括按照《公司法》、《合伙企业法》、《私营企业暂行条例》规定登记注册的私营有限责任公司、私营股份有限公司、私营合伙企业和私营独资企业。

其他企业 指上述企业之外的其他内资经济组织。

与港澳台商合资经营企业 指港澳台地区投资者与内地企业依照《中华人民共和国中外合资经营企业法》及有关法律的规定，按合同规定的比例投资设立、分享利润和分担风险的企业。

与港澳台商合作经营企业 指港澳台地区投资者与内地企业依照《中华人民共和国中外合作经营企业法》及有关法律的规定，依照合作合同的约定进行投资或提供条件设立、分配利润和分担风险的企业。

港澳台商独资经营企业 指依照《中华人民共和国外资企业法》及有关法律的规定，在内地由港澳台地区投资者全额投资设立的企业。

港澳台商投资股份有限公司 指根据国家有关规定，经原外经贸部依法批准设立，其中港、澳、台商的股本占公司注册资本的比例达 25% 以上的股份有限公司。凡其中港、澳、台商的股本占公司注册资本的比例小于 25%的，属于内资企业中的股份有限公司。

中外合资经营企业 指外国企业或外国人与中国内地企业依照《中华人民共和国中外合资经营企业法》及有关法律的规定，按合同规定的比例投资设立、分享利润和分担风险的企业。

中外合作经营企业 指外国企业或外国人与中国内地企业依照《中华人民共和国中外合作经营企业法》及有关法律的规定，依照合作合同的约定进行投资或提供条件设立、分配利润和分担风险的企业。

外资企业 指依照《中华人民共和国外资企业法》及有关法律的规定，在中国内地由外国投资者全额投资设立的企业。

外商投资股份有限公司 指根据国家有关规定，经原外经贸部依法批准设立，其中外资的股本占公司注册资本的比例达 25% 以上的股份有限公司。凡其中外资股本占公司注册资本的比例小于 25%的，属于内资企业中的股份有限公司。

行政机关、事业单位和社会团体 参照企业登记注册类型，主要按其经费来源和管理方式划分。具体规定如下：

(1)行政机关：包括国家机关和政党机关，原则上均列为

“国有”。但有特殊规定的，如供销社等，则列为“集体”。

⑵事业单位：包括经国家机构编制部门和有关业务主管部门批准成立的各类事业单位，不包括实行企业化管理的事业单位。事业单位的划分办法如下：

①由国家财政预算拨款或列入财政预算外资金管理以及经费主要来源于国有主管部门或国有上级单位的事业单位，列为“国有”。

②经费主要来源于集体单位的事业单位，列为“集体”。

③公民个人(或个人合伙)开办的事业单位，列为“私营”。

④上述以外的其他事业单位，如果其经费来源不明确，按管理方式进行归类。

⑶社会团体：包括经民政部门批准成立以及未纳入社会团体管理条例范围的工会、妇联等各类社会团体。社会团体的划分办法如下：

①未纳入民政部社会团体管理条例范围的工会、妇联、共青团、青联、工商联、科协、侨联等社会团体，国家拨款设立的基金会或基金管理组织以及经费主要来源于国有业务主管部门或国有上级单位的社会团体，列为“国有”。

②经费主要来源于集体单位的社会团体，列为“集体”。

③公民个人(或个人合伙)开办的社会团体，划为“私营”。

④上述以外的其他社会团体，如果其经费来源不明确，改按管理方式进行归类。

法人单位 指有权拥有资产、承担负债，并独立从事社会经济活动（或与其他单位进行交易）的组织。法人单位应同时具备以下条件：（1）依法成立，有自己的名称、组织机构和场所，能够独立承担民事责任；（2）独立拥有（或授权使用）资产或者经费，承担负债，有权与其他单位签订合同；（3）具有包括资产负债表在内的账户，或者能够根据需要编制账户。

Explanatory Notes on Main Statistical Indicators

Average Annual Growth Rate shows the average growth rate of social and economic development during a longer period. It can not be directly calculated by chain based growth rate. The relation is:

Average Annual Growth Rate = Average Speed of Development – 1

Average speed of development is the time series average of speed which calculated by chain based. Because the reference bases during the different periods are not same, average speed of development can not be calculated by the general method. Level approach and accumulative approach for calculating average speed of development rate are applied. The "level approach", or the method of calculating the geometric average, is derived by the formula of geometric average of the chain-based speeds of development, or comparing the level of the last year of the interval with that of the beginning year; the other is called the "accumulative approach" or the "algebraic average", "equation" method, which is derived by the summation of the actual figure of each year in the interval divided by the figure in the base year. The level approach focuses on the level of the last year, while the accumulative approach emphasizes the aggregate development in the duration.

The average annual growth rates listed in the Yearbook are calculated by the level approach except for the growth rate of investment in fixed assets. The base year is not listed in the duration for which average annual growth rates are computed. For instance, the average annual growth rate of the 60 years since 1949 is shown as the average annual growth rate of 1950-2009 without showing the base year 1949.

Registration Status of Enterprises Enterprises are classified into 3 categories, namely domestic-funded enterprises, enterprises with investment from Hong Kong, Macau and Taiwan, and enterprises with foreign investment, according to the registration status of an enterprise in industrial and commercial administration agencies. Domestic-funded enterprises include State-owned enterprises, collective-owned enterprises, cooperative enterprises, joint ownership enterprises, limited liability corporations, share-holding corporations Ltd., private enterprises and other enterprises. Included in the enterprises with investment from Hong Kong, Macau and Taiwan and enterprises with foreign investment are joint-venture enterprises, cooperative enterprises, sole investment enterprises and share-holding corporations Ltd. For government agencies, institutions and social organizations which are not registered in industrial and commercial administration agencies, they are classified mainly by their sources of funding and manner of management.

State-owned Enterprises refer to non-corporation economic units where the entire assets are owned by the State and which have been registered in accordance with the *Regulation of the People's Republic of China on the Management of Registration of Corporate Enterprises*. Not included from this category are solely State-funded corporations in the limited liability corporations.

Collective-owned Enterprises refer to economic units where the assets are owned collectively and which have been registered in accordance with the *Regulation of the People's Republic of China on the Management of Registration of Corporate Enterprises*.

Cooperative Enterprises refer to a form of collective economic units (enterprises) where capitals come mainly from employees as their shares, with certain proportion of capital from the outside, where production is organized on the basis of independent operation, independent accounting for profits and losses, joint work, democratic management, and a distribution system that integrates remuneration according to work with dividend according to capital share.

Joint Ownership Enterprises refer to economic units established by two or more corporate enterprises or corporate institutions of the same or different ownership, through joint investment on the basis of voluntary participation, equality, and mutual benefits. They include State joint ownership enterprises; collective joint ownership enterprises; joint State-collective enterprises; and other joint ownership enterprises.

Limited Liability Corporations refer to economic units established with investment from 2-50 investors and registered in accordance with the *Regulation of the People's Republic of China on the Management of Registration of Corporations*, each investor bearing limited liability to the corporation depending on its share of investment, and the corporation bearing liability to its debt to the maximum of its total assets. Limited liability corporations include solely State-funded limited liability corporations and other limited liability corporations.

Share-holding Corporations Ltd. refer to economic units registered in accordance with the *Regulation of the People's Republic of China on the Management of Registration of Corporations*, with total registered capital divided into equal shares and raised through issuing stocks. Each investor bears limited liability to the corporation depending on the holding of shares, and the corporation bears liability to its debt to the maximum of its total assets.

Private Enterprises refer to profit-making economic units invested and established by natural persons, or controlled by natural persons using employed labour. Included in this category are private limited liability corporations, private share-holding corporations Ltd., private partnership enterprises and private-funded enterprises registered in accordance with the *Company Law*, *the Law on Partnership Business* and *Interim Regulations on Private Enterprises* .

Other Domestic-funded Enterprises refer to

domestic-funded economic units other than those mentioned above.

Joint Venture Enterprises with Funds from Hong Kong, Macau and Taiwan are enterprises established by investors from Hong Kong, Macau and Taiwan with enterprises in the mainland of China in accordance with the *Law of the People's Republic of China on Sino-foreign Equity Joint Ventures* and other relevant laws, where the establishment of the investment and the sharing of profits and risks are stipulated under joint venture contracts.

Cooperative Enterprises with Funds from Hong Kong, Macau and Taiwan established by investors from Hong Kong, Macau and Taiwan with enterprises in the mainland of China in accordance with the *Law of the People's Republic of China on Sino-foreign Contractual Joint Venture* and other relevant laws, where the investment or provision of facilities and the sharing of profits and risks are stipulated under cooperative contracts.

Enterprises with Sole (exclusive) Investment from Hong Kong, Macau and Taiwan refer to enterprises established in the mainland of China with exclusive investment from investors from Hong Kong, Macau and Taiwan in accordance with the *Law of the People's Republic of China on Wholly Foreign-owned Enterprises* and other relevant laws.

Share-holding Corporations Ltd. with Investment from Hong Kong, Macau and Taiwan refer to share-holding corporations Ltd. established with the approval from the former Ministry of Foreign Trade and Economic Relations in line with relevant State regulations, where the share of investment from Hong Kong, Macau or Taiwan businessmen exceeds 25% of the total registered capital of the corporation. In case the share of investment from Hong Kong, Macau or Taiwan is less than 25% of the total registered capital, the enterprise is to be classified as domestic-funded share-holding corporation Ltd.

Joint Venture Enterprises with Foreign Investment refer to enterprises jointly established by foreign enterprises or foreigners with enterprises in the mainland of China in accordance with the *Law of the People's Republic of China on Sino-foreign Equity Joint Ventures* and other relevant laws, where the sharing of investment, profits and risks is stipulated under contract.

Cooperative Enterprises with Foreign Investment refer to enterprises jointly established by foreign enterprises or foreigners with enterprises in the mainland of China in accordance with the *Law of the People's Republic of China on Sino-foreign Contractual Joint Venture* and other relevant laws, where the investment or provision of facilities and the sharing of profits and risks are stipulated under cooperative contracts.

Enterprises with Sole (exclusive) Foreign Investment refer to enterprises established in the mainland of China with exclusive investment from foreign investors in accordance with the *Law of the People's Republic of China on Wholly Foreign-owned Enterprises* and other relevant laws.

Share-holding Corporations Ltd. with Foreign Investment refer to share-holding corporations Ltd. established with the approval from the former Ministry of Foreign Trade and Economic Relations in line with relevant State regulations, where the share of investment from foreign investors exceeds 25% of the total registered capital of the corporation. In case the share of foreign investment is less than 25% of the total registered capital, the enterprise is to be classified as domestic-funded share-holding corporation Ltd.

Government Agencies, Institutions and Social Organizations are classified into the following categories by source of funds and manner of management taking reference of the registration status of enterprises:

(1) Government agencies: include State and party agencies, classified in principle as State-owned. There are exceptions, such as supply and marketing cooperatives which are classified as collective-owned.

(2) Institutions: include institutions of various types established with the approval by organization and staffing departments of the government, but exclude institutions where enterprise management system is introduced. Institutions are further classified as follows:

(a) Institutions for which their main budgets are from government budget appropriations or extra-budget funds, or allocated from the budget of their competent government agencies. Such institutions are classified as state-owned.

(b) Institutions for which their budget mainly come from collective units. Such institutions are classified as collective-owned.

(c) Social institutions established by individual or a group of citizens, which are classified as private.

(d) Institutions other than those mentioned above for which their sources of budget are not clear. Such institutions are classified by the manner of management.

(3) Social organizations: include social organizations established with the approval from the Ministry of Civil Affairs, and organizations that are not covered by social organization management regulations such as trade unions, women's federations etc.. Social organizations are further classified as follows:

(a) Social organizations that are not covered by social organization management regulations of the Ministry of Civil Affairs such as trade unions, women federations, communist youth leagues, youth associations, industrial and commerce associations, scientist associations, overseas Chinese associations, etc., foundations and fund management organizations established with funds from the state, and social organizations whose funds mainly come from the budget of their competent government agencies. Such institutions are classified as State-owned.

(b) Social organizations for which their budget mainly come from collective units. Such institutions are classified as collective-owned.

(c) Social organizations established by individual or a group of citizens, which are classified as private.

(d) Social organizations other than those mentioned above for which their sources of budget are not clear. Such organizations are classified by the manner of management.

Industrial Activity Unit refer to any organization of part of an organization located at one site and conducting one or

mainly conducting one social and economic activity. An industrial activity unit shall meet all of such conditions as: (1) conducting one or mainly conducting one economic activity at one site; (2) organizing production, operation or business activities in a relatively independent manner; (3) capable of providing relevant data such as income and payment.

三、国民经济核算

National Accounts

资料整理：萨　慧　何晓红　孙小芳　王阿耕
李　阳　杨利强　张　巧

简 要 说 明

一、本篇资料反映陕西国民经济核算情况。

二、国民经济核算资料主要包括生产总值及其有关资料。生产总值是根据不同产业部门、不同支出构成的特点和资料来源情况而采用不同方法计算的。

三、本年鉴公布的国内生产总值以及与之有关的指标数据，如果遇到普查或者重大核算方法改革，在能够获得更详细的基础资料的情况下，国内生产总值的历史数据还会发生变动。2016年，国家统计局改革研发支出的核算方法，将能够为所有者带来经济利益的研发支出不再作为中间消耗，而是作为固定资本形成处理。根据新的核算方法，本年鉴2016年全省数据包含研发支出新增GDP数据。

四、2012年，根据国家质检总局和国家标准委颁布的《国民经济行业分类》（GB/T 4754—2011），国家统计局对《三次产业划分规定》进行了修订，将“农、林、牧、渔业”中的“农、林、牧、渔服务业”，“采矿业”中的“开采辅助活动”，“制造业”中的“金属制品、机械和设备修理业”等三个大类一并调入第三产业。

五、国民经济核算数据绝对数按当年价格计算，速度按可比价格计算。

Brief Introduction

Ⅰ. This chapter reflects the national accounts of Shaanxi Province.

Ⅱ. The data on national accounts mainly include gross domestic product (GDP) and related data. Data on GDP are calculated with various approaches in accordance with the features of various industrial sectors, various expenditure structures and the data resources.

III. Data on GDP and related indicators published in the Yearbook. Where a census has been conducted, or method of siganificant accounting methods is reformed, historical data of GDP of the previous years may also undergo change. In 2016, National Bureau of Statistics reforms the Methodology of Expenditure for Research and Development, which that will bring economic benefit for the owners is not treated as Intermediate Consumption, and is treated as fixed assets formation. In 2016,The whole province R&D expenditure was included in GDP accounting in this Yearbook.

IV. “Classification Rules of Three Strata of Industry” was adjusted by National Bureau of Statistics of China in accordance with “Industrial Classification for National Economic Activities” (GB/T 4754—2011) in 2012, which was promulgated by AQSIQ and SAC. Services in support of agriculture, forestry, animal husbandry and fishery, support activities for mining, repair service of metal products, machinery and equipment are categorized into tertiary industry.

Ⅴ. The data on national accounts are calculated at current prices, and the growth rates are calculated at constant prices.

3.国民经济核算

2016年全省				
生产总值	19399.59	亿元	比上年增长	7.6%
第一产业	1693.85	亿元	比上年增长	4.0%
第二产业	9490.72	亿元	比上年增长	7.3%
第三产业	8215.02	亿元	比上年增长	8.8%
人均生产总值	51015	元	比上年增长	7.1%

生产总值构成

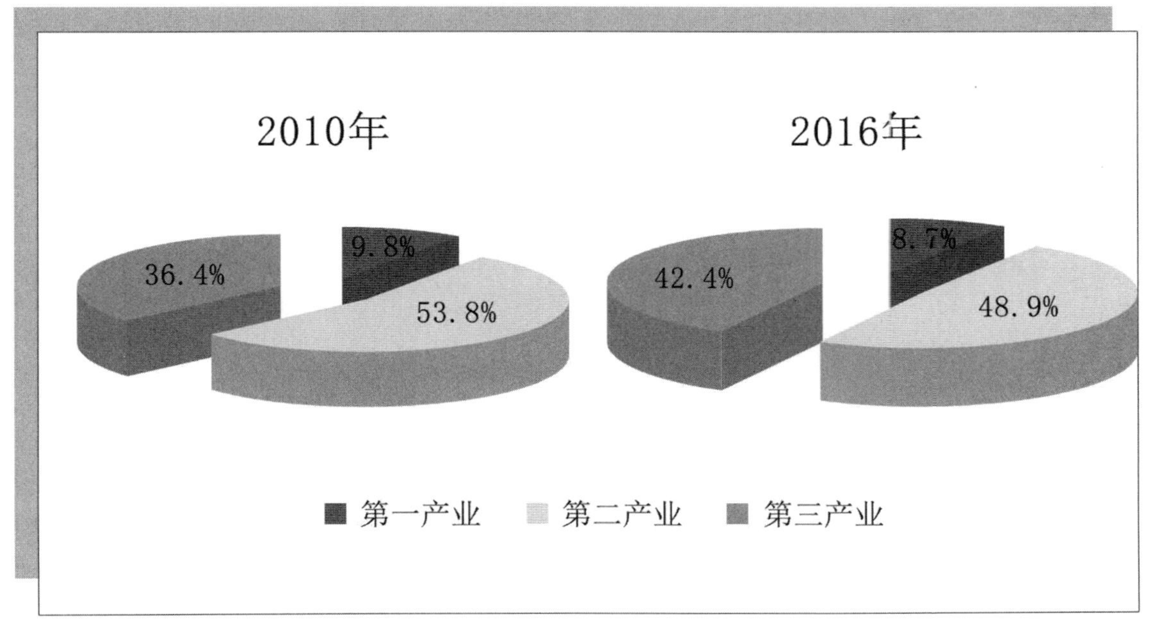

3-1 生产总值
Gross Domestic Product

年 份 Year	生产总值 (亿元) Gross Domestic Product (100 million yuan)	第一产业 Primary Industry	第二产业 Secondary Industry	第三产业 Tertiary Industry	人 均 生产总值 (元) Per Capita GDP (yuan)
1978	81.07	24.70	42.13	14.24	291
1979	94.52	32.52	44.67	17.33	336
1980	94.91	28.47	47.74	18.70	334
1981	102.09	35.40	46.25	20.44	356
1982	111.95	37.02	50.36	24.57	385
1983	123.39	40.00	55.15	28.24	420
1984	149.35	51.05	63.12	35.18	504
1985	180.87	53.39	81.96	45.52	604
1986	208.31	58.00	93.48	56.83	688
1987	244.96	67.84	108.20	68.92	794
1988	314.48	82.69	138.58	93.21	1004
1989	358.37	91.28	158.50	108.59	1124
1990	404.30	105.56	166.95	131.79	1241
1991	468.37	116.88	197.54	153.95	1402
1992	531.63	116.71	232.07	182.85	1571
1993	678.20	148.24	297.49	232.47	1981
1994	839.03	171.81	364.40	302.82	2424
1995	1036.85	217.27	441.67	377.91	2965
1996	1215.84	250.58	514.27	450.99	3446
1997	1363.60	255.42	567.25	540.93	3834
1998	1458.40	266.92	607.82	583.66	4070
1999	1592.64	254.57	681.43	656.64	4415
2000	1804.00	258.22	782.58	763.20	4968
2001	2010.62	263.63	878.82	868.17	5511
2002	2253.39	282.21	1007.56	963.62	6161
2003	2587.72	302.66	1221.17	1063.89	7057
2004	3175.58	372.28	1553.10	1250.20	8638
2005	3933.72	435.77	1951.36	1546.59	10674
2006	4743.61	484.81	2452.44	1806.36	12840
2007	5757.29	592.63	2986.46	2178.20	15546
2008	7314.58	753.72	3861.12	2699.74	19700
2009	8169.80	789.64	4236.42	3143.74	21947
2010	10123.48	988.45	5446.10	3688.93	27133
2011	12512.30	1220.90	6935.59	4355.81	33464
2012	14453.68	1370.16	8073.87	5009.65	38564
2013	16205.45	1460.97	8912.34	5832.14	43117
2014	17689.94	1564.94	9577.24	6547.76	46929
2015	18021.86	1597.63	9082.13	7342.10	47626
2016	19399.59	1693.85	9490.72	8215.02	51015

注：1.本表按当年价格计算。
2.实施研发支出核算方法改革后，2016年包含研发支出新增GDP数据(以下相关表同)。

a) Data in this table are calculated at current prices.

b)As methodology of R&D expenditure accounting is reformed，R&D expenditure was included in GDP accounting in 2016 (The same applies to the relevant tables following).

3-2 生产总值指数
Indices of Gross Domestic Product

(上年=100) (preceding year=100)

年 份 Year	生产总值 Gross Domestic Product	第一产业 Primary Industry	第二产业 Secondary Industry	第三产业 Tertiary Industry	人 均 生产总值 Per Capita GDP
1978	111.0	98.4	114.7	122.2	115.5
1979	107.5	109.1	102.7	123.7	110.0
1980	107.3	109.0	106.4	107.9	98.0
1981	104.5	113.7	96.3	108.1	103.5
1982	109.1	106.5	108.5	115.3	107.6
1983	107.3	101.5	109.5	112.7	106.3
1984	117.8	112.5	120.0	121.9	116.9
1985	116.5	99.3	121.9	131.0	115.1
1986	108.7	104.6	105.9	118.2	107.7
1987	110.0	101.8	110.8	116.6	107.8
1988	121.0	105.3	125.0	127.9	119.2
1989	103.3	106.5	102.8	101.6	101.4
1990	103.4	105.3	101.8	104.5	101.3
1991	107.2	106.8	105.2	110.2	105.7
1992	108.3	103.0	110.4	109.9	106.9
1993	112.1	108.1	115.0	111.5	110.8
1994	108.6	97.0	116.4	106.9	107.4
1995	110.4	104.0	115.2	108.0	109.3
1996	110.9	109.6	112.8	108.9	109.9
1997	110.7	99.7	112.6	114.8	109.8
1998	111.6	107.3	113.8	110.7	110.8
1999	110.3	97.7	112.4	113.7	109.6
2000	110.4	104.0	111.1	112.1	109.6
2001	109.8	101.9	111.2	111.2	109.3
2002	111.1	103.5	113.4	111.0	110.9
2003	111.8	104.1	115.8	109.8	111.5
2004	112.9	108.6	116.7	109.7	112.6
2005	113.7	107.7	116.1	112.5	113.5
2006	113.9	107.4	114.6	114.9	113.7
2007	115.8	105.0	117.5	116.5	115.6
2008	116.4	107.6	118.5	115.8	116.1
2009	113.6	104.9	113.8	115.3	113.3
2010	114.6	105.8	118.0	112.1	114.4
2011	113.9	105.9	116.4	112.5	113.7
2012	112.9	106.0	114.8	111.6	112.6
2013	111.0	104.6	112.6	110.1	110.7
2014	109.7	105.1	110.9	108.9	109.4
2015	107.9	105.1	106.6	110.5	107.5
2016	107.6	104.0	107.3	108.8	107.1

注：本表按不变价格计算。
a) Data in this table are calculated at constant prices.

3-3 生产总值指数
Indices of Gross Domestic Product

(1978年=100) (year of 1978=100)

年份 Year	生产总值 Gross Domestic Product	第一产业 Primary Industry	第二产业 Secondary Industry	第三产业 Tertiary Industry	人均生产总值 Per Capita GDP
1979	107.5	109.1	102.7	123.7	110.0
1980	115.3	118.9	109.3	133.5	107.8
1981	120.5	135.2	105.3	144.3	111.6
1982	131.5	144.0	114.3	166.4	120.1
1983	141.1	146.2	125.2	187.5	127.7
1984	166.2	164.5	150.2	228.6	149.3
1985	193.6	163.3	183.1	299.5	171.8
1986	210.4	170.8	193.9	354.0	185.0
1987	231.4	173.9	214.8	412.8	199.4
1988	280.0	183.1	268.5	528.0	237.7
1989	289.2	195.0	276.0	536.4	241.0
1990	299.0	205.3	281.0	560.5	244.1
1991	320.5	219.3	295.6	617.7	258.0
1992	347.1	225.9	326.3	678.9	275.8
1993	389.1	244.2	375.2	757.0	305.6
1994	422.6	236.9	436.7	809.2	328.2
1995	466.6	246.4	503.1	873.9	358.7
1996	517.5	270.1	567.5	951.7	394.2
1997	572.9	269.3	639.0	1092.6	432.8
1998	639.4	289.0	727.2	1209.5	479.5
1999	705.3	282.4	817.4	1375.2	525.5
2000	778.7	293.7	908.1	1541.6	575.9
2001	855.0	299.3	1009.8	1714.3	629.5
2002	949.9	309.8	1145.1	1902.9	698.1
2003	1062.0	322.5	1326.0	2089.4	778.4
2004	1199.0	350.2	1547.4	2292.1	876.5
2005	1363.3	377.2	1796.5	2578.6	994.8
2006	1552.8	405.1	2058.8	2962.8	1131.1
2007	1798.1	425.4	2419.1	3451.7	1307.6
2008	2093.0	457.7	2866.6	3997.1	1518.1
2009	2377.6	480.1	3262.2	4608.7	1720.0
2010	2724.7	507.9	3849.4	5166.4	1967.7
2011	3103.4	537.9	4480.7	5812.2	2237.3
2012	3503.7	570.2	5143.8	6486.4	2519.2
2013	3889.1	596.4	5791.9	7141.5	2788.8
2014	4266.3	626.8	6423.2	7777.1	3050.9
2015	4603.3	658.8	6847.1	8593.7	3279.7
2016	4953.2	685.2	7346.9	9349.9	3512.6

注：本表按不变价格计算。
a) Data in this table are calculated at constant prices.

3-4 分行业增加值
Value-added of the Tertiary Industry

单位：亿元 (100 million yuan)

年 份 Year	生产总值 Gross Domestic Product	农、林、牧、渔业 Agriculture, Forestry, Animal Husbandry and Fishery	工 业 Industry	建筑业 Construction	交通运输仓储和邮政业 Transport, Storage and Post	批发和零售业 Wholesale and Retail Trades	住宿和餐饮业 Hotels and Catering Services	金融业 Financial Intermediation	房地产业 Real Estate	其 他 Others
1978	81.07	24.70	36.52	5.61	3.15	5.46		1.72	0.99	2.92
1979	94.52	32.52	39.38	5.29	3.83	6.00		2.01	1.21	4.28
1980	94.91	28.47	42.22	5.52	3.91	6.52		2.31	1.22	4.74
1981	102.09	35.40	40.08	6.17	3.65	7.02		2.67	1.37	5.73
1982	111.95	37.02	43.31	7.05	4.69	7.91		4.13	1.47	6.37
1983	123.39	40.00	47.48	7.67	5.48	8.53		4.45	1.62	8.16
1984	149.35	51.05	53.82	9.30	7.79	9.33		4.87	1.72	11.47
1985	180.87	53.39	68.81	13.15	9.95	10.58		5.63	2.28	17.08
1986	208.31	58.00	78.81	14.67	11.57	13.26		6.52	3.15	22.33
1987	244.96	67.84	90.47	17.73	15.60	15.03		7.54	4.11	26.64
1988	314.48	82.69	117.77	20.81	21.17	17.46		8.73	5.99	39.86
1989	358.37	91.28	136.40	22.10	25.45	21.83		10.10	5.86	45.35
1990	404.30	105.56	143.28	23.67	33.79	25.50		11.69	6.78	54.03
1991	468.37	116.88	168.28	29.26	35.36	35.70		13.52	6.81	62.56
1992	531.63	116.71	198.93	33.14	42.32	41.79		15.65	8.22	74.87
1993	678.20	148.24	250.07	47.42	59.59	48.30		18.10	11.30	95.18
1994	839.03	171.81	307.46	56.94	77.31	59.90		20.95	16.87	127.79
1995	1036.85	217.27	377.91	63.76	90.60	86.71		24.24	19.06	157.30
1996	1215.84	250.58	439.66	74.61	99.56	111.91		28.04	22.56	188.92
1997	1363.60	255.42	477.35	89.90	111.71	130.64		32.45	33.62	232.51
1998	1458.40	266.92	500.26	107.56	115.32	138.05		37.55	41.36	251.38
1999	1592.64	254.57	549.01	132.42	127.03	152.28		43.44	47.18	286.71
2000	1804.00	258.22	629.88	152.70	151.75	175.62		50.27	59.42	326.14
2001	2010.62	263.63	706.62	172.20	182.96	202.17		58.16	68.11	356.77
2002	2253.39	282.21	819.51	188.05	203.15	228.35		67.30	77.68	387.14
2003	2587.72	302.66	1006.92	214.25	217.50	256.16		77.87	83.90	428.46
2004	3175.58	372.28	1306.50	246.60	267.10	311.00		90.10	95.90	486.10
2005	3933.72	435.77	1650.63	300.73	246.48	322.13	88.23	127.58	108.62	653.55
2006	4743.61	484.81	2094.02	358.42	291.76	391.68	107.03	152.25	125.20	738.44
2007	5757.29	592.63	2544.42	442.04	326.99	449.39	132.66	231.03	153.98	884.15
2008	7314.58	753.72	3274.57	586.55	378.63	568.68	165.35	287.16	193.27	1106.65
2009	8169.80	789.64	3501.25	735.17	423.24	707.39	175.01	336.21	239.92	1261.97
2010	10123.48	988.45	4558.97	887.13	474.60	856.65	218.16	384.75	315.95	1438.82
2011	12512.30	1220.90	5857.92	1077.67	552.54	1036.35	266.92	432.11	398.03	1669.86
2012	14453.68	1370.16	6847.41	1226.46	617.39	1166.90	312.27	551.20	450.12	1911.77
2013	16205.45	1526.05	7507.34	1452.79	611.11	1289.60	338.51	738.52	518.60	2222.93
2014	17689.94	1635.85	7993.39	1645.65	675.66	1413.16	365.85	948.93	579.44	2432.01
2015	18021.86	1673.22	7344.62	1780.85	713.02	1504.04	432.02	1082.37	695.53	2796.19
2016	19399.59	1776.29	7598.00	1943.20	771.77	1604.40	457.63	1181.54	747.17	3319.59

注：本表按当年价格计算。
a) Data in this table are calculated at current prices.

3-5 分行业增加值指数
Indices of Value-added of the Tertiary Industry

(上年＝100) (preceding year=100)

年 份 Year	生产总值 Gross Domestic Product	农、林、牧、渔业 Agriculture, Forestry, Animal Husbandry and Fishery	工 业 Industry	建筑业 Construction	交通运输仓储和邮政业 Transport, Storage and Post	批发和零售业 Wholesale and Retail Trades	住宿和餐饮业 Hotels and Catering Services	金融业 Financial Intermediation	房地产业 Real Estate	其 他 Others
1978	111.0	98.4	114.7	114.7	122.2	122.2				
1979	107.5	109.1	102.7	102.7	121.6	121.7		121.3	122.2	119.7
1980	107.3	109.0	106.4	106.4	102.1	77.9		156.1	100.8	122.9
1981	104.5	113.7	96.2	96.3	92.3	113.0		114.3	111.5	107.2
1982	109.1	106.5	108.5	108.4	123.3	92.9		152.3	102.2	109.6
1983	107.3	101.5	109.5	109.6	114.6	100.2		106.4	108.6	110.5
1984	117.8	112.5	120.0	119.9	139.0	125.1		106.2	104.0	106.8
1985	116.5	99.3	121.9	122.0	101.0	140.1		108.1	122.3	111.6
1986	108.7	104.6	105.9	105.0	138.1	119.3		109.2	131.3	108.9
1987	110.0	101.8	110.8	110.2	128.8	103.6		106.5	118.3	112.1
1988	121.0	105.3	125.0	121.0	132.3	138.1		97.1	132.6	114.1
1989	103.3	106.5	104.0	95.4	102.9	68.2		97.8	93.2	109.3
1990	103.4	105.3	102.2	96.1	112.2	116.9		114.3	105.2	101.8
1991	107.2	106.8	105.3	104.6	102.5	119.8		109.1	112.4	110.4
1992	108.3	103.0	111.2	105.7	105.9	116.1		105.6	116.3	109.1
1993	112.1	108.1	116.1	107.8	117.2	115.9		103.4	115.6	107.1
1994	108.6	97.0	118.1	104.9	115.2	99.5		97.1	113.4	107.1
1995	110.4	104.0	116.4	106.2	110.4	107.0		105.2	110.3	107.1
1996	110.9	109.6	113.8	104.5	109.5	107.6		106.3	111.2	109.2
1997	110.7	99.7	112.7	111.5	112.5	117.1		110.2	112.6	116.3
1998	111.6	107.3	113.6	115.4	111.2	110.1		115.8	118.1	108.7
1999	110.3	97.7	111.6	119.7	111.6	110.8		116.4	113.9	116.1
2000	110.4	104.0	111.3	109.3	112.5	113.4		114.1	116.6	110.2
2001	109.8	101.9	111.8	108.6	114.9	113.6		113.8	114.2	107.2
2002	111.1	103.5	115.2	106.0	113.9	111.4		115.6	114.0	107.9
2003	111.8	104.1	116.8	111.2	110.6	112.0		113.8	107.1	108.0
2004	112.9	108.6	118.6	107.7	110.4	112.1		110.2	102.0	109.4
2005	113.7	107.7	115.9	117.6	110.5	111.4	116.8	109.9	108.1	114.5
2006	113.9	107.4	114.5	115.2	110.7	116.7	119.7	117.6	112.5	139.9
2007	115.8	105.0	118.1	114.0	111.2	114.4	117.3	119.6	116.9	118.8
2008	116.4	107.6	118.7	117.1	109.3	115.8	111.7	112.5	110.4	120.2
2009	113.6	104.9	111.6	126.5	109.3	122.0	109.0	117.3	120.3	113.8
2010	114.6	105.8	118.7	114.6	108.5	113.5	115.8	110.3	121.3	111.0
2011	113.9	105.9	117.1	112.6	110.2	115.4	113.9	106.1	118.9	111.6
2012	112.9	106.0	115.7	110.1	107.8	109.9	111.2	122.9	109.9	111.3
2013	111.0	104.7	112.7	113.0	101.0	108.6	103.6	128.9	111.8	108.8
2014	109.7	105.2	110.8	111.8	107.4	108.8	104.1	117.0	107.8	107.7
2015	107.9	105.1	105.9	109.3	102.5	107.4	114.3	114.2	109.4	114.1
2016	107.6	104.1	106.8	109.3	106.8	106.4	104.3	111.3	106.0	111.0

注：本表按不变价计算。
a) Data in this table are calculated at constant prices.

3-6 分行业增加值指数
Indices of Value-added of the Tertiary Industry

(1978年＝100) (year of 1978=100)

年 份 Year	生产总值 Gross Domestic Product	农、林、牧、渔业 Agriculture, Forestry, Animal Husbandry and Fishery	工 业 Industry	建筑业 Construction	交通运输仓储和邮政业 Transport, Storage and Post	批发和零售业 Wholesale and Retail Trades	住宿和餐饮业 Hotels and Catering Services	金融业 Financial Intermediation	房地产业 Real Estate	其 他 Others
1978	100.0	100.0	100.0	100.0	100.0	100.0		100.0	100.0	100.0
1979	107.5	109.1	102.7	102.7	121.6	121.7		121.3	122.2	119.7
1980	115.3	118.9	109.3	109.3	124.2	94.8		189.3	123.2	147.1
1981	120.5	135.2	105.1	105.3	114.6	107.1		216.4	137.3	157.7
1982	131.5	144.0	114.0	114.1	141.3	99.5		329.6	140.4	172.8
1983	141.1	146.2	124.8	125.1	161.9	99.7		350.7	152.4	191.0
1984	166.2	164.5	149.8	150.0	225.1	124.8		372.5	158.5	204.0
1985	193.6	163.3	182.6	183.0	227.3	174.8		402.6	193.9	227.6
1986	210.4	170.8	193.4	192.2	313.9	208.5		439.7	254.6	247.9
1987	231.4	173.9	214.3	211.8	404.3	216.0		468.2	301.2	277.9
1988	280.0	183.1	267.9	256.3	535.0	298.3		454.7	399.3	317.1
1989	289.2	195.0	278.6	244.5	550.5	203.5		444.7	372.2	346.6
1990	299.0	205.3	284.7	235.0	617.6	237.8		508.3	391.5	352.8
1991	320.5	219.3	299.8	245.8	633.1	284.9		554.5	440.1	389.5
1992	347.1	225.9	333.4	259.8	670.4	330.8		585.6	511.8	424.9
1993	389.1	244.2	387.1	280.1	785.7	383.4		605.5	591.7	455.1
1994	422.6	236.9	457.2	293.8	905.2	381.5		587.9	670.9	487.4
1995	466.6	246.4	532.2	312.0	999.3	408.2		618.5	740.1	522.0
1996	517.5	270.1	605.6	326.0	1094.2	439.2		657.4	822.9	570.1
1997	572.9	269.3	682.5	363.5	1231.0	514.3		724.5	926.6	663.0
1998	639.4	289.0	775.3	419.5	1368.9	566.3		839.0	1094.4	720.7
1999	705.3	282.4	865.2	502.1	1527.7	627.4		976.6	1246.5	836.7
2000	778.7	293.7	963.0	548.8	1718.6	711.5		1114.3	1453.4	922.0
2001	855.0	299.3	1076.6	596.0	1974.7	808.2		1268.0	1659.8	988.4
2002	949.9	309.8	1240.2	631.8	2249.2	900.4		1465.8	1892.1	1066.5
2003	1062.0	322.5	1448.6	702.6	2487.6	1008.4		1668.1	2026.5	1151.8
2004	1199.0	350.2	1718.0	756.7	2746.3	1130.5		1838.3	2067.0	1260.1
2005	1363.3	377.2	1991.2	889.9	3034.7	1259.3		2020.3	2234.4	1442.8
2006	1552.8	405.1	2279.9	1025.2	3359.4	1469.6		2375.8	2513.7	2018.5
2007	1798.1	425.4	2692.6	1168.7	3735.6	1681.3		2841.5	2938.5	2398.0
2008	2093.0	457.7	3196.1	1368.5	4083.0	1946.9		3196.7	3244.2	2882.3
2009	2377.6	480.1	3566.8	1731.2	4462.8	2375.2		3749.7	3902.7	3280.1
2010	2724.7	507.9	4233.8	1984.0	4842.1	2695.9		4135.9	4734.0	3640.9
2011	3103.4	537.9	4957.8	2234.0	5336.0	3111.1		4388.2	5628.7	4063.2
2012	3503.7	570.2	5736.2	2459.6	5752.2	3419.1		5393.1	6185.9	4522.3
2013	3889.1	597.0	6464.7	2779.3	5809.7	3713.1		6951.7	6915.8	4920.3
2014	4266.3	628.0	7162.9	3107.3	6239.6	4039.9		8133.5	7455.3	5299.2
2015	4603.3	660.0	7585.5	3396.3	6395.6	4338.9		9288.5	8156.1	6046.4
2016	4955.0	687.1	8103.7	3712.1	6830.5	4616.5		10338.1	8645.5	6711.5

注：本表按不变价计算。

a) Data in this table are calculated at constant prices.

3-7 三次产业贡献率

Share of the Contributions of the Three Strata of Industry to the Increase of the GDP

单位：% (%)

年 份 Year	生产总值 Gross Domestic Product	第一产业 Primary Industry	第二产业 Secondary Industry	第三产业 Tertiary Industry
2000	100.0	5.9	54.5	39.6
2001	100.0	2.8	49.1	48.1
2002	100.0	4.2	53.4	42.4
2003	100.0	4.3	60.1	35.6
2004	100.0	7.7	60.4	31.9
2005	100.0	6.2	56.7	37.1
2006	100.0	5.9	52.0	42.1
2007	100.0	3.3	55.2	41.5
2008	100.0	4.4	57.0	38.6
2009	100.0	3.1	52.1	44.8
2010	100.0	3.2	63.4	33.4
2011	100.0	4.1	63.2	32.7
2012	100.0	4.2	63.4	32.4
2013	100.0	3.4	63.6	33.0
2014	100.0	4.0	63.3	32.7
2015	100.0	4.8	47.6	47.6
2016	100.0	4.6	47.9	47.5

注：三次产业贡献率指各产业增加值增量与GDP增量之比。

a) Share of the contributions of the three strata of industry to the increase of the GDP refers to the proportion of the increment of the value-added of each industry to the increment of GDP.

3-8 三次产业拉动率

Contribution of the Three Strata of Industry to GDP Growth

单位：% (%)

年 份 Year	生产总值 Gross Domestic Product	第一产业 Primary Industry	第二产业 Secondary Industry	第三产业 Tertiary Industry
2000	10.4	0.6	5.7	4.1
2001	9.8	0.3	4.8	4.7
2002	11.1	0.5	5.9	4.7
2003	11.8	0.5	7.1	4.2
2004	12.9	1.0	7.8	4.1
2005	13.7	0.8	7.8	5.1
2006	13.9	0.8	7.2	5.9
2007	15.8	0.5	8.7	6.6
2008	16.4	0.7	9.4	6.3
2009	13.6	0.4	7.1	6.1
2010	14.6	0.5	9.2	4.9
2011	13.9	0.6	8.8	4.5
2012	12.9	0.5	8.2	4.2
2013	11.0	0.4	7.0	3.6
2014	9.7	0.4	6.1	3.2
2015	7.9	0.3	3.8	3.8
2016	7.6	0.4	3.6	3.6

注：三次产业拉动率指GDP增长速度与各产业贡献率之乘积。

a) Contribution of the three strata of industry to GDP growth refers to the growth rate of GDP multiplied by the contribution share of every industry.

3-9 分行业增加值构成(2016年)
Value-added by Sector(2016)

行　　业	Sector	增加值(亿元) Value Added (100 million yuan)	构　成(%) Composition (%)	2016年比2015年增长% Growth Rate in 2016 over 2015(%)
总　　计	**Total**	**19399.59**	**100.0**	**7.6**
农、林、牧、渔业	Agriculture, Forestry, Animal Husbandry and Fishery	1776.29	9.2	4.1
工　业	Industry	7598.00	39.2	6.8
建筑业	Construction	1943.20	10.0	9.3
交通运输、仓储和邮政业	Traffic, Transport, Storage and Post	771.77	4.0	6.8
批发和零售业	Wholesale and Retail Trades	1604.40	8.3	6.4
住宿和餐饮业	Hotels and Catering Services	457.63	2.4	4.3
金融业	Financial Intermediation	1181.54	6.1	11.3
房地产业	Real Estate	747.17	3.9	6.0
其他服务业	Others	3319.59	17.1	11.0
营利性服务业	Profit Services	1064.85	5.5	24.2
非营利性服务业	Non-profit Services	2254.74	11.6	5.5
第一产业	Primary Industry	1693.85	8.7	4.0
第二产业	Secondary Industry	9490.72	48.9	7.3
第三产业	Tertiary Industry	8215.02	42.4	8.8

注：本表增加值及构成按当年价格计算，增长速度按不变价格计算。
a) Value added and Compositionin in this table are calculated at current prices.The growth rates are calculated at constant prices.

3-10 非公有制经济增加值
Value-added of Non-public Economy

年　份 Year	非公有制经济增加值(亿元) Value-added of Non-public Economy (100 million yuan)	第一产业 Primary Industry	第二产业 Secondary Industry	第三产业 Tertiary Industry	非公有制经济增加值占生产总值比重(%) Value-added of Non-public Economy as Percentage of GDP(%)	第一产业 Primary Industry	第二产业 Secondary Industry	第三产业 Tertiary Industry
2005	1651.14	129.53	728.34	793.27	43.3	29.7	37.6	54.4
2006	2059.16	144.64	991.70	922.82	44.4	29.8	40.9	53.1
2007	2599.06	177.49	1313.63	1107.94	45.6	30.0	44.3	51.6
2008	3462.21	245.79	1817.01	1399.41	47.3	32.6	47.1	51.8
2009	3971.78	248.74	1998.65	1724.39	48.6	31.5	47.2	54.9
2010	5011.39	294.56	2583.52	2133.31	49.5	29.8	47.4	57.8
2011	6318.20	359.80	3355.98	2602.43	50.5	29.5	48.4	59.8
2012	7398.04	488.74	3955.51	2953.79	51.2	35.7	49.0	59.0
2013	8459.01	463.91	4551.32	3443.78	52.2	32.6	51.1	59.0
2014	9323.58	455.75	4999.02	3868.80	52.7	30.1	52.2	59.1
2015	9630.16	490.92	4778.59	4360.65	53.4	30.7	52.6	59.4
2016	10430.18	479.85	5091.60	4858.73	53.8	28.3	53.6	59.1

注：本表按当年价格计算。
a) Data in this table are calculated at current prices.

3-11 各市(区)生产总值
Gross Domestic Product by City(District)

地 区 年 份 Region Year	生产总值 (亿元) Gross Domestic Product (100 million yuan)	第一产业 Primary Industry	第二产业 Secondary Industry	第三产业 Tertiary Industry	人 均 生产总值 (元) Per Capita GDP (yuan)
西安市 Xi' an					
2000	646.13	44.65	277.13	324.35	9484
2001	734.86	45.87	312.90	376.09	10628
2002	826.68	47.77	353.58	425.33	11831
2003	946.66	50.72	407.38	488.56	13341
2004	1102.39	60.21	476.92	565.26	15294
2005	1313.93	66.01	540.50	707.42	16406
2006	1538.94	70.44	645.65	822.85	18890
2007	1856.63	82.51	781.94	992.18	22463
2008	2318.14	103.45	981.58	1233.11	27794
2009	2724.88	110.38	1144.75	1469.75	32420
2010	3242.86	140.06	1357.53	1745.27	38357
2011	3869.84	173.14	1583.21	2113.49	45561
2012	4394.47	195.59	1781.09	2417.79	51499
2013	4924.97	200.45	1998.82	2725.70	57464
2014	5492.64	214.55	2194.78	3083.31	63794
2015	5801.20	220.20	2126.29	3454.71	66938
2016	6282.65	232.01	2200.36	3850.28	71647
铜川市 Tongchuan					
2000	34.55	4.02	15.53	15.00	4171
2001	37.08	3.85	16.42	16.81	4448
2002	40.90	4.12	18.50	18.28	4889
2003	48.69	4.10	23.26	21.33	5804
2004	59.49	5.02	30.56	23.91	7069
2005	71.84	5.87	38.67	27.30	8582
2006	86.41	6.33	49.08	31.00	10993
2007	102.81	7.84	58.81	36.16	12331
2008	129.87	9.68	77.94	42.25	15508
2009	154.40	10.81	93.73	49.86	18375
2010	187.73	14.18	116.50	57.05	22509
2011	232.63	17.41	147.41	67.81	27806
2012	273.31	19.47	176.82	77.02	32556
2013	323.27	20.96	210.85	91.46	38402
2014	325.36	22.61	204.88	97.87	38550
2015	307.16	22.76	170.31	114.09	36322
2016	311.61	23.91	159.76	127.94	36803

注：1. 本表按当年价格计算。
2. 人均生产总值2004年以前按户籍人口计算，2005年及以后按常住人口计算。

a) Data in this table are calculated at current prices.
b) Per Capita GDP are calculated at usual residents since 2005，while were were taken from the statistics of household registration before 2004.

3-11 续表 1 continued

地区 年份 Region Year	生产总值 (亿元) Gross Domestic Product (100 million yuan)	第一产业 Primary Industry	第二产业 Secondary Industry	第三产业 Tertiary Industry	人均生产总值 (元) Per Capita GDP (yuan)
宝鸡市 Baoji					
2000	195.34	23.18	98.32	73.84	5425
2001	221.88	25.59	114.88	81.41	6097
2002	250.37	27.07	132.18	91.12	6863
2003	287.35	30.66	154.30	102.39	7847
2004	353.24	40.06	196.67	116.51	9594
2005	414.52	44.30	240.13	130.09	11103
2006	490.31	49.70	293.45	147.16	13082
2007	578.78	60.86	345.91	172.01	15402
2008	714.07	78.30	434.70	201.07	18992
2009	807.50	85.18	491.08	231.24	21551
2010	978.22	104.20	614.42	259.60	26258
2011	1179.60	128.56	749.25	301.79	31682
2012	1380.33	143.26	895.92	341.15	36987
2013	1545.91	157.65	1007.72	380.54	41327
2014	1642.90	161.33	1051.65	429.92	43824
2015	1787.63	165.13	1141.43	481.07	47565
2016	1932.14	171.46	1227.06	533.62	51262
咸阳市 Xianyang					
2000	234.46	52.45	102.33	79.68	4980
2001	257.08	53.62	109.26	94.20	5402
2002	281.89	55.36	122.17	104.36	5879
2003	316.77	60.43	140.82	115.52	6564
2004	374.77	74.82	169.77	130.18	7698
2005	432.49	89.10	191.99	151.40	8683
2006	483.87	98.34	220.41	165.12	9721
2007	588.48	120.39	271.39	196.70	11804
2008	764.55	148.97	382.65	232.93	15285
2009	873.20	157.41	434.02	281.77	17434
2010	1098.68	203.29	573.27	322.12	22469
2011	1361.32	252.46	740.40	368.46	27751
2012	1573.68	283.10	876.78	413.80	31982
2013	1860.39	299.56	1073.73	487.10	37695
2014	2085.15	321.72	1227.70	535.73	42128
2015	2152.92	328.78	1230.41	593.73	43365
2016	2390.97	345.32	1385.00	660.65	48016
渭南市 Weinan					
2000	165.47	37.43	60.42	67.62	3149
2001	181.45	39.45	64.56	77.44	3424
2002	201.53	41.55	73.93	86.05	3790
2003	230.39	44.34	91.08	94.97	4320
2004	280.71	52.96	119.81	107.94	5267
2005	330.17	58.66	148.71	122.80	6052
2006	377.40	63.13	171.83	142.44	6907
2007	456.95	80.19	206.06	170.70	8402
2008	563.09	96.26	256.22	210.61	10378
2009	636.96	100.55	294.44	241.97	12041
2010	801.42	128.94	394.55	277.93	15149
2011	1028.97	160.47	545.19	323.31	19424
2012	1157.32	171.54	610.67	375.11	21783
2013	1321.81	193.09	710.74	417.98	24816
2014	1423.75	207.16	751.34	465.25	26675
2015	1430.41	213.92	697.70	518.79	26729
2016	1488.62	224.81	685.20	578.61	27743

3-11 续表 2 continued

地 区 年 份 Region Year	生产总值 (亿元) Gross Domestic Product (100 million yuan)	第一产业 Primary Industry	第二产业 Secondary Industry	第三产业 Tertiary Industry	人 均 生产总值 (元) Per Capita GDP (yuan)
延安市 Yan' an					
2000	130.63	19.13	78.69	32.81	6690
2001	158.33	22.68	98.38	37.27	8021
2002	179.71	24.94	113.35	41.42	9010
2003	218.33	23.03	151.00	44.30	10746
2004	275.36	25.86	188.99	60.51	13289
2005	394.65	29.47	286.90	78.28	18815
2006	541.86	34.52	415.77	91.57	25567
2007	647.46	41.32	498.40	107.74	30432
2008	760.84	52.15	578.20	130.49	35555
2009	728.26	55.07	515.89	157.30	33899
2010	885.42	71.19	635.49	178.74	40621
2011	1113.35	86.69	815.45	211.21	50807
2012	1271.02	97.06	934.85	239.11	57876
2013	1354.14	105.00	974.39	274.75	61493
2014	1386.09	113.70	968.89	303.50	62714
2015	1198.27	110.88	724.79	362.60	53908
2016	1082.91	117.62	574.20	391.09	48300
汉中市 Hanzhong					
2000	119.23	31.41	38.41	49.41	3250
2001	129.32	31.55	42.28	55.49	3503
2002	141.31	32.91	47.45	60.95	3819
2003	163.44	36.79	56.57	70.08	4402
2004	192.94	43.01	75.49	74.44	5172
2005	217.72	48.07	85.38	84.27	6255
2006	249.83	55.64	99.01	95.18	7158
2007	299.71	66.77	115.39	117.55	8562
2008	366.19	87.64	135.03	143.52	10435
2009	415.64	91.71	152.48	171.45	11819
2010	509.70	110.39	199.50	199.81	14907
2011	647.48	142.29	267.58	237.61	18952
2012	754.57	159.47	320.42	274.68	22084
2013	890.31	171.52	391.01	327.78	26020
2014	1002.83	183.98	453.60	365.25	29252
2015	1059.61	191.53	459.02	409.06	30849
2016	1156.49	205.74	495.03	455.72	33597
榆林市 Yulin					
2000	105.05	13.98	46.60	44.47	3264
2001	129.31	13.03	62.10	54.18	3942
2002	162.83	17.68	83.37	61.78	4953
2003	204.76	19.31	113.30	72.15	6176
2004	278.53	26.24	171.05	81.24	8310
2005	447.63	28.34	260.06	159.23	13602
2006	592.34	35.33	358.05	198.96	17943
2007	795.98	47.47	503.92	244.59	24007
2008	1172.76	66.11	796.10	310.55	35177
2009	1302.31	70.09	860.78	371.44	38950
2010	1756.67	92.16	1205.77	458.74	52448
2011	2292.25	111.91	1629.66	550.68	68358
2012	2669.88	125.88	1928.53	615.47	79587
2013	2779.46	134.88	1915.09	729.49	82633
2014	2920.58	145.04	1966.78	808.76	86482
2015	2491.89	143.69	1523.69	824.51	73453
2016	2773.05	162.44	1684.69	925.92	81764

3-11 续表 3 continued

地 区 年 份 Region Year	生产总值 (亿元) Gross Domestic Product (100 million yuan)	第一产业 Primary Industry	第二产业 Secondary Industry	第三产业 Tertiary Industry	人 均 生产总值 (元) Per Capita GDP (yuan)
安康市 Ankang					
2000	74.80	22.76	20.29	31.75	2561
2001	80.74	23.50	21.33	35.91	2758
2002	91.08	24.59	24.42	42.07	3107
2003	105.03	26.61	28.72	49.70	3577
2004	121.97	31.50	35.18	55.29	4141
2005	143.76	36.71	42.83	64.22	5413
2006	163.57	42.44	49.05	72.08	6175
2007	191.37	48.69	60.71	81.97	7218
2008	241.24	63.79	79.42	98.03	9087
2009	274.95	65.59	96.83	112.53	10341
2010	327.06	67.07	130.95	129.04	12428
2011	407.17	72.01	183.13	152.03	15477
2012	496.91	80.95	243.47	172.49	18878
2013	604.55	88.73	315.99	199.83	22938
2014	689.44	93.01	371.03	225.40	26117
2015	755.05	96.06	403.39	255.60	28536
2016	842.86	100.12	450.64	292.10	31770
商洛市 Shangluo					
2000	55.47	17.27	18.20	20.00	2348
2001	58.89	18.00	15.99	24.90	2489
2002	65.63	19.11	18.12	28.40	2792
2003	75.59	21.33	22.45	31.81	3188
2004	105.03	22.92	35.47	46.64	4393
2005	114.43	25.43	37.25	51.75	4800
2006	137.77	28.31	46.64	62.82	5787
2007	160.40	33.87	55.19	71.34	6737
2008	197.45	44.57	71.18	81.70	8272
2009	224.47	46.65	83.75	94.07	9383
2010	285.90	58.05	117.82	110.03	12194
2011	362.95	70.61	163.03	129.31	15513
2012	423.31	79.43	195.14	148.74	18097
2013	510.88	85.20	258.97	166.71	21795
2014	574.99	90.82	298.39	185.78	24484
2015	618.52	91.75	318.60	208.17	26274
2016	692.13	96.65	364.88	230.60	29271
杨凌示范区 Yangling					
2000	6.20	0.83	2.06	3.31	4941
2001	7.71	0.89	2.63	4.19	5887
2002	9.29	0.94	3.47	4.88	6796
2003	12.33	1.06	5.23	6.04	8805
2004	15.39	1.31	7.19	6.89	10915
2005	17.36	1.42	8.05	7.89	11306
2006	20.75	1.83	9.46	9.46	13306
2007	25.16	2.21	11.23	11.72	15874
2008	30.32	2.78	13.16	14.38	18873
2009	35.59	3.01	15.45	17.13	19670
2010	47.63	3.75	23.50	20.37	23689
2011	61.20	5.31	31.54	24.35	30373
2012	68.17	5.76	34.36	28.05	33771
2013	85.51	6.44	46.91	32.16	42290
2014	97.11	6.92	53.95	36.24	47910
2015	105.85	7.13	54.84	43.88	52093
2016	119.20	7.61	63.12	48.47	58386

3-12 各市(区)生产总值指数

Indices of Gross Domestic Product by City(District)

(上年=100) (preceding year=100)

地 区 年 份 Region Year	生产总值 Gross Domestic Product	第一产业 Primary Industry	第二产业 Secondary Industry	第三产业 Tertiary Industry	人 均 生产总值 Per Capita GDP
西安市 Xi' an					
2000	113.0	103.5	115.1	111.5	111.4
2001	113.1	102.5	115.3	112.6	111.4
2002	113.3	103.1	115.0	113.0	112.1
2003	113.5	101.8	117.5	111.2	111.7
2004	113.5	106.7	115.9	112.0	111.7
2005	114.0	107.5	112.3	116.3	112.2
2006	114.0	107.1	113.7	114.9	112.9
2007	115.6	104.5	115.7	116.4	113.9
2008	116.3	107.6	116.4	116.9	115.3
2009	114.5	106.3	112.8	116.3	113.7
2010	114.5	106.9	115.2	114.5	113.8
2011	113.5	106.7	112.5	114.9	113.0
2012	112.2	106.0	112.0	112.9	111.7
2013	111.1	104.7	113.6	109.7	110.6
2014	109.9	105.1	109.3	110.7	109.4
2015	108.2	105.0	105.6	110.4	107.5
2016	108.6	103.8	108.5	109.0	107.4
铜川市 Tongchuan					
2000	108.3	108.1	108.5	108.1	107.7
2001	107.2	98.5	105.8	110.9	106.5
2002	110.0	104.8	111.8	109.5	109.6
2003	111.5	105.8	113.2	111.3	111.2
2004	112.4	116.1	113.9	110.3	112.0
2005	112.7	106.9	113.2	113.2	113.3
2006	115.0	108.0	119.5	110.2	115.8
2007	115.3	104.9	118.5	112.7	115.0
2008	117.1	107.8	119.9	114.3	116.6
2009	115.2	106.3	114.0	118.9	114.9
2010	115.6	107.7	118.1	112.8	115.3
2011	116.0	107.3	118.0	114.2	115.7
2012	115.8	106.3	119.4	110.5	115.4
2013	113.8	104.9	117.2	107.8	113.4
2014	110.5	104.8	111.0	110.6	110.2
2015	108.5	105.2	107.7	111.1	108.3
2016	107.0	104.3	106.3	108.5	106.8

注：本表按不变价格计算。
a) Data in this table are calculated at constant prices.

3-12 续表 1 continued

(上年=100) (preceding year=100)

地区 年份 Region Year	生产总值 Gross Domestic Product	第一产业 Primary Industry	第二产业 Secondary Industry	第三产业 Tertiary Industry	人均生产总值 Per Capita GDP
宝鸡市 Baoji					
2000	110.5	100.6	112.4	111.1	109.1
2001	108.2	98.9	110.2	108.3	107.0
2002	110.5	103.8	113.0	109.0	110.2
2003	112.9	107.2	116.3	109.7	112.5
2004	115.1	112.0	119.2	109.7	114.4
2005	113.0	110.2	116.1	108.9	113.1
2006	113.1	108.0	116.4	108.8	112.7
2007	114.8	104.4	117.3	112.2	114.5
2008	115.5	107.4	118.3	112.3	115.9
2009	115.0	106.2	116.7	113.9	115.5
2010	114.4	106.9	117.2	110.3	114.0
2011	114.5	106.1	117.5	111.0	114.3
2012	115.1	105.7	118.5	109.9	114.8
2013	113.0	104.5	115.3	109.5	112.7
2014	110.8	104.9	111.9	109.4	110.6
2015	110.5	105.4	111.4	109.3	110.1
2016	109.3	103.7	110.1	109.1	108.9
咸阳市 Xianyang					
2000	111.7	106.5	111.3	115.4	107.8
2001	109.0	104.3	105.7	116.2	107.8
2002	112.0	102.5	117.9	110.6	111.3
2003	113.2	107.6	117.5	110.8	112.0
2004	114.9	110.6	119.3	111.2	113.5
2005	112.6	108.1	114.1	113.2	110.1
2006	111.5	107.1	114.7	110.1	111.6
2007	112.3	104.5	115.5	112.4	112.1
2008	116.0	107.5	119.3	116.1	115.6
2009	114.2	106.3	115.1	117.0	114.1
2010	114.5	107.8	118.7	111.7	114.3
2011	114.2	107.2	119.6	109.1	113.9
2012	114.5	106.1	119.8	109.3	114.1
2013	113.1	104.3	116.5	110.7	112.7
2014	110.9	105.0	113.5	108.2	110.5
2015	108.7	105.3	109.3	109.0	108.3
2016	107.7	103.8	108.3	108.4	107.3
渭南市 Weinan					
2000	108.2	104.3	107.5	112.0	107.2
2001	108.3	104.4	107.2	111.4	107.4
2002	110.4	104.0	113.9	110.7	110.0
2003	109.5	101.5	116.4	107.3	109.2
2004	112.6	106.3	119.1	109.2	112.2
2005	112.4	105.5	117.7	109.6	111.8
2006	112.9	107.3	114.8	113.3	112.7
2007	114.2	104.9	115.5	116.7	114.7
2008	116.3	107.6	117.3	118.7	116.6
2009	114.3	106.5	116.3	114.7	114.2
2010	115.0	107.3	120.7	110.6	115.0
2011	115.0	107.0	120.6	110.9	114.9
2012	114.5	106.1	119.6	110.3	114.1
2013	112.0	104.6	115.3	109.5	111.7
2014	110.5	104.9	112.1	109.7	110.2
2015	108.5	105.5	108.6	109.5	108.2
2016	107.5	104.1	107.5	108.7	107.2

3-12 续表 2 continued

(上年=100) (preceding year=100)

地 区 年 份 Region Year	生产总值 Gross Domestic Product	第一产业 Primary Industry	第二产业 Secondary Industry	第三产业 Tertiary Industry	人 均 生产总值 Per Capita GDP
延安市 Yan' an					
2000	109.8	103.1	114.9	109.5	108.7
2001	112.4	101.0	116.4	109.5	111.2
2002	112.3	104.0	114.9	109.9	111.2
2003	115.5	102.0	121.5	106.6	113.3
2004	119.8	105.7	126.0	107.7	117.5
2005	116.2	110.2	118.8	110.0	114.8
2006	116.5	110.6	118.3	112.2	115.3
2007	115.1	104.5	115.4	117.6	114.6
2008	116.3	107.1	117.0	116.6	115.6
2009	112.2	106.3	110.5	120.2	111.7
2010	113.6	107.0	114.8	111.0	112.7
2011	111.0	107.4	110.9	112.8	110.4
2012	110.5	106.1	110.3	112.7	110.3
2013	106.5	104.3	105.6	110.1	106.2
2014	106.2	105.5	105.3	109.3	105.8
2015	101.7	104.7	99.4	107.5	101.1
2016	101.3	104.8	97.9	107.0	100.4
汉中市 Hanzhong					
2000	108.2	103.8	109.3	110.2	107.5
2001	106.6	102.5	108.0	109.0	105.9
2002	107.2	101.7	108.7	109.2	107.0
2003	109.1	105.9	111.8	108.4	108.7
2004	110.9	109.1	115.9	107.8	110.4
2005	111.9	109.2	112.0	113.0	111.2
2006	112.1	108.1	115.6	110.8	111.8
2007	113.9	106.0	114.9	117.3	113.6
2008	113.8	107.9	113.8	116.8	113.5
2009	114.5	106.4	113.6	119.3	114.3
2010	115.1	106.6	119.6	114.3	115.2
2011	115.5	106.6	122.2	113.7	115.6
2012	115.2	105.8	121.8	112.9	115.1
2013	112.7	105.3	118.6	109.3	112.5
2014	111.6	105.4	115.5	109.5	111.4
2015	109.6	105.0	110.4	110.4	109.3
2016	109.0	104.5	110.7	109.1	108.7
榆林市 Yulin					
2000	114.3	128.0	113.3	109.1	112.5
2001	114.2	92.4	116.3	118.9	112.4
2002	112.7	115.9	116.2	108.3	112.1
2003	117.5	120.3	121.9	112.0	116.6
2004	117.9	104.2	125.3	112.9	116.6
2005	120.0	103.1	124.7	115.8	119.4
2006	119.3	108.7	122.6	115.9	125.2
2007	121.4	106.4	124.3	118.9	120.9
2008	125.3	108.3	125.7	127.1	124.6
2009	113.3	106.6	111.6	117.2	113.0
2010	118.3	107.8	119.1	118.2	118.3
2011	115.0	106.0	116.3	113.5	114.9
2012	112.0	105.9	113.6	108.8	111.9
2013	108.8	104.5	109.6	107.4	108.5
2014	109.0	105.4	109.9	107.2	108.6
2015	104.0	104.4	104.3	103.0	103.5
2016	106.5	104.8	104.1	111.2	106.3

3-12 续表 3 continued

(上年=100) (preceding year=100)

地 区 年 份 Region Year	生产总值 Gross Domestic Product	第一产业 Primary Industry	第二产业 Secondary Industry	第三产业 Tertiary Industry	人 均 生产总值 Per Capita GDP
安康市 Ankang					
2000	105.8	106.0	102.8	108.9	105.6
2001	106.4	104.6	102.9	109.9	106.1
2002	108.6	101.3	110.9	112.1	108.5
2003	108.6	98.8	113.1	112.1	108.4
2004	109.2	109.2	113.2	106.7	108.9
2005	109.8	110.4	109.1	109.9	109.6
2006	110.4	108.0	112.5	110.4	110.7
2007	112.8	106.3	116.5	113.9	112.7
2008	115.4	107.7	121.6	115.2	115.3
2009	115.0	106.2	120.2	115.5	114.8
2010	115.0	106.4	121.5	113.9	115.0
2011	115.5	106.5	122.9	112.6	115.5
2012	115.2	105.7	123.6	110.5	115.1
2013	113.4	105.1	119.8	109.5	113.3
2014	111.7	105.5	115.7	109.1	111.5
2015	112.1	104.9	114.8	111.3	111.8
2016	111.3	104.1	114.2	109.3	111.0
商洛市 Shangluo					
2000	110.4	105.0	117.0	110.8	110.0
2001	108.5	102.8	113.2	109.9	106.0
2002	110.0	104.5	112.2	112.7	111.5
2003	109.3	105.9	112.6	109.3	109.1
2004	109.4	107.7	108.0	111.4	109.2
2005	109.9	107.7	110.4	110.6	109.6
2006	110.8	106.5	111.2	112.6	110.5
2007	112.8	106.3	114.6	114.5	112.5
2008	115.8	107.2	119.9	116.6	115.5
2009	114.1	106.4	115.8	115.8	113.8
2010	114.9	106.5	119.5	114.7	115.3
2011	115.1	106.5	121.2	113.1	115.3
2012	114.8	105.9	120.7	112.5	114.9
2013	112.6	105.0	118.0	109.4	112.3
2014	111.0	104.6	115.2	108.1	110.7
2015	111.2	104.9	113.5	110.7	111.0
2016	110.0	103.7	112.9	108.4	109.5
杨凌示范区 Yangling					
2000	117.7	105.3	110.9	125.0	113.4
2001	123.8	105.9	127.3	126.2	118.5
2002	117.5	104.2	127.7	113.8	112.6
2003	121.0	106.6	131.8	116.1	118.1
2004	116.7	115.5	127.0	108.6	115.9
2005	115.1	114.2	117.6	112.9	112.5
2006	113.4	114.8	108.2	118.4	111.6
2007	113.7	106.7	105.2	122.9	111.9
2008	113.2	107.1	105.3	120.3	111.6
2009	112.9	106.7	113.3	113.4	111.4
2010	115.5	108.0	119.1	113.9	115.3
2011	116.5	108.1	120.4	113.6	116.3
2012	114.7	106.9	119.9	109.8	114.5
2013	114.0	105.2	117.2	111.1	113.8
2014	112.5	104.9	114.5	110.8	112.2
2015	112.2	104.9	112.6	112.9	112.0
2016	110.1	104.3	112.8	107.5	109.6

3-13 各市(区)非公有制经济增加值
Value-added of Non-public Economy by City(District)

地 区	Region	非公有制经济增加值(亿元) Value-added of Non-public Economy (100 million yuan)						
		2010	2011	2012	2013	2014	2015	2016
全 省	**Shaanxi**	**5011.39**	**6318.20**	**7398.04**	**8459.01**	**9323.58**	**9630.16**	**10430.18**
西安市	Xi'an	1611.28	1952.78	2244.25	2569.20	2892.90	3060.38	3314.20
铜川市	Tongchuan	82.13	107.48	129.00	154.62	158.20	154.25	160.73
宝鸡市	Baoji	471.30	578.48	681.17	773.29	822.60	895.61	974.65
咸阳市	Xianyang	532.92	668.87	786.81	944.95	1072.42	1121.60	1267.00
渭南市	Weinan	350.19	459.62	526.82	610.86	676.86	695.19	736.92
延安市	Yan'an	151.47	201.55	235.25	266.65	292.62	280.77	282.99
汉中市	Hanzhong	252.35	327.03	387.88	467.60	516.86	545.60	595.87
榆林市	Yulin	632.37	828.49	1004.65	1081.25	1179.98	1021.56	1164.48
安康市	Ankang	156.53	198.52	247.20	307.86	364.78	408.86	467.37
商洛市	Shangluo	138.93	180.09	211.78	260.15	296.60	328.45	375.42
杨凌示范区	Yangling	23.05	29.68	32.43	43.08	49.17	56.78	66.15

3-13 续表 continued

地 区	Region	非公有制经济增加值占生产总值比重(%) Value-added of Non-public Economy as Percentage of GDP (%)						
		2010	2011	2012	2013	2014	2015	2016
全 省	**Shaanxi**	**49.5**	**50.5**	**51.2**	**52.2**	**52.7**	**53.4**	**53.8**
西安市	Xi'an	49.7	50.6	51.4	52.2	52.7	52.8	52.8
铜川市	Tongchuan	43.8	46.2	47.2	48.1	48.6	50.2	51.6
宝鸡市	Baoji	48.3	49.2	49.6	50.0	50.1	50.1	50.4
咸阳市	Xianyang	48.5	49.1	50.0	50.8	51.4	52.1	53.0
渭南市	Weinan	43.7	44.7	45.7	46.2	47.5	48.6	49.5
延安市	Yan'an	17.1	18.1	18.5	19.7	21.1	23.4	26.1
汉中市	Hanzhong	49.5	50.5	51.4	52.5	51.5	51.5	51.5
榆林市	Yulin	36.0	36.1	37.6	38.9	40.4	41.0	42.0
安康市	Ankang	47.9	48.8	49.8	50.9	52.9	54.2	55.5
商洛市	Shangluo	48.6	49.6	50.0	50.9	51.6	53.1	54.2
杨凌示范区	Yangling	48.7	48.8	48.1	50.5	50.6	53.6	55.5

3-14 各县(市、区)生产总值(2016年)
Gross Domestic Product by County (City and District)(2016)

地 区	Region	生产总值(亿元) Gross Domestic Product (100 million yuan)	生产总值比上年增长(%) Growth Rate of GDP over Preceding Year(%)	地 区	Region	生产总值(亿元) Gross Domestic Product (100 million yuan)	生产总值比上年增长(%) Growth Rate of GDP over Preceding Year(%)
西安市	**Xi'an**			麟游县	Linyou	71.11	13.0
新城区	Xincheng	540.66	8.2	凤 县	Fengxian	170.74	10.7
碑林区	Beilin	741.68	8.3	太白县	Taibai	20.91	10.0
莲湖区	Lianhu	621.91	8.0	**咸阳市**	**Xianyang**		
灞桥区	Baqiao	329.78	9.6	秦都区	Qindu	519.60	8.4
未央区	Weiyang	772.88	8.7	渭城区	Weicheng	344.90	7.4
雁塔区	Yanta	1235.43	8.0	三原县	Sanyuan	193.51	8.3
阎良区	Yanliang	193.94	2.3	泾阳县	Jingyang	179.04	8.0
临潼区	Lintong	183.11	4.2	乾 县	Qianxian	162.38	8.4
长安区	Chang'an	608.02	12.0	礼泉县	Liquan	164.15	8.5
高陵区	Gaoling	300.24	7.3	永寿县	Yongshou	58.61	10.9
蓝田县	Lantian	122.44	8.2	彬 县	Binxian	188.82	8.0
周至县	Zhouzhi	114.99	8.2	长武县	Changwu	73.00	7.5
户 县	Huxian	162.81	8.5	旬邑县	Xunyi	106.63	7.8
铜川市	**Tongchuan**			淳化县	Chunhua	64.91	8.0
王益区	Wangyi	87.74	8.6	武功县	Wugong	123.25	8.1
印台区	Yintai	63.26	5.6	兴平市	Xingping	217.67	8.4
耀州区	Yaozhou	127.50	6.5	**渭南市**	**Weinan**		
宜君县	Yijun	33.11	9.5	临渭区	Linwei	332.67	10.0
宝鸡市	**Baoji**			华州区	Huazhou	88.22	3.7
渭滨区	Weibin	500.50	7.3	潼关县	Tongguan	36.90	6.4
金台区	Jintai	338.50	9.8	大荔县	Dali	115.95	8.3
陈仓区	Chencang	164.78	10.0	合阳县	Heyang	78.47	6.3
凤翔县	Fengxiang	202.04	8.6	澄城县	Chengcheng	79.04	1.4
岐山县	Qishan	156.11	10.0	蒲城县	Pucheng	163.13	8.8
扶风县	Fufeng	108.16	10.2	白水县	Baishui	62.97	6.0
眉 县	Meixian	115.51	12.0	富平县	Fuping	137.30	9.2
陇 县	Longxian	67.55	10.3	韩城市	Hancheng	320.38	11.7
千阳县	Qianyang	48.66	10.7	华阴市	Huayin	70.02	0.1

3-14 续表 continued

地 区	Region	生产总值(亿元) Gross Domestic Product (100 million yuan)	生产总值比上年增长(%) Growth Rate of GDP over Preceding Year(%)	地 区	Region	生产总值(亿元) Gross Domestic Product (100 million yuan)	生产总值比上年增长(%) Growth Rate of GDP over Preceding Year(%)
延安市	**Yan'an**			府谷县	Fugu	392.57	4.0
宝塔区	Baota	255.13	1.9	靖边县	Jingbian	244.94	2.3
安塞区	Ansai	76.67	-3.5	定边县	Dingbian	230.03	2.2
延长县	Yanchang	37.82	-0.7	绥德县	Suide	67.15	8.5
延川县	Yanchuan	68.11	8.7	米脂县	Mizhi	44.84	7.8
子长县	Zichang	74.97	2.0	佳 县	Jiaxian	39.80	8.6
志丹县	Zhidan	107.59	1.7	吴堡县	Wubu	17.97	8.4
吴起县	Wuqi	108.65	0.2	清涧县	Qingjian	43.92	10.6
甘泉县	Ganquan	20.58	-1.2	子洲县	Zizhou	55.71	9.7
富 县	Fuxian	44.71	8.9	**安康市**	**Ankang**		
洛川县	Luochuan	151.73	-4.5	汉滨区	Hanbin	252.16	10.5
宜川县	Yichuan	27.92	8.5	汉阴县	Hanyin	86.16	11.5
黄龙县	Huanglong	13.96	6.8	石泉县	Shiquan	71.43	12.5
黄陵县	Huangling	95.84	7.3	宁陕县	Ningshan	26.62	10.5
汉中市	**Hanzhong**			紫阳县	Ziyang	80.48	11.2
汉台区	Hantai	252.27	10.8	岚皋县	Langao	45.53	11.7
南郑县	Nanzheng	174.07	8.3	平利县	Pingli	77.29	11.6
城固县	Chenggu	217.22	11.6	镇坪县	Zhenping	15.26	10.6
洋 县	Yangxian	106.53	8.0	旬阳县	Xunyang	137.83	11.0
西乡县	Xixiang	90.69	10.1	白河县	Baihe	59.54	11.4
勉 县	Mianxian	101.16	2.0	**商洛市**	**Shangluo**		
宁强县	Ningqiang	71.54	10.1	商州区	Shangzhou	136.09	9.6
略阳县	Lueyang	55.94	7.9	洛南县	Luonan	113.39	9.0
镇巴县	Zhenba	65.17	8.9	丹凤县	Danfeng	86.67	8.8
留坝县	Liuba	14.11	9.3	商南县	Shangnan	76.31	9.3
佛坪县	Foping	8.56	11.5	山阳县	Shanyang	121.30	11.0
榆林市	**Yulin**			镇安县	Zhen'an	89.79	10.0
榆阳区	Yuyang	556.72	8.5	柞水县	Zhashui	74.79	10.5
横山区	Hengshan	121.16	7.7	**杨凌示范区**	**Yangling**		
神木县	Shenmu	904.80	7.6	杨陵区	Yangling	118.98	10.1

注：本表数据为快报数。

a) Data in this table are from annual statistical reporting forms.

主要统计指标解释

三次产业 指根据社会生产活动历史发展的顺序对产业结构的划分。目前我国的三次产业划分是：

第一产业是指农、林、牧、渔业（不含农、林、牧、渔服务业）。

第二产业是指采矿业（不含开采辅助活动），制造业（不含金属制品、机械和设备修理业），电力、热力、燃气及水生产和供应业，建筑业。

第三产业即服务业，是指除第一产业、第二产业以外的其他行业。

国内生产总值(GDP) 指按市场价格计算的一个国家(或地区)所有常住单位在一定时期内生产活动的最终成果。国内生产总值有三种表现形态，即价值形态、收入形态和产品形态。从价值形态看，它是所有常住单位在一定时期内生产的全部货物和服务价值超过同期投入的全部非固定资产货物和服务价值的差额，即所有常住单位的增加值之和；从收入形态看，它是所有常住单位在一定时期内创造并分配给常住单位和非常住单位的初次收入之和；从产品形态看，它是所有常住单位在一定时期内最终使用的货物和服务价值与货物和服务净出口价值之和。在实际核算中，国内生产总值有三种计算方法，即生产法、收入法和支出法。三种方法分别从不同的方面反映国内生产总值及其构成。

对于一个地区来说，称为地区生产总值或地区 GDP。

劳动者报酬 指劳动者因从事生产活动所获得的全部报酬。包括劳动者获得的各种形式的工资、奖金和津贴，既包括货币形式的，也包括实物形式的，还包括劳动者所享受的公费医疗和医药卫生费、上下班交通补贴、单位支付的社会保险费、住房公积金等。

生产税净额 指生产税减生产补贴后的余额。生产税指政府对生产单位从事生产、销售和经营活动以及因从事生产活动使用某些生产要素(如固定资产、土地、劳动力)所征收的各种税、附加费和规费。生产补贴与生产税相反，指政府对生产单位的单方面转移支出，因此视为负生产税，包括政策亏损补贴、价格补贴等。

固定资产折旧 指一定时期内为弥补固定资产损耗按照规定的固定资产折旧率提取的固定资产折旧，或按国民经济核算统一规定的折旧率虚拟计算的固定资产折旧。它反映了固定资产在当期生产中的转移价值。各类企业和企业化管理的事业单位的固定资产折旧是指实际计提的折旧费；不计提折旧的政府机关、非企业化管理的事业单位和居民住房的固定资产折旧是按照统一规定的折旧率和固定资产原值计算的虚拟折旧。原则上，固定资产折旧应按固定资产当期的重置价值计算，但是目前我国尚不具备对全社会固定资产进行重估价的基础，所以暂时只能采用上述办法。

营业盈余 指常住单位创造的增加值扣除劳动者报酬、生产税净额和固定资产折旧后的余额。它相当于企业的营业利润加上生产补贴，但要扣除从利润中开支的工资和福利等。

支出法国内生产总值 是从最终使用的角度反映一个国家(或地区)一定时期内生产活动最终成果的一种方法，包括最终消费支出、资本形成总额及货物和服务净出口三部分。计算公式为：

支出法国内生产总值=最终消费支出+资本形成总额+货物和服务净出口

最终消费支出 指常住单位为满足物质、文化和精神生活的需要，从本国经济领土和国外购买的货物和服务的支出。它不包括非常住单位在本国经济领土内的消费支出。最终消费支出分为居民消费支出和政府消费支出。

居民消费支出 指常住住户在一定时期内对于货物和服务的全部最终消费支出。居民消费支出除了直接以货币形式购买的货物和服务的消费支出外，还包括以其他方式获得的货物和服务的消费支出，即所谓的虚拟消费支出。居民虚拟消费支出包括如下几种类型：单位以实物报酬及实物转移的形式提供给劳动者的货物和服务；住户生产并由本住户消费了的货物和服务，其中的服务仅指住户的自有住房服务和付酬的家庭雇员提供的家庭和个人服务；金融机构提供的金融媒介服务。

政府消费支出 指政府部门为全社会提供的公共服务的消费支出和免费或以较低的价格向居民住户提供的货物和服务的净支出，前者等于政府服务的产出价值减去政府单位所获得的经营收入的价值，后者等于政府部门免费或以较低价格向居民住户提供的货物和服务的市场价值减去向住户收取的价值。

资本形成总额 指常住单位在一定时期内获得减去处置的固定资产和存货的净额。包括固定资本形成总额和存货增加两部分。

固定资本形成总额 指常住单位在一定时期内获得的固定资产减处置的固定资产的价值总额。固定资产是通过生产活动生产出来的，且其使用年限在一年以上、单位价值在规定标准以上的资产，不包括自然资产。可分为有形固定资本形成总额和无形固定资本形成总额。有形固定资本形成总额包括一定时期内完成的建筑工程、安装工程和设备工器具购置(减处置)价值，以及土地改良、新增役、种、奶、毛、娱乐用牲畜和新增经济林木价值。无形固定资本形成总额包括矿藏的勘探、计算机软件等获得减处置。

存货增加 指常住单位在一定时期内存货实物量变动的市场价值，即期末价值减期初价值的差额，再扣除当期由于价格变动而产生的持有收益。存货增加可以是正值，也可以是负值，正值表示存货上升，负值表示存货下降。存货包括生产单位购进的原材料、燃料和储备物资等存货，以及生产单位生产的产成品、在制品和半成品等存货。

货物和服务净出口 指货物和服务出口减货物和服务进口的差额。出口包括常住单位向非常住单位出售或无偿转让的各种货物和服务的价值；进口包括常住单位从非常住单位购买或无偿得到的各种货物和服务的价值。由于服务活动的提供与使用同时发生，一般把常住单位从非常住单位得到的服务作为进口，非常住单位从常住单位得到的服务作为出口。货物的出口和进口都按离岸价格计算。

Explanatory Notes on Main Statistical Indicators

Three Strata of Industry Classification of economic activities into three strata of industry is a common practice in the world, although the grouping varies to some extent from country to country. In China economic activities are categorized into the following three strata of industry:

Primary industry refers to agriculture, forestry, animal husbandry and fishery(do not include services in support of these industries).

Secondary industry refers to mining and quarrying (do not include support activities for mining), manufacturing (do not include repair service of metal products, machinery and equipment), production and supply of electricity, water and gas, and construction.

Tertiary industry refers to all other economic activities not included in the primary or secondary industries.

Gross Domestic Product (GDP) refers to the final products at market prices produced by all resident units in a country (or a region) during a certain period of time. Gross domestic product is expressed in three different perspectives, namely value, income, and products respectively. GDP in its value perspective refers to the total value of all goods and services produced by all resident units during a certain period of time, minus the total value of input of goods and services of the nature of non-fixed assets; in other words, it is the sum of the value-added of all resident units. GDP from the perspective of income includes the primary income created by all resident units and distributed to resident and non-resident units. GDP from the perspective of products refers to the value of all goods and services for final demand by all resident units plus the net exports of goods and services during a given period of time. In the practice of national accounting, gross domestic product is calculated from three approaches, namely production approach, income approach and expenditure approach, which reflect gross domestic product and its composition from different angles.

For a region, it is called as Gross Regional Product(GRP) or regional GDP.

GDP by Expenditure Approach refers to the method of measuring the final results of production activities of a country (region) during a given period from the perspective of final uses. It includes final consumption expenditure, gross capital formation and net export of goods and services. The formula for computation is.:

GDP by expenditure approach = final consumption expenditure + gross capital formation + net export of goods and services

Final Consumption Expenditure refers to the total expenditure of resident units for purchases of goods and services from both the domestic economic territory and abroad to meet the needs of material, cultural and spiritual life. It does not include the expenditure of non-resident units on consumption in the economic territory of the country. The final consumption expenditure is broken down into household consumption expenditure and government consumption expenditure.

Household Consumption Expenditure refers to the total expenditure of resident households on the final consumption of goods and services. In addition to the consumption of goods and services bought by the households directly with money, the household consumption expenditure also includes expenditure on goods and services obtained by the households in other ways, i.e. the so-called imputed consumption expenditure, which includes the following: (a) the goods and services provided to households by employers in the form of payment in kind and transfer in kind; (b) goods and services produced and consumed by the households themselves, in which the services refer to the owner-occupied housing and services offered by payed family employees; (c) financial intermediate services provided by financial institution.

Government Consumption Expenditure refers to the consumption expenditure spent for the provision of public services provided by the government to the whole country and the net expenditure on the goods and services provided by the government to households free of charge or at reduced prices. The former equals to the output value of the government services minus the value of operating income obtained by the government departments. The latter equals to the market value of the goods and services provided by the government free of charge or at reduced prices to the households minus the value received by the government from the households.

Gross Capital Formation refers to the fixed assets acquired less disposals and the net value of inventory, thus including gross fixed capital formation and changes in inventories.

Gross Fixed Capital Formation refers to the value of acquisitions less those disposals of fixed assets during a given period. Fixed assets are the assets produced through production activities with unit value above a specified amount and which could be used for over one year. Natural assets are not included. Gross fixed capital formation can be categorized into total tangible fixed capital formation and total intangible fixed capital formation. Total tangible fixed capital formation includes the value of the construction projects and installation projects completed and the equipment, apparatus and instruments purchased (less those disposed) as well as the value of land improved, the value of draught animals, breeding stock and animals for milk, for wool and for recreational purposes and the newly increased forest with economic value. Total intangible fixed capital formation includes the prospecting of minerals and the acquisition of computer software minus the disposal of them.

Changes in Inventories refers to the market value of the change in the physical volume of inventory of resident units during a given period, i.e. the difference between the values at the beginning and at the end of the period minus the gains due to the change in prices. The changes in inventories can have a positive or a negative value. A positive value indicates an increase in inventory while a negative value indicates a decrease in inventory. The inventory includes raw materials, fuels and reserve materials purchased by the production units as well as the inventory of finished products, semi-finished products and work-in-progress.

Net Export of Goods and Services refers to the exports of goods and services subtracting the imports of goods and services. Exports include the value of various goods and services sold or gratuitously transferred by resident units to non-resident units. Imports include the value of various goods and services purchased or gratuitously acquired resident units from non-resident units. Because the provision of services and the use of them happen simultaneously, the acquisition of services by resident units from abroad is usually treated as import while the acquisition of services by non-resident units in this country is usually treated as export. The exports and imports of goods are calculated at FOB.

四、人　口

Population

资料整理：马　瑜

简　要　说　明

一、本篇资料反映陕西人口发展变化基本情况，主要内容和数据来源：

1. 年末常住人口、性别比例、年龄比例、城镇人口比例以及人口出生率、人口死亡率和人口自然增长率等，数据根据人口普查、1%人口抽样调查或年度人口变动情况抽样调查推算所得，2001-2009年年末常住人口根据2010年第六次全国人口普查数据进行了调整。

2. 户籍人口资料数据来源于省公安厅人口统计年报。

二、人口统计调查方法

目前人口统计调查有：在逢“0”的年份进行全国人口普查； 在逢“5”的年份进行全国1%人口抽样调查；其余年份进行人口变动情况抽样调查。

Brief Introduction

Ⅰ. This chapter reflects the basic conditions of development and changes of population in Shaanxi, including mainly:

1. Permanent population at the year-end, proportion of population by sex, proportion of population by age, proportion of urban population, birth rate, death rate and natural growth rate of population. The data are estimated by Shaanxi Provincial Bureau of Statistics on the basis of population censuses, the one percent sample survey on population, or annual sample surveys on population changes. Permanent Population at the Year-end from 2001 to 2009 have been adjusted in accordance with the flash sums of the 6th National Population Census in 2010.

2. The total population with residence registration are obtained from the annual reports of population of Shaanxi Provincial Department of Public Security.

Ⅱ. Sampling Methodology

The statistical surveys on population are as follows:

The national population census is conducted in the year ending with 0; the national 1 percent population sample survey is conducted in the year ending with 5; sample surveys on population changes are conducted in the rest of the years.

4.人 口

2016 年全省

年底总人口	3813	万人	比上年增长 0.5%
# 城镇人口	2110	万人	占总人口比重为 55.34%
人口自然增长率	4.41	‰	比上年上升 0.59个千分点
男女性别比（以女性为100）	106.83		
人口密度	186	人/平方公里	

人口年龄构成

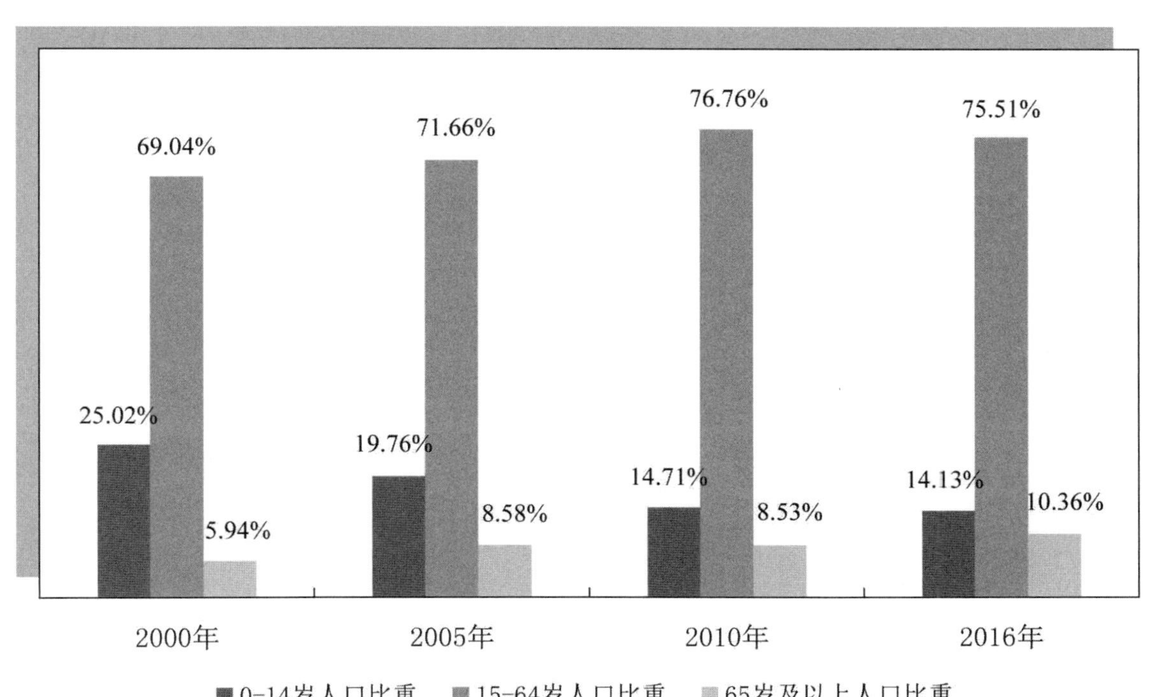

4-1 人口数和构成
Population and Its Composition

单位：万人 (10 000 persons)

年份 Year	年底总人口 Total Population at Year-end	按性别分 By Sex 男 Male 人口数 Population	比重(%) Proportion	女 Female 人口数 Female	比重(%) Proportion	按城乡分 By Residence 城镇 Urban 人口数 Female	比重(%) Proportion	乡村 Rural 人口数 Female	比重(%) Proportion
1978	2779	1444	51.96	1335	48.04	454		2325	
1979	2807	1456	51.87	1351	48.13	469		2339	
1980	2831	1468	51.85	1363	48.15	522		2309	
1981	2865	1486	51.87	1379	48.13	535		2329	
1982	2904	1507	51.89	1397	48.11	548		2356	
1983	2931	1525	52.03	1406	47.97	577		2354	
1984	2966	1546	52.12	1420	47.88	1111		1865	
1985	3002	1566	52.17	1436	47.83	1167		1834	
1986	3042	1588	52.20	1454	47.80	1203		1839	
1987	3088	1613	52.23	1476	47.80	1244		1844	
1988	3140	1640	52.23	1500	47.77	1405		1735	
1989	3198	1671	52.25	1527	47.75	1438		1759	
1990	3316	1727	52.08	1589	47.92	1501		1815	
1991	3363	1754	52.16	1609	47.84	1539		1824	
1992	3405	1777	52.19	1628	47.81	1576		1829	
1993	3443	1799	52.25	1644	47.75	1654		1789	
1994	3481	1819	52.26	1662	47.74	1668		1813	
1995	3513	1836	52.26	1677	47.74	1738		1775	
1996	3543	1842	51.99	1701	48.01	1939		1604	
1997	3570	1866	52.27	1704	47.73	2279		1291	
1998	3596	1879	52.25	1717	47.75	2547		1049	
1999	3618	1892	52.29	1726	47.71	2593		1025	
2000	3644	1896	52.03	1748	47.97	1176	32.27	2468	67.73
2001	3653	1879	51.44	1774	48.56	1228	33.62	2425	66.38
2002	3662	1882	51.39	1780	48.61	1268	34.63	2394	65.37
2003	3672	1883	51.28	1789	48.72	1305	35.54	2367	64.46
2004	3681	1893	51.43	1788	48.57	1338	36.35	2343	63.65
2005	3690	1899	51.46	1791	48.54	1374	37.24	2316	62.76
2006	3699	1902	51.42	1797	48.58	1447	39.12	2252	60.88
2007	3708	1906	51.40	1802	48.60	1506	40.62	2202	59.38
2008	3718	1911	51.40	1807	48.60	1565	42.10	2153	57.90
2009	3727	1916	51.41	1811	48.59	1621	43.50	2106	56.50
2010	3735	1930	51.67	1805	48.33	1707	45.70	2028	54.30
2011	3743	1931	51.58	1812	48.42	1770	47.30	1973	52.70
2012	3753	1938	51.65	1815	48.35	1877	50.02	1876	49.98
2013	3764	1944	51.64	1820	48.36	1931	51.31	1833	48.69
2014	3775	1949	51.62	1826	48.38	1985	52.57	1790	47.43
2015	3793	1958	51.63	1835	48.37	2045	53.92	1748	46.08
2016	3813	1969	51.65	1844	48.35	2110	55.34	1703	44.66

注：1.1990年以前为公安年报数，1990年及以后为人口普查及人口变动情况抽样调查推算的常住人口数。
2.2001-2009年人口数根据2010年人口普查进行了修正。
3.城乡人口，2000年以前按乡(镇、街办)级行政区域统计，2000年及以后是以《国家统计局统计上划分城乡的规定》为标准的人口普查和人口变动抽样调查推算数。

a) Data before 1990 were taken from the statistics of household registration.Since 1990, data have been estimated on the basis of the national population census or usual residents of the annual national sample surveys on population changes.

b) Data of population from 2001 to 2009 were adjusted according to the national population census in 2010.

c) Data by residence before 2000 were from the divisions of administrative areas. Since 2000, data have been estimated on the national population census and the basis of the annual national sample surveys on population changes,which regard "The provisions on the division of urban and rural areas" as standard.

4-2 人口自然变动情况
Population Natural Changes

年 份 Year	出生人口 (万人) Births (10 000 persons)	死亡人口 (万人) Deaths (10 000 persons)	出生率 (‰) Birth Rate (‰)	死亡率 (‰) Death Rate (‰)	自然增长率 (‰) Natural Growth Rate (‰)
1953	53.4	18.0	34.00		
1964	83.1	33.3	40.00	16.00	24.00
1982	54.9	19.3	19.02	6.70	12.30
1990	77.2	21.4	23.48	6.52	16.96
1991	66.2	21.7	19.82	6.51	13.31
1992	63.8	22.2	18.85	6.57	12.28
1993	60.4	22.4	17.63	6.55	11.08
1994	60.9	22.9	17.59	6.60	10.99
1995	55.7	23.0	15.93	6.57	9.36
1996	52.9	23.0	14.99	6.51	8.48
1997	49.5	22.4	13.91	6.29	7.62
1998	48.6	23.0	13.56	6.43	7.13
1999	45.1	23.0	12.51	6.38	6.13
2000	45.4				
2001	38.4	23.2	10.50	6.34	4.16
2002	38.4	23.3	10.48	6.36	4.12
2003	39.2	23.4	10.67	6.38	4.29
2004	39.0	23.3	10.59	6.33	4.26
2005	37.0	22.2	10.02	6.01	4.01
2006	37.7	22.8	10.19	6.15	4.04
2007	37.9	22.8	10.21	6.16	4.05
2008	38.3	23.1	10.29	6.21	4.08
2009	38.2	23.3	10.24	6.24	4.00
2010	36.3	22.4	9.73	6.01	3.72
2011	36.5	22.7	9.75	6.06	3.69
2012	38.0	23.4	10.12	6.24	3.88
2013	37.6	23.1	10.01	6.15	3.86
2014	38.2	23.6	10.13	6.26	3.87
2015	38.2	23.8	10.10	6.28	3.82
2016	40.5	23.7	10.64	6.23	4.41

注：1.本表为人口普查、人口变动情况抽样调查数。
2.2001-2009年数据根据2010年人口普查进行了修正。

a) Data in this table are obtained from the national population census and the annual national sample surveys on population changes.
b) Data of population from 2001 to 2009 were adjusted according to the national population census in 2010.

4-3 人口年龄结构和抚养比
Age Composition and Dependency Ration of Population

单位：% (%)

年 份 Year	各年龄段人口比重 Percentage to Tatal Population By Age			总抚养比		
	0-14岁 Aged 0-14	15-64岁 Aged 15-64	65岁及以上 Aged 65 and Over	Gross Dependency Ratio	少年儿童 Children Dependency Ratio	老年人口 Old Dependency Ratio
1953	36.71	59.25	4.04	68.78	61.96	6.82
1964	41.26	55.23	3.51	81.06	74.71	6.35
1982	33.06	62.40	4.57	60.30	52.98	7.32
1990	28.88	65.98	5.15	51.57	43.77	7.80
1991	30.21	64.07	5.72	56.08	47.15	8.93
1992	30.15	64.19	5.66	55.78	46.96	8.82
1993	29.30	65.09	5.61	53.64	45.02	8.62
1994	28.31	66.43	5.26	50.53	42.62	7.91
1995	28.88	65.40	5.72	52.90	44.16	8.74
1996	28.90	65.11	6.00	53.59	44.38	9.21
1997	27.63	66.52	5.85	50.33	41.54	8.79
1998	27.15	66.15	6.70	51.16	41.04	10.12
1999	26.28	66.58	7.14	50.21	39.48	10.73
2000	25.02	69.04	5.94	44.84	36.24	8.60
2001	24.49	68.78	6.73	45.39	35.61	9.78
2002	22.35	69.64	8.01	43.60	32.09	11.51
2003	20.90	71.35	7.75	40.15	29.29	10.86
2004	19.81	72.54	7.65	37.86	27.31	10.55
2005	19.76	71.66	8.58	39.55	27.57	11.97
2006	18.70	72.70	8.60	37.55	25.72	11.83
2007	18.13	72.91	8.96	37.16	24.87	12.29
2008	17.75	73.28	8.97	36.46	24.22	12.24
2009	17.05	73.84	9.11	35.43	23.09	12.34
2010	14.71	76.76	8.53	30.27	19.16	11.11
2011	14.55	76.74	8.71	30.31	18.96	11.35
2012	14.42	76.61	8.97	30.53	18.82	11.71
2013	14.30	76.27	9.43	31.11	18.75	12.36
2014	14.10	75.93	9.97	31.70	18.57	13.13
2015	14.11	75.78	10.11	31.96	18.62	13.34
2016	14.13	75.51	10.36	32.43	18.71	13.72

注：本表为人口普查、人口变动情况抽样调查数。抚养比指0-14岁、65岁及以上人口占15-64岁人口的比重。

a) Data in this table are obtained from the national population census and the annual national sample surveys on population changes.Dependency ratio refers to the population aged 0-14,65 and over as percentage of the population aged 15-64.

4-4 60岁及以上人口和比重

Population and Percentage of People Aged 60 and Over

年 份 Year	60岁及以上人口 Population Aged 60 and Over		65岁及以上人口 Population Aged 65 and Over	
	人口数(万人) Population (10 000 persons)	占总人口比重(%) Percentage to Tatal Population(%)	人口数(万人) Population (10 000 persons)	占总人口比重(%) Percentage to Tatal Population(%)
1953	101.50	6.74	60.74	4.04
1964	125.21	6.03	72.88	3.51
1982	215.17	7.44	131.99	4.57
1990	251.50	7.65	169.40	5.15
2000	341.23	9.47	216.45	5.94
2010	479.66	12.85	318.41	8.53
2011	495.78	13.25	325.98	8.71
2012	520.10	13.86	336.65	8.97
2013	551.39	14.65	354.92	9.43
2014	584.28	15.48	376.38	9.97
2015	601.10	15.85	383.46	10.11
2016	619.17	16.24	394.99	10.36

注：本表为人口普查、人口变动情况抽样调查数。

a) Data in this table are obtained from the national population census and the annual national sample surveys on population changes.

4-5 各市(区)常住人口和自然增长率

Usual Residents and Natural Growth Rate by City(District)

地 区	Region	2015				2016			
		常住人口(万人) Usual Residents (10 000 persons)	出生率(‰) Birth Rate (‰)	死亡率(‰) Death Rate (‰)	自然增长率(‰) Natural Growth (‰)	常住人口(万人) Usual Residents (10 000 persons)	出生率(‰) Birth Rate (‰)	死亡率(‰) Death Rate (‰)	自然增长率(‰) Natural Growth (‰)
全 省	**Shaanxi**	**3792.87**	**10.10**	**6.28**	**3.82**	**3812.62**	**10.64**	**6.23**	**4.41**
西 安 市	Xi'an	870.56	10.15	5.51	4.64	883.21	11.54	5.40	6.14
铜 川 市	Tongchuan	84.62	9.60	6.07	3.53	84.72	9.89	6.06	3.83
宝 鸡 市	Baoji	376.33	9.66	6.12	3.54	377.50	9.87	6.09	3.78
咸 阳 市	Xianyang	497.24	10.13	6.18	3.95	498.56	10.43	6.12	4.31
渭 南 市	Weinan	535.99	9.73	6.30	3.43	537.16	9.98	6.32	3.56
延 安 市	Yan'an	223.13	10.53	6.21	4.32	225.28	10.77	6.15	4.62
汉 中 市	Hanzhong	343.81	9.78	7.36	2.42	344.63	9.98	7.26	2.72
榆 林 市	Yulin	340.11	11.51	6.36	5.15	338.20	11.72	6.41	5.31
安 康 市	Ankang	265.00	9.56	7.24	2.32	265.60	9.95	7.16	2.79
商 洛 市	Shangluo	235.74	10.41	7.14	3.27	237.17	10.84	7.07	3.77
杨凌示范区	Yangling	20.34	8.50	3.99	4.51	20.49	9.10	3.98	5.12

注：本表根据人口变动抽样调查数据结果评估推算。

a) Data in the table are estimated from the 6th national population census.

4-6 各市、县(市、区)常住人口
Usual Residents by City and County (City and District)

单位：万人 (10 000 persons)

地 区	Region	2015	2016	地 区	Region	2015	2016
全 省	**Shaanxi**	**3792.87**	**3812.62**	千阳县	Qianyang	12.55	12.57
西安市	**Xi'an**	**870.56**	**883.21**	麟游县	Linyou	9.19	9.22
新城区	Xincheng	60.33	60.91	凤 县	Fengxian	10.68	10.73
碑林区	Beilin	62.89	63.87	太白县	Taibai	5.16	5.19
莲湖区	Lianhu	71.23	72.23	**咸阳市**	**Xianyang**	**497.24**	**498.66**
灞桥区	Baqiao	61.39	62.73	秦都区	Qindu	51.46	51.60
未央区	Weiyang	83.05	85.08	渭城区	Weicheng	44.39	44.52
雁塔区	Yanta	120.96	123.11	三原县	Sanyuan	41.01	41.13
阎良区	Yanliang	28.84	29.08	泾阳县	Jingyang	49.70	49.84
临潼区	Lintong	67.62	68.18	乾 县	Qianxian	53.40	53.52
长安区	Chang'an	111.83	114.11	礼泉县	Liquan	45.48	45.61
高陵区	Gaoling	34.77	35.11	永寿县	Yongshou	18.75	18.81
蓝田县	Lantian	52.53	52.86	彬 县	Binxian	32.85	32.95
周至县	Zhouzhi	58.09	58.50	长武县	Changwu	17.06	17.12
户 县	Huxian	57.03	57.44	旬邑县	Xunyi	26.58	26.66
铜川市	**Tongchuan**	**84.62**	**84.72**	淳化县	Chunhua	19.61	19.66
王益区	Wangyi	20.24	20.15	武功县	Wugong	41.87	42.00
印台区	Yintai	21.91	21.65	兴平市	Xingping	55.08	55.23
耀州区	Yaozhou	24.04	24.06	**渭南市**	**Weinan**	**535.99**	**537.16**
新 区	Xinqu	9.14	9.55	临渭区	Linwei	89.45	89.82
宜君县	Yijun	9.29	9.31	华州区	Huazhou	32.66	32.73
宝鸡市	**Baoji**	**376.33**	**377.50**	潼关县	Tongguan	15.84	15.91
渭滨区	Weibin	45.38	45.54	大荔县	Dali	70.11	70.29
金台区	Jintai	39.94	40.05	合阳县	Heyang	44.12	44.32
陈仓区	Chencang	60.25	60.40	澄城县	Chengcheng	39.15	39.24
凤翔县	Fengxiang	48.95	49.14	蒲城县	Pucheng	74.98	75.04
岐山县	Qishan	46.48	46.65	白水县	Baishui	28.39	28.34
扶风县	Fufeng	42.16	42.31	富平县	Fuping	75.17	75.21
眉 县	Meixian	30.37	30.45	韩城市	Hancheng	39.86	39.98
陇 县	Longxian	25.20	25.25	华阴市	Huayin	26.26	26.28

4-6 续表 continued

单位：万人 (10 000 persons)

地 区	Region	2015	2016	地 区	Region	2015	2016
延安市	**Yan'an**	**223.13**	**225.28**	府谷县	Fugu	26.31	26.53
宝塔区	Baota	48.17	48.93	靖边县	Jingbian	36.51	36.86
安塞区	Ansai	17.54	17.71	定边县	Dingbian	32.40	32.71
延长县	Yanchang	12.78	12.81	绥德县	Suide	29.89	29.09
延川县	Yanchuan	17.03	17.10	米脂县	Mizhi	15.92	15.94
子长县	Zichang	21.88	22.00	佳 县	Jiaxian	19.91	18.98
志丹县	Zhidan	14.48	14.66	吴堡县	Wubu	7.94	6.49
吴起县	Wuqi	14.96	15.15	清涧县	Qingjian	12.88	12.89
甘泉县	Ganquan	7.88	7.93	子洲县	Zizhou	17.83	17.03
富 县	Fuxian	15.47	15.69	**安康市**	**Ankang**	**265.00**	**265.60**
洛川县	Luochuan	22.76	22.96	汉滨区	Hanbin	87.67	87.87
宜川县	Yichuan	12.09	12.18	汉阴县	Hanyin	24.79	24.85
黄龙县	Huanglong	4.97	4.99	石泉县	Shiquan	17.25	17.29
黄陵县	Huangling	13.12	13.17	宁陕县	Ningshan	7.10	7.11
汉中市	**Hanzhong**	**343.81**	**344.63**	紫阳县	Ziyang	28.60	28.67
汉台区	Hantai	54.01	54.03	岚皋县	Langao	15.53	15.57
南郑县	Nanzheng	47.52	47.73	平利县	Pingli	19.45	19.49
城固县	Chenggu	46.83	47.20	镇坪县	Zhenping	5.14	5.15
洋 县	Yangxian	38.61	38.70	旬阳县	Xunyang	43.00	43.09
西乡县	Xixiang	34.43	34.46	白河县	Baihe	16.47	16.50
勉 县	Mianxian	39.02	39.37	**商洛市**	**Shangluo**	**235.74**	**237.17**
宁强县	Ningqiang	30.94	30.88	商州区	Shangzhou	53.52	53.86
略阳县	Lueyang	20.22	20.02	洛南县	Luonan	44.45	44.78
镇巴县	Zhenba	24.85	24.87	丹凤县	Danfeng	29.71	29.85
留坝县	Liuba	4.35	4.34	商南县	Shangnan	22.34	22.46
佛坪县	Foping	3.03	3.02	山阳县	Shanyang	42.47	42.66
榆林市	**Yulin**	**340.11**	**338.20**	镇安县	Zhen'an	27.78	27.90
榆阳区	Yuyang	64.91	65.37	柞水县	Zhashui	15.47	15.66
横山区	Hengshan	29.66	29.97	**杨凌示范区**	**Yangling**	**20.34**	**20.49**
神木县	Shenmu	45.95	46.34				

注：本表各市、县(市、区)数据根据人口变动抽样调查结果评估推算。

a) Data of City and County (City and District) in the table are estimated from the annual national sample surveys on population changes.

4-7 各市、县(市、区)总户数和户籍人口数(2016年)

Total Households and Population by City and County (City and District)(2016)

地区	Region	总户数(户) Total Households (household)	户籍总人口(人) TotalP opulation (person)	男 Male	女 Female
全省	**Shaanxi**	**12815509**	**39590708**	**20447259**	**19143449**
西安市	**Xi'an**	**2566525**	**8249323**	**4165419**	**4083904**
新城区	Xincheng	173001	504249	255094	249155
碑林区	Beilin	216016	693538	350513	343025
莲湖区	Lianhu	233727	664896	333696	331200
灞桥区	Baqiao	181260	546823	268791	278032
未央区	Weiyang	203006	617779	306823	310956
雁塔区	Yanta	288546	869503	433643	435860
阎良区	Yanliang	80837	264915	132897	132018
临潼区	Lintong	209172	715493	361954	353539
长安区	Chang'an	324741	1082996	539104	543892
高陵区	Gaoling	102921	332238	165117	167121
蓝田县	Lantian	191974	655329	339813	315516
周至县	Zhouzhi	178733	689402	363212	326190
户县	Huxian	182591	612162	314762	297400
铜川市	**Tongchuan**	**281818**	**835433**	**432028**	**403405**
王益区	Wangyi	70654	196189	99840	96349
印台区	Yintai	70848	207753	108842	98911
耀州区	Yaozhou	108511	338994	174331	164663
宜君县	Yijun	31805	92497	49015	43482
宝鸡市	**Baoji**	**1161608**	**3840146**	**1987550**	**1852596**
渭滨区	Weibin	153500	436011	224353	211658
金台区	Jintai	130387	377901	193293	184608
陈仓区	Chencang	165844	607024	318349	288675
凤翔县	Fengxiang	157752	526774	272517	254257
岐山县	Qishan	138494	473649	240579	233070
扶风县	Fufeng	119975	451296	234306	216990
眉县	Meixian	93428	328327	169999	158328
陇县	Longxian	82525	272798	142002	130796
千阳县	Qianyang	42116	134649	70558	64091
麟游县	Linyou	26603	87357	45879	41478
凤县	Fengxian	33972	95368	49679	45689
太白县	Taibai	17012	48992	26036	22956
咸阳市	**Xianyang**	**1574749**	**5295193**	**2743430**	**2551763**
秦都区	Qindu	165349	520231	261447	258784
渭城区	Weicheng	126561	415244	208600	206644
三原县	Sanyuan	136588	417643	210656	206987
泾阳县	Jingyang	153659	542140	272853	269287
乾县	Qianxian	172096	599221	323151	276070
礼泉县	Liquan	149126	484234	252499	231735

注：本表为公安部门统计数。

a) Data in this table are obtained from the annual reports of the bureau of public secruity.

4-7 续表 1 continued

地 区	Region	总户数 (户) Total Households (household)	户籍总人口 (人) TotalP opulation (person)	男 Male	女 Female
永寿县	Yongshou	59508	208065	109373	98692
彬 县	Binxian	99665	365627	192442	173185
长武县	Changwu	60373	187838	98649	89189
旬邑县	Xunyi	89423	295606	156111	139495
淳化县	Chunhua	63702	197047	104177	92870
武功县	Wugong	132860	448146	232961	215185
兴平市	Xingping	165839	614151	320511	293640
渭南市	**Weinan**	**1734823**	**5570900**	**2832171**	**2738729**
临渭区	Linwei	317395	961983	486232	475751
华州区	Huazhou	109383	341000	173808	167192
潼关县	Tongguan	52521	155202	79321	75881
大荔县	Dali	209331	731394	369089	362305
合阳县	Heyang	140705	452941	229549	223392
澄城县	Chengcheng	130475	393413	200546	192867
蒲城县	Pucheng	216016	792073	401807	390266
白水县	Baishui	98061	286558	148684	137874
富平县	Fuping	243231	800106	406232	393874
韩城市	Hancheng	135085	401530	206685	194845
华阴市	Huayin	82620	254700	130218	124482
延安市	**Yan'an**	**878541**	**2373225**	**1232736**	**1140489**
宝塔区	Baota	187785	478782	241668	237114
安塞区	Ansai	68746	196959	102426	94533
延长县	Yanchang	61573	156043	82491	73552
延川县	Yanchuan	72340	190790	100610	90180
子长县	Zichang	92479	269720	140440	129280
志丹县	Zhidan	59793	160894	83592	77302
吴起县	Wuqi	52233	144865	74934	69931
甘泉县	Ganquan	35471	89480	46544	42936
富 县	Fuxian	54309	158797	82773	76024
洛川县	Luochuan	78549	225236	120205	105031
宜川县	Yichuan	47673	124834	65179	59655
黄龙县	Huanglong	19610	50242	26647	23595
黄陵县	Huangling	47980	126583	65227	61356
汉中市	**Hanzhong**	**1329654**	**3841351**	**1996899**	**1844452**
汉台区	Hantai	212167	570464	290929	279535
南郑县	Nanzheng	192967	565324	292749	272575
城固县	Chenggu	191100	542652	279065	263587
洋 县	Yangxian	143020	449316	235005	214311
西乡县	Xixiang	153798	414504	217118	197386
勉 县	Mianxian	144350	427620	220033	207587
宁强县	Ningqiang	112726	326567	170554	156013

4-7 续表 2 continued

地 区	Region	总户数 (户) Total Households (household)	户籍总人口 (人) TotalP opulation (person)	男 Male	女 Female
略阳县	Lueyang	64631	185297	98487	86810
镇巴县	Zhenba	88951	284125	152564	131561
留坝县	Liuba	14859	42520	22623	19897
佛坪县	Foping	11085	32962	17772	15190
榆林市	**Yulin**	**1348064**	**3820028**	**1995230**	**1824798**
榆阳区	Yuyang	226818	584781	297710	287071
横山区	Hengshan	105425	378971	198491	180480
神木县	Shenmu	172062	443088	232399	210689
府谷县	Fugu	96565	247802	130398	117404
靖边县	Jingbian	106113	356028	184103	171925
定边县	Dingbian	99953	352125	181438	170687
绥德县	Suide	139779	359474	188046	171428
米脂县	Mizhi	81531	223312	117068	106244
佳 县	Jiaxian	103946	269474	143116	126358
吴堡县	Wubu	34343	84254	44045	40209
清涧县	Qingjian	66472	217011	116473	100538
子洲县	Zizhou	115057	303708	161943	141765
安康市	**Ankang**	**1064051**	**3044290**	**1626601**	**1417689**
汉滨区	Hanbin	349070	1008334	535164	473170
汉阴县	Hanyin	105831	311173	165334	145839
石泉县	Shiquan	71956	182795	98273	84522
宁陕县	Ningshan	27377	72589	39050	33539
紫阳县	Ziyang	111150	336985	182903	154082
岚皋县	Langao	55754	168184	91213	76971
平利县	Pingli	101608	232684	125316	107368
镇坪县	Zhenping	22339	59418	31462	27956
旬阳县	Xunyang	152072	458219	244381	213838
白河县	Baihe	66894	213909	113505	100404
商洛市	**Shangluo**	**823329**	**2529531**	**1337907**	**1191624**
商州区	Shangzhou	164558	566214	295389	270825
洛南县	Luonan	149741	463322	243875	219447
丹凤县	Danfeng	101823	314703	165885	148818
商南县	Shangnan	96225	247858	130053	117805
山阳县	Shanyang	150011	468966	250418	218548
镇安县	Zhen'an	102916	304749	163868	140881
柞水县	Zhashui	58055	163719	88419	75300
杨凌示范区	**Yangling**	**52347**	**191288**	**97288**	**94000**

主要统计指标解释

人口数 指一定时点、一定地区范围内有生命的个人总和。

年度统计的年末人口数指每年12月31日24时的人口数。年度统计的全国人口总数内未包括香港、澳门特别行政区和台湾省以及海外华侨人数。

城镇人口和乡村人口 城镇人口是指居住在城镇范围内的全部常住人口；乡村人口是除上述人口以外的全部人口。

出生率（又称粗出生率） 指在一定时期内(通常为一年)一定地区的出生人数与同期内平均人数(或期中人数)之比，用千分率表示。本资料中的出生率指年出生率，其计算公式为:

$$\text{出生率}=\frac{\text{年出生人数}}{\text{年平均人数}}\times 1000‰$$

式中：出生人数指活产婴儿，即胎儿脱离母体时(不管怀孕月数)，有过呼吸或其他生命现象。年平均人数指年初、年底人口数的平均数，也可用年中人口数代替。

死亡率（又称粗死亡率） 指在一定时期内(通常为一年)一定地区的死亡人数与同期内平均人数(或期中人数)之比，用千分率表示。本资料中的死亡率指年死亡率，其计算公式为:

$$\text{死亡率}=\frac{\text{年死亡人数}}{\text{年平均人数}}\times 1000‰$$

人口自然增长率 指在一定时期内(通常为一年)人口自然增加数(出生人数减死亡人数)与该时期内平均人数(或期中人数)之比，用千分率表示。计算公式为:

$$\text{人口自然增长率}=\frac{\text{本年出生人数}-\text{本年死亡人数}}{\text{年平均人数}}\times 1000‰$$
$$=\text{人口出生率}-\text{人口死亡率}$$

总抚养比 也称总负担系数。指人口总体中非劳动年龄人口数与劳动年龄人口数之比。通常用百分比表示。说明每100名劳动年龄人口大致要负担多少名非劳动年龄人口。用于从人口角度反映人口与经济发展的基本关系。计算公式为:

$$GDR=\frac{P_{0\sim14}-P_{65^+}}{P_{15\sim64}}\times 100\%$$

其中：GDR 为总抚养比;

$P_{0\sim14}$ 为0～14岁少年儿童人口数;

P_{65^+} 为65岁及65岁以上的老年人口数;

$P_{15\sim64}$ 为15～64岁劳动年龄人口数。

老年人口抚养比 也称老年人口抚养系数。指某一人口中老年人口数与劳动年龄人口数之比。通常用百分比表示。用以表明每100名劳动年龄人口要负担多少名老年人。老年人口抚养比是从经济角度反映人口老化社会后果的指标之一。计算公式为:

$$ODR=\frac{P_{65^+}}{P_{15\sim64}}\times 100\%$$

其中：ODR 为老年人口抚养比;

P_{65^+} 为65岁及65岁以上的老年人口数;

$P_{15\sim64}$ 为15～64岁的劳动年龄人口数。

少年儿童抚养比 也称少年儿童抚养系数。指某一人口中少年儿童人口数与劳动年龄人口数之比。通常用百分比表示。以反映每100名劳动年龄人口要负担多少名少年儿童。计算公式为:

$$CDR=\frac{P_{0\sim14}}{P_{15\sim64}}\times 100\%$$

其中：CDR 为少年儿童抚养比;

$P_{0\sim14}$ 为0～14岁少年儿童人口数;

$P_{15\sim64}$ 为15～64岁劳动年龄人口数。

Explanatory Notes on Main Statistical Indicators

Total Population refers to the total number of people alive at a certain point of time within a given area.

The annual statistics on total population is taken at midnight, the 31st of December, not including residents in Taiwan province, Hong Kong SAR and Macao SAR and Chinese national residing abroad.

Urban Population and Rural Population Urban population refers to all people residing in cities and towns, while rural population refers to population other than urban population.

Birth Rate (or Crude Birth Rate) refers to the ratio of the number of births to the average population (or mid-period population) during a certain period of time (usually a year), expressed in ‰. Birth rate in the chapter refers to annual birth rate. The following formula is used:

$$\text{Birth Rate} = \frac{\text{Number of Births}}{\text{Annual Average Population}} \times 1000‰$$

Number of births in the formula refers to live births, i.e. when a baby has breathed or showed any vital phenomena regardless of the length of pregnancy.

Annual average population is the average of the number of population at the beginning of the year and that at the end of the year. Sometimes it is substituted by the mid-year population.

Death Rate (or Crude Death Rate) refers to the ratio of the number of deaths to the average population (or mid-period population) during a certain period of time (usually a year), expressed in ‰. Death rate in the chapter refers to annual death rate. The following formula is used:

$$\text{Death Rate} = \frac{\text{Number of Deaths}}{\text{Annual Average Population}} \times 1000‰$$

Natural Growth Rate of Population refers to the ratio of natural increase in population (number of births minus number of deaths) in a certain period of time (usually a year) to the average population (or mid-period population) of the same period, expressed in ‰. The following formula is applied:

$$\text{Natural Growth Rate of Population} = \frac{\text{Number of Births - Number of Deaths}}{\text{Annual Average Population}} \times 1000‰$$

Natural Growth Rate of Population = Birth Rate-Death Rate

Gross Dependency Ratio also called gross dependency coefficient, refers to the ratio of non-working-age population to the working-age population, express in %. Describing in general the number of non-working-age population that every 100 people at working ages will take care of, this indicator reflects the basic relation between population and economic development from the demographic perspective. The gross dependency ratio is calculated with the following formula:

$$GDR = \frac{P_{0\sim14} + P_{65^+}}{P_{15\sim64}} \times 100\%$$

Where: GDR is the gross dependency ratio,

P_{0-14} is the population of children aged 0-14,

P_{65+} is the elderly population aged 65 and over, and

P_{15-64} is the working-age population aged 15-64.

Old Dependency Ratio also called old dependency coefficient, refers to the ratio of the elderly population to the working-age population, express in %. It describes the number of the elderly population that every 100 people at working ages will take care of. Old dependency ratio is one of the indicators reflecting the social implication of population aging from the economic perspective. The old dependency ratio is calculated with the following formula:

$$ODR = \frac{P_{65^+}}{P_{15\sim64}} \times 100\%$$

Where: ODR is the old dependency ratio,

P_{65+} is the elderly population aged 65 and over, and

P_{15-64} is the working-age population aged 15-64.

Children Dependency Ratio also called children dependency coefficient, refers to the ratio of the children population to the working-age population, express in %. It describes the number of children population that every 100 people at working ages will take care of. The children dependency ratio is calculated with the following formula:

$$CDR = \frac{P_{0\sim14}}{P_{15\sim64}} \times 100\%$$

Where: CDR is the children dependency ratio,

P_{0-14} is the children population aged 0-14, and

P_{15-64} is the working-age population aged 15-64.

五、就业和工资

Employment and Wages

资料整理：李　艳　杨　竞　张　峰

简 要 说 明

一、本篇资料反映陕西劳动就业与工资的基本情况。主要内容包括全社会就业人员数、城镇非私营单位就业人员数、城镇私营企业和个体工商业就业人数、城镇非私营单位就业人员工资、城镇私营单位就业人员工资、城镇登记失业率、社会保障情况等。

二、本篇资料中，城镇登记失业人数及失业率、社会保障情况、城镇私营及个体就业人员资料由省人力资源和社会保障厅、省民政厅、省工商行政管理局等部门提供并加工整理。

三、统计范围和调查方法

1. 城镇非私营单位：指城镇地区全部非私营法人单位，具体包括国有单位、城镇集体单位、联营经济、股份制经济、外商投资经济、港澳台投资经济等单位。工资统计是统计单位的就业人员，个体就业人员、自由职业者等非单位就业人员不在工资统计范围内。对城镇非私营单位工资统计采用全面调查的方法。

2. 城镇私营单位：主要是指在内资法人单位中由自然人投资设立或由自然人控股，以雇佣劳动为基础的营利性经济组织，包括按照《公司法》、《合伙企业法》、《私营企业暂行条例》规定登记注册的私营有限责任公司、私营股份有限公司、私营合伙企业和私营独资企业。对城镇私营单位工资统计采用全面调查和抽样调查相结合的方法。

Brief Introduction

Ⅰ. This chapter reflects the basic conditions of labour employment and wages of Shaanxi Province, mainly including the number of all employed persons, number of urban non-private units, number of urban private enterprise and private industry and commerce, wages of urban non-private units employed persons, wages of urban private enterprise employed persons, registered urban unemployment rate, the social security situation and etc.

Ⅱ. The data on registered urban unemployment and unemployment rate, social security, number of the persons employed in urban private enterprises and self-employed persons in industry and commerce are processed and prepared from figures provided by Shaanxi Provincial Department of Labour and Social Security, Shaanxi Provincial Department of Civil Affairs, Shaanxi Provincial Administration for Industry and Commerce and etc.

Ⅲ. The Statistical Coverage and Investigation Methods

a) The urban non-private units: are all non-private legal units in urban area, including state-owned units, urban collective-owned units, joint ownership units, cooperative units, foreign funded units and units with funds from Hong Kong, Macao & Taiwan etc. Wage of employed persons in urban non-private units are the persons employed in those units, except self-employed and freelancers. The investigation method of Wage of employed persons in urban non-private units is comprehensive survey.

b) The Urban private units: are established by natural person or controlled by natural person in legal units invested by domestic, are for-profit units based on wage-labor, including private limited liability corporations, private share holding corporations Ltd., partnership corporations and private sole proprietorship corporations registered in accordance with the "company law", "partnership enterprise law" and "Provisional Regulations". The investigation method of Wage of employed persons in urban private units is combined with comprehensive survey and sampling survey.

5.就业和工资

2016 年全省		
年底就业人员	2073 万人	比上年增长 0.1%
# 城镇非私营单位在岗职工	474 万人	
城镇非私营单位就业人员平均工资	59637 元	比上年增长 8.4%
城镇私营单位就业人员平均工资	35676 元	比上年增长 7.4%
城镇登记失业率	3.30 %	

在岗职工年末人数（万人）

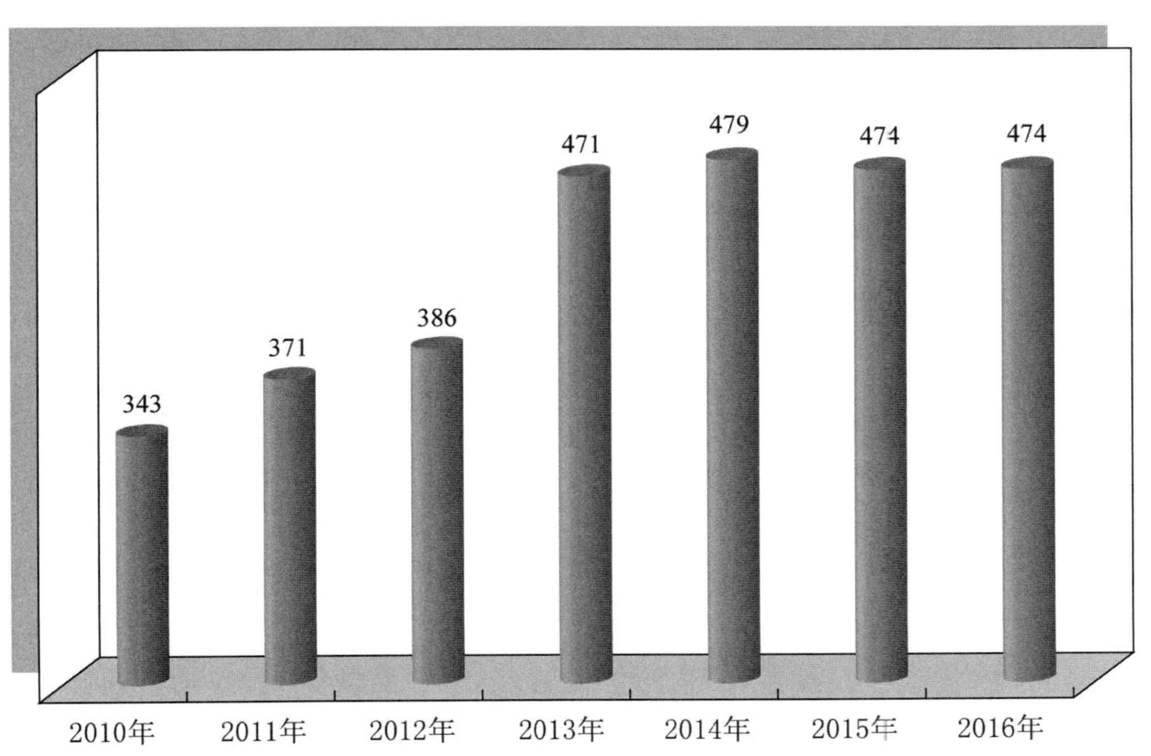

5-1 就业人员人数
Number of Employed Persons

单位：万人 (10 000 persons)

年 份 Year	就业人员 人数 Number of Employed Persons	第一产业 Primary Industry	第二产业 Secondary Industry	第三产业 Tertiary Industry	年末职工 人数 Number of Staff & Workers at Year-end	#国有单位 State-owned Units	#城镇集体单位 Urban Collective-owned Units	城镇私营及个体就业人员 Employed Persons in Private Enterprises, Self-employed Individuals in Urban Areas	乡村就业人员 Rural Employed Persons	其他就业人员 Others
1978	1078	766	193	119	257	222	35	…	821	
1979	1105	794	191	120	264	225	40		840	
1980	1158	831	199	128	282	239	43	1	875	
1981	1202	874	188	140	297	250	47	2	903	
1982	1250	904	198	148	309	258	50	3	939	
1983	1285	925	199	161	312	261	51	4	969	
1984	1337	936	217	184	324	260	63	7	1007	
1985	1375	888	287	200	337	271	65	9	1029	
1986	1409	874	303	232	350	282	67	10	1049	
1987	1449	905	311	233	358	289	68	14	1077	
1988	1494	950	299	245	366	298	68	15	1112	
1989	1529	973	298	258	374	304	68	17	1138	
1990	1576	1010	302	264	379	311	67	17	1180	
1991	1640	1054	314	272	390	321	68	18	1232	
1992	1672	1069	321	283	395	326	67	19	1258	
1993	1708	1061	335	312	398	326	66	24	1272	14
1994	1720	1055	333	332	392	327	60	32	1283	13
1995	1748	1056	341	351	395	333	56	42	1298	13
1996	1776	1053	341	382	398	336	54	59	1308	11
1997	1792	1053	339	400	396	335	52	63	1322	11
1998	1788	1055	300	433	335	270	36	99	1342	12
1999	1808	1052	304	452	335	271	32	109	1353	11
2000	1813	1010	299	504	328	265	29	133	1343	9
2001	1785	994	297	494	324	258	27	118	1333	9
2002	1874	1003	308	563	322	253	25	179	1363	10
2003	1912	997	364	551	319	246	23	185	1397	11
2004	1941	965	361	615	319	243	22	184	1425	13
2005	1976	957	368	651	323	242	21	205	1437	11
2006	1986	956	375	655	324	247	21	227	1425	11
2007	2013	933	401	679	331	240	19	257	1414	11
2008	2039	909	420	710	332	240	19	275	1420	12
2009	2060	876	493	691	335	233	16	282	1425	17
2010	2074	856	561	657	343	239	14	333	1376	22
2011	2059	824	585	650	371	251	14	359	1307	22
2012	2061	797	298	458	386	272	15	351	1298	25
2013	2058	779	322	475	471	223	18	297	1256	35
2014	2067	782	335	528	479	229	17	355	1196	37
2015	2071	789	335	615	474	224	15	449	1111	38
2016	2073	791	338	654	474	224	16	494	1068	37

注：1.本表职工人数1998年及以后为在岗职工(含劳务派遣人员)数。
2.由于统计制度变化，2012年及以后二、三产业中未含乡村就业人员。

a) Data in this table refer to number of staff and workers including labor dispatch personnel since 1998.

b) Number of employed persons in secondary industry and tertiary industry does not include rural employed persons because of the statistical system since 2012.

5-2 分行业就业人员人数(2016年)
Number of Employed Persons by Sector (2016)

单位：万人 (10 000 persons)

行业	Sector	合计 Total	国有单位 State-owned Units	城镇集体单位 Urban Collective-owned Units	其他单位 Units of Other Types of Ownership	私营企业 Private Enterprises	城镇个体 Urban Self-employed Individuals	乡村就业人员 Rural Employed Persons
总计	**Total**	**2072.8**	**237.8**	**16.7**	**256.9**	**197.9**	**295.9**	**1067.6**
第一产业	Primary Industry	791.3	2.2	0.04	0.1	3.5	7.4	778.0
农、林、牧、渔业	Agriculture, Forestry, Animal Husbandry and Fishery	791.3	2.2	0.04	0.1	3.5	7.4	778.0
第二产业	Secondary Industry	338.1	40.3	10.8	160.7	110.2	16.1	
采矿业	Mining	43.9	5.5	0.3	29.1	8.6	0.4	
制造业	Manufacturing	170.7	21.1	2.9	78.0	54.4	14.3	
电力、燃气及水生产和供应业	Production and Distribution of Electricity,Gas and Water	15.1	6.0	0.1	7.6	1.3	0.1	
建筑业	Construction	108.4	7.7	7.5	46.0	45.9	1.3	
第三产业	Tertiary Industry	653.9	195.2	5.9	96.1	84.2	272.4	
批发和零售业	Wholesale and Retail Trades	202.8	3.6	0.9	21.3	25.4	151.6	
交通运输、仓储和邮政业	Traffic, Transport, Storage and Post	37.3	18.3	0.4	9.6	5.8	3.2	
住宿和餐饮业	Hotels and Catering Services	88.6	1.1	0.1	9.4	11.4	66.6	
信息传输、软件和信息技术服务业	Information Transmission, Software and Information Services	18.3	0.5	0.01	10.6	4.1	3.0	
金融业	Financial Intermediation	20.9	3.7	1.7	14.9	0.5	0.01	
房地产业	Real Estate	21.0	2.0	0.1	9.3	9.0	0.5	
租赁和商务服务业	Leasing and Business Services	20.1	2.0	1.2	7.7	6.2	3.0	
科学研究和技术服务业	Scientific Research, Technology Services	22.9	13.7	0.2	4.4	3.8	0.9	
水利、环境和公共设施管理业	Management of Water Conservancy, Environment and Public Facilities	10.9	7.9	0.1	1.6	1.2	0.1	
居民服务、修理和其他服务业	Residents Service, Repair and other Services	45.0	0.6	0.1	0.9	3.3	40.1	
教育	Education	64.3	54.8	0.3	3.0	6.0	0.3	
卫生和社会工作	Health, Social Work	32.6	24.2	0.8	1.6	5.2	0.8	
文化、体育和娱乐业	Culture, Sports and Entertainment	9.7	3.3	0.0	1.6	2.3	2.4	
公共管理、社会保障和社会组织	Public Management, Social Security and Social Organization	59.6	59.5	0.01	0.1			

注：本表第二、三产业就业人员中未含乡村就业人员。

a) Data in this table Number of employed persons in secondary industry and tertiary Industry does not include rural employed persons.

5-3 城镇非私营单位企业、事业、机关人数和工资(2016年) Persons and Wages of Urban Non-private Enterprises, Institutions and State Organs (2016)

指标	Item	合计 Total	企业 Enterprises	事业 Institutions	机关 Agencies & Organizations	民间非盈利组织 Civil Non-profit Organization	其他 Others
一、就业人员年末人数 (人)	Employed Persons in Urban Units at Year-end (person)	5113878	3476745	1106455	500374	10723	19581
# 女性	Female	1814768	1088017	559780	151680	6162	9129
# 在岗职工及劳务派遣人员人数	Number of Staff and Workers including Labor Dispatch Personnel	4740808	3204366	1041731	465391	10261	19059
1.国有单位	State-owned Units	2377735	784749	1089736	499621	1155	2474
2.集体单位	Urban Collective-owned Units	166848	155560	10237	135	238	678
3.其他单位	Units of Other Types of Ownership	2569295	2536436	6482	618	9330	16429
二、就业人员工资总额 (万元)	Earning of Employed Persons in Urban Units (10 000 yuan)	30512709	20881516	6645988.7	2819932	42966	122306
# 在岗职工及劳务派遣人员工资总额	Number of Staff and Workers including Labor Dispatch Personnel	29275549	19895469	6471914	2747127	41793	119246
三、就业人员平均工资 (元)	Average Earning of Employed Persons in Urban Units (yuan)	59637	60120	59768	56266	40580	62934
四、在岗职工及劳务派遣人员平均工资 (元)	Average Wage of Staff and Workers (yuan)	61626	62053	61718	58865	41420	63090
1.国有单位	State-owned Units	62689	66228	61793	58889	62512	62235
2.集体单位	Urban Collective-owned Units	49239	49085	50886	43985	30961	66574
3.其他单位	Units of Other Types of Ownership	61404	61469	66159	42361	39232	63065

5-4 城镇非私营单位分行业就业人员年末人数(2016年)

Number of Fully Employed Staff and Workers in Urban Non-private Units at Year-end by Sector (2016)

单位：人 (person)

行业	Sector	年末人数 Number at Year-end	国有单位 State-owned Units	城镇集体单位 Urban Collective-owned Units	其他单位 Units of Other Types of Ownership
总计	**Total**	**5113878**	**2377735**	**166848**	**2569295**
农、林、牧、渔业	Agriculture, Forestry, Animal Husbandry and Fishery	23905	22413	374	1118
采矿业	Mining	349466	55364	2658	291444
制造业	Manufacturing	1019902	210980	28727	780195
电力、燃气及水生产和供应业	Production and Distribution of Electricity, Gas and Water	136706	60161	926	75619
建筑业	Construction	611293	76437	75227	459629
批发和零售业	Wholesale and Retail Trades	257810	35591	9158	213061
交通运输、仓储和邮政业	Traffic, Transport, Storage and Post	283123	183076	4112	95935
住宿和餐饮业	Hotels and Catering Services	105890	10723	983	94184
信息传输、软件和信息技术服务业	Information Transmission, Software and Information Services	111536	5187	56	106293
金融业	Financial Intermediation	203485	37442	17369	148674
房地产业	Real Estate	114716	20156	1273	93287
租赁和商务服务业	Leasing and Business Services	108886	19914	11531	77441
科学研究和技术服务业	Scientific Research, Technology Services	182434	137019	1572	43843
水利、环境和公共设施管理业	Management of Water Conservancy, Environment and Public Facilities	96135	79337	543	16255
居民服务、修理和其他服务业	Residents Service, Repair and other Services	15697	6247	916	8534
教育	Education	580567	547556	2664	30347
卫生和社会工作	Health, Social Work	266543	241967	8208	16368
文化、体育和娱乐业	Culture, Sports and Entertainment	49785	33132	422	16181
公共管理、社会保障和社会组织	Public Management, Social Security and Social Organization	595999	594983	129	887

5-5 各市(区)城镇非私营单位就业人员年末人数(2016年)
Number of Fully Employed Staff and Workers in Urban Non-private Units at Year-end by City(District)(2016)

单位：人 (person)

地 区	Region	总 计 Total	国有单位 State-owned Units	城镇集体单位 Urban Collective-owned Units	其他单位 Others	# 港澳台投资 Funds from Hong Kong, Macao & Taiwan	# 外商投资 Foreign Funded
全 省	**Shaanxi**	**5113878**	**2377735**	**166848**	**2569295**	**78564**	**98509**
西 安 市	Xi'an	1878856	758401	48536	1071919	61066	70582
铜 川 市	Tongchuan	114974	46047	2705	66222		1275
宝 鸡 市	Baoji	411308	157370	24280	229658	1906	5410
咸 阳 市	Xianyang	558125	254225	30491	273409	11210	10781
渭 南 市	Weinan	450381	239470	10664	200247	401	3526
延 安 市	Yan'an	336518	167943	10827	157748	676	1216
汉 中 市	Hanzhong	299702	156580	18631	124491	2066	1700
榆 林 市	Yulin	420613	216299	7610	196704	264	1844
安 康 市	Ankang	187663	106411	3435	77817	877	398
商 洛 市	Shangluo	198222	120173	9640	68409		804
杨凌示范区	Yangling	46717	16703	29	29985	98	973

注：全省数据含省级直报单位。
a) The data of Shaanxi is include the direct reporting organization.

5-6 城镇非私营单位就业人员年末人数和工资
Total Persons and Wages of Employed Staff and Workers in Urban Non-private Units

指 标	Item	年末人数(人) Number of Staff and Workers (person)		工资总额(万元) Total Wages Bill (10 000 yuan)		平均工资(元) Average Wage (yuan)	
		2015	2016	2015	2016	2015	2016
总 计	**Total**	**5118355**	**5113878**	**28519756**	**30512709**	**54994**	**59637**
国有单位	State-owned Units	2376801	2377735	13589062	14607581	55815	60749
集体单位	Urban Collective-owned Units	161690	166848	729459	787902	45665	48246
其他单位	Units of Other Types of Ownership	2579864	2569295	14201235	15117226	54797	59317
(一)内 资	Domestic Funds	2382141	2392222	13039832	13916774	54473	58600
1.股份合作制	Cooperative	17840	16122	95447	84570	50973	50854
2.联 营	Joint Ownership	9061	7915	47113	43432	52564	55130
3.有限责任公司	Limited Liability Corporations	1849740	1861683	9683202	10450317	51995	56650
4.股份有限公司	Share-holding Corporations Ltd.	458069	457137	3030112	3144485	66351	68711
5.其 它	Others	47431	49365	183959	193971	39065	40377
(二)港、澳、台投资	Funds from Hong Kong, Macao & Taiwan	49867	78564	263313	433064	53325	56824
(三)外商投资	Foreign Funded	147856	98509	898090	767387	60509	78733

5-7 职工平均工资和指数
Average Wage of Staff and Workers and Related Indices

年份 Year	平均工资（元） Average Wage (yuan)	#国有单位 State-owned Units	#城镇集体单位 Urban Collective-owned Units	指数(1978年=100) Indices (1978 year=100) 平均货币工资 Average Wage	#国有单位 State-owned Units	#城镇集体单位 Urban Collective-owned Units	平均实际工资 Average Real Wage	#国有单位 State-owned Units	#城镇集体单位 Urban Collective-owned Units
1978	654	669	558	100.0	100.0	100.0	100.0	100.0	100.0
1979	705	728	570	107.8	108.8	102.2	106.3	107.3	100.7
1980	785	811	636	120.0	121.2	114.0	112.3	113.4	106.6
1981	780	812	609	119.3	121.4	109.1	107.7	109.6	98.6
1982	797	831	619	121.9	124.2	110.9	109.1	111.2	99.3
1983	824	857	652	126.0	128.1	116.8	111.0	112.9	102.9
1984	973	1024	757	148.8	153.1	135.7	126.7	130.4	115.6
1985	1122	1182	869	171.6	176.7	155.7	135.8	139.9	123.3
1986	1291	1363	987	197.4	203.7	176.9	146.7	151.4	131.4
1987	1409	1493	1054	215.4	223.2	188.9	146.6	151.8	128.5
1988	1680	1788	1206	256.9	267.3	216.2	145.5	151.4	122.5
1989	1856	1975	1319	283.8	295.2	236.4	136.7	142.2	113.9
1990	2042	2174	1425	312.2	325.0	255.4	146.6	152.6	119.9
1991	2198	2332	1554	336.1	348.6	278.5	147.1	152.6	121.9
1992	2434	2594	1634	372.2	387.7	292.8	146.5	152.6	115.2
1993	2890	3077	1918	441.9	459.9	343.7	152.5	158.8	118.6
1994	3803	4050	2299	581.5	605.4	412.0	156.6	163.0	110.9
1995	4396	4639	2795	672.2	693.4	500.9	153.4	158.2	114.3
1996	4882	5142	3082	746.5	768.6	552.3	154.4	159.0	114.3
1997	5184	5452	3177	792.7	814.9	569.4	155.9	160.2	111.9
1998	6029	6257	3823	921.9	935.3	685.1	185.5	188.2	137.9
1999	6931	7162	4318	1059.8	1070.6	773.8	219.4	221.6	160.2
2000	7804	8043	4920	1193.3	1202.2	881.7	246.3	248.2	182.0
2001	9120	9440	5293	1394.5	1411.1	948.6	287.6	291.0	195.6
2002	10351	10700	6080	1582.7	1599.4	1089.6	332.4	335.9	228.8
2003	11461	11833	6858	1752.4	1768.8	1229.0	365.1	368.5	256.0
2004	13024	13333	7373	1991.4	1992.9	1321.3	402.8	403.1	267.2
2005	14796	15223	7926	2262.3	2275.5	1420.4	453.5	456.1	284.7
2006	16918	17139	9086	2586.8	2561.9	1628.3	507.9	502.5	319.4
2007	21296	21653	11289	3256.3	3236.6	2023.1	607.7	603.5	377.2
2008	25942	26516	13523	3966.7	3963.5	2423.5	697.1	695.9	425.5
2009	30185	31537	16415	4615.4	4710.1	2941.8	810.3	827.6	516.5
2010	34299	35495	20650	5244.5	5305.7	3700.7	887.9	898.2	626.5
2011	39043	41291	27336	5969.9	6172.0	4898.9	955.2	988.6	784.7
2012	44330	46810	33142	6778.3	6997.0	5939.4	1058.2	1092.3	927.2
2013	48853	49815	39141	7469.9	7446.1	7014.6	1134.4	1130.8	1065.2
2014	52119	51919	43562	7969.3	7760.7	7806.8	1191.2	1160.0	1166.8
2015	56896	57592	46528	8699.7	8608.7	8338.4	1288.8	1275.3	1235.2
2016	61626	62689	49239	9422.9	9370.6	8824.2	1378.0	1370.3	1290.4

注：本表不含城镇私营单位和个体，1998年及以后数据为在岗职工平均工资，指数据此推算。

a) Data in this table do not include urban private enterprises and self-employed individuals. The data refer to average wage of fully employed staff and workers since 1998 and the indices was calculated on it.

5-8 城镇非私营单位就业人员分行业工资总额(2016年)
Earnings of Employed Persons by Sector in Urban Non-private Units (2016)

单位：万元 (10 000 yuan)

行业	Sector	工资总额 Total Wages Bill	国有单位 State-owned Units	城镇集体单位 Urban Collective-owned Units	其他单位 Others
总计	**Total**	**30512709**	**14607581**	**787902**	**15117226**
农、林、牧、渔业	Agriculture, Forestry, Animal Husbandry and Fishery	115099	109223	1853	4023
采矿业	Mining	2629314	373173	14137	2242005
制造业	Manufacturing	5589324	1346689	144672	4097963
电力、燃气及水生产和供应业	Production and Distribution of Electricity, Gas and Water	983269	399359	7367	576543
建筑业	Construction	3025004	357773	300624	2366607
批发和零售业	Wholesale and Retail Trades	1105882	197466	26141	882276
交通运输、仓储和邮政业	Traffic, Transport, Storage and Post	1846216	1319414	22471	504331
住宿和餐饮业	Hotels and Catering Services	363757	38784	2670	322303
信息传输、软件和信息技术服务业	Information Transmission, Software and Information Services	1287777	32886	236	1254655
金融业	Financial Intermediation	1647572	352231	154862	1140480
房地产业	Real Estate	583123	116762	4671	461690
租赁和商务服务业	Leasing and Business Services	574667	93456	37811	443400
科学研究和技术服务业	Scientific Research, Technology Services	1400612	982529	10357	407726
水利、环境和公共设施管理业	Management of Water Conservancy, Environment and Public Facilities	395758	323531	2358	69869
居民服务、修理和其他服务业	Residents Service, Repair and other Services	60239	26984	4062	29193
教育	Education	3682679	3531887	14366	136426
卫生和社会工作	Health, Social Work	1628571	1508186	36981	83404
文化、体育和娱乐业	Culture, Sports and Entertainment	277466	187279	1710	88477
公共管理、社会保障和社会组织	Public Management, Social Security and Social Organization	3316383	3309971	555	5857

5-9 城镇非私营单位就业人员分行业平均工资(2016年)
Average Earnings of Employed Persons by Sector in Urban Non-private Units (2016)

单位：元 (yuan)

行业	Sector	平均工资 Average Wage	国有单位 State-owned Units	城镇集体单位 Urban Collective-owned Units	其他单位 Others
总计	**Total**	**59637**	**60749**	**48246**	**59317**
农、林、牧、渔业	Agriculture, Forestry, Animal Husbandry and Fishery	48185	48791	49543	35694
采矿业	Mining	73995	65089	57257	75863
制造业	Manufacturing	54348	60027	50907	52831
电力、燃气及水生产和供应业	Production and Distribution of Electricity, Gas and Water	71640	66775	79386	75349
建筑业	Construction	50797	47610	41207	52896
批发和零售业	Wholesale and Retail Trades	43208	55979	28757	41700
交通运输、仓储和邮政业	Traffic, Transport, Storage and Post	65955	72793	54888	53328
住宿和餐饮业	Hotels and Catering Services	34293	35680	26252	34220
信息传输、软件和信息技术服务业	Information Transmission, Software and Information Services	121311	53412	40741	124333
金融业	Financial Intermediation	82626	94602	90209	78654
房地产业	Real Estate	51205	58381	37398	49841
租赁和商务服务业	Leasing and Business Services	50797	47245	33951	53934
科学研究和技术服务业	Scientific Research, Technology Services	72786	56912	66011	92621
水利、环境和公共设施管理业	Management of Water Conservancy, Environment and Public Facilities	41151	40764	43020	42978
居民服务、修理和其他服务业	Residents Service, Repair and other Services	38405	43870	44195	33886
教育	Education	62813	53707	54129	46641
卫生和社会工作	Health, Social Work	61509	52677	45605	52024
文化、体育和娱乐业	Culture, Sports and Entertainment	55946	56701	40521	54805
公共管理、社会保障和社会组织	Public Management, Social Security and Social Organization	55589	55579	42351	64576

5-10 城镇非私营单位在岗职工(含劳务派遣)分行业平均工资(2016年)
Average Wage of Employed Staff and Workers in Urban Non-private Units by Sector (2016)

单位：元 (yuan)

行业	Sector	平均工资 Average Wage	国有单位 State-owned Units	城镇集体单位 Urban Collective-owned Units	其他单位 Others
总计	**Total**	**61626**	**62689**	**49239**	**61404**
农、林、牧、渔业	Agriculture, Forestry, Animal Husbandry and Fishery	48942	49602	49543	35848
采矿业	Mining	74930	68057	57493	76329
制造业	Manufacturing	54739	60910	52091	53055
电力、燃气及水生产和供应业	Production and Distribution of Electricity, Gas and Water	72279	67229	79234	76151
建筑业	Construction	52154	47700	41404	54964
批发和零售业	Wholesale and Retail Trades	43697	57541	29093	42037
交通运输、仓储和邮政业	Traffic, Transport, Storage and Post	67944	74944	62185	54533
住宿和餐饮业	Hotels and Catering Services	34798	36388	26303	34711
信息传输、软件和信息技术服务业	Information Transmission, Software and Information Services	122157	63525	40741	125228
金融业	Financial Intermediation	112824	97330	91314	124078
房地产业	Real Estate	51891	60095	37524	50346
租赁和商务服务业	Leasing and Business Services	51775	48419	34251	54713
科学研究和技术服务业	Scientific Research, Technology Services	74073	67779	66289	96627
水利、环境和公共设施管理业	Management of Water Conservancy, Environment and Public Facilities	44788	45039	43020	43774
居民服务、修理和其他服务业	Residents Service, Repair and other Services	38740	44223	48867	33889
教育	Education	64340	65225	54382	47934
卫生和社会工作	Health, Social Work	62684	63908	47454	52249
文化、体育和娱乐业	Culture, Sports and Entertainment	57271	58169	41061	55824
公共管理、社会保障和社会组织	Public Management, Social Security and Social Organization	58175	58165	44187	66828

5-11 城镇私营单位分行业就业人员平均工资
Average Wage of Employed Persons in Urban Private Units by Sector

单位：元 (yuan)

行　　业	Sector	2013	2014	2015	2016
总　计	**Total**	**26454**	**30483**	**33220**	**35676**
农、林、牧、渔业	Agriculture, Forestry, Animal Husbandry and Fishery	22478	23228	22993	26255
采矿业	Mining	32114	36760	36772	40376
制造业	Manufacturing	25582	31542	33841	37044
电力、燃气及水生产和供应业	Production and Distribution of Electricity, Gas and Water	25194	29552	32714	34596
建筑业	Construction	26140	29540	33136	36002
批发和零售业	Wholesale and Retail Trades	24392	28568	31480	33577
交通运输、仓储和邮政业	Traffic, Transport, Storage and Post	25359	28968	31296	32903
住宿和餐饮业	Hotels and Catering Services	23418	24450	26799	28393
信息传输、软件和信息技术服务业	Information Transmission, Software and Information Services	33455	36580	42117	45439
金融业	Financial Intermediation	30309	33370	32253	35384
房地产业	Real Estate	34150	37493	37933	38328
租赁和商务服务业	Leasing and Business Services	26870	29915	37018	38768
科学研究和技术服务业	Scientific Research, Technology Services	35280	37802	42208	41934
水利、环境和公共设施管理业	Management of Water Conservancy, Environment and Public Facilities	26815	30534	30193	33887
居民服务、修理和其他服务业	Residents Service, Repair and Other Services	24315	25713	27793	28799
教　育	Education	28344	29707	34863	35752
卫生和社会工作	Health, Social Work	27224	29447	32283	33505
文化、体育和娱乐业	Culture, Sports and Entertainment	24069	25549	28439	29999

5-12 各市(区)城镇非私营单位就业人员工资总额(2016年)
Earnings of Employed Persons and Total Wages Bill of Fully Employed Staff in Urban Non-private Units by City(District)(2016)

单位：万元 (10 000 yuan)

地区	Region	就业人员工资总额 Total Wages Bill of Employed Persons	国有单位 State-owned Units	城镇集体单位 Urban Collective-owned Units	其他单位 Others	# 港澳台投资 Funds from Hong Kong, Macao & Taiwan	# 外商投资 Foreign Funded
全省	**Shaanxi**	**30512709**	**14607581**	**787902**	**15117226**	**433064**	**767387**
西安市	Xi'an	12813546	5280459	229451	7303635	337728	611350
铜川市	Tongchuan	576277	246055	8863	321359		6229
宝鸡市	Baoji	2101558	929337	116095	1056127	12090	28892
咸阳市	Xianyang	2671810	1301110	116481	1254218	58903	48886
渭南市	Weinan	2221356	1265632	41193	914531	1209	16612
延安市	Yan'an	1980985	945973	54106	980906	3849	14967
汉中市	Hanzhong	1566584	911515	101083	553987	9380	12208
榆林市	Yulin	2590461	1213789	56390	1320282	1631	14419
安康市	Ankang	970856	640166	15563	315127	7873	2341
商洛市	Shangluo	885927	580618	48565	256744		6612
杨凌示范区	Yangling	241277	119384	112	121782	402	4872

注：全省数据含省级直报单位。下表同。

a) The data of Shaanxi is include the direct reporting organization. The same applies to the table following.

5-13 各市(区)城镇非私营单位就业人员平均工资(2016年)
Average Earnings of Employed Persons and Average Wage of Fully Employed Staff and Workers in Urban Non-private Units by City(District)(2016)

单位：元 (yuan)

地区	Region	就业人员平均工资 Average Wage of Employed Persons	国有单位 State-owned Units	城镇集体单位 Urban Collective-owned Units	其他单位 Others	# 港澳台投资 Funds from Hong Kong, Macao & Taiwan	# 外商投资 Foreign Funded
全省	**Shaanxi**	**59637**	**60749**	**48246**	**59317**	**56824**	**78733**
西安市	Xi'an	67428	66692	48098	68847	57455	88283
铜川市	Tongchuan	50005	53840	34273	47996		48973
宝鸡市	Baoji	51475	59150	48280	46504	62255	52531
咸阳市	Xianyang	48542	51285	39724	46906	52761	45885
渭南市	Weinan	49376	52485	39325	46124	29847	42194
延安市	Yan'an	58460	56715	52231	60658	60230	121782
汉中市	Hanzhong	52736	58723	55494	44813	46276	71939
榆林市	Yulin	62140	56546	73054	67881	62483	83586
安康市	Ankang	52195	60651	47089	40846	87971	57653
商洛市	Shangluo	45324	48922	50874	38185		77974
杨凌示范区	Yangling	51086	72087	38448	39746	40980	51286

5-14 城镇登记失业人数及失业率
Registered Urban Unemployment Persons and Unemployment Rate

年份 Year	年末城镇登记实有失业人数（人） Registered Unemployed Persons in Urban Areas (person)	城镇登记失业率（%） Registered Unemployment Rate in Urban Areas (%)	年份 Year	年末城镇登记实有失业人数（人） Registered Unemployed Persons in Urban Areas (person)	城镇登记失业率（%） Registered Unemployment Rate in Urban Areas (%)
1980	216209	7.1	2003	139490	3.7
1985	67044	1.9	2004	184617	3.77
1990	112345	3.0	2005	215414	4.18
1991	100790	3.0	2006	215432	4.03
1992	90844	3.0	2007	209546	4.02
1993	108306	3.0	2008	208337	3.91
1994	99800	3.3	2009	214757	3.94
1995	85700	3.2	2010	214206	3.85
1996	125700	3.3	2011	209061	3.59
1997	151600	3.4	2012	194807	3.22
1998	122100	3.1	2013	210600	3.32
1999	107000	2.6	2014	223486	3.41
2000	113861	2.7	2015	223486	3.36
2001	140082	3.2	2016	227433	3.30
2002	135094	3.3			

5-15 社会保障基本情况
Basic Statistics on Social Security

指标	Item	2013	2014	2015	2016
城镇居民最低生活保障户数（万户）	Number of Families Receiving Minimum Living Allowance in Urban Areas (10 000 households)	32.10	28.20	25.40	21.03
城镇居民最低生活保障人数（万人）	Number of Persons Receiving Minimum Living Allowance in Urban Areas (10 000 persons)	67.10	57.70	50.90	42.08
参加失业保险职工人数（万人）	Unemployment Insurance Contributors (10 000 persons)	339.67	344.27	347.74	352.23
参加养老保险职工人数（万人）	Pension Insurance Contributors (10 000 persons)	684.51	716.36	751.55	789.63
参加医疗保险职工人数（万人）	Medical Care Insurancce Contributors (10 000 persons)	571.74	574.23	580.26	599.64
城镇居民基本医疗保险参保人数（万人）	Basic Medical Care Insurancce Contributors in Urban Areas (10 000 persons)	672.53	671.93	667.00	648.40
参加工伤保险职工人数（万人）	Work Injury Insurance Contributors (10 000 persons)	378.06	403.98	427.33	441.60
参加生育保险职工人数（万人）	Maternity Insurance Contributors (10 000 persons)	240.25	250.79	265.29	283.45

5-16 参加基本养老保险的职工及离退休人员(2016年)
Staff and Workers, Retired and VCSR Joined Basic Pension Insurance(2016)

单位：人 (person)

指　　标	Item	职工人数 Number of Employees	离退休职工 Number of Retirees
总　　计	**Total**	**5306305**	**1934240**
一、企　业	Enterprises	4254953	1596463
(一)内资企业	Domestic Units	4100114	1591748
1.国有企业	State-owned Units	1637450	1072976
2.集体企业	Collective-owned Units	104199	202509
3.其　他	Others	2358465	316263
(二)港澳台及外资企业	Funds from Hong Kong,Macao,Taiwan and Foreign	154839	4715
二、其　他	Others	1051352	337777

5-17 失业保险基本情况
Basic Statistics on Unemployment Insurance

单位：人 (person)

指　　标	Item	2013	2014	2015	2016
参加失业保险人数	Unemployment Insurance Contributors	3396683	3442679	3477375	3522251
一、企　业	Enterprises	2589069	2628934	2664831	2701461
(一)内资企业	Domestic Units	2521002	2554277	2594014	2626054
1.国有企业	State-owned Units	1443128	1442201	1451147	1390032
2.集体企业	Collective-owned Units	227066	228901	220357	215506
3.其　他	Others	850808	883175	922510	1020516
(二)港澳台及外资企业	Funds from Hong Kong,Macao,Taiwan and Foreign	68067	74657	70817	75407
二、事业单位	Institutions	791636	794414	776994	778749
三、其他单位	Others	15978	19331	35550	42041
领取失业保险金人数	Beneficiaries of Unemployment Insurance Fund	56759	29064	51359	27799

主要统计指标解释

就业人员　指在一定年龄以上，有劳动能力，为取得劳动报酬或经营收入而从事一定社会劳动的人员。具体指年满16周岁，为取得报酬或经营利润，在调查周内从事了1小时（含1小时）以上的劳动或由于学习、休假等原因在调查周内暂时处于未工作状态，但有工作单位或场所的人口。

单位就业人员　指报告期末最后一日24时在本单位中工作，并取得工资或其他形式劳动报酬的人员数。该指标为时点指标，不包括最后一日当天及以前已经与单位解除劳动合同关系的人员，是在岗职工、劳务派遣人员及其他就业人员之和。就业人员不包括:

(1)离开本单位仍保留劳动关系，并定期领取生活费的人员;

(2)利用课余时间打工的学生及在本单位实习的各类在校学生;

(3)本单位因劳务外包而使用的人员。

城镇私营和个体就业人员　城镇私营就业人员指在工商管理部门注册登记，其经营地址设在县城关镇(含县城关镇)以上的私营企业就业人员，包括私营企业投资者和雇工。城镇个体就业人员指在工商管理部门注册登记，并持有城镇户口或在城镇长期居住，经批准从事个体工商经营的就业人员，包括个体经营者和在个体工商户劳动的家庭帮工和雇工。

国有单位　指资产归国家所有的经济组织。包括按《中华人民共和国企业法人登记管理条例》规定登记注册的非公司制的经济组织，以及中央、地方各级国家机关、事业单位和社会团体。

集体单位　指生产资料归集体所有，并按《中华人民共和国企业法人登记管理条例》规定登记注册的经济组织。

其他单位　包括股份合作单位、联营单位、有限责任公司、股份有限公司、港澳台商投资单位以及外商投资单位等其他登记注册类型单位。

在岗职工　指在本单位工作且与本单位签订劳动合同，并由单位支付各项工资和社会保险、住房公积金的人员，以及上述人员中由于学习、病伤、产假等原因暂未工作仍由单位支付工资的人员。在岗职工还包括:

(1)应订立劳动合同而未订立劳动合同人员(如使用的农村户籍人员);

(2)处于试用期人员;

(3)编制外招用的人员;

(4)派往外单位工作，但工资仍由本单位发放的人员(如挂职锻炼、外派工作等情况)。

工资总额　指根据《关于工资总额组成的规定》(1990年1月1日国家统计局发布的一号令)进行修订，在报告期内(季度或年度)直接支付给本单位全部就业人员的劳动报酬总额。包括计时工资、计件工资、奖金、津贴和补贴、加班加点工资、特殊情况下支付的工资。是在岗职工工资总额、劳务派遣人员工资总额和其他就业人员工资总额之和。

工资总额是税前工资，包括单位从个人工资中直接为其代扣或代缴的房费、水费、电费、住房公积金和社会保险基金个人缴纳部分等。

工资总额不论是计入成本的还是不计入成本的，不论是以货币形式支付的还是以实物形式支付的，均应列入工资总额的计算范围。

平均工资　指单位就业人员在一定时期内平均每人所得的工资额。它表明一定时期工资收入的高低程度，是反映就业人员工资水平的主要指标。计算公式为:

$$平均工资=\frac{报告期就业人员工资总额}{报告期就业人员平均人数}$$

平均工资指数　指报告期就业人员平均工资与基期就业人员平均工资的比率，是反映不同时期就业人员货币工资水平变动情况的相对数。计算公式为:

$$平均工资指数=\frac{报告期就业人员平均工资}{基期就业人员平均工资}\times100\%$$

平均实际工资指数　就业人员平均实际工资指扣除物价变动因素后的就业人员平均工资。就业人员平均实际工资指数是反映实际工资变动情况的相对数，表明就业人员实际工资水平提高或降低的程度。计算公式为:

$$平均实际工资指数=\frac{报告期就业人员平均工资指数}{报告期城镇居民消费价格指数}\times100\%$$

城镇登记失业人员　指有非农业户口，在一定的劳动年龄内(16周岁至退休年龄)，有劳动能力，无业而要求就业，并在当地劳动保障部门进行失业登记的人员。

城镇登记失业率　城镇登记失业人员与城镇单位就业人员(扣除使用的农村劳动力、聘用的离退休人员、港澳台及外方人员)、城镇单位中的不在岗职工、城镇私营业主、个体户主、城镇私营企业和个体就业人员、城镇登记失业人员之和的比。

Explanatory Notes on Main Statistical Indicators

Employed Persons refers to persons above a specified age who had labour capacity and performed some social work for compensation or business gains. Specifically, it refers to all persons, aged 16 and over, who performed some work for compensation or business gains for one hour or more during the reference period; or who had work units or sites but were temporarily not at work during the reference period,

Persons Employed in Various Units refer to the total number of employees who work at his unit and obtain wages or other forms of payment at the end of the reporting period. This indicator is a kind of time point index and it equals to the sum of the number of employed staff and workers, labor dispatch personnel and other employed persons. Employed persons do not include:

1)persons who have left their working units while keeping their labour contract (employment relation) unchanged and receiving regular alimony;

2)students who do part-time jobs in spare time and all kinds of enrolled students who do internship in various units;

3)persons employed due to labor outsourcing;

4)persons who dissolve labor contracts with their units on the last day of reporting period or before.

Persons Employed in Private Enterprises and Self-Employed Individuals in Urban Areas Persons employed in private enterprises refer to the persons employed in the private enterprises which have been registered at the departments of industrial and commercial administration for which the business operation are situated at a county town (i.e. a town where the county government is located), or at urban areas with administrative hierarchy higher than a county town. The self-employed individuals in urban areas refer to persons who hold the certificates of residence in urban areas or have resided in the urban areas for a long time and have been registered at the departments of industrial and commercial administration and approved to be engaged in individual industrial or commercial business, including self-employed persons as well as helpers and hired laborers who work in individual households.

State-owned Units refer to economic units whose assets are owned by the state, including non-corporation units registered according to *Regulation of the People's Republic of China on the Registration of Enterprises and Corporations*, state organs, institutions and social organizations at the central-level and local levels.

Collective-owned Units refer to economic units registered according to *Regulation of the People's Republic of China on the Registration of Enterprises and Corporations* where the means of production are collectively owned.

Units of Other Types of Ownership refer to units registered with other types of ownership, including cooperative units, joint ownership units, limited liability corporations, share holding corporations, units funded by entrepreneurs from Hong Kong, Macao, and Taiwan, and foreign- funded units.

Employed Staff and Workers refer to persons who signed labor contracts with working units and working units would pay wages, social insurance and housing funds for them. Persons who have their work posts but are temporarily absent from work for reasons of study or on sick, injury or maternal leave and still receive wages from their working units are also included. Employed staff and workers also include:

1)Persons who should have signed the labor contracts but not (like people with rural household registration);

2)Employees on probation;

3)Employees beyond the staffing quota;

4)Employees who are sent to other working units but still obtain wages from their original units (situations like on-the-job placement, expatriated assignment, etc.)

Total Wage Bill It is revised according to the "Provision of Composition of Total Wages" (Order No.1 by National Bureau of Statistics on January, 1st, ,1990), total wage bill refers to the total remuneration payment to all employed persons in various units during the reporting period (by quarter or by year), including hourly-paid wages, piece-rate wages, bonuses, allowance and subsidies, overtime wages and wages paid under special circumstances. It equals to the sum of total wages of employed staff and workers, dispatch labors and other employed persons.

Total wage bill is pre-tax wages, including the room charges, utility bills, housing funds and social insurance paid or withheld by employee's units.

Total wage bill, whether or not included in cost, whether or not paid in money or in kind, shall be included in the calculation of total wage.

Average Wage refers to the average per capita wage during a certain period of time for employed persons. It shows the general level of wage income during a certain period of time, one major indicator to reflect the wage level. It is calculated as follows:

$$\text{Average Wage} = \frac{\text{Total Wage Bill of Employed Persons at Reference Time}}{\text{Average Number of Persons Employed at Reference Time}}$$

Average Wage Indices refers to the ratio of average wage of employed persons the reporting period to that at the base period, which reflects the change of wage of employed persons at the different period. It is calculated as follows:

$$\text{Average Wage Indices} = \frac{\text{Average Wage of Employed Persons at Reference Time}}{\text{Average Wage of Persons Employeds at Base Period}} \times 100\%$$

Average Real Wage Indices average real wage of employed persons refers to the average wage of employed persons after removing the effects of the price changes and average real wage indices of employed persons refers to the change of real wage, which reflects the relative increasing or decreasing level of real wage of employed persons ,which is calculated as follows:

$$\text{Average Real Wage Indices} = \frac{\text{Average Wage Indices of Employed Persons at the Reference Time}}{\text{Urban Consumer Price Indices at Reference Time}} \times 100\%$$

Registered Unemployed Persons in Urban Areas refer to the persons with non-agricultural household registration at certain working ages (16 years old to retirement age), who are capable of working, unemployed and willing to work, and have been registered at the local employment service agencies to apply for a job.

Registered Unemployment Rate in Urban Areas refers to the ratio of the number of the registered unemployed persons to the sum of the number of persons employed in various units (minus the employed rural labour force, re-employed retirees, and Hong Kong, Macao, Taiwan or foreign employees), laid-off staff and workers in urban units, owners of private enterprises in urban areas, owners of self-employed individuals in urban areas, employees of private enterprises in urban areas, employee of self-employed individuals in urban areas, and the registered unemployed persons in urban areas.

六、固定资产投资

Investment in Fixed Assets

资料整理：袁军会　陈晓峰　郑　娟　穆　丹　刘海燕　刘卫斌

简要说明

一、本篇资料反映陕西固定资产投资的基本情况，主要包括：全社会固定资产投资，房地产开发投资，商品房销售情况。

二、固定资产投资统计的范围包括：城乡建设项目投资，房地产开发投资，国防、人防建设项目投资及农户投资。

三、固定资产投资统计的资料来源主要为统计局的全面统计报表。除农户固定资产投资统计采用抽样调查方法外，其他均为全面统计报表。

四、统计口径的变化

自1997年起，除房地产开发投资、非农户投资、农户投资及城镇和工矿区私人建房投资外，固定资产投资的统计起点由5万元提高到50万元。

自2006年起，非农户固定资产投资统计改为按项目统计，调查方法由抽样调查改为全面统计报表，起点提高到50万元。城镇和工矿区私人建房投资改为按项目统计，起点为50万元。

自2011年起，提高固定资产投资统计起点标准，从计划总投资额50万元提高到500万元。投资统计的范围从城镇扩大到农村企事业组织，并将这一统计范围定义为“固定资产投资（不含农户）”。

Brief Introduction

Ⅰ.This chapter reflects the basic conditions of investment in fixed assets of Shaanxi Province, mainly including total investment in fixed assets in the whole province, real estate development, Sales of Commercial Buildings.

Ⅱ.Statistics on the investment in fixed assets cover investments in capital construction projects in urban and rural areas, investments in real estate development, as well as investments in national defence projects and civil defence projects, and rural household investment.

Ⅲ.The data sources for the statistics of investment in fixed assets mainly come from complete statistical report forms. Investment in fixed assets by farm households are calculated with sample survey, and the others come from complete statistical report forms.

Ⅳ. Changes in Statistical Scope

Since 1997, the cut-off point of projects covered by statistics of investment in fixed assets are raised from an investment of 50,000 yuan to 500,000 yuan, except investment in real estate development, farm household investment, non-farm household investment and private investment in housing construction in urban areas and industrial and mining areas.

Since 2006, statistics on investments in fixed assets of rural non-farm households are changed to project-based. Survey method is changed from sample survey to the system of reporting form with complete enumeration. The cut-off point has been raised to 500,000 yuan. Statistics on private investment in housing construction in urban areas and industrial and mining areas have become project-based. The cut-off point has been raised to 500,000 yuan.

Since 2011, the cut-off point of statistics on investments in fixed assets are raised, amount of intended investment are raised from 500,000 yuan to 5,000,000 yuan. The scope of investment statistics expends from urban to rural enterprises, and this scope of statistics is defined “investments in fixed assets(non-farm)”.

6.固定资产投资

2016年全省				
全社会固定资产投资	20825.25	亿元	比上年增长	12.1%
# 房地产开发投资	2736.75	亿元	比上年增长	9.7%
商品房销售面积	3262.70	万平方米	比上年增长	9.5%

房地产开发投资（亿元）

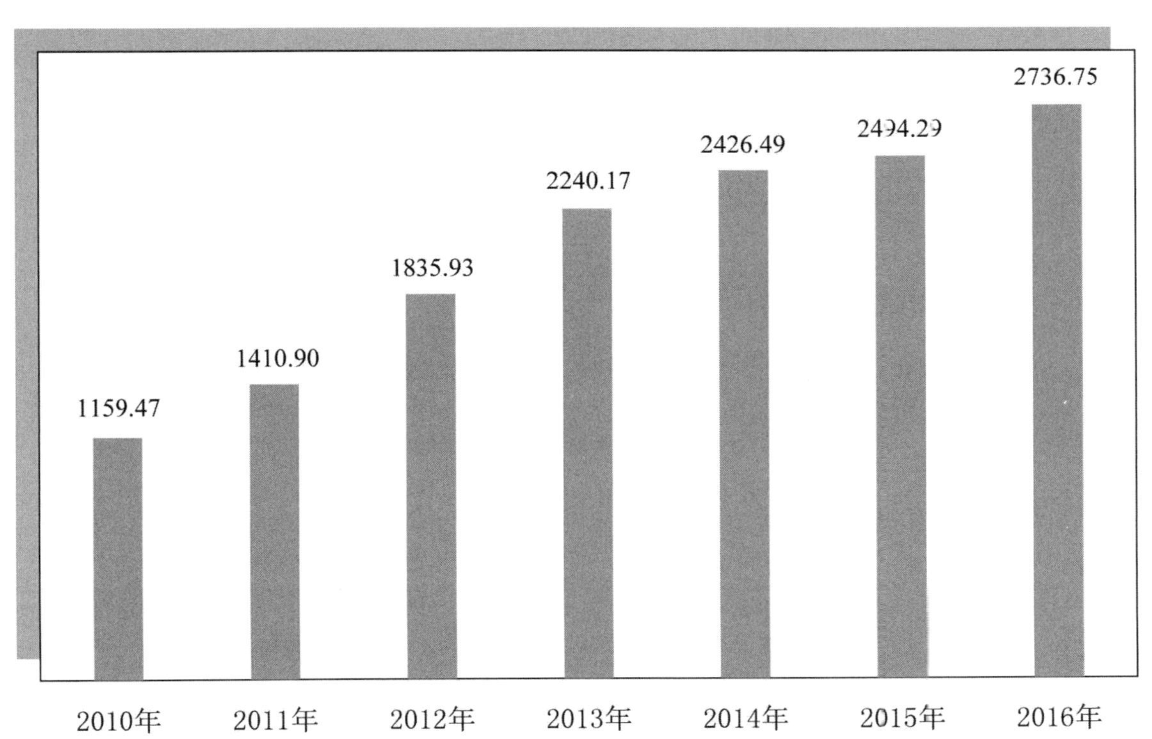

6-1 全社会固定资产投资
Total Investment in Fixed Assets of the Whole Province

单位：亿元 (100 million yuan)

年份 Year	全社会固定资产投资 Total Investment	固定资产投资 Investment in Fixed Assets	#房地产开发 Real Estate Development	农户固定资产投资 Rural Investment in Fixed Assets
1978	20.35	19.11		1.24
1979	21.16	19.48		1.68
1980	27.80	25.51		2.29
1981	22.92	19.81		3.11
1982	29.48	26.12		3.36
1983	30.83	26.08		4.74
1984	40.39	31.31		9.08
1985	57.99	44.08		13.91
1986	63.53	51.49		12.04
1987	80.89	65.52		15.37
1988	94.72	75.26		19.46
1989	95.18	73.21		21.97
1990	103.72	80.82		22.90
1991	124.93	94.75		30.18
1992	142.47	116.27		26.20
1993	228.21	197.46		30.74
1994	283.29	235.47	18.19	47.82
1995	324.33	268.78	28.28	55.54
1996	372.00	305.16	30.13	66.84
1997	424.10	353.35	29.53	70.74
1998	544.89	473.78	51.35	71.11
1999	619.27	536.72	68.33	82.55
2000	745.85	675.53	78.89	70.32
2001	850.66	774.12	99.79	76.54
2002	974.63	888.20	123.57	86.43
2003	1278.72	1179.99	188.56	98.73
2004	1544.19	1442.28	231.17	101.91
2005	1982.04	1872.06	298.95	109.98
2006	2610.22	2490.74	394.86	119.48
2007	3642.13	3507.12	535.32	135.01
2008	4851.41	4668.12	762.23	183.29
2009	6553.39	6353.51	943.73	199.88
2010	8561.24	8340.99	1159.47	220.25
2011	10023.53	9701.43	1410.90	322.10
2012	12840.15	12501.43	1835.93	338.72
2013	15934.21	15583.58	2240.17	350.63
2014	18709.49	18357.84	2426.49	351.65
2015	20177.86	19826.65	2494.29	351.21
2016	20825.25	20474.85	2736.75	350.40

注：1.2011年起，城镇固定资产投资数据发布口径改为固定资产投资(不含农户)。固定资产投资(不含农户)等于原口径的城镇固定资产投资加上非农户投资(以下相关表同)。
2.2016年全社会固定资产投资不包含跨省项目(以下相关表同)。

a) Urban Investment in Fixed Assets has changed to Investment in fixed assets (excluding rural households) since 2011. Investment in fixed assets (excluding rural households) is the Urban Investment in Fixed Assets and Non-farm Households(The related tables is the same).

b)Total investment in Fixed Assets in 2016 do not include inter provincial project.The same applies to the relevant tables following.

6-2 按经济类型分的全社会固定资产投资
Total Investment in Fixed Assets of the Whole Province by Economic Type

单位：亿元 (100 million yuan)

年份 Year	合计 Total	国有经济 单位 State-owned Units	固定资产投资 Urban Investment in Fixed Assets	房地产开发 Real Estate Development	集体经济 单位 Collective-owned Units	其他经济 单位 Others	城乡个人 Urban and Rural Individuals	#农村 Rural
1978	20.35	17.20	17.20		1.91		1.24	1.23
1979	21.16	17.47	17.47		2.02		1.68	1.66
1980	27.80	23.25	23.25		2.27		2.29	2.25
1981	22.92	17.47	17.47		2.34		3.11	3.05
1982	29.48	23.32	23.32		2.80		3.36	3.22
1983	30.83	24.99	24.99		1.10		4.74	4.53
1984	40.39	28.07	28.07		3.24		9.08	8.76
1985	57.99	39.81	39.81		4.27		13.91	13.35
1986	63.53	47.25	47.25		4.24		12.04	11.19
1987	80.89	58.11	58.11		7.41		15.37	14.34
1988	94.72	67.08	67.08		8.18		19.46	18.15
1989	95.18	67.13	67.13		6.08		21.97	20.41
1990	103.72	73.85	73.85		6.96		22.90	21.51
1991	124.93	85.36	85.36		9.39		30.18	28.89
1992	142.47	108.71	108.71		7.56		26.20	24.09
1993	228.21	171.86	162.05	9.81	14.01	11.60	30.74	26.93
1994	283.29	202.92	190.31	12.61	17.89	14.66	47.82	43.20
1995	324.33	226.61	211.95	14.67	21.53	20.64	55.54	51.32
1996	372.00	256.48	239.52	16.96	22.00	26.68	66.84	61.89
1997	424.10	287.64	271.06	16.57	24.74	40.98	70.74	67.40
1998	544.89	382.89	350.63	32.26	27.07	63.83	71.11	55.70
1999	619.27	407.76	367.89	39.87	38.96	89.99	82.55	63.74
2000	745.85	473.53	426.88	46.65	41.66	137.11	93.54	70.32
2001	850.66	523.92	484.95	38.97	46.41	169.14	111.19	76.54
2002	974.63	555.41	506.60	48.80	54.52	212.91	151.79	86.43
2003	1278.72	713.37	664.71	48.66	62.78	373.28	129.29	98.73
2004	1544.19	814.51	784.47	30.04	71.15	515.34	143.20	101.91
2005	1982.04	1017.13	985.00	32.13	77.63	754.18	133.11	109.98
2006	2610.22	1295.31	1258.48	36.84	132.32	1059.67	122.92	119.48
2007	3642.13	1779.70	1715.68	50.21	227.13	1494.01	141.29	135.01
2008	4851.41	2208.95	2155.79	53.16	398.62	2041.99	201.85	183.29
2009	6553.39	3015.64	2941.63	74.00	392.96	2912.48	232.32	199.88
2010	8561.24	4223.83	4101.13	122.70	412.17	3664.17	261.07	220.25
2011	10023.53	4462.54	4380.27	82.27	407.69	4760.71	392.59	322.10
2012	12840.15	5540.89	5378.84	162.05	439.49	6423.68	436.09	338.72
2013	15934.21	6604.23	6404.38	199.85	503.65	8374.46	451.87	350.63
2014	18709.49	7900.07	7700.73	199.34	622.26	9769.70	417.46	351.65
2015	20177.86	9119.13	8908.98	210.15	659.04	10002.92	396.77	351.21
2016	20825.25	9452.63	9184.13	268.50	371.92	10621.12	379.58	350.40

6-3 全社会新增固定资产
Total Newly Increased Fixed Assets of the Whole Province

单位：亿元 (100 million yuan)

年份 Year	合计 Total	国有经济单位 State-owned Units	固定资产投资 Urban Investment in Fixed Assets	房地产开发 Real Estate Development	集体经济单位 Collective-owned Units	其他经济单位 Others	城乡个人 Urban and Rural Individuals	#农村 Rural
1978	30.66	27.97	27.97		1.45		1.24	1.23
1979	16.66	13.45	13.45		1.53		1.68	1.66
1980	18.39	14.37	14.37		1.73		2.29	2.25
1981	18.69	13.77	13.77		1.80		3.11	3.05
1982	27.82	22.31	22.31		2.15		3.36	3.22
1983	26.51	20.72	20.72		1.04		4.74	4.53
1984	34.05	21.77	21.77		3.20		9.08	8.76
1985	41.35	23.67	23.67		3.78		13.91	13.35
1986	48.32	32.50	32.50		3.78		12.04	11.19
1987	62.71	40.25	40.25		7.09		15.37	14.34
1988	72.09	44.89	44.89		7.74		19.46	18.15
1989	70.96	43.21	43.21		5.78		21.97	20.41
1990	97.20	67.42	67.42		6.88		22.90	21.51
1991	102.48	63.82	63.82		8.49		30.18	28.89
1992	129.09	96.58	96.58		6.31		26.20	24.09
1993	144.64	98.85	95.21	3.64	11.80	3.24	30.74	26.93
1994	201.82	134.43	125.05	9.39	11.30	8.27	47.82	43.20
1995	247.96	161.77	152.39	9.38	16.79	13.86	55.54	51.32
1996	278.20	189.25	179.65	9.61	17.29	7.47	64.19	59.24
1997	288.92	189.49	174.92	14.57	21.42	7.27	70.74	67.40
1998	374.98	255.96	240.03	15.93	23.16	30.46	65.40	49.99
1999	520.87	349.21	309.81	39.40	37.41	58.39	75.86	57.05
2000	607.27	403.96	365.37	38.59	37.96	79.22	86.13	62.91
2001	683.46	430.00	393.43	36.56	40.01	116.19	97.26	68.35
2002	717.17	341.10	311.12	29.98	45.06	189.83	141.19	85.35
2003	851.54	447.63	412.17	35.46	46.26	230.31	127.33	97.20
2004	883.55	448.02	424.67	23.35	50.68	243.34	141.51	101.05
2005	1258.49	612.05	594.89	17.15	50.75	453.40	142.29	118.94
2006	1579.34	844.35	831.14	13.21	88.82	511.79	134.38	131.71
2007	2144.45	1176.79	1141.89	23.01	138.38	673.19	156.09	151.83
2008	2545.29	1155.80	1138.63	17.17	292.87	899.77	196.85	183.29
2009	3202.24	1462.70	1433.33	29.37	334.55	1175.23	229.77	199.88
2010	3655.85	1649.70	1622.98	26.72	175.73	1589.13	241.29	220.25
2011	4860.55	2219.49	2199.68	19.81	264.17	2002.80	374.09	322.10
2012	6733.66	3132.10	3080.39	51.71	283.33	2901.45	416.78	338.72
2013	9039.75	4406.64	4354.21	52.43	392.77	3805.74	434.60	350.63
2014	10851.44	4589.25	4548.68	40.57	507.69	5340.73	413.77	351.65
2015	12755.68	6172.87	6141.29	31.58	528.20	5657.73	396.88	351.21
2016	11004.79	5101.68	5007.73	93.95	278.38	5245.68	379.04	350.40

6-4 全社会竣工住宅建筑面积

Total Floor Space of Residential Buildings Completed of the Whole Province

单位：万平方米 (10 000 sq.m)

年 份 Year	合 计 Total	国有经济 单 位 State-owned Units	固定资产投 资 Urban Investment in Fixed Assets	房地产开 发 Real Estate Development	集体经济 单 位 Collective-owned Units	其他经济 单 位 Others	城乡个人 Urban and Rural Individuals	# 农 村 Rural
1978	706.09	135.61	135.61		32.61		537.87	535.55
1979	951.05	187.73	187.73		35.90		727.42	722.78
1980	1277.11	249.08	249.08		39.08		988.95	979.67
1981	1627.18	250.48	250.48		39.13		1337.57	1322.56
1982	1598.73	289.49	289.49		32.65		1276.59	1242.54
1983	2400.03	304.84	304.84		17.81		2077.38	2032.45
1984	1930.28	290.78	290.78		70.40		1569.10	1521.75
1985	2622.98	339.80	339.80		84.86		2198.32	2136.94
1986	2336.38	350.84	350.84		110.02		1875.52	1801.08
1987	2295.25	305.51	305.51		110.66		1879.08	1796.30
1988	2943.49	263.75	263.75		65.49		2614.25	2534.19
1989	1630.46	224.30	224.30		48.26		1357.90	1290.77
1990	2257.86	250.12	250.12		94.12		1913.62	1850.44
1991	2583.58	267.14	267.14		60.15		2256.29	2202.00
1992	1943.91	309.04	309.04		5.32		1629.55	1566.80
1993	2072.95	372.39	308.06	64.33	25.93	2.97	1671.66	1561.00
1994	2613.12	434.00	334.67	99.33	29.61	14.09	2135.42	2009.83
1995	3111.15	485.16	375.18	109.98	45.28	29.86	2550.85	2470.00
1996	2814.39	462.62	349.19	113.43	51.86	29.97	2269.94	2198.42
1997	2581.69	529.29	393.80	135.49	39.67	40.19	1972.54	1899.26
1998	2645.52	549.82	402.82	147.00	52.54	71.73	1971.43	1641.62
1999	3133.31	961.31	549.36	411.95	79.30	120.57	1972.13	1531.00
2000	4947.36	942.36	566.19	376.17	88.87	157.30	3758.83	3246.86
2001	4990.18	813.17	543.47	269.70	75.31	233.44	3868.26	3311.05
2002	4317.24	712.33	470.77	241.56	87.16	241.10	3276.65	2649.75
2003	4269.44	805.99	581.35	224.64	104.63	466.63	2892.19	2379.92
2004	3301.31	507.95	384.34	123.61	76.78	406.56	2310.02	1625.09
2005	3292.40	544.63	440.67	103.96	78.65	662.86	2006.26	1451.64
2006	2764.55	553.46	455.91	97.55	136.29	697.17	1377.63	1366.27
2007	3469.95	646.99	546.89	96.99	213.97	927.84	1681.15	1668.69
2008	4190.59	668.92	575.41	93.51	243.83	1020.74	2257.10	2242.44
2009	3696.33	694.14	597.95	96.19	177.70	871.84	1952.65	1880.73
2010	3451.16	401.50	299.83	101.67	74.98	804.17	2170.51	2155.24
2011	4986.63	478.86	370.75	108.11	210.43	1434.52	3073.25	3029.77
2012	5883.83	989.96	825.23	164.73	300.06	1589.79	3004.01	2972.08
2013	5804.35	866.06	735.92	130.14	358.98	1489.71	3089.59	3074.95
2014	5647.91	756.78	620.91	135.87	257.68	2330.33	2303.12	2228.74
2015	5193.18	926.47	829.10	97.37	237.18	1613.53	2416.00	2415.98
2016	5043.62	752.04	517.63	234.42	27.86	1815.20	2448.52	2448.51

6-5 全社会固定资产投资主要指标及构成(2016年)
Main Indicators and Composition of Total Investment in Fixed Asset of the Whole Province (2016)

单位: 万元 (10 000 yuan)

指标	Item	合计 Total	内资 Domestic	国有 State-owned	集体 Collective-owned
一、投资总额	Total Investment	208252532	199082964	94526285	3719185
1.按隶属关系分	By Jurisdiction of Management				
中　央	Central Investment	9467209	9361512	4575846	36434
地　方	Local Investment	198785323	189721452	89950439	3682751
2.按构成分	By Use of Funds				
建筑工程	Construction	141239970	135877512	70406932	2722592
安装工程	Installation	16874620	16399979	5221986	234770
设备工器具购置	Purchase of Equipment and Instruments	29712097	26795391	8818741	380707
其他费用	Others	20425845	20010082	10078626	381116
# 建设用地费	Construction Land Fee	8618651	8477710	3974596	73109
3.按建设性质分	By Type of Construction				
# 新　建	New Construction	147276883	143744194	78834105	2889435
扩　建	Expansion	14401111	14325689	7569668	137387
改建和技改	Reconstruction and Technical Transformation	8557890	8328236	3907868	169626
4.按产业构成分	By Type of Industry				
第一产业	Primary Industry	11790274	11409808	4632113	515899
第二产业	Secondary Industry	55950969	52720270	13464816	264908
第三产业	Tertiary Industry	140511289	134952886	76429356	2938378
二、本年新增固定资产	Newly Increased Fixed Assets This Year	110047895	103100472	51016826	2783803
三、房屋建筑面积	Floor Space and Value of Buildings				
本年施工房屋面积(万平方米)	Floor Space of Buildings under Construction This Year (10 000 sq.m)	37180.86	33234.42	8217.19	315.54
# 住　宅	Residential Buildings	21943.87	18358.67	3925.36	113.03
本年竣工房屋面积(万平方米)	Floor Space of Buildings Completed This Year (10 000 sq.m)	6782.32	4115.07	1312.80	53.11
# 住　宅	Residential Buildings	5043.62	2571.47	752.04	27.86
本年竣工房屋价值	Value of Buildings Completed This Year	12658857	9911316	2890186	170102
# 住　宅	Residential Buildings	8535584	6025514	1486771	51225

6-5 续表 continued

单位：万元 (10 000 yuan)

指 标	Item	其 他 Others	港澳台商投资 Funds from Hong Kong, Macao & Taiwan	外商投资 Foreign Funded	个体经营 Self-employed Individual
一、投资总额	Total Investment	100837494	1493879	3879846	3795843
1.按隶属关系分	By Jurisdiction of Management				
中 央	Central Investment	4749232	38634	67063	
地 方	Local Investment	96088262	1455245	3812783	3795843
2.按构成分	By Use of Funds				
建筑工程	Construction	62747988	895673	1076687	3390098
安装工程	Installation	10943223	198296	254784	21561
设备工器具购置	Purchase of Equipment and Instruments	17595943	287408	2401408	227890
其他费用	Others	9550340	112502	146967	156294
# 建设用地费	Construction Land Fee	4430005	89044	47690	4207
3.按建设性质分	By Type of Construction				
# 新 建	New Construction	62020654	821080	2462247	249362
扩 建	Expansion	6618634		45622	29800
改建和技改	Reconstruction and Technical Transformation	4250742	117957	99027	12670
4.按产业构成分	By Type of Industry				
第一产业	Primary Industry	6261796		6248	374218
第二产业	Secondary Industry	38990546	586493	2589166	55040
第三产业	Tertiary Industry	55585152	907386	1284432	3366585
二、本年新增固定资产	Newly Increased Fixed Assets This Year	49299843	369488	2787516	3790419
三、房屋建筑面积	Floor Space and Value of Buildings				
本年施工房屋面积(万平方米)	Floor Space of Buildings under Construction This Year (10 000 sq.m)	24701.69	468.37	435.15	3042.90
# 住 宅	Residential Buildings	14320.28	267.82	315.15	3002.23
本年竣工房屋面积(万平方米)	Floor Space of Buildings Completed This Year (10 000 sq.m)	2749.15	19.26	58.89	2589.11
# 住 宅	Residential Buildings	1791.57	2.29	21.34	2448.52
本年竣工房屋价值	Value of Buildings Completed This Year	6851028.00	37184.00	95488.00	2614869.00
# 住 宅	Residential Buildings	4487518.00	3932.00	61342.00	2444796.00

6-6 各市(区)全社会固定资产投资
Total Investment in Fixed Assets of the Whole Province by City(District)

地 区	Region	投资额(亿元) Total Investment(100 million yuan)					比上年增长(%) Growth Rate(%)				
		2012	2013	2014	2015	2016	2012	2013	2014	2015	2016
西安市	Xi'an	4243.43	5134.56	5903.98	5165.98	5191.36	26.6	21.0	15.0	-12.5	2.0
铜川市	Tongchuan	201.81	260.02	327.63	383.98	423.23	38.3	28.0	26.0	17.2	10.2
宝鸡市	Baoji	1311.69	1669.78	2105.59	2589.88	3199.84	30.1	27.3	26.1	23.0	24.1
咸阳市	Xianyang	1616.47	2054.53	2492.43	3063.20	3643.74	28.0	27.1	21.3	22.9	19.1
渭南市	Weinan	1172.21	1467.61	1765.63	2085.21	2289.51	28.4	25.2	20.3	18.1	10.6
# 韩城市	Hancheng	156.56	200.79	252.39	311.26	406.72	30.0	28.3	25.7	23.3	30.7
延安市	Yan'an	1032.06	1321.04	1541.07	1637.17	1359.33	26.6	28.0	16.7	6.2	-15.4
汉中市	Hanzhong	534.86	679.27	845.04	1039.40	1209.89	30.0	27.0	24.4	23.0	24.5
榆林市	Yulin	1771.23	1827.91	1647.04	1384.37	1467.45	28.5	3.2	-9.9	-15.9	6.0
安康市	Ankang	380.27	482.56	605.56	758.16	926.37	24.9	26.9	25.5	25.2	24.2
商洛市	Shangluo	391.60	496.16	625.16	767.69	935.55	27.0	26.7	26.0	22.8	21.9
杨凌示范区	Yangling	76.08	91.37	115.31	144.25	178.97	38.3	20.1	26.2	25.1	24.1

注：2016年全社会固定资产投资不包含跨省项目，增速为同口径数据。
a)Total investment in Fixed Assets in 2016 do not include inter provincial project.Growth rate is calculated on the same line.

6-7 各行业按构成分的固定资产投资(2016年)

Investment by Sector and Use of Funds in the Whole Province (2016)

单位：万元 (10 000 yuan)

行业	Sector	投资额 Investment	建筑工程 Construction	安装工程 Installation	设备工器具购置 Purchase of Equipment and Instruments	其他费用 Other Expenses
全省总计	**Total**	**204748521**	**138017409**	**16874620**	**29539553**	**20316939**
农、林、牧、渔业	Agriculture, Forestry, Animal Husbandry and Fishery	13925062	9488015	916764	1609542	1910741
农业	Farming	7023934	4498584	538670	948027	1038653
林业	Forestry	1522156	1046080	68586	102565	304925
畜牧业	Animal Husbandry	2732218	2027781	172588	277842	254007
渔业	Fishery	219566	151307	16381	41226	10652
农、林、牧、渔服务业	Service in Support of Agriculture	2427188	1764263	120539	239882	302504
采矿业	Mining	6733775	3651028	748356	1085767	1248624
煤炭开采和洗选业	Mining and Washing of Coal	2811932	1416854	214229	465141	715708
石油和天然气开采业	Extraction of Petroleum and Natural Gas	2744790	1535923	412924	415986	379957
黑色金属矿采选业	Mining and Processing of Ferrous Metal Ores	239874	114446	29299	79445	16684
有色金属矿采选业	Mining and Processing of Non-Ferrous Metal Ores	473448	305335	33911	59885	74317
非金属矿采选业	Mining and Processing of Non-metal Ores	347785	199538	49595	54682	43970
开采辅助活动	Support Activities for Mining	105672	69778	7898	10428	17568
其他采矿业	Mining of Other Ores	10274	9154	500	200	420
制造业	Manufacturing	36589876	17750429	3909448	12394380	2535619
农副食品加工业	Processing of Food from Agricultural Products	2236984	1299873	275097	506998	155016
食品制造业	Manufacture of Foods	1645549	937987	185807	390376	131379
酒、饮料和精制茶制造业	Manufacture of Liquor, Beverages and Refined Tea	1262062	746297	104035	334746	76984
烟草制品业	Manufacture of Tobacco	57488	35586	350	13599	7953
纺织业	Manufacture of Textile	747882	331108	92062	252267	72445
纺织服装、服饰业	Manufacture of Textile, Wearing Apparel and Accessories	304791	178061	37403	63291	26036
皮革、毛皮、羽毛及其制品和制鞋业	Manufacture of Leather, Fur, Feather and Related Products and Footwear	98802	46242	6380	37701	8479
木材加工和木、竹、藤、棕、草制品业	Processing of Timber, Manufacture of Wood, Bamboo, Rattan,Palm and Straw Products	327660	166588	51743	88277	21052
家具制造业	Manufacture of Furniture	318875	188302	23694	92064	14815
造纸和纸制品业	Manufacture of Paper and Paper Products	601116	333946	94179	140669	32322
印刷和记录媒介复制业	Printing and Reproduction of Recording Media	288189	155452	21150	101370	10217
文教、工美、体育和娱乐用品制造业	Manufacture of Articles for Culture,Education,Arts and Crafts, Sport and Entertainment Activities	222848	114100	15790	79435	13523
石油加工、炼焦和核燃料加工业	Processing of Petroleum, Coking and Processing of Nuclear Fuel	2032592	448880	370130	757290	456292
化学原料和化学制品制造业	Manufacture of Raw Chemical Materials and Chemical Products	1791151	768916	310870	511031	200334
医药制造业	Manufacture of Medicines	1630992	1042698	119719	421178	47397
化学纤维制造业	Manufacture of Chemical Fibres	3600	2500	550	550	
橡胶和塑料制品业	Manufacture of Rubber and Plastics Products	1049117	562632	131204	306190	49091
非金属矿物制品业	Manufacture of Non-metallic Mineral Products	2923746	1597015	366593	771956	188182
黑色金属冶炼和压延加工业	Smelting and Pressing of Ferrous Metals	381705	199585	32682	122193	27245
有色金属冶炼和压延加工业	Smelting and Pressing of Non-ferrous Metals	2442110	1106039	168872	1067828	99371
金属制品业	Manufacture of Metal Products	1096460	490466	147021	400370	58603
通用设备制造业	Manufacture of General Purpose Machinery	2154029	927048	237907	860879	128195
专用设备制造业	Manufacture of Special Purpose Machinery	2623142	1182653	206122	1103716	130651

6-7 续表 1 continued

单位：万元 (10 000 yuan)

行业	Sector	投资额 Investment	建筑工程 Construction	安装工程 Installation	设备工器具购置 Purchase of Equipment and Instruments	其他费用 Other Expenses
汽车制造业	Manufacture of Automobiles	1523489	757037	149461	491921	125070
铁路、船舶、航空航天和其他运输设备制造业	Manufacture of Railway, Ship, Aerospace and Other Transport Equipments	1420343	855769	93568	395756	75250
电气机械和器材制造业	Manufacture of Electrical Machinery and Apparatus	3266084	1423117	343584	1279588	219795
计算机、通信和其他电子设备制造业	Manufacture of Computers, Communication and Other Electronic Equipment	2953995	1253906	186371	1406822	106896
仪器仪表制造业	Manufacture of Measuring Instruments and Machinery	335818	110994	14262	196132	14430
其他制造业	Other Manufacture	383463	241047	50247	70285	21884
废弃资源综合利用业	Utilization of Waste Resources	368926	190026	63863	106903	8134
金属制品、机械和设备修理业	Repair Service of Metal Products, Machinery and Equipment	96868	56559	8732	22999	8578
电力、热力、燃气及水生产和供应业	Production and Supply of Electricity, Heat, Gas and Water	12530658	5556204	1909830	4062507	1002117
电力、热力生产和供应业	Production and Supply of Electric Power and Heat Power	9535970	3408033	1663926	3568571	895440
燃气生产和供应业	Production and Supply of Gas	901168	587694	95913	185573	31988
水的生产和供应业	Production and Supply of Water	2093520	1560477	149991	308363	74689
建筑业	Construction	294578	92878	21579	169069	11052
房屋建筑业	Construction of Buildings	98233	44073	20025	26985	7150
土木工程建筑业	Civil Engineering	149261	41129	50	104767	3315
建筑安装业	Building Installation	2300	986	594	473	247
建筑装饰和其他建筑业	Building Decoration and Other Constructions	44784	6690	910	36844	340
批发和零售业	Wholesale and Retail Trades	6338370	4356226	651098	944369	386677
批发业	Wholesale Trade	2357909	1691525	221902	343059	101423
零售业	Retail Trade	3980461	2664701	429196	601310	285254
交通运输、仓储和邮政业	Transport, Storage and Post	15766430	12627666	533242	1117984	1487538
铁路运输业	Railway Transport	1018007	669542	22428	42837	283200
道路运输业	Road Transport	10846889	9121957	214887	670879	839166
水上运输业	Water Transport	4181	4181			
航空运输业	Air Transport	196400	144578	904	539	50379
管道运输业	Transport Via Pipelines	101397	43705	22928	19165	15599
装卸搬运和运输代理业	Loading, Unloading and Forwarding Agency	247991	171506	19334	40888	16263
仓储业	Storage	3278746	2438838	247997	309610	282301
邮政业	Post	72819	33359	4764	34066	630
住宿和餐饮业	Hotels and Catering Services	2498790	1726927	236426	416809	118628
住宿业	Hotels	1421809	1079293	110791	167672	64053
餐饮业	Catering Services	1076981	647634	125635	249137	54575
信息传输、软件和信息技术服务业	Information Transmission, Software and Information Technology	2254886	1069094	356261	733622	95909
电信、广播电视和卫星传输服务	Telecommunication, Radio and Television and Satellite Transmission Service	1229257	425600	246691	488659	68307
互联网和相关服务	Internet and Related Service	305856	111658	31085	157455	5658
软件和信息技术服务业	Software and Information Technology	719773	531836	78485	87508	21944
金融业	Financial Intermediation	229096	150804	13016	36992	28284
货币金融服务	Monetary and Financial Service	151871	92737	7922	23600	27612

6-7 续表 2 continued

单位：万元 (10 000 yuan)

行业	Sector	投资额 Investment	建筑工程 Construction	安装工程 Installation	设备工器具购置 Purchase of Equipment and Instruments	其他费用 Other Expenses
资本市场服务	Capital Market Service	14600	13000		1600	
保险业	Insurance	30292	22054	545	7171	522
其他金融业	Other Financial Activities	32333	23013	4549	4621	150
房地产业	Real Estate	48245103	36686879	4439732	1330478	5788014
房地产业	Real Estate	48245103	36686879	4439732	1330478	5788014
租赁和商务服务业	Leasing and Business Services	2594156	1380560	160816	877391	175389
租赁业	Leasing	567490	28250	6341	532644	255
商务服务业	Business Services	2026666	1352310	154475	344747	175134
科学研究和技术服务业	Scientific Research and Technical Services	2155381	1355064	204291	368062	227964
研究和试验发展	Research and Experimental Development	551241	403813	36334	60716	50378
专业技术服务业	Professional Technical Services	533876	347927	41521	92711	51717
科技推广和应用服务业	Science and Technology Popularization and Application Services	1070264	603324	126436	214635	125869
水利、环境和公共设施管理业	Management of Water Conservancy, Environment and Public Facilities	40264914	31694902	2000880	2570191	3998941
水利管理业	Management of Water Conservancy	4091368	3351216	163895	251103	325154
生态保护和环境治理业	Ecological Protection and Environmental Treatment	1682501	1165860	101591	274233	140817
公共设施管理业	Management of Public Facilities	34491045	27177826	1735394	2044855	3532970
居民服务、修理和其他服务业	Service to Households, Repair and Other Services	1257820	903958	71385	171320	111157
居民服务业	Service to Households	814174	663444	37310	59454	53966
机动车、电子产品和日用产品修理业	Repair of Motor Vehicle, Electronics and Household Products	236048	147840	14796	55959	17453
其他服务业	Other Services	207598	92674	19279	55907	39738
教育	Education	4247326	3318235	194288	348105	386697
教育	Education	4247326	3318235	194288	348105	386697
卫生和社会工作	Health and Social Service	3072596	2261565	158114	482271	170645
卫生	Health	2280404	1611368	114698	422014	132324
社会工作	Social Service	792192	650198	43416	60257	38321
文化、体育和娱乐业	Culture, Sports and Entertainment	3487953	2492072	204229	329742	461910
新闻和出版业	Journalism and Publishing Activities	67181	54381	10200	2600	
广播、电视、电影和影视录音制作业	Radio, Television, Motion Picture and Videotape Programme Production Services	155973	113065	11534	27013	4361
文化艺术业	Cultural and Art Activities	1816289	1331498	86407	101772	296612
体育	Sports Activities	669131	493162	47825	68776	59368
娱乐业	Entertainment	779379	499966	48263	129581	101569
公共管理、社会保障和社会组织	Public Management, Social Security and Social Organization	2261751	1454901	144865	490952	171033
中国共产党机关	Organs of Communist Party of China	2761	2041		720	
国家机构	Government Agencies	1664848	1033845	107230	434672	89101
人民政协、民主党派	People's Political Consultative Conference and Democratic Parties					
社会保障	Social Security	115702	101340	3530	9702	1130
群众团体、社会团体和其他成员组织	Non-Governmental Organizations, Social Organizations and Membership Organizations	148225	122041	8342	9352	8490
基层群众自治组织	Grass Roots Self-Governing Organizations	330215	195634	25763	36506	72312

6-8 分行业固定资产投资施工、投产项目个数及新增固定资产(2016年)

Number of Investment Projects under Construction and Put into Use and Newly Increased Fixed Assets by Sector in the Whole Province(2016)

行业	Sector	施工项目(个) Number of Projects under Construction (unit)	全部建成投产项目(个) Number of Projects Completed and Put into Use (unit)	施工项目计划总投资(万元) Total Planned Investment of Projects under Construction (10 000 yuan)	本年完成投资额(万元) Investment Completed This Year (10 000 yuan)	本年新增固定资产(万元) Newly Increased Fixed Assets This Year (10 000 yuan)
全省总计	**Total**	**28688**	**19313**	**583078566**	**204748521**	**106543884**
农、林、牧、渔业	Agriculture,Forestry,Animal Husbandry and Fishery	3725	2783	20569715	13925062	10573805
农业	Farming	1691	1219	11032158	7023934	5156092
林业	Forestry	394	317	2079179	1522156	1294651
畜牧业	Animal Husbandry	824	613	3908886	2732218	2127756
渔业	Fishery	70	43	317216	219566	141316
农、林、牧、渔服务业	Service in Support of Agriculture	746	591	3232276	2427188	1853990
采矿业	Mining	326	190	21307462	6733775	6852493
煤炭开采和洗选业	Mining and Washing of Coal	132	58	15594354	2811932	4178383
石油和天然气开采业	Extraction of Petroleum and Natural Gas	18	9	3352670	2744790	1878511
黑色金属矿采选业	Mining and Processing of Ferrous Metal Ores	21	14	400245	239874	174582
有色金属矿采选业	Mining and Processing of Non-Ferrous Metal Ores	57	36	1002777	473448	191594
非金属矿采选业	Mining and Processing of Non-metal Ores	81	62	674344	347785	255216
开采辅助活动	Support Activities for Mining	13	9	244372	105672	141907
其他采矿业	Mining of Other Ores	4	2	38700	10274	32300
制造业	Manufacturing	4326	3905	94179199	36589876	19865768
农副食品加工业	Processing of Food from Agricultural Products	459	304	3457291	2236984	1329040
食品制造业	Manufacture of Foods	227	164	2934667	1645549	675596
酒、饮料和精制茶制造业	Manufacture of Liquor, Beverages and Refined Tea	284	181	2424192	1262062	883739
烟草制品业	Manufacture of Tobacco	7	4	312603	57488	30397
纺织业	Manufacture of Textile	114	98	1042896	747882	573161
纺织服装、服饰业	Manufacture of Textile, Wearing Apparel and Accessories	35	28	710112	304791	171920
皮革、毛皮、羽毛及其制品和制鞋业	Manufacture of Leather, Fur, Feather and Related Products and Footware	16	14	121444	98802	52873
木材加工和木、竹、藤、棕、草制品业	Processing of Timber, Manufacture of Wood, Bamboo, Rattan, Palm and Straw Products	71	45	586169	327660	179562
家具制造业	Manufacture of Furniture	60	53	526550	318875	338115
造纸和纸制品业	Manufacture of Paper and Paper Products	101	83	1047014	601116	361074
印刷和记录媒介复制业	Printing and Reproduction of Recording Media	41	40	379725	288189	200571
文教、工美、体育和娱乐用品制造业	Manufacture of Articles for Culture,Education,Arts and Crafts, Sport and Entertainment Activities	30	32	267454	222848	152663
石油加工、炼焦和核燃料加工业	Processing of Petroleum, Coking and Processing of Nuclear Fuel	72	49	9732986	2032592	980931
化学原料和化学制品制造业	Manufacture of Raw Chemical Materials and Chemical Products	224	130	13731780	1791151	1652700
医药制造业	Manufacture of Medicines	185	111	3912550	1630992	769584
化学纤维制造业	Manufacture of Chemical Fibres	2	1	6000	3600	3100
橡胶和塑料制品业	Manufacture of Rubber and Plastics Products	166	132	1562960	1049117	589756
非金属矿物制品业	Manufacture of Non-metallic Mineral Products	508	411	4586311	2923746	1737833
黑色金属冶炼和压延加工业	Smelting and Pressing of Ferrous Metals	56	35	2385129	381705	214039

6-8 续表 1 continued

行　业	Sector	施工项目（个） Number of Projects under Construction (unit)	全部建成投产项目（个） Number of Projects Completed and Put into Use (unit)	施工项目计划总投资（万元） Total Planned Investment of Projects under Construction (10 000 yuan)	本年完成投资额（万元） Investment Completed This Year (10 000 yuan)	本年新增固定资产（万元） Newly Increased Fixed Assets This Year (10 000 yuan)
有色金属冶炼和压延加工业	Smelting and Pressing of Non-ferrous Metals	168	370	6196436	2442110	892739
金属制品业	Manufacture of Metal Products	169	175	1713321	1096460	668721
通用设备制造业	Manufacture of General Purpose Machinery	275	351	3375650	2154029	1243667
专用设备制造业	Manufacture of Special Purpose Machinery	286	340	5801442	2623142	1476193
汽车制造业	Manufacture of Automobiles	157	110	3547144	1523489	732305
铁路、船舶、航空航天和其他运输设备制造业	Manufacture of Railway, Ship, Aerospace and Other Transport Equipments	121	78	3727043	1420343	378404
电气机械和器材制造业	Manufacture of Electrical Machinery and Apparatus	216	277	9836675	3266084	1085503
计算机、通信和其他电子设备制造业	Manufacture of Computers, Communication and Other Electronic Equipment	118	117	8342123	2953995	1805252
仪器仪表制造业	Manufacture of Measuring Instruments and Machinery	25	58	490666	335818	217681
其他制造业	Other Manufacture	71	65	639429	383463	230170
废弃资源综合利用业	Utilization of Waste Resources	44	36	580220	368926	156518
金属制品、机械和设备修理业	Repair Service of Metal Products, Machinery and Equipment	18	13	201217	96868	81961
电力、热力、燃气及水生产和供应业	Production and Supply of Electricity, Heat, Gas and Water	1254	835	29691191	12530658	5869647
电力、热力生产和供应业	Production and Supply of Electric Power and Heat Power	711	437	24214847	9535970	3993009
燃气生产和供应业	Production and Supply of Gas	192	139	1609851	901168	428717
水的生产和供应业	Production and Supply of Water	351	259	3866493	2093520	1447921
建筑业	Construction	18	47	416118	294578	191695
房屋建筑业	Construction of Buildings	5	8	182834	98233	25938
土木工程建筑业	Civil Engineering	5	20	181411	149261	136522
建筑安装业	Building Installation	1	1	2300	2300	2300
建筑装饰和其他建筑业	Building Decoration and Other Constructions	7	18	49573	44784	26935
批发和零售业	Wholesale and Retail Trades	1268	996	12690119	6338370	4557176
批发业	Wholesale Trade	417	336	5900293	2357909	1806593
零售业	Retail Trade	851	660	6789826	3980461	2750583
交通运输、仓储和邮政业	Transport, Storage and Post	1935	1260	52809657	15766430	6660265
铁路运输业	Railway Transport	29	12	5939757	1018007	137392
道路运输业	Road Transport	1400	925	37957049	10846889	4692359
水上运输业	Water Transport	2		5259	4181	
航空运输业	Air Transport	11	1	1090463	196400	8000
管道运输业	Transport Via Pipelines	22	14	815232	101397	54241
装卸搬运和运输代理业	Loading, Unloading and Forwarding Agency	37	22	465611	247991	220670
仓储业	Storage	425	278	6453369	3278746	1488303
邮政业	Post	9	8	82917	72819	59300
住宿和餐饮业	Hotels and Catering Services	519	439	4427192	2498790	1631318
住宿业	Hotels	259	199	2954125	1421809	876167
餐饮业	Catering Services	260	240	1473067	1076981	755151
信息传输、软件和信息技术服务业	Information Transmission, Software and Information Technology	258	224	3571119	2254886	1611755
电信、广播电视和卫星传输服务	Telecommunication, Radio and Television and Satellite Transmission Service	120	83	1841511	1229257	997792
互联网和相关服务	Internet and Related Service	61	93	540070	305856	205071
软件和信息技术服务业	Software and Information Technology	77	48	1189538	719773	408892

6-8 续表 2 continued

行业	Sector	施工项目（个）Number of Projects under Construction (unit)	全部建成投产项目（个）Number of Projects Completed and Put into Use (unit)	施工项目计划总投资（万元）Total Planned Investment of Projects under Construction (10 000 yuan)	本年完成投资额（万元）Investment Completed This Year (10 000 yuan)	本年新增固定资产（万元）Newly Increased Fixed Assets This Year (10 000 yuan)
金融业	Financial Intermediation	34	21	673306	229096	91652
货币金融服务	Monetary and Financial Service	25	15	292741	151871	67128
资本市场服务	Capital Market Service	2		231640	14600	1600
保险业	Insurance	3	4	76625	30292	20324
其他金融业	Other Financial Activities	4	2	72300	32333	2600
房地产业	Real Estate	4425	1411	222468778	48245103	17378870
房地产业	Real Estate	4425	1411	222468778	48245103	17378870
租赁和商务服务业	Leasing and Business Services	239	252	5291301	2594156	1370575
租赁业	Leasing	9	46	581645	567490	544462
商务服务业	Business Services	230	206	4709656	2026666	826113
科学研究和技术服务业	Scientific Research and Technical Services	282	187	5298522	2155381	1056334
研究和试验发展	Research and Experimental Development	38	17	1858286	551241	215579
专业技术服务业	Professional Technical Services	145	96	1175993	533876	303681
科技推广和应用服务业	Science and Technology Popularization and Application Services	99	74	2264243	1070264	537074
水利、环境和公共设施管理业	Management of Water Conservancy, Environment and Public Facilities	6907	4510	83658951	40264914	20387489
水利管理业	Management of Water Conservancy	931	687	10371833	4091368	2137978
生态保护和环境治理业	Ecological Protection and Environmental Treatment	342	226	4091123	1682501	837396
公共设施管理业	Management of Public Facilities	5634	3597	69195995	34491045	17412115
居民服务、修理和其他服务业	Service to Households, Repair and Other Services	340	220	1961878	1257820	786816
居民服务业	Services to Households	201	105	1349597	814174	390766
机动车、电子产品和日用产品修理业	Repair of Motor Vehicle, Electronics and Household Products	65	54	283326	236048	175458
其他服务业	Other Services	74	61	328955	207598	220592
教育	Education	1031	708	7322826	4247326	2268841
教育	Education	1031	708	7322826	4247326	2268841
卫生和社会工作	Health and Social Service	637	484	5924863	3072596	1870053
卫生	Health	427	345	4682505	2280404	1460467
社会工作	Social Service	210	139	1242358	792192	409586
文化、体育和娱乐业	Culture, Sports and Entertainment	599	401	7340822	3487953	1719266
新闻和出版业	Journalism and Publishing Activities	6	4	189600	67181	23180
广播、电视、电影和影视录音制作业	Radio, Television, Motion Picture and Videotape Programme Production Services	49	40	278493	155973	101477
文化艺术业	Cultural and Art Activities	297	175	3813176	1816289	846029
体育	Sports Activities	137	89	1120869	669131	404610
娱乐业	Entertainment	110	93	1938684	779379	343970
公共管理、社会保障和社会组织	Public Management, Social Security and Social Organization	565	440	3475547	2261751	1800066
中国共产党机关	Organs of Communist Party of China	2	1	4768	2761	800
国家机构	Government Agencies	356	267	2656757	1664848	1302531
人民政协、民主党派	People's Political Consultative Conference and Democratic Parties					
社会保障	Social Security	32	25	160669	115702	72803
群众团体、社会团体和其他成员组织	Mass Organizations, Social Organizations and Other Membership Organizations	34	26	166850	148225	141278
基层群众自治组织	Grass Roots Self-Governing Organizations	141	121	486503	330215	282654

6-9 固定资产投资新增生产能力或效益(2016年)

Newly Increased Production Capacity or Project Efficiency through Investment(2016)

名　　称		Item		能力或效益 Capacity or Efficiency
原煤开采	(万吨/年)	Coal Mining	(10 000 tons/year)	1709
焦　炭	(万吨/年)	Coke	(10 000 tons/year)	140
天然原油开采	(万吨/年)	Petroleum Extraction	(10 000 tons/year)	212.1
天然气开采	(亿立方米/年)	Natural Gas Extraction	(100 million cu.m/year)	17.17
石油加工：蒸馏设备能力	(处理万吨/年)	Petroleum Processing: Distillation Equipment Capacity	(Processing 10 000 tons/year)	1330
裂化设备能力	(处理万吨/年)	Cracking Equipment Capacity	(Processing 10 000 tons/year)	2.76
铁矿开采(原矿)		Iron-Ore Mining	(10 000 tons/year)	553.3
生　铁	(万吨/年)	Crude Steel	(10 000 tons/year)	15
钢　材	(万吨/年)	Steels	(10 000 tons/year)	7008
铜选矿：铜含量	(吨/年)	Copper Processing: Processing Ore	(ton/year)	85
铅冶炼	(万吨/年)	Lead Smelting	(10 000 tons/year)	60000
锌冶炼	(吨/年)	Zinc Smelting	(ton/year)	21500
铝加工	(吨/年)	Aluminium Fabrication	(ton/year)	60336
黄　金	(公斤/年)	Gold	(kilogram /year)	820
水力发电	(万千瓦)	Hydraulic Power	(10 000 kw)	37.97
火力发电	(万千瓦)	Thermal Power	(10 000 kw)	70
风力发电	(万千瓦)	Wind Power	(10 000 kw)	78.2
太阳能发电	(万千瓦)	Solar Energy	(10 000 kw)	234.99
其他发电	(万千瓦)	Others	(10 000 kw)	3.67
输电线路长度(110KV及以上)	(公里)	Length of Transmission Lines (above 110 000 VA)	(km)	6141.33
水　泥	(万吨/年)	Cement	(10 000 tons/year)	100
氮　肥	(吨/年)	Nitrogen Fertilizers	(ton/year)	321000
磷　肥	(吨/年)	Phosphate Fertilizer	(ton/year)	430
钾　肥	(吨/年)	Potash Fertilizer	(ton/year)	15300
合成橡胶	(吨/年)	Synthetic Rubber	(ton/year)	120
内燃机	(台/年)	Commercial Motor	(unit/year)	768
内燃机	(万千瓦/年)	Commercial Motor	(10 000 kw/year)	272.4
载货汽车制造	(辆)	Truck Manufacturing	(unit)	7800
客车制造	(辆)	Car Manufacturing	(unit)	1000
其他汽车制造	(辆)	Others	(unit)	6130
化学纤维	(吨/年)	Chemical Fiber	(ton/year)	28610
棉纺锭	(锭)	Knitting Spindle	(spindle)	275000
白　酒	(万吨/年)	White Spirit	(10 000 tons/year)	4.3
其他酒	(万吨/年)	Others	(10 000 tons/year)	2.42
电气化铁路里程	(公里)	Electrified Railways Length	(km)	24.5
新建公路	(公里)	Newly Highways	(km)	3247.46
# 高速公路		Expressway		94.1
一级公路		First Class		14.2
二级公路		Second Class		149.82
改建公路	(公里)	Reconstructed Highways	(km)	5490.97
# 一级公路		First Class		41.2
二级公路		Second Class		795.4
新建独立公路桥梁	(延长米)	New-built Separate Highway Bridge	(linear-meter)	7738.14
新建独立公路桥梁	(座)	New-built Separate Highway Bridge	(unit)	46
新建独立公路隧道	(延长米)	New-built Separate Highway Tunnel	(linear-meter)	4905
新建独立公路隧道	(处)	New-built Separate Highway Tunnel	(unit)	3
新(扩)建港口码头(年吞吐量)	(万吨)	New (expanded) Port and Wharf (annual throughput)	(10 000 tons)	78
新(扩)建港口码头(泊位)	(个)	New (expanded) Port and Wharf (berth)	(unit)	2
新(扩)建客、货运站	(个)	New (expanded) Passenger and Freight Stations	(unit)	4
新(扩)建客、货运站	(平方米)	New (expanded) Passenger and Freight Stations	(sq.m)	6519
城市自来水供水能力	(万吨/日)	Tap Water Supply Capacity in City	(10 000 tons/day)	38.8
城市污水处理能力	(万吨/日)	Waste Water Treated Capacity in City	(10 000 tons/day)	102.64

6-10 分行业工业投资(2016年)
Investment of Industrial by Sector(2016)

单位：万元 (10 000 yuan)

行业	Sector	投资额 Investment	# 改建和技术改造 Reconstruction and Technical Transformation
工业投资合计	**Total of Industrial Investment**	**55854309**	**6437667**
采矿业	Mining	6733775	475668
煤炭开采和洗选业	Mining and Washing of Coal	2811932	218640
石油和天然气开采业	Extraction of Petroleum and Natural Gas	2744790	
黑色金属矿采选业	Mining and Processing of Ferrous Metal Ores	239874	57790
有色金属矿采选业	Mining and Processing of Non-Ferrous Metal Ores	473448	123553
非金属矿采选业	Mining and Processing of Non-metal Ores	347785	49094
开采辅助活动	Support Activities for Mining	105672	26591
其他开采业	Mining of Other Ores	10274	
制造业	Manufacturing	36589876	5224477
农副食品加工业	Processing of Food from Agricultural Products	2236984	279094
食品制造业	Manufacture of Foods	1645549	248556
酒、饮料和精制茶制造业	Manufacture of Liquor, Beverages and Refined Tea	1262062	168902
烟草制品业	Manufacture of Tobacco	57488	44260
纺织业	Manufacture of Textile	747882	193901
纺织服装和服饰业	Manufacture of Textile, Wearing Apparel and Accessories	304791	18020
皮革、毛皮、羽毛(绒)及其制品业	Manufacture of Leather, Fur, Feather and Related Products and Footwear	98802	9441
木材加工及木、竹、藤、棕、草制品业	Processing of Timber, Manufacture of Wood, Bamboo, Rattan, Palm and Straw Products	327660	60296
家具制造业	Manufacture of Furniture	318875	64051
造纸及纸制品业	Manufacture of Paper and Paper Products	601116	142202
印刷业和记录媒介的复制	Printing and Reproduction of Recording Media	288189	33697
文教体育用品制造业	Manufacture of Articles for Culture, Education, Arts and Crafts, Sport and Entertainment Activities	222848	19570
石油加工、炼焦及核燃料加工业	Processing of Petroleum, Coking and Processing of Nuclear Fuel	2032592	130247
化学原料及化学制品制造业	Manufacture of Raw Chemical Materials and Chemical Products	1791151	262672
医药制造业	Manufacture of Medicines	1630992	371265
化学纤维制造业	Manufacture of Chemical Fibres	3600	
橡胶和塑料制品业	Manufacture of Rubber and Plastics Products	1049117	149544
非金属矿制品业	Manufacture of Non-metallic Mineral Products	2923746	444426
黑色金属冶炼和压延加工业	Smelting and Pressing of Ferrous Metals	381705	59403
有色金属冶炼和压延加工业	Smelting and Pressing of Non-ferrous Metals	2442110	308334
金属制品业	Manufacture of Metal Products	1096460	132024
通用设备制造业	Manufacture of General Purpose Machinery	2154029	350806
专用设备制造业	Manufacture of Special Purpose Machinery	2623142	537245
汽车制造业	Manufacture of Automobiles	1523489	150306
铁路、船舶、航空航天等制造业	Manufacture of Railway, Ship, Aerospace and Other Transport Equipments	1420343	98211
电气机械及器材制造业	Manufacture of Electrical Machinery and Apparatus	3266084	599479
计算机、通信和其他电子设备制造业	Manufacture of Computers, Communication and Other Electronic Equipment	2953995	113311
仪器仪表制造业	Manufacture of Measuring Instruments and Machinery	335818	112556
其他制造业	Other Manufacture	383463	86468
废弃资源综合利用业	Utilization of Waste Resources	368926	16851
金属制品、机械和设备修理业	Repair Service of Metal Products, Machinery and Equipment	96868	19339
电力、热力、燃气及水的生产和供应业	Production and Supply of Electricity, Heat, Gas and Water	12530658	737522
电力、热力的生产和供应业	Production and Supply of Electric Power and Heat Power	9535970	582268
燃气生产和供应业	Production and Supply of Gas	901168	63677
水的生产和供应业	Production and Supply of Water	2093520	91577

6-11 民间投资(2016年)
Private Investment(2016)

行业	Sector	投资额(万元) Investment (10 000 yuan)	占民间投资比重(%) Rate (%)
民间投资合计	**Total of Private Investment**	**87386012**	**100.0**
农、林、牧、渔业	Agriculture, Forestry, Animal Husbandry and Fishery	7550096	8.6
采矿业	Mining	1652708	1.9
制造业	Manufacturing	25737866	29.5
电力、燃气及水的生产和供应业	Production and Supply of Electricity, Heat, Gas and Water	4404232	5.0
建筑业	Construction	124126	0.1
批发和零售业	Wholesale and Retail Trades	4439943	5.1
交通运输、仓储和邮政业	Transport, Storage and Post	3087666	3.5
住宿和餐饮业	Hotels and Catering Services	1714910	2.0
信息传输、软件和信息技术服务业	Information Transmission, Software and Information Technology	471898	0.5
金融业	Financial Intermediation	97064	0.1
房地产业	Real Estate	24962361	28.6
租赁和商务服务业	Leasing and Business Services	1618124	1.9
科学研究和技术服务业	Scientific Research and Technical Services	834362	1.0
水利、环境和公共设施管理业	Management of Water Conservancy, Environment and Public Facilities	7207918	8.2
居民服务、修理和其他服务业	Service to Households, Repair and Other Services	447142	0.5
教育	Education	676354	0.8
卫生和社会工作	Health and Social Service	864214	1.0
文化、体育和娱乐业	Culture, Sports and Entertainment	1248155	1.4
公共管理、社会保障和社会组织	Public Management, Social Security and Social Organization	246873	0.3

6-12 基础设施投资(2016年)
Investment for Basic Infrastructure(2016)

行业	Sector	投资额(万元) Investment (10 000 yuan)	占基础设施投资比重(%) Rate (%)
基础设施投资合计	**Total Investment of Infrastructure**	**60222354**	**100.0**
一、交通运输、仓储和邮政业	Transport, Storage and Post	15766430	26.2
铁路运输业	Railway Transport	1018007	1.7
道路运输业	Road Transport	10846889	18.0
水上运输业	Water Transport	4181	0.0
航空运输业	Air Transport	196400	0.3
管道运输业	Transport Via Pipelines	101397	0.2
装卸搬运和运输代理业	Loading, Unloading and Forwarding Agency	247991	0.4
仓储业	Storage	3278746	5.4
邮政业	Post	72819	0.1
二、信息传输、软件和信息技术服务业	Information Transmission, Software and Information Technology	2254886	3.7
三、电网建设	Grid Construction	1936124	3.2
四、水利、环境和公共设施管理业	Management of Water Conservancy, Environment and Public Facilities	40264914	66.9
水利管理业	Management of Water Conservancy	4091368	6.8
生态保护和环境治理业	Ecological Protection and Environmental Treatment	1682501	2.8
公共设施管理业	Management of Public Facilities	34491045	57.3

6-13 七大战略性新兴产业投资(2016年)
Investment of Seven Strategic Emerging Industries(2016)

行　　业	Sector	投资额(万元) Investment (10 000 yuan)	占战略性新兴产业投资比重(%) Rate (%)
七大战略性新兴产业投资合计	**Total Investment of Seven Strategic Emerging Industries**	**26072355**	**100.0**
节能环保产业	Energy Conservation and Environment Protection	8210004	31.5
新一代信息技术产业	New Generation of Enformation Technology	2947903	11.3
生物产业	Living Things	2952713	11.3
高端装备制造业	Manufacture of High-end Equipment	2455115	9.4
新能源产业	New Energy	5255738	20.2
新材料产业	New Material	3927276	15.1
新能源汽车产业	New Energy Automobile	323607	1.2

6-14 文化产业投资(2016年)
Culture Industry Investment(2016)

行　　业	Sector	投资额(万元) Investment (10 000 yuan)	占文化产业投资比重(%) Rate (%)
文化产业投资合计	**Total Investment of Culture Industry**	**14641484**	**100.0**
新闻出版发行服务	News Publishing Service	69181	0.5
广播电视电影服务	Broadcasting Television and Film Service	155973	1.1
文化艺术服务	Arts and Cultural Service	1962418	13.4
文化信息传输服务	Cultural Information Transmission Service	739162	5.0
文化创意和设计服务	Cultural Creative and Design Service	443246	3.0
文化休闲娱乐服务	Cultural and Recreational Service	9644856	65.9
工艺美术品的生产	Arts and Crafts Production	272136	1.8
文化产品生产的辅助生	Subsidiary Production of Cultural Product	668522	4.6
文化用品的生产	Stationery Production	654777	4.5
文化专用设备的生产	Cultural Special Equipment Production	31213	0.2

6-15 全社会固定资产投资财务拨款资金来源(2016年)
Source of Funds of Investment in Fixed Assets for Finance Allocation in the Whole Province(2016)

单位：万元 (10 000 yuan)

指标	Item	合计 Total	固定资产投资 Investment in Fixed Assets	房地产开发 Real Estate Development	农户投资 Farm Households
一、本年资金来源合计	Total of Sources of Funds This Year	210429583	168926157	37999415	3504011
1.上年末结余资金	Funds of Last Year-end	14859335	7578067	7281268	
2.本年资金来源小计	Subtotal of Sources of Funds This Year	195570248	161348090	30718147	3504011
国家预算内资金	State Budget	16324796	16324796		
国内贷款	Domestic Loans	18765128	14929479	3795569	40080
债券	Bond	71600	71600		
利用外资	Foreign Investment	1379254	1379254		
# 外商直接投资	Foreign Direct Investment	1260729	1260729		
自筹资金	Self-raising Fund	141839257	122903980	15506386	3428891
# 企事业单位自有资金	Enterprises and Institutions-owned Funds	35168890	29378977	5789913	
其他资金来源	Others	17190213	5738981	11416192	35040
二、本年各项应付款合计	Total Payment of this year	28021716	19952558	8069158	
# 工程款	Project Payment	12415134	7882442	4532692	

6-16 固定资产投资资金来源(2016年)
Source of Funds of Investment (2016)

单位：万元 (10 000 yuan)

指标	Item	总计 Total	按经济类型分 By Owership		按隶属关系分 By Jurisdiction of Management	
			国有经济单位 State-owned	其他经济单位 Others	中央单位 Central	地方单位 Local
一、本年实际到位资金合计	Total of Actual Funds This Year	168926157	86846057	82080100	8926946	159999211
1.上年末结余资金	Funds of Last Year-end	7578067	4685740	2892327	231023	7347044
2.本年实际到位资金小计	Subtotal of Actual Funds This Year	161348090	82160317	79187773	8695923	152652167
国家预算资金	State Budget	16324796	15322769	1002027	215372	16109424
国内贷款	Domestic Loans	14929479	7106880	7822599	2396708	12532771
债券	Bond	71600	12800	58800		71600
利用外资	Foreign Investment	1379254	67985	1311269	43100	1336154
# 外商直接投资	Foreign Direct Investment	1260729	21000	1239729	13580	1247149
自筹资金	Self-raising Fund	122903980	56329243	66574737	5608555	117295425
# 企事业单位自有资金	Enterprises and Institutions-owned Funds	29378977	10918178	18460799	3386509	25992468
其他资金来源	Others	5738981	3320640	2418341	432188	5306793
二、本年各项应付款合计	Total Payment of this Year	19952558	11500962	8451596	730218	19222340
# 工程款	Project Payment	7882442	4913006	2969436	277826	7604616

注：本表不含房地产开发投资。
a) Data in this table do not include those of real estate development.

6-17 各市(区)固定资产投资资金来源(2016年)
Source of Funds of Investment by City(District)(2016)

单位：万元 (10 000 yuan)

地区	Region	本年实际到位资金合计 Total of Actual Funds This Year	上年末结余资金 Funds of Last Year-end	本年实际到位资金小计 Subtotal of Actual Funds This Year	国家预算资金 State Budget	国内贷款 Domestic Loans	债券 Bond
全省	**Shaanxi**	**168926157**	**7578067**	**161348090**	**16324796**	**14929479**	**71600**
西安市	Xi'an	33352079	4712847	28639232	3328838	1469034	
铜川市	Tongchuan	3634206	29316	3604890	621037	419777	
宝鸡市	Baoji	27574959	134112	27440847	1346289	1378244	3500
咸阳市	Xianyang	35173841	566147	34607694	1078295	2237151	
渭南市	Weinan	18090212	481641	17608571	1847354	1028539	3000
# 韩城市	Hancheng	2748468	28662	2719806	299424	243198	
延安市	Yan'an	8733605	128502	8605103	2472470	537650	41000
汉中市	Hanzhong	9290225	184486	9105739	1310353	1806973	
榆林市	Yulin	11575322	982379	10592943	1380688	2083379	900
安康市	Ankang	7073776	123308	6950468	1481941	240861	300
商洛市	Shangluo	8309351	90391	8218960	1025650	1045964	22900
杨凌示范区	Yangling	1517653	34776	1482877	99881	48487	
不分地区	Not Classified by Region	4600928	110162	4490766	332000	2633420	

6-17 续表 continued

单位：万元 (10 000 yuan)

地区	Region	利用外资 Foreign Investment	# 外商直接投资 Foreign Direct Investment	自筹资金 Self-raising Fund	# 企事业单位自有资金 Enterprises and Institutions-owned Funds	其他资金来源 Others	本年各项应付款合计 Total Payment of This Year	# 工程款 Project Payment
全省	**Shaanxi**	**1379254**	**1260729**	**122903980**	**29378977**	**5738981**	**19952558**	**7882442**
西安市	Xi'an	1260752	1208536	21548873	9021540	1031735	2408853	861838
铜川市	Tongchuan	235		2309495	326889	254346	185852	102541
宝鸡市	Baoji	14500		23352244	2562210	1346070	2493241	542294
咸阳市	Xianyang	26743	11043	30986948	8837779	278557	1582420	377978
渭南市	Weinan	7824		14586539	1764917	135315	3703742	1941738
# 韩城市	Hancheng			2146226	526581	30958	1184582	426740
延安市	Yan'an	10300	10300	5291313	996518	252370	2963965	1113584
汉中市	Hanzhong			5589610	923804	398803	1145462	393642
榆林市	Yulin	2000		6355169	1455266	770807	2124653	745453
安康市	Ankang	1100	1100	4948744	1047742	277522	1053228	664169
商洛市	Shangluo	55800	29750	5490815	1301813	577831	839775	374401
杨凌示范区	Yangling			1219935	24729	114574	238920	4815
不分地区	Not Classified by Region			1224295	1115770	301051	1212447	759989

注：本表不含房地产开发投资。

a) Data in this table do not include those of real estate development.

6-18 各市(区)国有经济单位投资资金来源(2016年)
Source of Funds of Investment in State-Owned Units by City(District)(2016)

单位：万元 (10 000 yuan)

地区	Region	本年实际到位资金合计 Total of Actual Funds This Year	上年末结余资金 Funds of Last Year-end	本年实际到位资金小计 Subtotal of Actual Funds This Year	国家预算资金 State Budget	国内贷款 Domestic Loans	债券 Bond
全省	**Shaanxi**	**86848116**	**4687799**	**82160317**	**15322769**	**7106880**	**12800**
西安市	Xi'an	16418088	3441999	12976089	3163377	1073232	
铜川市	Tongchuan	2213636	21612	2192024	577507	353861	
宝鸡市	Baoji	10021725	76009	9945716	1114920	213985	3000
咸阳市	Xianyang	18434300	190750	18243550	1009309	1618230	
渭南市	Weinan	11360276	364589	10995687	1693663	691109	3000
#韩城市	Hancheng	1488004	23795	1464209	291224	181599	
延安市	Yan'an	7095668	114923	6980745	2443449	469802	1000
汉中市	Hanzhong	3704895	127926	3576969	1175917	84284	
榆林市	Yulin	4780824	160400	4620424	1286261	420646	900
安康市	Ankang	3671754	41458	3630296	1450464	54951	
商洛市	Shangluo	6112774	31905	6080869	976085	899994	4900
杨凌示范区	Yangling	885338	6066	879272	99817	11907	
不分地区	Not Classified by Region	2148838	110162	2038676	332000	1214879	

注：本表不含房地产开发投资。
a) Data in this table do not include those of real estate development.

6-18 续表 continued

单位：万元 (10 000 yuan)

地区	Region	利用外资 Foreign Investment	#外商直接投资 Foreign Direct Investment	自筹资金 Self-raising Fund	#企事业单位自有资金 Enterprises and Institutions-owned Funds	其他资金来源 Others	本年各项应付款合计 Total Payment of This Year	#工程款 Project Payment
全省	**Shaanxi**	**67985**	**21000**	**56329243**	**10918178**	**3320640**	**11500962**	**4913006**
西安市	Xi'an	1000		8332242	2819203	406238	1467417	531007
铜川市	Tongchuan	235		1062542	149877	197879	91568	51968
宝鸡市	Baoji	8900		8151444	787714	453467	1021171	297701
咸阳市	Xianyang	3800		15481074	3574062	131137	360890	109509
渭南市	Weinan	7000		8493299	899533	107616	2584221	1546125
#韩城市	Hancheng			965313	317596	26073	847921	370119
延安市	Yan'an			3866755	853236	199739	2676240	972150
汉中市	Hanzhong			2104096	253419	212672	411784	268570
榆林市	Yulin			2431250	535798	481367	1043068	438180
安康市	Ankang			1889577	288377	235304	607286	392185
商洛市	Shangluo	47050	21000	3671503	570738	481337	433896	185130
杨凌示范区	Yangling			654715		112833	232444	1962
不分地区	Not Classified by Region			190746	186221	301051	570977	118519

6-19 各市(区)按国民经济行业分的固定资产投资(2016年)
Investment by Sector and City(District)(2016)

单位：万元 (10 000 yuan)

地区	Region	总计 Total	农、林、牧、渔业 Agriculture, Forestry, Animal Husbandry & Fishery Industry	采矿业 Mining	制造业 Manufacturing	电力燃气及水的生产和供应业 Production and Distribution of Electricity, Gas and Water	建筑业 Construction	批发和零售业 Wholesale and Retail Trades	交通运输仓储和邮政业 Transport, Storage and Post	住宿和餐饮业 Hotels and Catering Services	信息传输计算机服务和软件业 Information Transmission, Computer Service and Software
全 省	**Shaanxi**	**204748521**	**13925062**	**6733775**	**36589876**	**12530658**	**294578**	**6338370**	**15766430**	**2498790**	**2254886**
西 安 市	Xi'an	50970036	1011539	6994	7804464	1681286	155745	1015828	3223718	318411	850622
铜 川 市	Tongchuan	4098643	279805	140301	983487	254934		97695	250300	26393	6450
宝 鸡 市	Baoji	31161816	3467566	308982	8240520	1322679	96783	1897870	1812307	918540	438961
咸 阳 市	Xianyang	35846730	1807624	520155	8829760	1313689	23011	1351833	2495656	281905	524510
渭 南 市	Weinan	22335584	3425572	461556	2829355	1303807		778307	1075326	484030	99374
# 韩城市	Hancheng	3868461	295205	319057	600203	153564		112681	208413	69042	15660
延 安 市	Yan'an	12039397	660774	672907	1497567	837057		252925	1075814	54514	64209
汉 中 市	Hanzhong	10612489	954110	165978	1193740	266644	15550	320482	781834	162198	142821
榆 林 市	Yulin	12579817	611800	2270177	1603267	3883071		268014	1069797	3700	68028
安 康 市	Ankang	8676995	1003580	78002	1464243	253247	100	130740	643439	151168	15745
商 洛 市	Shangluo	9052007	623879	370031	1575042	477461		130706	419310	89951	44166
杨凌示范区	Yangling	1747792	78813		557352	60294		93970	86550	7980	
不分地区	Not Classified by Region	5627215		1738692	11079	876489	3389		2832379		

6-19 续表 continued

单位：万元 (10 000 yuan)

地区	Region	金融业 Financial Intermediation	房地产业 Real Estate	租赁和商务服务业 Leasing and Business Services	科学研究技术服务和地质勘查业 Scientific Research, Technical Services, and Geological Prospecting	水利环境和公共设施管理业 Management of Water Conservancy, Environment and Public Facilities	居民服务和其他服务业 Services Households and Other Services	教育 Education	卫生社会保障和社会福利业 Health, Social Securities and Social Welfare	文化体育和娱乐业 Culture, Sports and Entertainment	公共管理和社会组织 Public Management and Social Organization
全 省	**Shaanxi**	**229096**	**48245103**	**2594156**	**2155381**	**40264914**	**1257820**	**4247326**	**3072596**	**3487953**	**2261751**
西 安 市	Xi'an	69789	24680525	920517	511076	6274271	57865	758138	574206	400889	654153
铜 川 市	Tongchuan		724016	80130	28520	966877	31913	66930	66189	89993	4710
宝 鸡 市	Baoji	46067	3229035	401890	359244	6391476	227508	615182	470030	568843	348333
咸 阳 市	Xianyang	29560	4810172	497249	574261	10128397	177881	832443	646966	825833	175825
渭 南 市	Weinan	18756	3391886	155001	382759	5655522	341741	554714	506335	702626	168917
# 韩城市	Hancheng		291210	19121	30756	1294336	56523	137613	91556	168079	5442
延 安 市	Yan'an	2000	2360283	89582	84142	2959474	223640	466639	214457	329421	193992
汉 中 市	Hanzhong	10327	2940477	215436	34277	2610475	48454	243733	152004	90203	263746
榆 林 市	Yulin	13317	1139282	22559	52289	905826	31743	217842	103715	134137	181253
安 康 市	Ankang	26280	2778582	59432	23419	1595401	32738	159347	129266	90864	41402
商 洛 市	Shangluo		1832302	152360	70014	2284361	28142	316549	206598	216067	215068
杨凌示范区	Yangling	13000	358543		35380	327647	56195	15809	2830	39077	14352
不分地区	Not Classified by Region					165187					

6-20 各市(区)工业投资(2016年)
Investment of Industry by City(District) (2016)

单位：万元 (10 000 yuan)

地 区	Region	投资额 Investment	# 改建和技术改造 Reconstruction and Technical Transformation
全 省	**Shaanxi**	**55854309**	**6437667**
西安市	Xi'an	9492744	1573832
铜川市	Tongchuan	1378722	69424
宝鸡市	Baoji	9872181	1266114
咸阳市	Xianyang	10663604	1113525
渭南市	Weinan	4594718	853293
# 韩城市	Hancheng	1072824	280342
延安市	Yan'an	3007531	24600
汉中市	Hanzhong	1626362	200497
榆林市	Yulin	7756515	447740
安康市	Ankang	1795492	182589
商洛市	Shangluo	2422534	538650
杨凌示范区	Yangling	617646	156324
不分地区	Not Classified by Region	2626260	11079

6-21 各市(区)按登记注册类型分的固定资产投资(2016年)
Investment by Registration Status and City (District)(2016)

单位：万元 (10 000 yuan)

地 区	Region	合 计 Total	内 资 Domestic	国 有 State-owned	集 体 Collective-owned	其 他 Other	港澳台商投资 Funds from Hong Kong, Macao and Taiwan	外商投资 Foreign Investment	个体经营 Self-Employed Individual
全 省	**Shaanxi**	**177380975**	**172687199**	**91841282**	**3237137**	**77608780**	**1006309**	**3395635**	**291832**
西安市	Xi'an	31411834	28186287	14848949	764582	12572756	598213	2597134	30200
铜川市	Tongchuan	3671199	3615456	2185351	56199	1373906		40787	14956
宝鸡市	Baoji	29837714	29684451	10935011	1489824	17259616	7500	79870	65893
咸阳市	Xianyang	34058091	33570109	16994045	192520	16383544	217459	250711	19812
渭南市	Weinan	21366042	21068473	13659135	311787	7097551	168101	55655	73813
# 韩城市	Hancheng	3868461	3829052	2277842	156837	1394373		23100	16309
延安市	Yan'an	11261017	11235523	9479981	26305	1729237	814	24180	500
汉中市	Hanzhong	9758486	9626564	3950217	332723	5343624	14222	37230	80470
榆林市	Yulin	12174363	11889907	5613667	16210	6260030		281636	2820
安康市	Ankang	7725808	7702152	4128574	12390	3561188		20288	3368
商洛市	Shangluo	8851439	8851439	6414197	34597	2402645			
杨凌示范区	Yangling	1637767	1629623	1032656		596967		8144	
不分地区	Not Classified by Region	5627215	5627215	2599499		3027716			

注：本表不含房地产开发投资。

a) Data in this table do not include those of real estate development.

6-22 各市(区)按隶属关系分的固定资产投资(2016年)
Investment in Urban Area by Jurisdiction of Management and City (District)(2016)

单位：万元　　(10 000 yuan)

地区	Region	总计 Total	# 地方 Local	省 Province	市 City	县 County	其他 Others
全省	**Shaanxi**	**177380975**	**168479052**	**15455811**	**23449695**	**68432590**	**61140956**
西安市	Xi'an	31411834	28859172	2499554	8194923	5887907	12276788
铜川市	Tongchuan	3671199	3500424	388707	380734	1612448	1118535
宝鸡市	Baoji	29837714	29653685	362841	1808362	11986485	15495997
咸阳市	Xianyang	34058091	33461827	5076330	5824152	10146763	12414582
渭南市	Weinan	21366042	20956669	486690	1587780	12924346	5957853
# 韩城市	Hancheng	3868461	3757719	176848	379297	2293428	908146
延安市	Yan'an	11261017	10976505	1627577	1582060	7208611	558257
汉中市	Hanzhong	9758486	9648034	285573	1287751	3284422	4790288
榆林市	Yulin	12174363	10881225	1945119	1316253	4734025	2885828
安康市	Ankang	7725808	7667620	22511	423270	3759701	3462138
商洛市	Shangluo	8851439	8832107	317223	321280	6458185	1735419
杨凌示范区	Yangling	1637767	1634690	36592	723130	429697	445271
不分地区	Not Classified by Region	5627215	2407094	2407094			

注：本表不含房地产开发投资。下表同。

a) Data in this table do not include those of real estate development. The same applies to the table following.

6-23 各市(区)能源工业投资(2016年)
Investment in Energy Industry by City(District)(2016)

单位：万元　　(10 000 yuan)

地区	Region	能源工业投资 Energy Industry	煤炭开采及洗选业 Mining and Washing of Coal	石油和天然气开采业 Extraction of Petroleum and Natural Gas	石油加工、炼焦及核燃料加工业 Processing of Petroleum,Coking, Processing of Nuclear Fuel	电力、热力的生产和供应业 Production and Distribution of Electricity and Heat
全省	**Shaanxi**	**17125284**	**2811932**	**2744790**	**2032592**	**9535970**
西安市	Xi'an	859106			6048	853058
铜川市	Tongchuan	385292	78590	38771	38000	229931
宝鸡市	Baoji	878564			16905	861659
咸阳市	Xianyang	1444939	475382	15143	92584	861830
渭南市	Weinan	1220007	156014	117853	92240	853900
# 韩城市	Hancheng	470264	140033	117853	92240	120138
延安市	Yan'an	2536751	45053	627854	1148850	714994
汉中市	Hanzhong	173495	665		4900	167930
榆林市	Yulin	6478971	2054428	206477	633065	3585001
安康市	Ankang	119072	1800			117272
商洛市	Shangluo	386212				386212
杨凌示范区	Yangling	27694				27694
不分地区	Not Classified by Region	2615181		1738692		876489

6-24 各市(区)按构成分的固定资产投资（2016年）

Investment by Use of Funds and City(District)(2016)

单位：万元 (10 000 yuan)

地 区	Region	总 计 Total	建筑工程 Construction	安装工程 Installation	设备工具器具购置 Purchase of Equipment and Instruments	其他费用 Others	# 建设用地费 Construction Land Fee
全 省	**Shaanxi**	**177380975**	**117888250**	**13342162**	**29099817**	**17050746**	**6839009**
西 安 市	Xi'an	31411834	21387163	1847527	5405235	2771909	1311861
铜 川 市	Tongchuan	3671199	2604117	291956	492263	282863	50368
宝 鸡 市	Baoji	29837714	16417091	2946771	8398781	2075071	718227
咸 阳 市	Xianyang	34058091	25165095	2550158	4264830	2078008	1426332
渭 南 市	Weinan	21366042	14448939	1422373	3080049	2414681	1101127
# 韩城市	Hancheng	3868461	2001860	364841	686865	814895	396282
延 安 市	Yan'an	11261017	7082952	703856	1517878	1956331	569759
汉 中 市	Hanzhong	9758486	6737967	556863	878941	1584715	649108
榆 林 市	Yulin	12174363	6235050	1159932	2967469	1811912	558980
安 康 市	Ankang	7725808	6296226	380255	466230	583097	179776
商 洛 市	Shangluo	8851439	6629753	743080	826095	652511	232672
杨凌示范区	Yangling	1637767	1134993	135552	267336	99886	26685
不分地区	Not Classified by Region	5627215	3748904	603839	534710	739762	14114

注：本表不含房地产开发投资。下表同。

a) Data in this table do not include those of real estate development. The same applies to the table following.

6-25 各市(区)按建设性质分的固定资产投资(2016年)

Investment by Type of Construction and City(District)(2016)

单位：万元 (10 000 yuan)

地 区	Region	总 计 Total	新 建 New Construction	扩 建 Expansion	改建和技改 Reconstruction and Technological Transformation	单纯建造生活设施 Construction of Living Facilities	迁 建 Removal Construction	恢 复 Reestablishment	单纯购置 Purchase of Equipment
全 省	**Shaanxi**	**177380975**	**147276883**	**14401111**	**8557890**	**512344**	**666134**	**257889**	**5708724**
西 安 市	Xi'an	31411834	26057561	1714627	1622434	195359	186979	10780	1624094
铜 川 市	Tongchuan	3671199	3245883	177563	210382			10067	27304
宝 鸡 市	Baoji	29837714	21758393	2286909	1877875	128197	98950	16169	3671221
咸 阳 市	Xianyang	34058091	28447817	4359322	938677	11401	102531	24375	173968
渭 南 市	Weinan	21366042	18898219	1138695	1056814	94037	97457	39456	41364
# 韩城市	Hancheng	3868461	3159932	99794	452503	89537	19030	29570	18095
延 安 市	Yan'an	11261017	8611477	2145797	408393	24460	23902	27309	19679
汉 中 市	Hanzhong	9758486	7976375	418814	1189833	22925	84090	11829	54620
榆 林 市	Yulin	12174363	10700357	936627	358947	16543	15016	96150	50723
安 康 市	Ankang	7725808	7097641	320379	261715	8330	6688	21754	9301
商 洛 市	Shangluo	8851439	7659805	675723	451070	6420	32421		26000
杨凌示范区	Yangling	1637767	1352915	179071	72559	4672	18100		10450
不分地区	Not Classified by Region	5627215	5470440	47584	109191				

6-26 各市(区)固定资产投资施工、投产项目个数及新增固定资产(2016年)
Number of Investment Projects under Construction and Put into Use and Newly Increased Fixed Assets by City(District)(2016)

地区	Region	施工项目 (个) Number of Project under Construction (unit)	全部建成投产项目 (个) Number of Project Completed and Put into Use (unit)	施工项目计划总投资 (万元) Total Investment Planned under Construction (10 000 yuan)	本年完成投资额 (万元) Investment Completed This Year (10 000 yuan)	本年新增固定资产 (万元) Newly Increased Fixed Assets of This Year (10 000 yuan)	固定资产交付使用率 (%) Rate of Projects of Fixed Assets Completed and Put into Use (%)
全省	**Shaanxi**	**26447**	**19157**	**412835950**	**177380975**	**98575830**	**55.6**
西安市	Xi'an	2610	1687	91973684	31411834	13783702	43.9
铜川市	Tongchuan	1016	682	8640214	3671199	2510916	68.4
宝鸡市	Baoji	6538	6858	39102769	29837714	21395953	71.7
咸阳市	Xianyang	3705	2196	71141111	34058091	17192738	50.5
渭南市	Weinan	3405	2415	40499959	21366042	12597107	59.0
# 韩城市	Hancheng	733	468	9395339	3868461	1914553	49.5
延安市	Yan'an	1979	982	23500787	11261017	4882163	43.4
汉中市	Hanzhong	2626	1858	19201067	9758486	6032639	61.8
榆林市	Yulin	1170	667	55468176	12174363	8955107	73.6
安康市	Ankang	2061	1192	16077620	7725808	5202755	67.3
商洛市	Shangluo	1040	484	21495194	8851439	3346824	37.8
杨凌示范区	Yangling	248	126	4285273	1637767	657153	40.1
不分地区	Not Classified by Region	49	10	21450096	5627215	2018773	35.9

注：本表不含房地产开发投资。下表同。
a) Data in this table do not include those of real estate development. The same applies to the table following.

6-27 各市(区)固定资产投资房屋建筑面积(2016年)
Floor Space and Cost of Buildings in Investment by City(District)(2016)

地区	Region	本年施工房屋面积 (万平方米) Floor Space of Buildings under Construction This Year (10 000 sq.m)	# 住宅 Residential Buildings	本年竣工房屋面积 (万平方米) Floor Space of Buildings Completed this Year (10 000 sq.m)	# 住宅 Residential Buildings	本年竣工房屋价值 (万元) Value of Buildings Completed This Year (10 000 yuan)	# 住宅 Residential Buildings
全省	**Shaanxi**	**11844.21**	**2777.77**	**1762.56**	**672.27**	**3560994**	**1175821**
西安市	Xi'an	4250.77	507.41	323.87	72.00	1233930	121975
铜川市	Tongchuan	263.79	92.38	25.23	4.87	33768	6930
宝鸡市	Baoji	1300.05	181.73	229.59	31.69	256346	77104
咸阳市	Xianyang	1589.93	491.49	121.86	29.90	173622	76726
渭南市	Weinan	1558.68	365.35	214.17	63.35	412414	164735
# 韩城市	Hancheng	289.07	86.80	56.59	5.86	60003	9100
延安市	Yan'an	772.99	279.93	137.26	111.76	116222	112692
汉中市	Hanzhong	645.36	356.27	298.89	158.85	642135	316422
榆林市	Yulin	202.38	30.27	2.75	1.62	8082	3000
安康市	Ankang	947.29	401.99	332.78	152.80	570787	245175
商洛市	Shangluo	232.65	70.96	75.81	45.44	112888	51062
杨凌示范区	Yangling	79.48		0.35		800	
不分地区	Not Classified by Region	0.83					

6-28 房地产开发投资主要指标及构成(2016年)

Main Indicators and Composition of Investment for Real Estate Development(2016)

指标	Item	房地产开发 Real Estate Development	#地方 Local Governments	#省属 Provincial Owned
一、企业(单位)个数 (个)	Number of Enterprises (unit)	2177	2148	54
二、本年完成投资 (万元)	Investment Completed This Year (10 000 yuan)	27367546	26802260	703519
1.按隶属关系分	Group by Jurisdiction of Management			
中 央	Central	565286		
地 方	Local	26802260	26802260	703519
# 市县属	City and County Level	26098741	26098741	
2.按构成分	By Composition of Funds			
建筑工程	Construction	20129159	19568572	514392
安装工程	Installation	3532458	3492138	130053
设备工器具购置	Purchase of Equipment and Instruments	439736	437986	
其他费用	Others	3266193	3203564	59074
# 旧建筑物购置费	Purchase of Used Buildings	62248	61197	
土地购置费	Total Value of Land Purchased	1779642	1771733	10000
3.按工程用途分	By Use of Projects			
住 宅	Residential Buildings	19161261	18764896	394656
# 别墅、高档公寓	Villas,High-grade Apartments	581723	555562	
办公楼	Office Buildings	1906231	1888815	108270
商业营业用房	Houses for Business Use	4159472	4069208	83858
其 他	Others	2140582	2079341	116735
三、本年新增固定资产(万元)	Newly Increased Fixed Assets of This Year (10 000 yuan)	7968054	7839901	310459
四、房屋建筑面积及竣工价值	Floor Space of Buildings Completed and Value of Buildings Completed			
施工面积 (万平方米)	Floor Space of Buildings under Construction (10 000 sq.m)	22297.53	21967.07	717.27
# 住 宅	Residential Buildings	16164.28	15933.88	518.82
竣工面积 (万平方米)	Floor Space of Buildings Completed (10 000 sq.m)	2431.70	2373.65	90.11
# 住 宅	Residential Buildings	1922.84	1883.85	68.40
竣工价值 (亿元)	Value of Buildings Completed (100 million yuan)	648.61	635.80	26.66
# 住 宅	Residential Buildings	491.50	481.41	19.02

6-28 续表 continued

指 标	Item	按登记注册类型分 By Status of Registration 内资 Domestic Funded	国有 State-owned	集体 Collective-owned	其它 Others	港澳台投资 Funds from Hong Kong, Macao and Taiwan	外商投资 Foreign Funded
一、企业(单位)个数 (个)	Number of Enterprises (unit)	2136	131	17	1988	24	17
二、本年完成投资 (万元)	Investment Completed This Year (10 000 yuan)	26395765	2685003	482048	23228714	487570	484211
1.按隶属关系分	Group by Jurisdiction of Management						
中 央	Central	565286	242064	26161	297061		
地 方	Local	25830479	2442939	455887	22931653	487570	484211
# 市县属	City and County Level	25128316	2343171	455887	22329258	487570	482855
2.按构成分	By Composition of Funds						
建筑工程	Construction	19396572	2002994	438933	16954645	354931	377656
安装工程	Installation	3350932	236825	19597	3094510	108279	73247
设备工器具购置	Purchase of Equipment and Instruments	424425	47480	10186	366759	3678	11633
其他费用	Others	3223836	397704	13332	2812800	20682	21675
# 旧建筑物购置费	Purchase of Used Buildings	58048	929		57119		4200
土地购置费	Total Value of Land Purchased	1753221	186359	12218	1554644	11292	15129
3.按工程用途分	By Use of Projects						
住 宅	Residential Buildings	18494389	1940436	400530	16153423	306505	360367
# 别墅、高档公寓	Villas,High-grade Apartments	556102	69770	26161	460171	25521	100
办公楼	Office Buildings	1879472	123797	7263	1748412	25683	1076
商业营业用房	Houses for Business Use	3963242	254721	49738	3658783	112038	84192
其 他	Others	2058662	366049	24517	1668096	43344	38576
三、本年新增固定资产(万元)	Newly Increased Fixed Assets of This Year (10 000 yuan)	7691227	939534	35134	6716559	4534	272293
四、房屋建筑面积及竣工价值	Floor Space of Buildings Completed and Value of Buildings Completed						
施工面积 (万平方米)	Floor Space of Buildings under Construction (10 000 sq.m)	21469.09	2249.75	98.78	19120.57	448.95	379.49
# 住 宅	Residential Buildings	15581.31	1745.14	85.05	13751.12	267.82	315.15
竣工面积 (万平方米)	Floor Space of Buildings Completed (10 000 sq.m)	2400.68	262.92	12.73	2125.04	2.59	28.43
# 住 宅	Residential Buildings	1899.20	234.42	11.37	1653.42	2.29	21.34
竣工价值 (亿元)	Value of Buildings Completed (100 million yuan)	639.47	70.08	3.18	566.22	0.44	8.69
# 住 宅	Residential Buildings	484.97	60.56	2.80	421.61	0.39	6.13

6-29　房地产开发投资资金来源(2016年)

Sources of Funds of Investment for Real Estate Development (2016)

单位：万元　　　　(10 000 yuan)

指　　标	Item	总　计 Total	内　资 Domestic	国有 State-owned	集体 Collective-owned	其他 Others	港澳台投资 Funds from Hong Kong, Macao and Taiwan	外商投资 Foreign Investment
一、本年资金来源合计	Total of Sources of Funds This Year	37999415	35840864	3368509	447993	32024362	1045486	1113065
1.上年末结余资金	Funds of Last Year-end	7281268	6614294	586525	101283	5926486	149561	517413
2.本年资金来源小计	Subtotal of Sources of Funds This Year	30718147	29226570	2781984	346710	26097876	895925	595652
国内贷款	Domestic Loans	3795569	3589677	448504	9450	3131723	170692	35200
# 银行贷款	Loans from Bank	3285214	3079322	404175	9450	2665697	170692	35200
非银行金融机构贷款	Loans from Non-bank	510355	510355	44329		466026		
利用外资	Foreign Investment							
# 外商直接投资	Foreign Direct Investment							
自筹资金	Self-raising Funds	15506386	15133290	1615141	310131	13208018	229435	143661
# 自有资金	Self-owned Funds	5789913	5652153	766497	246108	4639548	122070	15690
其他资金来源	Others	11416192	10503603	718339	27129	9758135	495798	416791
# 定金及预收款	Booked and Prepayed Money	5870592	5488553	365895	19860	5102798	215752	166287
个人按揭贷款	Individual Credit	4086065	3600396	132826	4885	3452685	236521	249148
二、本年各项应付款合计	Total Payment of this year	8069158	7711748	882361	126112	6703275	210359	147051
# 工程款	Project Payment	4532692	4356615	480143	39977	3836495	53354	122723

6-30　各市(区)房地产开发投资和新增固定资产(2016年)

Investment for Real Estate Development and Newly Increased Fixed Assets by City(District)(2016)

单位：万元　　　　(10 000 yuan)

地　区	Region	计划总投资 Total Investment Planed	自开始建设至本年底累计完成投资 Accumulative Investment Actually Completed Since Start of Construction up to the end of This Year	本年完成投资 Investment Completed This Year	本年新增固定资产 Newly Increased Fixed Assets of This Year
全　省	**Shaanxi**	**170242616**	**105000698**	**27367546**	**7968054**
西安市	Xi'an	127899427	78892191	19558202	5745448
铜川市	Tongchuan	2153162	1601390	427444	139159
宝鸡市	Baoji	6778839	4193062	1324102	205402
咸阳市	Xianyang	9193176	4644468	1788639	129348
渭南市	Weinan	5679522	3678871	969542	379354
# 韩城市	Hancheng	685838	528018	174550	136583
延安市	Yan'an	2938522	1957789	778380	207930
汉中市	Hanzhong	5433374	3392013	854003	366842
榆林市	Yulin	4571341	2764478	405454	257871
安康市	Ankang	3493378	2637339	951187	357153
商洛市	Shangluo	1157545	526131	200568	24035
杨凌示范区	Yangling	944330	712966	110025	155512

6-31　各市(区)按构成和工程用途分的房地产开发投资(2016年)

Investment for Real Estate Development by Use of Funds and Projects by City(District)(2016)

单位：万元　　　　(10 000 yuan)

地　区	Region	按构成分 by Use of Founds				按工程用途分 by Use of Projects				
		建筑安装工程 Construction and Installation Projects	设备工器具购置 Purchase of Equipment and Instruments	其他费用 Others	#土地购置费 Total Value of Land Purchased	住宅 Residential Buildings	#别墅、高档公寓 Villas, High-grade Apartments	办公楼 Office Buildings	商业营业用房 Houses for Business Use	其他 Others
全　省	**Shaanxi**	**23661617**	**439736**	**3266193**	**1779642**	**19161261**	**581723**	**1906231**	**4159472**	**2140582**
西 安 市	Xi'an	16608569	277199	2672434	1358935	13420504	429635	1721890	2902846	1512962
铜 川 市	Tongchuan	398460	2253	26731	18780	216994		13123	121062	76265
宝 鸡 市	Baoji	1241905	50848	31349	19048	1042185	200	36291	146702	98924
咸 阳 市	Xianyang	1742268	19054	27317	9439	1514371	101088	33113	200214	40941
渭 南 市	Weinan	858491	23533	87518	55227	722885	880	24992	204542	17123
#韩城市	Hancheng	159514		15036	5034	117330		2605	53170	1445
延 安 市	Yan'an	582880	1221	194279	174042	459130		54071	86356	178823
汉 中 市	Hanzhong	697567	23412	133024	98186	541441	7090	7746	207674	97142
榆 林 市	Yulin	380624	10801	14029	4110	322564		4000	58068	20822
安 康 市	Ankang	893388	22587	35212	1035	674124	39430	10975	177018	89070
商 洛 市	Shangluo	164938	8138	27492	27362	153291		30	41665	5582
杨凌示范区	Yangling	92527	690	16808	13478	93772	3400		13325	2928

6-32　房地产开发面积及造价(2016年)

Floor Space and Cost of Buildings in Real Estate Development(2016)

地　区	Region	施工房屋面积(万平方米) Floor Space of Buildings Construction (10 000 sq.m)	#住宅 Residential Buildings	竣工房屋面积(万平方米) Floor Space of Buildings Completed (10 000 sq.m)	#住宅 Residential Buildings	竣工房屋价值(亿元) Value of Buildings Completed (100 million yuan)	#住宅 Residential Buildings	竣工房屋造价(元/平方米) Cost of Buildings Completed (yuan/sq.m)	#住宅 Residential Buildings
全　省	**Shaanxi**	**22297.53**	**16164.28**	**2431.70**	**1922.84**	**648.61**	**491.50**	**2667**	**2556**
西 安 市	Xi'an	14727.10	10468.80	1560.18	1259.24	456.48	351.46	2926	2791
铜 川 市	Tongchuan	556.37	405.39	48.08	28.89	11.34	6.96	2358	2408
宝 鸡 市	Baoji	939.76	719.15	78.74	69.10	18.59	16.17	2361	2340
咸 阳 市	Xianyang	1016.70	816.01	38.67	27.61	9.96	7.53	2577	2727
渭 南 市	Weinan	1096.82	814.86	163.26	118.83	35.06	21.64	2148	1821
#韩城市	Hancheng	175.95	123.02	67.00	52.80	12.46	9.65	1859	1828
延 安 市	Yan'an	729.54	515.91	107.73	82.77	19.66	14.74	1825	1781
汉 中 市	Hanzhong	868.31	675.80	135.33	109.85	29.96	24.03	2214	2188
榆 林 市	Yulin	990.87	645.79	99.59	58.28	22.16	13.34	2225	2289
安 康 市	Ankang	861.76	673.98	135.15	105.54	30.40	21.13	2249	2002
商 洛 市	Shangluo	300.13	237.85	5.91	5.91	1.21	1.21	2040	2040
杨凌示范区	Yangling	210.17	190.74	59.06	56.82	13.79	13.30	2336	2341

6-33 商品房屋销售情况(2016年)
Seal of Commercialized Buildings(2016)

地 区	Region	商品房销售面积(平方米) Floor Space of Commercialized Buildings Sold(sq.m)	住宅 Residential Buildings	#别墅、公寓 Villas, High-grade Apartments	办公楼 Office Buildings	商业营业用房 Houses for Business Use	其他 Others
全 省	**Shaanxi**	**32627011**	**30126149**	**504564**	**707220**	**1323971**	**469671**
西安市	Xi'an	20476744	18777848	375370	640426	726181	332289
铜川市	Tongchuan	347731	323205			23838	688
宝鸡市	Baoji	2877591	2695973		21970	132824	26824
咸阳市	Xianyang	2047454	1898837	17725	3749	128016	16852
渭南市	Weinan	1744756	1596128	3620	36126	86392	26110
#韩城市	Hancheng	528944	495354			27965	5625
延安市	Yan'an	665707	647316		2435	13983	1973
汉中市	Hanzhong	1418331	1289597	5800	2514	94235	31985
榆林市	Yulin	557944	543632	3961		8907	5405
安康市	Ankang	1359837	1322781	98088		28469	8587
商洛市	Shangluo	726926	648233			74932	3761
杨凌示范区	Yangling	403990	382599			6194	15197

6-33 续表 continued

地 区	Region	商品房销售额(万元) Total Sale of Commercialized Buildings (10 000 yuan)	住宅 Residential Buildings	#别墅、公寓 Villas, High-grade Apartments	办公楼 Office Buildings	商业营业用房 Houses for Business Use	其他 Others
全 省	**Shaanxi**	**17851694**	**15857080**	**449317**	**584145**	**1157745**	**252724**
西安市	Xi'an	13470804	11944103	391022	549855	785463	191383
铜川市	Tongchuan	114209	97600			14711	1898
宝鸡市	Baoji	1024353	940125		13292	63128	7808
咸阳市	Xianyang	859336	765269	15090	2131	82035	9901
渭南市	Weinan	549065	475510	1300	15943	47944	9668
#韩城市	Hancheng	171818	156328			12837	2653
延安市	Yan'an	224684	207336		1700	15195	453
汉中市	Hanzhong	501098	402394	2572	1224	73838	23642
榆林市	Yulin	297155	281670	6530		14881	604
安康市	Ankang	456159	429481	32803		24546	2132
商洛市	Shangluo	223922	189919			32509	1494
杨凌示范区	Yangling	130909	123673			3495	3741

6-34 房地产开发经营情况(2016年)
Operating Statistics on Enterprises for Real Estate Development(2016)

单位：万元 (10 000 yuan)

地 区	Region	主营业务收入 Revenue from Principal Business	土地转让收入 Land Transferred	商品房屋销售收入 Commercialized Building Sold	房屋出租收入 House Leased	其它收入 Others	主营业务成本 Operating Costs of Main Business	主营业务税金及附加 Operating Tax and Extra Charge on Main Business
全 省	**Shaanxi**	**17585226**	**68103**	**16920841**	**155678**	**440604**	**14497211**	**991468**
西安市	Xi'an	13382411	22003	12979896	93148	287365	10931847	759325
铜川市	Tongchuan	161784		145004	263	16517	142093	9692
宝鸡市	Baoji	640126		624919	10394	4812	497313	35004
咸阳市	Xianyang	824877	4054	775538	3532	41753	720041	64501
渭南市	Weinan	578749	122	561701	2277	14650	482557	34261
#韩城市	Hancheng	78455		68757	125	9573	55401	4437
延安市	Yan'an	227706	17	192362	8057	27269	195512	12264
汉中市	Hanzhong	548171	4282	512847	16507	14535	434806	21377
榆林市	Yulin	394520	590	387536	4015	2379	384124	17139
安康市	Ankang	576193	36535	497221	16851	25586	499758	27375
商洛市	Shangluo	131711	30	129055	152	2475	108190	4795
杨凌示范区	Yangling	118977	469	114763	483	3263	100970	5735

6-35 房地产开发企业基本情况(2016年)
Basic Statistics on Real Estate Development Enterprises (2016)

地 区	Region	开发公司个数(个) Number of Enterprises for Real Estate Development (unit)	实收资本金总计(万元) Total Capital Held (10 000 yuan)	资产总计(万元) Total Assets (10 000 yuan)	本年折旧(万元) Depreciation This Year (10 000 yuan)	负债合计(万元) Total Liabilities (10 000 yuan)	所有者权益合计(万元) Owners' Equity (10 000 yuan)	全部从业人员年平均人数(人) Average Number of Employed Persons (persons)	本年应付工资总额(万元) Total Wages This Year (10 000 yuan)
全 省	**Shaanxi**	**2177**	**12798216**	**109939896**	**105941**	**91809739**	**18130157**	**84311**	**571474**
西安市	Xi'an	923	8996426	78137823	57013	66151866	11985957	46535	396919
铜川市	Tongchuan	73	150856	1347640	1459	1100797	246844	1988	9172
宝鸡市	Baoji	222	572089	5885831	11028	4126214	1759617	5255	26569
咸阳市	Xianyang	160	515130	5631460	5618	5018167	613292	7288	37118
渭南市	Weinan	136	361925	3236704	2474	2823012	413692	6086	19195
#韩城市	Hancheng	24	45372	688055	247	641408	46647	887	1957
延安市	Yan'an	100	642611	4125728	9509	3349607	776122	3466	15532
汉中市	Hanzhong	210	445381	3104061	3911	2396127	707935	4868	22834
榆林市	Yulin	157	482822	3242441	6451	2612560	629882	2915	10586
安康市	Ankang	126	428003	3472734	6833	2783888	688846	3902	21272
商洛市	Shangluo	49	120484	669625	1176	463082	206543	1393	7357
杨凌示范区	Yangling	21	82490	1085850	468	984420	101430	615	4918

主要统计指标解释

全社会固定资产投资 是以货币形式表现的在一定时期内全社会建造和购置固定资产的工作量以及与此有关的费用的总称。该指标是反映固定资产投资规模、结构和发展速度的综合性指标,又是观察工程进度和考核投资效果的重要依据。全社会固定资产投资按登记注册类型可分为国有、集体、个体、联营、股份制、外商、港澳台商、其他等。

固定资产投资(不含农户) 指城镇和农村各种登记注册类型的企业、事业、行政单位及城镇个体户进行的计划总投资500万元及500万元以上的建设项目投资和房地产开发投资,包含原口径的城镇固定资产投资加上农村企事业组织项目投资,该口径自2011年起开始使用。

房地产开发投资 指各种登记注册类型的房地产开发法人单位统一开发的包括统代建、拆迁还建的住宅、厂房、仓库、饭店、宾馆、度假村、写字楼、办公楼等房屋建筑物和配套的服务设施,土地开发工程(如道路、给水、排水、供电、供热、通讯、平整场地等基础设施工程)的投资;不包括单纯的土地交易活动。

固定资产投资的资金来源 根据固定资产投资的资金来源不同,分为国家预算内资金、国内贷款、利用外资、自筹资金和其他资金。

(1)国家预算内资金:分为财政拨款和财政安排的贷款两部分。包括中央财政的基本建设基金(分经营性基金和非经营性基金两部分)、专项支出(如煤代油专项等)、收回再贷、贴息资金,财政安排的挖潜改造和新产品试制支出、城建支出、商业部门简易建筑支出、不发达地区发展基金等资金中用于固定资产投资的资金;地方财政中由国家统筹安排的资金等。

(2)国内贷款:指报告期固定资产投资单位向银行及非银行金融机构借入的用于固定资产投资的各种国内借款,包括银行利用自有资金及吸收的存款发放的贷款、上级主管部门拨入的国内贷款、国家专项贷款、地方财政专项资金安排的贷款、国内储备贷款、周转贷款等。

(3)利用外资:指报告期收到的用于固定资产建造和购置的国外资金(包括设备、材料、技术在内)。包括对外借款(外国政府、国际金融组织贷款、出口信贷、外国银行商业贷款、对外发行债券和股票)、外商直接投资及外商其他投资。不包括我国自有外汇资金(国家外汇、地方外汇、留成外汇、调剂外汇和中国银行自有资金发行的外汇贷款等)。计算利用外资时,需要折算成人民币,折算中所使用的外汇汇率按现汇计算,即按使用外汇时的汇率计算。

(4)自筹资金:指固定资产投资单位报告期收到的,由各地区、各部门及企、事业单位筹集用于固定资产投资的预算外资金,包括中央各部门、各级地方和企、事业单位的自筹资金。

(5)其他资金:指在报告期收到的除以上各种资金之外其他用于固定资产投资的资金,包括企业或金融机构通过发行各种债券筹集到的资金、群众集资、个人资金、无偿捐赠的资金及其他单位拨入的资金等。

固定资产投资按国民经济行业分 根据建设项目建成投产后的主要产品或主要用途及社会经济活动性质来确定国民经济行业。一般情况下,一个建设项目或一个企业、事业单位只能属于一种国民经济行业。

固定资产投资按隶属关系分 是按建设单位或企业、事业、行政单位的主管上级机关确定的。

(1)中央:是指中共中央、人大常委会和国务院各部、委、局、总公司以及直属机构直接领导的建设项目和企业、事业、行政单位。这些单位的固定资产投资计划由国务院各部门直接编制和下达,建设中所需物资、主要设备以及建设中的问题都由中央有关部门安排和解决。

(2)地方:是由省(自治区、直辖市)、地区(州、盟、省辖市)、县(旗、县级市)三级政府及业务主管部门直接领导和管理的建设项目、企业、事业、行政单位。地方项目还包括不隶属以上各级政府及主管部门的建设项目和企业、事业单位,如外商投资企业和无主管部门的企业等。

固定资产投资按建设性质分 根据整个建设项目情况来确定。建设项目的性质一般分为新建、扩建、改建和技术改造、迁建、恢复。房地产开发单位、农村投资、城镇工矿区私人建房投资不划分建设性质。

(1)新建:一般指从无到有开始建设的企业、事业和行政单位或建设项目。有的单位原有基础很小,经过建设后新增的固定资产价值超过该企、事业、行政单位原有固定资产价值(原值)三倍以上的也应作为新建。

(2)扩建:指在厂内或其他地点,为扩大原有产品的生产能力(或效益)或增加新的产品生产能力,而增建主要的生产车间(或主要工程)、分厂、独立的生产线。行政、事业单位在原单位增建业务用房(如学校增建教学用房、医院增建门诊部、病房等)也作为扩建。

现有企、事业单位为扩大原有主要产品生产能力或增加新的产品生产能力,增建一个或几个主要生产车间(或主要工程)、分厂,同时进行一些更新改造工程的,也应作为扩建。

(3)改建和技术改造:指现有企业、事业单位,对原有设施进行技术改造或更新(包括相应配套的辅助性生产、生活福利设施)的建设项目。现有企业、事业单位为适应市场变化的需要,而改变企业的主要产品种类(如军工企业转产民用品等)的建设项目,应作为改建。原有产品生产作业线由于各工序(车间)之间能力不平衡,为填平补齐充分发挥原有生产能力而增建不增加本企业主要产品设计能力的车间,也应作为改建。技术改造是指企业、事业单位在现有基础上,用先进的技术代替落后的技术，用先进的工艺和装备代替落后的工艺和装备，以改变企业落后的技术经济面貌，实现以内涵为主的扩大再生产，达到提高产品质量、促进产品更新换代、节约能源、降低消耗、扩大生产规模、全面提高社会经济效益的目的。技术改造具体包括以下内容：机器设备和工具的更新改造；生产工艺改革、节约能源和原材料的改造；厂房建筑和公共设施的改造；劳动条件和生产环境的改造等。

固定资产投资按构成分 固定资产投资活动按其工作内容和实现方式分为建筑安装工程，设备、工具、器具购置，其他费用三个部分。

(1)建筑安装工程(建筑安装工作量)：指各种房屋、建筑物的建造工程和各种设备、装置的安装工程。包括各种房屋建造工程；各种用途设备基础和各种工业窑炉的砌筑工程及金属结构工程；为施工而进行的各种准备工作和临时工程以及完工后的清理工作等；铁路、道路的铺设，矿井的开凿及石油管道的架设等；水利工程；防空地下建筑等特殊工程；列入房屋工程预算内的暖气、卫生、通风、照明、煤气等设备的价值及装设油饰工程；列入建筑工程预算内的各种管道(蒸汽、压缩空气、石油、给排水等管道)、电力、电讯电缆导线等的敷设工程；以及各种机械设备的安装工程；为测定安装工程质量，对设备进行的试运工作；房地产开发单位进行的商品房屋开发建设工程、土地开发工程。

在安装工程中，不包括被安装设备本身的价值。

(2)设备、工具、器具购置：指建设单位或企、事业单位购置或自制的，达到固定资产标准的设备、工具、器具的价值。新建单位及扩建单位的新建车间，按照设计或计划要求购置或自制的全部设备、工具、器具，不论是否达到固定资产标准均计入“设备、工具、器具购置”中。

(3)其他费用：指在固定资产建造和购置过程中发生的，除上述几项内容以外的各种应分摊计入固定资产的费用。

施工项目 指报告期内进行过建筑或安装施工活动的项目。凡是报告期内施过工的建设项目，不论施工时间长短，均作为施工项目统计。施工项目个数可以反映一定时期固定资产投资的实际规模，与同期全部建成投产项目个数相比，可以从建设速度的角度反映固定资产投资的效果。根据建设项目施工活动的不同性质，施工项目又分为：本年正式施工项目、本年收尾项目和以前年度全部停缓建项目。

全部建成投产项目 工业项目指设计文件规定形成生产能力的主体工程及其相应配套的辅助设施全部建成，经负荷试运转，证明具备生产设计规定合格产品的条件，并经过验收鉴定合格或达到竣工验收标准，与生产性工程配套的生活福利设施可以满足近期正常生产的需要，正式移交生产的建设项目。非工业项目指设计文件规定的主体工程和相应的配套工程全部建成，能够发挥设计规定的全部效益，经验收鉴定合格或达到竣工验收标准，正式移交使用的建设项目。

新增生产能力(或工程效益) 指通过固定资产投资活动而增加的设计能力(或工程效益)，该指标是以实物形态表现的反映固定资产投资成果的指标，也是考核投资经济效果的重要依据之一。

新增生产能力(或工程效益)一般有以下几种表现形式：

(1)用产品数量表示，以工程在单位时间内(一般是一年)所能生产的产品数量(即年产量)表示。如原煤开采用万吨／年表示，化学农药用吨／年表示，拖拉机制造用台／年表示等。某些化工产品由于含量差别较大，按其设计含量计算折合量表示，如硫酸、纯碱、烧碱等。

(2)用单位时间内所能处理的原料数量表示，以工程每天(或小时)所能处理原料的数量表示。如机制糖工程日处理原料吨，食用植物油日处理原料吨，城市污水处理能力用万吨／日表示等。

(3)用新增加的主要设备的数量或容量表示，如新增棉布织机、丝织机等台数，毛纺锭等锭数，发电厂新增发电机组容量用千瓦表示等。

(4)用建筑物容积、容量、面积、长度表示，是非工业项目或工程新增效益的一种表现形式。如铁路投产里程、新建公路、水库容量、粮食仓库、学校学生席位、医院病床、有效灌溉面积等。

根据工程的特点，有时需要用两种或两种以上的复合计量单位表示新增生产能力(或工程效益)，如新增内燃机生产能力同时用年产台数、千瓦数表示等。

为了规范新增生产能力(或工程效益)的名称和计算单位，国家统计局制订了《新增生产能力(或工程效益)目录及代码》。各固定资产投资单位在统计新增生产能力(或工程效益)时，必须按目录中规定的名称、计量单位和代码填报。

房屋建筑面积 指房屋建筑物勒脚以上外墙外围的水平截面面积，包括房屋建筑物的有效面积和结构面积。该指标是从实物形态上反映建设规模和建设成果的重要指标之一，也是检查工程形象进度、计算工程造价、分析投资效果、研究施工任务和建筑材料之间平衡情况的重要依据。

住宅建筑面积 指施工和竣工房屋建筑面积中供居住用的房屋建筑面积。

施工面积 指报告期内施工的全部房屋建筑面积。包括本期新开工的面积和上期开工跨入本期继续施工的房屋面积，以及上期已停建在本期恢复施工的房屋面积。本期竣工和本期施工后又停缓建的房屋，其建筑面积仍计入本期房屋施工面积中。

竣工面积 指在报告期内房屋建筑按照设计要求已经全部完工，达到住人和使用条件，经验收鉴定合格(或达到竣工验收标准)，正式移交使用单位的各栋房屋建筑面积的总和。

房屋建筑面积竣工率 指一定时期内房屋竣工面积占同期房屋施工面积的比率。

新增固定资产 指报告期内已经完成建造和购置过程，并已交付生产或使用单位的固定资产价值。该指标是表示固定资产投资成果的价值指标，也是反映建设进度，计算固定资产投资效果的重要指标。

项目建成投产率 指一定时期内全部建成投产项目个数与同期施工项目个数的比率。该指标是从建设单位建设速度的角度反映投资效果的指标。

固定资产交付使用率 指一定时期新增固定资产与同期完成投资额的比率。该指标是反映固定资产动用速度，衡

量建设过程中宏观投资效果的综合指标。由于新增固定资产是较长时期内形成的结果，而投资额则是当年完成的，因此，该指标一般适宜于反映较长时期内固定资产的动用情况。

商品房销售面积 指报告期内出售商品房屋的合同总面积(即双方签署的正式买卖合同中所确定的建筑面积)。由现房销售建筑面积和期房销售建筑面积两部分组成。

商品房销售额 指报告期内出售商品房屋的合同总价款(即双方签署的正式买卖合同中所确定的合同总价)。该指标与商品房销售面积同口径，由现房销售额和期房销售额两部分组成。

Explanatory Notes on Main Statistical Indicators

Total Investment in Fixed Assets in the Whole Country refers to the volume of activities in construction and purchases of fixed assets of the whole country and related fees, expressed in monetary terms during the reference period. It is a comprehensive indicator which shows the size, structure and growth of the investment in fixed assets, providing a basis for observing the progress of construction projects and evaluating results of investment. Total investment in fixed assets in the whole country includes, by type of ownership, the investment by State-owned units, collective-owned units, individuals, joint ownership units, share-holding units, as well as investments by entrepreneurs from foreign countries and from Hong Kong, Macao and Taiwan, and by other units.

Investment in Fixed Assets (Excluding Rural Households) refers to the investment in construction projects with a total planned investment of 5 million yuan and over by enterprises of various ownerships, institutions, administrative units and urban self-employed individuals, and the investment in real estate development in both urban and rural areas. Since 2011, it covers the urban investment in fixed assets under the previous statistical coverage plus project investments by rural enterprises and institutions.

Investment in Real Estate Development refers to investment by real estate development companies, commercialized buildings construction companies and other real estate development units of various types of ownership in the construction of buildings, such as residential buildings, factory buildings, warehouses, hotels, guesthouses, holiday villages, office buildings, the complementary service facilities and land development projects, such as roads, water supply, water drainage, power supply, heating supply, telecommunications, land leveling and other infrastructural projects. It does not include activities in pure land transactions.

Sources of Funds for Investment in Fixed Assets are categorized as funds from the State budget, domestic loans, foreign investment, self-raised funds, and others, depending on the sources of investment.

(1) Fund from the State budget consists of budgetary appropriation and loans from the State budget. More specifically, it includes, from the budget of the central government, capital construction fund (operation fund and non-operational fund), special expenses (e.g. expenses on substituting petroleum with coal), loans from repayment, discount fund, expenses on innovation and trial production of new products, expenses on urban construction, expenses on temporary construction from business departments, development fund for less developed areas, as well as local budgetary fund transferred from the central budget.

(2) Domestic loans refer to loans of various forms borrowed by investing units from banks and non-bank financial institutions during the reference period for the purpose of investment in fixed assets, including loans issued by banks from their self-owned funds and deposit, loans appropriated by higher authorities, special loans by government, loans arranged by local government from special funds, domestic reserve loan, and working loan.

(3) Foreign investment refers to foreign funds received during the reference period for the construction and purchase of investment in fixed assets (covering equipment, materials and technology), including foreign borrowings (loans from foreign governments and international financial institutions, export credit, commercial loans from foreign banks, issue of bonds and stocks overseas), foreign direct investment and other foreign investments. Excluded from this category is capital in foreign exchanges owned by China (foreign exchanges owned by the central and local governments, foreign exchanges retained by enterprises, foreign exchanges by enterprises through the regulating mechanism, loans in foreign exchanges issued by the Bank of China with its own fund, etc.). In calculating the utilization of foreign capital, foreign currencies are converted into Chinese Renminbi applying the current exchange rate when the foreign capitals are actually used.

(4) Self-raised funds refer to extra-budgetary funds for investment in fixed assets received during the reference period by investing units from central government ministries, local governments, enterprises and institutions, including their self-raised funds.

(5) Others refer to funds for investment in fixed assets received from sources other than those listed above, including capital raised through issuing bonds by enterprises or financial institutions, funds raised from individuals and through donations, and funds transferred from other units.

Investment in Fixed Assets by Sector The classification of construction projects by sector is determined by the major products or the purpose of the projects when they are put into production or use, and by the nature of their social economic activities. In general, one project or one enterprise or institution can only be classified into one sector.

Investment in Fixed Assets by Jurisdiction of Management refers to the classification of investment by the competent authorities under which investment is made by construction units, enterprises, institutions or administrative units.

(1) Central investment refers to the investment in projects or by enterprises, institutions or administrative units which are under the direct leadership and management of the State Council and of the national commissions, ministries, agencies and State-owned large corporations. Various ministries and departments of the State Council prepare and implement plans for investment in fixed assets by those departments, and arrange and ensure the supply of materials and key equipment required for the projects.

(2) Local investment refers to the investment in projects or by enterprises, institutions or administrative units which are under the direct leadership and management of departments under the provincial, prefecture and county governments. Also included are projects by foreign-invested enterprises and enterprises without competent managing authorities.

Investment in Fixed Assets by Type of Construction Construction projects in general can be classified, by the type of construction, into new construction, expansion, reconstruction and technical transformation, moving and restoration. However, investment by type of construction is not applied to investment by real-estate development units, investment in rural areas and private investment in housing construction in urban areas and in industrial and mining areas.

(1) New construction in general refers to construction projects, which start from scratch, of enterprises, institutions, administrative agencies. In case the size of the existing unit is quite small, and the value of newly added fixed assets is more than three times of the original value, the expansion will be considered as new construction.

(2) Expansion refers to construction of new major production workshop, branch factory or independent production line within a factory or in other locations, for the purpose of increasing the production capacity (or improving efficiency) or adding new production capacity. Newly constructed accommodation for the operation of institutions and administrative organizations (such as newly constructed buildings for teaching in schools, buildings for clinics or wards in hospitals, etc.) are also classified as expansion.

Also included in expansion are investments by existing enterprises or institutions in building major production line(s) or branch factory(ies) along with some work on innovation, for the purpose of expanding the production capacity of original products or producing new products.

(3) Reconstruction and technical transformation refers to construction projects by existing enterprises or institutions in innovation or technical transformation of the old facilities (including auxiliary production equipment and welfare facilities). Also considered as reconstruction is the construction of new workshops by the existing enterprises or institutions to change the variety of products to meet the market demand (such as the production of civil products by defence industries), or to bring the designed production capacity into full play through a more balanced production process on production lines. Technical transformation refers to replacement of old technology or equipment by new technology or equipment, in order to expand the reproduction through improvement of technology contents in production, to improve product quality, to promote new products, to save energy, to reduce consumption, to expand the production scale and to improve overall social-economic efficiency. Contents of technical transformation include: updating of machinery, equipment and tools; reforming production process by using energy or materials saving technology; construction of factory workshops and transformation of public facilities; improvement of working conditions and environment, etc.

Investment in Fixed Assets by Structure By their contents and the mode of implementation, investment activities are classified into 3 categories, i.e. construction and installation, purchase of equipment and instrument, and other expenses.

(1) Construction and installation (work volume of construction and installation) refers to the construction of houses and buildings and the installation of various kinds of equipment and instruments. They include construction of houses; equipment foundations, industrial kilns and stoves, and metal structure work; preparation works and temporary works for project construction, and clearing up works post project construction; pavement of railways and roads, drilling of mines and putting up of oil pipes; construction of water conservancy; construction of underground air-raid shelters and construction of other special projects; value of equipment for heating, sanitation, ventilation, lighting, gas, painting, etc. that are covered by the budget of housing projects; laying out of various pipelines (for steam, compressed air, petroleum, tap water and sewage) and wiring and cabling for electric power and for communications; installation of various machinery and equipment; testing operation for pre-testing the quality of installation projects, and land and other development work conducted by real estate developers for commercialized housing. The value of equipment installed is itself not included in the value of installation projects.

(2) Purchase of equipment and instruments refers to the total value of equipment, tools, and instruments purchased or self-produced which come up to the cut-off point for fixed assets by the construction units or investing enterprises or institutions. Equipment, tools and instruments purchased or self-produced for new workshops by newly established or expanded units are categorized as "purchase of equipment and instruments" no matter whether they come up to the cut-off point for fixed assets.

(3) Other expenses refer to expenses arising during the construction or purchase of fixed assets other than those mentioned above.

Projects under Construction refer to projects with construction and installation activities undertaken in the reference period. All projects that have construction activities undertaken during the reference period are reported as projects under construction irrespective of the length of construction work. The number of projects under construction can reflect the actual size of investment in fixed assets during a given period, and when compared with the number of projects completed and put into use during the same period, it demonstrates the results of investment in fixed assets from the angle of the speed of the construction. Depending on the nature of construction activities, projects under construction can also be classified into projects beginning construction in current year, winding-up projects in current year and stopped or suspended projects in previous years (with resumption of work in current year).

Projects Completed and Put into Use Industrial projects refer to the major projects and anxilliary facilities having been completed in accordance with the design documents, resulting in forming production capacity and having checked and accepted after relevant tests, while the living and welfare facilities having been completed and being capable of ensuring normal production. Non-industrial projects refer to the major projects and anxilliary facilities which have been completed in accordance with the design documents; have been checked, accepted after relevant examination; and have been formally delivered for use.

Newly Increased Production Capacity (or Project Efficiency) refers to the increase in design capacity (or project efficiency) through investment in fixed assets, which reflects the accomplishment of investment in fixed assets in physical form and serves as an important basis for evaluating the economic efficiency of investment.

The newly increased production capacity (project efficiency) are usually expressed in one of the following forms:

(1) Volume of output of products, i.e. the volume of output that the project can produce during a given period (usually a year). For instance, the capacity in coal mining is expressed in 10,000 tons/year, the capacity in producing chemical pesticides expressed in ton/year, the capacity in producing tractors in tractor/year, etc. For some chemical products where the effective contents differ significantly, the production capacity is expressed as the designed effective content equivalent, such as in the case of sulphuric acid, soda ash, caustic soda, etc;

(2) Volume of raw materials processed per unit of time, i.e. the volume of raw materials that could be processed by the project per day (or per hour), such as tons of materials processed per day by a sugar refining project or edible vegetable oil project, or tons of urban sewage processed per day;

(3) Number or capacity of major equipment increased, such as number of cotton or silk looms increased, wool spindles increased, or capacity (in kilowatts) of power generators increased; and

(4) Physical measures (volume, capacity, area, and length) of construction, which is typical for non-industrial projects, for instance, the length of railways put into operation, the length of highways, the capacity of reservoirs, the capacity of warehouses, the floor space of housing projects, capacity for new students in schools or beds in hospitals, areas under new irrigation project, etc.

The special features of projects may sometimes call for the combined use of two or more measurements to reflect the increase in production capacity (or project efficiency); for instance, the new capacity for the production of internal combustion engines is expressed in sets per year and kilowatts per year simultaneously.

To standardize the nomenclature and unit of measurement for newly increased production capacity (or project efficiency), the National Bureau of Statistics has developed the *Nomenclature and Codes for New Production Capacity (Project Efficiency)*. All reporting units with investment activities are required to follow these two nomenclatures in reporting statistics on new production capacity (project efficiency).

Floor Space of Buildings under Construction refers to the total floor space of the horizontal section of outer walls above the plinth of the building, including the effective area and the area occupied by the structure. This indicator is one of the important indicators in physical terms to reflect the scale and accomplishment of the construction industry and also an important basis for monitoring the progress, calculating the cost, analyzing the efficiency and studying the supply of building materials in relation to the construction projects.

Floor Space of Residential Buildings refers to the floor space of the residential buildings among the total space of buildings under construction or completed.

Floor Space under Construction refers to total floor space of all buildings under construction during the reference period, including floor space of newly started buildings during the reference period, floor space of construction extended from the previous period to the current period, and floor space of construction suspended during the previous period and resumed in the current period. Floor space of construction completed in the current period, and floor space of construction started and then suspended in the current period are also included in the floor space under construction of the current year.

Floor Space Completed refers to the floor space of all buildings completed in the reference period, which have been appraised and accepted (or come up to the designed standards) and have been transferred to owner units.

Completion Rate of Floor Space of Buildings refers to the ratio of the floor space of buildings completed in a certain period of time to the floor space of buildings under construction in the same period.

Newly Increased Fixed Assets refer to the newly increased value of fixed assets, constructed or purchased, that have been transferred to the investors. This is an indicator that demonstrates the results of investment in fixed assets in monetary terms, and an important indicator to reflect the speed of construction and to calculate the efficiency of investment.

Rate of Construction Projects Completed and Put into Use refers to the ratio of the number of construction projects completed and put into use in a certain period of time to the number of projects under construction in the same period. This reflects the investment efficiency from the perspective of the speed of projects construction.

Rate of Projects of Fixed Assets Completed and Put into Operation refers to the ratio of the newly increased fixed assets to the total investment made in the same period. This is a comprehensive indicator reflecting the speed of the employment of fixed assets and the investment efficiency at the macro-level. As the newly increase fixed assets is the result of a long period while the investment is completed in the current year, this indicator is expected to be used to reflect the employment of fixed assets over a long period of time.

Area of Commercialized Housing Sold refers to total contracted area of commercialized housing (i.e. area of floor space as designated in the formal contracts signed by both sides) during the reference time. It constitutes floor space of completed housing and floor space of future housing.

七、能　源

资料整理：蔡军辉

简 要 说 明

一、本篇资料反映陕西能源生产、消费和能耗水平等情况。主要内容有能源生产、消费及品种构成，能源生产和消费弹性系数，分行业、分主要能源品种的消费量，能源加工转换效率及生活用能源消费量、单位生产总值能耗等指标。

二、关于数据口径与计算的说明：

1. 能源生产与消费弹性系数分别以能源生产、消费增长速度与地区生产总值增长速度相比求得。

2. 能源平衡表中，进口量和出口量采用海关统计数据，电力折算标准煤系数按平均发电煤耗计算。

3. 能源加工转换效率表中的电力折算标准煤系数采用当量值计算，每千瓦小时折0.1229千克标准煤。

4. GDP和工业增加值按不变价格计算。

Brief Introduction

Ⅰ. This chapter reflects the energy production, consumption and efficiency of Shaanxi Province, mainly including energy production, consumption and composition, elasticity ratio of energy production and consumption, consumption of energy by sector and by types of energy, efficiency of energy processing and conversion and the consumption of energy for non-production uses, energy consumption of unit gross domestic product.

Ⅱ. Data coverage and calculation:

1. The elasticity ratio of energy production is calculated as the quotient of the growth rate of energy production divided by the growth rate of GDP; and the elasticity ratio of energy consumption is calculated as the quotient of the growth rate of energy consumption divided by the growth rate of GDP.

2. In the energy balance sheet, the data on the imports and exports are data from the customs statistics. The ratio for converting electric power into the standard coal equivalent is calculated according to the average consumption of coal for generating electricity.

3. In the table on the efficiency of energy conversion, the ratio for converting electric power into the standard coal equivalent is calculated on the basis of heat value equivalent. One kilowatt is equal to 0.1229 kg SCE.

4. Gross domestic product and industrial value-added are calculated at constant price.

7.能 源

2016 年全省			
能源生产总量	46544.99	万吨标准煤（等价值）	比上年下降 4.0%
能源消费总量	12120.14	万吨标准煤（等价值）	比上年增长 3.5%
平均每天消费能源	33.12	万吨标准煤	
# 原　煤	77.30	万　吨	
原　油	4.98	万　吨	
天然气	2239	万立方米	
电　力	39801	万千瓦小时	

能源生产总量构成
(2016年)

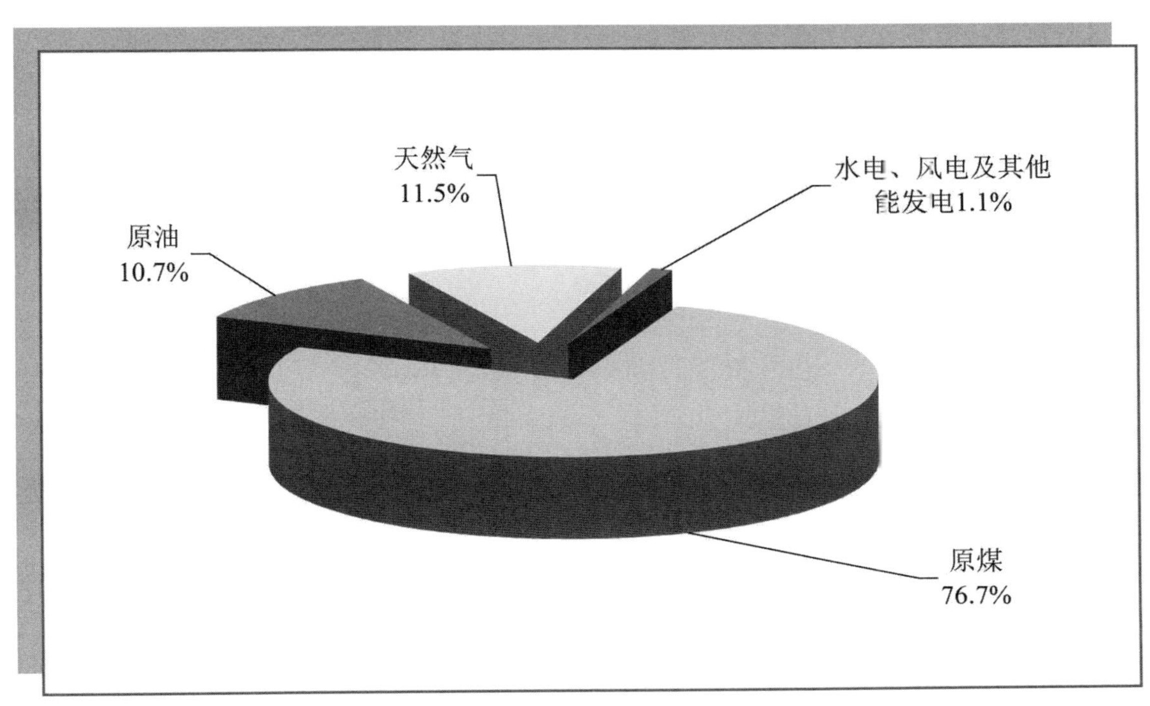

7-1 能源生产、消费总量及构成
Total Production and Consumption of Energy and Its Composition

指标	Item	2011 当量值 Equivalent Weight	2011 等价值 Equivalent Value	2012 当量值 Equivalent Weight	2012 等价值 Equivalent Value	2013 当量值 Equivalent Weight	2013 等价值 Equivalent Value
能源生产总量	**Total Energy Production**	**36328.31**	**36500.59**	**40995.50**	**41168.40**	**44200.01**	**44431.03**
（万吨标准煤）	**(10 000 tons of SCE)**						
原煤	Coal	27991.63	27991.63	31847.45	31847.45	33997.02	33997.02
原油	Crude Oil	4607.83	4607.83	5039.48	5039.48	5268.73	5268.73
天然气	Natural Gas	3620.42	3620.42	3998.94	3998.94	4786.41	4786.41
水电、风电及其他能发电	Hydro-power,Wind Power and Others	108.43	280.71	109.63	282.53	147.85	378.87
能源生产构成 (%)	**Energy Production Composition (%)**	**100.00**	**100.00**	**100.00**	**100.00**	**100.00**	**100.00**
原煤	Coal	77.46	77.10	77.69	77.36	76.92	76.52
原油	Crude Oil	12.46	12.40	12.29	12.24	11.92	11.86
天然气	Natural Gas	9.79	9.74	9.75	9.71	10.83	10.77
水电、风电及其他能发电	Hydro-power,Wind Power and Others	0.29	0.76	0.27	0.69	0.33	0.85
能源消费总量	**Total Energy Consumption**	**9475.12**	**9107.48**	**10301.84**	**9914.53**	**11070.39**	**10610.48**
（万吨标准煤）	**(10 000 tons of SCE)**						
煤品	Coal	7102.52	6562.60	7816.19	7255.99	8362.78	7671.85
油品	Crude Oil	1444.03	1444.03	1571.34	1571.34	1652.66	1652.66
天然气	Natural Gas	820.15	820.15	804.67	804.67	907.10	907.10
水电、风电及其他能发电	Hydro-power,Wind Power and Others	108.43	280.71	109.63	282.53	147.85	378.87
能源消费构成 (%)	**Energy Consumption Composition (%)**	**100.00**	**100.00**	**100.00**	**100.00**	**100.00**	**100.00**
煤品	Coal	74.96	72.06	75.87	73.19	75.54	72.30
油品	Crude Oil	15.24	15.86	15.25	15.85	14.93	15.58
天然气	Natural Gas	8.66	9.01	7.81	8.12	8.19	8.55
水电、风电及其他能发电	Hydro-power,Wind Power and Others	1.14	3.08	1.06	2.85	1.34	3.57

注：1.当量值指电力按自身的热功当量换算成标准煤，等价值指电力按当年平均火力发电煤耗换算成标准煤。
2.2010-2013年数据根据第三次经济普查结果进行了调整。

a) The equivalent weight refers to the value that electric power converts to standard coal by its heat equivalent, equivalent value refers to the value of average standard coal consumption by thermal power in the current year.

b) Adjustment has been done for the data of 2010-2013, due to the 3rd Economic Census.

7-1　续表　continued

指　标	Item	2014		2015		2016	
		当量值 Equivalent Weight	等价值 Equivalent Value	当量值 Equivalent Weight	等价值 Equivalent Value	当量值 Equivalent Weight	等价值 Equivalent Value
能源生产总量（万吨标准煤）	**Total Energy Production (10 000 tons of SCE)**	**46733.83**	**46981.85**	**48168.61**	**48491.24**	**46248.51**	**46544.99**
原　煤	Coal	35736.98	35736.98	37088.81	37088.81	35703.52	35703.52
原　油	Crude Oil	5382.69	5382.69	5338.29	5338.29	5003.57	5003.57
天然气	Natural Gas	5454.46	5454.46	5531.69	5531.69	5345.34	5345.34
水电、风电及其他能发电	Hydro-power,Wind Power and Others	159.70	407.72	209.81	532.44	196.08	492.56
能源生产构成（%）	**Energy Production Composition (%)**	**100.00**	**100.00**	**100.00**	**100.00**	**100.00**	**100.00**
原　煤	Coal	76.47	76.07	77.00	76.49	77.20	76.71
原　油	Crude Oil	11.52	11.46	11.08	11.01	10.82	10.75
天然气	Natural Gas	11.67	11.61	11.48	11.41	11.56	11.48
水电、风电及其他能发电	Hydro-power,Wind Power and Others	0.34	0.87	0.44	1.10	0.42	1.06
能源消费总量（万吨标准煤）	**Total Energy Consumption (10 000 tons of SCE)**	**11728.08**	**11222.46**	**12151.73**	**11715.85**	**12247.51**	**12120.14**
煤　品	Coal	8879.56	8125.91	9279.43	8520.92	9575.06	9151.20
油　品	Crude Oil	1690.24	1690.24	1552.57	1552.57	1199.44	1199.44
天然气	Natural Gas	998.58	998.58	1109.91	1109.91	1276.93	1276.93
水电、风电及其他能发电	Hydro-power,Wind Power and Others	159.70	407.72	209.81	532.44	196.08	492.56
能源消费构成（%）	**Energy Consumption Composition (%)**	**100.00**	**100.00**	**100.00**	**100.00**	**100.00**	**100.00**
煤　品	Coal	75.71	72.41	76.36	72.73	78.18	75.50
油　品	Crude Oil	14.41	15.06	12.78	13.25	9.79	9.90
天然气	Natural Gas	8.51	8.90	9.13	9.47	10.43	10.54
水电、风电及其他能发电	Hydro-power,Wind Power and Others	1.36	3.63	1.73	4.54	1.60	4.06

7-2 主要能源平衡情况(2016年)
Main Energy Balance Sheet(2016)

指 标	Item	综合能源(万吨标准煤) Comprehensive Energy (10 000 tons of SCE)	原 煤(万吨) Coal (10 000 tons)	天然气(亿立方米) Natural Gas (100 million cu.m)	电 力(亿千瓦小时) Electricity (100 million kwh)	原 油(万吨) Crude Oil (10 000 tons)
一、可供本地区消费能源	**Volume of total Energy Available for Consumption**	**12120.14**	**28301.23**	**107.61**	**-68.54**	**1812.39**
年初库存	Stock at the Beginning of the Year	1805.95	1527.67	0.46		107.74
一次能源生产量	Primary Energy Output	46544.99	51566.15	411.91	159.55	3502.43
外省(区、市)调入量	Inflow from Other Provinces (Regions, Cities)	2404.21	1484.32		129.52	
本省(区、市)调出量(-)	Outflow from this Provinces (Regions, Cities)	-36951.17	-24973.36	-304.30	-357.61	-1704.39
出口量(-)	Exports					
年末库存(-)	Stock at Year-end	-1683.84	-1303.54	-0.45		-93.39
二、加工转换投入(-)产出(+)量	**Input (-) or Output (+) of Processing and Transformation**	**-1121.63**	**-24507.27**	**-30.72**	**1525.27**	**-1766.19**
火力发电	Thermal Power	0.00	-4971.69	-1.35	1525.27	
供 热	Heating	-121.84	-628.86	-1.50		
煤炭洗选	Separation Coal	-377.94	-13419.91			
炼 焦	Coke Making	-451.74	-5048.66			
炼油及煤制油	Oil Refining and Coal to Make Oil	-257.08	-435.79			-1766.19
天然气液化		-42.01		-27.87		
煤制品加工	Processing of Coal Products	-0.60	-2.36			
回收能	Recovery of Energy	220.25				
三、损失量	**Loss Volume**					
四、终端消费	**Final Consumption**	**10998.51**	**3783.33**	**76.89**	**1456.72**	**57.67**
第一产业	Primary Industry	206.99	21.26		38.71	
农、林、牧、渔业	Agriculture, Forestry, Animal Husbandry and Fishery	206.99	21.26		38.71	
第二产业	Secondary Industry	7509.94	3213.34	49.48	981.89	57.67
工 业	Industry	7317.67	3201.39	49.47	956.57	57.67
建筑业	Construction	192.27	11.95	0.01	25.32	
第三产业	Tertiary Industry	1865.22	228.22	10.17	225.46	
交通运输、仓储和邮政业	Transportation, Storage and Post Services	973.17	22.47	2.79	60.68	
批发、零售业和住宿、餐饮业	Wholesale and Retail Trades, Hotels and Catering Services	427.47	74.92	6.94	63.40	
其 他	Others	464.59	130.83	0.45	101.38	
生活消费	Household Consumption	1416.36	320.50	17.23	210.67	
城 镇	Urban Areas	949.18	74.97	16.69	130.70	
乡 村	Rural Area	467.18	245.54	0.55	79.97	

注：综合能源消费电力按等价值折算。

a) Comprehensive energy consumption Electric power and heat are converted on the basis of equal value.

7-2　续表　continued

指　标	Item	汽　油 (万吨) Gasoline (10 000 tons)	煤　油 (万吨) Kerosene (10 000 tons)	柴　油 (万吨) Diesel Oil (10 000 tons)	燃料油 (万吨) Fuel Oil (10 000 tons)
一、可供本地区消费能源	**Volume of total Energy Available for Consumption**	**-364.46**	**-0.22**	**-334.57**	**-0.06**
年初库存	Stock at the Beginning of the Year	29.55	0.51	29.01	1.25
一次能源生产量	Primary Energy Output				
外省(区、市)调入量	Inflow from Other Provinces (Regions, Cities)	71.04		36.68	23.66
本省(区、市)调出量(-)	Outflow from this Provinces (Regions, Cities)	-429.98		-371.33	-23.62
出口量(-)	Exports				
年末库存(-)	Stock at Year-end	-35.07	-0.73	-28.93	-1.35
二、加工转换投入(-)产出(+)量	**Input (-) or Output (+) of Processing and Transformation**	**621.77**	**30.25**	**743.85**	**7.28**
火力发电	Thermal Power			-0.32	
供　热	Heating			-0.03	
煤炭洗选	Separation Coal				
炼　焦	Coke Making				
炼油及煤制油	Oil Refining and Coal to Make Oil	621.77	30.25	744.20	12.41
天然气液化	Natural Gas Liquefaction				
煤制品加工	Processing of Coal Products				
回收能	Recovery of Energy				
三、损失量	**Loss Volume**				
四、终端消费	**Final Consumption**	**257.31**	**30.03**	**409.28**	**7.22**
第一产业	Primary Industry	8.50		41.44	0.06
农、林、牧、渔业	Agriculture, Forestry, Animal Husbandry and Fishery	8.50		41.44	0.06
第二产业	Secondary Industry	34.73	0.23	61.85	2.36
工　业	Industry	26.50	0.23	40.82	1.46
建筑业	Construction	8.23		21.03	0.90
第三产业	Tertiary Industry	122.24	29.80	298.70	4.80
交通运输、仓储和邮政业	Transportation, Storage and Post Services	95.94	29.80	260.78	4.80
批发、零售业和住宿、餐饮业	Wholesale and Retail Trades, Hotels and Catering Services	18.45		25.87	
其　他	Others	7.85		12.06	
生活消费	Household Consumption	91.85		7.29	
城　镇	Urban Areas	69.80		0.37	
乡　村	Rural Area	22.04		6.92	

注：综合能源消费电力按等价值折算。

a) Comprehensive energy consumption Electric power and heat are converted on the basis of equal value.

7-3 能源生产弹性系数
Elasticity Ratio of Energy Production

指　　标	Item	2011	2012	2013	2014	2015	2016
能源生产增长速度(%)	Growth Rate of Energy Production over Preceding Year (%)	14.6	12.8	7.9	5.7	3.2	-4.0
电力生产增长速度(%)	Growth Rate of Electricity Production over Preceding Year (%)	11.7	7.0	10.8	7.2	0.1	3.8
生产总值增长速度(%)	Rate of Gross Domestic Product (GDP) over Preceding Year (%)	13.9	12.9	11.0	9.7	7.9	7.6
能源生产弹性系数	Elasticity Ratio of Energy Production	1.05	0.99	0.73	0.59	0.41	-0.53
电力生产弹性系数	Elasticity Ratio of Electricity Production	0.84	0.54	0.98	0.74	0.02	0.50

注：1.生产总值增长速度按不变价计算，能源生产用等价值折算。
2.2011-2013年数据根据第三次经济普查结果进行了调整。
a) The growth rates of GDP are calculated at constant prices. Energy production are converted on the basis of equal value.
b) Adjustment has been done for the data of 2011-2013, due to the 3rd Economic Census.

7-4 平均每万人能源生产量
Energy Production Per 10 000 Population

品　种	Item	2011	2012	2013	2014	2015	2016
生产总量 （吨标准煤）	**Total Production (ton of SCE)**	**97527.36**	**109692.02**	**118051.47**	**124451.29**	**127848.41**	**122081.38**
原　煤　（吨）	Coal (ton)	109910.44	124610.17	133707.19	138341.59	138618.65	135251.22
原　油　（吨）	Crude Oil (ton)	8618.12	9399.09	9798.97	9980.64	9851.98	9186.41
天然气　（万立方米）	Natural Gas (10 000 cu. m)	727.33	825.63	987.46	1086.35	1096.58	1080.39
电　力（万千瓦小时）	Electricity (10 000 kwh)	3363.89	3589.91	4017.34	4293.48	4279.34	4419.05

注：能源生产总量用等价值折算，2011-2013年数据根据第三次经济普查结果进行了调整。
a) Total energy production are converted on the basis of equal value.
Adjustment has been done for the data of 2011-2013,due to the 3rd Economic Census.

7-5 能源加工转换效率
Efficiency of Energy Conversion

指　　标	Item	2011	2012	2013	2014	2015	2016
总效率(%)	**Total Efficiency (%)**	**75.47**	**77.77**	**79.13**	**79.33**	**81.09**	**81.92**
火力发电	Thermal Power	38.63	38.80	38.78	39.17	39.41	39.81
供　热	Heating	76.71	75.39	76.28	76.87	78.09	75.71
洗　煤	Separation Coal	95.37	95.35	95.28	94.53	95.92	95.94
炼　焦	Coke Making	86.69	89.16	89.12	90.07	89.83	90.54
炼　油	Oil Refining	95.55	95.23	95.09	94.88	95.27	91.12

7-6 单位GDP能耗
Energy Consumption Per Unit of GDP by City (District)

单位：吨标准煤/万元 (ton of SCE/10 000 yuan)

地区	Region	GDP按2010年价格计算 GDP are calculated at 2010 constant prices					GDP按2015年价格计算 GDP are calculated at 2015 constant prices	
		2011	2012	2013	2014	2015	2015	2016
全省	**Shaanxi**	**0.789**	**0.761**	**0.734**	**0.708**	**0.685**	**0.643**	**0.618**
西安市	Xi'an	0.555	0.535	0.516	0.486	0.470	0.410	0.394
铜川市	Tongchuan	1.606	1.548	1.466	1.369	1.278	1.437	1.380
宝鸡市	Baoji	0.708	0.682	0.658	0.631	0.608	0.541	0.517
咸阳市	Xianyang	0.714	0.689	0.665	0.642	0.621	0.564	0.545
渭南市	Weinan	1.535	1.480	1.424	1.362	1.318	1.308	1.259
延安市	Yan'an	0.667	0.644	0.621	0.600	0.577	0.602	0.581
汉中市	Hanzhong	1.059	1.022	0.986	0.946	0.899	0.792	0.755
榆林市	Yulin	0.983	0.948	0.912	0.877	0.847	1.191	1.151
安康市	Ankang	0.677	0.652	0.631	0.602	0.578	0.474	0.453
商洛市	Shangluo	0.575	0.555	0.537	0.520	0.505	0.429	0.413
杨凌示范区	Yangling	0.393	0.383	0.373	0.359	0.352	0.444	0.435

7-6 续表 continued

地区	Region	比上年增长(%) Growth Rates over Preceding Year(%)					
		2011	2012	2013	2014	2015	2016
全省	**Shaanxi**	**-3.56**	**-3.54**	**-3.55**	**-3.58**	**-3.21**	**-3.83**
西安市	Xi'an	-3.56	-3.51	-3.57	-5.89	-3.20	-3.83
铜川市	Tongchuan	-3.62	-3.62	-5.31	-6.62	-6.60	-3.92
宝鸡市	Baoji	-3.53	-3.64	-3.53	-4.10	-3.59	-4.41
咸阳市	Xianyang	-3.61	-3.50	-3.50	-3.35	-3.39	-3.40
渭南市	Weinan	-3.60	-3.61	-3.81	-4.33	-3.21	-3.73
延安市	Yan'an	-3.50	-3.50	-3.50	-3.40	-3.80	-3.50
汉中市	Hanzhong	-3.61	-3.56	-3.51	-4.05	-4.96	-4.66
榆林市	Yulin	-3.60	-3.60	-3.80	-3.80	-3.50	-3.30
安康市	Ankang	-3.50	-3.63	-3.33	-4.50	-4.00	-4.51
商洛市	Shangluo	-3.51	-3.38	-3.32	-3.08	-2.97	-3.64
杨凌示范区	Yangling	-3.20	-2.62	-2.60	-3.68	-2.10	-2.04

注：1.能源消耗按等价值计算。
2.2016年GDP含研发支出新增数据。
a) Energy consumption are converted on the basis of equal value.
b)R&D expenditure was included in GDP accounting in 2016.

7-7 能源消费弹性系数
Elasticity Ratio of Energy Consumption

指 标	Item	2011	2012	2013	2014	2015	2016
能源消费增长速度(%)	Growth Rate of Energy Consumption over Preceding Year (%)	9.89	8.86	7.02	5.77	4.40	3.45
电力消费增长速度(%)	Growth Rate of Electricity Consumption over Preceding Year (%)	14.34	8.58	8.01	6.40	-0.35	9.57
生产总值增长速度(%)	Growth Rate of Gross Domestic Product (GDP) over Preceding Year (%)	13.90	12.90	11.00	9.70	7.85	7.60
能源消费弹性系数	Elasticity Ratio of Energy Consumption	0.71	0.69	0.64	0.59	0.56	0.45
电力消费弹性系数	Elasticity Ratio of Electricity Consumption	1.03	0.67	0.73	0.66	-0.04	1.26

注：生产总值增长速度按不变价计算，能源消费用等价值折算。
a) The growth rates of GDP are calculated at constant prices. Energy consumption are converted on the basis of equal value.

7-8 平均每天各种能源消费量
Average Daily Energy Consumption by Variety

品 种	Item	2011	2012	2013	2014	2015	2016
消费总量(万吨标煤)	**Total Consumption (10 000 tons of SCE)**	**24.95**	**27.09**	**29.07**	**30.75**	**32.10**	**33.12**
原 煤 (万吨)	Coal (10 000 tons)	36.63	45.15	57.78	60.70	66.65	77.30
焦 炭 (吨)	Coke (ton)	21745	24466	25622	26714	26577	22963
原 油 (吨)	Crude Oil (ton)	57416	61966	61113	61633	57564	49832
汽 油 (吨)	Gasoline (ton)	5422	5809	6054	6299	6836	7030
煤 油 (吨)	Kerosene (ton)	696	854	884	993	945	821
柴 油 (吨)	Diesel Oil (ton)	13127	13846	14298	14779	12759	11192
天然气 (万立方米)	Natural Gas (10 000 cu.m)	1689	1688	1906	2006	2218	2239
电 力(万千瓦小时)	Electricity (10 000 kwh)	26917	29146	31568	33589	33472	39801

注：能源消费总量用等价值折算，2010-2013年数据根据第三次经济普查结果进行了调整。
a) Total energy consumption are converted on the basis of equal value.
Adjustment has been done for the data of 2010-2013, due to the 3rd Economic Census.

7-9 全省用电总量(2016年)
Total Electricity Consumption in the Whole Province (2016)

单位：亿千瓦时 (100 million kwh)

指 标	Item	2016
全省用电量总计	**Total Electricity Consumption in the Whole Province**	**1456.72**
农、林、牧、渔、水利用电	Electricity Consumption for Agriculture,Forestry,Animal Husbandry, Fishery and Water Conservancy	38.71
# 排灌用电	Electricity Consumption for drainage and irrigation	18.74
工业用电	Electricity Consumption for Industry	956.57
轻工业	Light Industry	58.12
重工业	Heavy Industry	898.45
# 自来水生产和供应业	Production and Supply of Water	8.56
# 电力、热力生产供应业	Production and Supply of Electric Power and Heat Power	251.53
# 厂用电量	Electricity Consumption for factory	144.43
# 线路损失电量	Loss of power lines	103.03
建筑业用电	Construction electricity	25.32
交通运输、仓储和邮政业用电	Electricity Consumption for Transport, Storage and Post	60.68
交通运输业	Transport	56.97
邮政业	Post	2.81
仓储业	Storage	0.89
信息传输、计算机服务和软件业用电	Electricity Consumption for Information Transmission, Computer Services and Software	13.21
商业、住宿和餐饮用电	Electricity Consumption for Commercial, Hotels and Catering Services	63.40
批发和零售业	Wholesale and Retail Trades	45.36
住宿和餐饮业	Hotels and Catering Services	18.04
金融、房地产、商务及其他服务业用电	Electricity Consumption for Financial Intermediation,Real Estate, Business and others Services	32.74
公共事业及其管理组织用电	Electricity Consumption for the Non-profit Organization and the Management Organization	55.43
城乡居民生活用电	Electricity Consumption for Cities and Rural Areas Residential	210.67
乡村用电	Electricity Consumption for Rural Areas	130.70
城市用电	Electricity Consumption for Cities	79.97

7-10 主要能源按行业分组消费量(2016年)
Consumption of Main Energy by Sector (2016)

行业	Sector	原煤(万吨) Coal (10 000 tons)	焦炭(万吨) Coke (10 000 tons)	汽油(万吨) Gasoline (10 000 tons)	柴油(万吨) Diesel Oil (10 000 tons)	电力(亿千瓦时) Electricity (100 million kwh)
采矿业	**Mining**	**13763.39**	**2.04**	**8.44**	**24.38**	**148.13**
煤炭开采和洗选业	Mining and Washing of Coal	13660.26		0.93	8.36	54.13
石油和天然气开采业	Extraction of Petroleum and Natural Gas	72.59		6.25	11.35	67.61
黑色金属矿采选业	Mining and Processing of Ferrous Metal Ores	8.12		0.07	0.73	8.09
有色金属矿采选业	Mining and Processing of Non-Ferrous Metal Ores	3.76	0.13	0.52	1.41	12.62
非金属矿采选业	Mining and Processing of Non-metal Ores	13.51	1.91	0.04	0.95	3.28
开采辅助活动	Support Activities for Mining	5.14		0.63	1.57	2.39
其他采矿业	Mining of Other Ores					
制造业	**Manufacturing**	**8826.12**	**787.52**	**14.58**	**15.88**	**576.94**
农副食品加工业	Processing of Food from Agricultural Products	41.96	0.00	0.73	0.40	11.59
食品制造业	Manufacture of Foods	39.48		0.60	0.20	4.98
酒、饮料和精制茶制造业	Manufacture of Beverages	18.00		0.46	0.19	6.64
烟草制品业	Manufacture of Tobacco	2.00		0.06	0.06	0.74
纺织业	Manufacture of Textile	10.25		0.05	0.05	10.45
纺织服装、服饰业	Manufacture of Textile Wearing Apparel,	0.14		0.03	0.00	0.32
皮革、毛皮、羽毛及其制品和制鞋业	Manufacture of Leather, Fur, Feather and Related Products	0.73		0.43	0.00	0.20
木材加工及木、竹、藤、棕、草制品业	Processing of Timber, Manufacture of Wood, Bamboo, Rattan,Palm and Straw Products	0.61	0.00	0.02	0.01	1.87
家具制造业	Manufacture of Furniture	0.10		0.07	0.03	0.39
造纸及纸制品业	Manufacture of Paper and Paper Products	17.37		0.19	0.04	3.68
印刷业和记录媒介的复制	Printing, Reproduction of Recording Media	0.20		0.19	0.03	1.91
文教、工美、体育和娱乐用品制造业	Manufacture of Articles for Culture, Education, Arts and Crafts, Sport and Entertainment Activities	0.42		0.01	0.00	0.07
石油加工、炼焦及核燃料加工业	Processing of Petroleum, Coking and Processing of Nuclear Fuel	4538.01	20.07	0.33	2.10	65.28
化学原料及化学制品制造业	Manufacture of Raw Chemical Materials and Chemical Products	2635.60	167.55	2.93	1.33	172.51
医药制造业	Manufacture of Medicines	13.94		1.03	0.06	3.76
化学纤维制造业	Manufacture of Chemical Fibres	0.10		0.00	0.00	0.67
橡胶和塑料制品业	Manufacture of Rubber and Plastics	13.74		0.42	0.38	7.21
非金属矿物制品业	Manufacture of Non-metallic Mineral Products	810.06	3.71	1.17	8.48	72.13
黑色金属冶炼及压延加工业	Smelting and Pressing of Ferrous Metals	145.53	576.34	0.08	0.37	63.08
有色金属冶炼及压延加工业	Smelting and Pressing of Non-ferrous Metals	522.52	16.12	0.34	0.31	82.79
金属制品业	Manufacture of Metal Products	1.22	0.09	0.50	0.06	3.33

7-10 续表 continued

行 业	Sector	原煤(万吨) Coal (10 000 tons)	焦炭(万吨) Coke (10 000 tons)	汽油(万吨) Gasoline (10 000 tons)	柴油(万吨) Diesel Oil (10 000 tons)	电力(亿千瓦时) Electricity (100 million kwh)
通用设备制造业	Manufacture of General Purpose Machinery	2.04	0.02	0.61	0.14	4.39
专用设备制造业	Manufacture of Special Purpose Machinery	2.13	0.05	1.15	0.22	6.33
汽车制造业	Manufacture of Automobiles	3.39		1.27	1.18	12.31
铁路、船舶、航空航天和其他运输设备制造业	Manufacture of Railway, Ship, Aerospace and Other TransportEquipments	0.68	0.01	0.35	0.10	2.21
电气机械及器材制造业	Manufacture of Electrical Machinery and Apparatus	0.46		0.91	0.09	10.76
计算机、通信和其他电子设备制造业	Manufacture of Computers, Communication and Other Electronic Equipment	0.36		0.31	0.03	21.90
仪器仪表制造业	Manufacture of Measuring Instruments and			0.20	0.00	0.33
其他制造业	Manufacture of Other Manufacturing	4.86	3.55	0.07	0.02	4.76
废弃资源综合利用业	Recycling and Disposal of Waste	0.20			0.00	0.31
金属制品、机械和设备修理业	Repair Service of Metal Products, Machinery and Equipment			0.06	0.01	0.02
电力、燃气及水的生产和供应业	Electric Power, Gas and Water Production and Supply	5119.15	50.90	3.48	0.91	231.50
电力、热力生产和供应业	Production and Supply of Electric Power and Heat Power	5119.12	50.90	3.03	0.86	220.66
燃气生产和供应业	Production and Supply of Gas			0.27	0.04	8.24
水的生产和供应业	Production and Supply of Water	0.02		0.17	0.01	2.60
建筑业	Construction	11.95		8.23	21.03	25.32
房屋和土木工程建筑业	Housing and Civil Engineering Construction	11.95		6.19	12.71	25.32
建筑安装业	Building Installation			1.00	5.63	
建筑装饰业	Building Construction Decoration			0.30		
其他建筑业	Other Construction			0.73	2.70	
交通运输储运业和邮政业	Transport and Posts	22.47		95.94	260.78	60.68
铁路运输业	Railway Transport	18.68		0.37	7.47	48.43
道路运输业	Road Transport	0.83		92.19	246.46	
水上运输业	Water Transport			0.11	0.66	
航空运输业	Air Transport			0.96		0.03
管道运输业	Pipeline Transport			0.07	1.02	5.01
装卸搬运及其他运输服务业	Loading,Unloading and Other Transport Services	1.03		1.35	3.83	4.04
仓储业	Storage	0.85		0.40	0.18	2.26
邮政业	Posts	1.08		0.50	1.16	0.90

注：消费量包括中间消费和损失量。

a) Consumption includes middle expense and stock losses.

7-11 平均每万元工业总产值能源消费量(2016年)
Energy Consumption Per 10 000 Yuan of Gross Industrial Output Value(2016)

行　　业	Sector	能源消费量（万吨标准煤）Total Energy Consumption (10 000 tons of SCE)	产值能耗（吨标准煤／万元）Output Energy Consumption (ton of SCE/10 000 yuan)
工　业	**Industry**	**8840.26**	**0.40**
采矿业	**Mining**	**1220.41**	**0.27**
煤炭开采和洗选业	Mining and Washing of Coal	557.34	0.24
石油和天然气开采业	Extraction of Petroleum and Natural Gas	604.35	0.54
黑色金属矿采选业	Mining and Processing of Ferrous Metal Ores	17.04	0.08
有色金属矿采选业	Mining and Processing of Non-Ferrous Metal Ores	18.97	0.04
非金属矿采选业	Mining and Processing of Non-metal Ores	14.71	0.10
开采辅助活动	Support Activities for Mining	8.00	0.06
制造业	**Manufacturing**	**4634.45**	**0.29**
农副食品加工业	Processing of Food from Agricultural Products	45.32	0.04
食品制造业	Manufacture of Foods	40.46	0.07
酒、饮料和精制茶制造业	Manufacture of Liquor, Beverages and Refined Tea	27.22	0.04
烟草制品业	Manufacture of Tobacco	2.71	0.01
纺织业	Manufacture of Textile	20.12	0.07
纺织服装、服饰业	Manufacture of Textile, Wearing Apparel and Accessories	0.58	0.01
皮革、毛皮、羽毛及其制品和制鞋业	Manufacture of Leather, Fur, Feather and Related Products and Footwear	0.95	0.04
木材加工及木、竹、藤、棕、草制品业	Processing of Timber, Manufacture of Wood, Bamboo, Rattan,Palm and Straw Products	3.11	0.04
家具制造业	Manufacture of Furniture	0.58	0.01
造纸及纸制品业	Manufacture of Paper and Paper Products	20.44	0.12
印刷业和记录媒介的复制	Printing and Reproduction of Recording Media	3.31	0.03
文教、工美、体育和娱乐用品制造业	Manufacture of Articles for Culture, Education, Arts and Crafts, Sport and Entertainment Activities	0.39	0.00
石油加工、炼焦及核燃料加工业	Processing of Petroleum, Coking and Processing of Nuclear Fuel	912.28	0.73

注：本表能源消费量为当量值，工业总产值为现价；统计范围是年主营业务收入2000万元及以上的法人工业企业。

a) Energy consumption in this table is the equivalent weight, the gross industrial output value is at current prices.Statistical scope in this table is industrial enterprises with annual principal business sales over 20 million yuan.

7-11　续表　continued

行　业	Sector	能源消费量（万吨标准煤）Total Energy Consumption (10 000 tons of SCE)	产值能耗（吨标准煤／万元）Output Energy Consumption (ton of SCE/10 000 yuan)
化学原料及化学制品制造业	Manufacture of Raw Chemical Materials and Chemical Products	2068.73	1.61
医药制造业	Manufacture of Medicines	19.57	0.03
化学纤维制造业	Manufacture of Chemical Fibres	5.13	0.29
橡胶和塑料制品业	Manufacture of Rubber and Plastics Products	16.85	0.03
非金属矿物制品业	Manufacture of Non-metallic Mineral Products	580.92	0.42
黑色金属冶炼及压延加工业	Smelting and Pressing of Ferrous Metals	512.66	0.52
有色金属冶炼及压延加工业	Smelting and Pressing of Non-ferrous Metals	217.86	0.14
金属制品业	Manufacture of Metal Products	6.41	0.02
通用设备制造业	Manufacture of General Purpose Machinery	7.70	0.02
专用设备制造业	Manufacture of Special Purpose Machinery	13.89	0.02
汽车制造业	Manufacture of Automobiles	26.45	0.02
铁路、船舶、航空航天和其他运输设备制造业	Manufacture of Railway, Ship, Aerospace and Other TransportEquipments	4.02	0.01
电气机械及器材制造业	Manufacture of Electrical Machinery and Apparatus	24.13	0.03
计算机、通信和其他电子设备制造业	Manufacture of Computers, Communication and Other Electronic Equipment	41.42	0.06
仪器仪表制造业	Manufacture of Measuring Instruments and Machinery	0.51	0.01
其他制造业	Other Manufacture	9.09	0.32
废弃资源综合利用业	Utilization of Waste Resources	1.59	0.19
金属制品、机械和设备修理业	Repair Service of Metal Products, Machinery and Equipment	0.06	0.03
电力、热力、燃气及水生产和供应业	**Production and Supply of Electricity, Heat, Gas and Water**	**2985.40**	**2.05**
电力、热力的生产和供应业	Production and Supply of Electric Power and Heat Power	2950.22	2.39
燃气生产和供应业	Production and Supply of Gas	31.70	0.16
水的生产和供应业	Production and Supply of Water	3.48	0.11

7-12 各市(区)规模以上工业企业能源消费量(2016年)

单位：万吨标煤

行业	Sector	西安市 Xi'an	铜川市 Tongchuan	宝鸡市 Baoji
工业	**Industry**	**495.28**	**293.80**	**597.11**
采矿业	**Mining**	**1.54**	**29.12**	**4.19**
煤炭开采和洗选业	Mining and Washing of Coal		28.86	1.50
石油和天然气开采业	Extraction of Petroleum and Natural Gas		0.08	
黑色金属矿采选业	Mining and Processing of Ferrous Metal Ores			
有色金属矿采选业	Mining and Processing of Non-Ferrous Metal Ores			2.58
非金属矿采选业	Mining and Processing of Non-metal Ores		0.18	0.11
开采辅助活动	Support Activities for Mining	1.54		
制造业	**Manufacturing**	**172.71**	**147.86**	**333.10**
农副食品加工业	Processing of Food from Agricultural Products	18.06	0.54	1.84
食品制造业	Manufacture of Foods	9.05	0.65	20.84
酒、饮料和精制茶制造业	Manufacture of Liquor, Beverages and Refined Tea	8.48	0.28	4.78
烟草制品业	Manufacture of Tobacco	0.08		1.06
纺织业	Manufacture of Textile	3.31	1.28	6.42
纺织服装、服饰业	Manufacture of Textile, Wearing Apparel and Accessories	0.02	0.03	0.08
皮革、毛皮、羽毛及其制品和制鞋业	Manufacture of Leather, Fur, Feather and Related Products and Footwear	0.08		0.68
木材加工及木、竹、藤、棕、草制品业	Processing of Timber, Manufacture of Wood, Bamboo, Rattan,Palm and Straw Products	0.98	0.35	0.006
家具制造业	Manufacture of Furniture	0.17	0.01	0.04
造纸及纸制品业	Manufacture of Paper and Paper Products	1.62	0.09	10.46
印刷和记录媒介复制业	Printing and Reproduction of Recording Media	1.86		1.06
文教、工美、体育和娱乐用品制造业	Manufacture of Articles for Culture, Education, Arts and Crafts, Sport and Entertainment Activities	0.06		0.00
石油加工、炼焦及核燃料加工业	Processing of Petroleum, Coking and Processing of Nuclear Fuel	0.88	0.32	
化学原料及化学制品制造业	Manufacture of Raw Chemical Materials and Chemical Products	10.20	1.59	111.03
医药制造业	Manufacture of Medicines	6.04	0.20	1.80
化学纤维制造业	Manufacture of Chemical Fibres	4.98		0.07
橡胶和塑料制品业	Manufacture of Rubber and Plastics Products	4.58	0.21	0.74
非金属矿物制品业	Manufacture of Non-metallic Mineral Products	18.55	122.57	99.61
黑色金属冶炼及压延加工业	Smelting and Pressing of Ferrous Metals	1.08	2.23	8.60
有色金属冶炼及压延加工业	Smelting and Pressing of Non-ferrous Metals	11.60	16.84	47.67
金属制品业	Manufacture of Metal Products	1.86	0.22	0.75
通用设备制造业	Manufacture of General Purpose Machinery	1.81	0.05	2.65
专用设备制造业	Manufacture of Special Purpose Machinery	3.37	0.14	4.12
汽车制造业	Manufacture of Automobiles	19.81	0.23	5.42
铁路、船舶、航空航天和其他运输设备制造业	Manufacture of Railway, Ship, Aerospace and Other TransportEquipments	2.31		1.31
电气机械及器材制造业	Manufacture of Electrical Machinery and Apparatus	14.03	0.02	0.22
计算机、通信和其他电子设备制造业	Manufacture of Computers, Communication and Other Electronic Equipment	27.30		1.80
仪器仪表制造业	Manufacture of Measuring Instruments and Machinery	0.41		0.01
其他制造业	Other Manufacture	0.08	0.02	
废弃资源综合利用业	Utilization of Waste Resources	0.02		0.01
金属制品、机械和设备修理业	Repair Service of Metal Products, Machinery and Equipment	0.05		
电力、热力、燃气及水生产和供应业	**Production and Supply of Electricity, Heat, Gas and Water**	**321.03**	**116.82**	**259.82**
电力、热力的生产和供应业	Production and Supply of Electric Power and Heat Power	318.60	116.64	259.55
燃气生产和供应业	Production and Supply of Gas	1.09	0.02	0.23
水的生产和供应业	Production and Supply of Water	1.34	0.17	0.05

注：本表能源消费量为当量值，统计范围是年主营业务收入2000万元及以上的法人工业企业。

Industrial Enterprises above Designated Size Consumption of Energy by City(District) (2016)

(10 000 tons of SCE)

咸阳市 Xianyang	渭南市 Weinan	延安市 Yan'an	汉中市 Hanzhong	榆林市 Yulin	安康市 Ankang	商洛市 Shangluo	杨凌示范区 Yangling
896.33	**1735.65**	**409.78**	**397.99**	**3508.87**	**76.99**	**84.28**	**74.35**
17.04	**81.53**	**159.91**	**9.43**	**627.07**	**4.89**	**16.18**	
16.78	67.48	31.37	4.41	406.54	0.41		
		127.91		210.97			
	0.13		3.76		1.12	12.03	
	11.17		0.56		1.13	3.52	
0.26	2.75		0.70	7.86	2.22	0.63	
		0.64		1.69			
536.56	**1073.95**	**138.93**	**312.68**	**1784.04**	**67.18**	**64.11**	**3.26**
10.13	2.97	0.26	3.09	0.65	3.47	3.30	1.01
6.04	1.17	0.00	0.16	1.47	0.58	0.41	0.08
5.58	1.72	1.14	1.44	0.93	2.47	0.26	0.13
0.43	0.06	0.39	0.53		0.15		
5.09	0.53		1.00	0.04	2.43	0.02	
0.21	0.00	0.04	0.08	0.05	0.04	0.02	
0.16			0.01	0.00	0.01	0.01	
0.10	0.22		0.01	0.043	0.18	0.17	1.06
0.16	0.01		0.05	0.00	0.10	0.00	0.03
7.02	0.68	0.13		0.15	0.28	0.02	
0.29	0.01		0.05		0.03		0.01
0.30			0.00	0.00	0.012	0.00	0.008
99.67	83.29	131.98	0.24	595.82	0.00		0.09
266.77	636.38	0.17	22.56	1008.37	6.43	5.16	0.08
3.43	0.39	0.05	2.36	0.24	1.82	3.05	0.20
	0.07						
8.80	0.92	0.03	0.26	0.07	0.609	0.37	0.24
97.60	71.84	1.28	52.07	45.29	44.24	27.87	
3.58	253.54		194.95	47.63	0.61	0.43	
0.32	5.52		31.59	82.90	2.38	19.06	
1.62	0.42	0.01	0.50	0.09	0.68	0.03	0.23
2.21	0.32		0.57	0.01	0.06		0.00
2.82	2.78	0.17	0.05	0.25	0.15	0.00	0.04
0.73	0.00	0.00	0.03	0.03	0.13		0.01
0.12	0.04		0.21		0.04		
1.56	4.31	0.01	0.12		0.20	3.63	0.04
11.76	0.22		0.06		0.01	0.28	
0.00	0.01		0.07		0.01		
0.01	5.71	3.26	0.00		0.00		
0.044	0.81		0.62	0.02	0.07		0.00
0.01							
342.74	**580.17**	**110.94**	**75.88**	**1097.76**	**4.92**	**3.99**	**71.09**
341.94	579.43	107.51	75.71	1079.88	4.74	3.91	62.09
0.33	0.65	3.18		17.10	0.10		9.00
0.46	0.09	0.25	0.18	0.77	0.08	0.08	0.01

a) Energy consumption in this table is the equivalent weight, Statistical scope in this tableis industrial enterprises with annual principal business sales over 20 million yuan.

7-13 规模以上工业企业主要能源按行业分组消费量(2016年)

行　　业		煤 炭 (万吨) Coal (10 000 tons)	焦 炭 (万吨) Coke (10 000 tons)	天然气(气态) (亿立方米) Natural Gas (100 million cu.m)
工　业	**Industry**	**30054.85**	**568.37**	**70.99**
采矿业	**Mining**	**13758.93**	**1.38**	**37.10**
煤炭开采和洗选业	Mining and Washing of Coal	13659.00		
石油和天然气开采业	Extraction of Petroleum and Natural Gas	70.10		36.60
黑色金属矿采选业	Mining and Processing of Ferrous Metal Ores	7.84		
有色金属矿采选业	Mining and Processing of Non-Ferrous Metal Ores	3.63	0.09	0.07
非金属矿采选业	Mining and Processing of Non-metal Ores	13.21	1.29	
开采辅助活动	Support Activities for Mining	5.14		0.42
制造业	**Manufacturing**	**9922.83**	**532.57**	**14.99**
农副食品加工业	Processing of Food from Agricultural Products	41.28	0.00	0.15
食品制造业	Manufacture of Foods	38.99		0.44
酒、饮料和精制茶制造业	Manufacture of Liquor, Beverages and Refined Tea	17.46		0.26
烟草制品业	Manufacture of Tobacco	1.93		0.053
纺织业	Manufacture of Textile	9.91		0.052
纺织服装、服饰业	Manufacture of Textile, Wearing Apparel and Accessories	0.14		0.016
皮革、毛皮、羽毛及其制品和制鞋业	Manufacture of Leather, Fur, Feather and Related Products and Footwear	0.70		
木材加工和木、竹、藤、棕、草制品业	Processing of Timber, Manufacture of Wood, Bamboo, Rattan,Palm and Straw Products	0.59	0.00	
家具制造业	Manufacture of Furniture	0.10		0.002
造纸及纸制品业	Manufacture of Paper and Paper Products	16.87		0.04
印刷和记录媒介复制业	Printing and Reproduction of Recording Media	0.24		0.04
文教、工美、体育和娱乐用品制造业	Manufacture of Articles for Culture, Education, Arts and Crafts, Sport and Entertainment Activities	0.41		
石油加工、炼焦及核燃料加工业	Processing of Petroleum, Coking and Processing of Nuclear Fuel	5584.57	13.57	4.04
化学原料及化学制品制造业	Manufacture of Raw Chemical Materials and Chemical Products	2588.72	113.31	5.49
医药制造业	Manufacture of Medicines	13.52		0.30
化学纤维制造业	Manufacture of Chemical Fibres	0.10		
橡胶和塑料制品业	Manufacture of Rubber and Plastics Products	24.36		0.146
非金属矿物制品业	Manufacture of Non-metallic Mineral Products	806.74	2.51	0.79
黑色金属冶炼及压延加工业	Smelting and Pressing of Ferrous Metals	144.50	389.76	0.14
有色金属冶炼及压延加工业	Smelting and Pressing of Non-ferrous Metals	618.85	10.90	0.43
金属制品业	Manufacture of Metal Products	1.20	0.06	0.11
通用设备制造业	Manufacture of General Purpose Machinery	1.97	0.01	0.08
专用设备制造业	Manufacture of Special Purpose Machinery	2.06	0.04	0.28
汽车制造业	Manufacture of Automobiles	3.28		0.55
铁路、船舶、航空航天和其他运输设备制造业	Manufacture of Railway, Ship, Aerospace and Other TransportEquipments	0.66	0.01	0.06
电气机械及器材制造业	Manufacture of Electrical Machinery and Apparatus	0.45		0.55
计算机、通信和其他电子设备制造业	Manufacture of Computers, Communication and Other Electronic Equipment	0.35		0.98
仪器仪表制造业	Manufacture of Measuring Instruments and Machinery			0.00
其他制造业	Other Manufacture	2.69	2.40	
废弃资源综合利用业	Utilization of Waste Resources	0.19		
金属制品、机械和设备修理业	Repair Service of Metal Products, Machinery and Equipment			0.00
电力、热力、燃气及水生产和供应业	**Production and Supply of Electricity, Heat, Gas and Water**	**6373.09**	**34.42**	**18.90**
电力、热力的生产和供应业	Production and Supply of Electric Power and Heat Power	6373.01	34.42	2.008
燃气生产和供应业	Production and Supply of Gas			16.86
水的生产和供应业	Production and Supply of Water	0.09		0.04

注：消费量包括中间消费和损失量；统计范围是年主营业务收入2000万元及以上的法人工业企业；煤炭包括：原煤、洗精煤、其它洗煤、煤制品。

Industrial Enterprises above Designated Size Consumption of Main Energy by Sector (2016)

原 油 (万吨) Crude Oil (10 000 tons)	汽 油 (万吨) Gasoline (10 000 tons)	煤 油 (万吨) Kerosene (10 000 tons)	柴 油 (万吨) Diesel Oil (10 000 tons)	热 力 (万百万千焦) Heat (10 billion kilo-joule)	电 力 (亿千瓦时) Electricity (100 million kwh)
1823.86	**7.54**	**0.23**	**32.39**	**2600.06**	**951.72**
56.99	**2.40**	**0.19**	**19.14**	**43.60**	**147.38**
	0.26	0.02	6.56		53.86
56.99	1.78		8.91	8.19	67.27
	0.02		0.57		8.05
	0.15	0.16	1.11		12.56
	0.01		0.75		3.26
	0.18	0.00	1.23	35.41	2.38
1766.87	**4.15**	**0.04**	**12.48**	**2494.07**	**574.01**
	0.21	0.01	0.31	165.36	11.53
	0.17	0.00	0.16	38.40	4.96
	0.13		0.15	72.82	6.61
	0.02		0.04	0.57	0.74
	0.02	0.001	0.04	16.54	10.40
	0.01		0.000		0.32
	0.12		0.000	1.17	0.20
	0.00		0.007		1.86
	0.02		0.02		0.39
0.00	0.05		0.03	98.33	3.66
	0.05		0.02	6.07	1.90
	0.00		0.003		0.07
1766.87	0.09		1.65	226.43	64.95
	0.83	0.003	1.06	900.42	171.64
	0.29	0.000	0.05	28.60	3.74
	0.001		0.001	123.99	0.67
	0.12	0.001	0.30	0.22	7.17
0.002	0.33	0.003	6.66	0.16	71.77
	0.02	0.000	0.29	464.96	62.76
	0.10		0.24	92.05	82.37
	0.14	0.001	0.05	0.70	3.31
0.000	0.17	0.00	0.11	0.43	4.37
	0.33	0.002	0.17	41.79	6.30
	0.36	0.00	0.92	42.17	12.25
	0.10	0.00	0.08	9.22	2.20
0.00	0.26	0.002	0.07	101.08	10.70
	0.09	0.014	0.02	61.88	21.79
	0.06		0.00	0.71	0.33
	0.02		0.02		4.74
			0.00		0.30
	0.02		0.00		0.01
	0.99	**0.000**	**0.78**	**62.39**	**230.33**
	0.86	0.000	0.74	62.39	219.54
	0.08		0.03		8.20
	0.05		0.007		2.58

a) Consumption covers intermediate consumption and loss. The scope of statistics include corporate industrial enterprises with revenue from principal business over 20 million yuan. The coals include raw coal, cleaned coal, other coal washing and coal products.

主要统计指标解释

能源生产总量 指一定时期内，一次能源生产量的总和。该指标是观察能源生产水平、规模、构成和发展速度的总量指标。一次能源生产量包括原煤、原油、天然气、水电、核能及其他动力能(如风能、地热能等)发电量，不包括低热值燃料生产量、生物质能、太阳能等的利用和由一次能源加工转换而成的二次能源产量。

能源消费总量 是指一定地域内，国民经济各行业和居民家庭在一定时间消费的各种能源的总和。包括：原煤、原油、天然气、水能、核能、风能、太阳能、地热能、生物质能等一次能源；一次能源通过加工转换产生的洗煤、焦炭、煤气、电力、热力、成品油等二次能源和同时产生的其他产品；其他化石能源、可再生能源和新能源。其中水能、风能、太阳能、地热能、生物质能等可再生能源，是指人们通过一定技术手段获得的，并作为商品能源使用的部分。在核算过程中，一次能源、二次能源消费不能重复计算。能源消费总量分为终端能源消费量、能源加工转换损失量和能源损失量三部分。

(1)终端能源消费量：指一定时期内，全国生产和生活消费的各种能源在扣除了用于加工转换二次能源消费量和损失量以后的数量。

(2)能源加工转换损失量：指一定时期内，全国投入加工转换的各种能源数量之和与产出各种能源产品之和的差额。该指标是观察能源在加工转换过程中损失量变化的指标。

(3)能源损失量：指一定时期内，能源在输送、分配、储存过程中发生的损失和由客观原因造成的各种损失量，不包括各种气体能源放空、放散量。

能源生产弹性系数 是研究能源生产增长速度与国民经济增长速度之间关系的指标。计算公式：

$$\text{能源生产弹性系数}=\frac{\text{能源生产总量年平均增长速度}}{\text{国民经济年平均增长速度}}$$

国民经济年平均增长速度，可根据不同的目的或需要，用国民生产总值、国内生产总值等指标来计算，本年鉴是采用国内生产总值指标计算的。

电力生产弹性系数 是研究电力生产增长速度与国民经济增长速度之间关系的指标。一般来说，电力的发展应当快于国民经济的发展，也就是说电力应超前发展。计算公式为：

$$\text{电力生产弹性系数}=\frac{\text{电力生产量年平均增长速度}}{\text{国民经济年平均增长速度}}$$

能源消费弹性系数 反映能源消费增长速度与国民经济增长速度之间比例关系的指标。计算公式为：

$$\text{能源消费弹性系数}=\frac{\text{能源消费量年平均增长速度}}{\text{国民经济年平均增长速度}}$$

电力消费弹性系数 反映电力消费增长速度与国民经济增长速度之间比例关系的指标。计算公式为：

$$\text{电力消费弹性系数}=\frac{\text{电力消费量年平均增长速度}}{\text{国民经济年平均增长速度}}$$

能源加工转换效率 指一定时期内，能源经过加工、转换后，产出的各种能源产品的数量与同期内投入加工转换的各种能源数量的比率。该指标是观察能源加工转换装置和生产工艺先进与落后、管理水平高低等的重要指标。计算公式为：

$$\text{能源加工转换效率}=\frac{\text{能源加工转换产出量}}{\text{能源加工转换投入量}}\times 100\%$$

单位生产总值能耗 指一定时期内，一个国家或地区每生产一个单位的生产总值所消耗的能源。计算公式为：

$$\text{单位生产总值能耗}=\frac{\text{能源消费总量}}{\text{生产总值}}$$

单位生产总值电耗 指一定时期内，一个国家或地区每生产一个单位的生产总值所消耗的电力。计算公式为：

$$\text{单位生产总值电耗}=\frac{\text{全社会用电量}}{\text{生产总值}}$$

单位工业增加值能耗 指一定时期内，一个国家或地区每生产一个单位的工业增加值所消耗的能源。计算公式为：

$$\text{单位工业增加值能耗}=\frac{\text{工业能源消费量}}{\text{工业增加值}}$$

Explanatory Notes on Main Statistical Indicators

Total Energy Production refers to the total production of primary energy by all energy producing enterprises in the country in a given period of time. It is a comprehensive indicator to show the level, scale, composition and pace of development of energy production of the country. The production of primary energy includes that of coal, crude oil, natural gas, hydro-power and electricity generated by nuclear energy and other means such as wind power and geothermal power. However, it does not include the production of fuels of low calorific value, bio-energy, solar energy and secondary energy converted from primary energy.

Total Energy Consumption refers to the total consumption of energy of various kinds by the production sectors of the economy and the households in a given period of time. It includes the primary kinds of energy such as coal, crude oil, natural gas, hydro-power, nuclear power, wind power, solar power, geothermal power and bio-energy; the secondary kinds of energy and their products which are transformed from the primary energy such as washed coal, coke, coal gas, electricity, heating, and petroleum products; and other kinds of fossil energy, renewable energy and new energy. The renewable energy, including hydro-power, wind power, solar power, geothermal power and bio-energy, refers to the part attained with some given technical means and used for commercial purposes. Total energy consumption can be divided into three parts: end-use energy consumption; loss during the process of energy conversion; and energy loss.

(1) End-use Energy Consumption: It refers to the total energy consumption by the production sectors and the households in the country (region) in a given period of time. It does not include the consumption during the conversion of primary energy into secondary energy and the loss in the process of energy conversion.

(2) Loss During the Process of Energy Conversion: It refers to the total input of various kinds of energy for conversion, minus the total output of various kinds of energy in the country in a given period of time. It is an indicator to show the loss that occurs during the process of energy conversion.

(3) Energy Loss: It refers to the total of the loss of energy during the course of energy transport, distribution and storage and the loss caused by any objective reason in a given period of time. The loss of various kinds of gas due to gas discharges and stocktaking is not included.

Elasticity Ratio of Energy Production is an indicator to show the relationship between the growth rate of energy production and the growth rate of the national economy. The formula is:

$$\text{Elasticity Ratio of Energy Production} = \frac{\text{Average Annual Growth Rate of Energy Production}}{\text{Average Annual Growth Rate of National Economy}}$$

The average annual growth rate of the national economy can be measured by indicators such as the Gross National Product and the Gross Domestic Product, depending on the purposes or needs. The Gross Domestic Product has been used in the calculation of the ratio in this Yearbook.

Elasticity Ratio of Electricity Production is an indicator to show the relationship between the growth rate of electricity production and the growth rate of the national economy. Generally speaking, the growth rate of electricity production should be higher than that of the national economy.

Its formula is:

$$\text{Elasticity Ratio of Electricity Production} = \frac{\text{Average Annual Growth Rate of Electricity Production}}{\text{Average Annual Growth Rate of National Economy}}$$

Elasticity Ratio of Energy Consumption is an indicator to show the relationship between the growth rate of energy consumption and the growth rate of the national economy. The formula is:

$$\text{Elasticity Ratio of Energy Consumption} = \frac{\text{Average Annual Growth Rate of Energy Consumption}}{\text{Average Annual Growth Rate of National Economy}}$$

Elasticity Ratio of Electricity Consumption is an indicator to show the relationship between the growth rate of electricity consumption and the growth rate of the national economy. The formula is:

$$\text{Elasticity Ratio of Electricity Consumption} = \frac{\text{Average Annual Growth Rate of Electricity Consumption}}{\text{Average Annual Growth Rate of National Economy}}$$

Efficiency of Energy Processing and Conversion refers to the ratio of the total output of energy products of various kinds after processing and conversion to the total input of energy of various kinds for processing and conversion in the same reference period. It is an important indicator to show the current conditions of energy processing and conversion equipment, production technique and management. The formula is:

$$\text{Efficiency of Energy Processing \& Conversion} = \frac{\text{Output of Energy After Processing \& Conversion}}{\text{Input of Energy for Processing \& Conversion}} \times 100\%$$

Energy Consumption per Unit of GDP refers to the energy consumption per unit of Gross Domestic Product in a country or the Gross Regional Product in a region in the same reference period. The formula is:

$$\text{Energy Consumption per Unit of GDP} = \frac{\text{Total Energy Consumption}}{\text{Gross Domestic Product}}$$

Electricity Consumption per Unit of GDP refers to the

electricity consumption per unit of Gross Domestic Product in a country or the Gross Regional Product in a region in the same reference period. The formula is:

$$\text{Electricity Consumption per Unit of GDP} = \frac{\text{Total Electricity Consumption}}{\text{Gross Domestic Product}}$$

Energy Consumption per Unit of Industrial Value-added refers to the energy consumption per unit of industrial value-added in a country or region in the same reference period. The formula is:

$$\text{Energy Consumption per Unit of Industrial Value-added} = \frac{\text{Total Energy Consumption}}{\text{Industrial Value-added}}.$$

八、财政、金融和保险

Government Finance, Banking and Insurance

资料整理：张应剑　乔　波

简 要 说 明

一、本篇资料反映陕西财政收支情况及金融、证券、保险业务发展情况，内容包括地方一般预算分项目收入，地方财政分项目支出；金融机构存贷款余额，上市公司、证券公司情况，期货交易情况，保险业保费收入。

二、本篇资料财政收支由省财政厅提供，金融、证券、保险资料分别由中国人民银行西安分行、中国证券监督管理委员会陕西监管局、中国保险监督管理委员会陕西监管局提供。

Brief Introduction

Ⅰ. This chapter reflects the basic situation of budgetary revenue and expenditure and the development of banking, bond and insurance of Shaanxi Province, mainly including local general bugetary revenue by item, local bugetary expenditure by item, balance of deposit and loan of financial institutions,general situation of listed companies and securities companies, general situation of futures trading and premium of insurance transactions.

Ⅱ. The data on financial revenue and expenditure are provided by Finance Department of Shaanxi Provincial.The data on banking,bond and insurance are provided by Xi’an Branch of the People’s Bank of China, Shaanxi Bureau of China Securities Regulatory Commission and Shaanxi Bureau of China Insurance Regulatory Commission.

8. 财政、金融和保险

2016年全省		
地方一般预算收入	1833.99	亿元
财政支出	4389.37	亿元
金融机构人民币存款年底余额	35255.48	亿元
金融机构人民币贷款年底余额	23921.75	亿元

金融机构人民币存贷款年底余额（亿元）

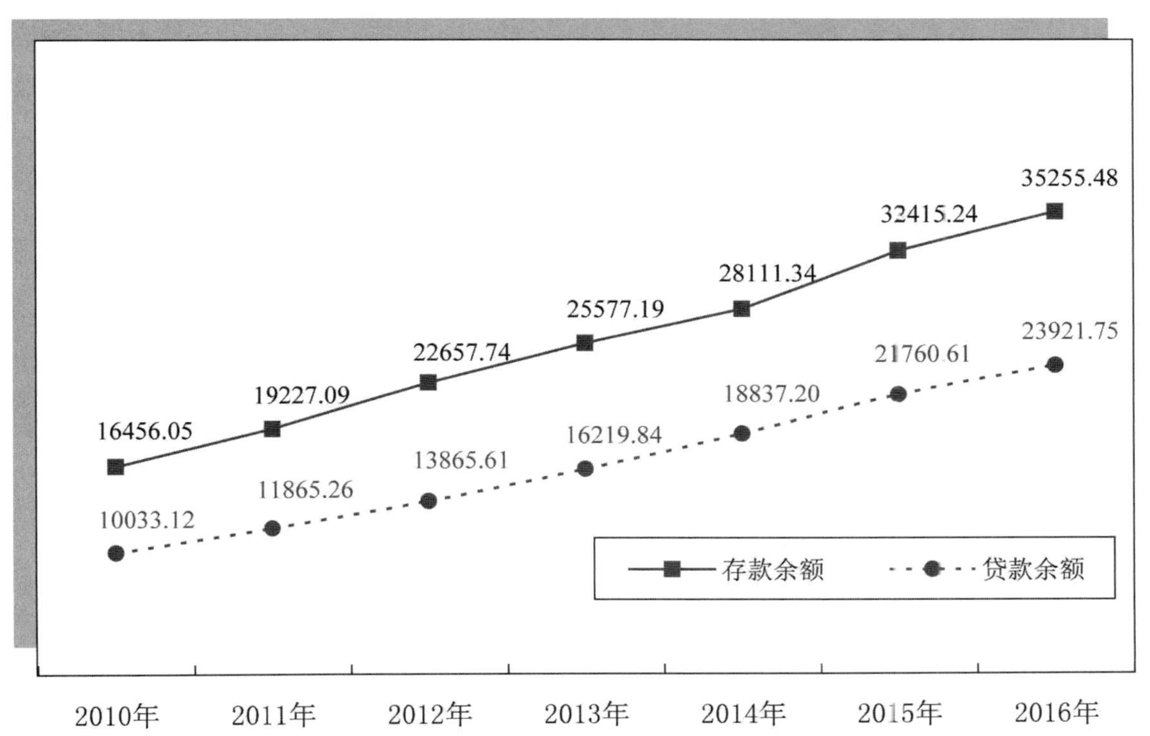

8-1 地方财政分项目收入
Government Revenue and Expenditure by Item

单位：亿元 (100 million yuan)

项目	Item	2012	2013	2014	2015	2016
地方一般预算收入	**Local General Bugetary Revenue**	**1600.69**	**1748.33**	**1890.40**	**2059.95**	**1833.99**
税收收入	Total Tax Revenue	1131.55	1256.24	1335.68	1290.33	1204.39
增值税	Value Added Tax	189.46	201.64	250.63	233.92	394.13
营业税	Business Tax	392.90	428.44	399.28	398.44	202.92
企业所得税	Corporate Income Tax	160.92	156.76	156.53	147.42	130.74
企业所得税退税	Corporate Income Tax Drawback					
个人所得税	Individual Income Tax	42.05	48.76	46.87	53.34	58.85
资源税	Resource Tax	61.59	78.77	84.90	90.70	82.67
城市维护建设税	City Maintenance and Construction Tax	82.47	83.83	86.93	77.61	85.71
房产税	House Property Tax	27.00	30.34	37.61	41.59	42.84
印花税	Stamp Tax	16.06	17.96	19.95	19.53	18.42
城镇土地使用税	Urban Land Use Tax	22.66	22.55	28.07	28.34	27.69
土地增值税	Land Appreciation Tax	37.03	46.01	50.07	40.86	34.89
车船税	Tax on Vehicles and Boat Operation	10.34	12.05	13.73	15.98	17.72
耕地占用税	Farm Land Occupation Tax	44.25	63.58	78.72	71.55	54.75
契　税	Deed Tax	42.43	62.71	80.27	68.53	50.81
烟叶税	Tobacco Leaf Tax	2.38	2.83	2.11	2.50	2.24
其他税收收入	Other Tax Revenue					
非税收入	Total Non-tax Revenue	469.13	492.09	554.72	769.63	629.60
专项收入	Special Program Receipts	174.77	147.78	123.42	228.68	156.66
行政事业性收费收入	Charge of Administrative and Institutional Units	87.23	125.47	146.48	133.81	117.98
罚没收入	Penalty Receipts	29.07	39.22	36.21	50.21	39.48
国有资本经营收入	Operation Income of State-owned Assets	26.41	30.08	44.56	74.40	95.64
国有资源(资产)有偿使用收入	Income from Use of State-owned Resources (Assets)	93.80	83.61	126.81	177.32	159.14
其他收入	Other Non-tax Receipts	57.85	65.93	77.25	105.20	60.70

8-2 财政分项目支出
Government Revenue and Expenditure by Item

单位：亿元 (100 million yuan)

项 目	Item	2012	2013	2014	2015	2016
一般预算支出	**General Bugetary Expenditure**	**3323.80**	**3665.07**	**3962.50**	**4376.06**	**4389.37**
一般公共服务支出	Expenditure for General Public Services	407.11	414.29	366.32	359.36	364.86
外交支出	Expenditure for Foreign Affairs					
国防支出	Expenditure for National Defense	3.84	3.35	3.90	3.25	3.66
公共安全支出	Expenditure for Public Security	149.04	156.89	151.43	187.07	215.79
教育支出	Expenditure for Education	703.34	710.11	693.83	758.07	777.53
科学技术支出	Expenditure for Science and Technology	34.94	38.02	44.86	57.28	62.01
文化体育与传媒支出	Expenditure for Culture, Sport and Media	91.81	100.44	93.23	103.09	125.85
社会保障和就业	Expenditure for Social Safety Net and Employment Effort	421.16	497.75	541.40	631.99	655.47
医疗卫生与计划生育支出	Expenditure for Medical and Health Care,and Family Planning	222.30	257.14	313.45	369.38	381.66
节能环保支出	Expenditure for Environment Protection	94.14	109.77	112.51	150.77	126.80
城乡社区支出	Expenditure for Urban and Rural Community Affairs	182.05	259.42	330.57	406.01	433.15
农林水支出	Expenditure for Agriculture, Forestry and Water Conservancy	376.45	419.62	445.97	520.58	543.30
交通运输支出	Expenditure for Transportation	248.24	265.35	371.49	350.89	256.15
资源勘探信息等支出	Expenditures for Affairs of Resource Exploration and Information	93.47	109.56	95.12	107.30	107.44
商业服务业等支出	Expenditure for Affairs of Commerce and Services	34.87	38.06	33.29	44.56	49.03
金融支出	Expenditure for Financial Affairs	7.51	5.48	5.32	12.86	4.68
国土海洋气象等支出	Expenditure for Affairs of Land, Ocean and Weather	33.76	44.19	50.94	41.54	35.80
住房保障支出	Expenditure for Affairs of Housing Security	151.51	167.59	227.89	249.10	215.98
粮油物资储备支出	Expenditure for Affairs of Management of Grain & Oil Reserves	19.36	17.40	17.35	19.78	18.88
其他支出	Other Expenditure	48.90	50.65	53.62	3.16	11.33

8-3 各市、县(市、区)财政收支(2016年)
Government Revenue and Expenditure by City and County (City and District) (2016)

单位：万元 (10 000 yuan)

地　区	Region	地方一般预算收入 Local General Bugetary Revenue	一般预算支出 General Bugetary Expenditure	地　区	Region	地方一般预算收入 Local General Bugetary Revenue	一般预算支出 General Bugetary Expenditure
全　省	**Shaanxi**	**18339884**	**43893689**	陇　县	Longxian	18913	173820
省本级	Provincial Level	4744286	8315495	千阳县	Qianyang	7414	121453
西安市	**Xi'an**	**6410655**	**9425238**	麟游县	Linyou	22430	101202
市本级	City Level	3177264	4711967	凤　县	Fengxian	29038	117177
新城区	Xincheng	364816	377029	太白县	Taibai	9111	97379
碑林区	Beilin	450089	358550	**咸阳市**	**Xianyang**	**815048**	**3383193**
莲湖区	Lianhu	481780	437088	市本级	City Level	353886	679091
灞桥区	Baqiao	219910	272233	秦都区	Qindu	97022	226998
未央区	Weiyang	326330	318025	渭城区	Weicheng	81082	192938
雁塔区	Yanta	465070	351053	三原县	Sanyuan	30303	219181
阎良区	Yanliang	127552	230682	泾阳县	Jingyang	26315	247594
临潼区	Lintong	149128	384236	乾　县	Qianxian	16357	239018
长安区	Chang'an	354999	612604	礼泉县	Liquan	19005	227528
高陵区	Gaoling	120185	232310	永寿县	Yongshou	8276	137251
蓝田县	Lantian	42872	356183	彬　县	Binxian	75102	244665
周至县	Zhouzhi	36522	380428	长武县	Changwu	31960	147557
户　县	Huxian	94138	402850	旬邑县	Xunyi	18527	188720
铜川市	**Tongchuan**	**215072**	**968712**	淳化县	Chunhua	6241	161053
市本级	City Level	91549	315464	武功县	Wugong	10972	209098
王益区	Wangyi	21002	119617	兴平市	Xingping	40000	262501
印台区	Yintai	17508	142041	**渭南市**	**Weinan**	**656930**	**3525107**
耀州区	Yaozhou	64011	274821	市本级	City Level	131273	438554
宜君县	Yijun	21002	116769	临渭区	Linwei	60259	472469
宝鸡市	**Baoji**	**751641**	**2830366**	华州区	Huazhou	21600	171039
市本级	City Level	394503	731634	潼关县	Tongguan	22306	136600
渭滨区	Weibin	56847	182538	大荔县	Dali	19603	323746
金台区	Jintai	47080	168255	合阳县	Heyang	18006	253021
陈仓区	Chencang	27678	239034	澄城县	Chengcheng	28526	239836
凤翔县	Fengxiang	45028	245255	蒲城县	Pucheng	55300	372132
岐山县	Qishan	36626	243218	白水县	Baishui	11300	206769
扶风县	Fufeng	26785	218789	富平县	Fuping	45000	372205
眉　县	Meixian	30188	190612	韩城市	Hancheng	216239	386603

8-3 续表 continued

单位：万元 (10 000 yuan)

地 区	Region	地方一般预算收入 Local General Bugetary Revenue	一般预算支出 General Bugetary Expenditure	地 区	Region	地方一般预算收入 Local General Bugetary Revenue	一般预算支出 General Bugetary Expenditure
华阴市	Huayin	27518	152133	府谷县	Fugu	140184	283489
延安市	**Yan'an**	**1305464**	**3273434**	靖边县	Jingbian	121870	311727
市本级	City Level	469796	1005219	定边县	Dingbian	131592	323574
宝塔区	Baota	108050	286122	绥德县	Suide	11839	262600
安塞区	Ansai	106123	187270	米脂县	Mizhi	9265	191770
延长县	Yanchang	24385	153477	佳 县	Jiaxian	8845	206511
延川县	Yanchuan	42864	191282	吴堡县	Wubu	3616	112210
子长县	Zichang	39368	182394	清涧县	Qingjian	9048	184055
志丹县	Zhidan	165304	218000	子洲县	Zizhou	12427	235341
吴起县	Wuqi	175888	248158	**安康市**	**Ankang**	**301067**	**2478005**
甘泉县	Ganquan	16806	105458	市本级	City Level	104357	394059
富 县	Fuxian	21431	144300	汉滨区	Hanbin	53861	510102
洛川县	Luochuan	24755	164414	汉阴县	Hanyin	21200	192000
宜川县	Yichuan	15162	138806	石泉县	Shiquan	15004	157006
黄龙县	Huanglong	5690	93137	宁陕县	Ningshan	8602	95437
黄陵县	Huangling	89842	155397	紫阳县	Ziyang	16550	227310
汉中市	**Hanzhong**	**451905**	**2801731**	岚皋县	Langao	9508	165134
市本级	City Level	110329	393630	平利县	Pingli	13803	184149
汉台区	Hantai	110065	285947	镇坪县	Zhenping	6069	88460
南郑县	Nanzheng	72118	311035	旬阳县	Xunyang	40505	296845
城固县	Chenggu	30615	306988	白河县	Baihe	11608	167503
洋 县	Yangxian	24656	276666	**商洛市**	**Shangluo**	**267707**	**1929800**
西乡县	Xixiang	25802	239611	市本级	City Level	42411	215306
勉 县	Mianxian	27939	263309	商州区	Shangzhou	42900	310358
宁强县	Ningqiang	15544	200081	洛南县	Luonan	42996	268070
略阳县	Lueyang	11977	181022	丹凤县	Danfeng	22000	205532
镇巴县	Zhenba	10609	190789	商南县	Shangnan	28526	203095
留坝县	Liuba	7833	75984	山阳县	Shanyang	40366	317339
佛坪县	Foping	4418	76669	镇安县	Zhen'an	24505	234665
榆林市	**Yulin**	**2326940**	**4711306**	柞水县	Zhashui	24003	175435
市本级	City Level	1104006	1141716	**杨凌示范区**	**Yangling**	**93169**	**251302**
榆阳区	Yuyang	215935	450187	区本级	District Level	60085	153267
横山区	Hengshan	27689	234524	杨陵区	Yangling	33084	98035
神木县	Shenmu	530624	773602				

8-4 金融机构人民币信贷收支(年底余额)
Summary of Sources & Uses of Funds of Financial Institutions in RMB at Year-end

单位：亿元 (100 million yuan)

项 目	Item	2015	2016
资金来源总计	**Total Funds Sources**	**31697.35**	**35231.61**
一、各项存款合计	Total Deposits	32415.24	35255.48
(一)境内存款	Domestic Deposits	32402.08	35241.82
1、住户存款	Household Deposits	15412.33	17084.52
2、非金融企业存款	Non Financial Enterprise Deposits	9737.40	11000.33
3、广义政府存款	Broad Government Deposits	5943.45	6113.59
4、非银行金融机构存款	Non-bank Financial Institution Deposits	1308.89	1043.39
(二)境外存款	Overseas Deposits	13.16	13.65
二、金融债券	Financial Bond	50.60	50.62
三、卖出回购资产	Sell Buy Back Assets	44.37	12.68
四、借款及非银行业金融机构拆入	Loan and Non-bank Financial Institution Borrowing	0.83	0.66
五、联行往来(净)	Interbank Transactions(net)		
六、应付及暂收款	Accounts Payable and Suspense Credits	685.41	689.84
七、各项准备	All Provisions	658.27	805.29
八、所有者权益	Owner's Equity	1223.85	1284.13
九、其他	Others	-3381.22	-2867.07
资金运用总计	**Total Use of Funds**	**31697.35**	**35231.61**
一、各项贷款合计	Total Loans	21760.61	23921.75
(一)境内贷款	Domestic Loans	21759.26	23917.59
1、住户贷款	Household Loans	5607.43	6119.17
2、非金融企业及机关团体贷款	Non Financial Enterprise and Organizations and Communities Loans	16150.12	17798.22
3、非银行业金融机构贷款	Non-bank Financial Institution Loans	1.72	0.20
(二)境外贷款	Overseas Loans	1.35	4.15
二、债券投资	Investment in Bonds	1451.61	1429.61
三、股权及其他资产	Equity and Other Assets	1039.48	1402.18
四、买入返售资产	Buying Back the Sale of Assets	19.89	28.39
五、存放非银行业金融机构款项	Deposit of Non-bank Financial Institution	0.18	0.49
六、联行往来(净)	Interbank Transactions(net)	6952.00	7955.67
七、金银占款	Position for Bullion and Silver Purchase		
八、外汇买卖	Foreign Exchange Trading	-0.28	
九、应收及预付款	Accounts receivable and Advance Payment	178.20	185.90
十、投资性房地产	Investment Real Estates	0.49	1.18
十一、固定资产	Fixed Assets	295.16	306.44

8-5 证券业主要情况
General Statistics on Securities Markets

指　　标	Item	2015	2016
上市公司情况	**Listed Companies**		
上市公司 (户)	Number of Listed Companies (accounts)	43	45
# A 股 (只)	A Shares (number)	43	45
上市公司总股本 (亿股)	Total Issued Capital of Listed Companies (100 million shares)	465.23	570.46
# 流通股本	Negotiable Shares	330.33	386.05
上市公司股票市价总值 (亿元)	Total Market Capitalization of Listed Companies(100 million yuan)	6946.27	6437.8
# 股票流通市值	Negotiable Market Capitalization	5295.34	4675.84
证券公司及交易情况	**Securities Companies and Trading**		
证券公司 (个)	Number of Securities Companies (number)	3	3
证券营业部 (个)	Security Exchange (number)	192	245
(含外地公司在陕营业部)	(include Nonlocal Exchange in Shaanxi)		
证券交易开户数 (万户)	Total Stock Investors (10 000 accounts)	334	400
证券交易额 (亿元)	Trading Volume (100 million yuan)	73584.75	42928.18
# 股票、基金	Stocks and Funds	65531.55	32336.17
期货交易情况	**Futures Trading**		
期货代理交易额 (亿元)	Agent's Turnover of Futures (100 million yuan)	58311.64	64287.47

8-6 保险业保费收入(2016年)
Premium of Insurance Transactions (2016)

单位：万元 (10 000 yuan)

地　区	Region	保费收入 Premium		赔款与给付 Payment	
		人身险 Life Insurance	财产险 Property Insurance	人身险 Life Insurance	财产险 Property Insurance
全　省	**Shaanxi**	**5233532**	**1913831**	**1450142**	**934287**
省本级	The Same Level	3032	61881	710	34593
西安市	Xi'an	2525278	933181	736378	422764
铜川市	Tongchuan	75403	32130	19411	15430
宝鸡市	Baoji	503192	126468	138035	57627
咸阳市	Xianyang	540983	166267	160043	82825
渭南市	Weinan	489201	144903	140366	75544
延安市	Yan'an	197059	97267	34847	55408
汉中市	Hanzhong	346330	89969	97113	42129
榆林市	Yulin	240206	168872	38724	99336
安康市	Ankang	172094	57282	44851	29677
商洛市	Shangluo	140754	35610	39664	18953

主要统计指标解释

财政收入 指国家财政参与社会产品分配所取得的收入，是实现国家职能的财力保证。主要包括:

（1）各项税收: 包括国内增值税、国内消费税、进口货物增值税和消费税、出口货物退增值税和消费税、营业税、企业所得税、个人所得税、资源税、城市维护建设税、房产税、印花税、城镇土地使用税、土地增值税、车船税、船舶吨税、车辆购置税、关税、耕地占用税、契税、烟叶税等。

（2）非税收入: 包括专项收入、行政事业性收费、罚没收入和其他收入。

财政支出 指国家财政将筹集起来的资金进行分配使用，以满足经济建设和各项事业的需要。主要包括:

（1）一般公共服务: 指政府提供基本公共管理与服务的支出，包括人大事务、政协事务、政府办公厅（室）及相关机构事务、发展与改革事务、统计信息事务、财政事务、税收事务、审计事务、海关事务、人力资源事务、纪检监察事务、人口与计划生育事务、商贸事务、知识产权事务、工商行政管理事务、国土资源事务、海洋管理事务、测绘事务、地震事务、气象事务、民族事务、宗教事务、港澳台侨事务、档案事务、共产党事务、民主党派事务及工商联事务、群众团体事务、彩票事务等。

（2）外交: 指政府外交事务支出，包括外交行政管理、驻外机构、对外援助、国际组织、对外合作与交流、边界勘界联检等方面的支出。

（3）国防: 指政府用于国防方面的支出，包括用于现役部队、预备役部队、民兵、国防科研事业、专项工程、国防动员等方面的支出。

（4）公共安全: 指政府维护社会公共安全方面的支出，包括武装警察、公安、国家安全、检察、法院、司法行政、监狱、劳教、国家保密、缉私警察等。

（5）教育: 指政府教育事务支出，包括教育行政管理、学前教育、小学教育、初中教育、普通高中教育、普通高等教育、初等职业教育、中专教育、技校教育、职业高中教育、高等职业教育、广播电视教育、留学生教育、特殊教育、干部继续教育、教育机关服务等。

（6）科学技术: 指用于科学技术方面的支出，包括科学技术管理事务、基础研究、应用研究、技术研究与开发、科技条件与服务、社会科学、科学技术普及、科技交流与合作等。

（7）文化教育与传媒: 指政府在文化、文物、体育、广播影视、新闻出版等方面的支出。

（8）社会保障和就业: 指政府在社会保障与就业方面的支出，包括社会保障和就业管理事务、民政管理事务、财政对社会保险基金的补助、补充全国社会保障基金、行政事业单位离退休、企业改革补助、就业补助、抚恤、退役安置、社会福利、残疾人事业、城市居民最低生活保障、其他城镇社会救济、农村社会救济、自然灾害生活救助、红十字事务等。

（9）医疗卫生: 指政府医疗卫生方面的支出，包括医疗卫生管理事务支出、医疗服务支出、医疗保障支出、疾病预防控制支出、卫生监督支出、妇幼保健支出、农村卫生支出等。

（10）环境保护: 指政府环境保护支出，包括环境保护管理事务支出、环境监测与监察支出、污染治理支出、自然生态保护支出、天然林保护工程支出、退耕还林支出、风沙荒漠治理支出、退牧还草支出、已垦草原退耕还草、能源节约利用、污染减排、可再生能源和资源综合利用等支出。

（11）城乡社区事务: 指政府城乡社区事务支出，包括城乡社区管理事务支出、城乡社区规划与管理支出、城乡社区公共设施支出、城乡社区住宅支出、城乡社区环境卫生支出、建设市场管理与监督支出等。

（12）农林水事务: 指政府农林水事务支出，包括农业支出、林业支出、水利支出、扶贫支出、农业综合开发支出等。

（13）交通运输: 指政府交通运输和邮政业方面的支出，包括公路运输支出、水路运输支出、铁路运输支出、民用航空运输支出、邮政业支出等。

（14）工业商业金融等事务: 指政府对工业、商业及金融等方面的支出，包括采掘业支出、制造业支出、建筑业支出、工业和信息产业监管支出、国有资产监管支出、商业流通事务支出、金融业监管支出、旅游业管理与服务支出等。

中央财政收入和地方财政收入 指按现行分税制财政体制划分的中央本级收入和地方本级收入。属于中央财政的收入包括关税，进口货物增值税和消费税，出口货物退增值税和消费税，消费税，铁道部门、各银行总行、各保险公司总公司等集中交纳的营业税和城市维护建设税，增值税75%部分，纳入共享范围的企业所得税60%部分，未纳入共享范围的中央企业所得税、中央企业上交的利润，个人所得税60%部分，车辆购置税，船舶吨税，证券交易印花税97%部分，海洋石油资源税，中央非税收入等。属于地方财政的收入包括营业税（不含铁道部门、各银行总行、各保险公司总公司集中交纳的营业税），地方企业上交利润，城市维护建设税（不含铁道部门、各银行总行、各保险公司总公司集中交纳的部分），房产税，城镇土地使用税，土地增值税，车船税，耕地占用税，契税，烟叶税，印花税，增值税25%部分，纳入共享范围的企业所得税40%部分，个人所得税40%部分，证券交易印花税 3%部分，海洋石油资源税以外的其他资源税，地方非税收入等。

信贷资金 指金融机构以信用方式积聚和分配的货币资金。金融机构信贷资金的来源有各项存款、金融债券、对国际金融机构负债、流通中现金、其他项目等；信贷资金的运用有各项贷款、有价证券及投资、金银占款、外汇占款、财政借款及在国际金融机构中的资产等。

存款 指企业、机关、团体或居民根据资金必须收回的原则，把货币资金存入银行或其他信贷机构保管并取得一定利息的一种信用活动形式。根据存款对象或性质的不同可划分为单位存款、个人存款、财政性存款、临时性存款、委托存款、其他存款等科目。它是银行信贷资金的主要来源。

贷款 指银行或其他信贷机构根据资金必须归还的原则，按一定利率，为企业、个人等提供资金的一种信用活动形式。银行贷款分为境内贷款和境外贷款，境内贷款有短期贷款、中长期贷款、融资租赁、票据融资等。

保险公司 在中国境内的、经过保险监督管理部门批准设立，并依法登记注册的各类商业保险公司。

保险金额 指保险人承担赔偿或者给付保险金责任的最高限额。

保费 指投保人为取得保险人在约定范围内所承担赔偿责任而支付给保险人的费用。

赔款 指保险人根据保险合同的规定，向被保险人支付的赔偿保险责任损失的金额。

给付 包括死伤医疗给付和满期给付。死伤医疗给付是指保险人根据人寿保险及长期健康保险合同的规定，因被保险人在保险期内发生保险责任范围内的保险事故支付给被保险人(或受益人)的金额。满期给付是指被保险人生存期满，保险人按人寿保险合同规定支付给被保险人的满期保险金额。

Explanatory Notes on Main Statistical Indicators

Government Revenue refers to income for the government finance through participating in the distribution of social products. It is the financial guarantee to ensure government functioning. The contents of government revenue include the following main items:

(1) Various tax revenues, including domestic value added tax (VAT), domestic consumption tax, VAT and consumption tax from imports, VAT and consumption tax rebate for exports, business tax, corporate income tax, individual income tax, resource tax, city maintenance and construct tax, house property tax, stamp tax, urban land use tax, land appreciation tax, tax on vehicles and boat operation, ship tonnage tax, vehicle purchase tax, tariffs, farm land occupation tax, deed tax, and tobacco leaf tax, etc.

(2) Non-tax revenue, including special program receipts, charge of administrative and institutional units, penalty receipts and others non-tax receipts.

Government Expenditure refers to the distribution and use of the funds which the government finance has raised, so as to meet the needs of economic construction and various causes. It includes the following main items:

(1) Expenditure for general public services: It refers to the spending on the basic public management and services which provided by governments, including the expense on affairs of People's Congress, affairs of People's Political Consultative Conference, affairs of government general office and relative institutions, affairs of development and reform, affairs of statistics, affairs of finance, affairs of taxation, affairs of audit, affairs of customs, affairs of human resources and social security, affairs of discipline inspection and supervision, affairs of population and family planning, affairs of commerce and trade, affairs of intellectual property, affairs of administration for industry and commerce, affairs of land and resources, affairs of oceanic administration, affairs of surveying and mapping, affairs of earthquake, ethnic affairs, religious affairs, affairs of Hong Kong, Macao, Taiwan, and Overseas Chinese, affairs of archives administration, affairs of Chinese Communist Party, affairs of democratic parties and federation of industry and commerce, affairs of mass organization, and affairs of lottery, etc.

(2) Expenditure for foreign affairs: It refers to the spending of government on foreign affairs, including the expense on administration of foreign affairs, missions overseas, external assistance, international organizations, foreign cooperation and communication, surveying and joint inspection on borderline, etc.

(3) Expenditure for national defence: It refers to the spending of government on national defence, including the expense on active force, reserve force, militia, scientific research on national defence, special projects, mobilization of national defence, etc.

(4) Expenditure for public security: It refers to the spending of government on maintaining social and public security, including the expense on armed police force, public security, state security, prosecution, courts, justice, prison, labour education and rehabilitation, protection of state secrecy, anti-smuggling police, etc.

(5) Expenditure for education: It refers to the spending of government on education, including the expense on the administration of education, pre-primary education, primary education, secondary education, high school education, regular higher education, primary vocational education, secondary vocational education, technical school education, vocational high school education and higher vocational education, radio and television education, student abroad education, special education, on the job training of cadres, education authorities services, etc.

(6) Expenditure for science and technology: It refers to the spending of government on science and technology (S&T), including the expense on the administration of S&T, basic research, applied research, research and development, conditions and services of S&T, popularization of social science, science and technology, exchanges and cooperation of S&T, etc.

(7) Expenditure for culture, sport and media: It refers to the spending of government on culture, cultural heritage, sports, radio, film, television, press and publication, etc.

(8) Expenditure for social safety net and employment effort: It refers to the spending of government on social safety net and employment, including the expense on administration of social safety net and employment, civil affairs, budgetary subsidy on the social insurance funds, subsidy on National Social Security Fund, retirees of administrative units and institutions, subsidy on enterprise reform, subsidy on employment effort, pension, placement of ex-serviceman, social welfare, the handicapped undertakings, the system of cost of living allowances for urban residents, other urban social relief, rural social relief, living relief of natural disasters, affairs of Red Cross Society, etc.

(9) Expenditure for medical and health care: It refers to the spending of government on medical and health care, including the expense on administration of medical and health care, medical services, health care, disease prevention and control, health inspection and supervision, women and children's health, rural health care, etc.

(10) Expenditure for environment protection: It refers to the spending of government on environment protection, including the expense on administration of environment protection, environment monitoring and supervision, pollution control, natural ecology protection, project of virgin forests protection, reforesting farmland, controlling the sources of dust storms, returning pastureland to grassland, returning pastureland to grassland, returning cultivated land to grassland, energy conservation, emissions reduction, comprehensive utilization of

renewable energy and resources, etc.

(11) Expenditure for urban and rural community affairs: It refers to the spending of government on urban and rural community affairs, including the expense on administration of urban and rural community, planning and management of urban and rural community, public facilities of urban and rural community, housing of urban and rural community, sanitation of urban and rural community, management and supervision on the construction market, etc.

(12) Expenditure for agriculture, forestry and water conservancy: It refers to the spending of government on agriculture, forestry and water conservancy, including the expense on agriculture, forestry, water conservancy, poverty alleviation, comprehensive agricultural development, etc.

(13) Expenditure for transportation: It refers to the spending of government on transportation and postal services, including the expense on road transportation, waterway transportation, railway transportation, civil aviation transportation, and postal services.

(14) Expenditure for industry, commerce and banking: It refers to the spending of government on industry, commerce and banking, including the expense on mining, manufacturing, construction, industry and information technology supervision and administration, State-owned assets supervision and administration, commerce and circulation affairs, financial intermediation supervision and administration, tourism administration and service, etc.

Revenue of the Central Government and Revenue of the Local Governments refers to the revenue collected by the Central Government and that by the local governments as defined by the decentralized taxation system. In accordance with this system, the revenue of the Central Government includes tariff, VAT and consumption tax from imports, VAT and consumption tax rebate for exports, consumption tax, business tax and city maintenance and construct tax from the Ministry of Railways, head offices of banks, head offices of insurance company, which are handed over to the government in a centralized way, 75% of the value added tax, 60% the share part of the corporate income tax, unshared part of corporate income tax of the central enterprises, profit handed in by the central enterprises, 60% of individual income tax, vehicle purchase tax, ship tonnage tax, 97% of stamp tax on securities transactions, resource tax on the offshore petroleum resources. The revenue of the local governments includes business tax (excluding the part of the Ministry of Railways, head offices of banks, head offices of insurance company, which are handed over to the government in a centralized way), profit handed in by the local enterprises, city maintenance and construct tax (excluding the part of the Ministry of Railways, head offices of banks, head offices of insurance company, which are handed over to the government in a centralized way), house property tax, urban land use tax, land appreciation tax, tax on vehicles and boat operation, farm land occupation tax, deed tax, and tobacco leaf tax, stamp tax, 25% of the value added tax, 40% the share part of the corporate income tax, 40% of individual income tax, 3% of stamp tax on securities transactions, resource tax other than the tax on offshore petroleum resources, local non-tax revenue, etc.

Credit Funds refer to the monetary funds accumulated and distributed in the means of credit by the financial institutions. The sources of credit funds include various deposits, financial bonds, liabilities to international financial institutions, currency in circulation, other items. The uses of credit funds include loans, securities and investment, position for bullion and silver purchase, position for foreign exchange purchase, advances to treasury, and assets with international financial institutions.

Deposit is a form of credit by which enterprises, institutions, organizations or households can put money into banks and other credit institutions for safekeeping and interest earning under the principle of free withdrawal. According to different depositors, deposits are divided into corporate deposits, personal deposits, fiscal deposits, temporary deposits, entrusted deposits, other deposits and etc. Deposits are major sources of the credit funds of banks.

Loan is a form of credit by which banks and other credit institutions provide funds at certain interest rate to enterprises and individuals in the light of the principle of unconditional repayment. Loans from Chinese banks include short-term loan, medium- term and long-term loans, entrusted loans, and other loans.The bank loans are divided into domestic loans and overseas loans. The domestic loans include short-term loans, medium & long-term loans, financial lease, bill financing and etc.

Insurance Companies refer to commercial insurance companies of various forms registered by law and established in China with the approval of insurance regulatory agencies.

Amount Insured refers to the maximum that the insurant will get for the claim of the case insured.

Premium is the fee paid by the insurant to the insurer to obtain the obligation of compensation from the insurance within the agreed terms.

Settled Claim is the compensation paid by the insurer to the insurant in accordance with the insurance contract.

Payment includes payment for death, injury or medical treatment and payment at maturity. Payment for death, injury or

九、价格指数

Price Indices

资料整理：王国强　姚小清　邹　悦　马　瑞　种都权

简　要　说　明

一、本篇资料反映生产、流通、消费与投资等环节的价格变动情况。主要包括居民消费价格指数、商品零售价格指数、农业生产资料价格指数、工业生产者价格指数、农产品生产价格指数、固定资产投资价格指数和房地产价格指数。

二、本篇资料由国家统计局陕西调查总队提供。

三、居民消费价格指数、商品零售价格指数采用抽样调查和重点调查相结合的方法编制，即选择不同经济区域的市、县以及有代表性的商品和服务项目作为样本，对其市场价格进行定期调查，以样本推断总体。

四、工业生产者价格指数采用重点调查与典型调查相结合的方法统计。重点调查对象为规模以上工业企业，典型调查对象为规模以下工业企业。

五、固定资产投资价格指数采用重点调查与典型调查相结合的方法统计。

六、农产品生产价格指数采用抽样调查和重点调查相结合的调查方法进行统计。

Brief Introduction

Ⅰ. This chapter reflects price changes in production, circulation, consumption and investment, mainly including consumer price indices, retail price indices, price indices of means of agricultural production, industrial producers' price indices, producers' price indices for farm products, price indices for investment in fixed assets and real estate price indices.

Ⅱ. The data are provided by NBS Survey Office in Shaanxi.

Ⅲ. The data for the calculation of consumer price indices and retail price indices in the province are collected through stratified random sampling. Cities and counties distributed in different economic regions of the province are selected as sample areas, and representative commodities and services are selected as sample commodities and services. Regular surveys are conducted to collect data on market prices. The data on the population are estimated on the basis of the sample.

Ⅳ. The industrial producers price indices are collected through key-point survey combined with typical survey. The key investigation objects are the industrial enterprises above designated size. The typical investigation objects are the industrial enterprises below designated size.

Ⅴ. The data for the calculation of price indices of investment in fixed assets are collected through key-point survey combined with typical survey.

Ⅵ. The data for the calculation of producers' price indices of farm products are collected through sampling survey combined with key-point survey.

9.价格指数

2016年全省	
居民消费价格指数(上年=100)	101.3
# 城 市	101.3
工业生产者出厂价格指数(上年=100)	97.6
工业生产者购进价格指数(上年=100)	95.9

居民消费价格指数
(上年=100)

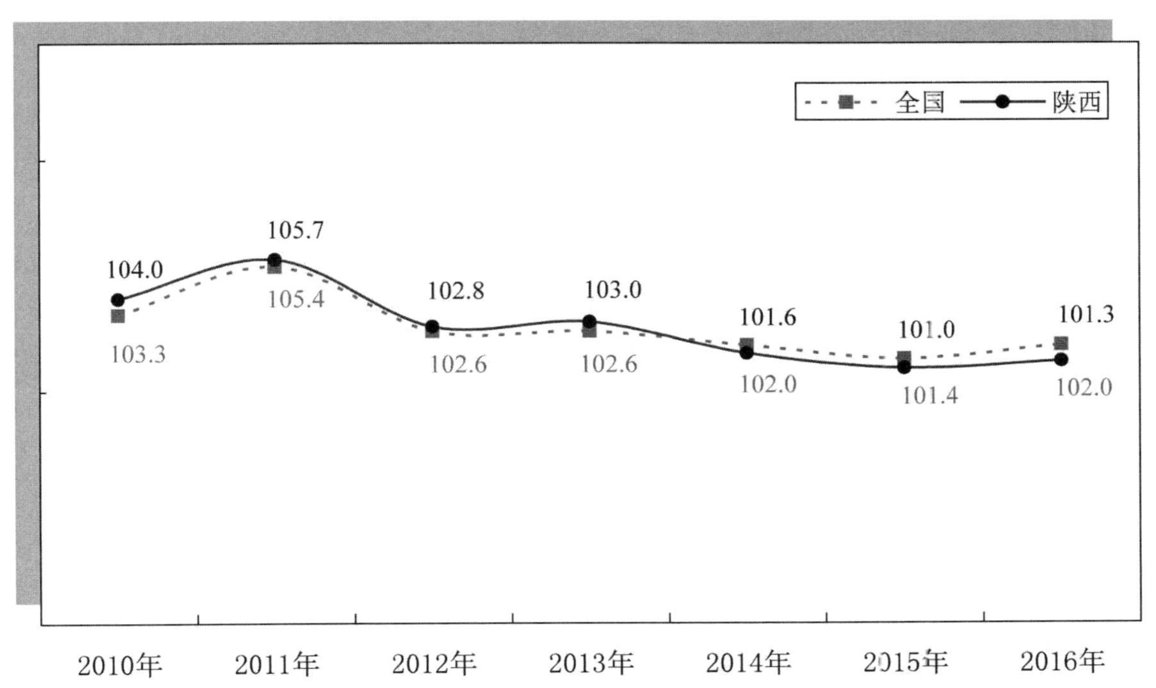

9-1 商品零售价格和居民消费价格指数
Retail Price Indices and Consumer Price Indices

年 份 Year	上年价格=100 preceding year=100			1978年价格=100 1978=100		
	商品零售价格指数 Retail Price Index	居民消费价格指数 Consumer Price Index	# 城市居民 Urban Household	商品零售价格指数 Retail Price Index	居民消费价格指数 Consumer Price Index	# 城市居民 Urban Household
1979	101.6	101.7	101.4	101.6	101.7	101.4
1980	104.7	105.3	105.4	106.4	107.1	106.9
1981	103.0	103.6	103.6	109.6	111.0	110.7
1982	101.0	101.4	100.4	110.7	112.6	111.7
1983	101.5	101.5	102.2	112.4	114.3	113.5
1984	103.9	103.0	103.4	116.8	117.7	117.4
1985	106.5	107.0	107.6	124.4	125.9	126.3
1986	105.2	106.0	106.6	130.9	133.5	134.6
1987	108.6	108.6	109.2	142.2	145.0	147.0
1988	119.0	119.1	120.1	169.2	172.7	176.5
1989	118.8	118.3	117.6	201.0	204.3	207.6
1990	101.6	101.3	102.6	204.2	207.0	213.0
1991	105.8	106.0	107.3	216.0	219.4	228.5
1992	109.5	109.7	111.2	236.5	240.7	254.1
1993	111.8	111.8	114.0	264.4	269.1	289.7
1994	125.9	126.7	128.2	332.9	340.9	371.4
1995	117.0	119.0	118.0	389.5	405.7	438.3
1996	108.1	109.7	110.3	421.0	445.1	483.4
1997	101.6	104.8	105.2	427.7	466.5	508.6
1998	96.2	98.4	97.7	411.4	459.0	496.9
1999	97.5	97.8	97.2	401.1	448.9	483.0
2000	98.3	99.5	100.3	394.3	446.7	484.4
2001	99.1	101.0	100.1	390.8	451.2	484.9
2002	98.6	98.9	98.2	385.3	446.2	476.2
2003	100.5	101.7	100.8	387.2	453.8	480.0
2004	102.5	103.1	103.0	396.9	467.9	494.4
2005	100.1	101.2	100.9	397.3	473.5	498.8
2006	101.8	101.5	102.1	404.5	480.6	509.3
2007	105.0	105.1	105.2	424.7	505.1	535.8
2008	106.9	106.4	106.2	454.0	537.4	569.0
2009	99.9	100.5	100.0	453.5	540.1	569.0
2010	103.6	104.0	103.7	469.8	561.7	590.1
2011	104.8	105.7	105.7	492.4	593.7	623.7
2012	102.3	102.8	102.6	503.7	610.3	639.9
2013	101.8	103.0	102.8	512.8	628.6	657.8
2014	100.7	101.6	101.6	516.4	638.7	668.3
2015	99.8	101.0	100.9	515.4	645.1	674.3
2016	100.3	101.3	101.3	516.9	653.5	683.1

9-2 商品零售价格分类指数(2016年)
Retail Price Indices by Category (2016)

(上年价格=100) (preceding year=100)

项目		全省 Provincial Indices	城市 Urban Indices	农村 Rural Indices
商品零售价格指数	**Retail Price Index**	**100.3**	**100.3**	**100.7**
一、食品	**Food**	**103.2**	**103.2**	**103.3**
1.粮食	Grain	100.2	100.2	100.4
2.薯类	Potato	112.7	113.6	107.3
3.豆类	Beans	100.1	100.1	100.6
4.食用油	Edible Oil	101.4	101.2	102.0
5.菜	Vegetables	113.5	113.9	110.9
6.畜肉类	Livestock Meat	109.2	109.0	110.1
7.禽肉类	Poultry	100.4	100.4	100.7
8.水产品	Aquatic Products	103.7	104.0	101.2
9.蛋类	Eggs	94.4	94.2	96.7
10.奶类	Milk	96.1	95.6	100.4
11.干鲜瓜果类	Dried and Fresh Melons and Fruits	99.0	99.2	97.5
12.糖果糕点类	Candy and Cake	100.7	100.6	101.2
13.调味品	Flavoring	100.6	100.6	100.5
14.其他食品类	Other Foods	100.7	100.7	100.5
15.在外餐饮	Dining Out	102.2	102.3	101.4
二、饮料、烟酒	**Beverages, Tobacco and Liquor**	**100.8**	**100.8**	**101.0**
1.茶及饮料	Tea and Beverages	99.2	99.0	101.1
茶　叶	Tea	100.6	100.4	102.3
2.烟草	Tobacco	102.8	102.8	102.2
3.酒类	Liquor	100.1	100.2	99.9
三、服装、鞋帽	**Garments, Shoes and Hats**	**101.3**	**101.5**	**100.2**
1.服装	Garments	101.6	101.8	100.0
(1)男士服装	Man's Garments	100.6	100.7	99.7
(2)女士服装	Woman's Garments	101.8	102.1	99.8
(3)儿童服装	Children's Garments	103.6	104.1	100.9
2.鞋帽袜	Footgear and Hats	100.7	100.7	101.0
(1)鞋	Shoes	100.2	100.1	101.0
(2)袜子	Socks and Stockings	102.4	102.5	101.4
(3)帽子	Hats	103.7	104.0	101.0
3.其他衣着配件	Other Clothing Accessories	100.8	100.9	100.0
四、纺织品	**Textiles**	**98.0**	**98.0**	**98.3**
1.服装材料	Clothing Material	100.7	100.8	99.5
2.床上用品	Bedding	97.3	97.2	98.0

9-2 续表 continued

(上年价格=100) (preceding year=100)

项目	Item	全省 Provincial Indices	城市 Urban Indices	农村 Rural Indices
五、家用电器及音像器材	**Household Appliances, Music and Video Equipment**	**94.4**	**94.1**	**96.8**
1.家庭设备	Household Facilities	96.9	96.7	98.8
2.文娱用耐用消费品	Durable Consumer Goods for Recreation	89.7	89.0	94.3
3.专业音像器材	Professional Audiovisual Equipment	101.1	101.1	100.0
六、文化办公用品	**Cultural and Office Appliances**	**96.6**	**96.4**	**98.6**
七、日用品	**Articles for Daily Use**	**100.6**	**100.6**	**100.3**
1.日用百货	General Merchandise for Daily Use	99.2	99.1	99.5
2.厨具餐具茶具	Kitchenware, Tableware and Tea set	102.6	102.9	101.2
3.清洗用品	Washing Products	101.3	101.3	100.8
4.其他日用品	Others	99.0	98.9	99.7
八、体育娱乐用品	**Sports and Recreation Articles**	**100.4**	**100.3**	**101.1**
1.体育户外用品	Outdoor Sporting Goods	100.1	100.0	101.4
2.娱乐用品	Recreational Articles	100.5	100.4	101.0
九、交通、通信用品	**Transportation and Communication Appliances**	**97.3**	**97.2**	**98.1**
1.交通运输机械	Means of Transportation	99.6	99.5	99.9
2.通信器材	Communication Appliances	92.0	91.6	94.9
十、家具	**Furniture**	**97.8**	**97.5**	**99.9**
十一、化妆品	**Cosmetics**	**102.0**	**102.2**	**100.5**
十二、金银饰品	**Gold and Silver Jewellery**	**107.9**	**108.0**	**106.1**
十三、中西药品及医疗保健用品	**Traditional Chinese and Western Medicines and Health Care Articles Care Articles**	**104.5**	**104.3**	**105.6**
1.医疗卫生器具	Medical Instruments	101.5	101.4	102.2
2.中药	Traditional Chinese Medicine	105.6	105.7	104.7
3.西药	Western Medicines	104.7	104.4	107.3
4.保健器具及用品	Health Care Appliances and Articles	103.2	103.5	101.7
十四、书报杂志及电子出版物	**Books, Newspapers, Magazines and Electronic Publications**	**101.2**	**101.2**	**101.1**
1.教材及参考书	Teaching Materials and Reference Books	101.4	101.4	101.6
2.书报杂志	Newspapers and Magazines	101.1	101.2	100.4
3.计算机办公软件	Computer Office Software	100.2	100.2	100.2
十五、燃料	**Fuels**	**97.4**	**97.4**	**97.6**
1.煤炭及制品	Coal and Coal Products	98.6	98.4	99.2
2.石油及制品	Petroleum and its Products	97.0	97.0	96.6
十六、建筑材料及五金电料	**Building Materials and Hardware**	**99.8**	**99.9**	**99.0**
1.建筑装璜材料	Building Decoration Materials	99.9	100.1	99.1
2.五金水暖	Hardware and Plumbing	99.5	99.5	98.9

9-3 居民消费价格分类指数(2016年)
Consumer Price Indices by Category (2016)

(上年价格=100) (preceding year=100)

项目	Item	全省 Provincial Indices	城市 Urban Indices	农村 Rural Indices
居民消费价格总指数	**Consumer Price Index**	**101.3**	**101.3**	**101.2**
非食品烟酒价格指数	Non Food Alcohol and Tobacco Price Index	100.5	100.5	100.4
非食品(原口径)指数	Non-food Price Index (Original Caliber)	100.5	100.5	100.4
服务价格指数	Services Price Index	100.7	100.8	100.4
消费品价格指数	Consumer Price Index	101.5	101.5	101.6
一、食品烟酒	**Food,Alcohol and Tobacco**	**103.1**	**103.1**	**103.1**
1.食品	Food	103.8	103.8	103.8
(1)粮食	Grain	100.3	100.1	100.6
(2)薯类	Potato	111.4	113.3	106.4
(3)豆类	Beans	99.9	100.1	99.3
(4)食用油	Edible Oil	101.7	101.4	102.4
(5)菜	Vegetables	113.7	114.5	111.6
(6)畜肉类	Livestock Meat	108.3	107.7	109.6
(7)禽肉类	Poultry	100.5	100.5	100.5
(8)水产品	Aquatic Products	102.7	103.5	100.0
(9)蛋类	Eggs	94.8	93.7	96.7
(10)奶类	Milk	96.7	95.5	100.1
(11)干鲜瓜果类	Dried and Fresh Melons and Fruits	99.1	99.5	98.0
(12)糖果糕点类	Candy and Cake	100.7	100.4	101.4
(13)调味品	Flavoring	100.9	101.0	100.7
(14)其他食品类	Other Foods	101.0	101.0	100.9
2.茶及饮料	Tea and Beverages	99.9	99.5	101.3
茶叶	Tea	101.5	101.2	102.5
3.烟酒	Tobacco and Liquor	101.6	101.8	101.4
(1)烟草	Tobacco	102.6	102.8	102.2
(2)酒类	Liquor	100.0	100.1	99.9
4.在外餐饮	Dining Out	102.2	102.4	101.5
二、衣着	**Clothing**	**101.1**	**101.3**	**100.5**
1.服装	Garments	101.3	101.8	100.0
(1)男式服装	Man's Garments	100.6	100.9	99.8
(2)女式服装	Woman's Garments	101.3	101.8	100.0
(3)儿童服装	Children's Garments	103.1	104.0	100.4
2.服装材料	Clothing Material	100.6	101.1	99.9

9-3 续表 1 continued

(上年价格=100) (preceding year=100)

项　目	Item	全　省 Provincial Indices	城　市 Urban Indices	农　村 Rural Indices
3.其他衣着及配件	Other Clothing Accessories	101.9	102.0	101.7
袜　子	Socks and Stockings	102.4	102.5	102.1
帽　子	Hats	102.6	102.9	101.8
4.衣着加工服务费	Clothing Manufacturing Services	102.6	102.3	103.2
5.鞋类	Footwear			
(1)鞋	Shoes	100.2	99.8	101.1
(2)鞋类加工服务	Footwear Processing Services	102.9	102.2	104.2
三、居住	**Residence**	**100.9**	**101.1**	**100.2**
1.租赁房房租	Rent	100.4	100.6	99.6
2.住房保养维修及管理	Housing Maintenance and Management	100.2	100.3	100.0
3.水电燃料	Water, Electricity and Fuels	101.7	102.0	100.9
4.自有住房	Private Housing	100.6	100.9	99.8
四、生活用品及服务	**Articles and Services for Daily Use**	**99.5**	**99.5**	**99.7**
1.家具及室内装饰品	Furniture and Interior Decorations	98.6	98.3	99.4
(1)家具	Furniture	98.3	97.8	99.6
(2)室内装饰品	Interior Decorations	100.0	100.5	98.6
2.家用器具	Household Appliances	97.2	96.7	98.7
3.家用纺织品	Home Textiles	97.1	96.4	98.7
(1)床上用品	Bed Articles	97.5	97.2	98.3
(2)窗帘门帘	The curtains and curtain	94.8	92.5	99.6
4.家庭日用杂品	Daily Use Household Articles	101.4	101.7	100.6
5.个人护理用品	Personal Care Products	101.2	101.5	100.2
化妆品	Cosmetics	102.1	102.7	100.3
6.家庭服务	Household Services	102.1	102.3	100.5
五、交通和通信	**Transportation and Communication**	**98.3**	**98.2**	**98.4**
1.交通	Transportation	98.6	98.7	98.4
(1)交通工具	Transportation Facility	97.1	96.8	97.8
(2)交通工具用燃料	fuels for vehicles	95.2	95.0	95.6
(3)交通工具使用和维修	Vehicles Use and Maintenance	102.2	102.6	100.9
(4)交通费	Traffic Fare	101.5	101.8	100.4
市内公共交通	Incity Traffic Fare	107.1	107.0	107.6
2.通信	Communication	97.6	97.3	98.4
(1)通信工具	Communication Facility	92.3	91.4	94.6
(2)通信服务	Communication Service	100.0	100.0	99.9
(3)邮递服务	Mail Service	100.0	100.0	100.1

9-3 续表 2 continued

(上年价格=100) (preceding year=100)

项 目	Item	全 省 Provincial Indices	城 市 Urban Indices	农 村 Rural Indices
六、教育文化和娱乐	**Education , Culture and Recreation**	**100.0**	**100.0**	**100.3**
1.教育	Education	100.7	100.6	101.2
(1)教育用品	Education supplies	101.7	101.6	102.0
(2)教育服务	Education Services	100.5	100.4	101.0
2.文化娱乐	Cultural and Recreational Articles	98.9	98.9	99.0
(1)文娱耐用消费品	Durable Consumer Goods for Cultural and Recreational Use	93.0	91.8	95.1
(2)其他文娱用品	Other Cultural and Recreational Articles	100.5	100.3	101.1
书报杂志	Newspapers and Magazines	100.9	101.0	100.3
(3)文化娱乐服务	Cultural and Recreational services	101.5	101.6	101.4
(4)旅游	Touring and Outing	101.4	101.4	101.4
七、医疗保健	**Health Care**	**102.4**	**102.1**	**103.1**
1.药品及医疗器具	Medicines and Medical Instruments	104.8	104.2	106.2
(1)中药	Traditional Chinese Medicine	105.3	105.5	104.8
(2)西药	Western Medicine	105.7	104.5	108.1
(3)滋补保健品	Dietary Supplements	103.1	103.2	103.0
(4)医疗卫生器具	Medical Instruments	101.3	101.1	101.9
(5)保健器具	Health Care Appliances	101.4	102.3	98.8
2.医疗服务	Medical Services	100.5	100.5	100.4
(1)综合医疗类	Comprehensive Medical	100.5	100.6	100.4
(2)诊断类	Diagnosis	100.3	100.0	101.0
(3)治疗类	Treatments	100.6	100.8	100.1
(4)康复类	Rehabilitations	100.3	100.3	100.0
(5)中医医疗服务类	Chinese Medical services	100.7	101.0	100.0
(6)其他医疗服务	Other medical services	100.6	100.9	99.9
八、其他用品和服务	**Other Articles and Services**	**102.2**	**102.1**	**102.5**
1.其他用品类	Other Articles	103.4	103.5	103.4
(1)首饰手表	Jewelry and Watches	106.6	107.1	105.5
(2)其他杂项用品	Other Miscellaneous Articles	99.5	99.4	100.0
箱 包	Bags	96.8	96.2	99.2
母婴用品	Mother and Baby Products	102.1	102.8	100.6
2.其他服务类	Other Services	101.2	101.1	101.3
(1)旅馆住宿	Hotel Accommodations	99.0	98.2	102.3
(2)美容美发洗浴	Beauty Salons and Baths	102.6	102.7	102.4
(3)养老服务	Pension Services	103.4	103.8	101.0
(4)金融保险	Financial Services	100.7	100.7	100.9
(5)其他服务类	Other Services	103.5	104.6	99.9
中介服务	Intermediary services	103.3	104.3	99.8

9-4 十九个市、县商品零售价格分类指数(2016年)
Retail Price Indices by Category of 19 Cities and Counties(2016)

(上年价格=100) (preceding year=100)

地 区	Region	总指数 General Index	一、食品 Food	二、饮料烟酒 Beverages, Tobacco and Liquor	三、服装鞋帽 Garments, Shoes and Hats	四、纺织品 Textiles	五、家用电器及音像器材 Household Appliances, Music and Video Equipment	六、文化办公用品 Cultural and Office Appliances	七、日用品 Articles for Daily Use	八、体育娱乐用品 Sports and Recreation Articles
全 省	**Shaanxi**	**100.3**	**103.2**	**100.8**	**101.3**	**98.0**	**94.4**	**96.6**	**100.6**	**100.4**
国家调查点	**National Survey Points**									
西安市	Xi'an	100.1	103.0	101.2	102.1	96.3	92.7	95.7	100.5	100.2
宝鸡市	Baoji	100.3	102.2	99.5	100.1	101.3	94.4	97.7	101.2	100.1
汉台区	Hantai	100.3	104.3	100.5	103.1	101.5	95.2	98.5	100.7	100.4
咸阳市	Xianyan	100.2	104.0	100.9	100.5	99.1	93.3	93.4	100.2	99.5
榆阳区	Yuyang	101.6	101.9	99.6	103.6	100.6	100.3	99.6	100.9	102.9
汉滨区	Hanbin	100.0	101.7	100.8	97.7	100.0	97.8	101.1	100.4	100.2
三原县	Sanyuan	99.7	104.2	101.4	98.0	99.9	95.3	96.2	100.5	99.5
商州区	Shangzhou	101.4	105.4	101.4	99.3	99.4	98.1	100.0	101.3	100.4
省级调查点	**Provincial Survey Points**									
铜川市	Tongchuan	100.8	104.2	100.6	101.0	102.7	100.2	99.3	99.1	100.7
宝塔区	Baota	101.5	101.9	100.8	100.6	100.0	97.7	96.8	103.1	100.9
临渭区	Linwei	100.3	103.2	102.2	98.3	98.8	98.1	100.9	99.1	99.8
西乡县	Xixiang	101.8	105.1	101.4	103.9	98.1	98.6	99.4	100.9	106.3
陇 县	Longxian	101.4	104.1	100.8	98.2	103.0	98.2	98.9	101.2	100.9
洛南县	Luonan	100.7	103.9	101.1	99.6	99.5	96.7	95.9	99.9	100.0
蒲城县	Puchneng	101.3	103.6	100.6	101.0	97.1	98.2	98.1	100.1	100.2
户 县	Huxian	100.8	102.2	101.1	100.1	96.5	98.4	100.6	100.7	101.3
绥德县	Suide	99.6	102.2	101.6	99.8	97.3	96.8	99.0	99.2	100.7
华阴市	Huayin	100.5	103.5	100.7	100.6	99.7	93.1	98.6	98.9	102.1
略阳县	Lueyang	100.6	102.8	101.0	102.8	99.8	96.7	101.2	100.5	101.5

9-4 续表 continued

(上年价格=100) (preceding year=100)

地 区	Region	九、交通通信用品 Transportation and Communication Appliances	十、家具 Furniture	十一、化妆品 Cosmetics	十二、金银饰品 Gold and Silver Jewellery	十三、中西药品及医疗保健用品 Traditional Chinese and Western Medicines and Health	十四、书报杂志及电子出版物 Books, Newspapers, Magazines and Electronic Publications	十五、燃料 Fuels	十六、建筑材料及五金电料 Building Materials and Hardware
全 省	**Shaanxi**	**97.3**	**97.8**	**102.0**	**107.9**	**104.5**	**101.2**	**97.4**	**99.8**
国家调查点	**National Survey Points**								
西安市	Xi'an	97.2	97.4	102.3	109.2	105.1	101.0	97.2	99.4
宝鸡市	Baoji	99.7	99.9	100.8	105.7	101.2	101.8	98.1	100.7
汉台区	Hantai	97.3	94.7	100.5	98.7	101.4	100.1	97.2	99.1
咸阳市	Xianyan	97.4	100.0	100.4	106.7	102.8	100.6	97.2	102.9
榆阳区	Yuyang	102.4	101.6	101.3	107.0	101.1	103.8	97.1	104.8
汉滨区	Hanbin	98.8	101.6	100.2	104.9	101.2	102.2	96.9	100.4
三原县	Sanyuan	93.3	98.5	99.1	105.1	104.3	100.1	98.3	99.3
商州区	Shangzhou	100.1	99.7	101.6	107.2	100.3	99.6	99.2	100.4
省级调查点	**Provincial Survey Points**								
铜川市	Tongchuan	94.8	101.7	100.8	102.3	105.0	102.1	96.6	101.2
宝塔区	Baota	101.4	99.4	102.8	109.2	107.8	104.0	99.2	100.0
临渭区	Linwei	99.9	98.4	98.3	106.7	100.4	100.0	95.4	101.2
西乡县	Xixiang	97.9	100.1	99.4	107.1	106.0	101.9	99.1	99.2
陇 县	Longxian	97.0	101.9	100.5	107.5	110.4	101.8	99.2	102.7
洛南县	Luonan	100.7	98.4	100.7	107.4	99.8	100.0	98.5	99.5
蒲城县	Puchneng	98.9	101.0	100.0	107.4	109.9	99.9	97.4	100.3
户 县	Huxian	100.8	100.6	102.2	106.1	105.3	101.3	98.5	94.7
绥德县	Suide	94.1	94.1	99.6	105.3	110.7	104.5	93.0	101.6
华阴市	Huayin	98.4	103.9	100.5	104.9	102.2	102.8	96.8	102.1
略阳县	Lueyang	97.4	98.9	100.6	104.0	103.8	99.9	97.4	98.6

9-5 十九个市、县居民消费价格分类指数(2016年)
Consumer Price Indices by Category and Region of 19 Cities and Counties(2016)

(上年价格=100) (preceding year=100)

地区	Region	总指数 General Index	一、食品烟酒 Food, Alcohol and Tobacco	二、衣着 Clothing	三、居住 Residence	四、生活用品及服务 Articles and Services for Daily Use	五、交通和通信 Transportation and Communication	六、教育文化和娱乐 Education, Culture and Recreation	七、医疗保健 Health Care	八、其他用品和服务 Other Articles and Services
全省	**Shaanxi**	**101.3**	**103.1**	**101.1**	**100.9**	**99.5**	**98.3**	**100.0**	**102.4**	**102.2**
国家调查点	**National Survey Points**									
西安市	Xi'an	100.9	102.8	102.1	100.6	99.1	97.3	99.2	102.3	102.4
宝鸡市	Baoji	102.6	102.2	100.0	106.0	100.3	98.6	102.3	105.6	103.3
汉台区	Hantai	101.9	104.7	102.4	100.6	98.7	100.2	101.1	100.7	101.5
咸阳市	Xianyan	101.5	104.0	100.5	100.6	99.3	100.1	100.2	101.4	103.3
榆阳区	Yuyang	101.5	101.7	103.1	101.7	101.6	99.8	102.3	100.3	101.8
汉滨区	Hanbin	101.3	102.0	98.1	101.6	100.3	102.6	100.9	100.5	101.6
三原县	Sanyuan	100.7	103.7	98.1	99.6	99.4	97.2	98.8	103.1	101.8
商州区	Shangzhou	102.1	105.8	99.6	101.1	100.8	99.4	101.0	100.1	102.4
省级调查点	**Provincial Survey Points**									
铜川市	Tongchuan	101.3	103.7	101.1	101.2	101.8	95.4	100.3	102.1	101.5
宝塔区	Baota	101.4	101.8	100.4	100.3	101.3	100.3	101.5	104.8	102.2
临渭区	Linwei	100.7	102.9	98.1	100.1	98.9	98.8	100.9	100.1	101.8
西乡县	Xixiang	102.4	104.1	103.8	102.5	99.8	98.6	102.2	102.0	103.5
陇县	Longxian	101.6	104.0	98.7	99.9	101.5	97.8	99.9	106.1	103.3
洛南县	Luonan	101.1	103.4	99.7	101.0	99.5	99.4	99.4	100.0	102.1
蒲城县	Puchneng	101.3	102.7	101.3	99.9	99.2	99.3	100.8	104.3	102.3
户县	Huxian	100.8	102.1	99.8	99.1	99.8	99.0	101.7	102.7	102.8
绥德县	Suide	100.4	102.0	100.6	98.8	98.7	97.3	98.7	104.8	101.4
华阴市	Huayin	100.9	102.8	100.9	100.3	99.7	97.5	99.8	101.4	102.3
略阳县	Lueyang	101.7	102.4	102.8	101.5	100.2	98.8	102.3	101.7	105.6

9-6 农业生产资料价格指数
Price Indices for Means of Agricultural Production

(上年价格=100) (preceding year=100)

类 别	Item	2015	2016
总指数	**General Index**	**100.6**	**99.7**
一、农用手工工具	Farm Handtools	101.2	97.5
二、饲 料	Forage	97.2	91.3
混合饲料	Mixed Forage	98.5	94.8
其 他	Others	95.0	84.6
三、子畜幼禽及产品畜	Poults and Livestock Products		134.2
四、半机械化农具	Semi-mechanized Farm Tools	100.0	98.4
五、机械化农具	Mechanized Farm Machinery	98.8	97.9
六、化学肥料	Chemical Fertilizer	101.4	96.0
氮 肥	Nitrogenous Fertilizer	101.4	93.4
磷 肥	Phosphate Fertilizer	98.8	99.4
钾 肥	Potash Fertilizer	101.7	95.7
复合肥料	Compound Fertilizer	103.8	98.6
七、农药及农药器械	Pesticide and Its Appliances	101.8	100.2
化学农药	Chemical Pesticide	101.5	100.2
杀虫剂	Insecticide	101.6	99.6
杀菌剂	Bactericide	101.2	100.7
除草剂	Herbicide	102.0	101.0
农药器械	Appliances for Pesticide	103.0	99.9
八、农用机油	Oil for Farm Machinery	90.4	96.0
九、其他农业生产资料	Other Means of Agricultural Production	101.6	101.3
农用种子	Seeds for Farming	101.7	102.4
农用薄膜	Pellicle for Farming	101.1	99.0
未列明的其他农用生产资料	Others		101.2
十、农业生产服务	Service for Agricultural Production	102.1	102.2
排灌费	Expenditure of Irrigation and Drainage	102.2	101.4
机械作业费	Expenditure of Mechanical Operations	101.0	99.5
农业用电	Agricultural Electricity	100.0	100.1
农业用工	Agricultural Labor	105.5	106.0

9-7 工业生产者出厂价格指数
Producer Price Index for Industrial Products

(上年价格=100) (preceding year=100)

类　别	Item	2015	2016
总指数	**General Index**	**90.8**	**97.6**
按轻重工业分	Grouped by Light & Heavy Industries		
轻工业	Light Industry	100.5	98.7
以农产品为原料	Agricultural Products as Raw Materials	100.2	98.6
以非农产品为原料	Non-agricultural Products as Raw Materials	102.0	99.1
重工业	Heavy Industry	89.4	97.4
采掘工业	Mining & Quarrying Industry	79.0	95.6
原料工业	Raw Materials Industry	87.9	97.2
加工工业	Processing Industry	97.6	98.7
按用途分	Grouped by Use		
生产资料	Means of Production	89.1	97.3
采掘工业	Mining & Quarrying Industry	79.0	95.6
原料工业	Raw Materials Industry	87.8	97.1
加工工业	Processing Industry	97.5	98.3
生活资料	Consumer Goods	100.3	99.4
食　品	Food	101.4	99.6
衣　着	Clothing	97.2	100.8
一般工业品	Articles for Daily Use	101.1	98.5
耐用消费品	Durable Consumer Goods	96.7	99.7
按工业部门分	By Department of Industry		
1.冶金工业	Metallurgical Industry	92.7	100.2
2.电力工业	Power Industry	99.3	95.3
3.煤炭及炼焦工业	Coal and Coking Industry	79.9	107.1
4.石油工业	Petroleum Industry	76.8	84.4
5.化学工业	Chemical Industry	99.5	100.9
6.机械工业	Machine Industry	99.2	98.6
7.建筑材料工业	Building Materials Industry	97.9	99.1
8.森林工业	Forestry Industry	95.5	98.8
9.食品工业	Food Industry	101.0	99.0
10.纺织工业	Textile Industry	95.0	94.4
11.缝纫工业	Tailoring Industry	95.6	100.3
12.皮革工业	Leather Industry	116.6	99.4
13.造纸工业	Paper Making Industry	98.1	99.3
14.文教艺术用品工业	Cultural, Education & Handicrafts Article	100.2	96.8
15.其它工业	Other Industry	100.3	99.4

9-8 工业生产者购进价格指数
Purchasing Price Index for Industrial Products

(上年价格=100) (preceding year=100)

类　　别	Item	2015	2016
总指数	**General Index**	**95.2**	**95.9**
一、燃料、动力类	Fuels	91.3	90.8
二、黑色金属材料类	Ferrous Metal Materials	95.5	97.0
钢　材	Steel	93.8	98.5
其　它	Others	98.5	95.0
三、有色金属材料类和电线类	Non-ferrous Metals	96.5	102.7
四、化工原材料类	Chemical Raw Materials	97.2	98.5
五、木材及纸浆类	Timber and Paper Pulp	99.3	99.7
六、建筑材料类及非金属矿类	Building Materials and Non-metal Mineral	95.5	101.3
七、其它工业原材料及半成品	Other Industrial Raw Materials and Half-products	99.5	99.8
八、农副产品类	Farm Products	96.8	99.1
九、纺织原材料类	Textile Raw Materials	95.4	100.0

9-9 固定资产投资价格指数
Price Index of Investment in Fixed Assets

(上年价格=100)

类　　别	Item	2015	2016
总指数	**General Index**	**98.8**	**99.9**
一、建筑安装工程	Construction and Installation	98.4	99.8
1.材料费	Material	94.6	98.6
钢　材	Steel	86.3	98.3
木　材	Timber	103.8	101.3
水　泥	Cement	97.4	97.1
地方建筑材料	Local Construction Material	99.0	99.9
化工材料	Chemical Material	96.7	95.5
电　料	Electric Material	97.6	99.5
其它材料	Others	98.5	101.0
2.人工费	Labour	104.6	103.7
3.机械使用费	Machinery	100.4	99.3
二、设备工器具购置	Purchase of Equipment,Tools and Instruments	99.1	98.9
三、其它费用	Others	100.7	101.3

9-10 农产品生产价格指数
Producers' Price Indices for Farm Products

(上年价格=100) (preceding year=100)

类　别	Item	2015	2016
总指数	**General Index**	**96.3**	**98.0**
一、农业产品	Planting Products	94.7	94.8
#小　麦	Wheat	98.1	90.0
玉　米	Corn	91.4	83.9
油　料	Oil-bearing Crops	100.8	98.8
水　果	Fruit	87.3	96.1
二、林业产品	Forestry Products	81.8	71.0
三、饲养动物及其产品	Animal Feeding and Products	100.1	106.1
#活　猪	Live pigs	108.4	115.1
鸡　蛋	Eggs	95.3	95.8
四、渔业产品	Fishery Products	102.4	97.4

9-11 西安市住宅销售价格指数
Sales Price Index of Residential Buildings in Xi'an

(上年价格=100) (preceding year=100)

类　别	Item	2015	2016
新建住宅销售价格指数	**Sales Price Index of New Residential Buildings**	**96.2**	**102.9**
新建商品住宅	New Commercialized Residential Buildings	95.8	103.2
1.90平方米以下	Less Than 90 Sq.m	95.7	104.2
2.90－144平方米	90-144 Sq.m	96.5	102.7
3.144平方米以上	144 Sq.m and more	94.5	103.1
二手住宅销售价格指数	**Sales Price Index of Second-hand House**	**93.3**	**97.0**
1.90平方米以下	Less Than 90 Sq.m	94.0	97.1
2.90－144平方米	90-144 Sq.m	92.9	97.0
3.144平方米以上	144 Sq.m and more	93.4	96.5

主要统计指标解释

居民消费价格指数　是反映一定时期内城乡居民所购买的生活消费品价格和服务项目价格变动趋势和程度的相对数，是对城市居民消费价格指数和农村居民消费价格指数进行综合汇总计算的结果。该指数可以观察和分析消费品的零售价格和服务项目价格变动对城乡居民实际生活费支出的影响程度。

城市居民消费价格指数　是反映一定时期内城市居民家庭所购买的生活消费品价格和服务项目价格变动趋势和程度的相对数。该指数可以观察和分析消费品的零售价格和服务项目价格变动对城镇职工货币工资的影响，作为研究职工生活和确定工资政策的依据。

农村居民消费价格指数　是反映一定时期内农村居民家庭所购买的生活消费品价格和服务项目价格变动趋势和程度的相对数。该指数可以观察农村消费品的零售价格和服务项目价格变动对农村居民生活消费支出的影响，直接反映农村居民生活水平的实际变化情况，为分析和研究农村居民生活问题提供依据。

商品零售价格指数　是反映一定时期内城乡商品零售价格变动趋势和程度的相对数。商品零售价格的变动直接影响到城乡居民的生活支出和国家的财政收入，影响居民购买力和市场供需的平衡，影响到消费与积累的比例关系。因此，该指数可以从一个侧面对上述经济活动进行观察和分析。

农业生产资料价格指数　指反映一定时期内农业生产资料价格变动趋势和程度的相对数。其编制目的是了解农业生产中物质资料投入价格的变动状况，服务于国民经济核算。1994 年以前，农业生产资料价格指数仅仅是商品零售价格指数的一个类别，此后，从商品零售价格指数中分离出来，单独编制。

农产品生产价格指数　是反映一定时期内，农产品生产者出售农产品价格水平变动趋势及幅度的相对数。该指数可以客观反映全国农产品生产价格水平和结构变动情况，满足农业与国民经济核算需要。其中某代表品生产价格指数是通过对全部有出售该产品行为的调查单位的个体指数进行几何平均求得的，类价格指数是通过对其所属的类（或代表品）的价格指数进行加权平均求得的。季度累计价格指数的计算方法与分季指数的计算方法相同。

工业生产者价格　包括工业企业产品第一次出售时的出厂价格和企业作为中间投入的原材料、燃料、动力购进价格（简称工业生产者购进价格）。

工业生产者出厂价格指数　是反映一定时期内全部工业产品出厂价格总水平的变动趋势和程度的相对数，包括工业企业销售给本企业以外所有单位的各种产品和直接售给居民用于生活消费的产品。该指数可以观察出厂价格变动对工业总产值及增加值的影响。

工业生产者购进价格指数　是反映工业企业作为生产投入，而从物资交易市场和能源、原材料生产企业购买原材料、燃料和动力产品时，所支付的价格水平变动趋势和程度的统计指标，是扣除工业企业物质消耗成本中的价格变动影响的重要依据。

固定资产投资价格指数　是反映一定时期内固定资产投资品及取费项目的价格变动趋势和程度的相对数。固定资产投资额是由建筑安装工程投资完成额、设备工器具购置投资完成额和其他费用投资完成额三部分组成的。编制固定资产投资价格指数应首先分别编制上述三部分投资的价格指数，然后采用加权算术平均法求出固定资产投资价格总指数。

该指数可以准确地反映固定资产投资中涉及的各类投资品和取费项目价格变动趋势和变动幅度，消除按现价计算的固定资产投资指标中的价格变动因素，真实地反映固定资产投资的规模、速度、结构和效益，为国家科学地制定、检查固定资产投资计划并提高宏观调控水平，为完善国民经济核算体系提供科学的、可靠的依据。

Explanatory Notes on Main Statistical Indicators

Consumer Price Indices reflect the trend and degree of changes in prices of consumer goods and services purchased by urban and rural households during a given period. They are obtained by combining Consumer Price Indices of Urban Household and Consumer Price Indices of Rural Household. The Indices enable the observation and analysis of the degree of impact of the changes in the prices of retailed goods and services on the actual living expenses of urban and rural residents.

Consumer Price Indices of Urban Household reflect the trend and degree of changes in prices of consumer goods and services purchased by urban households during a given period. It can be used to observe and analyze the impact of price changes in consumer goods and services on wages (in monetary terms) of urban staff and workers, and provide a basis for research on the livelihood of staff and workers and policy-making concerning wages.

Consumer Price Indices of Rural Household reflect the trend and degree of changes in prices of consumer goods and services purchased by rural households during a given period. It can be used to observe the impact of change in retail prices of consumer goods and service prices in rural areas on living expenditure of rural households, and to show the changes in the living standard of rural households. It provides a basis for analysis and research on the condition of life in rural areas.

Retail Price Indices reflect the trend and degree of change in retail prices of commodities during a given period. The change in retail prices of commodities directly affect the living expenses of urban and rural residents, government revenue, purchasing power of residents and the equilibrium of market supply and demand, and the ratio of consumption to accumulation. Therefore, the retail price indices are useful from an oblique perspective for observing and analyzing the changes of the above economic activities.

Price Indices for Means of Agricultural Production reflect the trend and degree of changes in the prices of the means of agricultural production during a given period. Compilation of these indices helps to understand the changes in prices of input into agricultural production and facilitate the compilation of national accounts statistics. Before 1994, price indices for means of agricultural production were a sub-category in the retail price indices for commodities, and it has been compiled separately since 1994.

Producer Prices Indices for Farm Products reflect the trend and degree of changes in producers' prices received by farmers when they sell farm products during a given period. These indices depict the change in the level and structure of producer prices for farm products of the country and meet the needs of agricultural statistics and national accounts statistics. The producer price index for a given product is calculated as the geometrical mean of individual indices for all surveyed units which sell such product, and the indices for a product category is obtained as the weighted mean of price indices for all products in the category. Method for calculating accumulative quarterly indices is the same as for calculating the individual quarterly indices.

Industrial Producer Price includes the ex-factory price when the products were first sold and the purchasing price of raw materials, fuel and power as intermediate input by enterprises (short for Industrial Producer Price).

Ex-factory Price Indices of Industrial Producer are to reflect ex-factory general price level of all industrial products in a given period the number of fluctuant trend and degree, including products sold to other units by industrial enterprises and products sold to residents for living. The index shows that ex-factory price changes influence on gross industrial output value and value-added.

Purchase Price Indices of Industrial Producer are the statistical Indices to reflect the fluctuant trend and degree of the price as production inputs by industrial enterprises, which are paid for raw materials, fuel and power products, purchasing from material trading market and energy and raw materials production enterprises. It's the important basis of subtracting effects from price changes of industrial enterprises material cost.

十、人民生活

People's Livelihood

资料整理：李晓利　于秋白　李　宁　孙士梅

简 要 说 明

一、本篇资料反映陕西城乡居民生活状况，主要包括全省居民家庭常住人口、可支配收入、生活消费支出、主要商品购买数量、耐用消费品拥有情况、居住情况等。

二、本篇资料来源:

全省居民、城镇居民和农村居民收支和生活状况、各市（区）城乡居民人均可支配收入来源于国家统计局陕西调查总队城乡一体化住户收支与生活状况抽样调查。

各县（市、区）城乡居民人均可支配收入来源于省统计局地方经济调查中心调查统计。

三、从2012年四季度起，国家统计局对分别进行的城乡住户调查实施了一体化改革，统一了城乡居民收入指标名称、分类和统计标准，建立了城乡统一的一体化住户调查《住户收支与生活状况调查》。由于2013年调查样本为全新抽取样本，且与往年城镇居民、农村居民抽选总体、方法不同，调查范围更广，统计口径发生变化，与老口径数据存在差异。本年鉴2013年起为新口径数据。

Brief Introduction

Ⅰ. This chapter reflects the people's living conditions in Shaanxi, consisting of the resident population，disposable income，living expenditure，the main commodity purchase quantity, consumer durables situation, the inhabit situation and etc.

Ⅱ. Sources of Data:

The data on the income, expenditure and livelihood of province residents, urban residents and rural residents ,per capita annual disposable income in urban and rural households by city(district) are obtained from sample surveys on income, expenditure and living conditions by urban and rural household integration under Shaanxi Survey Office of the National Bureau of Statistics.

The Per Capita income in urban and rural households by county (city and district) are collected by the local economic survey center of the Statistic Bureau of Shaanxi Province.

Ⅲ. In the fourth quarter of 2012, the NBS launched its reform on the household survey programme in order to produce aggregates with the same concepts and definitions for the urban and rural population. This new survey programme is an integrated one whereas there had existed two separate household surveys for the urban and rural households. The reform took a number of measures, including the integration of concepts, classifications and standards, which provided a basis for producing data covering all households. Because of investigation samples in 2013 are brand new samples, the selected population and methods are different from urban and rural residents chosen in previous years. The field of investigation are broader, statistics range have been changed, they are different from the old range data. Since 2013, the data of this yearbook are new range data.

10.人民生活

2016 年全省		
居民人均可支配收入	18874 元	比上年增长 8.5% (实际增长 7.1%)
农村居民人均可支配收入	9396 元	比上年增长 8.1% (实际增长 6.9%)
城镇居民人均可支配收入	28440 元	比上年增长 7.6% (实际增长 6.3%)

居民人均可支配收入(元)

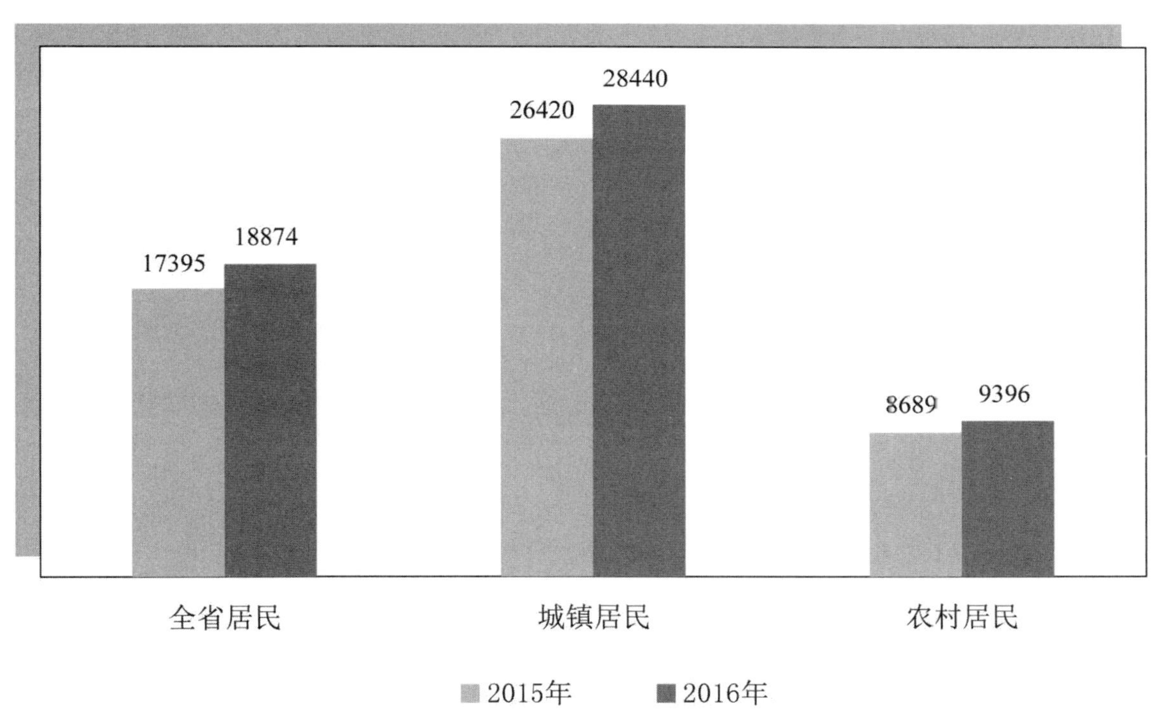

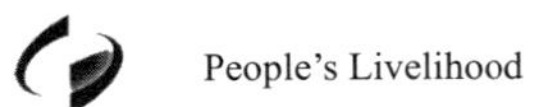

10-1 城乡居民人均收入及指数
Per Capita Annual Income of Urban and Rural Households

年 份 Year	农村居民人均纯收入 Per Capita Annual Net Income of Rural Households			城镇居民人均可支配收入 Per Capita Annual Disposable Income of Urban Households		
	绝对数(元) Value (yuan)	指 数 Index (上年=100) (preceding year=100)	指 数 Index (1978年=100) (year of 1978=100)	绝对数(元) Value (yuan)	指 数 Index (上年=100) (preceding year=100)	指 数 Index (1978年=100) (year of 1978=100)
1978	134		100.0	310		100.0
1979	150	111.0	111.0			
1980	142	92.6	102.8	407		122.8
1981	177	122.8	126.1	427	101.3	124.4
1982	218	121.6	153.4	452	104.9	130.5
1983	236	107.4	164.8	488	106.3	138.7
1984	263	108.9	179.5	552	109.4	151.7
1985	295	106.7	191.4	650	109.5	166.0
1986	299	96.8	185.3	814	117.5	195.1
1987	329	103.8	192.5	905	101.8	198.6
1988	404	106.6	205.3	1040	95.7	190.1
1989	434	89.7	184.1	1239	101.3	192.5
1990	530	104.2	191.9	1369	107.7	207.3
1991	534	96.3	184.7	1498	102.0	211.5
1992	559	98.2	181.4	1705	102.4	216.5
1993	653	106.2	192.6	2102	108.1	234.1
1994	805	97.3	187.4	2684	99.6	233.1
1995	963	99.4	186.2	3310	104.5	243.6
1996	1165	110.0	204.8	3810	104.4	254.2
1997	1285	102.4	209.6	4001	99.8	253.8
1998	1406	113.1	237.1	4220	108.0	274.0
1999	1456	106.6	252.7	4654	113.5	310.8
2000	1470	103.3	261.0	5124	109.8	341.2
2001	1520	101.3	264.3	5484	106.9	364.8
2002	1596	104.6	276.5	6331	117.6	428.9
2003	1676	102.2	282.6	6806	106.6	457.4
2004	1867	106.3	300.4	7492	106.9	488.9
2005	2052	106.9	321.1	8272	109.4	534.9
2006	2260	107.9	346.5	9268	109.7	586.9
2007	2645	110.0	381.1	10763	110.5	648.5
2008	3136	110.6	421.5	12858	112.5	729.6
2009	3438	109.2	460.3	14129	109.9	801.8
2010	4105	112.0	515.5	15695	107.1	858.7
2011	5028	114.3	589.3	18245	110.0	944.6
2012	5763	111.2	655.3	20734	110.8	1046.6
2013	7092	109.4	716.8	22346	107.2	1122.0
2014	7932	109.9	787.8	24366	107.3	1203.9
2015	8689	108.3	853.2	26420	107.5	1294.2
2016	9396	106.9	912.1	28440	106.3	1375.7

注：1.本表绝对数按当年价格计算，指数按可比价格计算。
2.实施城乡住户调查一体化后，统计口径发生变化，新老口径数据存在差异。本表2013年起为新口径城乡居民人均可支配收入。

a) Level data in this table are calculated at current prices while indices at constant prices.

b) After the rban-rural integration Investigation has been conducted, the statistical range has been changed, data of new and old ranges are different. Per capita annual disposable income of urban and rural households data of 2014 in this table is new range data.

10-2 各市(区)城乡居民人均可支配收入
Per Capita Annual Disposable Income in Urban and Rural Households by City (District)

单位：元 (yuan)

地区	Region	城镇居民人均可支配收入 Per Capita Annual Disposable Income of Urban Households			农村居民人均可支配收入 Per Capita Annual Net Income of Rural Households		
		2015	2016	2016年比2015年增长% Increase of 2016 over 2015 (%)	2015	2016	2016年比2015年增长% Increase of 2016 over 2015 (%)
西安市	Xi'an	33188	35630	7.4	14072	15191	8.0
铜川市	Tongchuan	25559	27594	8.0	8739	9478	8.5
宝鸡市	Baoji	29475	31730	7.7	9511	10287	8.2
咸阳市	Xianyang	29425	31662	7.6	9690	10481	8.2
渭南市	Weinan	25472	27485	7.9	8705	9415	8.2
延安市	Yan'an	28590	30693	7.4	9789	10568	8.0
汉中市	Hanzhong	23625	25595	8.3	8164	8855	8.5
榆林市	Yulin	27765	29781	7.3	9802	10582	8.0
安康市	Ankang	23985	25962	8.2	7913	8590	8.6
商洛市	Shangluo	23509	25468	8.3	7706	8358	8.5
杨凌示范区	Yangling	33109	35510	7.3	13792	14959	8.5

10-3 全省居民家庭基本情况
Basic Conditions of All Households

指 标	Item	2013	2014	2015	2016
调查户数 (户)	Number of Households Surveyed (household)	4351	4292	4309	4339
调查户人口 (人)	Number of Residents in the Household Surveyed(person)				
1.常住人口	Permanent Residents	14252	13789	13762	13697
2.平均每户常住人口	Average Household Size	3.3	3.2	3.2	3.2
3.平均每户劳动力人数	Labours Per Households	2.2	2.1	2.2	2.2
平均每户整劳动力人数	Ablebodied Labours Per Households	1.3	1.1	1.1	1.1
平均每户半劳动力人数	Semiablebodied Labours Per Households	0.9	1.0	1.1	1.2
4.平均每劳动力负担人口	Average Number of Persons Supported by a Laborer	1.5	1.5	1.5	1.5
平均每人可支配收入 (元)	Annual Per Capita Disposable Income (yuan)	14372	15837	17395	18874
工资性收入	Wages Income	8184	8849	9536	10366
经营净收入	Net Income from Business	2217	2404	2531	2538
财产净收入	Property Income	874	1033	1194	1104
转移净收入	Transfer Income	3097	3551	4134	4866
平均每人生活消费支出 (元)	Annual Per Capita Consumption Expenditure (yuan)	11217	12204	13087	13943
食品、烟酒	Food,Tobacco and Alcohol	3066	3406	3646	3857
衣 着	Clothing	912	945	990	1024
居 住	Residence	2384	2586	2786	2851
生活用品及服务	Living Articles and Services	730	796	887	953
交通通信	Transportation and Communications	1374	1535	1537	1664
教育文化娱乐	Recreation, Education and Culture Services	1438	1500	1608	1785
医疗保健	Medicine and Medical Services	1081	1178	1364	1528
其他用品和服务	Others	232	258	269	281
平均每人年末现住房建筑面积 (平方米)	Floor Area per Capita at Year-end (sq.m)	35.0	36.0	37.0	38.7

10-4 全省居民人均可支配收入
Per Capita Annual Disposable Income of All Households

单位：元 (yuan)

指　标	Item	2015	2016
可支配收入	**Disposable Income**	**17395.0**	**18873.9**
一、工资性收入	**Wages Income**	**9535.6**	**10366.1**
(一)工资	Wage	8973.8	9770.3
1.按月发放的工资	The wages by monthly	7269.0	8240.7
2.补发工资	Retroactive pay	141.7	73.8
3.不按月发放的奖金、津贴、过节费等	The Bonus, allowance, holiday fee etc.by no-monthly	1563.1	1455.8
(二)实物福利	Benefits in kind	42.5	38.4
1.从单位或雇主得到的实物产品折价	The Discount of Real Products from the Company or Employer	12.3	13.3
2.从单位或雇主得到的服务折价	The Discount of Services from the Company or Employer	30.2	25.2
3.单位或雇主实物福利报销所得	The Reimbursement Income in kind from the Company or Employer		
(三)其他	Others	519.3	557.4
1.住房公积金	Housing Funds	390.7	425.8
2.辞退金	Dismissal Payments	0.6	0.7
3.自由职业劳动所得(如稿费、翻译费)	Income by liberal work (Such as Remuneration, Translation Fee)	15.8	37.3
4.安家费	Settling-in Allowance	0.1	0.6
5.股票期权	Stock Options	2.8	
6.其他劳动所得	Others	109.4	93.0
二、经营净收入	**Net Income from Business**	**2531.0**	**2538.3**
(一)第一产业经营净收入	Net Income from Primary Industry Business	1137.4	1183.4
1.农业	Agricultural	981.2	1019.4
2.林业	Forestry	55.6	53.9
3.牧业	Animal Husbandry	101.6	109.2
4.渔业	Fishery	(0.9)	0.9
(二)第二产业经营净收入	Net Income from Secondary Industry Business	80.5	113.1
(三)第三产业经营净收入	Net Income from Tertiary Industry Business	1313.1	1241.7
1.批发和零售业	Wholesale and Retail Trades	713.5	744.2
2.交通运输、仓储和邮政业	Transport, Storage and Post	211.2	172.7
3.住宿和餐饮业	Hotels and Catering Services	115.3	79.7
4.房地产业	Real Estate	0.7	6.7
5.租赁和商务服务业	Leasing and Business Services	20.6	11.4
6.居民服务、修理和其他服务业	Services to Households and Other Services	184.8	184.2
7.农林牧渔服务业	Services to Agriculture, Forestry, Animal Husbandry and Fishery	30.9	14.5
8.其他	Others	36.2	28.3

10-4 续表 continued

单位：元 (yuan)

指 标	Item	2015	2016
三、财产净收入	**Net Income from Properties**	**1194.1**	**1103.5**
# 利息净收入	Net Interests	37.0	16.9
红利收入	Bonus	133.2	130.3
储蓄性保险净收益	Net Benefits of Savings Insurance	0.7	3.0
转让承包土地经营权租金净收入	The Rent Income by Transfer of Land Rights	26.9	30.0
出租房屋财产性收入	The Property Income by Renting House	493.2	415.8
出租机械、专利、版权等资产的收入	The Income by Renting Assets like Mechanical, Patents, Copyright ect.	21.3	10.8
四、转移净收入	**Net Income from Transfer**	**4134.3**	**4866.0**
(一)转移性收入	Income from Transfer	4825.7	5638.3
1.养老金或离退休金	Pension or Retired Pension	3456.3	4103.3
2.社会救济和补助	Social Relief and Aid	80.6	92.3
3.政策性生活补贴	Policy Allowance	43.3	62.2
4.报销医疗费	Reimbursement of Medical treatment	274.5	332.4
5.家庭外出从业人员寄回带回收入	Income from Family Outings Employees	570.5	688.0
6.赡养收入	Alimony Income	253.1	251.4
7.其他经常转移收入	Others Recurring Income from Transfer	52.4	35.6
8.从政府和组织得到的实物产品和服务折价	The Discount of Real Products and Services from the Governments and Organizations	14.8	16.7
9.现金政策性惠农补贴	The Cash Policy Subsidies for Agricultural	80.2	56.2
(二)转移性支出	Transfer Expenditure	691.4	772.2
1.个人所得税	Personal Income Tax	27.3	39.4
2.社会保障支出	Expenditure for Social Security	487.9	580.7
3.外来从业人员寄给家人的支出	Expenditure for Family from Migrant Workers	11.1	8.2
4.赡养支出	Expenditure for Alimony	107.6	96.0
5.其他	Others	57.5	47.9

10-5 全省居民人均生活消费支出
Per Capita Living Expenditure of All Households

单位：元 (yuan)

指 标	Item	2015	2016
生活消费支出	**Total Living Expenditure**	**13087.5**	**13943.4**
一、食品、烟酒	**Food,Tobacco and Alcohol**	**3646.4**	**3857.4**
1.食 品	Food	2409.3	2526.0
# 谷 物	Grain	475.3	458.7
薯 类	Potato	52.8	65.1
豆 类	Beans	43.8	49.1
食用油	Edible Oil	150.2	146.3
蔬菜和食用菌	Vegetables and Edible Mushrooms	346.6	382.8
肉 类	Meat	439.3	454.7
禽 类	Poultry	49.8	60.6
水产品	Aquatic Products	52.4	56.3
蛋 类	Eggs	74.8	63.8
奶 类	Milk	200.0	226.6
干鲜瓜果类	Fresh and Dried Fruits	272.3	287.7
糖果糕点类	Candy and Pastry	95.8	97.5
2.烟 酒	Tobacco and Alcohol	387.6	406.2
# 烟 草	Tobacco	267.1	282.2
酒 类	Alcohol	120.5	124.0
3.饮 料	Beverages	77.1	80.0
4.饮食服务	Catering Services	772.4	845.1
二、衣 着	**Clothing**	**989.6**	**1024.1**
# 衣 类	Garments	761.3	797.1
鞋 类	Footwear	228.1	227.1
三、居 住	**Residence**	**2786.1**	**2850.6**
# 租赁房房租	Rental Housing Rent	168.4	159.2
住房维修及管理	Housing Repair and Management	591.3	491.5
水电燃料及其他	Water,Electric Power Fuel and Others	661.6	723.6
四、生活用品及服务	**Living Articles and Services**	**887.3**	**953.4**
# 家具及室内装饰品	Furniture and External Decorations	210.0	200.8
家用器具	Household Appliances	204.1	237.3
家用纺织品	Household textile	74.8	83.0
家庭日用杂品	Household Articles of Daily Use	227.6	245.3
个人用品	Personal Items	136.9	153.2
家庭服务	Household Services	33.8	33.8
五、交通通信	**Transportation and Communications**	**1537.1**	**1664.1**
# 交 通	Transportation	993.7	1071.7
通 信	Communications	543.5	592.4
六、教育文化娱乐	**Recreation, Education and Culture Services**	**1608.4**	**1785.4**
# 教 育	Education	1031.7	1098.8
文化娱乐	Recreation	576.7	686.6
七、医疗保健	**Medicine and Medical Services**	**1363.5**	**1527.9**
医疗器具及药品	Medical Instruments and Medicines	468.9	554.2
医疗服务	Medical Services	894.6	973.6
八、其他用品和服务	**Others**	**269.1**	**280.7**

10-6 全省居民人均购买主要商品数量
Per Capita Annual Purchases of Major Commodities of All Households

品名		Item		2015	2016
小麦	(公斤)	Wheat	(kg)	1.1	2.0
面粉	(公斤)	Flour	(kg)	28.7	26.6
大米	(公斤)	Rice	(kg)	17.5	17.5
薯类	(公斤)	Potato	(kg)	11.0	12.3
豆类	(公斤)	Beans	(kg)	6.9	7.8
食用植物油	(公斤)	Edible Vegetable Oil	(kg)	10.2	9.9
鲜菜	(公斤)	Fresh Vegetables	(kg)	64.8	68.8
猪肉	(公斤)	Pork	(kg)	9.6	9.3
牛肉	(公斤)	Beef	(kg)	0.6	0.6
羊肉	(公斤)	Mutton	(kg)	1.0	1.2
鸡	(公斤)	Chicken	(kg)	1.7	2.0
鸭	(公斤)	Duck	(kg)	0.1	0.1
鱼类	(公斤)	Fish	(kg)	1.6	1.6
虾类	(公斤)	Shrimp	(kg)	0.2	0.2
鲜蛋	(公斤)	Fresh Eggs	(kg)	7.0	6.4
鲜奶	(公斤)	Fresh Milk	(kg)	8.2	8.5
酸奶	(公斤)	Yogurt	(kg)	2.0	2.3
奶粉	(公斤)	Milk Powder	(kg)	0.6	0.7
鲜瓜果	(公斤)	Fresh Fruits	(kg)	36.1	40.3
糕点	(公斤)	Cake	(kg)	2.8	2.7
茶叶	(公斤)	Tea	(kg)	0.2	0.3
卷烟	(盒)	Cigarette	(box)	28.3	28.9
啤酒	(公斤)	Beer	(kg)	2.7	3.1
白酒	(公斤)	Liquor	(kg)	1.1	1.0
果酒	(公斤)	Wine	(kg)	0.2	0.2
鞋	(双)	Footwear	(pair)	2.3	2.4
水	(吨)	Water	(ton)	16.3	19.2
电	(度)	Electricity	(kwh)	477.6	534.4
煤炭	(公斤)	Coal	(kg)	119.2	121.1
管道天燃气	(立方米)	Pipeline Natural Gas	(cu.m)	42.4	45.7
罐装液化石油气	(公斤)	Canned Liquified Petroleum Gas	(kg)	2.8	3.0

10-7 全省居民家庭每百户耐用消费品拥有情况
Ownership of Major Durable Consumer Goods Per 100 All Households

指　　标		Item		2015	2016
家用汽车	(辆)	Automobile	(unit)	15.8	19.9
摩托车	(辆)	Motorcycle	(unit)	40.4	36.3
助力车	(台)	Strength-aid Cycle	(unit)	29.9	33.3
洗衣机	(台)	Washing Machine	(unit)	91.8	94.4
电冰箱(柜)	(台)	Refrigerator	(unit)	79.8	85.9
微波炉	(台)	Microwave Oven	(unit)	22.3	22.0
彩色电视机	(台)	Color TV Set	(unit)	109.2	108.5
# 接入有线电视		Cable TV Set		62.5	60.2
空　调	(台)	Air Conditioner	(unit)	57.6	63.8
热水器	(台)	Water Heater	(unit)	57.9	64.7
# 太阳能热水器		Solar Water Heater		32.2	35.5
消毒碗柜	(台)	Sterilizing Cupboard	(unit)	2.6	2.0
洗碗机	(台)	Dish Washer	(unit)	0.4	0.3
排油烟机	(台)	Exhauster	(unit)	37.2	40.0
固定电话	(线)	Ordinary Telephone	(unit)	30.9	23.5
移动电话	(部)	Mobile Telephone	(unit)	237.4	243.8
# 接入互联网		Access to the Internet		75.7	112.5
计算机	(台)	Computer	(unit)	45.9	47.3
# 接入互联网		Access to the Internet		36.4	37.6
摄像机	(台)	Pickup Camera	(unit)	2.7	2.0
照相机	(台)	Camera	(unit)	17.2	14.0
中高档乐器	(架)	High-end Instruments	(unit)	1.7	1.5
健身器材	(台)	Setting-up Apparatus	(unit)	1.6	1.3
组合音响	(套)	Music Center	(set)	3.7	2.5

10-8 全省居民家庭年末居住情况
Housing Conditions of All Households

指标	Item	2015	2016
调查户数 (户)	Number of Households Surveyed (household)	4309	4339
平均每户居住人口 (人)	Average Number of Resident Population (person)	3.2	3.2
平均每人建筑面积 (平方米)	The Average Floor Area Per Person (sq.m)	37.0	38.7
一、按住户居住空间样式分 (%)	By Style of Living Space (%)	100.0	100.0
单栋楼房	Dependent Building	16.8	17.9
单栋平房	Single-storey House	31.7	30.2
四居室及以上单元房	Four Bedrooms	0.7	0.6
三居室单元房	Three Bedrooms	14.0	14.9
二居室单元房	Two Bedrooms	21.3	21.5
一居室单元房	One Bedroom	1.6	1.4
筒子楼或连片平房	Tube-shaped Apartment or Lace Single-storey Houses	11.5	11.4
其他	Others	2.4	2.1
二、按主要建筑材料分 (%)	By Main Building Materials (%)	100.0	100.0
钢筋混凝土	Reinforced Concrete	14.0	15.9
砖混材料	Brick-and-concrete Buildings	66.8	66.6
砖瓦砖木	Brick and Brick-wood Structure	15.9	15.0
竹草土坯	Bamboo Grass and Sun-dried Mud Brick	1.7	1.0
其他	Others	1.6	1.5
三、按现住房房屋来源分 (%)	By Source of Housing (%)	100.0	100.0
租赁公房	Public-rent Housing	1.2	1.5
租赁私房	Private-rent Housing	8.3	7.5
自建住房	Self-establish Housing	54.6	53.3
购买商品房	Commercial Residential Housing	18.2	20.1
购买房改住房	Private Housing through Housing Reform	10.6	9.4
购买保障性住房	Indemnificatory Housing	2.2	2.5
拆迁安置房	Resettlement Housing	1.7	1.8
继承或获赠住房	Inheriting and Donation Housing	1.0	1.3
免费借用房	Free Housing	1.1	1.2
雇主提供免费住房	Free Housing from Employer	0.8	1.0
其他	Others	0.3	0.4
四、按住宅外道路路面情况分 (%)	By Pavement Condition Outside (%)	100.0	100.0
水泥或柏油路面	Cement or Asphalt Pavement	81.1	83.2
沙石或石板等硬质路面	Hard Sand or Stone Pavement	9.9	11.4
其他	Others	9.0	5.4
五、按住宅有管道供水情况分 (%)	By Piped Water Supply Condition (%)	100.0	100.0
管道供水入户	Pipe water into People's Homes	88.5	91.1
管道供水至公共取水点	Pipe water to Public Watering Points	1.1	1.5
没有管道设施	No Pipeline Facilities	10.4	7.4
六、按住户主要饮用水来源情况分 (%)	By Source of main Drinking Water (%)	100.0	100.0
经过净化处理的自来水	Purified Tap Water	71.0	75.8
受保护的井水和泉水	Protected Wells and Springs	17.5	16.5
不受保护的井水和泉水	Unprotected Wells and Springs	7.4	4.7
江河湖泊水	Rivers and Lakes Water	0.7	0.3
收集雨水	Collected Rainwater	1.6	1.4
桶装水	Barrels Water	0.2	0.1
其他	Others	1.6	1.2
七、按住户厕所类型分 (%)	By Household Lavatory Type (%)	100.0	100.0
水冲式卫生厕所	Sanitary Water Closet	50.6	53.1
水冲式非卫生厕所	Insanitary Water Closet	2.2	3.0
卫生旱厕	Sanitary Latrine	8.2	9.2
普通旱厕	Latrine	37.3	33.6
无厕所	No Lavatory	1.7	1.1
八、按住户主要取暖设备状况分 (%)	By Heating Facilities Condition (%)	100.0	100.0
由市政或小区集中供暖	Central Heating	21.5	21.2
自行供暖	Self Heating	52.0	54.1
无取暖设备	Without Heating Equipment	26.5	24.7
九、按主要炊用能源状况分 (%)	By Cooking Fuel Condition (%)	100.0	100.0
柴草	Firewood	23.8	21.8
煤炭	Coal	13.9	12.5
罐装液化石油气	Canned Liquified Petroleum Gas	9.7	8.6
管道液化石油气	Pipeline Liquified Petroleum Gas	0.4	0.4
管道煤气	Pipeline Gas	0.4	0.4
管道天然气	Pipeline Natural Gas	28.3	30.5
电	Electricity	21.8	24.3
沼气	Methane	0.9	0.8
其他	Others	0.8	0.7

10-9 城镇常住居民家庭基本情况
Basic Conditions of Urban Households

指　　标	Item	2013	2014	2015	2016
调查户数 (户)	Number of Households Surveyed (household)	1760	1707	1729	1748
调查户人口 (人)	Number of Residents in the Household Surveyed(person)				
1.常住人口	Permanent Residents	5277	5055	5085	5066
2.平均每户常住人口	Average Household Size	3.0	3.0	2.9	2.9
3.平均每户劳动力人数	Labours Per Households	2.1	2.1	2.1	2.1
平均每户整劳动力人数	Ablebodied Labours Per Households	1.3	1.2	1.1	1.1
平均每户半劳动力人数	Semiablebodied Labours Per Households	0.8	0.9	1.0	1.0
4.平均每劳动力负担人口	Average Number of Persons Supported by a Laborer	1.5	1.4	1.4	1.4
平均每人可支配收入 (元)	Annual Per Capita Disposable Income (yuan)	22346	24366	26420	28440
工资性收入	Wages Income	13987	14926	15742	16877
经营净收入	Net Income from Business	1876	2031	2140	2014
财产净收入	Property Income	1733	2019	2274	2056
转移净收入	Transfer Income	4750	5390	6264	7493
平均每人生活消费支出 (元)	Annual Per Capita Consumption Expenditure (yuan)	16399	17546	18464	19369
食品、烟酒	Food,Tobacco and Alcohol	4484	4800	5146	5422
衣　着	Clothing	1453	1470	1500	1542
居　住	Residence	3426	3620	3823	3681
生活用品及服务	Living Articles and Services	1085	1176	1298	1368
交通通信	Transportation and Communications	2157	2447	2308	2456
教育文化娱乐	Recreation, Education and Culture Services	2068	2148	2202	2474
医疗保健	Medicine and Medical Services	1386	1496	1784	2017
其他用品和服务	Others	340	389	403	409
平均每人年末现住房建筑面积 (平方米)	Floor Area per Capita at Year-end (sq.m)	29.9	30.6	31.3	32.6

10-10 城镇常住居民不同收入层次家庭基本情况(2016年)
Basic Conditions of Urban Households by Income Percentile(2016)

指标	Item	总平均 Average	低收入户 Low Income Households	中低收入户 Lower Middle Income Households	中等收入户 Middle Income Households	中高收入户 Upper Middle Income Households	高收入户 High Income Households
调查户数 (户)	Number of Households Surveyed (household)	1748	348	351	351	348	350
调查户人口 (人)	Number of Residents in the Household Surveyed (person)						
1.常住人口	Permanent Residents	5066	1220	1134	1015	905	792
2.平均每户常住人口	Average Household Size	2.9	3.5	3.2	2.9	2.6	2.3
3.平均每户劳动力人数	Labours Per Households	2.1	2.3	2.2	2.1	1.9	1.8
平均每户整劳动力人数	Ablebodied Labours Per Households	1.1	1.4	1.3	1.2	0.9	0.7
平均每户半劳动力人数	Semiablebodied Labours Per Households	1.0	0.9	0.9	0.9	1.0	1.2
4.平均每劳动力负担人口	Average Number of Persons Supported by a Laborer	1.4	1.5	1.5	1.4	1.4	1.2
平均每人可支配收入 (元)	Per Capita Annual Disposable Income (yuan)	28440.1	11668.7	20435.8	28202.2	36257.4	56224.1
平均每人生活消费支出 (元)	Per Capita Annual Consumption Expenditure (yuan)	19368.9	10339.8	15815.7	19628.9	23073.2	33377.9
平均每人年末现住房建筑面积	Housing Area per Capita at Year-end (sq.m)	32.6	27.2	29.2	31.6	36.7	42.3

10-11 城镇常住居民不同收入层次家庭人均可支配收入（2016年）

Per Capita Annual Disposable Income of Urban Households by Income Percentile(2016)

单位：元 (yuan)

指标	Item	总平均 Average	低收入户 Low Income Households	中低收入户 Lower Middle Income Households	中等收入户 Middle Income Households	中高收入户 Upper Middle Income Households	高收入户 High Income Households
可支配收入	**Disposable Income**	**28440.1**	**11668.7**	**20435.8**	**28202.2**	**36257.4**	**56224.1**
一、工资性收入	**Wages Income**	**16876.8**	**8047.3**	**13687.0**	**16825.6**	**20243.3**	**30822.5**
(一)工资	Wage	15884.6	7883.3	13286.7	15980.0	18960.5	27920.3
1.按月发放的工资	The wages by monthly	14745.3	7042.3	12502.6	15326.8	17977.5	25097.7
2.补发工资	Retroactive pay	129.6	32.6	128.2	83.2	155.4	302.4
3.不按月发放的奖金、津贴、过节费等	The Bonus,allowance,holiday fee etc.by no-monthly	1009.6	808.4	656.0	569.9	827.6	2520.3
(二)实物福利	Benefits in kind	66.8	16.2	37.7	116.9	65.5	125.3
1.从单位或雇主得到的实物产品折价	The Discount of Real Products from the Company or Employer	22.0	8.1	14.5	24.2	20.6	52.4
2.从单位或雇主得到的服务折价	The Discount of Services from the Company or Employer	44.7	8.1	23.2	92.7	44.9	72.9
(三)其他	Others	925.4	147.7	362.5	728.8	1217.3	2776.9
1.住房公积金	Housing Funds	843.9	65.5	305.6	570.3	1181.7	2701.8
2.辞退金	Dismissal Payments	0.7	2.8				
3.自由职业劳动所得(如稿费、翻译费)	Income by liberal work (Such as Remuneration, Translation Fee)	37.2	9.9	26.5	116.5	20.8	17.7
4.安家费	Settling-in Allowance						
5.股票期权	Stock Options						
6.其他劳动所得	Others	43.7	69.5	30.4	42.0	14.9	57.4
二、经营净收入	**Net Income from Business**	**2013.9**	**945.7**	**1636.2**	**1478.8**	**2245.8**	**4505.3**
(一)第一产业经营净收入	Net Income from Primary Industry Business	65.6	62.0	71.4	42.3	52.6	104.6
(二)第二产业经营净收入	Net Income from Secondary Industry Business	191.2	55.5	53.6	246.3	307.5	391.4
(三)第三产业经营净收入	Net Income from Tertiary Industry Business	1757.1	828.2	1511.1	1190.2	1885.7	4009.3
1.批发和零售业	Wholesale and Retail Trades	1209.8	376.6	804.3	586.1	1118.5	3851.3
2.交通运输、仓储和邮政业	Transport, Storage and Post	132.6	202.3	150.4	232.3	30.2	
3.住宿和餐饮业	Hotels and Catering Services	104.6	32.2	251.0	119.5	92.3	5.0
4.房地产业	Real Estate	13.4	0.1		6.0	68.2	
5.租赁和商务服务业	Leasing and Business Services	14.1	1.5		70.7	8.3	-7.3
6.居民服务、修理和其他服务业	Services to Households and Other Services	253.8	201.4	223.4	121.7	586.3	160.9
7.农林牧渔服务业	Services to Agriculture, Forestry, Animal Husbandry and Fishery	4.1	14.1	3.9		-0.9	
8.其他	Others	24.7		78.2	53.8	-17.1	-0.5

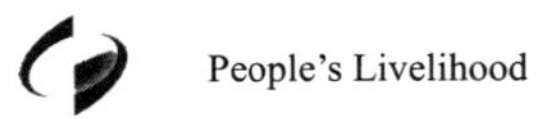

10-11 续表 continued

单位：元 (yuan)

指　　标	Item	总平均 Average	低收入户 Low Income Households	中　低收入户 Lower Middle Income Households	中　等收入户 Middle Income Households	中　高收入户 Upper Middle Income Households	高收入户 High Income Households
三、财产净收入	**Net Income from Properties**	**2056.5**	**835.7**	**1528.6**	**1953.2**	**2490.9**	**4253.0**
# 利息净收入	Net Interests	39.9	-7.9	2.1	14.8	24.8	210.2
红利收入	Bonus	238.6	84.9	182.8	236.4	387.0	383.6
储蓄性保险净收益	Net Benefits of Savings Insurance	1.2				1.8	5.6
出租房屋财产性收入	The Property Income by Renting House	792.3	274.9	611.0	809.8	952.1	1619.3
出租机械、专利、版权等资产的收入	The Income by Renting Assets like Mechanical,Patents,Copyright ect.	11.3	1.8		0.9	0.2	66.0
四、转移净收入	**Net Income from Transfer**	**7492.9**	**1840.0**	**3584.0**	**7944.5**	**11277.4**	**16643.3**
(一)转移性收入	Income from Transfer	8770.7	2393.1	4381.7	9148.3	12697.7	19599.9
1.养老金或离退休金	Pension or Retired Pension	7552.3	1603.1	3667.8	8095.4	11704.2	16596.5
# 离退休金	Retired Pension	7375.5	1398.5	3469.1	7961.5	11476.0	16498.1
城镇居民社会养老保险	Urban Employee Social Pension Insurance	79.7	142.3	81.7	54.5	67.8	26.3
2.社会救济和补助	Social Relief and Aid	82.0	260.5	21.2	34.1	27.2	17.3
3.政策性生活补贴	Policy Allowance	81.8	78.3	44.4	76.1	101.4	124.3
4.报销医疗费	Reimbursement of Medical treatment	505.0	95.6	173.7	419.2	515.7	1665.9
5.家庭外出从业人员寄回带回收入	Income from Family Outings Employees	220.2	185.6	268.2	304.8	131.9	203.8
6.赡养收入	Alimony Income	263.4	110.5	155.6	182.0	129.2	885.8
7.其他经常转移收入	Others Recurring Income from Transfer	43.4	33.6	22.9	13.4	71.9	90.3
8.从政府和组织得到的实物产品和服务折价	The Discount of Real Products and Services from the Governments and Organizations	16.3	9.8	19.9	21.4	15.8	15.6
9.其他	Others	6.2	16.1	8.1	1.8	0.5	0.4
(二)转移性支出	Transfer Expenditure	1277.8	553.1	797.7	1203.7	1420.3	2956.6
1.个人所得税	Personal Income Tax	78.0	1.0	6.8	21.5	80.8	355.5
2.社会保障支出	Expenditure for Social Security	921.4	390.1	645.5	924.5	1126.0	1868.1
(1)个人缴纳的养老保险	Pension Insurance Personal Rendered	647.5	263.7	430.6	651.5	801.0	1347.2
(2)个人缴纳的医疗保险	Medical Care Insurance Personal Rendered	224.2	115.7	185.6	221.5	255.5	408.5
(3)个人缴纳的失业保险	Unemployment Insurance Personal Rendered	35.4	10.0	20.7	34.2	47.1	82.3
(4)其他社会保障支出	Others	14.3	0.7	8.6	17.3	22.4	30.2
3.外来从业人员寄给家人的支出	Expenditure for Family from Migrant Workers	16.6	0.2	0.7	56.0	31.7	
4.赡养支出	Expenditure for Alimony	176.6	76.8	129.8	136.3	137.0	481.6
5.其他	Others	85.2	85.1	14.9	65.5	44.8	251.4

10-12 城镇常住居民不同收入层次家庭人均生活消费支出(2016年)
Per Capita Living Expenditure of Urban Households by Income Percentile(2016)

单位：元 (yuan)

指标	Item	总平均 Average	低收入户 Low Income Households	中低收入户 Lower Middle Income Households	中等收入户 Middle Income Households	中高收入户 Upper Middle Income Households	高收入户 High Income Households
生活消费支出	**Total Living Expenditure**	**19368.9**	**10339.8**	**15815.7**	**19628.9**	**23073.2**	**33377.9**
一、食品、烟酒	**Food,Tobacco and Alcohol**	**5422.0**	**3303.1**	**4644.5**	**5692.9**	**6590.8**	**8053.1**
1.食　品	Food	3372.4	2341.4	3050.9	3499.9	4011.2	4501.0
#谷　物	Grain	546.6	428.9	477.7	570.5	618.0	711.1
薯　类	Potato	63.9	57.4	67.1	60.4	71.0	65.5
豆　类	Beans	65.3	54.3	60.8	64.8	71.5	81.8
食用油	Edible Oil	163.2	140.1	167.4	159.2	176.4	182.1
蔬菜和食用菌	Vegetables and Edible Mushrooms	531.2	378.0	504.1	556.4	620.3	669.0
肉　类	Meat	608.9	398.8	565.0	639.2	755.7	785.5
禽　类	Poultry	92.2	59.3	75.4	94.8	128.2	121.6
水产品	Aquatic Products	97.8	42.4	76.7	96.7	130.1	175.3
蛋　类	Eggs	85.4	62.1	81.0	84.3	97.1	114.8
奶　类	Milk	306.3	207.1	281.0	316.9	375.5	400.4
干鲜瓜果类	Fresh and Dried Fruits	436.1	246.8	360.6	459.5	526.6	696.0
糖果糕点类	Candy and Pastry	150.1	87.9	121.5	158.3	183.3	236.0
2.烟　酒	Tobacco and Alcohol	476.2	291.6	420.3	484.3	586.6	697.6
#烟　草	Tobacco	314.7	209.6	288.5	304.9	363.3	465.7
酒　类	Alcohol	161.5	82.0	131.9	179.5	223.3	231.9
3.饮　料	Beverages	109.1	67.7	96.0	144.5	112.8	143.1
4.饮食服务	Catering Services	1464.4	602.4	1077.2	1564.1	1880.3	2711.4
二、衣　着	**Clothing**	**1542.2**	**831.9**	**1245.3**	**1685.7**	**1835.8**	**2521.4**
#衣　类	Garments	1208.2	623.0	960.5	1319.9	1438.5	2039.6
鞋　类	Footwear	334.0	208.9	284.8	365.8	397.3	481.8
三、居　住	**Residence**	**3681.5**	**2048.4**	**3308.9**	**3579.6**	**4167.7**	**6218.4**
#租赁房房租	Rental Housing Rent	300.6	277.1	260.6	277.2	243.1	482.7
住房维修及管理	Housing Repair and Management	558.9	85.6	575.2	584.3	513.1	1263.5
水电燃料及其他	Water,Electric Power Fuel and Others	1008.3	605.2	917.5	1012.2	1190.8	1529.3
四、生活用品及服务	**Living Articles and Services**	**1367.7**	**561.3**	**1031.2**	**1467.5**	**1531.3**	**2740.9**
#家具及室内装饰品	Furniture and External Decorations	306.2	71.6	176.2	373.8	183.7	893.8
家用器具	Household Appliances	311.2	104.4	228.8	306.0	415.1	625.6
家用纺织品	Household textile	112.9	48.2	96.9	104.6	122.7	230.7
家庭日用杂品	Household Articles of Daily Use	327.9	184.9	291.0	369.6	378.7	487.3
个人用品	Personal Items	257.2	133.0	215.9	272.6	345.2	384.9
家庭服务	Household Services	52.1	19.2	22.3	40.8	85.9	118.7
五、交通通信	**Transportation and Communications**	**2455.7**	**1089.0**	**1799.3**	**2374.1**	**2655.0**	**5284.0**
#交　通	Transportation	1622.5	580.8	1057.8	1508.0	1677.9	4035.8
通　信	Communications	833.3	508.2	741.5	866.1	977.1	1248.2
六、教育文化娱乐	**Recreation, Education and Culture Services**	**2474.0**	**1441.3**	**2100.0**	**2721.3**	**3036.3**	**3622.0**
#教　育	Education	1302.5	1125.9	1356.1	1426.5	1472.6	1157.4
文化娱乐	Recreation	1171.5	315.4	743.9	1294.8	1563.7	2464.6
七、医疗保健	**Medicine and Medical Services**	**2016.7**	**917.3**	**1423.9**	**1708.0**	**2724.0**	**4061.3**
医疗器具及药品	Medical Instruments and Medicines	818.2	344.8	576.0	690.2	1210.0	1577.8
医疗服务	Medical Services	1198.6	572.5	847.9	1017.9	1514.0	2483.5
八、其他用品和服务	**Others**	**409.0**	**147.5**	**262.7**	**399.8**	**532.4**	**876.8**

10-13 城镇常住居民不同收入层次家庭人均购买主要商品数量(2016年) Per Capita Annual Purchases of Major Commodities of Urban Households by Income Percentile(2016)

品名		Item		总平均 Average	低收入户 Low Income Households	中低收入户 Lower Middle Income Households	中等收入户 Middle Income Households	中高收入户 Upper Middle Income Households	高收入户 High Income Households
小麦	(公斤)	Wheat	(kg)	0.2	0.3	0.2	0.2	0.2	0.02
面粉	(公斤)	Flour	(kg)	25.1	25.8	25.1	24.8	27.2	22.2
大米	(公斤)	Rice	(kg)	20.4	19.4	20.5	20.0	21.7	20.8
薯类	(公斤)	Potato	(kg)	16.9	16.7	16.5	15.5	18.3	17.7
豆类	(公斤)	Beans	(kg)	10.1	9.5	9.2	10.3	10.5	11.4
食用植物油	(公斤)	Edible Vegetable Oil	(kg)	10.5	10.1	11.2	10.1	11.0	10.0
鲜菜	(公斤)	Fresh Vegetables	(kg)	93.0	72.7	90.5	95.6	107.7	107.5
猪肉	(公斤)	Pork	(kg)	11.4	8.5	10.8	11.6	13.9	13.2
牛肉	(公斤)	Beef	(kg)	1.0	0.5	0.8	1.3	1.2	1.6
羊肉	(公斤)	Mutton	(kg)	1.7	1.1	1.7	1.6	2.2	2.1
鸡	(公斤)	Chicken	(kg)	3.0	2.4	2.6	3.0	4.1	3.6
鸭	(公斤)	Duck	(kg)	0.1	0.1	0.1	0.1	0.2	0.2
鱼类	(公斤)	Fish	(kg)	2.6	1.3	2.3	2.5	3.4	4.0
虾类	(公斤)	Shrimp	(kg)	0.4	0.2	0.3	0.4	0.6	0.6
鲜蛋	(公斤)	Fresh Eggs	(kg)	8.7	6.4	8.5	8.7	9.7	11.1
鲜奶	(公斤)	Fresh Dairy Products	(kg)	13.3	8.6	12.1	14.0	16.1	17.7
酸奶	(公斤)	Yogurt	(kg)	3.5	1.8	2.7	3.6	4.4	6.4
奶粉	(公斤)	Milk Powder	(kg)	0.6	0.5	0.6	0.6	0.6	0.6
鲜瓜果	(公斤)	Fresh Fruit	(kg)	54.9	38.8	48.0	57.4	64.3	75.1
糕点	(公斤)	Cake	(kg)	3.9	2.8	3.5	4.0	4.4	5.7
茶叶	(公斤)	Tea	(kg)	0.3	0.2	0.3	0.4	0.2	0.3
卷烟	(盒)	Cigarette	(box)	23.6	21.0	24.2	24.1	23.8	25.8
啤酒	(公斤)	Beer	(kg)	2.7	1.8	2.7	3.3	3.1	2.9
白酒	(公斤)	Liquor	(kg)	1.0	0.7	1.0	1.0	1.2	1.1
果酒	(公斤)	Wine	(kg)	0.2	0.1	0.2	0.1	0.2	0.2
鞋	(双)	Footwear	(pair)	2.7	2.4	2.5	2.6	2.8	3.4
水	(吨)	Water	ton)	30.5	21.0	29.0	28.8	34.5	44.4
电	(度)	Electricity	(kwh)	699.8	463.3	657.7	760.2	829.5	896.4
煤炭	(公斤)	Coal	(kg)	67.0	98.1	80.8	62.6	50.0	25.6
管道天燃气	立方米)	Gas pipeline	(cu.m)	87.1	50.0	84.0	89.1	104.2	125.4
罐装液化石油气	(公斤)	Bottled LPG	(kg)	3.7	4.0	5.6	3.4	2.6	2.2

10-14 城镇常住居民不同收入层次家庭每百户耐用消费品拥有情况（2016年）
Ownership of Major Durable Consumer Goods Per 100 Urban Households by Income Percentile(2016)

指标		Item		总平均 Average	低收入户 Low Income Households	中低收入户 Lower Middle Income Households	中等收入户 Middle Income Households	中高收入户 Upper Middle Income Households	高收入户 High Income Households
家用汽车	（辆）	Automobile	(unit)	26.3	12.2	23.7	25.3	32.3	38.0
摩托车	（辆）	Motorcycle	(unit)	12.8	17.3	16.1	13.4	10.3	7.0
助力车	（台）	Strength-aid Cycle	(unit)	26.1	32.9	30.4	28.1	22.9	16.4
洗衣机	（台）	Washing Machine	(unit)	96.2	95.6	96.6	95.4	93.9	99.7
电冰箱(柜)	（台）	Refrigerator	(unit)	92.2	84.1	92.8	89.9	96.4	97.7
微波炉	（台）	Microwave Oven	(unit)	36.6	15.7	28.4	36.1	44.6	58.0
彩色电视机	（台）	Color TV Set	(unit)	103.5	100.2	103.6	97.3	103.9	112.2
# 接入有线电视		Cable TV Set		78.5	61.2	80.4	81.0	81.2	88.5
空　调	（台）	Air Conditioner	(unit)	93.1	51.5	84.8	89.1	107.8	132.3
热水器	（台）	Water Heater	(unit)	78.3	60.7	75.1	77.2	84.1	94.3
# 太阳能热水器		Solar Water Heater		31.7	28.4	31.2	32.0	39.1	27.5
消毒碗柜	（台）	Sterilizing Cupboard	(unit)	2.9	0.4	1.4	2.6	3.4	6.4
洗碗机	（台）	Dish Washer	(unit)	0.4			1.5	0.2	0.2
排油烟机	（台）	Exhauster	(unit)	67.0	47.8	64.7	66.2	75.5	80.5
固定电话	（线）	Ordinary Telephone	(unit)	29.6	15.8	26.2	31.4	33.8	40.8
移动电话	（部）	Mobile Telephone	(unit)	224.1	243.0	245.4	212.1	217.2	203.2
# 接入互联网		Access to the Internet		119.2	129.1	125.8	116.6	114.4	110.1
计算机	（台）	Computer	(unit)	66.8	55.3	65.7	60.4	70.0	82.7
# 接入互联网		Access to the Internet		55.3	42.2	51.9	52.0	58.2	72.0
摄像机	（台）	Pickup Camera	(unit)	3.5	0.8	1.2	4.9	3.9	6.6
照相机	（台）	Camera	(unit)	23.4	6.6	18.4	22.6	27.5	42.0
中高档乐器	（架）	High-end Instruments	(unit)	2.5	0.3	4.2	1.3	3.1	3.6
健身器材	（台）	Setting-up Apparatus	(unit)	2.1	1.2	1.0	2.5	2.2	3.6
组合音响	（套）	Music Center	(set)	3.2	0.6	1.4	2.8	5.6	5.5

10-15 城镇常住居民家庭年末居住情况
Housing Conditions of Urban Households

指　　标		Item		2015	2016
调查户数	(户)	Number of Households Surveyed	(household)	1729	1748
平均每户居住人口	(人)	Average Number of Resident Population	(person)	2.9	2.9
平均每人建筑面积	(平方米)	The Average Floor Area Per Person	(sq.m)	31.3	32.6
一、按住户居住空间样式分	(%)	By Style of Living Space	(%)	100.0	100.0
单栋楼房		Dependent Building		9.3	9.7
单栋平房		Single-storey House		8.3	8.2
四居室及以上单元房		Four Bedrooms		1.4	1.1
三居室单元房		Three Bedrooms		26.0	27.4
二居室单元房		Two Beedrooms		39.9	39.8
一居室单元房		One Beedroom		3.0	2.5
筒子楼或连片平房		Tube-shaped Apartment or Lace Single-storey Houses		11.6	11.0
其他		Others		0.5	0.3
二、按主要建筑材料分	(%)	By Main Building Materials	(%)	100.0	100.0
钢筋混凝土		Reinforced Concrete		22.6	24.8
砖混材料		Brick-and-concrete Buildings		71.1	68.9
砖瓦砖木		Brick and Brick-wood Structure		5.6	5.7
竹草土坯		Bamboo Grass and Sun-dried Mud Brick		0.0	0.0
其他		Others		0.7	0.6
三、按现住房房屋来源分	(%)	By Source of Housing	(%)	100.0	100.0
租赁公房		Public-rent Housing		2.0	2.7
租赁私房		Private-rent Housing		14.2	13.3
自建住房		Self-establish Housing		17.9	16.5
购买商品房		Commercial Residential Housing		33.9	36.8
购买房改住房		Private Housing through Housing Reform		19.7	17.2
购买保障性住房		Indemnificatory Housing		4.0	4.6
拆迁安置房		Resettlement Housing		3.1	3.1
继承或获赠住房		Inheriting and Donation Housing		1.4	1.4
免费借用房		Free Housing		1.9	2.0
雇主提供免费住房		Free Housing from Employer		1.5	1.8
其他		Others		0.4	0.6
四、按住宅外道路路面情况分	(%)	By Pavement Condition Outside		100.0	100.0
水泥或柏油路面		ement or Asphalt Pavement		91.6	91.4
沙石或石板等硬质路面		Hard Sand or Stone Pavement		6.7	7.4
其他		Others		1.7	1.2
五、按住宅有管道供水情况分	(%)	By Piped Water Supply Condition	(%)	100.0	100.0
管道供水入户		Pipe water into People's Homes		97.0	97.0
管道供水至公共取水点		Pipe water to Public Watering Points		1.0	1.4
没有管道设施		No Pipeline Facilities		2.0	1.6
六、按住户主要饮用水来源情况分	(%)	By Source of main Drinking Water	(%)	100.0	100.0
经过净化处理的自来水		Purified Tap Water		92.7	92.9
受保护的井水和泉水		Protected Wells and Springs		5.6	6.2
不受保护的井水和泉水		Unprotected Wells and Springs		1.1	0.6
江河湖泊水		Rivers and Lakes Water		0.1	0.0
收集雨水		Collected Rainwater			
桶装水		Barrels Water		0.3	0.2
其他		Others		0.2	0.1
七、按住户厕所类型分	(%)	By Household Lavatory Type	(%)	100.0	100.0
水冲式卫生厕所		Sanitary Water Closet		86.2	88.2
水冲式非卫生厕所		Insanitary Water Closet		1.6	2.5
卫生旱厕		Sanitary Latrine		2.1	1.6
普通旱厕		Latrine		9.0	7.0
无厕所		No Lavatory		1.1	0.7
八、按住户主要取暖设备状况分	(%)	By Heating Facilities Condition	(%)	100.0	100.0
由市政或小区集中供暖		Central Heating		40.1	39.6
自行供暖		Self Heating		46.8	48.1
无取暖设备		Without Heating Equipment		13.1	12.3
九、按主要炊用能源状况分	(%)	By Cooking Fuel Condition	(%)	100.0	100.0
柴草		Firewood		0.8	0.8
煤炭		Coal		6.3	4.9
罐装液化石油气		Canned Liquified Petroleum Gas		13.2	10.7
管道液化石油气		Pipeline Liquified Petroleum Gas		0.7	0.6
管道煤气		Pipeline Gas		0.7	0.6
管道天然气		Pipeline Natural Gas		52.9	55.7
电		Electricity		24.1	25.2
沼气		Methane			
其他		Others		1.3	1.5

10-16 农村常住居民家庭基本情况
Basic Conditions of Urban Households

指　　标	Item	2013	2014	2015	2016
调查户数（户）	Number of Households Surveyed (household)	2591	2585	2580	2591
调查户人口（人）	Number of Residents in the Household Surveyed(person)				
1.常住人口	Permanent Residents	8975	8734	8677	8631
2.平均每户常住人口	Average Household Size	3.5	3.4	3.4	3.3
3.平均每户劳动力人数	Labours Per Households	2.3	2.2	2.3	2.3
平均每户整劳动力人数	Ablebodied Labours Per Households	1.2	1.1	1.1	1.0
平均每户半劳动力人数	Semiablebodied Labours Per Households	1.0	1.1	1.2	1.3
4.平均每劳动力负担人口	Average Number of Persons Supported by a Laborer	1.5	1.5	1.5	1.5
平均每人可支配收入（元）	Annual Per Capita Disposable Income (yuan)	7092	7932	8689	9396
工资性收入	Wages Income	2887	3217	3548	3916
经营净收入	Net Income from Business	2530	2751	2909	3058
财产净收入	Property Income	90	120	152	159
转移净收入	Transfer Income	1585	1344	2080	2263
平均每人生活消费支出（元）	Annual Per Capita Consumption Expenditure (yuan)	6488	7252	7901	8568
食品、烟酒	Food,Tobacco and Alcohol	1772	2112	2199	2307
衣　着	Clothing	418	457	496	511
居　住	Residence	1432	1627	1786	2026
生活用品及服务	Living Articles and Services	406	444	491	543
交通通信	Transportation and Communications	660	691	793	880
教育文化娱乐	Recreation, Education and Culture Services	863	900	1037	1103
医疗保健	Medicine and Medical Services	803	884	959	1044
其他用品和服务	Others	134	137	140	154
平均每人年末现住房建筑面积（平方米）	Floor Area per Capita at Year-end (sq.m)	39.6	41.0	42.6	44.7

10-17 农村常住居民不同收入层次家庭基本情况(2016年)
Basic Conditions of Rural Households by Income Percentile(2016)

指标	Item	总平均 Average	低收入户 Low Income Households	中低收入户 Lower Middle Income Households	中等收入户 Middle Income Households	中高收入户 Upper Middle Income Households	高收入户 High Income Households
调查户数 (户)	Number of Households Surveyed (household)	2591	519	519	519	519	516
调查户人口 (人)	Number of Residents in the Household Surveyed (person)						
1.常住人口	Permanent Residents	8631	1892	1824	1833	1652	1431
2.平均每户常住人口	Average Household Size	3.3	3.6	3.5	3.5	3.2	2.8
3.平均每户劳动力人数	Labours Per Households	2.3	2.3	2.3	2.4	2.3	2.2
平均每户整劳动力人数	Ablebodied Labours Per Households	1.0	1.1	1.1	1.1	1.1	0.8
平均每户半劳动力人数	Semiablebodied Labours Per Households	1.3	1.2	1.2	1.3	1.2	1.4
4.平均每劳动力负担人口	Average Number of Persons Supported by a Laborer	1.5	1.6	1.5	1.5	1.4	1.3
平均每人可支配收入 (元)	Per Capita Annual Disposable Income (yuan)	9396.4	2122.4	6205.4	8781.4	12143.5	21004.2
平均每人生活消费支出 (元)	Per Capita Annual Consumption Expenditure (yuan)	8567.7	6911.5	7495.7	7950.8	9495.6	11951.1
平均每人年末现住房建筑面积	Housing Area per Capita at Year-end (sq.m)	44.7	38.0	41.0	42.6	46.1	59.8

10-18 农村常住居民不同收入层次家庭人均可支配收入(2016年)
Per Capita Annual Disposable Income of Rural Households by Income Percentile(2016)

单位：元 (yuan)

指　　标	Item	总平均 Average	低收入户 Low Income Households	中低收入户 Lower Middle Income Households	中等收入户 Middle Income Households	中高收入户 Upper Middle Income Households	高收入户 High Income Households
可支配收入	**Disposable Income**	**9396.4**	**2122.4**	**6205.4**	**8781.4**	**12143.5**	**21004.2**
一、工资性收入	**Wages Income**	**3916.0**	**1292.7**	**2935.8**	**4205.2**	**5228.9**	**6803.5**
(一)工资	Wage	3712.9	1196.7	2795.2	4021.8	5016.6	6357.7
1.按月发放的工资	The wages by monthly	1796.6	335.1	1184.5	1842.9	2605.1	3556.0
2.补发工资	Retroactive pay	18.5	6.1	13.1	22.2	16.8	39.5
3.不按月发放的奖金、津贴、过节费等	The Bonus, allowance, holiday fee etc.by no-monthly	1897.8	855.5	1597.6	2156.7	2394.7	2762.2
(二)实物福利	Benefits in kind	10.3	1.6	5.3	8.5	10.7	29.4
1.从单位或雇主得到的实物产品折价	The Discount of Real Products from the Company or Employer	4.6	1.6	4.6	4.1	4.6	9.0
2.从单位或雇主得到的服务折价	The Discount of Services from the Company or Employer	5.8		1.7	4.4	6.1	20.4
(三)其他	Others	192.8	94.4	134.2	175.0	201.6	416.4
1.住房公积金	Housing Funds	11.6	5.8		7.3	10.3	42.0
2.辞退金	Dismissal Payments	0.8		0.3		3.8	
3.自由职业劳动所得(如稿费、翻译费)	Income by liberal work (Such as Remuneration,Translation Fee)	37.5	9.4	21.9	59.2	45.8	56.8
4.安家费	Settling-in Allowance	1.1			5.1		
5.股票期权	Stock Options						
6.其他劳动所得	Others	141.8	79.3	112.1	103.4	141.8	317.6
二、经营净收入	**Net Income from Business**	**3057.9**	**-70.4**	**1654.7**	**2556.5**	**4065.9**	**8616.8**
(一)第一产业经营净收入	Net Income from Primary Industry Business	2290.9	332.3	1254.5	1655.9	2713.5	6661.3
1.农业	Agricultural	1992.6	575.4	1074.4	1393.4	2396.3	5449.9
2.林业	Forestry	99.2	38.9	77.1	50.6	45.2	339.8
3.牧业	Animal Husbandry	197.2	-282.2	96.3	211.9	268.2	874.1
4.渔业	Fishery	1.8	0.3	6.8	0.0	3.8	-2.5
(二)第二产业经营净收入	Net Income from Secondary Industry Business	35.8	-1.5	34.6	47.4	65.9	36.6
(三)第三产业经营净收入	Net Income from Tertiary Industry Business	731.2	-401.2	365.6	853.2	1286.5	1919.0
1.批发和零售业	Wholesale and Retail Trades	283.0	-352.7	90.0	381.7	689.8	779.6
2.交通运输、仓储和邮政业	Transport, Storage and Post	212.5	-9.9	96.1	234.7	272.4	565.6
3.住宿和餐饮业	Hotels and Catering Services	55.0	-89.0	67.9	21.8	180.1	128.7
4.房地产业	Real Estate	0.0					0.2
5.租赁和商务服务业	Leasing and Business Services	8.7		-2.0	-2.5	-6.9	68.4
6.居民服务、修理和其他服务业	Services to Households and Other Services	115.3	35.6	86.7	134.7	109.0	242.0
7.农林牧渔服务业	Services to Agriculture, Forestry, Animal Husbandry and Fishery	52.3	15.1	20.5	82.7	37.1	121.6
8.其他	Others	4.3	-0.2	6.5	-0.1	4.9	12.7

10-18 续表 continued

单位：元 (yuan)

指 标	Item	总平均 Average	低收入户 Low Income Households	中低收入户 Lower Middle Income Households	中等收入户 Middle Income Households	中高收入户 Upper Middle Income Households	高收入户 High Income Households
三、财产净收入	**Net Income from Properties**	**159.0**	**-1.1**	**86.1**	**86.1**	**220.1**	**497.2**
# 利息净收入	Net Interests	-6.0	-44.6	-0.5	-16.6	8.7	35.8
红利收入	Bonus	23.1	2.8	5.1	12.6	24.3	87.3
储蓄性保险净收益	Net Benefits of Savings Insurance	4.8		1.3	0.2	1.0	26.7
转让承包土地经营权租金净收入	The Rent Income by Transfer of Land Rights	55.0	26.0	45.7	43.3	70.0	104.7
出租房屋财产性收入	The Property Income by Renting House	42.9	11.4	9.4	14.0	65.5	141.6
出租机械、专利、版权等资产的收入	The Income by Renting Assets like Mechanical, Patents,Copyright ect.	10.4	0.3		18.6	1.3	37.2
四、转移净收入	**Net Income from Transfer**	**2263.4**	**901.2**	**1528.9**	**1933.6**	**2628.6**	**5086.7**
(一)转移性收入	Income from Transfer	2535.0	1138.0	1770.4	2190.2	2903.1	5460.2
1.养老金或离退休金	Pension or Retired Pension	686.5	229.5	268.7	475.8	659.4	2172.6
# 离退休金	Retired Pension	448.5	0.6	27.4	181.3	458.8	1958.7
新型农村养老保险	Urban Employee Social Pension Insurance	184.3	200.2	213.0	182.4	160.4	155.9
2.社会救济和补助	Social Relief and Aid	102.5	110.5	86.4	81.4	126.9	112.2
3.政策性生活补贴	Policy Allowance	42.7	32.9	39.5	34.5	46.0	67.2
4.报销医疗费	Reimbursement of Medical treatment	161.5	72.4	149.4	151.0	177.1	293.3
5.家庭外出从业人员寄回带回收入	Income from Family Outings Employees	1151.3	483.9	925.2	1077.5	1487.1	2052.5
6.赡养收入	Alimony Income	239.6	106.1	130.8	232.7	282.4	522.2
7.其他经常转移收入	Others Recurring Income from Transfer	27.9	13.7	29.6	20.4	33.2	48.7
8.从政府和组织得到的实物产品和服务折价	The Discount of Real Products and Services from the Governments and Organizations	17.2	13.5	13.7	16.5	19.9	24.4
9.现金政策性惠农补贴	The Cash Policy Subsidies for Agricultural	105.8	75.6	127.2	100.4	71.1	167.1
(二)转移性支出	Transfer Expenditure	271.6	236.9	241.6	256.7	274.4	373.6
1.个人所得税	Personal Income Tax	1.2	0.5		0.3		6.3
2.社会保障支出	Expenditure for Social Security	243.1	222.6	226.6	223.6	249.3	311.4
(1)个人缴纳的养老保险	Pension Insurance Personal Rendered	80.3	71.4	66.7	70.0	84.5	119.3
(2)个人缴纳的医疗保险	Medical Care Insurance Personal Rendered	159.2	149.1	159.5	149.2	159.1	186.1
(3)个人缴纳的失业保险	Unemployment Insurance Personal Rendered	0.6	0.2	0.1	0.7	1.0	1.3
(4)其他社会保障支出	Others	3.0	1.9	0.3	3.8	4.6	4.7
3.外来从业人员寄给家人的支出	Expenditure for Family from Migrant Workers	0.2			1.0		
4.赡养支出	Expenditure for Alimony	16.2	9.8	9.4	14.6	18.1	33.7
5.其他	Others	10.9	4.0	5.6	18.0	7.0	22.2

10-19 农村常住居民不同收入层次家庭人均生活消费支出(2016年)
Per Capita Living Expenditure of Rual Households by Income Percentile(2016)

单位：元 (yuan)

指　　标	Item	总平均 Average	低收入户 Low Income Households	中低收入户 Lower Middle Income Households	中等收入户 Middle Income Households	中高收入户 Upper Middle Income Households	高收入户 High Income Households
生活消费支出	**Total Living Expenditure**	**8567.7**	**6911.5**	**7495.7**	**7950.8**	**9495.6**	**11951.1**
一、食品、烟酒	**Food,Tobacco and Alcohol**	**2307.0**	**1920.1**	**1954.6**	**2205.5**	**2549.0**	**3144.2**
1.食　品	Food	1687.1	1464.7	1480.7	1660.8	1819.2	2138.5
# 谷　物	Grain	371.3	348.5	347.4	340.2	391.2	451.8
薯　类	Potato	66.3	84.0	58.7	61.2	67.4	57.8
豆　类	Beans	33.1	27.9	28.4	31.5	38.1	42.3
食用油	Edible Oil	129.4	121.3	114.4	121.2	139.9	159.0
蔬菜和食用菌	Vegetables and Edible Mushrooms	235.7	183.7	205.4	235.8	255.8	321.7
肉　类	Meat	301.8	251.2	240.3	312.3	325.4	409.2
禽　类	Poultry	29.3	25.4	26.3	28.8	32.2	36.1
水产品	Aquatic Products	15.3	11.7	11.6	15.9	14.2	25.3
蛋　类	Eggs	42.5	33.0	37.4	38.9	50.0	57.6
奶　类	Milk	147.7	136.7	139.5	168.3	145.5	148.3
干鲜瓜果类	Fresh and Dried Fruits	140.7	99.2	110.3	134.6	167.6	212.2
糖果糕点类	Candy and Pastry	45.5	37.1	36.3	44.6	49.4	65.6
2.烟　酒	Tobacco and Alcohol	337.0	273.8	290.0	299.1	367.9	498.7
# 烟　草	Tobacco	250.0	205.9	213.3	221.0	272.4	370.7
酒　类	Alcohol	86.9	67.9	76.7	78.1	95.6	128.0
3.饮　料	Beverages	51.2	39.9	39.8	48.6	63.4	70.3
4.饮食服务	Catering Services	231.7	141.6	144.1	197.0	298.5	436.6
二、衣　着	**Clothing**	**510.9**	**393.7**	**403.0**	**495.4**	**607.9**	**717.2**
# 衣　类	Garments	389.8	298.2	299.9	374.1	464.6	564.3
鞋　类	Footwear	121.1	95.5	103.1	121.2	143.3	152.9
三、居　住	**Residence**	**2026.5**	**1624.6**	**1728.8**	**1823.7**	**2204.8**	**3024.6**
# 租赁房房租	Rental Housing Rent	19.1	20.6	14.2	26.5	8.2	26.3
住房维修及管理	Housing Repair and Management	425.1	328.7	314.9	262.3	530.7	795.0
水电燃料及其他	Water,Electric Power Fuel and Others	441.3	371.0	375.4	407.7	477.7	625.4
四、生活用品及服务	**Living Articles and Services**	**542.9**	**455.9**	**399.6**	**469.6**	**677.5**	**788.7**
# 家具及室内装饰品	Furniture and External Decorations	96.3	81.5	54.5	69.6	140.4	155.2
家用器具	Household Appliances	163.9	143.7	109.8	135.3	201.8	256.2
家用纺织品	Household textile	53.3	46.3	38.4	41.3	69.4	79.1
家庭日用杂品	Household Articles of Daily Use	163.5	134.6	141.4	159.1	196.3	198.7
个人用品	Personal Items	51.1	39.6	43.6	45.8	56.5	77.0
家庭服务	Household Services	14.9	10.2	11.9	18.5	13.1	22.5
五、交通通信	**Transportation and Communications**	**879.8**	**679.8**	**697.0**	**748.0**	**1054.5**	**1362.0**
# 交　通	Transportation	526.0	404.3	411.5	422.3	618.2	871.9
通　信	Communications	353.9	275.5	285.5	325.7	436.3	490.1
六、教育文化娱乐	**Recreation, Education and Culture Services**	**1102.9**	**951.6**	**1019.9**	**1142.0**	**1238.4**	**1203.0**
# 教　育	Education	896.7	802.2	885.6	943.5	1023.6	824.8
文化娱乐	Recreation	206.2	149.4	134.3	198.5	214.8	378.2
七、医疗保健	**Medicine and Medical Services**	**1044.1**	**760.4**	**1179.2**	**927.5**	**974.3**	**1490.2**
医疗器具及药品	Medical Instruments and Medicines	292.8	254.8	301.0	259.8	264.2	411.8
医疗服务	Medical Services	751.3	505.6	873.2	667.6	710.1	1078.3
八、其他用品和服务	**Others**	**153.5**	**125.4**	**113.6**	**139.2**	**189.2**	**221.2**

10-20 农村常住居民不同收入层次家庭人均购买主要商品数量(2016年)

Per Capita Annual Purchases of Major Commodities of Rural Households by Income Percentile(2016)

品　名		Item		总平均 Average	低收入户 Low Income Households	中　低 收入户 Lower Middle Income Households	中　等 收入户 Middle Income Households	中　高 收入户 Upper Middle Income Households	高收入户 High Income Households
小　麦	(公斤)	Wheat	(kg)	3.9	2.7	3.0	6.2	2.6	5.0
面　粉	(公斤)	Flour	(kg)	28.1	31.3	27.9	22.8	29.1	30.2
大　米	(公斤)	Rice	(kg)	14.7	12.5	14.8	13.9	16.3	16.6
薯　类	(公斤)	Potato	(kg)	7.7	7.3	7.2	6.9	8.8	8.8
豆　类	(公斤)	Beans	(kg)	5.6	4.7	5.0	5.2	6.2	7.7
食用植物油	(公斤)	Edible Vegetable Oil	(kg)	9.5	8.9	8.6	8.7	10.5	11.3
鲜　菜	(公斤)	Fresh Vegetables	(kg)	44.8	35.0	39.8	44.2	47.9	61.9
猪　肉	(公斤)	Pork	(kg)	7.2	6.0	5.9	7.3	7.9	9.8
牛　肉	(公斤)	Beef	(kg)	0.2	0.1	0.1	0.2	0.2	0.4
羊　肉	(公斤)	Mutton	(kg)	0.6	0.6	0.5	0.6	0.6	0.8
鸡	(公斤)	Chicken	(kg)	1.0	0.8	0.9	0.9	1.0	1.3
鸭	(公斤)	Duck	(kg)	0.0	0.0	0.0	0.0	0.0	0.1
鱼　类	(公斤)	Fish	(kg)	0.7	0.6	0.5	0.8	0.6	0.9
虾　类	(公斤)	Shrimp	(kg)	0.0	0.0	0.0	0.0	0.0	0.1
鲜　蛋	(公斤)	Fresh Eggs	(kg)	4.2	3.2	3.7	3.8	5.1	5.9
鲜　奶	(公斤)	Fresh Dairy Products	(kg)	3.7	2.9	3.4	3.5	4.0	5.2
酸　奶	(公斤)	Yogurt	(kg)	1.1	0.9	1.0	1.0	1.2	1.6
奶　粉	(公斤)	Milk Powder	(kg)	0.8	0.7	0.7	1.0	0.8	0.6
鲜瓜果	(公斤)	Fresh Fruit	(kg)	25.8	18.4	21.5	24.7	30.6	37.4
糕　点	(公斤)	Cake	(kg)	1.4	1.3	1.1	1.3	1.6	2.1
茶　叶	(公斤)	Tea	(kg)	0.2	0.2	0.2	0.2	0.3	0.3
卷　烟	(盒)	Cigarette	(box)	34.1	29.2	30.7	31.1	36.5	46.7
啤　酒	(公斤)	Beer	(kg)	3.4	2.7	3.7	3.1	3.6	4.3
白　酒	(公斤)	Liquor	(kg)	1.1	1.0	1.1	1.2	1.0	1.4
果　酒	(公斤)	Wine	(kg)	0.2	0.1	0.2	0.2	0.2	0.2
鞋	(双)	Footwear	(pair)	2.1	1.9	2.0	2.1	2.3	2.4
水	(吨)	Water	ton)	8.0	6.7	5.6	7.6	9.2	12.0
电	(度)	Electricity	(kwh)	370.2	292.3	311.8	355.0	412.9	522.2
煤　炭	(公斤)	Coal	(kg)	174.7	190.4	156.1	147.2	197.0	188.6
管道天燃气	(立方米)	Gas pipeline	(cu.m)	4.7	1.4	0.9	3.7	3.4	17.4
罐装液化石油气	(公斤)	Bottled LPG	(kg)	2.4	1.6	2.2	3.2	2.6	2.6

10-21 农村常住居民不同收入层次家庭每百户耐用消费品拥有情况（2016年）
Ownership of Major Durable Consumer Goods Per 100 Rural Households by Income Percentile(2016)

品　名		Item		总平均 Average	低收入户 Low Income Households	中　低 收入户 Lower Middle Income Households	中　等 收入户 Middle Income Households	中　高 收入户 Upper Middle Income Households	高收入户 High Income Households
家用汽车	（辆）	Automobile	(unit)	12.6	12.7	9.2	11.5	12.9	16.8
摩托车	（辆）	Motorcycle	(unit)	63.5	64.3	63.1	60.9	62.4	67.0
助力车	（台）	Strength-aid Cycle	(unit)	41.6	31.7	34.8	48.8	49.8	43.0
洗衣机	（台）	Washing Machine	(unit)	92.3	86.9	92.2	92.3	96.3	93.9
电冰箱(柜)	（台）	Refrigerator	(unit)	78.5	72.4	75.2	78.4	82.5	84.0
微波炉	（台）	Microwave Oven	(unit)	5.1	4.6	2.3	6.3	4.5	7.5
彩色电视机	（台）	Color TV Set	(unit)	114.3	113.8	112.9	115.8	112.6	116.4
# 接入有线电视		Cable TV Set		39.1	28.0	34.5	42.6	45.4	44.8
空　调	（台）	Air Conditioner	(unit)	29.8	20.8	19.7	33.9	33.9	40.8
热水器	（台）	Water Heater	(unit)	49.1	36.5	42.9	53.4	52.0	60.6
# 太阳能热水器		Solar Water Heater		40.0	29.1	35.1	45.2	42.3	48.3
消毒碗柜	（台）	Sterilizing Cupboard	(unit)	1.0	0.2	1.7	0.3	1.2	1.5
洗碗机	（台）	Dish Washer	(unit)	0.2	0.2	0.4			0.3
排油烟机	（台）	Exhauster	(unit)	8.8	3.9	6.8	9.5	11.2	13.0
固定电话	（线）	Ordinary Telephone	(unit)	16.5	16.1	14.6	16.4	17.3	18.3
移动电话	（部）	Mobile Telephone	(unit)	266.6	256.6	259.7	278.5	271.0	267.0
# 接入互联网		Access to the Internet		104.7	89.3	89.7	119.4	109.3	115.8
计算机	（台）	Computer	(unit)	24.7	17.6	19.1	27.7	27.0	32.3
# 接入互联网		Access to the Internet		17.2	14.1	12.1	18.9	19.9	20.9
摄像机	（台）	Pickup Camera	(unit)	0.2		0.3	0.2	0.2	0.4
照相机	（台）	Camera	(unit)	3.1	1.7	1.2	4.6	4.3	3.9
中高档乐器	（架）	High-end Instruments	(unit)	0.3	0.2		0.4		0.9
健身器材	（台）	Setting-up Apparatus	(unit)	0.4	0.3	0.2	0.5		0.9
组合音响	（套）	Music Center	(set)	1.8	1.1	1.0	2.2	2.3	2.2

10-22 农村常住居民家庭年末居住情况
Housing Conditions of Rural Households

指标	Item	2015	2016
调查户数 (户)	Number of Households Surveyed (household)	2580	2591
平均每户居住人口 (人)	Average Number of Resident Population (person)	3.4	3.3
平均每人建筑面积 (平方米)	The Average Floor Area Per Person (sq.m)	42.6	44.7
一、按住户居住空间样式分 (%)	By Style of Living Space (%)	100.0	100.0
单栋楼房	Dependent Building	25.2	27.5
单栋平房	Single-storey House	57.9	55.6
四居室及以上单元房	Four Bedrooms		0.1
三居室单元房	Three Bedrooms	0.5	0.3
二居室单元房	Two Beedrooms	0.5	0.4
一居室单元房	One Beedroom		0.1
筒子楼或连片平房	Tube-shaped Apartment or Lace Single-storey Houses	11.4	11.8
其他	Others	4.5	4.2
二、按主要建筑材料分 (%)	By Main Building Materials (%)	100.0	100.0
钢筋混凝土	Reinforced Concrete	4.4	5.6
砖混材料	Brick-and-concrete Buildings	62.0	63.9
砖瓦砖木	Brick and Brick-wood Structure	27.4	25.7
竹草土坯	Bamboo Grass and Sun-dried Mud Brick	3.6	2.2
其他	Others	2.6	2.6
三、按现住房房屋来源分 (%)	By Source of Housing (%)	100.0	100.0
租赁公房	Public-rent Housing	0.3	0.2
租赁私房	Private-rent Housing	1.6	0.8
自建住房	Self-establish Housing	95.6	95.9
购买商品房	Commercial Residential Housing	0.6	0.9
购买房改住房	Private Housing through Housing Reform	0.3	0.3
购买保障性住房	Indemnificatory Housing	0.1	
拆迁安置房	Resettlement Housing	0.3	0.3
继承或获赠住房	Inheriting and Donation Housing	0.9	1.1
免费借用房	Free Housing	0.2	0.3
雇主提供免费住房	Free Housing from Employer		
其他	Others	0.1	0.2
四、按住宅外道路路面情况分 (%)	By Pavement Condition Outside (%)	100.0	100.0
水泥或柏油路面	Cement or Asphalt Pavement	69.2	73.6
沙石或石板等硬质路面	Hard Sand or Stone Pavement	13.6	16.0
其他	Others	17.2	10.4
五、按住宅有管道供水情况分 (%)	By Piped Water Supply Condition (%)	100.0	100.0
管道供水入户	Pipe water into People's Homes	79.0	84.3
管道供水至公共取水点	Pipe water to Public Watering Points	1.1	1.6
没有管道设施	No Pipeline Facilities	19.9	14.1
六、按住户主要饮用水来源情况分 (%)	By Source of main Drinking Water (%)	100.0	100.0
经过净化处理的自来水	Purified Tap Water	46.7	56.1
受保护的井水和泉水	Protected Wells and Springs	30.9	28.4
不受保护的井水和泉水	Unprotected Wells and Springs	14.4	9.5
江河湖泊水	Rivers and Lakes Water	1.2	0.6
收集雨水	Collected Rainwater	3.4	3.0
桶装水	Barrels Water	0.1	
其他	Others	3.3	2.4
七、按住户厕所类型分 (%)	By Household Lavatory Type (%)	100.0	100.0
水冲式卫生厕所	Sanitary Water Closet	10.7	12.7
水冲式非卫生厕所	Insanitary Water Closet	3.0	3.5
卫生旱厕	Sanitary Latrine	15.1	17.9
普通旱厕	Latrine	68.9	64.3
无厕所	No Lavatory	2.3	1.6
八、按住户主要取暖设备状况分 (%)	By Heating Facilities Condition (%)	100.0	100.0
由市政或小区集中供暖	Central Heating	0.7	0.1
自行供暖	Self Heating	57.9	60.9
无取暖设备	Without Heating Equipment	41.4	39.0
九、按主要炊用能源状况分 (%)	By Cooking Fuel Condition (%)	100.0	100.0
柴草	Firewood	49.4	46.0
煤炭	Coal	22.3	21.2
罐装液化石油气	Canned Liquified Petroleum Gas	5.7	6.2
管道液化石油气	Pipeline Liquified Petroleum Gas	0.1	0.1
管道煤气	Pipeline Gas		0.1
管道天然气	Pipeline Natural Gas	0.8	1.3
电	Electricity	19.3	23.3
沼气	Methane	2.0	1.7
其他	Others	0.4	0.1

10-23 各县(市、区)城乡居民人均可支配收入(2016年)
Per Capita Annual Disposable Income in Urban and Rural Households by County (City and District)(2016)

单位：元 (yuan)

地 区	Region	城镇居民人均可支配收入 Per Capita Annual Disposable Income of Urban Households	农村居民人均可支配收入 Per Capita Annual Net Income of Rural Households	地 区	Region	城镇居民人均可支配收入 Per Capita Annual Disposable Income of Urban Households	农村居民人均可支配收入 Per Capita Annual Net Income of Rural Households
西安市	**Xi'an**	**35630**	**15191**	麟游县	Linyou	26974	8157
新城区	Xincheng	37212		凤 县	Fengxian	32715	11055
碑林区	Beilin	37539		太白县	Taibai	26214	8181
莲湖区	Lianhu	37425		**咸阳市**	**Xianyang**	**31662**	**10481**
灞桥区	Baqiao	36784	20431	秦都区	Qindu	34983	12321
未央区	Weiyang	37085	21294	渭城区	Weicheng	34621	12053
雁塔区	Yanta	37631		三原县	Sanyuan	31851	10961
阎良区	Yanliang	36931	20262	泾阳县	Jingyang	31730	10940
临潼区	Lintong	30753	16389	乾 县	Qianxian	29673	10773
长安区	Chang'an	34627	16741	礼泉县	Liquan	29818	10922
高陵区	Gaoling	29464	16431	永寿县	Yongshou	25490	8419
蓝田县	Lantian	26321	12082	彬 县	Binxian	30515	10453
周至县	Zhouzhi	26899	12207	长武县	Changwu	26401	8702
户 县	Huxian	27970	14638	旬邑县	Xunyi	25719	8951
铜川市	**Tongchuan**	**27594**	**9478**	淳化县	Chunhua	25240	8639
王益区	Wangyi	27053	9201	武功县	Wugong	28808	10660
印台区	Yintai	25464	8919	兴平市	Xingping	32782	11067
耀州区	Yaozhou	30436	10181	**渭南市**	**Weinan**	**27485**	**9415**
宜君县	Yijun	24751	8547	临渭区	Linwei	29092	9805
宝鸡市	**Baoji**	**31730**	**10287**	华州区	Huazhou	26963	9088
渭滨区	Weibin	34031	12514	潼关县	Tongguan	25693	9063
金台区	Jintai	32832	11365	大荔县	Dali	26193	10106
陈仓区	Chencang	31105	10638	合阳县	Heyang	25495	8311
凤翔县	Fengxiang	31662	11225	澄城县	Chengcheng	27124	8302
岐山县	Qishan	31461	11343	蒲城县	Pucheng	27476	9250
扶风县	Fufeng	29186	9363	白水县	Baishui	25754	9046
眉 县	Meixian	32417	10386	富平县	Fuping	27468	9171
陇 县	Longxian	26089	8226	韩城市	Hancheng	29784	12400
千阳县	Qianyang	28369	8572	华阴市	Huayin	26567	8862

10-23 续表 continued

单位：元 (yuan)

地 区	Region	城镇居民人均可支配收入 Per Capita Annual Disposable Income of Urban Households	农村居民人均可支配收入 Per Capita Annual Net Income of Rural Households	地 区	Region	城镇居民人均可支配收入 Per Capita Annual Disposable Income of Urban Households	农村居民人均可支配收入 Per Capita Annual Net Income of Rural Households
延安市	**Yan'an**	**30693**	**10568**	府谷县	Fugu	30321	11610
宝塔区	Baota	32039	9835	靖边县	Jingbian	31558	11910
安塞区	Ansai	31946	11271	定边县	Dingbian	30885	11789
延长县	Yanchang	29106	9286	绥德县	Suide	26760	8949
延川县	Yanchuan	28072	9063	米脂县	Mizhi	26813	9658
子长县	Zichang	30772	9752	佳 县	Jiaxian	25668	8893
志丹县	Zhidan	31585	10688	吴堡县	Wubu	25656	8881
吴起县	Wuqi	32218	11064	清涧县	Qingjian	25459	8918
甘泉县	Ganquan	29419	10462	子洲县	Zizhou	25768	9046
富 县	Fuxian	28649	11134	**安康市**	**Ankang**	**25962**	**8590**
洛川县	Luochuan	29967	11713	汉滨区	Hanbin	26389	8506
宜川县	Yichuan	29252	10376	汉阴县	Hanyin	26000	8745
黄龙县	Huanglong	26879	9710	石泉县	Shiquan	25854	8753
黄陵县	Huangling	29922	11405	宁陕县	Ningshan	25358	8270
汉中市	**Hanzhong**	**25595**	**8855**	紫阳县	Ziyang	25474	8789
汉台区	Hantai	25810	9014	岚皋县	Langao	26003	8374
南郑县	Nanzheng	25649	8910	平利县	Pingli	25728	8859
城固县	Chenggu	25611	8953	镇坪县	Zhenping	25546	8413
洋 县	Yangxian	25366	8882	旬阳县	Xunyang	25810	8608
西乡县	Xixiang	25605	8875	白河县	Baihe	25485	8417
勉 县	Mianxian	25662	8910	**商洛市**	**Shangluo**	**25468**	**8358**
宁强县	Ningqiang	25599	8746	商州区	Shangzhou	26016	8230
略阳县	Lueyang	25282	8714	洛南县	Luonan	25421	8375
镇巴县	Zhenba	25216	8698	丹凤县	Danfeng	25569	8340
留坝县	Liuba	25125	8712	商南县	Shangnan	25215	8420
佛坪县	Foping	25094	8745	山阳县	Shanyang	25135	8501
榆林市	**Yulin**	**29781**	**10582**	镇安县	Zhen'an	25289	8370
榆阳区	Yuyang	31206	11929	柞水县	Zhashui	25141	8277
横山区	Hengshan	27951	10522	**杨凌示范区**	**Yangling**	**35510**	**14959**
神木县	Shenmu	30384	12875	杨陵区	Yangling	35510	14959

主要统计指标解释

住户 指居住在一个住宅内，共同分享生活开支或收入的一群人。居住在同一房间内、不共同分享生活开支的人群，每个人都视为一个住户。住家保姆、住家家庭帮工视为单独的住户。

常住居民 指住户成员中，经常在家居住、或者调查期内居住时间超过一半的人员，以及本住户供养的学生。常住居民是住户收支的调查对象。

整、半劳动力 整劳动力是指男子 18 周岁到 50 周岁，女子 18 周岁到 45 周岁；半劳动力是指男子 16 周岁到 17 周岁，51 周岁到 60 周岁；女子 16 周岁到 17 周岁，46 周岁到 55 周岁，同时具有劳动能力的人。虽然在劳动年龄之内，但已丧失劳动能力的人，不应算为劳动力；超过劳动年龄，但能经常参加劳动，计入半劳动力数内。常住人口中的职工，若这些职工为劳动力，就包括在本户的整半劳动力中。

居民人均可支配收入 指调查期内居民家庭成员人均获得的、可用于最终消费支出和储蓄的总和，即居民可以用来自由支配的收入，既包括现金收入，也包括实物收入。全体居民可支配收入可以体现各地区城乡一体的居民收入及生活水平变化情况。按照收入的来源，可支配收入包含四项，分别为：工资性收入、经营净收入、财产净收入、转移净收入。

工资性收入 指就业人员通过各种途径得到的全部劳动报酬和各种福利，包括受雇于单位或个人、从事各种自由职业、兼职和零星劳动得到的全部劳动报酬和福利。

经营净收入 指住户或住户成员从事生产经营活动所获得的净收入，是全部经营收入中扣除经营费用、生产性固定资产折旧和生产税净额（生产税减去生产补贴）之后得到的净收入。计算公式为：

经营净收入 = 经营收入 - 经营费用 - 生产性固定资产折旧 - 生产税净额（生产税-生产补贴）

财产净收入 指住户或住户成员将其所拥有的金融资产和自然资源交由其他机构单位、住户或个人支配而获得的回报并扣除相关的费用之后得到的净收入。计算公式为：财产净收入 = 财产性收入 - 财产性支出

转移净收入 指国家、单位、社会团体对住户的各种经常性转移支付和住户之间的经常性收入转移。包括政府、非行政事业单位、社会团体对居民转移的养老金或退休金、社会救济和补助、政策性生活补贴、救灾款、经常性捐赠和赔偿以及报销医疗费等；住户之间的赡养收入、经常性捐赠和赔偿以及农村地区（村委会）在外（含国外）工作的本住户非常住成员寄回带回的收入等。计算公式为：转移净收入=转移性收入-转移性支出

居民收入五等份分组 指将所有调查户按人均收入水平从低到高顺序排列，平均分为五个等份，处于最高 20%的收入群体为高收入组，依此类推依次为中高收入组、中等收入组、中低收入组、低收入组。

居民人均生活消费支出 指住户用于满足家庭日常生活消费需要的全部支出，包括用于消费品的支出和用于服务性消费的支出。根据用途不同，消费支出可划分为食品烟酒、衣着、居住、生活用品及服务、交通通信、教育文化娱乐、医疗保健、其他用品及服务八大类。

城镇居民人均可支配收入（老口径） 指城镇家庭总收入扣除交纳的个人所得税和个人交纳的各项社会保障支出之后，按照城镇居民家庭人口平均的收入水平。其中家庭总收入是指该家庭中生活在一起的所有家庭人员从各种渠道得到的所有收入之和。计算公式为：

可支配收入= 家庭总收入- 交纳个人所得税-个人交纳的社会保障支出-记账补贴

农村居民人均纯收入（老口径） 指农村住户当年从各个来源得到的家庭总收入扣除有关费用性支出后，最终归农村居民所有的收入总和，按照农村住户人口平均的纯收入水平。计算公式为：

纯收入＝总收入-家庭经营费用支出-税费支出-生产性固定资产折旧-赠送农村内部亲友

Explanatory Notes on Main Statistical Indicators

Households refer to persons living and sharing economically together in one house. When people don't share living expenses, every single person are deemed to be one household. Live-in Nanny and family helpers are deemed to be one household.

Usual Resident Population refers to persons staying at home regularly or for over half of time in survey period and students provided by the household. Usual resident population is the respondent of household living expenses.

Full/Semi Labour Force Full labour force refers to persons capable of work, aged 18-50 for males and 18-45 for females. Semi labour force refers to persons capable of work, aged 16-17 and 51-60 for males and 16-17 and 46-55 for females. Persons at their working ages but not capable of work are not to be included as labour force. Persons not at working ages but participating regularly in work are included in semi labour force. For staff and workers who are usual residents, are included as full or semi labour force of the household if they are in the labour force.

Disposable Income of Residents refers to the actual income at the disposal of members of the households which can be used for final consumption and savings in survey period, residents can use that at their disposal. It includes cash income and physical income. This income demonstrates the situation about incomes of both rural and urban residents and living standard in various regions. According to the source of income, disposable income include wage income, net business income, net property income and net transferability income.

Wages Income refers to the work reward and all benefits received in various ways by the members of rural households,include the work reward and all benefits received from employed by other units or individuals,liberal professions, part-time job and sporadic labor.

Net Business Income refers to the net income received by households engaged in manufacturing & managing activities.This equals to total business income minus operating costs, depreciation for productive plant assets and net product tax(production taxes minus production subsidies).The following formula is used:

Net business income=business income-operating costs-depreciation for productive plant assets- net product tax(production taxes-production subsidies)

Net Property Income refers to the income received as returns by owners of financial assets or nature sources by providing nature sources to other institutional units,households and individuals. The following formula is used:

Net property income = property income - property expenditure

Net Transferability Income refers to various current transfers of nation, units and social organizations pay to households and recurring revenue transfer between households. This income includes pension transferred from government, the non administrative institutions and social organizations to households, social assistance, policy living allowance, disaster relief funds, regular donation and compensation, recoverable medical cost; alimony income, regular donation and compensation, income from the ones who are not resident in rural areas between the households.The following formula is used:

Net transferability income = transfer income - transfer expenditure

Five Equal Groups of Resident Income According to income per head, all investigative households are arranged from low to high. Divided five groups equally, the maximum 20% of the income groups is high-income groups, and so on, there are middle and upper-income groups, middle-income groups, medium-low-income groups and low-income groups.

Consumption Expenditure of Households refers to total expenditure of households for consumption in daily life, including expenditure on the eight categories of food; clothing; housing; household appliances and services; health care and medical services; transport and communications; recreation, education and cultural services; and miscellaneous goods and services.

The Per Capita Disposable Income(the old range) This equals to total income minus income tax, personal contribution to social security and subsidy for keeping diaries in being a sample household. The following formula is used:

Disposable income = total household income - income tax - personal contribution to social security - subsidy for keeping diaries for a sampled household

The Average Per Capita Net Income of Rural Residents(the old range) refers to the total income of rural

十一、环境和城市

Environment and Cities

资料整理：冉妮平　梁珠荣

简 要 说 明

一、本篇资料主要反映陕西环境保护事业发展情况和城市公用事业基本情况。

环境保护事业发展情况主要包括供水、用水情况以及工业废水和生活污水的排放及治理情况；城市空气质量，废气排放及处理情况；工业固体废物的产生、处理及利用情况；城市生活垃圾清运及处理情况；城市道路交通和区域环境噪声监测情况；造林及自然保护基本情况；地质、地震、海洋、森林灾害及突发环境事件情况；环境污染治理投资等情况。

城市公用事业基本情况主要包括城市建设、供水、供气、供热、市政设施、城市绿化、环境卫生等情况。

二、本篇资料由省国土资源厅、省环境保护厅、省住房和城乡建设厅、省水利厅、省林业厅等提供。

Brief Introduction

I. This chapter reflects the development of environment protection and public utilities in Shaanxi Province.

The development of environment protection mainly include water supply and utilization, discharge and treatment of industrial and other waste water; urban air quality, emission and treatment of waste gas; production, treatment and utilization of industrial solid wastes, collection and disposal of consumption wastes in cities; national monitoring of road traffic noise and urban environmental noise in key cities; forestation, grassland construction and natural protection; incidences of geological, seismic, marine and forest disasters, environmental emergency investment in environment pollution treatment, etc.

The public utilities mainly include urban construction, water supply, gas supply, heat supply, public facilities, urban greening and environmental hygiene, etc.

Ⅱ. The data resources are provided by Shaanxi Province Department of Land and Resources, Shaanxi Province Environmental Protection Department, Shaanxi Province Housing and Urban-Rural Development, Shaanxi Province Department of Water Resources and Shaanxi Province Forestry Department.

11.环境和城市

2016年全省城市		
人均公园绿地面积	12.30	平方米
人均城市道路面积	15.42	平方米
人均日生活用水量	159.27	升
用水普及率	95.61	%
燃气普及率	94.66	%

城市人均公园绿地面积（平方米）
（2016年）

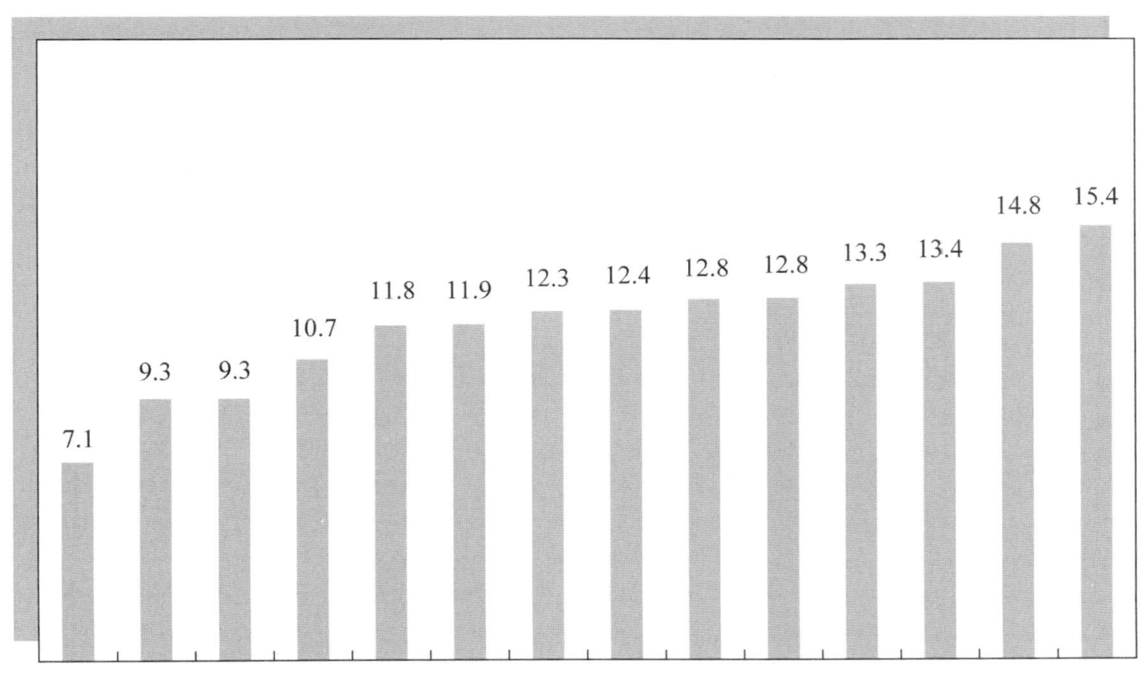

11-1 环境保护基本情况
Basic Statistics on Environmental Protection

指标	Item	2015	2016
水环境	**Water Environment Conditions**		
水资源总量（亿立方米）	Total Amount of Water Resources (100 million cu. m)	333.43	271.48
地表水资源量	Surface Water	309.22	249.17
地下水资源量	Ground-Water	120.61	107.39
地表水与地下水资源重复量	Duplicated Measurement between Surface and Underground	96.40	85.08
人均水资源量（立方米/人）	Per Capita Water Resources (cu.m/person)	881.16	713.91
用水总量（亿立方米）	Water Consumption (100 million cu. m)	91.16	90.83
# 农业用水	Water Consumption of Agriculture	57.93	57.62
工业用水	Water Consumption of Industry	14.22	13.69
生活用水	Water Consumption of Consumption	16.11	16.43
生态环境补水	Water Consumption of Ecological Protection	2.90	3.09
废水排放总量（万吨）	Total Volume of Waste Water Discharged (10 000 tons)	168121.98	166565.04
# 工业废水排放量	Volume of Industrial Waste Water Discharged	37729.95	28416.76
城镇生活污水排放量	Volume of Consumption Waste Water Discharged	130302.52	138026.82
集中式治理设施污水排放量	Volume of Sewage Discharged from Centralized Treatment Facilities	89.51	121.46
化学需氧量(COD)排放量（吨）	COD Discharge (ton)	489112	187348
# 工业废水中COD排放量	COD Discharge by Industrial Waste Water	109271	20297
农业COD排放量	COD Discharge by Agriculture	185112	5176
城镇生活污水中COD排放量	COD Discharge by Consumption Waste Water	191786	160442
集中式治理设施COD排放量	Volume of COD Discharged by Centralized Treatment Facilities	2943	1434
氨氮排放量（吨）	Ammonia Nitrogen Discharge (ton)	55646	25062
# 工业废水中氨氮排放量	Ammonia Nitrogen Discharge by Industrial Waste Water	9215	1806
农业氨氮排放量	Ammonia Nitrogen Discharge by Agriculture	14600	157
生活污水中氨氮排放量	Ammonia Nitrogen Discharge by Consumption Waste Water	31537	22925
集中式治理设施氨氮排放量	Volume of Ammonia Nitrogen Discharged by Centralized Treatment Facilities	294	174
大气环境	**Atmospheric Environment Conditions**		
二氧化硫(SO2)排放量（吨）	Sulphur Dioxide (SO2) Emission (ton)	735017	318012
# 工业SO2排放量	Volume of Sulphur Dioxide Emission by Industry	599321	190806
城镇生活SO2排放量	Volume of Sulphur Dioxide Emission by Consumption	135689	127198
集中式治理设施SO2排放量	Volume of SO2 Discharged by Centralized Treatment Facilities	7	8
氮氧化物排放量（吨）	Volume of Nitrogen oxides (ton)	627366	380301
# 工业氮氧化物排放量	Volume of Nitrogen oxides by Industry	434232	197263
城镇生活氮氧化物排放量	Volume of Nitrogen oxides by Consumption	33643	22598
机动车氮氧化物排放量	Volume of Nitrogen oxides by Motor Vehicles	159460	160407
集中式治理设施氮氧化物排放量	Volume of Nitrogen oxides by Centralized Treatment Facilities	30	33
烟(粉)尘排放量（吨）	Volume of Soot Emission (ton)	603649	287431
# 工业烟(粉)尘排放量	Volume of Industrial Soot Emission	454899	182045
城镇生活烟尘排放量	Volume of Consumption Soot Emission	135414	92085
机动车烟尘排放量	Volume of Soot Emission by Motor Vehicles	13302	13252
集中式治理设施烟尘排放量	Volume of Soot Emission by Centralized Treatment Facilities	34	49

11-1 续表 1 continued

指标		Item		2015	2016
固体废物		**Solid Wastes**			
一般工业固体废物产生量	(万吨)	Volume of Industrial Solid Wastes Produced	(10 000 tons)	9329.65	8647.85
一般工业固体废物综合利用量	(万吨)	Volume of Industrial Solid Wastes Utilized	(10 000 tons)	6101.61	6639.24
# 综合利用往年贮存量		The Comprehensive Utilization Stored Quantity in Early Years		12.60	9.48
一般工业固体废物综合利用率	(%)	Ratio of Industrial Solid Wastes Utilized	(%)	65.31	76.69
一般工业固体废物处置量	(万吨)	Volume of Industrial Solid Wastes Treated	(10 000 tons)	1977.41	1440.66
# 处置往年贮存量		Stored Quantity Treated in Early Years		1.40	1.99
一般工业固体废物处置率	(%)	Ratio of Industrial Solid Wastes Treated	(%)	21.19	16.66
一般工业固体废物贮存量	(万吨)	Industrial Solid Wastes Stored Quantity	(10 000 tons)	1264.62	579.38
危险废物产生量	(吨)	Volume of Hazardous Wastes	(ton)	579603	652581
危险废物综合利用量	(吨)	Volume of Hazardous Wastes Utilized	(ton)	117402	183599
# 综合利用往年贮存量		The Comprehensive Utilization Stored Quantity in Early Years		2239	28432
危险废物综合利用率	(%)	Ratio of Hazardous Wastes Utilized	(%)	20.18	26.96
危险废物处置量	(吨)	Volume of Hazardous Wastes Treated	(ton)	330969	359006
危险废物处置率	(%)	Ratio of Hazardous Wastes Treated	(%)	57.10	55.01
危险废物贮存量	(吨)	Hazardous Wastes Stored Quantity	(ton)	152141	152122
生态环境		**Ecological Environment Conditions**			
森林面积	(万公顷)	Area of Forest	(1 0000 hectares)	886.67	886.67
森林覆盖率	(%)	Forest Coverage Rate	(%)	43.06	43.06
累计水土流失治理面积	(千公顷)	Accumulative Area of Water and Soil Conservation	(1 000 hectares)	7288.32	7571.21
当年造林面积	(公顷)	The Area of Afforestation	(hectare)	532032	459392
人工造林		Man-made Forests		222564	184108
飞播造林		Afforestation by Air Seeding		34670	33602
无林地和疏林地新封山育林		Non-forest Land and Close Hillsides to Facilitate Afforestation		69799	63865
退化林分修复		Degradation of Forest Restoration		52053	16067
森林抚育		Forest Tending		152946	161750
自然保护区数	(个)	Number of Nature Reserves	(unit)	61	61
# 国家级		Nation Level		23	23
自然保护区面积	(万公顷)	Area of Nature Reserves	(10 000 hectares)	115.74	115.74
自然灾害		**Natural Disasters**			
地质灾害次数	(次)	Number of Geologic Hazards	(time)	38	45
地质灾害伤亡人数	(人)	Number of Geologic Hazard Casualties	(person)	71	7
地质灾害直接经济损失	(万元)	Direct Economic Losses of Geologic Hazard	(10 000 yuan)	51197	1075
森林火灾次数	(次)	Number of Forest Fires	(time)	53	52
森林火灾受害森林面积	(公顷)	Danaged Forest Area	(hectare)	85	87
环境污染与治理		**Investment in the Treatment of Environmental Pollution**			
突发环境事件次数	(次)	Environmental Disasters	(time)	58	45
环境污染治理投资总额	(万元)	Total Investment in the Treatment of Environmental Pollution	(10 000 yuan)	2418911	2534473
城镇环境基础设施投资		Investment in Urban Environmental Infrastructure		1698817	1903342
燃　气		Gas		205159	185458
集中供热		Centralized Heating		326979	222869
排　水		Drainage Works		309300	298650
园林绿化		Gardening and Greening		659712	1045812
市容环境卫生		Environmental Sanitation		197667	150553

11-1 续表 2 continued

指　　标		Item	2015	2016
工业污染防治投资		Investment in the Treatment of Industrial Pollution	294856	195520
治理废水		Treatment of Waste Water	31282	19490
治理废气		Treatment of Waste Gas	179093	157197
治理固体废物		Treatment of Solid Waste	15059	2302
治理噪声		Treatment of Noise Pollution	750	1036
治理其他		Treatment of Other Pollution	68673	15495
完成环保验收项目环保投资	(万元)	Investment in Completion Acceptance of Environmental Protection (10 000 yuan)	425238	435611
环境污染治理投资占GDP比重	(%)	Total Investment in the Treatment of Environmental Pollution as Percent of GDP (%)	1.33	1.32
工业废气治理设施运行费用	(万元)	Operating Costs of Industrial Waste Gas Treatment Facilities (10 000 yuan)	425819	354871
工业废水治理设施运行费用	(万元)	Operating Costs of Industrial Waste Water Treatment Facilities (10 000 yuan)	125581	107977
排污费收入总额	(万元)	Total Pollution Charges (10 000 yuan)	61300	65880
本年林业投资完成额	(万元)	Investment Completed This Year for Afforestation (10 000 yuan)	1151142	1330824
生态建设与保护		Ecological Construction and Protection	644050	907845
林业支撑与保障		Forestry Support and Protection	35728	73310
林业产业发展		Development of Forestry	165293	242340
林业民生工程		Forestry of the people's livelihood projects	35889	
其　他		Others	270182	107329
城市环境		**Urban Environmental**		
城区面积	(平方公里)	Total Urban Area (sq.km)	2311.70	2334.76
# 建成区面积		Developed Areas	1073.36	1127.35
城市建设用地面积	(平方公里)	City Areas and Floor Space of Buildings (sq.km)	1037.89	1096.26
城市供水总量	(万立方米)	Total Water Supply (10 000 cu.m)	97663.52	104173.59
城市用水普及率	(%)	Coverage Rate of Urban Population with Access to Tap Water (%)	97.12	95.61
城市污水排放量	(万立方米)	Volume of City Sewage (10 000 cu.m)	96977	92129
城市污水处理量	(万立方米)	Disposal of City Sewage (10 000 cu.m)	88779	84168
城市污水处理厂集中处理率	(%)	Treatment Rate of City Sewage (%)	91.52	91.36
城市生活垃圾清运量)	(万吨)	Urban Consumption Wastes Collected and Transported (10 000 tons)	522.74	532.79
城市生活垃圾无害化处理量	(万吨)	Volume of City Consumption Wastes (10 000 tons)	512.38	524.98
城市生活垃圾无害化处理率	(%)	Treatment Rate of City Consumption Wastes (%)	98.02	98.53
城市燃气普及率	(%)	Coverage Rate of Urban Population with Access to Gas (%)	94.73	94.66
城市集中供热面积	(万平方米)	Area of Centralized Heating in Urban (10 000 sq.m)	24030	27919
城市人均公园绿地面积	(平方米)	Per Capita Public Green Area (sq.m)	12.57	12.30
建成区绿化覆盖率	(%)	Green Covered Area as % of Completed Area (%)	40.57	40.14

注：城市环境部分，统计范围为全省设区市和杨凌示范区及兴平、华阴、韩城3个县级市。
a)Data of urban enviromental include those of cities at prefecture level ,Yangling,Xingping,Huayin and Hancheng.

11-2 各市(区)工业固体废物排放及处理情况(2016年)

Production and Treatment of Industrial Solid Wastes by City(District)(2016)

单位：万吨 (10 000 tons)

地 区	Region	一般工业固体废物产生量 Volume of Industrial Solid Wastes Produced	危险废物产生量 Volume of Hazardous Wastes Produced	一般工业固体废物贮存量 Volume of Industrial Solid Wastes in Stocks	危险废物贮存量 Volume of Hazardous Wastes in Stocks	一般工业固体废物处置量 Volume of Industrial Solid Wastes Disposed	#处置往年贮存量 Storage Capacity Disposed in Former Years	危险废物处置量 Volume of Hazardous Wastes Disposed	一般工业固体废物综合利用量 Volume of Industrial Solid Wastes Utilized
全 省	**Shaanxi**	**8647.85**	**65.26**	**579.38**	**15.21**	**1440.66**	**1.99**	**35.90**	**6639.24**
西安市	Xi'an	192.10	3.89	0.06	0.07	25.10		3.57	167.75
铜川市	Tongchuan	135.95				2.20			133.75
宝鸡市	Baoji	764.01	0.79	135.36	0.28	222.69	1.46	0.33	408.07
咸阳市	Xianyang	611.64	0.73	17.16		116.00	0.18	0.52	479.67
渭南市	Weinan	2954.44	15.80	42.05	0.06	731.58	0.04	13.66	2184.14
#韩城市	Hancheng	644.51	2.31			4.09	0.32		640.42
延安市	Yan'an	331.92	9.50	13.59	0.37	36.71		8.46	281.69
汉中市	Hanzhong	274.19	17.28	80.16	12.07	0.11		1.38	194.05
榆林市	Yulin	2787.27	10.61	79.08	1.99	305.20		7.38	2403.00
安康市	Ankang	74.43	5.11	26.16	0.01	0.34			49.68
商洛市	Shangluo	481.62	1.54	185.76	0.36	0.51	0.30	0.60	297.39
杨凌示范区	Yangling	40.27	0.01			0.21		0.01	40.05

11-3 各市(区)工业废水排放及处理量(2016年)

Discharge and Treatment of Industrial Waste Water by City(District)(2016)

地 区	Region	工业用水总量(万吨) Total Water Use in Industry (10 000 tons)	工业废水排放总量(万吨) Total Volume of Industrial Waste Water Discharged (10 000 tons)	化学需氧量排放量(吨) COD Discharge (ton)	氨氮排放量(吨) Ammonia Nitrogen Discharge (ton)	工业废水处理量(万吨) Volume of Treated Industrial Waste Water (10 000 tons)	废水治理设施数(套) Number of Facilities for Treatment of Waste Water (set)	废水治理设施处理能力(万吨/日) Treatment Capacity of Facilities for Treatment of Waste Water (10 000 tons/day)	废水治理设施运行费用(万元) Operate Expenditure for Facilities for Treatment of Waste Water (10 000 yuan)
全 省	**Shaanxi**	**69793.36**	**28416.76**	**20296.73**	**1805.92**	**46166.48**	**1765**	**279.72**	**107977**
西安市	Xi'an	9444.08	4029.83	1415.53	96.22	4264.99	266	24.40	24273
铜川市	Tongchuan	1368.21	347.75	339.06	13.40	378.31	27	3.90	1203
宝鸡市	Baoji	8008.22	3807.32	3668.49	298.10	4460.00	168	31.12	8761
咸阳市	Xianyang	6282.04	4421.03	3478.93	378.82	4389.65	188	39.97	10533
渭南市	Weinan	17430.29	3879.79	3354.86	402.58	6074.74	165	36.46	17382
#韩城市	Hancheng	3569.84	953.32	1062.05	63.45	2703.76	38	9.38	8102
延安市	Yan'an	4038.35	2980.33	2165.89	154.40	3262.55	133	17.13	13531
汉中市	Hanzhong	2185.65	956.10	941.45	137.25	1553.71	80	15.23	3493
榆林市	Yulin	16595.00	6753.92	3390.66	240.40	20221.01	594	96.43	25498
安康市	Ankang	490.58	236.08	641.42	46.86	315.40	89	3.12	841
商洛市	Shangluo	3686.64	952.19	800.27	35.57	1163.49	44	11.45	2243
杨凌示范区	Yangling	264.28	52.42	100.15	2.31	82.63	11	0.51	220

11-4 各市(区)工业废气排放及处理情况(2016年)
Emission and Treatment of Industrial Waste Gas by City(District)(2016)

地 区	Region	工业废气排放总量(亿立方米) Total Volume of Industrial Waste Gas Emission (100 million cu.m)	二氧化硫排放量(吨) Volume of Industrial Sulphur Dioxide Emission (ton)	氮氧化物排放量(吨) Volume of Nitrogen Oxides Emission (ton)	烟(粉)尘排放量(吨) Volume of Soot Emission (ton)	废气治理设施数(套) Number of Facilities for Treatment of Waste Gas (set)	废气治理设施处理能力(万立方米/时) Treatment Capacity of Facilities for Treatment of Waste Gas (10 000 cu.m/hour)	废气治理设施运行费用(万元) Operate Expenditure for Facilities for Treatment of Waste Gas (10 000 yuan)	空气日报优良率(%) Air Quality Fine Rate (%)
全 省	**Shaanxi**	**16288.44**	**190806.42**	**197262.54**	**182045.38**	**4627**	**46669.55**	**354871**	**62.9**
西 安 市	Xi'an	1034.46	4913.89	6168.56	2853.13	834	4708.53	62195	52.5
铜 川 市	Tongchuan	924.55	7258.34	21246.77	11844.35	141	12679.92	7244	65.3
宝 鸡 市	Baoji	1403.89	17195.73	21258.69	15129.82	704	3893.29	51439	46.4
咸 阳 市	Xianyang	1066.15	16545.11	18181.72	9213.76	345	2746.46	36592	57.4
渭 南 市	Weinan	3532.84	34428.29	45250.27	52294.15	781	8951.87	90841	47.3
# 韩城市	Hancheng	2098.45	20736.79	26763.25	41970.86	118	5202.62	68331	43.7
延 安 市	Yan'an	404.36	7817.21	6332.90	5042.80	267	820.74	16042	59.0
汉 中 市	Hanzhong	564.74	12419.03	10857.97	17506.01	479	2627.48	14734	45.4
榆 林 市	Yulin	6467.47	78413.83	62756.03	62374.24	642	9356.14	64649	43.7
安 康 市	Ankang	157.95	4845.60	2383.02	3532.99	260	393.13	4895	79.2
商 洛 市	Shangluo	566.81	6736.55	2244.16	2204.57	158	357.31	5265	80.9
杨凌示范区	Yangling	165.23	232.85	582.46	49.58	16	134.68	976	73.8

11-5 城市设施水平(2016年)
Level of Public Facilities in Cities(2016)

城 市	City	人均公园绿地面积(平方米) Per Capita Public Green Area (sq.m)	人均城市道路面积(平方米) Per Capita Area of Paved Roads (sq.m)	人均日生活用水量(升) Per Capita Daily Consumption of Tap Water for Residential Use (liter)	用水普及率(%) Coverage Rate of Population with Access to Tap Water (%)	燃气普及率(%) Coverage Rate of Population with Access to Gas (%)
全 省	**Shaanxi**	**12.30**	**15.42**	**159.27**	**95.61**	**94.66**
西 安 市	Xi'an	11.87	18.33	196.91	100.00	100.00
铜 川 市	Tongchuan	11.84	10.00	69.70	92.94	90.48
宝 鸡 市	Baoji	12.34	15.86	152.10	91.73	97.92
咸 阳 市	Xianyang	15.37	13.15	140.96	92.72	98.09
兴 平 市	Xingping	12.81	14.71	104.64	99.13	100.00
渭 南 市	Weinan	12.77	10.28	160.43	98.62	93.21
韩 城 市	Hancheng	9.27	14.91	112.31	100.00	93.54
华 阴 市	Huayin	9.28	13.39	89.31	98.27	51.26
延 安 市	Yan'an	10.65	7.83	155.16	84.94	98.81
汉 中 市	Hanzhong	13.37	9.09	164.87	81.45	89.91
榆 林 市	Yulin	12.37	18.20	69.55	86.66	77.71
安 康 市	Ankang	13.29	15.84	125.82	95.18	98.12
商 洛 市	Shangluo	7.06	8.21	75.35	99.75	50.10
杨凌示范区	Yangling	14.75	18.49	146.21	96.75	78.48

11-6 城市市政设施(2016年)
Municipal Infrastructure in Cities(2016)

城市	City	道路长度 (公里) Length of Paved Roads (km)	道路面积 (万平方米) Area of Paved Roads (10 000 sq.m)	城市桥梁 (座) City Bridges (set)	#立交桥 Flyover	城市道路照明灯盏数 (盏) Number of Street Lights (unit)	城市排水管道长度 (公里) Length of City Sewage Pipes (km)
全　省	**Shaanxi**	**6782.82**	**15264.73**	**764**	**157**	**653917**	**8677.98**
西安市	Xi'an	3434.75	7990.36	431	104	333109	4859.74
铜川市	Tongchuan	234.89	403.59	32	4	20380	477.60
宝鸡市	Baoji	535.62	1353.98	56	4	61781	611.85
咸阳市	Xianyang	414.52	1388.81	39	17	56745	362.19
兴平市	Xingping	196.06	288.30	12	3	11800	87.79
渭南市	Weinan	370.26	564.82	12	5	25757	430.89
韩城市	Hancheng	129.40	254.02	2		4036	148.99
华阴市	Huayin	80.47	154.67	21		5820	118.98
延安市	Yan'an	174.49	309.37	35	2	20085	127.72
汉中市	Hanzhong	226.87	401.71	9	1	15882	209.73
榆林市	Yulin	497.83	1146.70	41	7	62761	741.75
安康市	Ankang	231.68	538.55	24		24296	222.80
商洛市	Shangluo	139.58	196.64	25	1	6995	92.61
杨凌示范区	Yangling	116.40	273.21	25	9	4470	185.34

11-7 城市供水情况(2016年)
Basic Statistics on Tap Water Supply in Cities (2016)

城市	City	综合生产能力 (万立方米/日) Production Capacity (10 000 cu.m/day)	#地下水 Groundwater	全年供水总量 (万立方米) Annual Volume of Tap Water Supply (10 000 cu.m)	#生产运营用水 Water Consumption of Production and Operations	#公共服务用水 Water Consumption of Public Services	#居民家庭用水 Water Consumption of Household
全　省	**Shaanxi**	**445.18**	**183.02**	**104173.59**	**32489.95**	**6460.31**	**48250.83**
西安市	Xi'an	209.33	59.26	57396.50	16119.67	691.03	30646.81
铜川市	Tongchuan	14.40	2.00	1826.00	95.40	137.50	816.50
宝鸡市	Baoji	30.96	12.30	7486.00	2051.00	1024.00	3252.00
咸阳市	Xianyang	69.06	39.06	12976.69	6919.72	1274.48	3765.74
兴平市	Xingping	11.50	11.50	3512.74	2321.20	31.90	710.20
渭南市	Weinan	25.80	17.00	6324.40	2487.30	1048.50	1902.90
韩城市	Hancheng	10.00	5.00	972.15	144.00	115.50	583.00
华阴市	Huayin	8.45	8.45	669.00	213.00	79.00	291.00
延安市	Yan'an	8.50		2567.98	220.50	863.03	1038.16
汉中市	Hanzhong	10.00	10.00	2938.72	83.00	666.65	1481.12
榆林市	Yulin	16.25	6.25	2919.39	818.76	57.50	1328.40
安康市	Ankang	12.74		2366.90	686.40	188.10	1298.00
商洛市	Shangluo	6.10	6.10	1052.00	139.00	82.00	575.00
杨凌示范区	Yangling	12.09	6.10	1165.12	191.00	201.12	562.00

11-8 城市园林绿化情况(2016年)
Basic Statistics on Parks, Gardens and Green Areas in Cities(2016)

城市	City	园林绿化覆盖面积(公顷) Covered area of Gardening and Greening (hectare)	#建成区 Developed Areas	园林绿地面积(公顷) Areas of Green Land (hectare)	#建成区 Developed Areas	公园绿地面积(公顷) Capita Public Green Area (hectare)	公园个数(个) Number of Parks (unit)	公园面积(公顷) Area of Parks (hectare)
全 省	**Shaanxi**	**70160**	**45252**	**58679**	**38567**	**12178**	**229**	**6116**
西安市	Xi'an	25780	22339	20945	18244	5176	89	2537
铜川市	Tongchuan	2170	1895	1906	1705	478	14	107
宝鸡市	Baoji	4794	3696	4098	3441	1053	26	858
咸阳市	Xianyang	21049	3632	18786	3121	1623	5	490
兴平市	Xingping	849	778	677	675	251	2	143
渭南市	Weinan	2981	2485	2285	2159	701	7	503
韩城市	Hancheng	924	701	682	610	158	7	36
华阴市	Huayin	708	594	514	513	107	8	49
延安市	Yan'an	1699	1657	1609	1579	421	22	348
汉中市	Hanzhong	2212	1606	1710	1379	591	4	78
榆林市	Yulin	3052	2637	2421	2259	779	8	538
安康市	Ankang	2101	1743	1622	1600	452	25	301
商洛市	Shangluo	783	601	543	504	169	7	109
杨凌示范区	Yangling	1058	888	882	779	218	5	21

11-9 城市环境卫生情况(2016年)
Basic Statistics on Urban Sanitation in Cities(2016)

城市	City	道路清扫保洁面积(万平方米) Area of Paved Roads under Cleaning Program (10 000 sq.m)	#机械清扫 Machinery Cleaning	生活垃圾清运量(万吨) Consumption Wastes Collected and Transported (10 000 tons)	粪便清运量(万吨) Volume of Disposal of Excrement and Urine (10 000 tons)	公厕数量(座) Number of Public Lavatories (set)	#三类以上 Third Grade and Above	市容环卫专用车辆设备总数(辆) Number of Special Vehicles for Environmental Sanitation (coach)
全 省	**Shaanxi**	**15388**	**10436**	**532.79**	**7.25**	**4427**	**4330**	**3318**
西安市	Xi'an	8630	6771	346.81	2.78	2221	2221	1916
铜川市	Tongchuan	406	367	14.03		170	170	122
宝鸡市	Baoji	1228	445	24.97		520	520	196
咸阳市	Xianyang	861	599	31.29	2.33	343	343	184
兴平市	Xingping	249	49	7.51		46	46	57
渭南市	Weinan	532	235	17.64	0.19	127	124	160
韩城市	Hancheng	143	104	7.43		33	33	33
华阴市	Huayin	53	21	5.04		50	39	14
延安市	Yan'an	395	334	15.27	1.18	163	162	150
汉中市	Hanzhong	501	149	13.09	0.05	127	116	56
榆林市	Yulin	1675	893	21.57		435	403	271
安康市	Ankang	226	81	15.46	0.72	125	96	103
商洛市	Shangluo	160	90	6.99		27	17	34
杨凌示范区	Yangling	329	298	5.69		40	40	22

11-10 城市燃气情况(2016年)
Basic Statistics on Supply of Gas in Cities(2016)

城 市	City	天 然 气 Natural Gas				液化石油气 Liquefied Petroleum Gas			
		供气总量 (万立方米) Volume of Gas Supply (10 000 cu.m)	销售气量 (万立方米) Volume of Gas Sold (10 000 cu.m)	#居民家庭 Consumption for Residential Use	用气人口 (万人) Population with Access to Gas (10 000 persons)	供气总量 (吨) Volume of Gas Supply (ton)	销售气量 (吨) Volume of Gas Sold (ton)	#居民家庭 Consumption for Residential Use	用气人口 (万人) Population with Access to Gas (10 000 persons)
全 省	**Shaanxi**	**342797**	**337007**	**117117**	**876.50**	**24423**	**24168**	**17090**	**60.62**
西 安 市	Xi'an	201925	197000	65735	434.03	1958	1928	1125	2.00
铜 川 市	Tongchuan	14869	14577	5980	36.51				
宝 鸡 市	Baoji	20645	20498	6105	82.20	200	190	175	1.40
咸 阳 市	Xianyang	24092	24092	8201	93.83	4983	4972	4972	9.80
兴 平 市	Xingping	2250	2250	1095	14.10	950	950	950	5.50
渭 南 市	Weinan	13738	13530	5557	42.39	2947	2930	2790	8.80
韩 城 市	Hancheng	4283	4236	1760	11.64	530	527	490	4.30
华 阴 市	Huayin	298	290	104	1.42	561	556	556	4.50
延 安 市	Yan'an	16047	16044	6899	38.98	6095	6095	12	0.07
汉 中 市	Hanzhong	4653	4651	2486	23.56	3734	3620	3620	16.18
榆 林 市	Yulin	32273	32181	11258	48.95				
安 康 市	Ankang	1162	1127	577	25.29	2465	2400	2400	8.07
商 洛 市	Shangluo	3421	3391	710	12.00				
杨凌示范区	Yangling	3143	3140	651	11.60				

11-11 国家级风景名胜区(2016年)
State Scenic Spots at National Level (2016)

风景区名称	Name of Scenic Spots	风景区面积 (平方公里) Area of Scenic Spots (sq.km)	# 供游览面积 Area of Visiting	游 人 量 (万人次) Number of Visitor (10 000 person-times)	# 境外游人 Number of Oversea Visitor Arrivals
总 计	**Total**	**801**	**319**	**2860.70**	**190.10**
骊山风景区	LishanHill Scenic Spot	120	91	1835.00	181.00
宝鸡天台山	BaojiTiantaishan	134	40	15.20	
合阳洽川风景区	Heyangqiachuan Scenic Spot	177	66	82.10	
华 山	Mountain Hua	148	50	260.00	2.00
黄河壶口瀑布	The Yellow River Hu-kou Falls	100	12	147.90	7.10
黄 帝 陵	The Huangdi Tomb	122	60	520.50	

主要统计指标解释

水资源总量 指评价区内降水形成的地表和地下产水总量，即地表产流量与降水入渗补给地下水量之和，不包括过境水量。

地表水资源量 指评价区内河流、湖泊、冰川等地表水体中可以逐年更新的动态水量，即当地天然河川径流量。

地下水资源量 指评价区内降水和地表水对饱水岩土层的补给量，包括降水入渗补给量和河道、湖库、渠系、渠灌田间等地表水体的入渗补给量。

地表水与地下水资源重复量 指地表水和地下水相互转化的部分，即天然河川径流量中的地下水排泄量和地下水补给量中来源于地表水的入渗补给量。

用水总量 指分配给各类用户的包括输水损失在内的毛用水量之和，不包括海水直接利用量。

农业用水 指农田灌溉用水、林果地灌溉用水、草地灌溉用水和鱼塘补水。

工业用水 指工矿企业在生产过程中用于制造、加工、冷却、空调、净化、洗涤等方面的用水，按新水取用量计，不包括企业内部的重复利用水量。

生活用水 包括城镇生活用水和农村生活用水。城镇生活用水由居民用水和公共用水（含第三产业及建筑业等用水）组成；农村生活用水除居民生活用水外，还包括牲畜用水在内。

生态补水 仅包括人为措施供给的城镇环境用水和部分河湖、湿地补水，而不包括降水、径流自然满足的水量。

工业废水排放量 指经过企业厂区所有排放口排到企业外部的工业废水量。包括生产废水、外排的直接冷却水、超标排放的矿井地下水和与工业废水混排的厂区生活污水，不包括外排的间接冷却水(清污不分流的间接冷却水应计算在内)。

工业废水排放达标量 指报告期内废水中各项污染物指标都达到国家或地方排放标准的外排工业废水量，包括未经处理外排达标的，经废水处理设施处理后达标排放的，以及经污水处理厂处理后达标排放的。

生活污水排放量 指城镇居民每年排放的生活污水。用人均系数法测算。测算公式为：

$$\frac{\text{生活污水}}{\text{排放量}} = \frac{\text{城镇生活污水}}{\text{排放系数}} \times \frac{\text{市镇非}}{\text{农业人口}} \times 365$$

化学需氧量(COD) 指用化学氧化剂氧化水中有机污染物时所需的氧量。COD 值越高，表示水中有机污染物污染越重。

工业废气排放量 指报告期内企业厂区内燃料燃烧和生产工艺过程中产生的各种排入大气的含有污染物的气体的总量，以标准状态(273K，101325Pa)计算。测算公式为：

$$\frac{\text{工业废气}}{\text{排放量}} = \frac{\text{燃料燃烧过程}}{\text{中废气排放量}} + \frac{\text{生产工艺过程}}{\text{中废气排放量}}$$

生活及其他 SO_2 排放量 以生活及其他煤炭消费量和其含硫量为基础，根据以下公式计算：

$$\frac{\text{生活及其他}}{SO_2\text{排放量}} = \frac{\text{生活及其他}}{\text{煤炭消费量}} \times \text{含硫量} \times 0.8 \times 2$$

工业 SO_2 排放量 指报告期内企业在燃料燃烧和生产工艺过程中排入大气的 SO_2 总量，计算公式为：

$$\frac{\text{工业}SO_2}{\text{排放量}} = \frac{\text{燃料燃烧过程}}{\text{中}SO_2\text{排放量}} + \frac{\text{生产工艺过程}}{\text{中}SO_2\text{排放量}}$$

工业烟尘排放量 指企业厂区内燃料燃烧过程中产生的烟气中夹带的颗粒物排放量。

生活及其他烟尘排放量 指除工业生产活动以外的所有社会、经济活动及公共设施的经营活动中燃烧所排放的烟尘纯重量。以生活及其他煤炭消费量为基础进行测算。

工业粉尘排放量 指企业在生产工艺过程中排放的能在空气中悬浮一定时间的固体颗粒物排放量。如钢铁企业的耐火材料粉尘、焦化企业的筛焦系统粉尘、烧结机的粉尘、石灰窑的粉尘、建材企业的水泥粉尘等。不包括电厂排入大气的烟尘。

工业固体废物产生量 指报告期内企业在生产过程中产生的固体状、半固体状和高浓度液体状废弃物的总量，包括危险废物、冶炼废渣、粉煤灰、炉渣、煤矸石、尾矿、放射性废物和其他废物等；不包括矿山开采的剥离废石和掘进废石(煤矸石和呈酸性或碱性的废石除外)。酸性或碱性废石指采掘的废石其流经水、雨淋水的 pH 值小于 4 或 pH 值大于 10.5 者。

危险废物 指列入国家危险废物名录或根据国家规定的危险废物鉴别标准和鉴别方法认定的，具有爆炸性、易燃性、易氧化性、毒性、腐蚀性、易传染疾病等危险特性之一的废物。

工业固体废物综合利用量 指报告期内企业通过回收、加工、循环、交换等方式，从固体废物中提取或者使其转化为可以利用的资源、能源和其他原材料的固体废物量(包括当年利用往年的工业固体废物贮存量)，如用作农业肥料、生产建筑材料、筑路等。综合利用量由原产生固体废物的单位统计。

工业固体废物综合利用率 指工业固体废物综合利用量占工业固体废物产生量(包括综合利用往年贮存量)的百分率。计算公式为：

$$\frac{\text{工业固体废物}}{\text{综合利用率}} = \frac{\text{工业固体废物综合利用量}}{\text{工业固体废物产生量} + \text{综合利用往年贮存量}} \times 100\%$$

工业固体废物贮存量 指报告期内企业以综合利用或

处置为目的，将固体废物暂时贮存或堆存在专设的贮存设施或专设的集中堆存场所内的数量。专设的固体废物贮存场所或贮存设施必须有防扩散、防流失、防渗漏、防止污染大气、水体的措施。

工业固体废物处置量 指报告期内企业将固体废物焚烧或者最终置于符合环境保护规定要求的场所，并不再回取的工业固体废物量(包括当年处置往年的工业固体废物贮存量)。处置方式有填埋(其中危险废物应安全填埋)、焚烧、专业贮存场(库)封场处理、深层灌注、回填矿井及海洋处置(经海洋管理部门同意投海处置)等。

工业固体废物排放量 指报告期内企业将所产生的固体废物排到固体废物污染防治设施、场所以外的数量，不包括矿山开采的剥离废石和掘进废石(煤矸石和呈酸性或碱性的废石除外)。

“三废”综合利用产品产值 指报告期内利用“三废”作为主要原料生产的产品价值(现行价)；已经销售或准备销售的应计算产品价值，留作生产自用的不应计算产品价值。

自然保护区 指为了保护自然环境和自然资源，促进国民经济的持续发展，将一定面积的陆地和水体划分出来，并经各级人民政府批准而进行特殊保护和管理的区域个数。根据保护对象，自然保护区分为自然生态系统类、野生生物类、自然遗迹类。风景名胜区、文物保护区不计在内。

湿地 指天然或人工、长久或暂时性的沼泽地、泥炭地或水域地带，包括静止或流动、淡水、半咸水、咸水体，低潮时水深不超过6米的水域以及海岸地带地区的珊瑚滩和海草床、滩涂、红树林、河口、河流、淡水沼泽、沼泽森林、湖泊、盐沼及盐湖。

环境突发事件 指由于违反环境保护法规的经济、社会活动与行为，以及意外因素的影响或不可抗拒的自然灾害等原因，致使环境受到污染，国家重点保护的野生动植物、自然保护区受到破坏，人体健康受到危害，社会经济和人民财产受到损失，造成不良社会影响的突发性事件。

环境污染治理投资 指在污染源治理和城市环境基础设施建设的资金投入中，用于形成固定资产的资金，其中污染源治理投资包括工业污染源治理投资和“三同时”项目环保投资两部分。环境污染治理投资为城市环境基础设施投资、工业污染源治理投资与“三同时”项目环保投资之和。

城市桥梁 指为跨越天然或人工障碍物而修建的构筑物。包括跨河桥、立交桥、人行天桥以及人行地下通道等。按使用年限分为永久性桥和半永久性桥。

城市园林绿地面积 指报告期末用作园林和绿化的各种绿地面积。包括公园绿地、生产绿地、防护绿地、附属绿地和其他绿地的面积。

Explanatory Notes on Main Statistical Indicators

Total Water Resources refers to total volume of water resources measured as run-off for surface water from rainfall and recharge for groundwater in a given area, excluding transit water.

Surface Water Resources refers to total renewable resources which exist in rivers, lakes, glaciers and other collectors from rainfall and are measured as run-off of rivers.

Groundwater Resources refers to replenishment of aquifers with rainfall and surface water.

Duplicated Measurement between Surface Water and Groundwater refers to mutual exchange between surface water and groundwater, i.e. run-off of rivers includes some depletion into groundwater while groundwater includes some replenishment from surface water.

Water Use refers to gross water use distributed to users, including loss during transportation, broken down into use by agriculture, industry, living consumption and ecological protection.

Water Use by Agriculture includes uses of water by irrigation of farming fields and by forestry, animal husbandry and fishing. Water use by forestry, animal husbandry and fishery includes irrigation of forestry and orchards, irrigation of grassland and replenishment of fishing farms.

Water Use by Industry refers to new withdrawals of water, excluding reuse of water within enterprises.

Water Use by Living Consumption includes use of water for living consumption in both urban and rural areas. Urban water use by living consumption is composed of household use and public use (including services, commerce, restaurants, cargo transportation, posts, telecommunications and construction). Rural water use by living consumption includes both households and animals.

Water Use by Ecological Protection includes replenishment of rivers and lakes and use for urban environment.

Waste Water Discharged by Industry refers to the volume of waste water discharged by industrial enterprises through all their outlets, including waste water from production process, directly cooled water, groundwater from mining wells which does not meet discharge standards and sewage from households mixed with waste water produced by industrial activities, but excluding indirectly cooled water discharged (It should be included if the discharge is not separated from waste water).

Industrial Waste Water Meeting Discharge Standards refers to volume of industrial waste water discharge which, with or without treatment, reaches national or local standards with regard to all pollutants.

Urban Non-industrial Waste Water Discharge refers to annual discharge of non-industrial waste water by urban households. It is estimated by per capita coefficient using the formula:

$$\text{Urban non-industrial waste water discharge} = \text{urban non-industrial waste water discharge coefficient} \times \text{urban non-agricultural population} \times 365$$

Chemical Oxygen Demand (COD) refers to the amount of oxygen required when chemical oxidants are used to oxidize organic pollutants in water. A higher value of COD corresponds to more serious pollution by organic pollutants.

Industrial Waste Air Emission refers to the discharge into atmosphere of waste air containing pollutants generated from fuel burning and production processes in enterprises within a given period of time. It is calculated at standard status (273K, 101325Pa) as:

$$\text{Industrial waste air emission} = \text{emission through fuel burning} + \text{emission through production process}$$

SO_2 Emission through Non-industrial and Other Activities is calculated on the basis of consumption of coal by households and other activities and the sulphur content of coal with the following formula:

$$SO_2 \text{ emission through non-industrial and other activities} = \text{of coal by households and other activities} \times \text{sulphur content} \times 0.8 \times 2$$

SO_2 Emission through Industrial Activities refers to volume of sulphur dioxide emission from fuel burning and production process by enterprises during a given period of time. It is calculated as:

$$SO_2 \text{ emission through industrial activities} = SO_2 \text{ emission from fuel burning} + SO_2 \text{ emission from production process}$$

Industrial Soot Emission refers to the volume of soot in smoke emitted in the process of fuel burning in the premises of enterprises.

Soot Emission by Consumption and Others refers to the net volume of soot emitted by fuel burning from all social and economic activities and operations of public facilities other than industrial activities. It is calculated on the basis of coal consumption by households and others.

Industrial Dust Emission refers to volume of dust emitted by production process of enterprises and suspended in the air for a given period of time, including dust from refractory material of iron and steel works, dust from coke-screening systems and sintering machines of coke plants, dust from lime kilns and dust from cement production in building material enterprises, but excluding soot and dust emitted from power plants.

Industrial Solid Wastes Produced refers to total volume of solid, semi-solid and high concentration liquid residues produced by industrial enterprises from production process in a

given period of time, including hazardous wastes, slag, coal ash, gangue, tailings, radioactive residues and other wastes, but excluding stones stripped or dug out in mining - gangue and acid or alkaline stones not included (a stone is acid or alkaline according to the pH value of the water being below 4 or above 10.5 when the stone is in, or soaked by water).

Hazardous Wastes refers to those included in the national hazardous wastes catalogue or specified as any one of the following properties in the national hazardous wastes identification standards: explosive, ignitable, oxidizable, toxic, corrosive or liable to cause infectious diseases or lead to other dangers.

Industrial Solid Wastes Utilized refers to volume of solid wastes from which useful materials can be extracted or which can be converted into usable resources, energy or other materials by means of reclamation, processing, recycling and exchange (including utilizing in the year the stocks of industrial solid wastes of the previous year). Examples of such utilizations include fertilizers, building materials and road materials. The information shall be collected by the producing units of the wastes.

Rate of Utilization of Industrial Solid Wastes refers to the percentage of industrial solid wastes utilized over industrial solid wastes produced (including stocks of the previous years). It is calculated as:

$$\begin{array}{c}\text{Rate of utilization of}\\\text{industrial solid wastes}\end{array}=\frac{\begin{array}{c}\text{volume of industrial}\\\text{solid wastes utilized}\end{array}}{\begin{array}{c}\text{industrial solid}\\\text{wastes produced}+\\\text{stock of}\\\text{previous years}\end{array}}\times 100\%$$

Stock of Industrial Solid Wastes refers to the volume of solid wastes placed in special facilities or special sites for purposes of utilization or disposal. The sites or facilities should take measures against dispersion, loss, seepage, and air and water contamination.

Industrial Solid Wastes Disposed refers to the quantity of industrial solid wastes which are burnt or placed ultimately in the sites meeting the requirements for environmental protection and not salvaged or recycled (including disposition in the year of those wastes of previous years). The disposition includes landfill (Safe landfills should be conducted for hazardous wastes), incineration, containment spaces, deep underground disposal, backfill in mining pits and disposal at sea.

Natural Reserves refer to certain areas of land, waters or sea demarked and approved by relevant governments at all levels to put under special protection and management in order to protect the natural environment and natural resources and to promote the sustainable development of the national economy. According to the objects be protected, the natural reserves are classified into classes of natural ecosystem, wild life and natural heritage. Scenic spots and cultural preservation zones are not included.

Wetlands refer to marshland and peat bog, whether natural or man-made, permanent or temporary; water covered areas, whether stagnant or flowing, with fresh or semi-fresh or salty water that is less than 6 meters deep at low tide; as well as coral beach, weed beach, mud beach, mangrove, river outlet, rivers, fresh-water marshland, marshland forests, lakes, salty bog and salt lakes along the coastal areas.

Sudden Accidents Effecting Environment refer to sudden accidents, due to economic or social activities that are contrary to environment protection laws or due to unforeseen factors or natural disasters, that lead to environment pollution, destruction of protected wild animals, plants or nature reserves, damage to human health, economic and property losses, and other negative impacts on the society.

Investment in Environment Pollution Harnessing Projects refers to the proportion of investment in fixed assets in the total investment in harnessing pollution and in the construction of urban environment infrastructure facilities. The investment in harnessing pollution It includes investment in harnessing sources of industrial pollution and investment in environment protection facilities designed concurrently with construction projects. Investment in environment pollution harnessing is the total of investment in harnessing pollution and investment in urban environment infrastructure facilities.

Urban Bridges refer to bridges built to cross over natural or man-made barriers, including bridges over rivers, overpasses for traffic and for pedestrians, underpasses for pedestrians, etc. Both permanent and semi-permanent bridges are included.

Area of Parks and Green Land refers to the total area occupied for green projects at the end of the reference period, including park green land, production green land, protection green land, green land attached to institutions, and other green areas.

十二、农　业

Agriculture

资料整理：魏静怡　孔庆惠　赵胜利
郑月霞　姜亦武　陈　伟

简要说明

一、本篇资料反映陕西农业生产和农村经济的基本情况，内容主要包括耕地、农林牧渔业产值、主要农产品产量、造林、水利水保、农业机械拥有量、农业基地县等方面的统计资料。

二、农业统计范围包括除县城关镇以外所有乡镇的社会经济活动。

三、粮食播种面积及产量、主要畜禽产品产量全省为抽样调查数。

四、造林情况及2010年以后林产品产量由省林业厅提供，水利水保情况由省水利厅提供，灾情由省民政厅提供。

Brief Introduction

I. This chapter reflects the basic conditions of agricultural production and rural economy of Shaanxi Province, mainly including cultivated land, output of agriculture, forestry, animal husbandry and fishery, output of major products, forestation, water conservancy and protection, quantity of agricultural machinery and agricultural base county.

Ⅱ. Rural social and economic statistics cover social and economic activities in all townships except county towns.

Ⅲ. The sown area and output of grain and output of main animal products of Shaanxi Province are collected with sample survey.

Ⅳ. The forestation situation and output of forest product after 2010 are provided by Shaanxi Province Forestry Department. The situation of water conservancy and protection are provided by Shaanxi Province Department of Water Resources Department. The data on disasters are provided by Shaanxi Provincial Department of Civil Affairs.

12.农　业

2016年全省				
年末耕地面积	2915.08	千公顷	占全省土地面积	14.2%
农林牧渔业总产值	2985.76	亿　元	比上年增长	4.1%
农作物播种面积	4276.85	千公顷	比上年下降	0.2%
粮食产量	1228.30	万　吨	比上年增长	0.1%
园林水果产量	1713.96	万　吨	比上年增长	5.1%

果园面积和水果产量

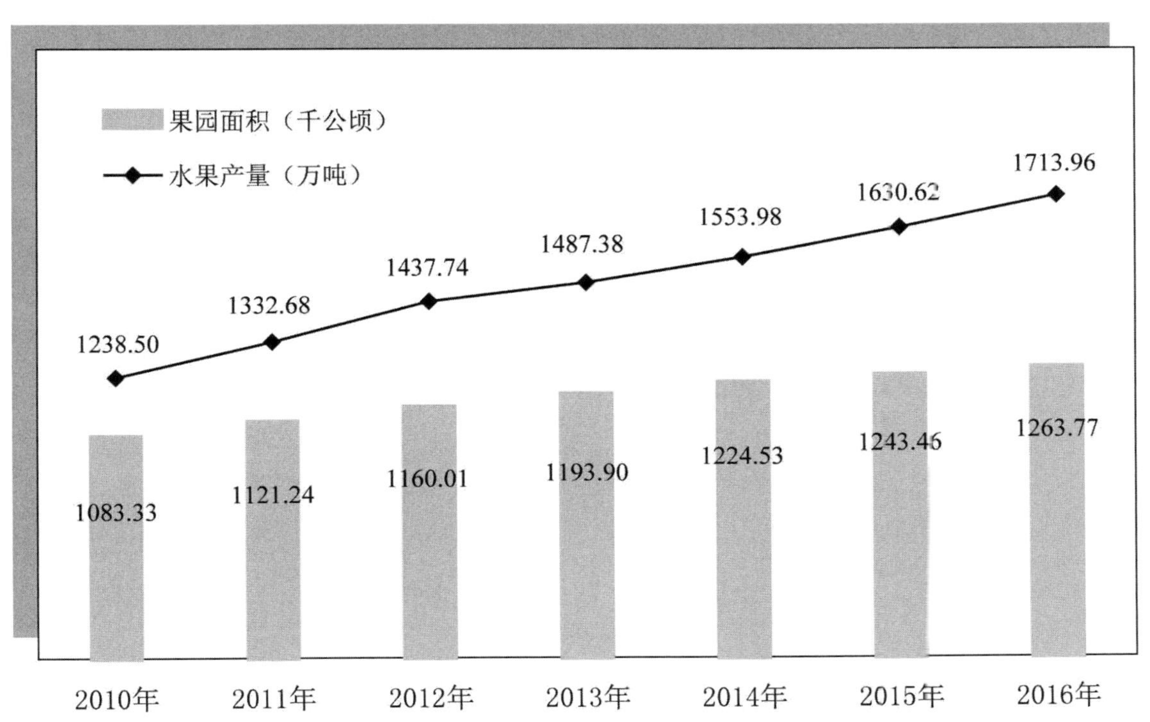

12-1 常用耕地面积
Area of Cultivated Land

年份 Year	年末常用耕地面积(千公顷) Area of Cultivated Land (1 000 hectares)	#水田 Paddy Field	#水浇地 Irrigated Field	每一乡村人口占有耕地(公顷) The Average Area of Cultivated Land per Rural Person (hectare)	#水田、水浇地 Paddy Field and Irrigated Field
1978	3853.60	170.07	1047.93	0.16	0.05
1980	3815.67	169.93	1095.80	0.16	0.05
1985	3627.07	166.13	1003.33	0.15	0.05
1990	3533.00	171.47	998.20	0.13	0.04
1995	3393.44	176.04	995.59	0.12	0.04
2000	3113.96	172.53	997.22	0.11	0.04
2001	2965.83	163.95	968.66	0.11	0.04
2002	2854.81	159.27	974.22	0.10	0.04
2003	2795.82	154.22	916.21	0.10	0.04
2004	2795.52	156.68	897.56	0.10	0.04
2005	2788.45	155.04	926.44	0.10	0.04
2006	2783.30	153.45	921.44	0.10	0.04
2007	2840.73	152.64	900.97	0.10	0.04
2008	2848.37	151.69	899.50	0.10	0.04
2009	2860.04	148.22	906.41	0.10	0.04
2010	2860.53	146.65	900.43	0.10	0.04
2011	2860.98	144.65	934.44	0.10	0.04
2012	2864.29	143.76	965.95	0.11	0.04
2013	2870.98	141.97	958.44	0.11	0.04
2014	2865.99	142.70	979.39	0.11	0.04
2015	2904.11	140.13	964.53	0.11	0.04
2016	2915.08	136.11	987.36	0.11	0.04

12-2 各市(区)常用耕地面积(2016年)
Area of Cultivated Land by City(District)(2016)

地区	Region	年末常用耕地面积(千公顷) Cultivated Land (1 000 hectares)	#水田 Paddy Field	#水浇地 Irrigated Field	每一乡村人口占有耕地(公顷) The Average Area of Cultivated Land per Rural Person (hectare)	#水田、水浇地 Paddy Field and Irrigated Field
全　省	**Shaanxi**	**2915.08**	**136.11**	**987.36**	**0.11**	**0.04**
西安市	Xi'an	231.20	0.64	149.28	0.06	0.04
铜川市	Tongchuan	67.16		4.24	0.15	0.01
宝鸡市	Baoji	295.95	0.43	121.53	0.11	0.04
咸阳市	Xianyang	349.75	0.17	190.08	0.09	0.05
渭南市	Weinan	493.48	0.82	328.85	0.12	0.08
#韩城市	Hancheng	24.71	0.33	14.21	0.11	0.06
延安市	Yan'an	245.93	0.86	7.21	0.16	0.01
汉中市	Hanzhong	203.77	95.13	4.73	0.07	0.03
榆林市	Yulin	685.46	3.23	151.31	0.25	0.06
安康市	Ankang	196.19	32.92	1.09	0.08	0.01
商洛市	Shangluo	133.61	1.90	16.45	0.06	0.01
杨凌示范区	Yangling	5.44		5.44	0.05	0.05

12-3 农林牧渔业总产值
Gross Output Value of Agriculture, Forestry, Animal Husbandry and Fishery

单位：万元 (10 000 yuan)

年份 Year	农林牧渔业总产值 Total	农业 Farming	林业 Forestry	牧业 Animal Husbandry	渔业 Fishery	农林牧渔服务业 Service in Support of Agriculture
1978	362748	309084	11717	41802	145	
1980	418773	349984	16625	51996	168	
1985	795777	611883	50751	131815	1328	
1990	1699568	1243236	90170	357676	8486	
1995	3816465	2578674	168848	1046501	22442	
2000	4648889	3277761	272175	1063900	35053	
2001	4788356	3374163	235930	1140722	37541	
2002	5090762	3532131	266225	1251170	41236	
2003	5112543	3343544	268260	1455952	44787	
2004	6512051	4137371	263525	1794364	51236	265555
2005	7307239	4729047	250070	1989982	54879	283261
2006	8215406	5234189	289488	2141302	34427	516000
2007	10028501	6293403	337745	2740463	42427	614463
2008	12778611	7758512	414721	3852637	60582	692159
2009	13372200	8236000	456300	3879000	65000	735900
2010	16660575	11072354	351824	4349944	82909	803544
2011	20586024	13606649	423402	5534045	106249	915679
2012	23032043	15262805	584353	5987160	146109	1051616
2013	25625051	17147882	676185	6436731	177625	1186628
2014	27418168	18707841	735734	6482713	198949	1292931
2015	28134967	19107065	757926	6654948	236132	1378896
2016	29857636	20275626	855406	6959327	262453	1504824

注：1.2002年及以前农林牧渔业总产值含农民家庭兼营工业产值，按当年市场价格计算。
2.2003年及以后不含农民家庭兼营工业产值，按生产者价格计算，2004年及以后含农林牧渔服务业产值.

a) Before 2002 Gross Output Value of Agriculture, Forestry, Animal Husbandry and Fishery included commodity industry run by Rural Household, Data in this table are calculated at current prices.

b) Since 2003 it exclude commodity industry run by Rural Household,Data in this table are calculated at producer's price. Since 2004 it include services for Agriculture, Forestry,Animal Husbandry and Fishery.

12-4 各市(区)农林牧渔业总产值(2016年)
Gross Output Value of Agriculture, Forestry, Animal Husbandry and Fishery by City(District)(2016)

单位：万元 (10 000 yuan)

地区	Region	农林牧渔业总产值 Total	农业 Farming	林业 Forestry	牧业 Animal Husbandry	渔业 Fishery	农林牧渔服务业 Service in Support of Agriculture
全 省	**Shaanxi**	**29857636**	**20275626**	**855406**	**6959327**	**262453**	**1504824**
西安市	Xi'an	4056321	2587519	102222	940934	19640	406006
铜川市	Tongchuan	443164	333948	6535	81119	1971	19591
宝鸡市	Baoji	3015495	1692298	111604	1066671	11966	132956
咸阳市	Xianyang	6053665	4534551	79347	1078337	16296	345134
渭南市	Weinan	4186945	2989424	71559	877282	56248	192432
#韩城市	Hancheng	305760	231952	8180	36128	1197	28303
延安市	Yan'an	2097652	1643790	70610	323004	6125	54123
汉中市	Hanzhong	3642602	2162194	145777	1154854	54449	125328
榆林市	Yulin	2823141	1525563	95402	1082656	17134	102386
安康市	Ankang	1770611	1062574	94636	509417	62147	41837
商洛市	Shangluo	1780659	974337	117243	607806	6353	74920
杨凌示范区	Yangling	131259	82232	10498	29581		8948

注：本表按当年价格计算。

a) Data in this table are calculated at current prices.

12-5 农林牧渔业总产值指数(1978年=100)
Indices of Gross Output Value of Agriculture, Forestry, Animal Husbandry and Fishery (year of 1978=100)

年 份 Year	农林牧渔业 总产值 Total	农 业 Farming	林 业 Forestry	牧 业 Animal Husbandry	渔 业 Fishery	农林牧渔服务业 Service in Support of Agriculture
1978	100.0	100.0	100.0	100.0	100.0	
1980	97.0	92.0	123.3	107.7	113.7	
1985	148.2	152.7	189.0	159.6	303.5	
1990	191.7	204.0	176.7	231.9	992.9	
1995	250.8	250.8	251.7	364.6	1834.7	
2000	320.0	336.8	322.1	403.7	2795.2	
2001	328.0	341.5	328.6	426.3	2937.7	
2002	348.4	361.7	363.4	452.3	3193.3	
2003	366.1	371.8	389.2	503.4	3404.1	
2004	399.8	416.8	383.6	526.1	3482.4	
2005	432.2	448.9	359.7	587.1	3844.6	
2006	463.8	484.4	367.9	627.1	4063.7	
2007	487.0	508.1	409.9	652.1	4336.0	
2008	525.4	547.7	446.8	707.6	4713.2	
2009	551.2	568.5	499.0	755.0	5080.8	
2010	583.1	605.7	512.4	789.1	5540.0	
2011	615.8	645.7	562.1	788.3	6925.0	
2012	652.7	683.8	617.2	831.7	8213.1	
2013	684.0	709.8	719.0	875.8	9592.9	
2014	718.9	748.1	764.3	905.6	10772.8	
2015	754.8	793.7	864.4	911.0	12076.3	
2016	785.7	832.6	990.6	908.3	13126.9	

注：本表按可比价格计算。

a) Data in this table are calculated at constant prices.

12-6 农林牧渔业总产值指数(上年=100)
Indices of Gross Output Value of Agriculture, Forestry, Animal Husbandry and Fishery (preceding year=100)

年 份 Year	农林牧渔业 总产值 Total	农 业 Farming	林 业 Forestry	牧 业 Animal Husbandry	渔 业 Fishery	农林牧渔服务业 Service in Support of Agriculture
1978	102.7	101.6	94.4	100.5	94.3	
1980	85.9	81.2	109.2	95.7	100.6	
1985	102.8	100.8	113.7	115.6	148.9	
1990	106.1	107.6	93.8	108.6	115.3	
1995	104.0	104.8	100.0	102.8	113.1	
2000	104.6	103.8	105.5	106.8	99.7	
2001	102.5	101.4	102.0	105.6	105.1	
2002	106.2	105.9	110.6	106.1	108.7	
2003	105.1	102.8	107.1	111.3	106.6	
2004	109.2	112.1	98.6	104.5	102.3	
2005	108.1	107.7	93.8	111.6	110.4	104.2
2006	107.3	107.9	102.3	106.8	105.7	105.8
2007	105.0	104.9	111.4	104.0	106.7	106.1
2008	107.9	107.8	109.0	108.5	108.7	106.2
2009	104.9	103.8	111.7	106.7	107.8	105.5
2010	105.8	106.5	102.7	104.5	109.0	105.2
2011	105.6	106.6	109.7	99.9	125.0	107.0
2012	106.0	105.9	109.8	105.5	118.6	107.6
2013	104.8	103.8	116.5	105.3	116.8	107.8
2014	105.1	105.4	106.3	103.4	112.3	108.2
2015	105.0	106.1	113.1	100.6	112.1	105.3
2016	104.1	104.9	114.6	99.7	108.7	106.8

注：本表按可比价格计算。

a) Data in this table are calculated at constant prices.

12-7 农林牧渔业分项产值

Gross Output Value of Agriculture, Forestry, Animal Husbandry and Fishery by Item

单位：万元 (10 000 yuan)

指 标	Item	2014	2015	2016
农林牧渔业总产值	**Gross Output Value of Agriculture, Forestry, Animal Husbandry and Fishery**	**27418168**	**28134967**	**29857636**
一、农业总产值	Output Value of Farming	18707841	19107065	20275626
# 粮食作物	Grain	3783488	3458821	3780954
(一) 谷物及其他作物	Cereals and Other Crops	4797428	4441137	4497064
1.谷 物	Cereal	2940598	2524731	2546031
2.薯 类	Tubers	679115	795834	807849
3.豆 类	Beans	163775	138256	427074
4.油 料	Oil-bearing	423636	437201	178621
5.棉 花	Cotton	72287	50016	45994
6.麻 类	Fiber Crops	704	673	694
7.糖 料	Sugar Crops	424	588	771
8.烟 草	Tobacco	109962	106975	105457
9.其他农作物	Others	406927	386863	384573
(二)蔬菜、园艺作物	Vegetables Gardening Crops	5199073	5737963	6177784
# 1.蔬 菜	Vegetables	5103123	5622451	6013724
2.花 卉	Flowers	42721	56062	88266
(三)水果、坚果、茶叶和香料作物	Fruits,Nuts Tea and Spices Crops	8033493	8244468	8890879
# 1.水 果	Fruits	7048394	7171594	7707597
# 园林水果	Garden Fruit	6277382	6394702	6874494
# 苹 果	Apples	4104869	3927966	4077043
果用瓜类	Melon	771012	776892	833103
2.坚 果	Nuts	402833	421787	489667
3.茶 叶	Tea	352101	358122	379140
4.香料作物	Spices Crops	230165	292965	314475
(四)中药材	Chinese Herbal Medicines	677847	683497	709899
二、林业产值	Output Value of Forestry	735734	757926	855406
(一)林木的培育和种植	Cultivation and Planting of Trees	456365	516380	613567
(二)竹木采运	Logging andTransport of Bamboo	40088	39933	37079
(三)林产品	Forestry Products	239281	201613	204760
三、牧业产值	Output Value of Animal Husbandry	6482713	6654948	6959327
(一)牲畜的饲养	Stock Breeding	2400109	2453853	2621131
1.牛的饲养	Cattle	553840	591885	606418
2.羊的饲养	Sheep	712248	738150	796119
3.其他牲畜饲养	Others	68363	76362	81336
4.奶产品	Milk Products	952047	940895	1044908
5.毛绒产品	Feather and Cashmere Products	113611	106561	92350
(二)猪的饲养	Pigs Breeding	2939376	2912672	3005863
(三)家 禽	Poultry Breeding	907535	976430	1054450
# 禽 蛋	Egg	629475	649706	702921
(四)狩猎和捕捉动物	Animal Hunting and Trapping	2209	3145	3218
(五)其它畜牧业	Other Animal Husbandry	233434	308848	294665
四、渔业产值	Output Value of Fishery	198949	236132	262453
五、农林牧渔服务业	Service in Support of Agriculture	1292931	1378896	1504824

注：本表按当年生产者价格计算。
a) Data in this table are calculated at producer's price.

12-8 农林牧渔业增加值
Value Added of Agriculture, Forestry, Animal Husbandry and Fishery

单位：万元 (10 000 yuan)

指　　标	Item	2014	2015	2016
农林牧渔业增加值	**Total**	**16358457**	**16732203**	**17762855**
农　　业	Farming	11571486	11785654	12515686
林　　业	Forestry	467747	469696	519105
牧　　业	Animal Husbandry	3496780	3587879	3756081
渔　　业	Fishery	113366	133124	147563
农林牧渔服务业	Service in Support of Agriculture	709078	755850	824420

12-9 各市(区)农林牧渔业增加值(2016年)
Value Added of Farming, Forestry, Animal Husbandry Fishery by City(District)(2016)

单位：万元 (10 000 yuan)

地　　区	Region	农林牧渔业 Total	农　业 Farming	林　业 Forestry	牧　业 Animal Husbandry	渔　业 Fishery	农林牧渔服务业 Service in Support of Agriculture	农林牧渔业增加值比上年增长% Growth Rate as Last Year (%)
全　　省	**Shaanxi**	**17762855**	**12515686**	**519105**	**3756081**	**147563**	**824420**	**4.1**
西安市	Xi'an	2563772	1718635	56239	535111	10061	243726	4.1
铜川市	Tongchuan	248671	188406	3618	45947	1138	9562	4.3
宝鸡市	Baoji	1795707	1009659	68042	629863	7013	81130	3.9
咸阳市	Xianyang	3661580	2820054	42235	581131	9761	208399	4.0
渭南市	Weinan	2363306	1652945	38733	524076	32338	115214	4.2
# 韩城市	Hancheng	167732	123843	4251	23095	680	15863	4.1
延安市	Yan'an	1205339	958749	40598	173260	3602	29130	4.7
汉中市	Hanzhong	2126494	1310148	92099	623389	31791	69067	4.4
榆林市	Yulin	1686455	946133	55656	612727	9885	62054	4.8
安康市	Ankang	1021216	648944	49868	264542	37864	19998	4.0
商洛市	Shangluo	1010036	586611	70800	305434	3674	43517	4.0
杨凌示范区	Yangling	79951	57246	3359	15500		3846	4.5

注：本表按当年价格计算，增长速度按可比价计算。
a) Data in this table are calculated at current prices. Growth rate are calculated at constant prices.

12-10 主要农作物播种面积
Total Sown Areas of Major Farm Crops

单位：千公顷 (1 000 hectares)

年 份 Year	总播种面积 Total Sown Area	粮食作物播种面积 Sown Area of Grain Crops	夏 粮 Summer Grain	#小 麦 Wheat	秋 粮 Autumn Grain	#稻 谷 Rice	#玉 米 Corn	#大 豆 Soja
1978	5254.67	4488.00	1949.33	1604.67	2493.33	160.00	1090.67	206.00
1980	5072.67	4310.37	1906.67	1590.67	2404.00	162.67	1076.67	211.33
1985	4663.33	3965.33	1928.00	1693.33	2037.33	156.67	950.67	202.00
1990	4860.00	4134.67	1925.33	1690.67	2209.33	159.33	1024.67	288.67
1995	4496.85	3807.73	1805.33	1600.23	2002.40	139.35	902.63	240.51
2000	4555.49	3821.59	1716.62	1537.26	2104.97	144.81	1056.96	246.96
2001	4264.84	3517.63	1590.29	1424.24	1927.34	140.78	1005.06	229.06
2002	4198.37	3397.29	1512.25	1356.75	1885.04	130.52	999.93	224.25
2003	4090.26	3157.28	1402.71	1255.11	1754.57	123.35	940.53	198.19
2004	4303.04	3362.01	1324.90	1152.70	2037.11	135.25	1132.56	237.58
2005	4391.24	3453.33	1389.53	1211.53	2063.77	133.79	1148.37	232.51
2006	3983.48	3081.27	1338.76	1181.61	1742.51	106.50	1041.63	180.77
2007	4044.74	3099.81	1329.43	1167.22	1770.38	109.70	1060.32	171.21
2008	4274.45	3234.70	1317.33	1140.00	1917.37	119.01	1112.90	184.25
2009	4154.10	3133.97	1319.33	1145.97	1814.64	125.33	1164.00	187.33
2010	4185.58	3159.70	1320.67	1148.90	1839.03	121.60	1182.40	178.60
2011	4181.04	3134.87	1314.67	1136.67	1820.20	120.93	1177.80	151.79
2012	4190.27	3127.53	1286.73	1127.60	1840.80	123.33	1167.40	166.80
2013	4183.48	3105.13	1237.40	1094.80	1867.73	123.72	1166.23	153.13
2014	4262.13	3076.47	1223.07	1082.87	1853.40	123.42	1153.73	112.45
2015	4284.22	3073.50	1224.67	1085.60	1848.83	122.80	1151.70	111.10
2016	4276.85	3068.70	1221.60	1082.60	1847.10	122.72	1150.21	111.49

12-10 续表 continued

单位：千公顷 (1 000 hectares)

年 份 Year	棉 花 Cotton	油 料 Oil-bearing	#油菜籽 Rapeseeds	#花 生 Peanuts	麻 类 Fiber Crops	糖 料 Sugar Crops	烤 烟 Flue-cured Tobacco	蔬 菜 Vegetables	瓜 类 Melon
1978	252.67	130.00	73.33	4.7	7.13	2.60	7.60	78.67	14.67
1980	242.00	160.00	89.33	8.7	3.73	3.30	3.33	79.33	20.27
1985	94.67	240.00	114.00	47.67	2.20	4.33	34.67	121.33	30.60
1990	112.67	269.33	132.00	39.56	2.88	3.53	72.13	145.33	22.87
1995	72.75	302.18	169.77	32.87	1.50	2.28	48.33	174.23	27.63
2000	30.09	303.63	163.75	33.45	0.91	1.43	47.08	228.71	33.49
2001	50.38	291.14	167.70	30.86	0.75	1.52	40.60	219.43	37.07
2002	42.81	280.63	166.05	29.63	0.68	1.27	31.26	263.70	37.56
2003	65.06	285.58	165.82	29.51	0.51	0.33	30.95	276.80	43.52
2004	80.09	283.32	173.21	28.04	0.76	0.24	30.40	301.30	44.87
2005	70.23	276.86	178.71	29.55	1.06	0.10	32.58	331.70	51.04
2006	85.30	249.21	160.60	28.87	1.05	0.09	32.93	356.38	59.92
2007	89.13	252.12	163.39	27.57	0.68	0.09	31.18	368.91	61.84
2008	85.15	277.16	178.31	32.56	0.51	0.19	33.42	385.59	58.60
2009	61.84	295.48	194.63	31.14	0.38	0.06	35.81	428.67	64.83
2010	50.88	301.24	201.78	31.15	0.49	0.07	31.06	443.99	70.37
2011	50.28	300.84	203.32	32.05	0.49	0.05	35.74	458.28	78.42
2012	48.30	302.30	202.09	32.92	0.49	0.06	40.01	477.10	74.26
2013	36.72	298.82	204.42	32.71	0.48	0.05	36.61	489.96	76.91
2014	31.04	300.83	203.64	33.92	0.48	0.07	32.71	502.61	84.74
2015	27.43	298.75	204.30	32.57	0.49	0.09	30.86	521.43	88.35
2016	24.07	304.60	203.85	33.09	0.51	0.11	30.49	527.04	84.38

注：2009年及以后粮食播种面积为抽样调查数。

a) Since 2009 sown area of grain crops are sample survey data.

12-11 各市(区)主要农作物播种面积(2016年)
Total Sown Areas of Major Farm Crops by City(District)(2016)

单位：千公顷 (1 000 hectares)

地区	Region	总播种面积 Total Sown Area	粮食作物播种面积 Sown Area of Grain Crops	夏粮 Summer Grain	#小麦 Wheat	秋粮 Autumn Grain	#稻谷 Rice	#玉米 Corn	#大豆 Soja
全省	**Shaanxi**	**4276.85**	**3068.70**	**1221.60**	**1082.60**	**1847.10**	**122.72**	**1150.21**	**111.49**
西安市	Xi'an	439.43	351.89	185.43	183.77	166.47	0.17	154.71	6.72
铜川市	Tongchuan	80.19	62.67	24.17	24.17	38.50		34.99	1.77
宝鸡市	Baoji	404.64	327.21	186.42	184.47	140.79	0.15	123.09	9.35
咸阳市	Xianyang	521.41	386.49	221.25	220.93	165.25		152.28	5.59
渭南市	Weinan	683.44	508.14	290.05	289.79	218.10		198.22	9.09
#韩城市	Hancheng	25.60	21.29	13.24	13.24	8.05		6.88	0.31
延安市	Yan'an	250.32	202.52	8.08	3.32	194.45	0.57	81.91	24.63
汉中市	Hanzhong	518.97	266.28	87.79	43.80	178.49	78.31	73.34	14.26
榆林市	Yulin	609.51	487.48	14.63	2.48	472.84	1.20	153.86	51.41
安康市	Ankang	483.57	268.71	117.50	47.58	151.21	29.36	81.05	10.92
商洛市	Shangluo	278.79	203.03	95.02	55.51	108.01	0.41	73.30	20.19
杨凌示范区	Yangling	5.81	3.22	1.60	1.60	1.62		1.59	

12-11 续表 continued

单位：千公顷 (1 000 hectares)

地区	Region	棉花 Cotton	油料 Oil-bearing	#油菜籽 Rapeseeds	#花生 Peanuts	麻类 Fiber Crops	糖料 Sugar Crops	烤烟 Flue-cured Tobacco	蔬菜 Vegetables
全省	**Shaanxi**	**24.07**	**304.60**	**203.85**	**33.09**	**0.51**	**0.11**	**30.49**	**527.04**
西安市	Xi'an	0.18	4.12	3.88	0.18				68.68
铜川市	Tongchuan		5.25	5.19					6.82
宝鸡市	Baoji	0.03	9.68	8.71	0.01	0.20		3.02	48.16
咸阳市	Xianyang	0.17	24.43	23.06	0.11			0.77	98.73
渭南市	Weinan	22.30	28.54	17.64	7.45				82.95
#韩城市	Hancheng	0.06	0.61	0.59	0.03				3.58
延安市	Yan'an	1.01	11.21	1.85	2.32			1.38	26.42
汉中市	Hanzhong	0.01	83.92	77.45	4.04	0.01	0.01	4.20	65.11
榆林市	Yulin	0.21	49.25	0.03	6.72	0.15	0.06		31.58
安康市	Ankang	0.02	74.27	60.20	7.13	0.13	0.03	12.02	75.93
商洛市	Shangluo		13.84	5.81	5.05	0.04		9.11	20.48
杨凌示范区	Yangling		0.02	0.02					2.18

注：本表全省粮食面积为抽样调查数。

a) The sown area of grain crops of Shaanxi in this table are sample survey data.

12-12 主要农作物产品产量
Output of Major Farm Products

单位：万吨 (10 000 tons)

年 份 Year	粮 食 Grain	夏 粮 Summer Grain	# 小 麦 Wheat	秋 粮 Autumn Grain	# 稻 谷 Rice	# 玉 米 Corn	# 大 豆 Soja
1978	800.00	293.50	251.00	542.00	81.50	292.00	19.95
1980	757.00	264.00	229.90	493.00	75.70	274.70	17.86
1985	951.90	459.20	423.30	492.70	88.30	291.60	18.35
1990	1070.70	501.70	463.70	569.00	100.40	333.80	30.75
1995	913.40	457.80	410.40	455.60	64.20	282.30	20.46
2000	1089.10	445.50	418.60	643.60	94.70	413.70	22.20
2001	976.61	432.74	406.63	543.87	92.05	352.81	19.60
2002	1005.60	440.10	405.30	565.50	80.30	374.50	21.20
2003	968.40	440.60	395.50	527.80	75.50	373.20	15.90
2004	1160.36	449.00	407.90	711.40	80.83	475.36	30.18
2005	1139.50	436.80	401.20	702.70	79.30	470.10	31.79
2006	1041.90	429.39	392.63	612.51	66.36	448.57	22.12
2007	1067.91	393.29	356.99	674.62	66.93	498.77	22.93
2008	1150.90	438.80	391.50	712.10	67.88	504.31	24.56
2009	1131.40	426.00	383.10	705.40	82.50	526.10	42.36
2010	1164.90	449.30	403.80	715.60	81.01	532.20	39.71
2011	1194.70	455.10	410.10	739.60	84.50	550.70	24.39
2012	1245.10	472.50	435.50	772.60	87.35	566.90	36.01
2013	1215.80	423.60	389.80	792.20	90.95	586.73	24.95
2014	1197.78	451.30	417.24	746.48	90.87	539.57	18.11
2015	1226.80	491.70	458.10	735.10	91.90	543.10	12.30
2016	1228.30	479.10	445.03	749.20	91.93	545.39	17.93

12-12 续表 continued

单位：万吨 (10 000 tons)

年 份 Year	棉 花 Cotton	油 料 Oil-bearing	# 油菜籽 Rapeseeds	# 花 生 Peanuts	麻 类 Fiber Crops	糖 料 Sugar Crops	烤 烟 Flue-cured Tobacco	蔬 菜 Vegetables
1978	10.54	5.65	4.01	0.51	0.50	1.89	1.38	
1980	8.08	10.97	7.72	1.15	0.27	3.11	0.57	
1985	4.30	29.86	16.40	10.05	0.24	7.85	6.26	297.16
1990	7.78	33.39	19.25	7.03	0.18	5.92	12.32	367.30
1995	3.99	38.15	25.45	6.02	0.11	1.03	6.34	362.86
2000	2.74	38.76	22.40	7.33	0.09	1.79	7.36	556.53
2001	4.98	37.54	23.13	7.09	0.07	1.94	6.29	525.46
2002	4.30	41.08	24.58	7.01	0.11	3.10	5.10	660.48
2003	5.27	41.33	27.05	6.90	0.07	0.80	4.88	708.94
2004	8.23	46.06	29.45	7.18	0.11	0.67	5.32	785.34
2005	7.78	45.35	30.33	7.58	0.09	0.30	5.88	869.93
2006	8.83	41.36	27.29	7.55	0.14	0.24	5.99	848.48
2007	8.98	39.15	26.97	6.94	0.08	0.31	5.56	928.10
2008	10.07	49.46	33.35	8.20	0.06	0.30	7.14	1067.12
2009	8.58	54.38	35.63	9.71	0.05	0.17	7.31	1257.59
2010	6.92	56.08	37.27	8.98	0.06	0.20	6.73	1384.02
2011	6.74	58.97	38.36	9.28	0.06	0.16	7.67	1432.50
2012	6.72	60.33	39.94	9.76	0.07	0.17	9.15	1525.62
2013	5.79	59.52	39.67	9.64	0.07	0.16	8.54	1629.36
2014	4.22	62.30	41.56	10.13	0.06	0.15	7.20	1724.68
2015	3.86	62.66	43.19	9.75	0.06	0.15	7.21	1822.53
2016	3.38	63.80	42.39	10.40	0.07	0.16	6.74	1896.18

注：2009年及以后粮食产量为抽样调查数。
a) Since 2009 grain products are sample survey data.

12-13 各市(区)主要农产品产量(2016年)
Output of Major Farm Products by City(District)(2016)

地 区	Region	粮食 (万吨) Grain (10 000 tons)	夏粮 Summer Grain	#小麦 Wheat	秋粮 Autumn Grain	#稻谷 Rice	#玉米 Corn	#大豆 Soja
全 省	**Shaanxi**	**1228.30**	**479.10**	**445.03**	**749.20**	**91.93**	**545.39**	**17.93**
西安市	Xi'an	175.33	89.90	89.24	85.43	0.08	81.91	1.32
铜川市	Tongchuan	24.18	7.13	7.13	17.04		16.00	0.34
宝鸡市	Baoji	145.67	81.99	81.35	63.67	0.09	59.55	1.54
咸阳市	Xianyang	187.09	100.23	100.12	86.85		82.81	1.05
渭南市	Weinan	211.53	111.02	110.97	100.51		94.56	1.80
#韩城市	Hancheng	6.87	3.92	3.92	2.96		2.52	0.09
延安市	Yan'an	78.01	2.91	1.26	75.10	0.40	51.08	4.71
汉中市	Hanzhong	103.65	26.24	13.79	77.41	50.54	21.82	1.81
榆林市	Yulin	160.08	4.86	0.51	155.23	0.67	77.05	8.90
安康市	Ankang	87.65	31.15	12.44	56.50	20.63	25.35	2.01
商洛市	Shangluo	61.88	26.26	14.11	35.62	0.26	26.99	3.44
杨凌示范区	Yangling	2.06	0.99	0.99	1.07		1.05	

12-13 续表 continued

地 区	Region	棉花 (吨) Cotton (ton)	油料 (吨) Oil-bearing (ton)	#油菜籽 Rapeseeds	#花生 Peanuts	麻类 (吨) Fiber Crops (ton)	糖料 (吨) Sugar Crops (ton)	烤烟 (吨) Flue-cured Tobacco (ton)	蔬菜 (万吨) Vegetables (10 000 tons)
全 省	**Shaanxi**	**33819**	**637967**	**423916**	**104028**	**711**	**1632**	**67389**	**1896.18**
西安市	Xi'an	237	8649	7717	758				336.74
铜川市	Tongchuan		8478	8378					18.28
宝鸡市	Baoji	47	17993	16659	26	190		5810	147.98
咸阳市	Xianyang	110	50368	47328	320			1770	443.07
渭南市	Weinan	32229	72924	36816	27991				270.19
#韩城市	Hancheng	124	1411	1350	61				13.46
延安市	Yan'an	834	23610	3853	4968			3138	129.93
汉中市	Hanzhong	53	192038	175885	12336	7	428	12053	242.71
榆林市	Yulin	107	86379	55	21989	286	344	23	87.37
安康市	Ankang	27	151482	118812	20590	200	860	25734	153.91
商洛市	Shangluo	2	25678	8349	14810	28		18861	51.23
杨凌示范区	Yangling		128	64					14.76

注：全省粮食产量为抽样调查数。
a) The sown area of grain crops of Shaanxi in this table are sample survey data.

12-14 主要农产品单位面积产量
Output of Major Farm Products Per Hectare

单位：公斤/公顷 (kg/hectare)

年 份 Year	粮 食 Grain	夏 粮 Summer Grain	# 小 麦 Wheat	秋 粮 Autumn Grain	# 稻 谷 Rice	# 玉 米 Corn	# 大 豆 Soja
1978	1785	1395	1470	2175	5130	2520	970
1980	1755	1380	1440	2055	4650	2550	844
1985	2400	2385	2550	2415	5640	3060	908
1990	2595	2610	2745	2580	6300	3255	1066
1995	2399	2536	2565	2275	4609	3128	851
2000	2850	2595	2723	3057	6540	3914	899
2001	2776	2721	2855	2822	6539	3510	856
2002	2960	2910	2987	3000	6153	3745	945
2003	3067	3141	3151	3008	6121	3968	802
2004	3452	3389	3539	3492	5977	4197	1270
2005	3300	3144	3312	3405	5927	4094	1367
2006	3381	3207	3323	3515	6231	4307	1224
2007	3445	2958	3059	3811	6203	4704	1339
2008	3558	3331	3434	3714	5704	4531	1333
2009	3610	3229	3343	3887	6582	4520	2261
2010	3687	3402	3515	3891	6662	4501	2223
2011	3811	3462	3608	4063	6988	4676	1607
2012	3981	3672	3862	4197	7082	4856	2159
2013	3915	3423	3560	4242	7351	5031	1629
2014	3893	3690	3853	4028	7363	4677	1610
2015	3992	4015	4220	3976	7484	4716	1107
2016	4003	3922	4111	4056	7491	4742	1608

12-14 续表 continued

单位：公斤/公顷 (kg/hectare)

年 份 Year	棉 花 Cotton	油 料 Oil-bearing	# 油菜籽 Rapeseeds	# 花 生 Peanuts	麻 类 Fiber Crops	糖 料 Sugar Crops	烤 烟 Flue-cured Tobacco	蔬 菜 Vegetables
1978	420	435	555	1080	1065	7260	1815	
1980	330	690	855	1320	735	9600	1830	
1985	450	1245	1440	2155	1095	13210	1815	24450
1990	690	1245	1455	1770	615	15755	1710	25245
1995	548	1263	1499	1830	726	4531	1312	20827
2000	911	1277	1368	2192	985	12578	1564	24334
2001	989	1290	1379	2297	960	12724	1550	23946
2002	1004	1464	1480	2367	1573	24389	1628	25047
2003	811	1447	1631	2340	1283	24147	1576	25612
2004	1027	1626	1700	2563	1451	27630	1749	26066
2005	1107	1638	1697	2563	883	29208	1805	26227
2006	1035	1660	1699	2615	1453	28565	1820	23808
2007	1007	1553	1650	2517	1240	33468	1783	25158
2008	1183	1785	1871	2520	1110	15898	2137	27675
2009	1395	1840	1831	3120	1275	28755	2040	29340
2010	1361	1861	1847	2884	1139	28144	2175	31172
2011	1341	1960	1887	2895	1335	31120	2147	31258
2012	1391	1996	1976	2966	1416	28350	2287	31977
2013	1577	1992	1940	2947	1438	35036	2332	33255
2014	1358	2071	2041	2987	1317	19777	2200	34314
2015	1407	2098	2114	2992	1308	16922	2336	34953
2016	1405	2094	2080	3144	1394	14836	2210	35978

注：2009年及以后粮食单产为抽样调查数。
a) Since 2009 grain products per hectare are sample survey data.

12-15 各市(区)主要农作物单位面积产量(2016年)
Output of Major Farm Products Per Hectare by City(District)(2016)

单位：公斤／公顷 (kg/hectare)

地 区	Region	粮 食 Grain	夏 粮 Summer Grain	# 小 麦 Wheat	秋 粮 Autumn Grain	# 稻 谷 Rice	# 玉 米 Corn	# 大 豆 Soja
全 省	**Shaanxi**	**4003**	**3922**	**4111**	**4056**	**7491**	**4742**	**1608**
西 安 市	Xi'an	4983	4848	4856	5132	4706	5294	1964
铜 川 市	Tongchuan	3858	2950	2950	4426		4573	1921
宝 鸡 市	Baoji	4452	4398	4410	4522	6000	4838	1647
咸 阳 市	Xianyang	4841	4530	4532	5256		5438	1878
渭 南 市	Weinan	4163	3828	3829	4608		4770	1980
# 韩城市	Hancheng	3227	2961	2961	3677		3663	2903
延 安 市	Yan'an	3852	3601	3795	3862	7018	6236	1912
汉 中 市	Hanzhong	3893	2989	3148	4337	6454	2975	1269
榆 林 市	Yulin	3284	3322	2056	3283	5583	5008	1731
安 康 市	Ankang	3262	2651	2615	3737	7027	3128	1841
商 洛 市	Shangluo	3048	2764	2542	3298	6341	3682	1704
杨凌示范区	Yangling	6398	6188	6188	6605		6604	

12-15 续表 continued

单位：公斤／公顷 (kg/hectare)

地 区	Region	棉 花 Cotton	油 料 Oil-bearing	# 油菜籽 Rapeseeds	# 花 生 Peanuts	麻 类 Fiber Crops	糖 料 Sugar Crops	烤 烟 Flue-cured Tobacco	蔬 菜 Vegetables
全 省	**Shaanxi**	**1405**	**2094**	**2080**	**3144**	**1394**	**14836**	**2210**	**35978**
西 安 市	Xi'an	1317	2099	1989	4211				49030
铜 川 市	Tongchuan		1615	1614					26804
宝 鸡 市	Baoji	1567	1859	1913	2600	950		1924	30727
咸 阳 市	Xianyang	647	2062	2052	2909			2299	44877
渭 南 市	Weinan	1445	2555	2087	3757				32573
# 韩城市	Hancheng	2067	2313	2288	2033				37598
延 安 市	Yan'an	826	2106	2083	2141			2274	49179
汉 中 市	Hanzhong	5300	2288	2271	3053	700	42800	2870	37277
榆 林 市	Yulin	510	1754	1833	3272	1907	5733		27666
安 康 市	Ankang	1350	2040	1974	2888	1538	28667	2141	20270
商 洛 市	Shangluo		1855	1437	2933	700		2070	25015
杨凌示范区	Yangling		6400	3200					67706

注：全省粮食单产为抽样调查数。
a) The grain products per hectare of Shaanxi in this table are sample survey data.

12-16　茶、桑、果面积及产量
Areas and Output of Tea Plantation, Cocoon, Orchards

年　份 Year	茶园面积 (千公顷) Area of Tea Plantations (1 000 hectares)	茶叶产量 (吨) Output of Tea (ton)	桑园面积 (千公顷) Area of Mulberry Field (1 000 hectares)	果园面积 (千公顷) Area of Orchards (1 000 hectares)	水果产量 (万吨) Output of Fruits (10 000 tons)	# 苹 果 Apples	# 柑 桔 Citrus
1978	31.07	1408	12.00	98.60	33.41	9.92	0.12
1980	24.00	1428	17.40	104.27	28.00	8.93	0.30
1985	26.16	2822	46.75	109.93	33.53	14.09	0.52
1990	29.19	4548	37.31	304.78	62.03	34.93	0.89
1995	30.64	5252	76.83	685.35	283.96	233.76	1.12
2000	35.28	6126	58.76	664.76	493.79	388.57	3.52
2001	38.23	6273	65.59	680.11	534.19	408.57	5.85
2002	43.28	7003	71.43	703.75	577.35	440.59	6.40
2003	50.86	7952	75.23	750.51	621.14	461.79	9.86
2004	56.34	10239	78.30	788.47	735.61	555.21	11.75
2005	59.47	11382	79.83	817.45	765.74	560.12	16.76
2006	62.94	12827	97.50	860.49	881.95	649.98	16.32
2007	67.33	14400	91.75	884.91	940.23	701.57	22.43
2008	69.06	16025	104.47	950.69	1067.67	745.51	23.73
2009	78.12	20153	105.96	1011.36	1150.45	805.17	30.80
2010	85.38	25052	105.83	1083.33	1238.50	856.01	28.68
2011	90.79	28430	101.59	1121.24	1332.68	902.93	34.28
2012	97.14	35195	97.49	1160.01	1437.74	965.09	36.80
2013	109.74	40656	94.72	1193.90	1487.38	942.82	47.69
2014	121.39	49128	82.89	1224.53	1553.98	988.01	50.36
2015	127.54	54854	83.69	1243.46	1630.62	1037.30	53.13
2016	136.14	62136	79.47	1263.77	1713.96	1100.78	51.06

12-17　水果生产情况
Production of Fruit

品　种	Item	2014		2015		2016	
		面　积 (公顷) Area of Orchards (hectare)	产　量 (吨) Output (ton)	面　积 (公顷) Area of Orchards (hectare)	产　量 (吨) Output (ton)	面　积 (公顷) Area of Orchards (hectare)	产　量 (吨) Output (ton)
水果合计	**Total**	**1224527**	**15539830**	**1243456**	**16306155**	**1263767**	**17139636**
1.苹　果	Apples	681803	9880128	695159	10372974	704755	11007822
2.柑　桔	Citrus	38181	503630	37803	531257	37354	510639
3.梨	Pears	48632	1015019	48740	1041293	47695	1042170
4.葡　萄	Grapes	46615	595144	49202	630944	51744	660494
5.桃	Peach	35455	724872	36734	757221	38623	787780
6.红　枣	Jujube	185314	644592	185637	725849	190901	831005
7.杏	Apricot	55065	184126	55056	190610	54960	195846
8.柿　子	Persimmon	30034	395570	30474	415250	30914	382068
9.猕猴桃	Kiwi	62003	1205886	62070	1243515	63161	1312506
10.石　榴	Pomegranate	4651	94894	4667	95677	4702	95801
11.其他水果	Others	36774	295969	37913	301566	38959	313504

注：本表为果业监测结果。
a) Data in this table are the results of fruits monitoring.

12-18 各市(区)茶、桑、果面积及产量(2016年)
Areas and Output of Tea Plantation, Cocoon, Orchards by City(District)(2016)

地区	Region	茶园面积(公顷) Area of Tea Plantations (Hectares)	茶叶产量(吨) Output of Tea (ton)	桑园面积(公顷) Area of Orchards (Hectares)	果园面积(公顷) Area of Orchards (Hectares)	水果产量(吨) Output of Fruits (ton)		
							苹果 Apples	柑桔 Citrus
全省	**Shaanxi**	**136137**	**62136**	**79468**	**1263767**	**17139636**	**11007822**	**510639**
西安市	Xi'an				53171	1077442	30522	
铜川市	Tongchuan				61605	756706	715419	
宝鸡市	Baoji	7		153	79092	1453325	749045	
咸阳市	Xianyang				280937	5833716	4723312	
渭南市	Weinan				200124	3272056	2049356	
#韩城市	Hancheng				6452	124926	99392	
延安市	Yan'an			3847	299856	3191242	3031843	
汉中市	Hanzhong	66771	39056	7235	39744	462576	4863	349433
榆林市	Yulin			16842	209531	782310	210070	
安康市	Ankang	44819	20088	46068	33702	228409	5424	84413
商洛市	Shangluo	24540	2992	5323	4733	64231	7169	1946
杨凌示范区	Yangling				1270	39505	6905	

12-18 续表 continued

地区	Region	梨 Pears	葡萄 Grapes	桃 Peach	红枣 Jujube	杏 Apricot	柿子 Persimmon	猕猴桃 Kiwi	石榴 Pomegranate	其它水果 Others
全省	**Shaanxi**	**1042170**	**660494**	**787780**	**831005**	**195846**	**382068**	**1312506**	**95801**	**313505**
西安市	Xi'an	49888	133627	132329	46853	60877	38445	441735	29859	113307
铜川市	Tongchuan	852	7312	5865	640	1318	13465		13	11822
宝鸡市	Baoji	5851	39342	45214		3297	24065	576302	12	10197
咸阳市	Xianyang	305001	199214	336400	32787	58801	96036	15585	24921	41659
渭南市	Weinan	444367	237373	141523	221654	25518	114545	5802	652	31266
#韩城市	Hancheng	913	3405	14322	218	2685	3765		95	131
延安市	Yan'an	57359	6475	5837	76844	8833	2764			1287
汉中市	Hanzhong	24315	6170	19785	352	2776	15973	18769	12	20128
榆林市	Yulin	22319	15019	8769	449332	34653				42148
安康市	Ankang	6135	4767	23229	2059	4315	21015	2947	88	74017
商洛市	Shangluo	1089	1903	5024	468	1079	37399	1144	19	6991
杨凌示范区	Yangling	22	1116	419		112		30848		83

注：本表全省水果产量为果业监测数据。
a) Data in this table are the results of fruits monitoring.

12-19 主要林产品产量
Output of Major Forest Products

单位：吨 (ton)

年份 Year	生漆 Lacquer	油桐籽 Tung-oil Seeds	五倍籽 Chinese Gall	棕片 Palm Sheet	核桃 Walnuts	板栗 Chestnut	花椒 Pepper
1978	668	14800	50		28275	3460	577
1980	930	17685	83		25700	2715	539
1985	635	17718	337	1448	12826	1777	694
1990	685	18672	1589	2265	16833	4770	2501
1995	773	15460	2922	3015	30599	8019	7135
2000	1176	12968	863	2962	34866	20098	16298
2001	893	13003	968	3060	10474	11211	16471
2002	821	9278	934	3183	34779	21352	25112
2003	975	9634	1034	3177	44091	24022	22781
2004	995	12068	1513	3059	54243	26290	28441
2005	1060	12562	1963	3044	55206	27855	28178
2006	1613	11631	2241	3333	43492	29232	31507
2007	1851	11496	2383	3511	46717	35778	34904
2008	1697	14534	2785	4164	74069	40435	44000
2009	2552	17871	3386	3989	88773	46315	48571
2010	1915	17096	3152	3202	60453	52037	44789
2011	2434	19664	3441	3147	141362	69132	52974
2012	3494	22622	3969	2987	162981	71985	61698
2013	4516	28421	4265	2536	161500	74491	52537
2014	2864	29114	4590	3473	181771	78984	61072
2015	3445	27764	4483	2962	221074	83272	66245
2016	3239	27549	4388	3575	265820	86579	64146

注：2010年以后为林业部门统计数据。
a) Data in this table are from forestry authorities.

12-20 各市(区)主要林产品产量(2016年)
Output of Major Forest Products by City(District)(2016)

单位：吨 (ton)

地区	Region	生漆 Lacquer	油桐籽 Tung-oil Seeds	五倍籽 Chinese Gall	棕片 Palm Sheet	核桃 Walnut	板栗 Chestnut	花椒 Pepper
全省	**Shaanxi**	**3239**	**27549**	**4388**	**3575**	**265820**	**86579**	**64146**
西安市	Xi'an					19240	6694	402
铜川市	Tongchuan					17831		3817
宝鸡市	Baoji					35848	4189	7168
咸阳市	Xianyang					15245		990
渭南市	Weinan					25604	120	22304
# 韩城市	Hancheng					1800		24000
延安市	Yan'an					14997	100	2532
汉中市	Hanzhong	742	1559	2373	2680	26339	16535	929
榆林市	Yulin					251		
安康市	Ankang	2205	20985	1554	895	22360	32663	1014
商洛市	Shangluo	292	5005	461		86301	26278	990
杨凌示范区	Yangling							

注：本表为林业部门统计数据。
a) Data in this table are from forestry authorities.

12-21 各市(区)造林情况(2016年)
Area of Afforestation by City(District)(2016)

地 区	Region	荒山荒(沙)地造林面积(公顷) Afforestation of Barren Hills and Wasteland Area (hectare)	按造林方式分 By Approach		按林种用途分 By Function of Forest		按经济成份分 By Economic Composition	
			# 人工造林 Manual Planting	# 飞播造林 Airplane Planting	# 经济林 By-product Forests	# 防护林 Protection Forests	公有经济造林 Afforestation of State-owned	非公有经济造林 Afforestation of Non-State-owned
全 省	**Shaanxi**	**459392**	**184108**	**33602**	**67887**	**191199**	**218762**	**46131**
西安市	Xi'an	3007	3007		380	2627	3007	
铜川市	Tongchuan	10719	3851	1334	333	7052	6363	1022
宝鸡市	Baoji	41562	15495	4334	3808	21921	21871	4758
咸阳市	Xianyang	37383	11633	2800	3078	19755	17959	4874
渭南市	Weinan	44431	20766		10526	20710	17142	10221
延安市	Yan'an	81662	39128	6000	920	52142	48562	4600
汉中市	Hanzhong	33747	7681	4334	6436	7470	8186	6380
榆林市	Yulin	59878	35474		8143	31999	30090	10052
安康市	Ankang	61251	32252	7000	27498	12567	39905	1280
商洛市	Shangluo	39151	14488	7800	6685	14903	21524	2864
杨凌示范区	Yangling	133	133		80	53	53	80

12-21 续表 continued

地 区	Region	四旁(零星)植树(万株) Four-side Tree Planting (10 000 trees)	幼林抚育作业面积(公顷) Area of Tending Growing Forest (hectares)	育苗面积(公顷) Area of Tending Seedlings (hectares)	当年苗木产量(万株) Output of Nursery Stock (10 000 trees)	年末核桃面积(公顷) Walnut Acreage (hectares)	年末板栗面积(公顷) Chestnut Acreage (hectares)	年末花椒面积(公顷) Pepper Acreage (hectares)
全 省	**Shaanxi**	**8284**	**161750**	**44174**	**448222**	**747700**	**320662**	**194350**
西安市	Xi'an	462		15187	117970	26560	3863	212
铜川市	Tongchuan	232	3334	197	4314	56906		14047
宝鸡市	Baoji	996	14267	2861	62633	99047	3960	35994
咸阳市	Xianyang	1019	13750	6179	19024	50749		1278
渭南市	Weinan	1309	11798	2776	44677	67185	133	131209
延安市	Yan'an	1062	22600	3610	26374	34380	1333	6067
汉中市	Hanzhong	517	18000	3027	19820	73741	51683	1827
榆林市	Yulin	1033	11001	7237	56143	24240		21
安康市	Ankang	700	15934	1477	45657	103603	80874	1829
商洛市	Shangluo	948	9332	453	34170	210698	178816	1867
杨凌示范区	Yangling	5		1140	17225			

注：本表为林业部门统计数据。
a) Data in this table are from forestry authorities.

12-22 畜牧业和渔业生产情况
Production of Animal Husbandry and Fishery

指 标		Item		2014	2015	2016
一、牲畜年末头数		**Number of Large Animals**	**(year-end)**			
(一)大牲畜	(万头)	Large Animals	(10 000 heads)	168.17	163.88	163.78
1.牛		Cattle and Buffaloes		150.60	146.75	147.98
# 奶 牛		Muich Cows		45.50	43.46	43.72
2.马		Horses		0.78	0.71	0.71
3.驴		Donkeys		12.90	12.85	11.74
4.骡		Mules		3.89	3.57	3.35
(二)猪存栏数	(万头)	Hogs	(10 000 heads)	879.40	846.00	827.93
# 母 猪		Sow		85.30	80.94	79.01
(三)羊存栏数	(万只)	Sheep and Goats	(10 000 heads)	700.20	701.93	678.53
1.山 羊		Goats		567.10	573.22	555.35
# 奶山羊		Muich Goats		105.09	94.22	85.16
2.绵 羊		Sheep		133.00	128.71	123.18
(四)家禽存栏数	(万只)	Poultry	(10 000 heads)	6623.50	6733.60	6626.43
(五)养蜂箱数	(万箱)	Bee	(10 000 heads)	53.39	55.39	64.40
(六)家兔存栏数	(万只)	Rabbit	(10 000 heads)	310.74	286.00	247.43
二、畜产品产量		**Output of Livestock Products**				
肉类总产量	(万吨)	Output of Meat	(10 000 tons)	116.76	116.15	111.68
# 猪 肉		Pork		91.80	90.42	85.90
牛 肉		Beef		7.70	7.90	8.03
羊 肉		Mutton		7.50	7.81	7.99
奶类产量	(万吨)	Milk	(10 000 tons)	192.34	189.92	189.14
# 牛 奶		Cow Milk		144.70	141.19	140.20
山羊毛产量	(吨)	Goat Wool	(ton)	5074	4343.69	4212.70
#羊绒产量	(吨)	Cashmere	(ton)	2205	1971.84	1886.68
绵羊毛产量	(吨)	Sheep Wool	(ton)	7184.52	5934.47	5015.68
禽蛋产量	(万吨)	Poultry Eggs	(10 000 tons)	54.50	58.06	59.32
蜂蜜产量	(吨)	Honey	(ton)	6266	6550.13	7362.12
蚕茧产量	(吨)	Silkworm Cocoon	(ton)	12376	11526	8519
三、渔 业		**Fisheries**				
1.水产品产量	(吨)	Output of Aquatic Products	(ton)	139320	175819	184217
2.水产养殖面积	(公顷)	Cultivatable area of Aquatic Products	(hectare)	48350	50633	53694

注：本表主要畜禽存栏和畜禽产品产量为抽样调查数。

a) The number of main livestock and the output of livestock products are sample survey data.

12-23 各市(区)牲畜存栏情况（2016年）
Livestock by City(District)(2016)

地区	Region	大牲畜年末头数(头) Large Animals (year-end) (head)	牛 Cattle and Buffaloes	#奶牛 Dairy cow	马 Horses	驴 Donkeys	骡 Mules	家禽(万只) Poultry (10 000 heads)
全省	**Shaanxi**	**1637832**	**1479800**	**437210**	**7121**	**117440**	**33471**	**6626**
西安市	Xi'an	169273	169242	77453	31			1125
铜川市	Tongchuan	68524	68524	14177				178
宝鸡市	Baoji	481327	476768	191435	2437	1815	307	923
咸阳市	Xianyang	456680	453993	235830	117	130	2440	1102
渭南市	Weinan	273200	272621	116698	126	236	217	1184
#韩城市	Hancheng	11072	10945	598	41	31	55	59
延安市	Yan'an	194189	147157	1783	106	34765	12161	376
汉中市	Hanzhong	296566	296013	4090	510	5	38	1110
榆林市	Yulin	247990	145408	27055	3792	80489	18301	556
安康市	Ankang	250824	250817	76	2		5	940
商洛市	Shangluo	123333	123331	362			2	819
杨凌示范区	Yangling	17262	17262	6626				19

12-23 续表 continued

地区	Region	猪年末头数(头) Hogs (year-end) (head)	#母猪 Sow	羊(只) Sheep and Goats (head)	#山羊 Goats	#奶山羊 Dairy Goat	蜂(箱) Bee (box)	兔(万只) Rabbit (10 000 heads)
全省	**Shaanxi**	**8279300**	**790100**	**6785320**	**5553500**	**851576**	**643960**	**246**
西安市	Xi'an	895272	85637	265668	258354	185249	15031	15
铜川市	Tongchuan	72368	9387	75777	75686	3467	843	1
宝鸡市	Baoji	1025008	103216	566694	559257	265863	141918	16
咸阳市	Xianyang	1926142	183207	1129313	951798	513110	4152	124
渭南市	Weinan	1990152	215343	1058550	667334	562797	22801	32
#韩城市	Hancheng	75455	11892	64759	23105	1278	2850	1
延安市	Yan'an	674858	72574	632619	577950	9758	102746	9
汉中市	Hanzhong	2582744	241384	348407	347447	3083	147618	19
榆林市	Yulin	927920	122853	6665163	5495021	30944	40095	25
安康市	Ankang	2254516	227144	964558	964245		109573	2
商洛市	Shangluo	983723	107654	381546	372909	806	59183	3
杨凌示范区	Yangling	41516	11380	2298	1758			

注：本表全省主要畜禽存栏为抽样调查数。
a) The number of main livestock of Shaanxi in this table are sample survey data.

12-24　各市(区)主要畜产品和水产品产量(2016年)
Output of Livestock and Aquatic Products by City(District)(2016)

地　区	Region	肉类总产量(吨) Output of Meat (ton)	#猪肉 Pork	#牛肉 Beef	#羊肉 Mutton	#禽肉 Poultry	奶类产量(吨) Milk (ton)	牛奶 Cow Milk	羊奶 Sheep Milk
全　省	**Shaanxi**	**1116837**	**858990**	**80280**	**79946**	**85031**	**1891396**	**1402017**	**489379**
西安市	Xi'an	156829	112629	12541	4340	20652	562038	420765	141273
铜川市	Tongchuan	16915	7940	5519	1142	2281	26862	25473	1389
宝鸡市	Baoji	182016	116812	34331	8216	17319	642119	576569	65550
咸阳市	Xianyang	212491	157968	15285	10852	16580	701866	581151	120715
渭南市	Weinan	219035	177999	12750	10481	16877	398424	247946	150478
#韩城市	Hancheng	9493	7337	723	652	690	1933	1465	468
延安市	Yan'an	75793	54828	7045	5819	5726	7213	5339	1874
汉中市	Hanzhong	330139	286984	15200	4442	23260	13297	11568	1729
榆林市	Yulin	183951	104696	5772	62317	8122	84288	77584	6704
安康市	Ankang	276403	225752	11967	16772	21709	314	314	
商洛市	Shangluo	149166	120951	9319	6640	9904	1463	962	501
杨凌示范区	Yangling	5380	4205	469	24	549	24751	23583	1168

12-24　续表　continued

地　区	Region	山羊毛(吨) Goat Wool (ton)	山羊绒(吨) Cashmere (ton)	绵羊毛(吨) Sheep Wool (ton)	禽蛋(吨) Poultry Eggs (ton)	蜂蜜(公斤) Honey (kg)	蚕茧(吨) Silkworm Cocoon (ton)	水产品(吨) Aquatic Products (ton)	水产养殖面积(公顷) Water Area for Breeding Aquatics(hactare)
全　省	**Shaanxi**	**4213**	**1887**	**5016**	**593200**	**7362118**	**8519**	**184217**	**53694**
西安市	Xi'an				140357	219646		14106	1505
铜川市	Tongchuan				16330	12200		1348	574
宝鸡市	Baoji	4		3	76383	1080303	350	7747	3088
咸阳市	Xianyang	22	6	76	117753	50161		9902	2092
渭南市	Weinan	18	6	129	110172	371430		47581	6255
#韩城市	Hancheng	12	5	18	3680	30950		1030	267
延安市	Yan'an	282	75	58	29379	1550595	450	3052	2462
汉中市	Hanzhong				73842	1634070	1274	40805	7749
榆林市	Yulin	3881	1800	4736	50971	685469	102	9600	14837
安康市	Ankang				39308	1270316	5512	46116	14522
商洛市	Shangluo	6		15	76804	487928	831	3960	610
杨凌示范区	Yangling				2127				

注：本表全省主要畜禽产品产量为抽样调查数。水产品产量及面积为渔业部门数据。
a) The output of livestock products of Shaanxi in this table are sample survey data.

12-25 粮食生产大县情况
Large County of Food Production

县 区	Region	2014 播种面积 (千公顷) Sown Area (1 000 hectares)	2014 产 量 (万吨) Output (10 000 tons)	2015 播种面积 (千公顷) Sown Area (1 001 hectares)	2015 产 量 (万吨) Output (10 001 tons)	2016 播种面积 (千公顷) Sown Area (1 001 hectares)	2016 产 量 (万吨) Output (10 001 tons)
全 省	**Shaanxi**	**3076.54**	**1197.78**	**3073.50**	**1226.80**	**3068.71**	**1228.29**
生产大县合计	Total of Large Counties	1486.48	672.55	1471.36	695.50	1456.67	678.72
生产大县占全省%	As Percentage of Shaanxi	48.3	56.2	47.90	56.70	47.46	55.26
阎良区	Yanliang	14.17	8.10	14.27	8.82	13.97	8.68
临潼区	Lintong	68.99	31.79	66.83	32.86	65.47	31.69
长安区	Changan	69.96	33.84	67.18	34.59	65.51	33.24
蓝田县	Lantian	63.83	25.06	63.24	26.04	62.89	25.57
周至县	Zhouzhi	51.34	22.50	49.85	23.17	48.66	22.26
户 县	Huxian	58.79	29.60	58.07	30.49	57.86	29.78
高陵县	Gaoling	27.54	19.04	27.03	19.28	26.64	18.78
陈仓区	Chencang	58.12	22.48	58.10	23.34	57.44	22.67
凤翔县	Fengxiang	55.27	25.64	55.01	26.40	54.34	25.64
岐山县	Qishan	48.29	26.58	48.20	27.00	47.59	26.23
扶风县	Fufeng	48.43	26.55	48.48	28.09	47.90	27.30
眉 县	Meixian	22.59	12.62	22.31	12.33	21.57	11.76
千阳县	Qianyang	19.00	5.63	18.56	5.89	18.24	5.67
三原县	Sanyuan	40.83	19.51	40.51	20.11	40.19	19.60
泾阳县	Jingyang	50.82	23.98	50.47	24.72	50.10	24.08
乾 县	Qianxian	54.85	25.01	54.52	26.29	54.18	25.59
武功县	Wugong	39.65	19.72	39.43	20.31	39.14	19.80
兴平市	Xingping	43.15	21.72	42.95	22.40	42.65	21.81
临渭区	Linwei	83.58	33.31	82.97	34.95	81.82	34.20
华 县	Huaxian	27.63	11.01	27.63	11.76	27.81	11.46
大荔县	Dali	62.27	27.05	62.21	28.64	61.32	27.55
合阳县	Heyang	50.46	19.74	49.60	20.76	50.10	20.31
澄城县	Chengcheng	43.40	16.73	43.40	17.44	43.34	17.58
蒲城县	Pucheng	83.78	32.97	83.64	35.30	82.76	34.22
富平县	Fuping	80.18	35.50	80.56	37.24	79.97	36.02
韩城市	Hancheng	22.95	7.28	21.37	7.26	21.29	6.87
汉台区	Hantai	17.73	10.39	17.76	10.76	17.42	10.79
南郑县	Nanzheng	34.09	14.80	33.38	14.82	33.24	14.88
城固县	Chenggu	27.06	14.03	26.59	14.10	26.46	14.14
洋 县	Yangxian	33.13	15.62	33.03	15.71	32.90	15.78
勉 县	Mianxian	30.74	13.35	30.46	13.20	30.32	13.25
汉滨区	Hanbin	53.85	21.42	53.75	21.43	53.58	21.52

注：全省为抽样调查数。
a) The data of Shaanxi are sample survey data.

12-26 商品棉基地县情况
Base County of Marketable Cotton

县 区	Region	2014		2015		2016	
		播种面积 (公顷) Sown Area (hectare)	产 量 (吨) Output (ton)	播种面积 (公顷) Sown Area (hectare)	产 量 (吨) Output (ton)	播种面积 (公顷) Sown Area (hectare)	产 量 (吨) Output (ton)
全 省	**Shaanxi**	**31042**	**42171**	**27428**	**38591**	**244073**	**33819**
基地县合计	Total of Base Counties	18003	24383	15156.0	21390.0	13246.0	18787.0
基地县占全省%	As Percentage of Shaanxi	58.0	57.8	55.3	55.4	54.3	55.6
阎良区	Yanliang	40	61	21	34	3	4
临潼区	Lintong						
临渭区	Linwei	5601	6930	5698	7488	5595	7141
华 县	Huaxian	316	450	319	502	219	355
大荔县	Dali	5380	7102	2778	3686	1641	2552
蒲城县	Pucheng	6327	9206	6007	9130	5648	8472
富平县	Fuping	338	634	333	550	140	263

12-27 烤烟主产县情况
Base County of Flue-cured Tobacco

县 区	Region	2014		2015		2016	
		播种面积 (公顷) Sown Area (hectare)	产 量 (吨) Output (ton)	播种面积 (公顷) Sown Area (hectare)	产 量 (吨) Output (ton)	播种面积 (公顷) Sown Area (hectare)	产 量 (吨) Output (ton)
全 省	**Shaanxi**	**32714**	**71967**	**30857**	**72088**	**30492**	**67389**
基地县合计	Total of Base Counties	21795	47666	20262	47963	20086	44402
基地县占全省%	As Percentage of Shaanxi	66.6	66.2	65.7	66.5	66.5	65.9
宜君县	Yijun						
陇 县	Longxian	2435	4556	2387	4008	2146	3938
乾 县	Qianxian						
永寿县	Yongshou						
彬 县	Binxian	255	693	262	716	259	704
长武县	Changwu	475	1339				
旬邑县	Xunyi	554	1205	541	1136	507	1066
合阳县	Heyang						
澄城县	Chengcheng	5	9				
宝塔区	Baota	187	442	194	450	267	631
富 县	Fuxian	793	1793	800	4625	867	1805
洛川县	Luochuan						
宜川县	Yichuan	323	735	302	670	87	180
黄龙县	Huanglong	469	1252	140	420	160	522
洋 县	Yangxian	780	4349	790	4435	802	4441
西乡县	Xixiang	1194	3070	944	2839	915	2885
平利县	Pingli	948	1837	895	1689	902	1443
旬阳县	Xunyang	7156	13952	6766	13120	6900	13141
洛南县	Luonan	6220	12434	6241	13855	6274	13646

12-28 苹果基地县情况
Base County of Apple

县区	Region	2014		2015		2016	
		苹果园面积(公顷) Area of Apple Orchards (hectare)	产量(吨) Output (ton)	苹果园面积(公顷) Area of Apple Orchards (hectare)	产量(吨) Output (ton)	苹果园面积(公顷) Area of Apple Orchards (hectare)	产量(吨) Output (ton)
全省	**Shaanxi**	**681803**	**9880128**	**628549**	**10372974**	**704755**	**11007822**
基地县合计	Total of Base Counties	562813	9408140	572188	9612956	578597	10287080
基地县占全省%	As Percentage of Shaanxi	82.5	95.2	82.3	92.7	82.1	93.5
印台区	Yintai	20470	230068	20470	243797	20744	250691
耀洲区	Yaozhou	17944	226843	17944	230980	19188	243554
宜君县	Yijun	16335	171220	16335	180510	14286	184964
陈仓区	Chencang	7156	85900	7156	93500	7309	96263
凤翔县	Fengxiang	8404	131649	8807	144803	8982	145655
岐山县	Qishan	5600	92500	5616	101010	5616	106050
扶风县	Fufeng	8770	269805	9427	295650	9425	300071
陇县	Longxian	4441	26067	4642	26970	4462	26340
千阳县	Qianyang	6101	16299	6101	13556	6101	15129
乾县	Qianxian	28493	495840	28493	503607	28493	509880
礼泉县	Liquan	30312	1179254	30312	1178869	30312	1144506
永寿县	Yongshou	26950	426800	26950	431300	26950	432674
彬县	Binxian	21432	422381	21432	440353	21630	447025
长武县	Changwu	18620	274050	18667	287000	18667	304500
旬邑县	Xunyi	33530	548494	33530	550927	33532	554377
淳化县	Chunhua	34046	827000	34046	860000	34046	864930
合阳县	Heyang	13503	267148	13403	281313	13411	298552
澄城县	Chengcheng	25540	363804	27416	393995	27416	408468
蒲城县	Pucheng	13984	167900	14692	154142	15372	155915
白水县	Baishui	22716	535277	22849	562692	25938	585904
富平县	Fuping	11823	221605	12439	220159	12306	225842
韩城市	Hancheng	4646	100752	4986	95857	5167	99392
宝塔区	Baota	31708	228000	32068	244000	32734	296000
延长县	Yanchang	20150	230900	20483	240900	20483	232000
延川县	Yanchuan	12380	65095	13780	66800	14447	78500
安塞县	Ansai	26667	32000	26667	47000	26667	90000
富县	Fuxian	24006	489800	24133	507700	24481	563743
洛川县	Luochuan	33889	793000	34275	801000	34275	864700
宜川县	Yichuan	17698	417878	18904	438000	19659	453200
黄陵县	Huangling	15498	270500	16165	286000	16498	317000

注：本表基地县产量为监测推算结果。

a) The outputs of Base Counties are calculateed results by monitoring.

12-29 梨基地县情况
Base County of Pear

县 区	Region	2014 梨园面积(公顷) Area of Pears Orchards (hectare)	2014 产 量(吨) Output (ton)	2015 梨园面积(公顷) Area of Pears Orchards (hectare)	2015 产 量(吨) Output (ton)	2016 梨园面积(公顷) Area of Pears Orchards (hectare)	2016 产 量(吨) Output (ton)
全 省	**Shaanxi**	**48632**	**1015019**	**48740**	**1041293**	**47695**	**1042170**
基地县合计	Total of Base Counties	26819	611681	26797	605845	26814	573348
基地县占全省%	As Percentage of Shaanxi	55.1	60.3	55.0	58.2	56.2	55.0
秦都区	Qindu	780	24340	780	25550	740	24490
乾 县	Qianxian	1600	32000	1600	31951	1533	33005
礼泉县	Liquan	3938	173658	3938	183563	3938	182655
彬 县	Binxian	1525	14389	1525	14420	1525	14614
临渭区	Linwei	2671	72132	2338	65980	2211	69019
蒲城县	Pucheng	10875	137760	11555	138877	12221	155077
富平县	Fuping	865	26032	878	31905	878	30996
子长县	Zichang	2623	5654	2243	6320	1937	5296
宜川县	Yichuan	584	4875	584	956	584	10040
洋 县	Yangxian	1359	12752	1357	13311	1247	13376

注：本表基地县产量为监测推算结果。
a) The outputs of Base Counties are calculateed results by monitoring.

12-30 猕猴桃基地县情况
Base County of Kiwi

县 区	Region	2014 猕猴桃园面积(公顷) Area of Kiwi Orchards (hectare)	2014 产 量(吨) Output (ton)	2015 猕猴桃园面积(公顷) Area of Kiwi Orchards (hectare)	2015 产 量(吨) Output (ton)	2016 猕猴桃园面积(公顷) Area of Kiwi Orchards (hectare)	2016 产 量(吨) Output (ton)
全 省	**Shaanxi**	**62003**	**1205886**	**62070**	**1243515**	**63161**	**1312506**
基地县合计	Total of Base Counties	44961	967621	45777	1038959	45843	1116064
基地县占全省%	As Percentage of Shaanxi	72.5	80.2	73.8	83.6	72.6	85.0
灞桥区	Baqiao	503	20685	503	22317	503	21686
长安区	Chang'an	213	4543	210	4443	218	4723
周至县	Zhouzhi	24682	351181	24682	371031	24748	388623
户 县	Huxian	718	22060	718	22000	672	21278
眉 县	Meixian	18079	445759	18130	456315	18167	475924
城固县	Chenggu	765	6380	1534	8782	1534	14476

注：本表基地县产量为监测推算结果。
a) The outputs of Base Counties are calculateed results by monitoring.

12-31 各市(区)灾情(2016年)
Conditions in Natural Disaster by City(District)(2016)

地区	Region	受灾人口(万人次) Disaster Population Covered (10 000 persons-times)	死亡失踪人口(人) Population of Death and Absconderce (persons)	农作物受灾面积(千公顷) Disaster Areas of Farm Crops (1 000 hectares)	农作物绝收面积(千公顷) Disaster Areas of Farm Crops of No Harvest (1 000 hectares)	倒塌民房(万间) Broken Civil Buildings (10 000 units)	直接经济损失(亿元) Direct Economic Losses (100 million yuan)
全　省	**Shaanxi**	**559.89**	**24**	**659.23**	**80.95**	**0.24**	**79.51**
西安市	Xi'an	9.15		4.51	0.38		0.42
铜川市	Tongchuan	8.88		20.58	0.49		0.54
宝鸡市	Baoji	37.08	3	48.33	0.98		1.68
咸阳市	Xianyang	55.85	3	63.95	3.73	0.01	5.71
渭南市	Weinan	107.98	2	107.86	6.12	0.01	9.08
延安市	Yan'an	90.96	12	134.08	26.72	0.01	36.33
汉中市	Hanzhong	35.98		37.19	2.89	0.01	2.35
榆林市	Yulin	60.35	1	143.29	23.09	0.04	8.43
安康市	Ankang	73.43		66.59	14.46	0.05	6.75
商洛市	Shangluo	80.21	3	32.85	2.09	0.10	8.59
杨凌示范区	Yangling						

12-32 农业现代化情况
Agriculture Modernization

指标	Item	2014	2015	2016
农业机械总动力合计 (万千瓦)	**Total Agricultural Machinery Power (10 000 kw)**	**2552.13**	**2667.27**	**2171.91**
大中型拖拉机 (台)	Number of Large and Medium Tractors (unit)	101663	111104	118238
小型拖拉机 (万台)	Number of Small Tractors (10 000 units)	20.43	21.81	21.72
大中型拖拉机配套农具 (万部)	Large and Medium Tractors Towing	18.56	19.93	21.24
小型拖拉机配套农具 (万部)	Small Tractors Towing Farm Machinery (10 000 kw)	30.02	29.86	30.57
农用排灌电动机 (万台)		33.06	33.33	34.07
农用排灌柴油机 (万台)		5.56	5.72	5.98
联合收割机 (台)	Number of Combine Harvesters (unit)	37408	41139	42682
机动脱粒机 (万台)	Number of Mobile Thresher (10 000 units)	38.72	41.85	48.89
节水灌溉类机械 (套)	Watersaving Irrigation Machinery (unit)	31476	44053	44506
农用水泵 (万台)	Number of Agricultural Pumps (10 000 units)	32.52	33.26	33.81
当年机耕地面积 (千公顷)	Area Cultivated by Mechanical (1 000 hectares)	2862.6	2882.9	2774.3
当年机械播种面积 (千公顷)	Area Sown by Mechanical (1 000 hectares)	2002.8	2029.6	2075.8
当年机械收获面积 (千公顷)	Mechanical harvest Area (1 000 hectares)	1811.5	1821.8	1832.8
农用化肥施用量(折纯量) (万吨)	Consumption of Chemical Fertilizers (10 000 tons)	230.19	231.95	233.05
氮肥	Nitrogenous Fertilizer	96.12	93.52	92.20
磷肥	Phosphate Fertilizer	18.44	18.52	19.08
钾肥	Potash Fertilizer	23.81	24.40	24.69
复合肥	Compound Fertilizer	91.82	95.50	97.09
农用塑料薄膜使用量 (吨)	Plastic Film Consumption (tons)	41479	43068	43717
# 地膜使用量	Film Consumption	21096	22147	22313
地膜覆盖面积 (千公顷)	Film Coverage Area (1 000 hectares)	447.89	454.14	437.53
农用柴油使用量 (万吨)	Diesel Consumption (10 000 tons)	91.21	92.32	92.77
农药使用量 (吨)	Pesticides Consumption (10 000 tons)	12793	13092	13190

注：本表为农机部门数据。
a) Data in this table come from Agricultural Machinery Bureau.

12-33 各市(区)农业现代化情况（2016年）
Agriculture Modernization by City(District) (2016)

地 区	Region	农用机械总动力合计(万千瓦) Total Agricultural Machinery Power (10 000 kw)	大中型拖拉机(台) Large and Medium Tractors (unit)	小型拖拉机(台) Small Tractors (unit)	大中型机配农具(部) Large and Medium Tractors Towing Farm Machinery (unit)	小型机配农具(部) Small Tractors Towing Farm Machinery (unit)	农用排灌电动机(台) Agricultural Drainage and Irrigation Motor (unit)	农用排灌柴油机(台) Agricultural Drainage and Irrigation Diesel Engine (unit)
全 省	**Shaanxi**	**2171.9**	**118238**	**217339**	**212665**	**305953**	**341181**	**59857**
西安市	Xi'an	261.5	10177	9175	38833	20972	84734	1772
铜川市	Tongchuan	32.5	4291	4455	10605	7635	915	177
宝鸡市	Baoji	225.2	17901	23013	37338	47146	19957	2440
咸阳市	Xianyang	258.6	15798	17494	32665	24810	34804	4790
渭南市	Weinan	536.4	29013	76176	55288	104174	66712	12692
延安市	Yan'an	153.9	7037	49194	10294	59585	10040	5500
汉中市	Hanzhong	181.3	5663	4024	3635	4666	35079	6631
榆林市	Yulin	259.2	25620	19737	21164	26315	38337	6341
安康市	Ankang	187.5	1693	10325	896	3501	25823	17712
商洛市	Shangluo	67.6	407	3525	755	6129	24278	1802
杨凌示范区	Yangling	8.2	638	221	1192	1020	502	

12-33 续表 continued

地 区	Region	联合收割机(台) Combine Harvesters (unit)	机动脱粒机(台) Mobile Thresher (unit)	节水灌溉类机械(套) Watersaving Irrigation Machinery (unit)	农用水泵(台) Pumps (unit)	化肥施用折纯量(吨) Consumption of Chemical Fertilizers (ton)	农用塑料薄膜使用量(吨) Plastic Film Consumption (ton)
全 省	**Shaanxi**	**42733**	**488944**	**44604**	**339007**	**2330545**	**43717**
西安市	Xi'an	8458	14272	2476	79681	242871	2880
铜川市	Tongchuan	418	2535	1705	1062	52975	679
宝鸡市	Baoji	7290	47406	289	20300	252898	1629
咸阳市	Xianyang	8300	19145	12676	33127	464914	7691
渭南市	Weinan	16280	30375	13645	47153	712513	14852
延安市	Yan'an	207	6471	6450	13325	153739	3754
汉中市	Hanzhong	842	88478	885	36268	138473	2335
榆林市	Yulin	616	42317	757	56565	135910	4689
安康市	Ankang	198	168003	2684	29481	112137	3013
商洛市	Shangluo	21	69869	3037	21542	59555	1519
杨凌示范区	Yangling	103	73		502	4560	675

注：本表为农机部门数据。
a) Data in this table come from Agricultural Machinery Bureau.

12-34 各市、县(市、区)农村经济主要指标(2016年)
Main Indicators of Rural Economy by City and County (City and District) (2016)

地　区	Region	农林牧渔业总产值(万元) Gross Output Value of Farming, Forestry, Animal Husbandry and Fishery (10 000 yuan)	农林牧渔业增加值(万元) Value Added of Farming, Forestry, Animal Husbandry and Fishery (10 000 yuan)	年末常用耕地面积(公顷) Area of Cultivated Land (hectares)	农用机械总动力(千瓦) Total Agricultural Machinery Power (kw)	农用化肥施用折纯量(吨) Consumption of Chemical Fertilizers (ton)	农用塑料薄膜使用量(吨) Plastic Film Consumption (ton)
全　省	**Shaanxi**	**29857636**	**17762855**	**2915083**	**21719058**	**2330545**	**43717**
西安市	**Xi'an**	**4056321**	**2563772**	**231199**	**2615435**	**242871**	**2880**
新城区	Xincheng						
碑林区	Beilin						
莲湖区	Lianhu						
灞桥区	Baqiao	327061	216618	5242	150471	7645	167
未央区	Weiyang	20405	11677	404	47552	281	57
雁塔区	Yanta				62016		
阎良区	Yanliang	381618	249255	15457	165476	25766	1280
临潼区	Lintong	569391	344135	45926	466695	39949	228
长安区	Chang'an	621269	417614	39355	444945	21888	101
蓝田县	Lantian	492519	302043	14993	248644	46235	305
周至县	Zhouzhi	572627	357199	39473	337537	52778	99
户　县	Huxian	515503	320730	32881	483206	34324	605
高陵县	Gaoling	555928	344501	37467	208893	14005	38
铜川市	**Tongchuan**	**443164**	**248671**	**67162**	**325083**	**52975**	**679**
王益区	Wangyi	23179	13142	5333	39001	1529	13
印台区	Yintai	96681	55301	9333	62301	7861	91
耀州区	Yaozhou	206613	113953	31815	132640	31436	261
宜君县	Yijun	116691	66275	20681	91141	12149	315
宝鸡市	**Baoji**	**3015495**	**1795707**	**295949**	**2251817**	**252898**	**1629**
渭滨区	Weibin	77834	44834	5565	56415	5010	12
金台区	Jintai	47906	29763	10199	123672	4736	4
陈仓区	Chencang	449627	266172	44600	381788	31052	151
凤翔县	Fengxiang	421979	258903	45724	359898	43220	102
岐山县	Qishan	396887	249208	35289	314449	24652	137
扶风县	Fufeng	374923	216138	31177	357709	49933	39
眉　县	Meixian	386713	214779	23175	222501	44025	130
陇　县	Longxian	328986	195215	35368	153903	13493	420
千阳县	Qianyang	181288	108158	18677	114205	12363	150
麟游县	Linyou	117637	75635	30057	45392	14782	175
凤　县	Fengxian	128764	75316	9620	61043	5426	149
太白县	Taibai	102951	61586	6498	60841	4206	161
咸阳市	**Xianyang**	**6053665**	**3661580**	**349749**	**2585547**	**464914**	**7691**
秦都区	Qindu	316937	182373	8524	186488	13158	362
渭城区	Weicheng	249961	150049	11964	136141	8661	102
三原县	Sanyuan	530811	324862	32902	230827	28268	436
泾阳县	Jingyang	791330	490108	41995	360323	34772	2450
乾　县	Qianxian	556117	328925	46642	287567	91502	148
礼泉县	Liquan	851118	561040	28874	194887	98691	905

注：全省粮食和猪牛羊禽相关数据为抽样调查数据。
a) The Shaanxi data of grain, pig, cattle, sheep are sample survey data.

12-34 续表 1 continued

地 区	Region	农林牧渔业总产值(万元) Gross Output Value of Farming, Forestry, Animal Husbandry and Fishery (10 000 yuan)	农林牧渔业增加值(万元) Value Added of Farming, Forestry, Animal Husbandry and Fishery (10 000 yuan)	年末常用耕地面积(公顷) Area of Cultivated Land (hectares)	农用机械总动力(千瓦) Total Agricultural Machinery Power (kw)	农用化肥施用折纯量(吨) Consumption of Chemical Fertilizers (ton)	农用塑料薄膜使用量(吨) Plastic Film Consumption (ton)
永寿县	Yongshou	312678	164603	20472	171894	30646	145
彬 县	Binxian	318129	183494	31583	138635	21564	909
长武县	Changwu	319740	165014	11775	139500	33266	739
旬邑县	Xunyi	526502	315840	27816	96135	32085	1050
淳化县	Chunhua	480087	279458	28756	150804	28780	185
武功县	Wugong	385201	240958	26955	260140	26647	154
兴平市	Xingping	415054	274856	31490	232207	16874	106
渭南市	**Weinan**	**4186945**	**2363306**	**493478**	**5363739**	**712513**	**14852**
临渭区	Linwei	687069	381341	63547	875999	66943	1614
华州区	Huazhou	179231	102817	23746	330000	27035	383
潼关县	Tongguan	69086	38830	10660	102265	11619	49
大荔县	Dali	630040	348754	70692	1032065	92142	2612
合阳县	Heyang	363275	201140	58324	318240	24764	951.23
澄城县	Chengcheng	402459	225069	46884	400502	35307	628
蒲城县	Pucheng	479333.0	280276.0	88093	937671	66327.0	5509.0
白水县	Baishui	437159	255323	26165	396813	61610	747
富平县	Fuping	520442	297754	68101	612398	300944	1905
韩城市	Hancheng	305760	167732	24709	283739	18124	209
华阴市	Huayin	113091	64270	12557	74047	7698	245
延安市	**Yan'an**	**2097652**	**1205339**	**245926**	**1538726**	**153739**	**3754**
宝塔区	Baota	214136	131559	31201	78995	7373	259
安塞区	Ansai	147381	82734	27260	86377	5041	295
延长县	Yanchang	147698	88848	14867	95447	5495	130
延川县	Yanchuan	133672	78761	23684	121000	4058	173
子长县	Zichang	128305	72909	31567	103460	8333	788
志丹县	Zhidan	101813	53901	30187	86719	2812	316
吴起县	Wuqi	84473	48704	25320	129607	2824	918
甘泉县	Ganquan	81123	46025	6023	66780	3721	240
富 县	Fuxian	241647	136853	9999	106660	11812	305
洛川县	Luochuan	386336	214384	10138	249536	61298	61
宜川县	Yichuan	202531	119813	14683	171350	18947	74
黄龙县	Huanglong	85086	50035	11756	70373	10629	80
黄陵县	Huangling	143451	80813	9241	172421	11396	115
汉中市	**Hanzhong**	**3642602**	**2126494**	**203768**	**1813470**	**138473**	**2335**
汉台区	Hantai	330189	192286	14064	169830	12757	249
南郑县	Nanzheng	443339	251782	29198	214330	16622	441
城固县	Chenggu	800481	474027	23999	234128	35241	211
洋 县	Yangxian	427962	254083	27972	195376	17296	460
西乡县	Xixiang	356141	207413	21950	272948	13672	151
勉 县	Mianxian	405494	228769	26605	173913	22377	171
宁强县	Ningqiang	337556	201157	21249	192458	10162	188

12-34 续表 2 continued

地　区	Region	农林牧渔业总产值（万元）Gross Output Value of Farming, Forestry, Animal Husbandry and Fishery (10 000 yuan)	农林牧渔业增加值（万元）Value Added of Farming, Forestry, Animal Husbandry and Fishery (10 000 yuan)	年末常用耕地面积（公顷）Area of Cultivated Land (hectares)	农用机械总动力（千瓦）Total Agricultural Machinery Power (kw)	农用化肥施用折纯量（吨）Consumption of Chemical Fertilizers (ton)	农用塑料薄膜使用量（吨）Plastic Film Consumption (ton)
略阳县	Lueyang	173098	98265	10046	211451	3608	132
镇巴县	Zhenba	287859	172336	23699	81269	5331	266
留坝县	Liuba	56014	32815	3131	36466	804	50
佛坪县	Foping	24469	13561	1854	31251	603	16
榆林市	**Yulin**	**2823141**	**1686455**	**685465**	**2591518**	**135910**	**4689**
榆阳区	Yuyang	503933	295005	77227	374222	22908	395
横山区	Hengshan	111732	66948	65408	172277	12026	201
神木县	Shenmu	280183	165534	81990	239388	7830	245
府谷县	Fugu	238197	140602	43263	226510	7300	52
靖边县	Jingbian	399931	233942	85751	446077	12049	1310
定边县	Dingbian	354825	204027	161502	463492	29344	826
绥德县	Suide	183963	112694	43083	153804	14959	155
米脂县	Mizhi	118896	72922	27866	137881	5244	196
佳　县	Jiaxian	176965	110597	33590	115089	3495	246
吴堡县	Wubu	50695	32614	8092	35897	931	19
清涧县	Qingjian	207813	129384	27099	127288	5327	626
子洲县	Zizhou	196008	122186	30594	99593	14497	418
安康市	**Ankang**	**1770611**	**1021216**	**196189**	**1875041**	**112137**	**3013**
汉滨区	Hanbin	403961	241805	41582	563225	50841	684
汉阴县	Hanyin	218373	129847	22901	230785	10868	210
石泉县	Shiquan	122292	71253	13118	130798	5202	198
宁陕县	Ningshan	80355	44330	3404	58900	345	52
紫阳县	Ziyang	201530	116214	24255	165554	4919	188
岚皋县	Langao	119031	68360	17050	97018	4629	465
平利县	Pingli	192619	106987	18152	144613	4518	507
镇坪县	Zhenping	59927	32549	4981	45325	1383	53
旬阳县	Xunyang	241290	132206	36650	300000	23326	461
白河县	Baihe	131233	77665	14097	138823	6106	195
商洛市	**Shangluo**	**1780659**	**1010036**	**133609**	**676251**	**59555**	**1519**
商州区	Shangzhou	257463	147161	20967	103924	9776	245
洛南县	Luonan	389686	223607	31974	148661	17683	429
丹凤县	Danfeng	218054	117022	12090	49449	5307	113
商南县	Shangnan	238841	131244	14038	83865	5038	195
山阳县	Shanyang	330490	198547	23975	122194	8817	113
镇安县	Zhen'an	214784	119566	21899	122250	8240	270
柞水县	Zhashui	131341	72889	8667	45909	4694	154
杨凌示范区	**Yangling**	**131259**	**79951**	**5441**	**82413**	**4560**	**675**

12-34 续表 3 continued

地 区	Region	粮食播种面积(公顷) Sown Area of Grain (hectares)	粮食产量(吨) Output of Grain (ton)	油料产量(吨) Output of Oil-bearing (ton)	棉花产量(吨) Output of Cotton (ton)	蔬菜产量(吨) Output of Vegetables (ton)	水果产量(吨) Output of Fruits (ton)	#苹果 Output of Apples
全 省	**Shaanxi**	**3068700**	**12283000**	**637967**	**33819**	**18961776**	**17139636**	**11007822**
西安市	**Xi'an**	**351894**	**1753336**	**8649**	**237**	**3367449**	**1077442**	**30522**
新城区	Xincheng							
碑林区	Beilin							
莲湖区	Lianhu							
灞桥区	Baqiao	10684	52567	375	55	300303	125467	
未央区	Weiyang	157	800			19271	419	45
雁塔区	Yanta							
阎良区	Yanliang	13965	86790	108	4	803393	68745	6312
临潼区	Lintong	65468	316894	1351		450292	60160	3789
长安区	Chang'an	65511	332415	2225		589874	76558	2587
蓝田县	Lantian	26701	187779			503161	127695	7350
周至县	Zhouzhi	62888	255720	2417	178	182577	445984	2785
户 县	Huxian	48659	222594	1495		218728	99875	504
高陵县	Gaoling	57859	297777	678		299850	72539	7150
铜川市	**Tongchuan**	**62669**	**241780**	**8478**		**182817**	**756706**	**715419**
王益区	Wangyi	3861	10235	290		14438	40318	36210
印台区	Yintai	10407	36198	1529		29277	255380	250691
耀州区	Yaozhou	30300	90989	5860		108707	275995	243554
宜君县	Yijun	18100	104358	799		30395	185013	184964
宝鸡市	**Baoji**	**327205**	**1456686**	**17993**	**47**	**1479809**	**1453325**	**749045**
渭滨区	Weibin	5509	15866	1100		14090	26093	355
金台区	Jintai	11415	35591	844		3105	4129	799
陈仓区	Chencang	57437	226699	2676		197207	121915	96263
凤翔县	Fengxiang	54341	256439	3456		157950	156104	145655
岐山县	Qishan	47593	262309	2144	13	182791	178391	106050
扶风县	Fufeng	47899	272954	976	34	38831	342840	300071
眉 县	Meixian	21566	117587	1220		37571	509348	2425
陇 县	Longxian	32269	103314	2399		112631	32822	26340
千阳县	Qianyang	18238	56707	873		122779	20477	15129
麟游县	Linyou	22708	78558	1103		30412	3337	2287
凤 县	Fengxian	6118	23282	740		138871	55528	53368
太白县	Taibai	2111	7380	462		443571	2341	303
咸阳市	**Xianyang**	**386494**	**1870863**	**50368**	**110**	**4430744**	**5833716**	**4723312**
秦都区	Qindu	12070	56118	276		265792	98090	60230
渭城区	Weicheng	19123	88941	1096		145977	83863	29509
三原县	Sanyuan	40192	196009	3825		1183961	206339	113368
泾阳县	Jingyang	50100	240797	2897	102	1875621	173910	32382
乾 县	Qianxian	54181	255915	8572		47213	595989	509880
礼泉县	Liquan	26336	122883	5249		78555	1575799	1144506

12-34 续表 4 continued

地区	Region	粮食播种面积(公顷) Sown Area of Grain (hectares)	粮食产量(吨) Output of Grain (ton)	油料产量(吨) Output of Oil-bearing (ton)	棉花产量(吨) Output of Cotton (ton)	蔬菜产量(吨) Output of Vegetables (ton)	水果产量(吨) Output of Fruits (ton)	# 苹果 Output of Apples
永寿县	Yongshou	19271	87584	3450		26499	459559	432674
彬县	Binxian	26840	123049	11433		45759	499414	447025
长武县	Changwu	12215	57703	1502		23105	323399	304500
旬邑县	Xunyi	20704	110004	2611		78274	574095	554377
淳化县	Chunhua	23679	115709	6215		49325	968565	864930
武功县	Wugong	39138	198003	2287	8	214467	94487	78416
兴平市	Xingping	42647	218148	955		396196	180207	151515
渭南市	**Weinan**	**508142**	**2115296**	**72924**	**32229**	**2701945**	**3272056**	**2049356**
临渭区	Linwei	81819	342034	6080	7141	645411	292825	74125
华州区	Huazhou	27811	114575	1668	355	578822	30329	1714
潼关县	Tongguan	13421	44039	4372	591	40083	12370	8770
大荔县	Dali	61316	275547	26470	2552	405805	626124	190674
合阳县	Heyang	50098	203091	5338	5721	193462	393441	298552
澄城县	Chengcheng	43337	175766	10044	6110	64637	496514	408468
蒲城县	Pucheng	82760	342191	4473	8472	157767	348539	155915
白水县	Baishui	27999	109079	8041		75178	588074	585904
富平县	Fuping	79968	360201	3844	263	352897	349734	225842
韩城市	Hancheng	21294	68721	1411	124	134608	124926	99392
华阴市	Huayin	18320	80052	1183	900	53275	9180	
延安市	**Yan'an**	**202525**	**780090**	**23610**	**834**	**1299289**	**3191242**	**3031843**
宝塔区	Baota	26753	90011	1014		181693	301460	296000
安塞区	Ansai	29153	68243	4080		287100	95040	90000
延长县	Yanchang	10806	27047	3478	495	115956	252370	232000
延川县	Yanchuan	16966	31767	895	339	34284	167157	78500
子长县	Zichang	25625	75785	6778		129800	35500	28000
志丹县	Zhidan	19814	56488	526		87511	50420	41600
吴起县	Wuqi	17260	62318	825		72800	10740	10000
甘泉县	Ganquan	9514	49973	95		144000	4912	3990
富县	Fuxian	6448	37408	305		109451	565151	563743
洛川县	Luochuan	12827	105975	885		36066	866328	864700
宜川县	Yichuan	6770	35047	687		48000	468774	453200
黄龙县	Huanglong	10587	90572	2011		10017	53450	53110
黄陵县	Huangling	10002	49456	2031		42611	319940	317000
汉中市	**Hanzhong**	**266282**	**1036491**	**192038**	**53**	**2427099**	**462576**	**4863**
汉台区	Hantai	17423	107944	16598		236218	34883	
南郑县	Nanzheng	33240	148790	35180		202740	14332	58
城固县	Chenggu	26457	141359	23417		734000	285225	202
洋县	Yangxian	32897	157752	28589	52	714380	87161	1571
西乡县	Xixiang	30177	102853	26470	1	108110	6361	
勉县	Mianxian	30322	132523	30829		147124	9544	42
宁强县	Ningqiang	30784	85656	12823		59430	5171	494

12-34 续表 5 continued

地　区	Region	粮食播种面积(公顷) Sown Area of Grain (hectares)	粮食产量(吨) Output of Grain (ton)	油料产量(吨) Output of Oil-bearing (ton)	棉花产量(吨) Output of Cotton (ton)	蔬菜产量(吨) Output of Vegetables (ton)	水果产量(吨) Output of Fruits (ton)	#苹果 Output of Apples
略阳县	Lueyang	20169	48421	4995		57365	8999	1430
镇巴县	Zhenba	38857	89981	11741		122077	9299	769
留坝县	Liuba	3162	12113	927		27379	828	251
佛坪县	Foping	2795	9099	469		18276	773	46
榆林市	**Yulin**	**487476**	**1600849**	**86379**	**107**	**873688**	**782310**	**210070**
榆阳区	Yuyang	44773	239738	1761		158782	30836	2143
横山区	Hengshan	64289	167004	1798		57290	18577	9986
神木县	Shenmu	32789	125266	6513		24963	4967	201
府谷县	Fugu	29961	58391	1982	49	32492	37528	762
靖边县	Jingbian	49440	235818	7800		244773	15942	8825
定边县	Dingbian	110652	298428	17960		150630	3920	1260
绥德县	Suide	28050	90981	21965		54919	137081	83194
米脂县	Mizhi	29832	100218	4909		14420	44413	27860
佳　县	Jiaxian	25685	81633	2293		20173	174994	2264
吴堡县	Wubu	6891	22925	497	4	12638	29814	815
清涧县	Qingjian	31328	79135	10242	54	53259	250867	46546
子洲县	Zizhou	33785	101312	8659		39349	33371	26214
安康市	**Ankang**	**268710**	**876501**	**151482**	**27**	**1539055**	**228409**	**5424**
汉滨区	Hanbin	53583	215201	46147	12	434153	63116	866
汉阴县	Hanyin	25260	101647	29485	15	192799	40069	113
石泉县	Shiquan	19358	70668	14398		72558	6080	394
宁陕县	Ningshan	5089	19611	856		44856	1191	261
紫阳县	Ziyang	42083	111499	12124		238065	6388	114
岚皋县	Langao	24871	67905	7402		160724	4299	
平利县	Pingli	24816	77631	11336		108136	7989	372
镇坪县	Zhenping	9419	27871	1787		39221	1557	312
旬阳县	Xunyang	45524	126092	21448		152281	51261	2683
白河县	Baihe	18706	58376	6499		96257	46459	309
商洛市	**Shangluo**	**203028**	**618760**	**25678**	**2**	**512294**	**64231**	**7169**
商州区	Shangzhou	29089	105291	388		50741	10971	401
洛南县	Luonan	48698	164437	1870		169966	8677	247
丹凤县	Danfeng	21396	61124	1067		21631	9069	1554
商南县	Shangnan	20346	57209	14109		77941	6886	472
山阳县	Shanyang	36738	102559	2833		68000	10458	1315
镇安县	Zhen'an	33625	86690	5065	2	69924	11821	3000
柞水县	Zhashui	13135	41450	346		54091	6349	180
杨凌示范区	**Yangling**	**3222**	**20618**	**128**		**147587**	**39505**	**6905**

12-34 续表 6 continued

地区	Region	肉类产量（吨）Output of Meat (ton)	禽蛋产量（吨）Output of Poultry Eggs (ton)	奶类产量（吨）Output of Milk (ton)	牛存栏（万头）Stocked Cattle (10 000 heads)	#奶牛 Dairy cow	猪存栏（万头）Stocked Hogs (10 000 heads)	羊存栏（万只）Stocked (10 000 heads)	家禽存栏（万只）Stocked (10 000 heads)
全　省	**Shaanxi**	**1116837**	**593200**	**1891398**	**147.98**	**43.72**	**827.93**	**678.53**	**6626.43**
西安市	**Xi'an**	**156829**	**140357**	**562038**	**16.92**	**7.75**	**89.53**	**26.57**	**1125.25**
新城区	Xincheng								
碑林区	Beilin								
莲湖区	Lianhu								
灞桥区	Baqiao	7327	5005	30802	0.59	0.58	4.20	0.99	35.63
未央区	Weiyang	3060	10	3021	0.15	0.11	1.07	0.07	1.00
雁塔区	Yanta								
阎良区	Yanliang	7441	6688	102581	1.84	1.77	3.77	5.34	61.65
临潼区	Lintong	43252	35442	269013	3.78	3.12	22.65	6.99	241.30
长安区	Chang'an	20416	42127	34977	1.15	0.46	13.32	1.82	292.42
蓝田县	Lantian	19322	10280	41429	3.84	0.30	7.95	7.30	118.00
周至县	Zhouzhi	26482	10241	13564	3.04	0.29	17.99	1.31	97.50
户　县	Huxian	18331	13393	17764	0.73	0.30	13.68	0.66	126.00
高陵县	Gaoling	11198	17171	48887	1.81	0.81	4.91	2.10	151.75
铜川市	**Tongchuan**	**16915**	**16330**	**26862**	**6.85**	**1.42**	**7.24**	**7.58**	**178.06**
王益区	Wangyi	1316	912	1204	0.28	0.09	0.85	0.32	23.60
印台区	Yintai	5481	9531	4017	1.02	0.20	2.53	1.48	98.00
耀州区	Yaozhou	5216	5459	21641	3.75	1.13	2.90	3.09	36.50
宜君县	Yijun	4902	428		1.80		0.95	2.68	19.96
宝鸡市	**Baoji**	**182016**	**76383**	**642119**	**47.68**	**19.14**	**102.50**	**56.67**	**923.38**
渭滨区	Weibin	2061	761	691	0.12	0.02	1.35	0.68	16.94
金台区	Jintai	3555	807	9621	0.73	0.23	2.21	0.96	16.92
陈仓区	Chencang	53831	22622	56623	6.35	1.17	26.93	5.16	180.35
凤翔县	Fengxiang	21779	11184	90773	8.71	2.73	8.99	8.27	136.76
岐山县	Qishan	21483	14957	68210	5.40	2.59	18.26	4.21	127.50
扶风县	Fufeng	23381	15851	26975	1.51	0.73	17.62	2.65	240.26
眉　县	Meixian	16286	4852	81088	3.75	2.73	13.49	3.68	84.68
陇　县	Longxian	9915	2405	179609	7.85	5.24	2.47	7.91	25.72
千阳县	Qianyang	7264	1880	128348	5.48	3.70	1.64	6.58	24.62
麟游县	Linyou	8224	257	37	5.56	0.01	1.02	11.68	21.91
凤　县	Fengxian	10742	175		1.68		6.80	3.06	35.99
太白县	Taibai	3495	632	144	0.55	0.00	1.72	1.83	11.73
咸阳市	**Xianyang**	**212491**	**117753**	**701866**	**45.40**	**23.58**	**192.61**	**112.93**	**1102.19**
秦都区	Qindu	8107	3503	14760	0.78	0.70	6.80	0.73	34.40
渭城区	Weicheng	9102	12403	48019	1.16	1.15	6.13	0.59	99.00
三原县	Sanyuan	16663	22255	53922	4.90	0.89	11.87	16.99	185.06
泾阳县	Jingyang	24085	16322	210472	7.53	7.53	18.37	17.55	207.52
乾　县	Qianxian	16712	5177	132378	4.89	4.67	16.09	5.11	49.00
礼泉县	Liquan	9523	2299	25439	1.91	1.18	7.25	10.05	24.00

12-34 续表 7 continued

地 区	Region	肉类产量(吨) Output of Meat (ton)	禽蛋产量(吨) Output of Poultry Eggs (ton)	奶类产量(吨) Output of Milk (ton)	牛存栏(万头) Stocked Cattle (10 000 heads)	# 奶牛 Dairy Cow	猪存栏(万头) Stocked Hogs (10 000 heads)	羊存栏(万只) Stocked (10 000 heads)	家禽存栏(万只) Stocked (10 000 heads)
永寿县	Yongshou	9719	2673	11926	5.71	0.08	5.67	16.08	39.03
彬 县	Binxian	5544	4442	5571	1.77	0.07	3.40	4.36	31.30
长武县	Changwu	4557	4103	12536	2.66	0.54	2.23	7.12	49.00
旬邑县	Xunyi	26627	5016	3872	4.16	0.22	48.79	9.96	52.67
淳化县	Chunhua	14215	10678	25866	3.02	0.62	8.82	18.34	98.86
武功县	Wugong	25662	13684	132018	4.98	4.87	26.56	3.03	92.00
兴平市	Xingping	41975	15198	25087	1.94	1.07	30.65	3.02	140.35
渭南市	**Weinan**	**219035**	**110172**	**398424**	**27.26**	**11.67**	**199.02**	**105.86**	**1183.83**
临渭区	Linwei	33725	32239	114774	8.06	2.97	26.16	11.26	252.43
华州区	Huazhou	8139	4839	3668	0.99	0.12	6.93	2.57	85.00
潼关县	Tongguan	7068	1114	166	0.49	0.01	6.67	0.77	14.43
大荔县	Dali	37150	18821	22327	4.85	1.30	34.70	23.58	145.23
合阳县	Heyang	11548	4598	56856	3.94	3.49	11.59	5.51	62.40
澄城县	Chengcheng	55271	10057	450	0.38	0.01	57.35	3.76	84.00
蒲城县	Pucheng	17123	6124	42358	2.32	1.04	14.29	8.29	203.16
白水县	Baishui	16386	1547	2208	1.02	0.03	16.76	4.49	36.56
富平县	Fuping	19180	22723	138864	3.22	2.01	14.42	37.01	202.32
韩城市	Hancheng	9493	3680	1933	1.09	0.06	7.55	6.48	59.30
华阴市	Huayin	3952	4430	14820	0.90	0.65	2.11	2.15	39.00
延安市	**Yan'an**	**75793**	**29379**	**7213**	**14.72**	**0.18**	**67.49**	**63.26**	**375.82**
宝塔区	Baota	6627	3947	3150	1.89	0.08	4.14	2.57	55.06
安塞区	Ansai	3316	2078	173	0.89	0.01	3.20	7.01	25.20
延长县	Yanchang	3320	1518	94	2.10	0.01	1.97	7.34	24.50
延川县	Yanchuan	3219	1435	435	1.24	0.02	2.87	3.47	20.10
子长县	Zichang	9290	2615	771	2.70	0.03	6.76	8.31	25.35
志丹县	Zhidan	3441	1702	191	0.47	0.01	3.06	14.15	22.71
吴起县	Wuqi	5981	1574	33	0.43	0.00	3.70	10.13	21.03
甘泉县	Ganquan	4459	6730	185	0.86	0.00	2.13	6.08	95.45
富 县	Fuxian	3392	1835	67	1.91	0.00	2.15	0.48	22.01
洛川县	Luochuan	24852	1469	1722	0.49	0.01	30.66	1.21	17.09
宜川县	Yichuan	2236	1535	44	0.51	0.00	2.27	0.98	14.00
黄龙县	Huanglong	2742	1021		0.82		1.68	0.88	14.50
黄陵县	Huangling	2918	1920	348	0.40	0.00	2.89	0.65	18.82
汉中市	**Hanzhong**	**330139**	**73842**	**13297**	**29.60**	**0.41**	**258.27**	**34.84**	**1110.26**
汉台区	Hantai	18931	9536	6251	0.99	0.18	10.96	0.26	138.41
南郑县	Nanzheng	38773	7222	1026	3.58	0.03	30.73	2.74	104.22
城固县	Chenggu	48707	10389	471	3.12	0.03	30.35	1.44	151.82
洋 县	Yangxian	44562	8219	690	6.03	0.02	37.20	5.08	110.39
西乡县	Xixiang	49526	5568	19	3.28	0.00	41.32	5.94	78.54
勉 县	Mianxian	42523	15397	4840	2.95	0.14	36.20	1.15	175.34
宁强县	Ningqiang	34263	7006		3.91		29.74	2.08	110.65

12-34 续表 8 continued

地 区	Region	肉类产量 (吨) Output of Meat (ton)	禽蛋产量 (吨) Output of Poultry Eggs (ton)	奶类产量 (吨) Output of Milk (ton)	牛存栏 (万头) Stocked Cattle (10 000 heads)	# 奶牛 Dairy Cow	猪存栏 (万头) Stocked Hogs (10 000 heads)	羊存栏 (万只) Stocked (10 000 heads)	家禽存栏 (万只) Stocked (10 000 heads)
略阳县	Lueyang	15451	6137		1.50		9.27	2.35	148.58
镇巴县	Zhenba	31234	3385		3.62		28.71	13.15	70.68
留坝县	Liuba	3703	699		0.51		2.53	0.27	15.38
佛坪县	Foping	2466	284		0.10		1.27	0.39	6.25
榆林市	**Yulin**	**183951**	**50971**	**84288**	**14.54**	**2.71**	**92.79**	**666.52**	**555.59**
榆阳区	Yuyang	60949	10244	23541	3.61	0.80	38.48	140.36	123.30
横山区	Hengshan	20850	5225	2673	0.82	0.04	5.59	98.54	53.84
神木县	Shenmu	18697	4932	10669	3.92	0.48	7.00	90.02	41.90
府谷县	Fugu	5402	4639	629	0.67	0.02	3.07	17.18	26.90
靖边县	Jingbian	28849	5300	12210	0.90	0.30	15.25	133.00	74.02
定边县	Dingbian	19846	4761	11522	0.68	0.40	9.60	90.30	51.00
绥德县	Suide	4577	4377	6163	0.57	0.18	2.02	15.04	45.94
米脂县	Mizhi	6209	3071	2526	0.89	0.09	1.96	19.47	52.33
佳 县	Jiaxian	4262	2939	1192	0.88	0.04	2.11	16.09	25.32
吴堡县	Wubu	1273	1466	402	0.08	0.01	0.50	3.29	8.20
清涧县	Qingjian	5825	1767	3345	1.04	0.09	3.50	12.42	22.00
子洲县	Zizhou	7212	2250	9416	0.48	0.26	3.70	30.81	30.84
安康市	**Ankang**	**276403**	**39308**	**314**	**25.08**	**0.01**	**225.45**	**96.46**	**940.28**
汉滨区	Hanbin	58265	8866	314	5.38	0.01	48.73	13.88	196.43
汉阴县	Hanyin	33337	7283		3.64	0.00	27.59	5.40	127.59
石泉县	Shiquan	21022	2815		3.30		17.35	5.83	67.79
宁陕县	Ningshan	4664	618		0.43		3.82	2.76	21.86
紫阳县	Ziyang	33315	4220		0.69		27.97	10.30	85.88
岚皋县	Langao	20908	4311		0.21		18.26	8.92	121.17
平利县	Pingli	28934	2525		0.79		19.25	15.05	71.68
镇坪县	Zhenping	15110	496		0.35		12.99	2.70	33.72
旬阳县	Xunyang	45015	4414		9.26		37.54	22.76	151.54
白河县	Baihe	15833	3760		1.03		11.95	8.86	62.62
商洛市	**Shangluo**	**149166**	**76804**	**1463**	**12.33**	**0.04**	**98.37**	**38.15**	**819.42**
商州区	Shangzhou	19657	7424	1177	0.82	0.03	12.50	2.46	56.72
洛南县	Luonan	34649	12487	16	4.49	0.00	22.32	5.58	105.87
丹凤县	Danfeng	19504	6869	212	1.40	0.00	13.54	3.30	294.39
商南县	Shangnan	23459	14370		1.82		17.85	4.24	99.95
山阳县	Shanyang	29631	24213		1.32		20.62	10.30	141.49
镇安县	Zhen'an	13602	5941	58	1.52		6.84	9.27	67.00
柞水县	Zhashui	8664	5500		0.97		4.70	3.00	54.00
杨凌示范区	**Yangling**	**5380**	**2127**	**24751**	**1.73**	**0.66**	**4.15**	**0.23**	**18.90**

主要统计指标解释

农林牧渔业总产值　指以货币表现的农、林、牧、渔业全部产品和对农林牧渔业生产活动进行的各种支持性服务活动的价值总量，它反映一定时期内农林牧渔业生产总规模和总成果。1957年以前的农林牧渔业总产值中包括了厩肥和农民自给性手工业(如农民自制衣服、鞋、袜，自己从事粮食初步加工等)。1958年及以后，林业中增加了村及村以下竹木采伐产值；牧业中取消了厩肥产值；副业中取消了农民自给性手工业产值，增加了村及村以下办的工业产值；渔业中增加了海洋捕捞水产品产值。1980年及以后，在副业中增加了农民家庭兼营工业商品部分的产值。从1984年起村及村以下工业产值划归工业。从1993年起取消副业，将野生动物的捕猎划入牧业，野生植物采集和农民家庭兼营商品性工业划归农业。从2003年起，执行新的国民经济行业分类标准，农林牧渔业总产值中包括了农林牧渔服务业产值。林业中增加了森林采运业产值。农业中取消了家庭兼营商品性工业产值，将野生林产品的采集划归林业。第一次农业普查以后，由于畜牧业产品年报数据与普查数据之间存在一定的差距，根据农业普查结果对畜牧业年报数据进行了修正，对畜牧业产值进行了相应修正。

农林牧渔业总产值的计算方法通常是按农、林、牧、渔业产品及其副产品的产量分别乘以各自单位产品价格求得；少数生产周期较长，当年没有产品或产品产量不易统计的，则采用间接方法匡算其产值；然后将四业产品产值及农林牧渔服务业产值相加即为农林牧渔业总产值。

粮食产量　指全社会的产量。包括国有经济经营的、集体统一经营的和农民家庭经营的粮食产量，还包括工矿企业办的农场和其他生产单位的产量。粮食除包括稻谷、小麦、玉米、高粱、谷子及其他杂粮外，还包括薯类和豆类。其产量计算方法，豆类按去豆荚后的干豆计算；薯类(包括甘薯和马铃薯，不包括芋头和木薯)1963年以前按每4公斤鲜薯折1公斤粮食计算，从1964年开始改为按5公斤鲜薯折1公斤粮食计算。城市郊区作为蔬菜的薯类(如马铃薯等)按鲜品计算，并且不作粮食统计。其他粮食一律按脱粒后的原粮计算。1989年以前全国粮食产量数据主要靠全面报表取得，1989年开始使用抽样调查数据。

棉花产量　指全社会的产量。包括春播棉和夏播棉。产量按皮棉计算。不包括木棉。

油料产量　指全部油料作物的生产量。包括花生、油菜籽、芝麻、向日葵籽、胡麻籽（亚麻籽）和其他油料。不包括大豆、木本油料和野生油料。花生以带壳干花生计算。

水产品产量　指人工养殖的水产品和天然生长的水产品的捕捞量。包括海水的鱼类、虾蟹类、贝类和藻类以及内陆水域的鱼类、虾蟹类和贝类，不包括淡水生植物。水产品产量是通过各级水产和统计部门逐级上报取得数据。1995年及以前，贝类中牡蛎按鲜肉计算；蚶、蛤、蛏按5斤鲜品折1斤计算。1996年以后则统一按鲜品计算。

猪、牛、羊肉产量　指当年出栏并已屠宰、除去头蹄下水后带骨肉(即胴体重)的重量。包括全社会范围内的产量。1996年前为各级逐级上报数据。1996年第一次农业普查以后，由于畜牧业产品年报数据与普查数据之间存在一定的差距，根据普查结果对畜牧业年报数据进行了修正。1999年以后，国家统计局在部分地区开展了猪、牛、羊、禽等主要畜禽品种的抽样调查，并用抽样数据作为国家定案数据使用。未开展抽样调查的地区和品种，仍使用各级统计部门逐级上报数据。2007年，根据第二次农业普查结果，对2000—2006年畜牧业年报数据进行了修正。2008年，建立了主要畜禽监测调查制度，猪、牛、羊、禽等主要畜牧业数据均以抽样调查数为法定数据。

期初(末)畜禽存栏头(只)数　指报告期初(末)农村各种合作经济组织和国营农场、农民个人、机关、团体、学校、工矿企业、部队等单位以及城镇居民饲养的大牲畜、猪、羊、家禽等畜禽的存栏数。数据上报方式及数据调整情况同猪、牛、羊肉产量。

农作物播种面积　指实际播种或移植有农作物的面积。凡是实际种植有农作物的面积，不论种植在耕地上还是种植在非耕地上，均包括在农作物播种面积中。在播种季节基本结束后，因遭灾而重新改种和补种的农作物面积，也包括在内。它是反映我国耕地面积利用情况的一个重要指标。目前，农作物播种面积主要包括粮食、棉花、油料、糖料、麻类、烟叶、蔬菜和瓜类、药材和其他农作物九大类。

农用化肥施用量　指本年内实际用于农业生产的化肥数量，包括氮肥、磷肥、钾肥和复合肥。化肥施用量要求按折纯量计算数量。折纯量是指把氮肥、磷肥、钾肥分别按含氮、含五氧化二磷、含氧化钾的百分之百成份进行折算后的数量。复合肥按其所含主要成分折算。公式为:

折纯量=实物量×某种化肥有效成份含量的百分比

农业机械总动力　指主要用于农、林、牧、渔业的各种动力机械的动力总和。包括耕作机械、排灌机械、收获机械、农用运输机械、植物保护机械、牧业机械、林业机械、渔业机械和其他农业机械〔内燃机按引擎马力折成瓦(特)计算、电动机按功率折成瓦(特)计算〕。不包括专门用于乡、镇、村、组办工业、基本建设、非农业运输、科学试验和教学等非农业生产方面用的动力机械与作业机械。这个指标的统计数据主要来源于农机部门。

Explanatory Notes on Main Statistical Indicators

Gross Output Value of Agriculture, Forestry, Animal Husbandry and Fishery refers to the total value of products of agriculture, forestry, animal husbandry and fishery, and total value of services in support of agriculture, forestry, animal husbandry and fishery activities. It reflects the total scale and results of agricultural production during a given period. Prior to 1957, China's gross agricultural output value included barnyard manure and handicraft products for self-consumption (clothes, shoes, stockings, and initial grain processing undertaken by peasants). Since 1958, cutting and felling of bamboo and trees by villages and other cooperative organizations under villages have been included in forestry; value of barnyard manure has been excluded from animal husbandry; self consumed handicrafts have not been included from sideline occupations, while the output value of industries run by villages and cooperative organizations under village has been included in sideline occupations; and the output value of fish catches by motor fishing boats has been added to fishery. Since 1980, the value of handicraft products made for sale by individuals in households has been added to sideline occupations. Since 1984, industries run by villages and under villages have been included in the sector of industry. Since 1993, the subdivision of sideline occupations has been cancelled, and the hunting of wild animals has been classified into animal husbandry, and the gathering of wild plants and commodity industry run by rural household have been included in farming. A new industrial classification of economic activities was introduced in 2003. Under the new classification, value of services to agriculture, forestry, animal husbandry and fishery is included in the gross output value of agriculture, value of wood felling and transport is included in forestry, value of industrial output by rural households is not included in agriculture, and the collection of wild forest products is taken from agriculture and included in forestry. The First Agriculture Census of China revealed some discrepancy between the production of animal products from the annual reports and that from the census. According to the result of the First Agriculture census, efforts were made to adjust the output value of animal husbandry to make the figures from the annual reports consistent with the census data.

Gross output value of agriculture is obtained by multiplying the output of each product or by-product by its price, resulting in the output value of each single item. For a small number of products, annual output of which is not available or difficult to get due to the long production (growing) process involved, the output value is estimated through an indirect approach. The sum of output values of all products of agriculture, forestry, animal husbandry and fishery and services in support to those industries is then equal to the gross output value of agriculture.

Grain Output refers to the total output in the whole country including grains produced by State farms, collective units, rural households, as well as by farms affiliated to industrial and mining enterprises and other production units. Grain includes rice, wheat, corn, sorghum, millet and other miscellaneous grains as well as tubers and beans. Output of beans refers to dry beans without pods. The output of tubers (sweet potatoes and potatoes, not including taros and cassava) are converted into that of grain at the ratio 4:1, i.e. 4 kilograms of fresh tubers were equivalent to 1 kilogram of grain up to 1963. Since 1964 the ratio for conversion has been 5:1. Tubers supplied as vegetables (such as potatoes) in cities and suburbs are calculated as fresh vegetables and their output is not included in the output of grain. Output of all other grains refers to husked grain. Data on grain production before 1989 were obtained through the Comprehensive Statistical Reporting System. Since 1989, data from sample surveys are used.

Cotton Output refers to cotton production in the whole country including cotton planted in spring and in autumn. Output is measured as the weight of ginned cotton. Ceiba is not included.

Output of Oil-bearing Crops refers to the total production of oil-bearing crops of various kinds, including peanuts (dry, in shell), rapeseeds, sesame, sunflower seeds, flax seeds, and other oil-bearing crops. Soybeans, oil-bearing woody plants, and wild oil-bearing crops are not included.

Output of Aquatic Products refers to catches of both artificially cultured and naturally grown aquatic products, including fish, shrimps, crabs and shellfish in sea and inland water as well as seaweed. Freshwater plants are not included. Data on output of aquatic products are reported by aquatic product and statistical agencies level by level. Before 1995, among the shellfish, oyster was counted as fresh meat; 5 kilograms of ark shell, clams and frogs are equivalent to 1 kilogram of fresh aquatic products; they have all been counted as fresh aquatic products since 1996.

Output of Pork, Beef, and Mutton refers to the meat of slaughtered hogs, cattle, sheep and goats with head, feet, and offal taken away. Data refers to the production of the whole country. The First Agricultural Census of China in 1996 revealed some discrepancy between the production of animal products from the annual reports and that from the census. Efforts were made to adjust the output value of animal husbandry to make the figures from the annual reports consistent with the census data. Since 1999, the NBS conducted sample surveys for the major animal husbandry products, such as hogs, cattle, sheep and goats and fowls, and the data from sample surveys are used as national finalized data. Those products, which are not covered by the sample survey, are still reported by statistical agencies level by level. In 2007, the data on animal husbandry from 2000 to 2006 were revised according to the results of the Second Agriculture Census of China. In 2008, A Monitoring and Survey Program was set up on main livestock, the data on the main livestock such as hog, cattle, sheep and poultry became the official data based on the sampling survey.

Number of Livestock or Poultry in Stock at Beginning (or End) of Period refers to the total number of large animals, pigs, sheep, fowls, etc. raised by rural cooperative organizations, State farms, rural individuals, government agencies, schools, industrial and mining enterprises, army, and urban residents at the beginning (or end) of the reference period. Data reporting system and data adjustment are the same as that in the output of pork, beef and mutton.

Sown Area of Crops refers to area of land sown or transplanted with crops regardless of being in cultivated area or non-cultivated area. Area of land re-sown due to natural disasters is also included. This is an important indicator that can reflect the utilization condition of the cultivated land in China. At present, the sown area of crops mainly include the following 9 categories of crops: grain, cotton, oil-bearing crops, sugar crops, flax crops, tobacco, vegetables and melons, medicinal materials and other farm crops.

Consumption of Chemical Fertilizers in Agriculture refers to the quantity of chemical fertilizers applied in agriculture in the year, including nitrogenous fertilizer, phosphate fertilizer, potash fertilizer, and compound fertilizer. The consumption of chemical fertilizers is calculated in terms of volume of effective components by means of converting the gross weight of the respective fertilizers into weight containing effective component (e.g. nitrogen content in nitrogenous fertilizer, phosphorous pentoxide contents in phosphate fertilizer, and potassium oxide contents in potash fertilizer). Compound fertilizer is converted in regard to its major components. The formula is:

Volume of effective component= physical quantity × effective component of certain chemical fertilizer (%)

Total Power of Agricultural Machinery refers to total mechanical power of machinery used in agriculture, forestry, animal husbandry and fishery, including machinery for ploughing, irrigation and drainage, harvesting, transport, plant protection, animal husbandry, forestry and fishery and other agricultural machineries. (For the power of internal combustion

十三、工　业

资料整理：吕　艳

简 要 说 明

一、本篇资料反映陕西工业经济方面的基本情况，内容包括全部工业总产值，规模以上工业企业按企业登记注册类型、轻重工业、企业规模、工业行业大类分组的主要经济指标和经济效益指标，主要工业产品产量。

二、规模以上工业企业统计范围

1998年至2006年为全部国有及年主营业务收入在500万元以上非国有工业企业。

2007至2010年为年主营业务收入在500万元以上工业企业。

2011年起提高到年主营业务收入在2000万元以上工业企业。

三、按照2011年《统计上大中小微型企业划分办法》，工业企业大中小微型划分标准是:

大型: 从业人员1000人及以上、营业收入40000万元及以上。

中型: 从业人员300−1000人、营业收入2000−40000万元。

小型: 从业人员 20−300 人、营业收入 300−2000万元。

微型: 从业人员20人以下、营业收入300万元以下。

Brief Introduction

I. This chapter reflects the basic conditions of the industrial sector, mainly including economic indicators of industrial enterprises above designated size; as well as their economic indicators, efficiency indicators, output and production capacity of key industrial products classified by type of registration, by light and heavy industries, by size of enterprise, by branch of industry.

II. The Scopes of Industrial Statistics

The scopes of industrial statistics are all State-owned industrial enterprises and non-State-owned industrial enterprises with revenue from principal business over 5 million yuan from 1998 to 2006.

The scopes of industrial statistics are all industrial enterprises with revenue from principal business over 5 million yuan form 2007 to 2010.

The scopes of industrial statistics are raised to all industrial enterprises with revenue from principal business over 20 million yuan from 2011.

III. According to "*the Division Standard of Large/Medium/Small/Mini Sized Enterprises*" in 2011, the division standard of large/medium/small/mini sized enterprises is:

Large sized enterprises:

Number of employed persons:1000 person and above.

Amount of operating revenue:400 million yuan and above.

Medium sized enterprises:

Number of employed persons: 300-1000 person.

Amount of operating revenue: 20-400 million yuan.

Small sized enterprises:

Number of employed persons: 20-300 person.

Amount of operating revenue: 3-20 million yuan.

Mini sized enterprises:

Number of employed persons: 20 person and below.

Amount of operating revenue: 3 million yuan and below.

13.工 业

2016年全省		
规模以上工业企业单位数	5799	个
# 大中型工业企业	891	个
全部工业总产值	22549.34	亿元
# 规模以上工业	21837.61	亿元

规模以上工业总产值（亿元）

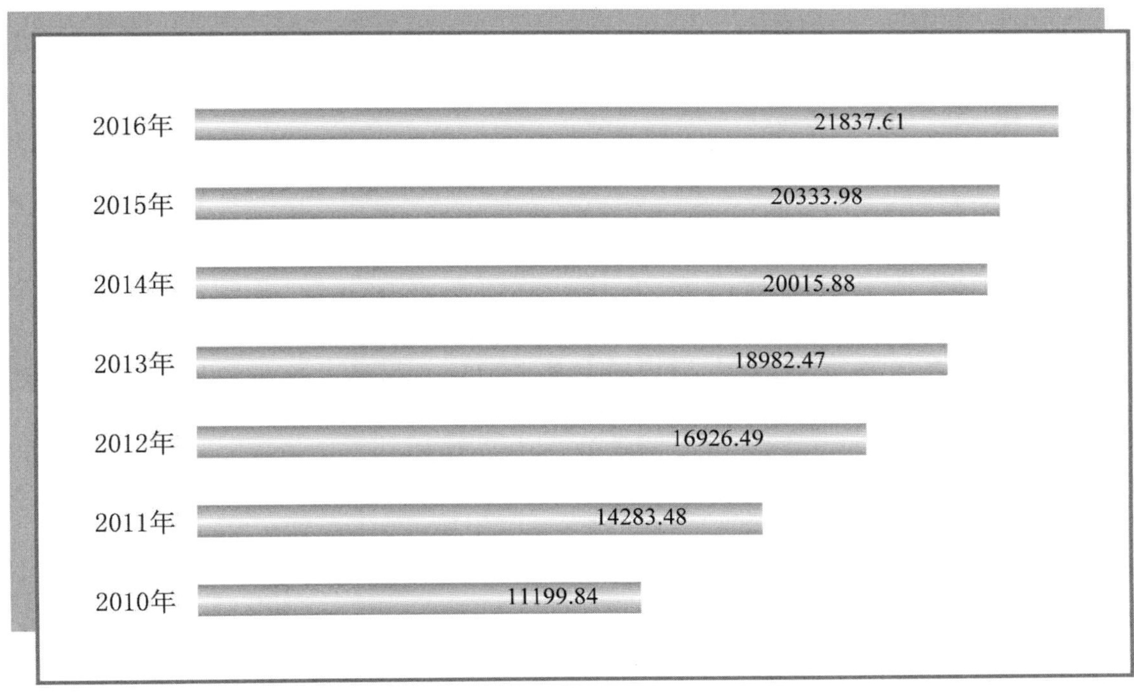

13-1 全部工业总产值
Gross Industrial Output Value

单位：亿元 (100 million yuan)

年份 Year	全部工业总产值 Gross Industrial Output Value	国有工业 State-owned Enterprises	集体工业 Collective-owned Enterprises	其他经济类型工业 Other Enterprises	城乡个体工业 Urban and Rural Individual-owned Enterprises	轻工业 Light Industry	重工业 Heavy Industry
1978	96.48	81.26	15.22			43.06	53.42
1979	105.79	90.19	15.61			47.23	58.56
1980	109.96	92.57	17.37	0.02		55.09	54.86
1981	108.64	91.22	17.32	0.10		59.24	49.39
1982	117.71	98.16	19.41	0.13		58.99	58.72
1983	131.77	110.38	21.24	0.15		61.86	69.90
1984	150.70	119.65	29.14	0.22	1.68	64.55	86.14
1985	192.08	145.69	42.39	0.29	3.72	80.11	111.98
1986	219.26	159.66	51.48	0.53	7.60	92.44	126.82
1987	258.44	185.25	60.79	0.81	11.59	108.09	150.35
1988	331.74	235.54	78.10	1.11	16.99	139.95	191.79
1989	406.71	284.91	94.48	2.36	24.95	168.70	238.01
1990	442.58	304.17	102.86	3.72	31.83	188.02	254.55
1991	508.81	348.64	114.40	8.17	37.59	214.41	294.40
1992	599.54	396.02	137.54	15.07	50.92	239.85	359.69
1993	793.78	483.97	194.74	37.70	77.37	281.03	512.75
1994	1009.76	585.08	257.39	57.81	109.48	370.67	639.08
1995	1068.71	627.99	266.78	112.73	61.21	398.13	670.58
1996	1168.54	671.48	309.90	115.30	71.87	426.52	742.02
1997	1284.14	680.18	335.03	172.10	96.82	489.77	794.37
1998	1318.81	727.42	361.64	140.92	88.82	508.72	810.09
1999	1501.05	839.29	401.43	159.79	100.54	581.16	919.90
2000	1714.18	974.75	446.00	183.38	110.04	602.35	1111.82
2001	1946.94	1106.23	483.07	233.73	123.91	674.97	1271.98
2002	2205.98	1247.29	521.63	299.00	138.05	736.57	1469.42
2003	2708.86	1526.71	603.29	424.87	153.99	816.83	1892.03
2004	3389.88	1878.00	687.52	651.98	172.38	932.13	2457.75
2005	4109.32	2332.47	785.71	822.00	169.15	988.16	3121.16
2006	5248.39	3165.22	954.71	936.98	191.49	1152.02	4096.37
2007	6587.41	4010.54	1136.90	1227.20	212.76	1371.40	5216.01
2008	8358.86	4900.65	1463.22	1748.76	246.24	1639.11	6719.76
2009	9553.70	5221.58	1642.76	2431.86	257.50	1920.50	7633.20
2010	12421.80	6900.46	1955.27	3275.61	290.46	2345.73	10076.07
2011	15811.48	8797.96	2338.01	4312.30	363.21	2958.11	12853.37
2012	18591.89	10216.05	2809.09	5170.89	395.87	3510.70	15081.19
2013	20820.07	10934.77	3075.93	6372.57	436.80	4139.23	16680.84
2014	21944.58	12286.42	3131.29	6068.42	458.45	4672.00	17272.58
2015	21060.03	11270.15	2617.31	6999.99	172.58	4522.94	16537.09
2016	22549.34	11069.82	2766.62	8543.72	169.18	4985.32	17564.02

13-2 规模以上工业企业主要经济指标(1998-2016年)
Main Indicators of Industrial Enterprises above Designated Size (1998-2016)

单位：亿元 (100 million yuan)

年 份 Year	企业单位数 (个) Number of Enterprises (unit)	工业总产值 Gross Industrial Output Value	资产总计 Total Assets	主营业务收入 Revenue from Principal Business	利润总额 Total Profits
1998	2685	960.81	2158.36	867.48	-11.40
1999	2589	1097.45	2514.49	950.36	6.92
2000	2553	1268.43	2683.07	1133.82	63.80
2001	2440	1457.62	3071.06	1292.71	62.96
2002	2461	1667.10	3227.24	1503.30	93.18
2003	2493	2118.17	3672.72	1843.33	158.62
2004	3012	2735.22	4432.45	2632.18	253.90
2005	2997	3397.71	5085.90	3302.50	400.70
2006	3375	4442.81	6130.02	4380.18	523.95
2007	3372	5692.33	7494.03	5512.63	691.83
2008	3526	7322.92	9163.02	6944.88	872.63
2009	4480	8470.40	12119.26	8188.52	854.11
2010	4564	11199.84	14688.70	10888.80	1469.57
2011	3684	14283.48	17234.61	13790.12	1933.92
2012	4284	16926.49	20591.16	16328.25	2057.22
2013	4489	18982.47	22443.11	17763.00	1973.32
2014	5017	20015.88	24371.44	18622.14	1846.98
2015	5350	20333.98	26393.17	18823.01	1412.41
2016	5799	21837.61	28939.56	20110.64	1550.02

13-3 规模以上工业企业主要经济效益指标(1998-2016年)
Main Indicators on Economic Benefit of Industrial Enterprises above Designated Size(1998-2016)

年 份 Year	总资产贡献率 (%) Ratio of Profits, Taxes and Interests to Average Assets (%)	资产负债率 (%) Ratio of Debts to Assets (%)	流动资产周转次数 (次/年) Turnover of Current Assets (times/year)	成本费用利润率 (%) Ratio of Profits to Total Industrial Costs (%)	产品销售率 (%) Sales Ratio of Products (%)
1998	4.96	71.53	0.99	-1.31	95.79
1999	6.06	68.86	1.03	0.74	96.00
2000	7.83	68.17	1.12	6.06	96.70
2001	7.58	66.01	1.15	5.19	97.17
2002	8.40	65.75	1.29	6.74	97.69
2003	10.40	63.94	1.34	9.71	97.59
2004	14.10	65.40	1.60	10.90	97.40
2005	15.38	62.15	1.72	14.46	97.74
2006	16.60	59.80	1.90	14.00	98.20
2007	17.27	57.35	1.97	14.54	97.49
2008	17.30	55.80	1.90	14.80	96.60
2009	13.60	56.00	1.60	12.30	95.90
2010	17.11	56.84	1.67	16.14	96.91
2011	18.84	56.61	1.82	16.97	96.52
2012	18.03	56.91	1.87	14.95	96.34
2013	16.00	56.06	2.02	12.86	95.20
2014	15.67	56.79	2.19	11.50	95.52
2015	12.20	56.04	2.08	8.44	95.20
2016	11.11	56.08	1.98	8.62	95.65

13-4 规模以上工业企业主要经济指标(2016年)

单位：万元

分组	Item	企业单位数(个) Number of Enterprises (unit)	#亏损企业 Unprofitable Enterprises	工业总产值 Gross Industrial Output Value	工业销售产值 Sales Output Value
总计	**Total**	**5799**	**850**	**218376094**	**208870083**
按登记注册类型分	**By Status of Registration**				
内资企业	Domestic Funded	5584	804	202486735	194001681
国有企业	State-owned Enterprises	97	19	13220192	12805773
中央企业	Central	21	1	8880019	8584009
地方企业	Local	76	18	4340174	4221765
集体企业	Collective-owned Enterprises	54	7	817555	796361
股份合作企业	Cooperative Enterprises	20	4	180252	178631
联营企业	Joint Ownership Enterprises	4		84965	79206
国有联营企业	State Joint Ownership Enterprises	2		20016	17964
集体联营企业	Collective Joint Ownership Enterprises	1		11907	11764
国有与集体联营企业	Joint State-collective Enterprises	1		53042	49478
有限责任公司	Limited Liability Corporations	2937	506	119391112	114349189
国有独资公司	State Sole Funded Corporations	120	41	23518247	22526872
其他有限责任公司	Other Limited Liability Corporations	2817	465	95872865	91822318
股份有限公司	Share-holding Corporations Limited	302	39	27866344	27005407
私营企业	Private Enterprises	2150	225	40505510	38385497
私营独资企业	Private-funded Enterprises	85	6	1371884	1327477
私营合伙企业	Private Partnership Enterprises	42	7	832036	831202
私营有限责任公司	Private Limited Liability Corporations	1888	196	35067701	33154888
私营股份有限公司	Private Share-holding Corporations Ltd.	135	16	3233889	3071930
其他企业	Other Enterprises	20	4	420806	401616
港、澳、台商投资企业	Enterprises with Funds from Hong Kong, Macao and Taiwan	63	11	4970459	4712335
合资经营企业(港或澳、台资)	Joint-venture Enterprises	28	4	3194397	3156209
合作经营企业(港或澳、台资)	Cooperative Enterprises	3		271578	252593
港澳台商独资经营企业	Enterprises with Sole Investment	25	6	1311597	1130794
港澳台商投资股份有限公司	Share-holding Corporations Ltd.	3	1	72030	70702
其他港澳台商投资企业	Other Enterprises with Funds from Hong Kong, Macao and Taiwan	4		120857	102038
外商投资企业	Foreign Funded Enterprises	152	35	10918901	10156067
中外合资经营企业	Joint-venture Enterprises	78	15	5134332	4584976
中外合作经营企业	Cooperation Enterprises	4	2	232600	228368
外资企业	Enterprises with Sole Funds	61	17	5055521	4922902
外商投资股份有限公司	Share-holding Corporations Ltd.	4		291343	261675
其他外商投资企业	Other Foreign Funded Enterprises	5	1	205104	158146

Main Indicators of Industrial Enterprises above Designated Size(2016)

(10 000 yuan)

资产总计 Total Assets	流动资产 合 计 Total Current Assets	#应收账款 Accounts Receivable	#存 货 Inventories	#产成品 Finished products	固定资产 合 计 Total of Fixed Assets	固定资产 原 价 Original Value of Fixed Assets	累计折旧 Total Depreciation
289395609	**101632460**	**21114536**	**19865075**	**8182327**	**146682949**	**215747273**	**92748842**
270808659	94676868	19419513	18204769	7678104	137088514	200778258	86924715
21836485	7144106	2015429	1200718	593338	10845439	17565565	6859591
12629906	4216493	1455755	770335	373435	6454237	12295526	5851922
9206579	2927613	559674	430383	219902	4391202	5270039	1007669
632468	294979	56893	40332	14180	252836	600092	364409
318144	93584	20278	7170	4702	104905	197526	95553
47081	15030	5949	3108	863	16972	29650	12360
40152	11453	5292	1484		13620	23766	10147
2115	1895	299	953	632	219	903	365
4815	1682	358	671	231	3133	4981	1848
157333559	62513425	12060805	12543899	5024490	74465481	92467977	37756706
58868588	21735093	3218962	3557444	1153247	32323853	28272213	12066449
98464971	40778332	8841842	8986455	3871243	42141627	64195764	25690257
64195584	13955215	2318464	1994987	769102	41304274	73649127	34570709
26245968	10594848	2931087	2403979	1263448	9972259	15917986	7036740
1052047	337723	84004	56291	38964	485401	781645	331601
1123763	392142	121207	26259	17473	440001	542503	151825
21106900	8780926	2485836	2093783	1077467	8407834	13662686	6161389
2963258	1084057	240040	227647	129543	639023	931152	391925
199370	65681	10608	10577	7982	126350	350336	228647
4009775	1704118	357789	335415	96609	1522838	2787127	1348346
2402578	970786	127087	186971	74356	895472	1337898	517611
254745	116256	30522	10905	125	108531	691999	583468
923506	431877	148121	112909	18585	324448	485828	169137
293049	107030	15400	12285	1247	165444	227118	61673
135898	78168	36660	12344	2296	28943	44284	16458
14577175	5251474	1337235	1324891	407614	8071597	12181888	4475780
4585952	2271894	616842	600440	270306	1648253	2433413	970108
100322	21433	7059	5017	1267	76947	189507	124208
8858030	2584638	516523	593428	133223	5731416	8764083	3125475
571582	297574	182237	109576	1701	268722	354093	103677
461290	75934	14574	16431	1118	346259	440792	152312

13-4 续表 1

单位：万元

分 组	Item	企业单位数（个）Number of Enterprises (unit)	#亏损企业 Unprofitable Enterprises	工业总产值 Gross Industrial Output Value	工业销售产值 Sales Output Value
按经济组织类型分	**By Economic Type of Orgnization**				
独资企业	Appropratorship	322	55	21776749	20983308
国有企业	State-owned Enterprises	97	19	13220192	12805773
集体企业	Collective-owned Enterprises	54	7	817555	796361
私营独资企业	Private-funded Enterprises	85	6	1371884	1327477
港澳台商独资经营企业	Enterprises with Sole Investment	25	6	1311597	1130794
外资企业	Enterprises with Sole Funds	61	17	5055521	4922902
合作、合伙企业	Partnership	102	18	2348198	2231800
股份合作企业	Cooperative Enterprises	20	4	180252	178631
国有联营企业	State Joint Ownership Enterprises	2		20016	17964
集体联营企业	Collective Joint Ownership Enterprises	1		11907	11764
国有与集体联营企业	Joint State-collective Enterprises	1		53042	49478
私营合伙企业	Private Partnership Enterprises	42	7	832036	831202
合作经营企业(港或澳、台资)	Cooperative Enterprises	3		271578	252593
中外合作经营企业	Cooperation Enterprises	4	2	232600	228368
其他企业(内资)	Other Enterprises	20	4	420806	401616
其他港澳台商投资企业	Other Enterprises with Funds from Hong Kong, Macao and Taiwan	4		120857	102038
其他外商投资企业	Other Foreign Funded Enterprises	5	1	205104	158146
股份有限公司	Share-holding Corporations Limited	444	56	31463606	30409713
股份有限公司(内资)	Share-holding Corporations Ltd.	302	39	27866344	27005407
私营股份有限公司	Private Share-holding Corporations Ltd.	135	16	3233889	3071930
港澳台商投资股份有限公司	Share-holding Corporations Ltd.with Funds from Hong Kong, Macao and Taiwan	3	1	72030	70702
外商投资股份有限公司	Share-holding Corporations Ltd.with Foreign Investment	4		291343	261675
有限责任公司	Limited Liability Corporations	4931	721	162787542	155245262
国有独资公司	State Sole Funded Corporations	120	41	23518247	22526872
私营有限责任公司	Private Limited Liability Corporations	1888	196	35067701	33154888
合资经营企业(港或澳、台资)	Joint-venture Enterprises	28	4	3194397	3156209
中外合资经营企业	Joint-venture Enterprises	78	15	5134332	4584976
其他有限责任公司	Other Corporations	2817	465	95872865	91822318
按轻重工业分	**Grouped by Light & Heavy Industries**				
轻工业	Light Industry	1958	172	45871049	43293453
重工业	Heavy Industry	3841	678	172505045	165576629
按企业规模分	**Grouped by Size of Enterprises**				
大型企业	Large Enterprises	174	21	97598110	94690521
中型企业	Medium-sized Enterprises	717	116	44823946	42354801
小型企业	Small Enterprises	4623	640	73347092	69367328
微型企业	Mini Enterprises	285	73	2606948	2457433

continued

(10 000 yuan)

资产总计 Total Assets	流动资产 合 计 Total Current Assets	#应收账款 Accounts Receivable	#存 货 Inventories	#产成品 Finished products	固定资产 合 计 Total of Fixed Assets	固定资产 原 价 Original Value of Fixed Assets	累计折旧 Total Depreciation
33302535	10793323	2820970	2003677	798289	17639539	28197213	10850213
21836485	7144106	2015429	1200718	593338	10845439	17565565	6859591
632468	294979	56893	40332	14180	252836	600092	364409
1052047	337723	84004	56291	38964	485401	781645	331601
923506	431877	148121	112909	18585	324448	485828	169137
8858030	2584638	516523	593428	133223	5731416	8764083	3125475
2640613	858229	246857	91810	35826	1248908	2486598	1364830
318144	93584	20278	7170	4702	104905	197526	95553
40152	11453	5292	1484		13620	23766	10147
2115	1895	299	953	632	219	903	365
4815	1682	358	671	231	3133	4981	1848
1123763	392142	121207	26259	17473	440001	542503	151825
254745	116256	30522	10905	125	108531	691999	583468
100322	21433	7059	5017	1267	76947	189507	124208
199370	65681	10608	10577	7982	126350	350336	228647
135898	78168	36660	12344	2296	28943	44284	16458
461290	75934	14574	16431	1118	346259	440792	152312
68023473	15443877	2756141	2344495	901594	42377463	75161490	35127984
64195584	13955215	2318464	1994987	769102	41304274	73649127	34570709
2963258	1084057	240040	227647	129543	639023	931152	391925
293049	107030	15400	12285	1247	165444	227118	61673
571582	297574	182237	109576	1701	268722	354093	103677
185428988	74537032	15290568	15425092	6446619	85417039	109901973	45405814
58868588	21735093	3218962	3557444	1153247	32323853	28272213	12066449
21106900	8780926	2485836	2093783	1077467	8407834	13662686	6161389
2402578	970786	127087	186971	74356	895472	1337898	517611
4585952	2271894	616842	600440	270306	1648253	2433413	970108
98464971	40778332	8841842	8986455	3871243	42141627	64195764	25690257
28147059	13665134	2983829	4335331	1651251	9833068	16760861	7801572
261248549	87967326	18130707	15529744	6531076	136849881	198986412	84947270
173133688	55434783	8887201	9831179	3468464	99156305	140009911	61097977
53455945	19558660	4467939	4159561	1920832	24829921	40468568	17288714
58179876	25255208	7413076	5700137	2713026	21203705	33385188	13856763
4626099	1383809	346320	174199	80005	1493018	1883607	505388

13-4 续表 2

单位：万元

分　组	Item	负债合计 Total Liabilities	#流动负债 Total Working Liabilities	所有者权益合　计 Owners' Equity
总　计	**Total**	**162285765**	**106526099**	**126415377**
按登记注册类型分	**By Status of Registration**			
内资企业	Domestic Funded	152934872	99671819	117179322
国有企业	State-owned Enterprises	13863909	9711435	7972575
中央企业	Central	7166045	5652598	5463862
地方企业	Local	6697865	4058837	2508714
集体企业	Collective-owned Enterprises	299921	190000	326737
股份合作企业	Cooperative Enterprises	81171	73098	236972
联营企业	Joint Ownership Enterprises	26529	8755	20553
国有联营企业	State Joint Ownership Enterprises	23865	6092	16286
集体联营企业	Collective Joint Ownership Enterprises	1563	1563	551
国有与集体联营企业	Joint State-collective Enterprises	1100	1100	3715
有限责任公司	Limited Liability Corporations	94970363	63484424	61910068
国有独资公司	State Sole Funded Corporations	34924938	20421428	23943648
其他有限责任公司	Other Limited Liability Corporations	60045425	43062996	37966420
股份有限公司	Share-holding Corporations Limited	30882732	17256101	33274816
私营企业	Private Enterprises	12728522	8890143	13319958
私营独资企业	Private-funded Enterprises	476652	303294	575395
私营合伙企业	Private Partnership Enterprises	578098	314337	523521
私营有限责任公司	Private Limited Liability Corporations	10625113	7391365	10362460
私营股份有限公司	Private Share-holding Corporations Ltd.	1048659	881148	1858583
其他企业	Other Enterprises	81726	57862	117644
港、澳、台商投资企业	Enterprises with Funds from Hong Kong, Macao and Taiwan	2047093	1730618	1962682
合资经营企业(港或澳、台资)	Joint-venture Enterprises	1338738	1167352	1063840
合作经营企业(港或澳、台资)	Cooperative Enterprises	85818	78818	168927
港澳台商独资经营企业	Enterprises with Sole Investment	397134	305998	526372
港澳台商投资股份有限公司	Share-holding Corporations Ltd.	183674	150902	109375
其他港澳台商投资企业	Other Enterprises with Funds from Hong Kong, Macao and Taiwan	41729	27548	94169
外商投资企业	Foreign Funded Enterprises	7303800	5123662	7273373
中外合资经营企业	Joint-venture Enterprises	2358799	1750511	2227152
中外合作经营企业	Cooperation Enterprises	30390	30292	69932
外资企业	Enterprises with Sole Funds	4375315	2963929	4482713
外商投资股份有限公司	Share-holding Corporations Ltd.	347924	222233	223658
其他外商投资企业	Other Foreign Funded Enterprises	191372	156697	269919

continued

(10 000 yuan)

主营业务收入 Revenue from Principal Business	主营业务成本 Cost of Principal Business	销售费用 Operating Expenses	管理费用 Management Expenses	财务费用 Financial Expenses	利润总额 Total Profits	亏损企业亏损额 Losses of Unprofitable Enterprises	全部从业人员年平均人数(人) Annual Average Employed Persons (person)
201106362	**162374367**	**5303641**	**8885831**	**3302571**	**15500152**	**1373990**	**1551476**
186345573	150479384	4651041	8024862	3144262	13873789	1283229	1443166
12000139	10221817	262376	584729	222653	769152	41105	138866
8392405	7478452	171239	338834	76118	409411	1366	80106
3607734	2743364	91138	245894	146535	359742	39739	58760
766731	661803	18037	26550	3226	53614	2468	9940
166823	123794	3515	13945	735	20932	539	2422
73399	56705	2286	6769	1218	5658		595
14878	11345	25	2100	366	944		415
9794	9302	68	186	121	60		59
48727	36058	2193	4483	731	4653		121
111782591	90664242	2971124	4683027	2060784	7484351	773671	782520
25853043	19735892	633574	1156438	704967	1049063	188109	162215
85929548	70928350	2337550	3526590	1355817	6435288	585562	620305
24662564	18051197	365438	1437168	497210	2530138	326648	224238
36512303	30385179	1021775	1257441	355983	2975008	137555	281665
1302640	1056334	39062	55870	9416	120527	1699	10525
771602	519115	42503	63943	13859	101034	8556	7754
31631727	26617080	851625	1029702	296466	2477760	123022	243374
2806334	2192650	88585	107927	36242	275687	4277	20012
381024	314647	6490	15233	2454	34936	1244	2920
4761121	3985521	169739	194120	17130	349123	6568	46811
3313783	2907967	90446	100685	10965	163895	1726	33462
291407	220542	752	7002	-1226	64809		2592
980795	741804	62127	73633	4290	93865	4799	7660
100005	75605	3197	8174	1599	12383	42	1764
75132	39603	13217	4627	1502	14171		1333
9999668	7909462	482861	666848	141179	1277240	84193	61499
4395482	3330846	332757	308185	39473	376883	54254	31511
234300	185820	2730	5474	692	36297	1549	1008
4918973	4035655	134451	329266	86599	804066	26685	25229
283716	219598	9164	15724	11615	41064		1980
167197	137543	3759	8200	2801	18931	1706	1771

13-4 续表 3

单位：万元

分组	Item	负债合计 Total Liabilities	#流动负债 Total Working Liabilities	所有者权益合计 Owners' Equity
按经济组织类型分	**By Economic Type of Orgnization**			
独资企业	Appropratorship	19412931	13474656	13883792
国有企业	State-owned Enterprises	13863909	9711435	7972575
集体企业	Collective-owned Enterprises	299921	190000	326737
私营独资企业	Private-funded Enterprises	476652	303294	575395
港澳台商独资经营企业	Enterprises with Sole Investment	397134	305998	526372
外资企业	Enterprises with Sole Funds	4375315	2963929	4482713
合作、合伙企业	Partnership	1116832	747406	1501636
股份合作企业	Cooperative Enterprises	81171	73098	236972
国有联营企业	State Joint Ownership Enterprises	23865	6092	16286
集体联营企业	Collective Joint Ownership Enterprises	1563	1563	551
国有与集体联营企业	Joint State-collective Enterprises	1100	1100	3715
私营合伙企业	Private Partnership Enterprises	578098	314337	523521
合作经营企业(港或澳、台资)	Cooperative Enterprises	85818	78818	168927
中外合作经营企业	Cooperation Enterprises	30390	30292	69932
其他企业(内资)	Other Enterprises	81726	57862	117644
其他港澳台商投资企业	Other Enterprises with Funds from Hong Kong, Macao and Taiwan	41729	27548	94169
其他外商投资企业	Other Foreign Funded Enterprises	191372	156697	269919
股份有限公司	Share-holding Corporations Limited	32462989	18510384	35466430
股份有限公司(内资)	Share-holding Corporations Ltd.	30882732	17256101	33274816
私营股份有限公司	Private Share-holding Corporations Ltd.	1048659	881148	1858583
港澳台商投资股份有限公司	Share-holding Corporations Ltd.with Funds from Hong Kong, Macao and Taiwan	183674	150902	109375
外商投资股份有限公司	Share-holding Corporations Ltd.with Foreign Investment	347924	222233	223658
有限责任公司	Limited Liability Corporations	109293013	73793652	75563519
国有独资公司	State Sole Funded Corporations	34924938	20421428	23943648
私营有限责任公司	Private Limited Liability Corporations	10625113	7391365	10362460
合资经营企业(港或澳、台资)	Joint-venture Enterprises	1338738	1167352	1063840
中外合资经营企业	Joint-venture Enterprises	2358799	1750511	2227152
其他有限责任公司	Other Corporations	60045425	43062996	37966420
按轻重工业分	**Grouped by Light & Heavy Industries**			
轻工业	Light Industry	12561516	9016334	15358037
重工业	Heavy Industry	149724249	97509764	111057340
按企业规模分	**Grouped by Size of Enterprises**			
大型企业	Large Enterprises	98252552	62482034	74881135
中型企业	Medium-sized Enterprises	30517337	21322721	22934118
小型企业	Small Enterprises	30360708	20943145	27778997
微型企业	Mini Enterprises	3155168	1778199	821126

continued

(10 000 yuan)

主营业务收入 Revenue from Principal Business	主营业务成本 Cost of Principal Business	销售费用 Operating Expenses	管理费用 Management Expenses	财务费用 Financial Expenses	利润总额 Total Profits	亏损企业亏损额 Losses of Unprofitable Enterprises	全部从业人员年平均人数(人) Annual Average Employed Persons (person)
19969277	16717412	516053	1070048	326183	1841225	76756	192220
12000139	10221817	262376	584729	222653	769152	41105	138866
766731	661803	18037	26550	3226	53614	2468	9940
1302640	1056334	39062	55870	9416	120527	1699	10525
980795	741804	62127	73633	4290	93865	4799	7660
4918973	4035655	134451	329266	86599	804066	26685	25229
2160883	1597770	75253	125192	22035	296766	13593	20395
166823	123794	3515	13945	735	20932	539	2422
14878	11345	25	2100	366	944		415
9794	9302	68	186	121	60		59
48727	36058	2193	4483	731	4653		121
771602	519115	42503	63943	13859	101034	8556	7754
291407	220542	752	7002	-1226	64809		2592
234300	185820	2730	5474	692	36297	1549	1008
381024	314647	6490	15233	2454	34936	1244	2920
75132	39603	13217	4627	1502	14171		1333
167197	137543	3759	8200	2801	18931	1706	1771
27852619	20539050	466384	1568993	546666	2859272	330968	247994
24662564	18051197	365438	1437168	497210	2530133	326648	224238
2806334	2192650	88585	107927	36242	275687	4277	20012
100005	75605	3197	8174	1599	12383	42	1764
283716	219598	9164	15724	11615	41064		1980
151123584	123520134	4245952	6121598	2407688	10502889	952673	1090867
25853043	19735892	633574	1156438	704967	1049063	188109	162215
31631727	26617080	851625	1029702	296466	2477760	123022	243374
3313783	2907967	90446	100685	10965	163895	1726	33462
4395482	3330846	332757	308185	39473	376883	54254	31511
85929548	70928350	2337550	3526590	1355817	6435288	585562	620305
41241777	32033552	2127478	1726497	316231	3696499	105348	347009
159864585	130340814	3176163	7159334	2986341	11803653	1268642	1204467
95309209	75734267	2073642	4310709	1807325	6768827	557769	707322
38944144	30796525	1279650	1860246	757920	3815493	399781	376909
64435949	53781647	1913944	2647170	687361	4761011	380818	459950
2417060	2061928	36406	67706	49965	154821	35621	7295

13-5 规模以上工业企业分行业主要经济指标(2016年)

单位：万元

分　组	Item	企业单位数(个) Number of Enterprises (unit)	#亏损企业 Unprofitable Enterprises	工业总产值 Gross Industrial Output Value
总　计	**Total**	**5799**	**850**	**218376094**
煤炭开采和洗选业	Mining and Washing of Coal	476	119	23368744
石油和天然气开采业	Extraction of Petroleum and Natural Gas	7	4	11022781
黑色金属矿采选业	Mining and Processing of Ferrous Metal Ores	53	15	2137038
有色金属矿采选业	Mining and Processing of Non-Ferrous Metal Ores	87	8	4844595
非金属矿采选业	Mining and Processing of Non-metal Ores	94	7	1506494
开采辅助活动	Support Activities for Mining	27	4	1260282
农副食品加工业	Processing of Food from Agricultural Products	568	43	12403570
食品制造业	Manufacture of Foods	253	14	5776517
酒、饮料和精制茶制造业	Manufacture of Liquor, Beverages and Refined Tea	276	9	6477961
烟草制品业	Manufacture of Tobacco	3		1918708
纺织业	Manufacture of Textile	127	19	2849066
纺织服装、服饰业	Manufacture of Textile, Wearing Apparel and Accessories	53	4	670759
皮革、毛皮、羽毛及其制品和制鞋业	Manufacture of Leather, Fur, Feather and Related Products and Footwear	16	1	265652
木材加工和木、竹、藤、棕、草制品业	Processing of Timber, Manufacture of Wood, Bamboo, Rattan, Palm and Straw Products	39	3	677953
家具制造业	Manufacture of Furniture	42	1	372128
造纸及纸制品业	Manufacture of Paper and Paper Products	92	11	1716453
印刷和记录媒介复制业	Printing and Reproduction of Recording Media	67	4	1137457
文教、工美、体育和娱乐用品制造业	Manufacture of Articles for Culture, Education, Arts and Crafts, Sport and Entertainment Activities	22	1	834230
石油加工、炼焦及核燃料加工业	Processing of Petroleum, Coking and Processing of Nuclear Fuel	101	50	12488641
化学原料及化学制品制造业	Manufacture of Raw Chemical Materials and Chemical Products	356	76	12805546
医药制造业	Manufacture of Medicines	196	26	6604657
化学纤维制造业	Manufacture of Chemical Fibres	5	1	174243
橡胶和塑料制品业	Manufacture of Rubber and Plastics Products	165	10	5100533
非金属矿物制品业	Manufacture of Non-metallic Mineral Products	696	93	13780922
黑色金属冶炼和压延加工业	Smelting and Pressing of Ferrous Metals	108	32	9801557
有色金属冶炼和压延加工业	Smelting and Pressing of Non-ferrous Metals	185	35	15569302
金属制品业	Manufacture of Metal Products	171	12	2515022
通用设备制造业	Manufacture of General Purpose Machinery	249	39	5218332
专用设备制造业	Manufacture of Special Purpose Machinery	295	47	6935852
汽车制造业	Manufacture of Automobiles	121	16	11684364
铁路、船舶、航空航天和其他运输设备制造业	Manufacture of Railway, Ship, Aerospace and Other Transport Equipments	96	8	3605777
电气机械和器材制造业	Manufacture of Electrical Machinery and Apparatus	251	40	9552858
计算机、通信和其他电子设备制造业	Manufacture of Computers, Communication and Other Electronic Equipment	122	11	7383558
仪器仪表制造业	Manufacture of Measuring Instruments and Machinery	65	7	909284
其他制造业	Other Manufacture	23	4	296130
废弃资源综合利用业	Utilization of Waste Resources	19	3	77106
金属制品、机械和设备修理业	Repair Service of Metal Products, Machinery and Equipment	7	2	29648
电力、热力生产和供应业	Production and Supply of Electric Power and Heat Power	180	47	12344862
燃气生产和供应业	Production and Supply of Gas	54	11	1942219
水的生产和供应业	Production and Supply of Water	32	13	315295

Main Indicators of Industrial Enterprises above Designated Size by Industrial Sector (2016)

(10 000 yuan)

工业销售产值 Sales Output Value	资产总计 Total Assets	流动资产合计 Total Current Assets	#应收账款 Accounts Receivable	#存货 Inventories	#产成品 Finished products	固定资产合计 Total of Fixed Assets	固定资产原价 Original Value of Fixed Assets	累计折旧 Total Depreciation
208870083	**289395609**	**101632460**	**21114536**	**19865075**	**8182327**	**146682949**	**215747273**	**92748842**
22844557	40554593	15388319	2547032	1013211	415756	17093962	22251920	7577583
11030303	42590131	3877114	135042	309040	145473	35266030	63896321	30329093
1956253	1459586	503561	92760	90363	64915	578547	671937	235933
4672552	2794077	1191876	102877	301495	121877	1196902	1818925	747205
1443011	656862	291857	66585	63111	45952	256536	322935	88284
1259442	1341218	859776	443976	74182	32565	301828	608413	310743
11932741	5138793	2574354	403554	947335	427920	1871286	2699262	995697
5392148	2771542	1121141	300137	257782	121524	1131206	1539446	473730
5995272	4190268	1939334	494311	684066	252883	1680168	2353414	718381
1889143	1657471	1182314	221514	672218	42637	308373	718822	410449
2720141	1650364	648248	78071	314804	111789	769798	1005656	312782
644615	476324	239207	58743	93760	35390	161368	181218	42019
240834	131270	75974	14522	29832	19515	34565	36032	6639
627007	604684	178350	24477	54745	22802	198496	229272	103334
360064	205822	102616	31133	35575	17037	79245	91798	24748
1634607	840104	281777	94306	73610	42135	410145	1066730	689320
1099316	1021304	425746	85606	98302	42732	360480	680248	336810
790072	251652	172900	142064	14067	6868	64502	71548	7703
12046515	33544913	12098787	886199	990690	479921	20032672	9327860	3113932
12288525	23238785	6278008	1093298	875533	377388	13010135	17275358	4846261
6071894	5073144	2809231	578373	709248	325365	1411710	3197473	2071673
152774	190100	92723	2299	52339	26504	90751	150613	60215
4613790	3609402	1537699	418056	435613	218711	1782684	4554930	3072716
13119754	8804027	3316948	1183667	726806	347420	4246512	8477293	4424876
9454861	5919074	2914886	533211	729010	400127	2676275	4112749	1851255
14835297	11794732	5609271	647072	2323010	703870	3819860	5403566	1917714
2389165	2775626	1041345	374494	318612	154652	613834	1388852	796386
4864494	5753055	3503457	922269	925818	341923	1193765	2674871	1732617
6552947	10277320	5980518	2188629	1720722	817301	2448535	5009687	2790801
11453670	10591297	6437976	1042941	1582702	1011070	2344638	3765759	1552344
3225582	3556332	2172373	899369	533057	198102	991054	1194087	417492
9068836	10330221	6358837	2429467	1109237	501188	2028233	4655014	2712703
6864931	9592261	3198156	847553	684149	157457	5443049	8949476	3534482
892082	995936	671010	249114	145398	57310	182322	263185	93492
287711	326937	216197	90807	40439	14706	63512	89572	35282
73981	156012	83412	16120	17752	4655	57133	44751	6930
29045	67474	49987	20923	9547	2513	8738	17012	8914
11926836	30353478	4786442	1232579	698821	55694	20894398	32720846	13546534
1817545	2632577	916087	87624	95480	16223	1050231	1527749	458880
307773	1476846	504646	33762	13593	461	519274	702677	292894

13-5 续表

单位：万元

分 组	Item	负债合计 Total Liabilities	#流动负债 Total Working Liabilities
总 计	**Total**	**162285765**	**106526099**
煤炭开采和洗选业	Mining and Washing of Coal	20822829	13635545
石油和天然气开采业	Extraction of Petroleum and Natural Gas	22031007	10692183
黑色金属矿采选业	Mining and Processing of Ferrous Metal Ores	876080	667276
有色金属矿采选业	Mining and Processing of Non-Ferrous Metal Ores	1328430	844909
非金属矿采选业	Mining and Processing of Non-metal Ores	284925	215571
开采辅助活动	Support Activities for Mining	673740	554588
农副食品加工业	Processing of Food from Agricultural Products	2563547	1953156
食品制造业	Manufacture of Foods	1068811	820812
酒、饮料和精制茶制造业	Manufacture of Liquor, Beverages and Refined Tea	2002490	1545008
烟草制品业	Manufacture of Tobacco	297820	297813
纺织业	Manufacture of Textile	882955	572723
纺织服装、服饰业	Manufacture of Textile, Wearing Apparel and Accessories	197323	112926
皮革、毛皮、羽毛及其制品和制鞋业	Manufacture of Leather, Fur, Feather and Related Products and Footwear	67697	42865
木材加工和木、竹、藤、棕、草制品业	Processing of Timber, Manufacture of Wood, Bamboo, Rattan, Palm and Straw Products	285803	141206
家具制造业	Manufacture of Furniture	72021	63047
造纸及纸制品业	Manufacture of Paper and Paper Products	317699	212233
印刷和记录媒介复制业	Printing and Reproduction of Recording Media	274388	194667
文教、工美、体育和娱乐用品制造业	Manufacture of Articles for Culture, Education, Arts and Crafts, Sport and Entertainment Activities	211096	199611
石油加工、炼焦及核燃料加工业	Processing of Petroleum, Coking and Processing of Nuclear Fuel	20388691	13388111
化学原料及化学制品制造业	Manufacture of Raw Chemical Materials and Chemical Products	15057693	8209437
医药制造业	Manufacture of Medicines	2188544	1727971
化学纤维制造业	Manufacture of Chemical Fibres	115745	70690
橡胶和塑料制品业	Manufacture of Rubber and Plastics Products	1808681	1135315
非金属矿物制品业	Manufacture of Non-metallic Mineral Products	4198199	3323282
黑色金属冶炼和压延加工业	Smelting and Pressing of Ferrous Metals	4668430	4115298
有色金属冶炼和压延加工业	Smelting and Pressing of Non-ferrous Metals	6314854	4707236
金属制品业	Manufacture of Metal Products	1209414	973782
通用设备制造业	Manufacture of General Purpose Machinery	2849040	2524356
专用设备制造业	Manufacture of Special Purpose Machinery	5992425	4692053
汽车制造业	Manufacture of Automobiles	6850430	6144924
铁路、船舶、航空航天和其他运输设备制造业	Manufacture of Railway, Ship, Aerospace and Other Transport Equipments	1630780	1463148
电气机械和器材制造业	Manufacture of Electrical Machinery and Apparatus	5226737	4276618
计算机、通信和其他电子设备制造业	Manufacture of Computers, Communication and Other Electronic Equipment	4481970	3213292
仪器仪表制造业	Manufacture of Measuring Instruments and Machinery	481078	416119
其他制造业	Other Manufacture	97132	79770
废弃资源综合利用业	Utilization of Waste Resources	92747	71863
金属制品、机械和设备修理业	Repair Service of Metal Products, Machinery and Equipment	36199	35899
电力、热力生产和供应业	Production and Supply of Electric Power and Heat Power	22011622	11762202
燃气生产和供应业	Production and Supply of Gas	1481024	1117369
水的生产和供应业	Production and Supply of Water	845670	311224

continued

(10 000 yuan)

所有者权益合 计 Owners' Equity	主营业务收 入 Revenue from Principal Business	主营业务成 本 Cost of Principal Business	销售费用 Operating Expenses	管理费用 Manage-ment Expenses	财务费用 Financial Expenses	利润总额 Total Profits	亏损企业亏损额 Losses of Unprofitable Enterprises	全部从业人员年平均人数(人) Annual Average Employed Persons (person)
126415377	**201106362**	**162374367**	**5303641**	**8885831**	**3302571**	**15500152**	**1373990**	**1551476**
19697068	20122841	13075184	382001	1426960	413016	3794618	144269	190555
20559123	10391449	7868730	8380	685290	375084	566442	279404	116525
583506	1243641	1067476	14198	40456	12467	97265	11537	11934
1463776	4316656	3846557	22937	177320	1482	225254	4673	23045
371937	1364379	1071793	92787	77661	9783	92584	2081	11835
661205	773978	689216	8844	33290	-598	41596	2130	20716
2556187	11213405	9741776	262496	273961	79416	807939	17523	68412
1696359	4922189	3863146	268518	205083	19042	524112	3154	46756
2187777	5780333	4062146	398959	325524	38102	699162	8913	43977
1359651	1882805	706928	47032	114748	-2056	113634		8657
696136	2678605	2253750	29375	51740	26750	300980	11405	39556
279000	598862	470459	26991	28669	11353	57105	5408	9820
63574	239911	201864	5266	8628	1134	21529	879	3007
318881	565353	469323	16498	23693	8533	45003	3715	5227
133800	347419	275930	12942	15119	1859	37882	24	4715
500348	1548555	1328547	37492	43677	14251	117338	1486	16240
731816	1152068	914486	46096	92843	11231	75815	784	11526
40556	772643	738881	5207	6219	845	20059	136	2063
13156221	15292820	11205288	367980	353404	414407	379370	109268	56454
7869171	11684172	9578016	334101	510660	428591	646521	178525	72070
2831048	5769755	3885176	793690	328846	55416	672383	7983	45554
74355	151785	124265	1227	5046	4373	16728	4503	676
1800721	4503574	3759880	162193	259789	25985	276752	6577	40630
4528051	12545933	10711639	353930	454697	130832	817487	53928	96682
1241021	9174275	8367148	135239	206859	115712	139855	88470	39107
5474369	15542882	13941947	104302	400678	213939	950123	27078	65610
1559490	2246071	1924678	51266	94827	24364	138842	12418	24137
2904013	4487505	3769081	138837	257970	34119	318099	33027	52437
4284586	5461491	4382133	234446	390657	84242	382033	69406	59992
3740866	10381599	9265918	287249	396306	30250	308859	27342	88168
1893214	3040367	2554109	58688	212697	13306	249536	2963	24418
5088329	8134175	6928435	325639	470217	31894	377443	79592	65790
5110289	6756342	5776052	89107	402600	73674	911575	25082	48325
513258	822150	615075	38831	71373	574	99582	4067	9741
228180	265518	220369	4366	9207	1551	28539	658	2086
63264	99397	81863	8169	6841	8985	7701	1321	1333
31276	43980	34971	1770	6292	-140	651	1520	939
8340227	12833853	11022475	42956	293735	542881	973947	102235	102899
1151552	1659635	1346444	71779	89172	27283	159541	26048	11173
631177	293995	233216	11860	33079	18640	5272	14456	8689

13-6 国有及国有控股工业企业主要经济指标(2016年)

单位：万元

分组	Item	企业单位数(个) Number of Enterprises (unit)	#亏损企业 Unprofitable Enterprises	工业总产值 Gross Industrial Output Value
总计	**Total**	**727**	**174**	**97477978**
煤炭开采和洗选业	Mining and Washing of Coal	70	9	13402246
石油和天然气开采业	Extraction of Petroleum and Natural Gas	6	3	11013193
黑色金属矿采选业	Mining and Processing of Ferrous Metal Ores	10	3	843349
有色金属矿采选业	Mining and Processing of Non-Ferrous Metal Ores	14		3181651
非金属矿采选业	Mining and Processing of Non-metal Ores	5	2	80411
开采辅助活动	Support Activities for Mining	5		1150631
农副食品加工业	Processing of Food from Agricultural Products	17	5	591115
食品制造业	Manufacture of Foods	10	2	251087
酒、饮料和精制茶制造业	Manufacture of Liquor, Beverages and Refined Tea	9	2	1177486
烟草制品业	Manufacture of Tobacco	3		1918708
纺织业	Manufacture of Textile	11	8	214976
纺织服装、服饰业	Manufacture of Textile, Wearing Apparel and Accessories	1		7215
皮革、毛皮、羽毛及其制品和制鞋业	Manufacture of Leather, Fur, Feather and Related Products and Footwear	1		59313
木材加工和木、竹、藤、棕、草制品业	Processing of Timber, Manufacture of Wood, Bamboo, Rattan, Palm and Straw Products	2		3264
造纸及纸制品业	Manufacture of Paper and Paper Products	1		6910
印刷和记录媒介复制业	Printing and Reproduction of Recording Media	3	1	196664
石油加工、炼焦及核燃料加工业	Processing of Petroleum, Coking and Processing of Nuclear Fuel	12	9	7685725
化学原料及化学制品制造业	Manufacture of Raw Chemical Materials and Chemical Products	61	20	6522836
医药制造业	Manufacture of Medicines	16	4	374686
化学纤维制造业	Manufacture of Chemical Fibres	2		86841
橡胶和塑料制品业	Manufacture of Rubber and Plastics Products	13	3	915238
非金属矿物制品业	Manufacture of Non-metallic Mineral Products	42	8	1020638
黑色金属冶炼和压延加工业	Smelting and Pressing of Ferrous Metals	12	3	6366558
有色金属冶炼和压延加工业	Smelting and Pressing of Non-ferrous Metals	40	5	8390439
金属制品业	Manufacture of Metal Products	22	2	572220
通用设备制造业	Manufacture of General Purpose Machinery	32	10	1744513
专用设备制造业	Manufacture of Special Purpose Machinery	47	14	3111635
汽车制造业	Manufacture of Automobiles	25	5	7511412
铁路、船舶、航空航天和其他运输设备制造业	Manufacture of Railway, Ship, Aerospace and Other Transport Equipments	29	2	2453365
电气机械和器材制造业	Manufacture of Electrical Machinery and Apparatus	37	9	3328611
计算机、通信和其他电子设备制造业	Manufacture of Computers, Communication and Other Electronic Equipment	22	4	581919
仪器仪表制造业	Manufacture of Measuring Instruments and Machinery	12	1	183220
其他制造业	Other Manufacture	2	1	25119
废弃资源综合利用业	Utilization of Waste Resources	2	1	12872
金属制品、机械和设备修理业	Repair Service of Metal Products, Machinery and Equipment	3		14886
电力、热力生产和供应业	Production and Supply of Electric Power and Heat Power	90	25	11411924
燃气生产和供应业	Production and Supply of Gas	12	2	809722
水的生产和供应业	Production and Supply of Water	26	11	255381

Main Indicators of State-owned and State-holding Industrial Enterprises (2016)

(10 000 yuan)

工业销售产值 Sales Output Value	资产总计 Total Assets	流动资产合计 Total Current Assets	#应收账款 Accounts Receivable	#存货 Inventories	#产成品 Finished products	固定资产合计 Total of Fixed Assets	固定资产原价 Original Value of Fixed Assets	累计折旧 Total Depreciation
94515908	**193112476**	**61244469**	**11191175**	**10862011**	**4170678**	**108069787**	**151071893**	**63923461**
13065205	25421415	9302710	1778679	446990	50845	11225570	15211176	6033789
11020758	42380810	3861401	135042	306936	144017	35139415	63736603	30295989
795790	634122	179924	37468	31990	28458	223633	261322	103090
3137473	1957608	863593	67056	211321	75018	861201	1434114	616303
79410	91006	33822	7503	6013	3347	54283	84761	30501
1149790	1027160	711404	359333	65076	31508	212412	453809	243997
534840	518906	299312	32211	113026	42221	187160	242143	55045
249937	95066	51209	23162	15028	6469	30840	71581	41867
1053505	746181	498908	16252	158413	6232	89099	239324	58993
1889143	1657471	1182314	221514	672218	42637	303373	718822	410449
208515	497590	203349	15901	85224	46360	214034	327943	127286
7215	3203	1399	48	1298	990	1804	1879	75
56245	47311	24882	856	9877	7816	7719	7719	3642
3264	53171	5930	255	687	202	47175	7969	6526
6910	1265	692	253	320	320			
197781	297811	160704	6558	30529	9007	119439	298869	179431
7516810	28157361	9884426	348081	419728	213093	17819182	6551547	2305467
6346492	17217722	3817634	401066	476987	170370	10338500	12423491	2538636
314788	316654	184032	40751	70236	22939	76309	92189	30007
82956	62476	40361	1015	11841	6284	19903	69996	50093
904882	1768415	981505	244757	270418	128852	622497	774526	375349
981561	1586820	450418	154643	120013	40847	876468	1585962	648496
6139336	4285099	2184280	385009	490374	295966	1887384	2533112	932660
8068122	7744563	3870012	295772	1797815	434541	2361134	3199763	979681
535749	728010	454762	170802	178018	81596	212698	586886	378694
1639046	3402915	2385142	570140	536640	217472	527309	870174	527042
2919993	6561808	4045994	1722459	1275931	642465	1567310	3254011	1847535
7303459	7168844	4821419	795309	1181566	870727	1164793	2032368	916773
2220493	2558291	1572772	643630	417112	145189	772105	905604	332055
3229193	5637498	4016150	1503649	616921	285938	936103	1716467	776561
559514	1189350	509876	136384	94893	38075	197720	435431	198096
172157	214323	138654	45650	33486	14287	31724	63739	32118
24775	17194	13726	4226	4299	1940	2499	4629	2130
12533	26671	10539	1038	490	172	12019	7115	686
14493	23106	17275	8564	2706	208	2752	9310	6558
11018383	26216729	3520109	928615	653204	50934	18991385	29539690	12393286
803007	1435506	490694	59188	41358	13039	443794	662633	168924
252388	1363028	453138	28341	13033	298	484037	655218	275632

13-6 续表

单位：万元

行　业	Sector	负债合计 Total Liabilities	#流动负债 Total Working Liabilities
总　计	**Total**	**114102772**	**71844773**
煤炭开采和洗选业	Mining and Washing of Coal	12714910	8985037
石油和天然气开采业	Extraction of Petroleum and Natural Gas	21939236	10600412
黑色金属矿采选业	Mining and Processing of Ferrous Metal Ores	443192	341608
有色金属矿采选业	Mining and Processing of Non-Ferrous Metal Ores	947123	556223
非金属矿采选业	Mining and Processing of Non-metal Ores	40176	28055
开采辅助活动	Support Activities for Mining	567980	467139
农副食品加工业	Processing of Food from Agricultural Products	390800	290073
食品制造业	Manufacture of Foods	43813	41156
酒、饮料和精制茶制造业	Manufacture of Liquor, Beverages and Refined Tea	373505	339553
烟草制品业	Manufacture of Tobacco	297820	297813
纺织业	Manufacture of Textile	366775	228451
纺织服装、服饰业	Manufacture of Textile, Wearing Apparel and Accessories	748	748
皮革、毛皮、羽毛及其制品和制鞋业	Manufacture of Leather, Fur, Feather and Related Products and Footwear	19532	14001
木材加工和木、竹、藤、棕、草制品业	Processing of Timber, Manufacture of Wood, Bamboo, Rattan, Palm and Straw Products	11975	9333
家具制造业	Manufacture of Furniture		
造纸及纸制品业	Manufacture of Paper and Paper Products	15	
印刷和记录媒介复制业	Printing and Reproduction of Recording Media	28756	28718
文教、工美、体育和娱乐用品制造业	Manufacture of Articles for Culture, Education, Arts and Crafts, Sport and Entertainment Activities		
石油加工、炼焦及核燃料加工业	Processing of Petroleum, Coking and Processing of Nuclear Fuel	16770194	10194616
化学原料及化学制品制造业	Manufacture of Raw Chemical Materials and Chemical Products	11908065	6281732
医药制造业	Manufacture of Medicines	148803	126370
化学纤维制造业	Manufacture of Chemical Fibres	13391	11890
橡胶和塑料制品业	Manufacture of Rubber and Plastics Products	1209703	843926
非金属矿物制品业	Manufacture of Non-metallic Mineral Products	831773	692263
黑色金属冶炼和压延加工业	Smelting and Pressing of Ferrous Metals	3660858	3255044
有色金属冶炼和压延加工业	Smelting and Pressing of Non-ferrous Metals	4564165	3349663
金属制品业	Manufacture of Metal Products	527811	437394
通用设备制造业	Manufacture of General Purpose Machinery	1924889	1734878
专用设备制造业	Manufacture of Special Purpose Machinery	4058606	3080265
汽车制造业	Manufacture of Automobiles	4717187	4330705
铁路、船舶、航空航天和其他运输设备制造业	Manufacture of Railway, Ship, Aerospace and Other Transport Equipments	1250674	1138169
电气机械和器材制造业	Manufacture of Electrical Machinery and Apparatus	2735809	2396057
计算机、通信和其他电子设备制造业	Manufacture of Computers, Communication and Other Electronic Equipment	729735	553231
仪器仪表制造业	Manufacture of Measuring Instruments and Machinery	126232	113346
其他制造业	Other Manufacture	7152	6992
废弃资源综合利用业	Utilization of Waste Resources	20140	15240
金属制品、机械和设备修理业	Repair Service of Metal Products, Machinery and Equipment	12725	12725
电力、热力生产和供应业	Production and Supply of Electric Power and Heat Power	18979480	10082277
燃气生产和供应业	Production and Supply of Gas	939696	713585
水的生产和供应业	Production and Supply of Water	779330	246086

continued

(10 000 yuan)

所有者权益合计 Owners' Equity	主营业务收入 Revenue from Principal Business	主营业务成本 Cost of Principal Business	销售费用 Eelling Expenses	管理费用 Manage-ment Expenses	财务费用 Financial Expenses	利润总额 Total Profits	亏损企业亏损额 Losses of Unpro-fitable Enterprises	全部从业人员年平均人数(人) Annual Average Employed Persons (person)
78651716	**93816533**	**74450979**	**1673341**	**4609176**	**2213987**	**6178161**	**872653**	**731641**
12706504	11001054	6440993	138921	960982	254952	2709150	74634	121931
20441574	10296331	7772492	8308	683074	375138	569267	276579	115888
190930	440162	337583	5580	16665	5753	70624	4194	4310
1010485	2871067	2654367	7335	108762	-8417	87834		14701
50830	79920	34527	22474	12414	1281	6633	271	1367
459180	658134	604638	884	24533	-2842	30678		18097
128106	656096	592016	22309	18010	4550	17816	3773	3161
51254	246285	197841	17084	17930	494	13363	1597	2455
372677	1116876	612531	121517	119714	83	96269	254	7640
1359651	1882805	706928	47032	114748	-2056	113634		8657
114240	205734	198461	3035	16656	2665	-8186	9919	13814
2455	7215	6205	217	597	40	138		189
27779	58661	51977	1231	1766	138	3536		621
41196	6837	6073	39	854	-1	22		372
1250	5420	4941	165	142	31	56		36
269055	200499	153374	4698	29897	-1262	13269	647	2659
11387167	11619222	8290042	258126	257234	321840	300975	24537	27488
5006959	6225059	4983626	155509	291460	360399	314761	141304	35643
133235	288775	186023	25404	13441	1750	65676	943	3106
49085	82957	68796	458	2799	-118	10838		344
558712	954429	842848	37636	46054	10504	27188	4374	18798
755047	921544	742005	24240	59727	27210	74456	16155	12200
624241	6301778	5805156	90394	135907	96737	-16749	64626	19415
3180398	9116773	8484160	45640	242702	166607	266627	13439	30069
200198	509748	434874	16548	31834	9736	14639	8103	8241
1478025	1416670	1204599	51719	148378	8142	59027	23642	22894
2503202	2031616	1687770	89777	197118	49291	32771	55703	28178
2451656	6234196	5675373	177741	252065	5319	82427	11748	45314
1307617	2098972	1779043	38199	163769	8610	154411	2145	15994
2897597	2766250	2180954	152767	259349	7796	195100	5759	31893
459615	497033	393795	28094	60470	9865	16518	24626	9107
88090	177285	153079	2049	16300	635	11591	166	1941
10042	24868	21494	376	862	107	1910	341	317
6531	12298	11295	463	831	641	-1295	1299	89
10380	14691	11943	442	1395	42	701		595
7237249	11877316	10363219	31502	233389	476581	779394	77472	90221
495809	669095	560508	35916	37689	5449	61982	11552	5766
583697	242864	195434	9514	29661	16298	1113	12854	8130

13-7 外商及港澳台商投资工业企业主要经济指标(2016年)

单位：万元

行业	Sector	企业单位数(个) Number of Enterprises (unit)	#亏损企业 Unprofitable Enterprises	工业总产值 Gross Industrial Output Value (at current prices)
总计	**Total**	**215**	**46**	**15889360**
煤炭开采和洗选业	Mining and Washing of Coal	3		131670
黑色金属矿采选业	Mining and Processing of Ferrous Metal Ores	1		11520
非金属矿采选业	Mining and Processing of Non-metal Ores	1	1	2392
农副食品加工业	Processing of Food from Agricultural Products	12	1	768318
食品制造业	Manufacture of Foods	14	2	1576945
酒、饮料和精制茶制造业	Manufacture of Liquor, Beverages and Refined Tea	25	5	1552353
纺织业	Manufacture of Textile	2	1	99527
纺织服装、服饰业	Manufacture of Textile, Wearing Apparel and Accessories	1		64773
木材加工和木、竹、藤、棕、草制品业	Processing of Timber, Manufacture of Wood, Bamboo, Rattan, Palm and Straw Products	1		3364
造纸及纸制品业	Manufacture of Paper and Paper Products	5	1	176761
印刷和记录媒介复制业	Printing and Reproduction of Recording Media	1		52547
文教、工美、体育和娱乐用品制造业	Manufacture of Articles for Culture, Education, Arts and Crafts, Sport and Entertainment Activities	2		103321
石油加工、炼焦及核燃料加工业	Processing of Petroleum, Coking and Processing of Nuclear Fuel	2	2	125063
化学原料及化学制品制造业	Manufacture of Raw Chemical Materials and Chemical Products	17	3	351620
医药制造业	Manufacture of Medicines	10	2	1000927
化学纤维制造业	Manufacture of Chemical Fibres	2	1	122209
橡胶和塑料制品业	Manufacture of Rubber and Plastics Products	4	1	1126081
非金属矿物制品业	Manufacture of Non-metallic Mineral Products	16	3	763305
黑色金属冶炼和压延加工业	Smelting and Pressing of Ferrous Metals	3	1	55303
有色金属冶炼和压延加工业	Smelting and Pressing of Non-ferrous Metals	5	2	135347
金属制品业	Manufacture of Metal Products	3	1	25537
通用设备制造业	Manufacture of General Purpose Machinery	9		139466
专用设备制造业	Manufacture of Special Purpose Machinery	12	1	465793
汽车制造业	Manufacture of Automobiles	7	2	2161503
铁路、船舶、航空航天和其他运输设备制造业	Manufacture of Railway, Ship, Aerospace and Other Transport Equipments	8	1	207429
电气机械和器材制造业	Manufacture of Electrical Machinery and Apparatus	14	6	804070
计算机、通信和其他电子设备制造业	Manufacture of Computers, Communication and Other Electronic Equipment	16	3	3074868
仪器仪表制造业	Manufacture of Measuring Instruments and Machinery	2		78487
其他制造业	Other Manufacture	5	1	59344
金属制品、机械和设备修理业	Repair Service of Metal Products, Machinery and Equipment	3	1	12262
电力、热力生产和供应业	Production and Supply of Electric Power and Heat Power	4	3	215468
燃气生产和供应业	Production and Supply of Gas	3		404154
水的生产和供应业	Production and Supply of Water	2	1	17631

Main Indicators of Industrial Enterprises with Hong Kong, Macao, Taiwan and Foreign Funds (2016)

(10 000 yuan)

工业销售产值 Sales Output Value (at current prices)	资产总计 Total Assets	流动资产合计 Total Working Capitals	#应收账款 Accounts Receivable	#存货 Inventories	#产成品 Finished products	固定资产合计 Total of Fixed Assets	固定资产原价 Original Value of Fixed Assets	累计折旧 Total Depreciation
14868402	**18586950**	**6955592**	**1695024**	**1660306**	**504223**	**9594435**	**14969015**	**5824126**
131134	238251	104068	15139	3718	213	86134	137473	56657
10961	2150	1616		389				
2028	9225	2097	1105	368	115	6062	12117	6055
751306	362350	197411	26080	87907	42740	132382	182507	67582
1374769	823433	350203	119314	38985	13084	263446	368321	110665
1419350	1408672	595562	279926	193524	51251	673760	982426	356195
96370	129803	101795	4055	76350	8094	26570	74936	48366
62185	16009	880	317	301	252	15129	9264	4640
3364	2669	809	270	302	3	1859	1918	654
173310	63612	18327	8661	4121	1387	31161	37352	10513
51101	69093	33790	12251	6798	1104	25485	41353	15869
103321	8724	6341	3969	208		1266	2342	1156
125063	134309	16056	6907	3927	2257	118002	117109	46100
344908	656971	216476	64540	26077	7345	385380	498090	116250
901238	872199	515006	125422	207801	134872	125734	199250	108338
100583	156802	77769		47951	25458	75070	133193	58123
790656	290174	65286	32011	24521	1616	221799	307654	125027
731647	1015779	270834	45087	57159	20070	700918	1006954	425336
54746	83758	74854	14661	22221	10587	8890	39145	31525
107544	60170	30821	9995	13824	7729	23401	26686	8882
24707	56121	18644	4803	6980	2617	33714	49498	15784
118205	216960	149054	41210	34488	17033	48653	94114	53581
476432	583005	293292	59927	77159	12128	250873	413641	163916
2201067	1911086	752997	56485	148893	57698	694947	950202	319212
199476	303161	272253	138819	64976	12810	29137	29006	17320
734341	645951	343305	112247	50208	11032	159956	238317	80066
3036598	6733768	1787252	340006	407436	55576	4640511	7238894	2611194
78056	84765	77889	14035	3797	1516	6775	18311	12131
57239	166185	122471	61670	4096	2823	40977	67317	26339
12262	40479	31406	12042	6043	2305	3812	4682	1510
215468	569620	124617	27721	11755		383928	1131823	748724
361341	771260	252366	33717	27981	489	348756	498839	150083
17631	100437	50045	22633	47	18	29950	56284	26334

13-7 续表

单位：万元

行　　业	Sector	负债合计 Total Liabilities	#流动负债 Total Working Liabilities
总　　计	**Total**	**9350893**	**6854280**
煤炭开采和洗选业	Mining and Washing of Coal	56036	37552
黑色金属矿采选业	Mining and Processing of Ferrous Metal Ores	1551	
非金属矿采选业	Mining and Processing of Non-metal Ores	3865	3865
农副食品加工业	Processing of Food from Agricultural Products	206433	184851
食品制造业	Manufacture of Foods	314283	252629
酒、饮料和精制茶制造业	Manufacture of Liquor, Beverages and Refined Tea	727230	547249
纺织业	Manufacture of Textile	98322	98322
纺织服装、服饰业	Manufacture of Textile, Wearing Apparel and Accessories	405	
木材加工和木、竹、藤、棕、草制品业	Processing of Timber, Manufacture of Wood, Bamboo, Rattan, Palm and Straw Products		
造纸及纸制品业	Manufacture of Paper and Paper Products	24751	21391
印刷和记录媒介复制业	Printing and Reproduction of Recording Media	17431	17428
文教、工美、体育和娱乐用品制造业	Manufacture of Articles for Culture, Education, Arts and Crafts, Sport and Entertainment Activities	7964	7962
石油加工、炼焦及核燃料加工业	Processing of Petroleum, Coking and Processing of Nuclear Fuel	93196	93163
化学原料及化学制品制造业	Manufacture of Raw Chemical Materials and Chemical Products	349509	161924
医药制造业	Manufacture of Medicines	468638	362682
化学纤维制造业	Manufacture of Chemical Fibres	109509	66383
橡胶和塑料制品业	Manufacture of Rubber and Plastics Products	149086	48566
非金属矿物制品业	Manufacture of Non-metallic Mineral Products	497180	428162
黑色金属冶炼和压延加工业	Smelting and Pressing of Ferrous Metals	39483	39483
有色金属冶炼和压延加工业	Smelting and Pressing of Non-ferrous Metals	34742	15803
金属制品业	Manufacture of Metal Products	35410	35410
通用设备制造业	Manufacture of General Purpose Machinery	56273	53224
专用设备制造业	Manufacture of Special Purpose Machinery	282371	233407
汽车制造业	Manufacture of Automobiles	1170364	1021542
铁路、船舶、航空航天和其他运输设备制造业	Manufacture of Railway, Ship, Aerospace and Other Transport Equipments	126751	121200
电气机械和器材制造业	Manufacture of Electrical Machinery and Apparatus	374266	212487
计算机、通信和其他电子设备制造业	Manufacture of Computers, Communication and Other Electronic Equipment	3187051	2177461
仪器仪表制造业	Manufacture of Measuring Instruments and Machinery	16966	16966
其他制造业	Other Manufacture	14034	14032
金属制品、机械和设备修理业	Repair Service of Metal Products, Machinery and Equipment	21493	21493
电力、热力生产和供应业	Production and Supply of Electric Power and Heat Power	379236	121372
燃气生产和供应业	Production and Supply of Gas	432340	386746
水的生产和供应业	Production and Supply of Water	54726	51526

continued

(10 000 yuan)

所有者权益合 计 Owners' Equity	主营业务收 入 Revenue from Principal Business	主营业务成 本 Cost of Principal Business	销售费用 Eelling Expenses	管理费用 Manage-ment Expenses	财务费用 Financial Expenses	利润总额 Total Profits	亏损企业亏损额 Losses of Unpro-fitable Enterprises	全部从业人员年平均人数(人) Annual Average Employed Persons (person)
9236055	**14760789**	**11894983**	**652600**	**860969**	**158309**	**1626363**	**90761**	**108310**
182216	95324	62551	2074	5388	1427	22426		686
599	10691	10858	25	17	5	38		38
5360	2027	1745	80	574	11	-373	373	102
155917	758312	649739	21512	13756	5899	66425	485	3683
509151	1190981	928478	107177	73231	-4609	81539	130	7073
681441	1326159	995060	86003	53952	13218	153795	6843	8949
31481	93337	82330	581	1799	258	9147	1202	2788
15603	63993	35763	7861	6105	6589	7101		490
2669	3364	2292	227	166		614		66
38861	168382	143753	4140	4927	930	18308	192	1137
51662	38484	30313	2363	2825	643	3273		936
760	104438	103185	539	617	4	210		184
41113	120096	113526	4943	9065	907	-8983	8983	4671
307462	356322	297688	12941	13268	12783	20149	1832	1090
403561	954122	533938	214222	80413	19103	95273	1009	7063
47294	100490	84589	922	4242	4298	6244	4503	397
141088	719265	573646	7267	90912	-30	39318	202	1613
518598	697659	550505	9328	29347	11001	104117	4810	4860
44275	57434	52554	3210	3222	-268	-3324	3999	492
25429	135245	123489	1293	4544	1429	5614	2190	438
20711	33163	26811	1475	3997	787	689	1268	632
160686	133360	113804	5216	7517	355	5669		1710
300634	495264	383288	11745	30934	1947	69189	1015	4056
740721	2351767	2046651	77647	83047	11177	88430	6720	29108
176411	198935	143163	7754	15000	4870	30728	47	1427
271685	722234	649212	20579	40352	3052	9247	31525	3532
3546717	3037428	2544691	15368	238600	57297	662827	239	12888
67799	78086	46346	5935	5129	-2577	23086		676
152151	53481	33899	1115	1175	135	17030	341	362
18986	27068	21280	1266	4309	-224	100	1369	288
190384	243600	185035		9602	7157	42223	9904	2688
338920	373907	311048	17072	21256	-1397	57631		3673
45712	16373	13752	723	1684	2131	-1394	1583	514

13-8 大中型工业企业主要经济指标(2016年)

单位：万元

行　业	Sector	企业单位数（个）Number of Enterprises (unit)	#亏损企业 Unprofitable Enterprises	工业总产值 Gross Industrial Output Value (at current prices)
总　计	**Total**	**891**	**137**	**142422055**
煤炭开采和洗选业	Mining and Washing of Coal	110	16	16650654
石油和天然气开采业	Extraction of Petroleum and Natural Gas	4	2	10964108
黑色金属矿采选业	Mining and Processing of Ferrous Metal Ores	9	3	1084056
有色金属矿采选业	Mining and Processing of Non-Ferrous Metal Ores	15	1	3533140
非金属矿采选业	Mining and Processing of Non-metal Ores	8		261409
开采辅助活动	Support Activities for Mining	5	1	466263
农副食品加工业	Processing of Food from Agricultural Products	43	2	3791400
食品制造业	Manufacture of Foods	39		2996297
酒、饮料和精制茶制造业	Manufacture of Liquor, Beverages and Refined Tea	27	2	2772429
烟草制品业	Manufacture of Tobacco	2		1907353
纺织业	Manufacture of Textile	36	7	1597326
纺织服装、服饰业	Manufacture of Textile, Wearing Apparel and Accessories	10	1	343067
皮革、毛皮、羽毛及其制品和制鞋业	Manufacture of Leather, Fur, Feather and Related Products and Footwear	4	1	117319
木材加工和木、竹、藤、棕、草制品业	Processing of Timber, Manufacture of Wood, Bamboo, Rattan, Palm and Straw Products	5	1	333982
家具制造业	Manufacture of Furniture	3		93476
造纸及纸制品业	Manufacture of Paper and Paper Products	12	1	763640
印刷和记录媒介复制业	Printing and Reproduction of Recording Media	9	1	484439
石油加工、炼焦及核燃料加工业	Processing of Petroleum, Coking and Processing of Nuclear Fuel	36	14	11151401
化学原料及化学制品制造业	Manufacture of Raw Chemical Materials and Chemical Products	46	17	7544457
医药制造业	Manufacture of Medicines	38	1	4119275
橡胶和塑料制品业	Manufacture of Rubber and Plastics Products	21	1	2980888
非金属矿物制品业	Manufacture of Non-metallic Mineral Products	57	6	4237505
黑色金属冶炼和压延加工业	Smelting and Pressing of Ferrous Metals	14	3	7732066
有色金属冶炼和压延加工业	Smelting and Pressing of Non-ferrous Metals	47	9	12777352
金属制品业	Manufacture of Metal Products	19	2	623611
通用设备制造业	Manufacture of General Purpose Machinery	35	5	2802254
专用设备制造业	Manufacture of Special Purpose Machinery	45	12	3902221
汽车制造业	Manufacture of Automobiles	31	4	10430220
铁路、船舶、航空航天和其他运输设备制造业	Manufacture of Railway, Ship, Aerospace and Other Transport Equipments	17	1	2403766
电气机械和器材制造业	Manufacture of Electrical Machinery and Apparatus	40	10	4666796
计算机、通信和其他电子设备制造业	Manufacture of Computers, Communication and Other Electronic Equipment	35	3	6240798
仪器仪表制造业	Manufacture of Measuring Instruments and Machinery	7		405484
金属制品、机械和设备修理业	Repair Service of Metal Products, Machinery and Equipment	1		7703
电力、热力生产和供应业	Production and Supply of Electric Power and Heat Power	47	8	11219562
燃气生产和供应业	Production and Supply of Gas	10	1	884985
水的生产和供应业	Production and Supply of Water	4	1	131354

Main Indicators of Large and Medium-sized Industrial Enterprises(2016)

(10 000 yuan)

工业销售产值 Sales Output Value (at current prices)	资产总计 Total Assets	流动资产合计 Total Working Capitals	#应收账款 Accounts Receivable	#存货 Inventories	#产成品 Finished products	固定资产合计 Total of Fixed Assets	固定资产原价 Original Value of Fixed Assets	累计折旧 Total Depreciation
137045322	**226589634**	**74993443**	**13355140**	**13990740**	**5389296**	**123986226**	**180478478**	**78386690**
16308991	30561680	11621656	1893235	725943	223574	13159464	17787984	6564433
10971630	42495791	3871296	133614	308862	145399	35177682	63728882	30244000
1023253	778381	226545	38625	30308	24909	343615	387392	172736
3456791	2106500	917374	74521	218625	78170	952982	1500317	649946
254283	102129	42527	7017	6188	3213	53963	81125	27162
464691	906564	505834	135212	66952	29616	231966	494399	263052
3675048	1755560	1042162	123143	350456	143839	581678	873472	341497
2769607	1490989	605774	178956	105533	51021	585385	817745	270254
2568966	2229922	1069261	294883	354319	58756	861783	1283815	398415
1877151	1634257	1172182	219442	669658	40767	304399	711635	406735
1542005	932921	389523	33241	197817	56375	470795	641560	228337
332415	216339	105090	12805	52040	9640	85443	89926	20712
112889	73008	42286	5052	18624	12767	15061	15899	4479
301574	446794	112507	10108	29793	9928	145368	161760	85101
93297	40789	17918	3333	7911	1828	20983	29372	9139
712702	320960	82122	29121	25319	17350	198977	653915	465884
471824	527314	281390	35632	49894	16160	195891	408302	231592
10802727	31865639	11379552	722609	788321	354306	19520767	8661366	2886130
7341285	19190604	4555154	601018	509248	210927	11595477	14407825	3340760
3777688	3258373	1904289	373497	441304	219070	820003	2285088	1639605
2589837	2345042	1122690	295015	318025	142291	1029752	2273906	1512193
3961872	3346165	1034992	181811	214072	111699	1925454	4274764	2308674
7443171	4656247	2272555	399652	541835	322694	2171256	3499006	1637836
12253685	9998194	4609048	400612	1948949	493256	3261159	4772322	1721609
596845	678426	376990	142325	146374	70317	220438	473914	261489
2662775	3881653	2453063	554702	595122	243652	661944	1387489	923017
3702306	7406006	4406172	1773553	1334756	687849	1991561	4177990	2348515
10338769	9660718	5956052	889073	1462881	954439	2080567	3389020	1414118
2155264	2315076	1487810	614044	391759	148253	710457	827306	311996
4492853	7097204	4449685	1535275	780484	336115	1583461	3543033	2011814
5778434	8694517	2666208	660474	561252	105760	5216266	8165981	2965650
403733	274666	171363	46536	26034	9508	32971	104633	29247
7310	17019	11747	4646	2364	154	2208	8267	6059
10831131	23622971	3374991	846766	667450	51138	17072442	27510943	12234656
837171	1336750	496241	59903	37319	4542	513645	737744	253044
131353	324467	159396	25692	4950	18	139958	310385	196804

13-8 续表

单位：万元

行业	Sector	负债合计 Total Liabilities	#流动负债 Total Working Liabilities
总计	**Total**	**128769889**	**83804754**
煤炭开采和洗选业	Mining and Washing of Coal	14833057	10084502
石油和天然气开采业	Extraction of Petroleum and Natural Gas	22014188	10681893
黑色金属矿采选业	Mining and Processing of Ferrous Metal Ores	453256	378196
有色金属矿采选业	Mining and Processing of Non-Ferrous Metal Ores	994211	597731
非金属矿采选业	Mining and Processing of Non-metal Ores	45632	32244
开采辅助活动	Support Activities for Mining	352285	243883
农副食品加工业	Processing of Food from Agricultural Products	1080928	948558
食品制造业	Manufacture of Foods	567933	419087
酒、饮料和精制茶制造业	Manufacture of Liquor, Beverages and Refined Tea	1173759	889101
烟草制品业	Manufacture of Tobacco	295700	295693
纺织业	Manufacture of Textile	548041	412766
纺织服装、服饰业	Manufacture of Textile, Wearing Apparel and Accessories	102393	66392
皮革、毛皮、羽毛及其制品和制鞋业	Manufacture of Leather, Fur, Feather and Related Products and Footwear	38110	28996
木材加工和木、竹、藤、棕、草制品业	Processing of Timber, Manufacture of Wood, Bamboo, Rattan, Palm and Straw Products	224504	110648
家具制造业	Manufacture of Furniture	17404	17404
造纸及纸制品业	Manufacture of Paper and Paper Products	119519	60811
印刷和记录媒介复制业	Printing and Reproduction of Recording Media	115112	101610
石油加工、炼焦及核燃料加工业	Processing of Petroleum, Coking and Processing of Nuclear Fuel	19298531	12576255
化学原料及化学制品制造业	Manufacture of Raw Chemical Materials and Chemical Products	13081224	6858377
医药制造业	Manufacture of Medicines	1396402	1135925
橡胶和塑料制品业	Manufacture of Rubber and Plastics Products	1332267	839007
非金属矿物制品业	Manufacture of Non-metallic Mineral Products	1631236	1396703
黑色金属冶炼和压延加工业	Smelting and Pressing of Ferrous Metals	3801869	3331131
有色金属冶炼和压延加工业	Smelting and Pressing of Non-ferrous Metals	5420224	3997642
金属制品业	Manufacture of Metal Products	420467	361177
通用设备制造业	Manufacture of General Purpose Machinery	1982101	1799728
专用设备制造业	Manufacture of Special Purpose Machinery	4400831	3337574
汽车制造业	Manufacture of Automobiles	6405277	5782917
铁路、船舶、航空航天和其他运输设备制造业	Manufacture of Railway, Ship, Aerospace and Other Transport Equipments	1173202	1073603
电气机械和器材制造业	Manufacture of Electrical Machinery and Apparatus	3546019	2968257
计算机、通信和其他电子设备制造业	Manufacture of Computers, Communication and Other Electronic Equipment	4065257	2932081
仪器仪表制造业	Manufacture of Measuring Instruments and Machinery	130961	104207
金属制品、机械和设备修理业	Repair Service of Metal Products, Machinery and Equipment	8661	8661
电力、热力生产和供应业	Production and Supply of Electric Power and Heat Power	16825852	9179596
燃气生产和供应业	Production and Supply of Gas	678028	629967
水的生产和供应业	Production and Supply of Water	195450	122435

continued

(10 000 yuan)

所有者权益合　计 Owners' Equity	主营业务收　入 Revenue from Principal Business	主营业务成　本 Cost of Principal Business	销售费用 Eelling Expenses	管理费用 Manage-ment Expenses	财务费用 Financial Expenses	利润总额 Total Profits	亏损企业亏损额 Losses of Unpro-fitable Enterprises	全部从业人员年平均人数(人) Annual Average Employed Persons (person)
97815254	**134253354**	**106530792**	**3353291**	**6170954**	**2565245**	**10584320**	**957551**	**1084231**
15728622	14025186	8494235	198402	1102077	285920	3138241	93223	157071
20481603	10357380	7833027	7918	684042	374786	571974	273856	116294
325125	568228	474723	5732	22807	8086	51449	2476	6144
1112289	3177798	2936564	10038	115887	-5113	98427	2703	17141
56497	193447	132864	29556	15728	1423	10525		3533
554279	580743	526775	1404	23968	-1672	29811	477	19142
674632	3406143	2887190	95179	77079	32461	305684	7359	26044
923056	2514650	1864074	192898	124321	3694	309720		24655
1056163	2535591	1579146	243187	181402	16498	341831	2310	21073
1338558	1869939	698708	46713	112335	-2027	111701		8479
384880	1526001	1261129	14046	29988	17510	196138	8584	28196
113947	304265	221443	15645	14363	9194	41006	2231	4981
34898	111865	94980	2018	4945	351	9239	879	1840
222290	242366	202015	5580	9770	5617	20321	3567	2342
23385	93531	70823	2948	5678	174	12084		1405
201442	663593	558297	15187	16492	5164	62453	190	7909
412202	453132	340402	23820	52748	7414	30068	20	6153
12567107	14251546	10259773	334537	316731	398984	367383	75751	49757
6109379	7094280	5736889	174878	329606	387268	351348	152036	44375
1861971	3814524	2378132	654425	229975	33680	490432	513	29327
1012775	2554339	2147522	77123	169244	11316	143137	716	26093
1714929	3718944	3180902	121270	135566	54703	217907	18535	37050
854378	7445805	6802897	116310	162973	103914	64625	74853	28814
4577969	13139092	11841216	77159	316297	189331	784262	19215	51722
253475	570350	476071	16742	28553	8880	35364	8103	10045
1899552	2433697	2017032	79637	161847	15550	214584	5080	32092
3005174	2777055	2186067	141211	252953	68121	165350	55097	36965
3255441	9334069	8395258	257790	339731	23875	226982	24139	79299
1141874	2046560	1726137	35320	156387	8061	159612	399	16066
3551184	3707603	2998981	198332	339062	12753	174012	67716	46255
4629260	5685394	4892592	51191	332710	66322	844223	18053	37936
143705	352662	268173	14993	15236	-2684	53543		3155
8358	7310	6289	225	782	17	35		356
6797118	11795990	10336069	37155	230454	413828	842276	38101	91219
658722	775330	599323	49306	44170	8984	105667	794	6958
129017	124948	105079	5417	15049	2863	2856	578	4345

13-9 规模以上工业企业主要经济效益指标(2016年)

Main Indicators on Economic Benefit of Industrial Enterprises above Designated Size (2016)

分组	Item	总资产贡献率(%) Ratio of Profits, Taxes and Interests to Average Assets (%)	资产负债率(%) Ratio of Debts to Assets (%)	流动资产周转率(次/年) Turnover of Current Assets (times/year)	成本费用利润率(%) Ratio of Profits to Total Industrial Cost (%)	工业产品销售率(%) Sales Ratio of Products (%)
总计	**Total**	**11.11**	**56.08**	**1.98**	**8.62**	**95.65**
按登记注册类型分	**By Status of Registration**					
内资企业	Domestic Funded	11.05	56.47	1.97	8.34	95.81
国有企业	State-owned Enterprises	8.51	63.49	1.68	6.81	96.87
中央企业	Central	6.94	56.74	1.99	5.08	96.67
地方企业	Local	10.68	72.75	1.23	11.15	97.27
集体企业	Collective-owned Enterprises	14.77	47.42	2.60	7.56	97.41
股份合作企业	Cooperative Enterprises	10.88	25.51	1.78	14.74	99.10
联营企业	Joint Ownership Enterprises	21.02	56.35	4.88	8.45	93.22
国有联营企业	State Joint Ownership Enterprises	3.99	59.44	1.30	6.82	89.75
集体联营企业	Collective Joint Ownership Enterprises	11.75	73.92	5.17	0.62	98.80
国有与集体联营企业	Joint State-collective Enterprises	167.04	22.85	28.97	10.71	93.28
有限责任公司	Limited Liability Corporations	10.97	60.36	1.79	7.46	95.78
国有独资公司	State Sole Funded Corporations	9.97	59.33	1.19	4.72	95.78
其他有限责任公司	Other Limited Liability Corporations	11.56	60.98	2.11	8.23	95.78
股份有限公司	Share-holding Corporations Limited	9.56	48.11	1.77	12.43	96.91
私营企业	Private Enterprises	17.12	48.50	3.45	9.01	94.77
私营独资企业	Private-funded Enterprises	17.62	45.31	3.86	10.38	96.76
私营合伙企业	Private Partnership Enterprises	17.86	51.44	1.97	15.80	99.90
私营有限责任公司	Private Limited Liability Corporations	17.45	50.34	3.60	8.60	94.55
私营股份有限公司	Private Share-holding Corporations Ltd.	14.35	35.39	2.59	11.37	94.99
其他企业	Other Enterprises	27.49	40.99	5.80	10.31	95.44
港、澳、台商投资企业	Enterprises with Funds from Hong Kong, Macao and Taiwan	12.48	51.05	2.79	8.00	94.81
合资经营企业(港或澳、台资)	Joint-venture Enterprises	10.67	55.72	3.41	5.27	98.80
合作经营企业(港或澳、台资)	Cooperative Enterprises	33.74	33.69	2.51	28.54	93.01
港澳台商独资经营企业	Enterprises with Sole Investment	12.54	43.00	2.27	10.64	86.22
港澳台商投资股份有限公司	Share-holding Corporations Ltd.	6.11	62.68	0.93	13.98	98.16
其他港澳台商投资企业	Other Enterprises with Funds from Hong Kong, Macao and Taiwan	18.07	30.71	0.96	24.04	84.43
外商投资企业	Foreign Funded Enterprises	11.83	50.10	1.90	13.88	93.01
中外合资经营企业	Joint-venture Enterprises	14.18	51.44	1.93	9.40	89.30
中外合作经营企业	Cooperation Enterprises	41.12	30.29	10.93	18.64	98.18
外资企业	Enterprises with Sole Funds	10.73	49.39	1.90	17.53	97.38
外商投资股份有限公司	Share-holding Corporations Ltd.	9.76	60.87	0.95	16.03	89.82
其他外商投资企业	Other Foreign Funded Enterprises	5.71	41.49	2.20	12.43	77.11

13-9 续表 continued

分 组	Item	总资产贡献率 (%) Ratio of Profits, Taxes and Interests to Average Assets (%)	资产负债率 (%) Ratio of Debts to Assets (%)	流动资产周转率 (次/年) Turnover of Current Assets (times/year)	成本费用利润率 (%) Ratio of Profits to Total Industrial Cost (%)	工业产品销售率 (%) Sales Ratio of Products (%)
按经济组织类型分	**By Economic Type of Orgnization**					
独资企业	Appropratorship	9.62	58.29	1.85	9.88	96.36
国有企业	State-owned Enterprises	8.51	63.49	1.68	6.81	96.87
集体企业	Collective-owned Enterprises	14.77	47.42	2.60	7.56	97.41
私营独资企业	Private-funded Enterprises	17.62	45.31	3.86	10.38	96.76
港澳台商独资经营企业	Enterprises with Sole Investment	12.54	43.00	2.27	10.64	86.22
外资企业	Enterprises with Sole Funds	10.73	49.39	1.90	17.53	97.38
合作、合伙企业	Partnership	18.11	42.29	2.52	16.30	95.04
股份合作企业	Cooperative Enterprises	10.88	25.51	1.78	14.74	99.10
国有联营企业	State Joint Ownership Enterprises	3.99	59.44	1.30	6.82	89.75
集体联营企业	Collective Joint Ownership Enterprises	11.75	73.92	5.17	0.62	98.80
国有与集体联营企业	Joint State-collective Enterprises	167.04	22.85	28.97	10.71	93.28
私营合伙企业	Private Partnership Enterprises	17.86	51.44	1.97	15.80	99.90
合作经营企业（港或澳、台资）	Cooperative Enterprises	33.74	33.69	2.51	28.54	93.01
中外合作经营企业	Cooperation Enterprises	41.12	30.29	10.93	18.64	98.18
其他企业(内资)	Other Enterprises	27.49	40.99	5.80	10.31	95.44
其他港澳台商投资企业	Other Enterprises with Funds from Hong Kong, Macao and Taiwan	18.07	30.71	0.96	24.04	84.43
其他外商投资企业	Other Foreign Funded Enterprises	5.71	41.49	2.20	12.43	77.11
股份有限公司	Share-holding Corporations Limited	9.75	47.72	1.80	12.37	96.65
股份有限公司(内资)	Share-holding Corporations Ltd.	9.56	48.11	1.77	12.43	96.91
私营股份有限公司	Private Share-holding Corporations Ltd.	14.35	35.39	2.59	11.37	94.99
港澳台商投资股份有限公司	Share-holding Corporations Ltd.with Funds from Hong Kong, Macao and Taiwan	6.11	62.68	0.93	13.98	98.16
外商投资股份有限公司	Share-holding Corporations Ltd.with Foreign Investment	9.76	60.87	0.95	16.03	89.82
有限责任公司	Limited Liability Corporations	11.78	58.94	2.03	7.71	95.37
国有独资公司	State Sole Funded Corporations	9.97	59.33	1.19	4.72	95.78
私营有限责任公司	Private Limited Liability Corporations	17.45	50.34	3.60	8.60	94.55
合资经营企业（港或澳、台资）	Joint-venture Enterprises	10.67	55.72	3.41	5.27	98.80
中外合资经营企业	Joint-venture Enterprises	14.18	51.44	1.93	9.40	89.30
其他有限责任公司	Other Corporations	11.56	60.98	2.11	8.23	95.78
按轻重工业分	**Grouped by Light & Heavy Industries**					
轻工业	Light Industry	23.49	44.63	3.02	10.21	94.38
重工业	Heavy Industry	9.78	57.31	1.82	8.22	95.98
按企业规模分	**Grouped by Size of Enterprises**					
大型企业	Large Enterprises	10.20	56.75	1.72	8.07	97.02
中型企业	Medium-sized Enterprises	12.23	57.09	1.99	11.00	94.49
小型企业	Small Enterprises	13.29	52.18	2.55	8.07	94.57
微型企业	Mini Enterprises	4.93	68.20	1.75	6.99	94.26

13-10 规模以上工业企业分行业主要经济效益指标(2016年)
Main Indicators on Economic Benefit of Industrial Enterprises above Designated Size by Industrial Sector (2016)

分组	Item	总资产贡献率(%) Ratio of Profits, Taxes and Interests to Average Assets(%)	资产负债率(%) Ratio of Debts to Assets (%)	流动资产周转率(次/年) Turnover of Current Assets (times/year)	成本费用利润率(%) Ratio of Profits to Total Industrial Cost (%)	工业产品销售率(%) Sales Ratio of Products (%)
总计	**Total**	**11.11**	**56.08**	**1.98**	**8.62**	**95.65**
煤炭开采和洗选业	Mining and Washing of Coal	16.14	51.35	1.31	24.81	97.76
石油和天然气开采业	Extraction of Petroleum and Natural Gas	5.44	51.73	2.68	6.34	100.07
黑色金属矿采选业	Mining and Processing of Ferrous Metal Ores	12.75	60.02	2.47	8.57	91.54
有色金属矿采选业	Mining and Processing of Non-Ferrous Metal Ores	13.89	47.54	3.62	5.56	96.45
非金属矿采选业	Mining and Processing of Non-metal Ores	26.60	43.38	4.67	7.39	95.79
开采辅助活动	Support Activities for Mining	4.87	50.23	0.90	5.69	99.93
农副食品加工业	Processing of Food from Agricultural Products	22.45	49.89	4.36	7.80	96.20
食品制造业	Manufacture of Foods	25.35	38.56	4.39	12.03	93.35
酒、饮料和精制茶制造业	Manufacture of Liquor, Beverages and Refined Tea	24.86	47.79	2.98	14.49	92.55
烟草制品业	Manufacture of Tobacco	74.75	17.97	1.59	13.11	98.46
纺织业	Manufacture of Textile	25.06	53.50	4.13	12.74	95.47
纺织服装、服饰业	Manufacture of Textile, Wearing Apparel and Accessories	18.54	41.43	2.50	10.62	96.10
皮革、毛皮、羽毛及其制品和制鞋业	Manufacture of Leather, Fur, Feather and Related Products and Footwear	23.98	51.57	3.16	9.93	90.66
木材加工和木、竹、藤、棕、草制品业	Processing of Timber, Manufacture of Wood, Bamboo, Rattan, Palm and Straw Products	12.31	47.26	3.17	8.69	92.49
家具制造业	Manufacture of Furniture	25.67	34.99	3.39	12.39	96.76
造纸及纸制品业	Manufacture of Paper and Paper Products	21.39	37.82	5.50	8.24	95.23
印刷和记录媒介复制业	Printing and Reproduction of Recording Media	13.19	26.87	2.71	7.12	96.65
文教、工美、体育和娱乐用品制造业	Manufacture of Articles for Culture, Education, Arts and Crafts, Sport and Entertainment Activities	10.49	83.88	4.47	2.67	94.71
石油加工、炼焦及核燃料	Processing of Petroleum, Coking and Processing of Nuclear Fuel	11.91	60.78	1.26	3.07	96.46
化学原料及化学制品制造业	Manufacture of Raw Chemical Materials and Chemical Products	7.28	64.80	1.86	5.96	95.96
医药制造业	Manufacture of Medicines	22.00	43.14	2.05	13.28	91.93
化学纤维制造业	Manufacture of Chemical Fibres	12.29	60.89	1.64	12.40	87.68
橡胶和塑料制品业	Manufacture of Rubber and Plastics Products	12.17	50.11	2.93	6.58	90.46
非金属矿物制品业	Manufacture of Non-metallic Mineral Products	15.42	47.68	3.78	7.02	95.20
黑色金属冶炼和压延加工业	Smelting and Pressing of Ferrous Metals	6.43	78.87	3.15	1.58	96.46
有色金属冶炼和压延加工业	Smelting and Pressing of Non-ferrous Metals	12.43	53.54	2.77	6.48	95.29
金属制品业	Manufacture of Metal Products	8.21	43.57	2.16	6.63	95.00
通用设备制造业	Manufacture of General Purpose Machinery	8.74	49.52	1.28	7.57	93.22
专用设备制造业	Manufacture of Special Purpose Machinery	6.27	58.31	0.91	7.50	94.48
汽车制造业	Manufacture of Automobiles	6.02	64.68	1.61	3.09	98.03
铁路、船舶、航空航天和其他运输设备制造业	Manufacture of Railway, Ship, Aerospace and Other Transport Equipments	11.09	45.86	1.40	8.79	89.46
电气机械和器材制造业	Manufacture of Electrical Machinery and Apparatus	6.49	50.60	1.28	4.87	94.93
计算机、通信和其他电子设备制造业	Manufacture of Computers, Communication and Other Electronic Equipment	11.31	46.72	2.11	14.37	92.98
仪器仪表制造业	Manufacture of Measuring Instruments and Machinery	14.42	48.30	1.23	13.72	98.11
其他制造业	Other Manufacture	12.00	29.71	1.23	12.12	97.16
废弃资源综合利用业	Utilization of Waste Resources	12.20	59.45	1.19	7.27	95.95
金属制品、机械和设备修理业	Repair Service of Metal Products, Machinery and Equipment	5.17	53.65	0.88	1.52	97.97
电力、热力生产和供应业	Production and Supply of Electric Power and Heat Power	7.36	72.52	2.68	8.18	96.61
燃气生产和供应业	Production and Supply of Gas	8.91	56.26	1.81	10.40	93.58
水的生产和供应业	Production and Supply of Water	2.43	57.26	0.58	2.11	97.61

13-11 国有及国有控股工业企业主要经济效益指标(2016年)
Main Indicators on Economic Benefit of State-owned and State-holding Industrial Enterprises(2016)

分 组	Item	总资产贡献率(%) Ratio of Profits, Taxes and Interests to Average Assets(%)	资产负债率(%) Ratio of Debts to Assets (%)	流动资产周转率(次/年) Turnover of Current Assets (times/year)	成本费用利润率(%) Ratio of Profits to Total Industrial Cost (%)	工业产品销售率(%) Sales Ratio of Products (%)
总 计	**Total**	**9.34**	**59.09**	**1.53**	**7.45**	**96.96**
煤炭开采和洗选业	Mining and Washing of Coal	17.94	50.02	1.18	34.75	97.49
石油和天然气开采业	Extraction of Petroleum and Natural Gas	5.47	51.77	2.67	6.44	100.07
黑色金属矿采选业	Mining and Processing of Ferrous Metal Ores	15.66	69.89	2.45	19.32	94.36
有色金属矿采选业	Mining and Processing of Non-Ferrous Metal Ores	8.97	48.38	3.32	3.18	98.61
非金属矿采选业	Mining and Processing of Non-metal Ores	19.44	44.15	2.36	9.38	98.75
开采辅助活动	Support Activities for Mining	4.37	55.30	0.93	4.89	99.93
农副食品加工业	Processing of Food from Agricultural Products	9.56	75.31	2.19	2.80	90.48
食品制造业	Manufacture of Foods	21.06	46.09	4.81	5.73	99.54
酒、饮料和精制茶制造业	Manufacture of Liquor, Beverages and Refined Tea	26.93	50.06	2.24	11.27	89.47
烟草制品业	Manufacture of Tobacco	74.75	17.97	1.59	13.11	98.46
纺织业	Manufacture of Textile	-0.23	73.71	1.01	-3.71	96.99
纺织服装、服饰业	Manufacture of Textile, Wearing Apparel and Accessories	8.94	23.35	5.16	1.95	100.00
皮革、毛皮、羽毛及其制品和制鞋业	Manufacture of Leather, Fur, Feather and Related Products and Footwear	8.52	41.28	2.36	6.42	94.83
木材加工和木、竹、藤、棕、草制品业	Processing of Timber, Manufacture of Wood, Bamboo, Rattan, Palm and Straw Products	0.41	22.52	1.15	0.32	100.00
造纸及纸制品业	Manufacture of Paper and Paper Products	16.13	1.19	7.83	1.06	100.00
印刷和记录媒介复制业	Printing and Reproduction of Recording Media	9.78	9.65	1.25	7.11	100.57
石油加工、炼焦及核燃料	Processing of Petroleum, Coking and Processing of Nuclear Fuel	13.36	59.55	1.18	3.30	97.80
化学原料及化学制品制造业	Manufacture of Raw Chemical Materials and Chemical Products	6.92	69.16	1.63	5.44	97.30
医药制造业	Manufacture of Medicines	25.54	46.99	1.57	28.98	84.01
化学纤维制造业	Manufacture of Chemical Fibres	21.49	21.43	2.06	15.07	95.53
橡胶和塑料制品业	Manufacture of Rubber and Plastics Products	4.65	68.41	0.97	2.90	98.87
非金属矿物制品业	Manufacture of Non-metallic Mineral Products	9.21	52.42	2.05	8.73	96.17
黑色金属冶炼和压延加工业	Smelting and Pressing of Ferrous Metals	3.14	85.43	2.89	-0.27	96.43
有色金属冶炼和压延加工业	Smelting and Pressing of Non-ferrous Metals	7.15	58.93	2.36	2.98	96.16
金属制品业	Manufacture of Metal Products	5.58	72.50	1.12	2.97	93.63
通用设备制造业	Manufacture of General Purpose Machinery	3.48	56.57	0.59	4.18	93.95
专用设备制造业	Manufacture of Special Purpose Machinery	2.29	61.85	0.50	1.62	93.84
汽车制造业	Manufacture of Automobiles	3.80	65.80	1.29	1.35	97.23
铁路、船舶、航空航天和其他运输设备制造业	Manufacture of Railway, Ship, Aerospace and Other Transport Equipments	9.92	48.89	1.33	7.76	90.51
电气机械和器材制造业	Manufacture of Electrical Machinery and Apparatus	6.35	48.53	0.69	7.50	97.01
计算机、通信和其他电子设备制造业	Manufacture of Computers, Communication and Other Electronic Equipment	3.78	61.36	0.97	3.36	96.15
仪器仪表制造业	Manufacture of Measuring Instruments and Machinery	8.84	58.90	1.28	6.74	93.96
其他制造业	Other Manufacture	17.29	41.60	1.81	8.36	98.63
废弃资源综合利用业	Utilization of Waste Resources	-2.62	75.51	1.17	-9.79	97.37
金属制品、机械和设备修理业	Repair Service of Metal Products, Machinery and Equipment	9.30	55.08	0.85	5.07	97.36
电力、热力生产和供应业	Production and Supply of Electric Power and Heat Power	7.37	72.39	3.37	7.02	96.55
燃气生产和供应业	Production and Supply of Gas	6.47	65.46	1.36	9.69	99.17
水的生产和供应业	Production and Supply of Water	1.90	57.18	0.54	0.44	98.83

13-12 外商及港澳台商投资工业企业主要经济效益指标(2016年)
Main Indicators on Economic Benefit of Industrial Enterprises with Hong Kong, Macao, Taiwan and Foreign Funds (2016)

分组	Item	总资产贡献率(%) Ratio of Profits, Taxes and Interests to Average Assets(%)	资产负债率(%) Ratio of Debts to Assets (%)	流动资产周转率(次/年) Turnover of Current Assets (times/year)	成本费用利润率(%) Ratio of Profits to Total Industrial Cost (%)	工业产品销售率(%) Sales Ratio of Products (%)
总计	**Total**	**11.97**	**50.31**	**2.12**	**11.99**	**93.57**
煤炭开采和洗选业	Mining and Washing of Coal	17.02	23.52	0.92	31.39	99.59
黑色金属矿采选业	Mining and Processing of Ferrous Metal Ores	3.81	72.16	6.61	0.34	95.15
非金属矿采选业	Mining and Processing of Non-metal Ores	-1.74	41.90	0.97	-15.46	84.77
农副食品加工业	Processing of Food from Agricultural Products	20.52	56.97	3.84	9.61	97.79
食品制造业	Manufacture of Foods	13.98	38.17	3.40	7.38	87.18
酒、饮料和精制茶制造业	Manufacture of Liquor, Beverages and Refined Tea	14.72	51.63	2.23	13.39	91.43
纺织业	Manufacture of Textile	9.64	75.75	0.92	10.77	96.83
纺织服装、服饰业	Manufacture of Textile, Wearing Apparel and Accessories	101.03	2.53	72.72	12.61	96.00
木材加工和木、竹、藤、棕、草制品业	Processing of Timber, Manufacture of Wood, Bamboo, Rattan, Palm and Straw Products	25.41		4.16	22.86	100.00
造纸及纸制品业	Manufacture of Paper and Paper Products	43.72	38.91	9.19	11.91	98.05
印刷和记录媒介复制业	Printing and Reproduction of Recording Media	8.61	25.23	1.14	9.05	97.25
文教、工美、体育和娱乐用品制造业	Manufacture of Articles for Culture, Education, Arts and Crafts, Sport and Entertainment Activities	20.27	91.28	16.47	0.20	100.00
石油加工、炼焦及核燃料	Processing of Petroleum, Coking and Processing of Nuclear Fuel	-1.65	69.39	7.48	-6.99	100.00
化学原料及化学制品制造业	Manufacture of Raw Chemical Materials and Chemical Products	4.28	53.20	1.65	5.98	98.09
医药制造业	Manufacture of Medicines	24.60	53.73	1.85	11.24	90.04
化学纤维制造业	Manufacture of Chemical Fibres	8.10	69.84	1.29	6.64	82.30
橡胶和塑料制品业	Manufacture of Rubber and Plastics Products	19.09	51.38	11.02	5.85	70.21
非金属矿物制品业	Manufacture of Non-metallic Mineral Products	15.33	48.95	2.58	17.35	95.85
黑色金属冶炼和压延加工业	Smelting and Pressing of Ferrous Metals	-1.99	47.14	0.77	-5.66	98.99
有色金属冶炼和压延加工业	Smelting and Pressing of Non-ferrous Metals	12.96	57.74	4.39	4.29	79.46
金属制品业	Manufacture of Metal Products	4.49	63.10	1.78	2.08	96.75
通用设备制造业	Manufacture of General Purpose Machinery	4.32	25.94	0.89	4.47	84.76
专用设备制造业	Manufacture of Special Purpose Machinery	16.21	48.43	1.69	16.17	102.28
汽车制造业	Manufacture of Automobiles	8.48	61.24	3.12	3.99	101.83
铁路、船舶、航空航天和其他运输设备制造业	Manufacture of Railway, Ship, Aerospace and Other Transport Equipments	15.21	41.81	0.73	17.99	96.17
电气机械和器材制造业	Manufacture of Electrical Machinery and Apparatus	3.49	57.94	2.10	1.30	91.33
计算机、通信和其他电子设备制造业	Manufacture of Computers, Communication and Other Electronic Equipment	10.72	47.33	1.70	23.21	98.76
仪器仪表制造业	Manufacture of Measuring Instruments and Machinery	31.47	20.02	1.00	42.10	99.45
其他制造业	Other Manufacture	11.13	8.44	0.44	46.88	96.45
金属制品、机械和设备修理业	Repair Service of Metal Products, Machinery and Equipment	3.33	53.10	0.86	0.38	100.00
电力、热力生产和供应业	Production and Supply of Electric Power and Heat Power	13.15	66.58	1.95	20.92	100.00
燃气生产和供应业	Production and Supply of Gas	9.14	56.06	1.48	16.56	89.41
水的生产和供应业	Production and Supply of Water	1.07	54.49	0.33	-7.62	100.00

13-13　大中型工业企业主要经济效益指标(2016年)

Main Indicators on Economic Benefit of Large and Medium-sized Industrial Enterprises(2016)

分　组	Item	总资产贡献率(%) Ratio of Profits, Taxes and Interests to Average Assets(%)	资产负债率(%) Ratio of Debts to Assets (%)	流动资产周转率(次/年) Turnover of Current Assets (times/year)	成本费用利润率(%) Ratio of Profits to Total Industrial Cost (%)	工业产品销售率(%) Sales Ratio of Products (%)
总　计	**Total**	**10.68**	**56.83**	**1.79**	**8.92**	**96.22**
煤炭开采和洗选业	Mining and Washing of Coal	17.25	48.53	1.21	31.13	97.95
石油和天然气开采业	Extraction of Petroleum and Natural Gas	5.46	51.80	2.68	6.43	100.07
黑色金属矿采选业	Mining and Processing of Ferrous Metal Ores	13.07	58.23	2.51	10.06	94.39
有色金属矿采选业	Mining and Processing of Non-Ferrous Metal Ores	9.23	47.20	3.46	3.22	97.84
非金属矿采选业	Mining and Processing of Non-metal Ores	23.68	44.68	4.55	5.86	97.27
开采辅助活动	Support Activities for Mining	4.46	38.86	1.15	5.42	99.66
农副食品加工业	Processing of Food from Agricultural Products	23.70	61.57	3.27	9.89	96.93
食品制造业	Manufacture of Foods	27.23	38.09	4.15	14.17	92.43
酒、饮料和精制茶制造业	Manufacture of Liquor, Beverages and Refined Tea	23.13	52.64	2.37	16.92	92.66
烟草制品业	Manufacture of Tobacco	75.63	18.09	1.60	13.05	98.42
纺织业	Manufacture of Textile	28.50	58.74	3.92	14.83	96.54
纺织服装、服饰业	Manufacture of Textile, Wearing Apparel and Accessories	29.06	47.33	2.90	15.73	96.89
皮革、毛皮、羽毛及其制品和制鞋业	Manufacture of Leather, Fur, Feather and Related Products and Footwear	16.15	52.20	2.65	9.03	96.22
木材加工和木、竹、藤、棕、草制品业	Processing of Timber, Manufacture of Wood, Bamboo, Rattan, Palm and Straw Products	8.55	50.25	2.15	9.11	90.30
家具制造业	Manufacture of Furniture	43.11	42.67	5.22	15.18	99.81
造纸及纸制品业	Manufacture of Paper and Paper Products	29.04	37.24	8.08	10.49	93.33
印刷和记录媒介复制业	Printing and Reproduction of Recording Media	12.20	21.83	1.61	7.09	97.40
石油加工、炼焦及核燃料	Processing of Petroleum, Coking and Processing of Nuclear Fuel	12.41	60.56	1.25	3.25	96.87
化学原料及化学制品制造业	Manufacture of Raw Chemical Materials and Chemical Products	6.50	68.16	1.56	5.30	97.31
医药制造业	Manufacture of Medicines	25.04	42.86	2.00	14.88	91.71
橡胶和塑料制品业	Manufacture of Rubber and Plastics Products	10.31	56.81	2.28	5.95	86.88
非金属矿物制品业	Manufacture of Non-metallic Mineral Products	11.51	48.75	3.59	6.24	93.50
黑色金属冶炼和压延加工业	Smelting and Pressing of Ferrous Metals	5.24	81.65	3.28	0.90	96.26
有色金属冶炼和压延加工业	Smelting and Pressing of Non-ferrous Metals	12.18	54.21	2.85	6.31	95.90
金属制品业	Manufacture of Metal Products	9.58	61.98	1.51	6.67	95.71
通用设备制造业	Manufacture of General Purpose Machinery	8.15	51.06	0.99	9.44	95.02
专用设备制造业	Manufacture of Special Purpose Machinery	4.44	59.42	0.63	6.24	94.88
汽车制造业	Manufacture of Automobiles	5.25	66.30	1.57	2.52	99.12
铁路、船舶、航空航天和其他运输设备制造业	Manufacture of Railway, Ship, Aerospace and Other Transport Equipments	11.07	50.58	1.38	8.29	89.66
电气机械和器材制造业	Manufacture of Electrical Machinery and Apparatus	5.10	49.96	0.83	4.90	96.27
计算机、通信和其他电子设备制造业	Manufacture of Computers, Communication and Other Electronic Equipment	11.25	46.76	2.13	15.80	92.59
仪器仪表制造业	Manufacture of Measuring Instruments and Machinery	26.56	47.68	2.06	18.11	99.57
金属制品、机械和设备修理业	Repair Service of Metal Products, Machinery and Equipment	4.82	50.89	0.62	0.48	94.90
电力、热力生产和供应业	Production and Supply of Electric Power and Heat Power	8.33	71.23	3.50	7.64	96.54
燃气生产和供应业	Production and Supply of Gas	10.83	50.72	1.56	15.06	94.60
水的生产和供应业	Production and Supply of Water	2.45	60.24	0.78	2.22	100.00

13-14 主要工业产品产量
Output of Major Industrial Products

产品名称		Item		2015	2016
原煤	(万吨)	Coal	(10 000 tons)	52224.16	51151.37
天然原油	(万吨)	Crude Petroleum Oil	(10 000 tons)	3736.73	3502.43
天然气	(亿立方米)	Natural Gas	(100 million cu.m)	415.92	411.91
铁矿石原矿	(万吨)	Crude Quantity of Iron Ore	(10 000 tons)	2155.21	2206.38
锌金属含量	(万吨)	Zinc Metal Content	(10 000 tons)	28.50	32.32
钼精矿折合量	(万吨)	Reduced Quantity of Molybdenum Concentrate	(10 000 tons)	5.02	4.47
发电量	(亿千瓦小时)	Electricity	(100 million kwh)	1594.11	1734.79
小麦粉	(万吨)	Wheat Meal	(10 000 tons)	607.68	622.75
精制食用植物油	(万吨)	Refined Edible Vegetable Oil	(10 000 tons)	162.36	157.05
饲　料	(万吨)	Feed	(10 000 tons)	482.60	469.00
乳制品	(万吨)	Dairy Products	(10 000 tons)	161.66	143.73
白　酒	(万千升)	Spirits	(10 000 kiloliter)	13.62	14.25
啤　酒	(万千升)	Beer	(10 000 kiloliter)	94.15	92.79
软饮料	(万吨)	Soft Drinks	(10 000 tons)	684.99	670.05
卷　烟	(亿支)	Cigarettes	(100 million pieces)	910.12	861.22
化学纤维	(万吨)	Chemical Fiber	(10 000 ton)	2.25	2.03
纱	(万吨)	Yarn	(10 000 tons)	49.46	39.22
布	(万米)	Cloth	(10 000 m)	68075.10	80358.50
印染布	(万米)	Dyed Fabric	(10 000 m)	2940.90	2392.10
服　装	(万件)	Garments	(10 000 cases)	2305.90	2421.10
机制纸及纸板	(万吨)	Machine-made Paper and Paperboard	(10 000 tons)	69.95	72.15
纸制品	(万吨)	Paper Products	(10 000 tons)	93.62	107.24
原油加工量	(万吨)	Crude Runs	(10 000 tons)	1967.43	1766.19
#汽　油		Gasoline		705.07	621.77
柴　油		Diesel Oil		841.99	744.20
焦　炭	(万吨)	Coke	(10 000 tons)	3644.40	3921.17
硫酸(折100%)	(万吨)	Sulfuric Acid	(10 000 tons)	141.58	145.89
氢氧化钠(烧碱)	(万吨)	Caustic Soda	(10 000 tons)	94.17	105.06
碳化钙(电石)	(万吨)	Soda Ash	(10 000 tons)	260.19	244.01
合成氨	(万吨)	Synthetic Ammonia	(10 000 tons)	190.16	213.77

13-14 续表 continued

产 品 名 称		Item		2015	2016
化肥总计	(万吨)	Chemical Fertilizers	(10 000 tons)	187.13	153.10
氮 肥		Nitrogen Fertilizers		168.06	133.01
磷 肥		Phosphate Fertilizers		19.08	18.25
合成洗涤剂	(万吨)	Synthetic Detergents	(10 000 ton)	10.79	9.14
化学药品原药	(万吨)	Chemical Medicines	(10 000 ton)	1.55	2.42
精甲醇	(万吨)	Extract Methanol	(10 000 tons)	431.48	475.84
中成药	(万吨)	Traditional Chinese Medicine	(10 000 ton)	5.10	5.76
塑料制品	(万吨)	Plastic Articles	(10 000 tons)	65.42	66.42
水 泥	(万吨)	Cement	(10 000 tons)	8580.09	7555.86
平板玻璃	(万重量箱)	Plain Glass	(10 000 weight cases)	1822.54	2053.57
生 铁	(万吨)	Pig Iron	(10 000 tons)	800.89	855.99
粗 钢	(万吨)	Crude Steel	(10 000 tons)	1027.27	924.67
钢 材	(万吨)	Rolled Steel	(10 000 tons)	1655.58	1233.79
铝 材	(万吨)	Rolled Aluminum	(10 000 tons)	16.20	19.63
铁合金	(万吨)	Ferroalloy	(10 000 tons)	71.06	72.65
十种有色金属	(万吨)	Ten Kinds of Nonferrous Metals	(10 000 tons)	200.69	229.38
原铝(电解铝)	(万吨)	Electrolyzed Aluminum	(10 000 tons)	63.91	72.79
锌	(万吨)	Zinc Metal	(10 000 tons)	94.03	105.00
金属切削机床	(台)	Metal-cutting Machine Tools	(unit)	17579	14708
# 数控机床		Computer Numerical Control Machine Tools		8083	7354
金属成型机床(锻压设备)	(台)	Metal Forming Machines(Forging Equipment)	(unit)	7996	8534
汽 车	(万辆)	Motor Vehicles	(unit)	34.14	42.04
#基本型乘用车(轿车)		Basic Type Passenger Vehicle(Car)		24.01	19.59
载货汽车		Trucks		8.31	10.99
交流电动机	(万千瓦)	Alternating Current Motors	(10 000 kw)	673.65	318.23
变压器	(万千伏安)	Transformers	(10 000 KVA)	14341.44	14238.64
光 缆	(万芯千米)	Fiber Optic Cable	(10 000 Core.km)	697.94	501.91
电子元件	(亿只)	Electronic Components	(100 million units)	32.33	37.39

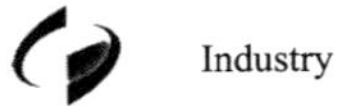

13-15 各市(区)规模以上工业企业工业总产值(1995-2016年)

Gross Industrial Output Value above Designated Size by City(District)(1995-2016)

单位：亿元 (100 million yuan)

年 份 Year	全 省 Shaanxi	西安市 Xi'an	铜川市 Tongchuan	宝鸡市 Baoji	咸阳市 Xianyang	渭南市 Weinan
1995	761.35	240.63	15.80	115.84	135.02	74.74
1996	814.82	281.51	21.98	123.29	151.78	79.99
1997	900.78	303.94	25.47	124.26	173.04	87.40
1998	960.81	355.15	26.97	125.62	182.22	89.60
1999	1097.45	376.72	29.21	126.21	202.89	95.79
2000	1268.43	433.43	30.84	139.98	208.70	100.27
2001	1457.62	505.02	30.11	155.13	217.24	112.93
2002	1667.10	546.24	33.38	183.76	231.22	136.04
2003	2118.17	676.93	42.13	252.95	286.13	191.74
2004	2735.22	892.60	59.91	315.47	309.65	257.79
2005	3397.71	952.18	70.49	409.95	359.16	337.71
2006	4442.81	1194.60	99.53	536.67	458.52	377.63
2007	5692.33	1623.85	124.34	672.20	565.61	474.27
2008	7480.79	2030.76	166.84	895.77	860.24	638.00
2009	8470.40	2490.50	195.02	995.99	1038.83	767.22
2010	11199.84	3130.15	249.05	1340.45	1401.92	1039.83
2011	14283.48	3552.21	335.76	1701.80	1854.54	1360.03
2012	16926.49	4066.31	461.80	1986.69	2293.52	1634.36
2013	18982.47	4497.62	549.66	2258.52	2633.00	1728.47
2014	20015.88	4420.06	565.91	2274.97	3002.05	1959.32
2015	20333.98	4346.16	565.23	2599.43	3164.89	2053.87
2016	21837.61	4669.32	559.83	2929.65	3541.50	2141.37

13-15 续表 continued

单位：亿元 (100 million yuan)

年 份 Year	延安市 Yan'an	汉中市 Hanzhong	榆林市 Yulin	安康市 Ankang	商洛市 Shangluo	杨凌示范区 Yangling
1995	33.39	53.33	16.75	12.49	5.61	1.61
1996	56.96	56.62	18.19	16.13	6.43	1.95
1997	75.33	62.91	20.15	19.04	6.92	2.32
1998	69.83	63.80	22.48	15.93	7.92	1.29
1999	83.90	62.58	24.60	16.37	9.45	1.28
2000	131.00	68.43	36.61	20.06	11.47	2.07
2001	160.78	76.31	68.20	20.63	14.19	3.58
2002	188.52	89.11	119.20	25.03	16.40	5.52
2003	255.93	110.07	142.27	30.45	22.00	13.34
2004	348.10	142.76	278.39	37.71	26.82	16.29
2005	537.00	165.41	360.04	43.57	32.76	16.53
2006	764.07	204.37	528.20	56.28	41.39	19.57
2007	905.20	241.11	773.87	81.56	60.08	28.17
2008	1053.51	260.60	1269.86	97.48	74.43	34.74
2009	969.50	310.79	1392.56	132.47	104.56	40.30
2010	1227.31	404.41	1917.70	192.15	176.99	40.09
2011	1504.86	545.42	2613.53	309.22	265.07	60.26
2012	1646.76	718.09	3130.98	482.20	365.04	79.87
2013	1612.32	856.10	3120.82	634.82	479.93	88.32
2014	1708.57	873.56	3449.20	787.97	634.11	110.86
2015	1417.24	922.03	3206.37	945.07	793.37	133.41
2016	1090.42	992.02	3272.50	1129.48	935.31	159.52

13-16 各市(区)规模以上工业企业主要经济指标(2016年)
Main Indicators of Industrial Enterprises above Designated Size by City(District)(2016)

单位：万元 (10 000 yuan)

地区	Sector	企业单位数(个) Number of Enterprises (unit)	#亏损企业 Unprofitable Enterprises	资产总计 Total Assets	负债合计 Total Liabilities	所有者权益合计 Owners' Equity	主营业务收入 Revenue from Principal Business
全省	**Shaanxi**	**5799**	**850**	**289395609**	**162285765**	**126415377**	**201106362**
西安市	Xi'an	1189	219	60445049	33187647	27232179	43262326
铜川市	Tongchuan	203	29	4986653	3130942	1839529	5064029
宝鸡市	Baoji	662	85	23996268	12607701	11388563	23276746
咸阳市	Xianyang	952	48	28224235	13177076	14601300	34096624
渭南市	Weinan	512	104	23412773	16812536	6539076	17735144
#韩城市	Hancheng	105	38	7984066	5786899	2191632	6931343
延安市	Yan'an	144	29	38728189	22466431	16255485	12833301
汉中市	Hanzhong	461	66	8593215	5859787	2731553	10360399
榆林市	Yulin	761	223	72968584	41364252	31579000	30345086
安康市	Ankang	568	10	5791358	2332595	3346207	10702482
商洛市	Shangluo	227	23	5496085	3153160	2342924	8052290
杨凌示范区	Yangling	115	14	1922122	1192849	729273	1243446

13-16 续表 continued

单位：万元 (10 000 yuan)

地区	Sector	主营业务成本 Cost of Principal Business	销售费用 Eelling Expenses	管理费用 Management Expenses	财务费用 Financial Expenses	利润总额 Total Profits	亏损企业亏损额 Losses of Unprofitable Enterprises
全省	**Shaanxi**	**162374367**	**5303641**	**8885831**	**3302571**	**15500152**	**1373990**
西安市	Xi'an	36827913	1696754	2312185	369301	2623869	171067
铜川市	Tongchuan	4455187	125468	217947	83278	132983	51296
宝鸡市	Baoji	18908109	617660	1283763	243752	1738461	53315
咸阳市	Xianyang	26883697	1023039	1121373	339735	3654951	185109
渭南市	Weinan	15147904	264095	484808	346169	590382	163436
#韩城市	Hancheng	5497683	87489	107714	130505	160745	23408
延安市	Yan'an	9737260	251109	675547	369857	246389	253996
汉中市	Hanzhong	9031240	190301	317229	167730	424338	102888
榆林市	Yulin	21764088	595037	1660304	1019026	3923845	323901
安康市	Ankang	8509870	321726	392736	95303	1223097	14083
商洛市	Shangluo	7091122	153969	210791	82414	450556	43161
杨凌示范区	Yangling	1011421	60919	60398	23655	82815	11738

主要统计指标解释

工业 指从事自然资源的开采，对采掘品和农产品进行加工和再加工的物质生产部门。具体包括：(1)对自然资源的开采，如采矿、晒盐等(但不包括禽兽捕猎和水产捕捞)；(2)对农副产品的加工、再加工，如粮油加工、食品加工、缫丝、纺织、制革等；(3)对采掘品的加工、再加工，如炼铁、炼钢、化工生产、石油加工、机器制造、木材加工等，以及电力、自来水、煤气的生产和供应等；(4)对工业品的修理、翻新，如机器设备的修理、交通运输工具(如汽车)的修理等。

轻工业 指主要提供生活消费品和制作手工工具的工业。按其所使用的原料不同，可分为两大类：(1)以农产品为原料的轻工业，是指直接或间接以农产品为基本原料的轻工业。主要包括食品制造、饮料制造、烟草加工、纺织、缝纫、皮革和毛皮制作、造纸以及印刷等工业；(2)以非农产品为原料的轻工业，是指以工业品为原料的轻工业。主要包括文教体育用品、化学药品制造、合成纤维制造、日用化学制品、日用玻璃制品、日用金属制品、手工工具制造、医疗器械制造、文化和办公用机械制造等工业。

重工业 指为国民经济各部门提供物质技术基础的主要生产资料的工业。按其生产性质和产品用途，可以分为下列三类：(1)采掘(伐)工业，是指对自然资源的开采，包括石油开采、煤炭开采、金属矿开采、非金属矿开采等工业；(2)原材料工业，指向国民经济各部门提供基本材料、动力和燃料的工业。包括金属冶炼及加工、炼焦及焦炭、化学、化工原料、水泥、人造板以及电力、石油和煤炭加工等工业；(3)加工工业，是指对工业原材料进行再加工制造的工业。包括装备国民经济各部门的机械设备制造工业、金属结构、水泥制品等工业，以及为农业提供的生产资料如化肥、农药等工业。

根据上述划分原则，修理业中以重工业产品为修理作业对象的划为重工业，反之划为轻工业。

国有及国有控股企业 指国有企业加上国有控股企业。国有企业(即原全民所有制工业或国营工业)指企业全部资产归国家所有，并按《中华人民共和国企业法人登记管理条例》规定登记注册的非公司制的经济组织。包括国有企业、国有独资公司和国有联营企业。1957年以前的公私合营和私营工业，后均改造为国营工业，1992年改为国有工业，这部分工业的资料不单独分列时，均包括在国有企业内。国有控股企业是对混合所有制经济的企业进行的“国有控股”分类。它是指这些企业的全部资产中国有资产(股份)相对其他所有者中的任何一个所有者占资(股)最多的企业。该分组反映了国有经济控股情况。

工业总产值

(1)定义：

工业总产值是以货币形式表现的，工业企业在一定时期内生产的工业最终产品或提供工业性劳务活动的总价值量。它反映一定时间内工业生产的总规模和总水平。

(2)计算原则：

工业生产的原则，即凡是企业在报告期生产的经检验合格的产品，不管是否在报告期销售，均包括在内。

最终产品的原则，即凡是计入工业总产值的产品，必须是本企业生产的经检验合格的，不需要再进行任何加工的最终产品。如果企业有中间产品(半成品)对外销售，则对外销售的中间产品应视为企业的最终产品。

工厂法原则，即工业总产值是以工业企业作为基本计算(核算)单位，即按企业的最终产品计算工业总产值。按这种方法计算的工业总产值，不允许同一产品价值在企业内部重复计算，不能把企业内部各个车间(分厂)生产的成果相加，但允许企业间的重复计算。

(3)内容及计算方法：

1995年全国工业普查对工业总产值(原规定)的内容及计算原则和方法做了某些修订，修订后的工业总产值(新规定)包括三项内容：即本期生产成品价值、对外加工费收入、在制品半成品期末期初差额价值三部分。

工业增加值 指工业企业在报告期内以货币表现的工业生产活动的最终成果。

工业增加值有两种计算方法：一是生产法，即工业总产出减去工业中间投入加上应交增值税；二是收入法，即从收入的角度出发，根据生产要素在生产过程中应得到的收入份额计算，具体构成项目有固定资产折旧、劳动者报酬、生产税净额、营业盈余，这种方法也称要素分配法。本年鉴中的工业增加值是以生产法计算的。

生产法工业增加值的计算方法为：

工业增加值=工业总产出-工业中间投入+应交增值税

资产总计 指企业拥有或控制的能以货币计量的经济资源，包括各种财产、债权和其他权利。资产按流动性分为流动资产、长期投资、固定资产、无形资产、递延资产和其他资产。该指标根据企业会计“资产负债表”中“资产总计”项目的期末数增列。

流动资产 指企业可以在一年内或者超过一年的一个生产周期内变现或者耗用的资产，包括现金及各种存款、短期投资，应收及预付款项、存货等。

流动资产平均余额 指企业在报告期内全部流动资产的平均余额。

固定资产原价 指企业在建造、购置、安装、改建、扩建、技术改造某项固定资产时所支出的全部货币总额。它一般包括买价、包装费、运杂费和安装费等。

固定资产净值年平均余额 指固定资产净值在报告期内余额的平均数。计算公式为：

$$\text{固定资产净值年平均余额} = \frac{\text{1至12月各月月初、月末固定资产净值之和}}{24}$$

固定资产净值　指固定资产原价减去历年已提折旧额后的净额。计算公式为：

固定资产净值=固定资产原价-累计折旧

负债合计　指企业所承担的能以货币计量，将以资产或劳务偿付的债务，偿还形式包括货币、资产或提供劳务。负债一般按偿还期长短分为流动负债和长期负债。根据会计"资产负债表"中"负债合计"的年末数填列。

所有者权益　指企业投资人对企业净资产的所有权。企业净资产等于企业全部资产减去全部负债后的余额，包括企业投资人对企业的最初投入的实际到位的资产及资本公积金、盈余公积金和未分配利润。所有者权益合计数小于零，表示企业资不抵债。

主营业务收入　指会计"利润表"中对应指标的本年累计数。未执行 2001 年《企业会计制度》的企业，用"产品销售收入"的本期累计数代替。

主营业务成本　指会计"利润表"中对应指标的本年累计数。未执行 2001 年《企业会计制度》的企业，用"产品销售成本"的本期累计数代替。

主营业务税金及附加　指会计"利润表"中对应指标的本年累计数。未执行 2001 年《企业会计制度》的企业，用"产品销售税金及附加" 的本期累计数代替。

利润总额　指企业生产经营活动的最终成果，是企业在一定时期内实现的盈亏相抵后的利润总额(亏损以"-"号表示)，它等于营业利润加上补贴收入加上投资收益加上营业外净收入再加上以前年度损益调整。

本年应交增值税　指企业在报告期内应交纳的增值税额。它等于本年销项税额加上出口退税加上进项税额转出数减去本年进项税额。小规模纳税企业直接按全年计税销售额乘以征收率计算取得。

从业人员平均人数　是指报告期内每天拥有的从业人员人数。其计算公式为：

$$\text{月平均人数} = \frac{\text{报告月内每天实有人数之和}}{\text{报告月日历日数}}$$

$$\text{季平均人数} = \frac{\text{季内各月平均人数之和}}{3}$$

$$\text{年平均人数} = \frac{\text{年内各月平均人数之和}}{12}$$

总资产贡献率　反映企业全部资产的获利能力，是企业经营业绩和管理水平的集中体现，是评价和考核企业盈利能力的核心指标。计算公式为：

$$\text{总资产贡献率(\%)} = \frac{\text{利润总额} - \text{税金总额} + \text{利息支出}}{\text{平均资金总额}} \times 100\%$$

公式中：税金总额为产品销售税金及附加与应交增值税之和；平均资产总额为期初期末资产之和的算术平均值。

资产负债率　该指标既反映企业经营风险的大小，也反映企业利用债权人提供的资金从事经营活动的能力。计算公式为：

$$\text{资产负债率(\%)} = \frac{\text{负债总额}}{\text{资产总额}} \times 100\%$$

资产与负债均为报告期期末数。

流动资产周转次数　指一定时期内流动资产完成的周转次数，反映投入工业企业流动资金的周转速度。计算公式为：

$$\text{流动资产周转次数} = \frac{\text{产品销售收入}}{\text{全部流动资产平均余额}}$$

公式中：全部流动资产平均余额为期初和期末的流动资产之和的算术平均值。

成本费用利润率　反映企业投入的生产成本及费用的经济效益，同时也反映企业降低成本所取得的经济效益。计算公式为：

$$\text{成本费用利润率(\%)} = \frac{\text{利润总额}}{\text{成本费用总额}} \times 100\%$$

公式中：成本费用总额为产品销售成本、销售费用、管理费用、财务费用之和。

产品销售率　该指标反映工业产品已实现销售的程度，是分析工业产销衔接情况，研究工业产品满足社会需求的指标。计算公式为：

$$\text{产品销售率(\%)} = \frac{\text{工业销售产值}}{\text{工业总产值(现价)}} \times 100\%$$

Explanatory Notes on Main Statistical Indicators

Industry refers to the material production sector which is engaged in the extraction of natural resources and processing and reprocessing of minerals and agricultural products, including (1) extraction of natural resources, such as mining, salt production (but not including hunting and fishing); (2) processing and reprocessing of farm and sideline produces, such as rice husking, flour milling, wine making, oil pressing, silk reeling, spinning and weaving, and leather making; (3) manufacture of industrial products, such as steel making, iron smelting, chemicals manufacturing, petroleum processing, machine building, timber processing; water and gas production and electricity generation and supply; (4)repairing of industrial products such as the repairing of machinery and means of transport (including cars).

Light Industry refers to the industry that produces consumer goods and hand tools. It consists of two categories, depending on the materials used:

(1) Industries using farm products as raw materials. These are the branches of light industry which directly or indirectly use farm products as basic raw materials, including the manufacture of food and beverages, tobacco processing, textile, clothing, fur and leather manufacturing, paper making, printing, etc.

(2) Industries using non-farm products as raw materials. These are the branches of light industry which use manufactured goods as raw materials, including the manufacture of cultural, educational articles and sports goods, chemicals, synthetic fibre, chemical products for daily use, glass products for daily use, metal products for daily use, hand tools, medical apparatus and instruments, and the manufacture of cultural and office machinery.

Heavy Industry refers to the industry which produces capital goods, and provides various sectors of the national economy with necessary material and technical basis for production. It consists of the following three branches according to the purpose of production or the use of products:

(1) Mining, quarrying and logging industry, which refers to the industry that extracts natural resources, including extraction of petroleum, coal, metal and non-metal ores.

(2) Raw materials industry refers to the industry that provides various sectors of the national economy with raw materials, fuels and power. It includes smelting and processing of metals, coking and coke chemistry, chemical materials and building materials such as cement, plywood, and power, petroleum refining and coal dressing.

(3) Manufacturing industry which refers to the industry that processes raw materials. It includes machine-building industries which equip sectors of the national economy; industries producing metal structure and cement products; and industries producing means of agricultural production, such as chemical fertilizers and pesticides.

In accordance with the above principles of classification, the repairing trades, which are engaged primarily in repairing products of heavy industry, are classified as heavy industry while those which are engaged in repairing products of light industry are classified as light industry.

State-owned and State-holding Enterprises refer to state-owned enterprises plus State-holding enterprises. State-owned enterprises (originally known as State-run enterprises with ownership by the whole society) are non-corporate economic entities registered in accordance with the *Regulation of the People's Republic of China on the Management of Registration of Legal Enterprises*, where all assets are owned by the State. Included in this category are State-owned enterprises, State-funded corporations and State-owned joint-operation enterprises. Joint State-private industries and private industries, which existed before 1957, were transformed into state-run industries since 1957, and into State-owned industries after 1992. Statistics on those enterprises are included in the State-owned industries instead of being grouped them separately. State-holding enterprises are a sub-classification of enterprises with mixed ownership, referring to enterprises where the percentage of State assets (or shares by the State) is larger than any other single share holder of the same enterprise. This sub-classification illustrates the control of the State over a particular industry.

Gross Industrial Output Value

(1) Definition: Gross industrial output value is the total volume of final industrial products produced and industrial services provided during a given period. It reflects the total achievements and overall scale of industrial production during a given period.

(2) Principles for calculation:

Statistics on industrial production follow the principle that all products produced by the enterprises and accepted through quality check during the reference period are to be included no matter whether they are sold or not during the reference period.

Determination of final products follows the principle that all products that are included in the calculation of gross industrial output value are the final products of the enterprise which have been accepted through quality check and require no further processing. If an enterprise has intermediate (semi-finished) products to sell, these intermediate products are considered as the final products of the enterprise.

Gross industrial output value is calculated following the principle of factory approach, i.e. industrial enterprise is used as the basic accounting unit in calculating the gross industrial output value. By this approach, value of the same product is not to be double-counted, and the output value of different workshops (branch factories) within the enterprise should not be added. However, this approach allows the possibility of double counting between enterprises.

(3) Content and method of calculation: The old definition of gross industrial output value was modified during the 1995 National Industrial Census. The revised (new) definition of gross industrial output value consists of 3 components: value of the finished products during the reference period, income from processing for external parties, and value of change in semi-finished products between the end and the beginning of the reference period.

Value-added of Industry refers to the final results of industrial production of industrial enterprises in money terms during the reference period.

Industrial value-added can be calculated by two approaches: the production approach, i.e. gross industrial output value minus intermediate input plus value-added tax, and the income approach, i.e. income for various factors used in the course of production, including depreciation of fixed assets, remuneration of labourers, net of production tax, and operating surplus. Value-added of industry in the Yearbook is calculated by the production approach as follows:

Value-added of industry = gross industrial output - industrial intermediate input + value-added tax

Total Assets refer to all economic resources, in monetary term, these are owned or controlled by enterprises, including properties, creditor's equity and other economic rights of all forms. Classified by the degree of liquidity, total assets include working capitals, long-term investment, fixed assets, intangible assets, deferred assets and other assets. Data on this indicator can be obtained by the year-end figures of total assets in the *Assets and Liability Table* of accounting records of enterprises.

Working Capital refers to capital that an enterprise can cash or use during one year or one production cycle that may exceed one year, including cash and savings deposits of various forms, short-term investment, money receivable and prepaid money, inventories, etc.

Annual Average Value of Working Capital refers to the average value of all working capital of the enterprise during the reference period.

Original Value of Fixed Assets refers to the total value, in monetary terms, that an enterprise spent on fixed assets, through construction, purchase, installation, transformation, expansion or technical upgrading. Generally, it covers cost of purchase, packing, transportation and installation, etc.

Annual Average of Net Value of Fixed Assets refers to the average of the net value of fixed assets during the reference period, calculated with the following formula:

$$\text{Annual Average of Net Value of Fixed Assets} = \frac{\text{sum of net value of fixed assets at the beginning and at the end of each month from January to December}}{24}$$

Net value of fixed assets refers to the original value of fixed assets minus depreciation over the years, i.e.:

Net value of fixed assets = original value of fixed assets - cumulative depreciation

Total Liabilities refer to payable liabilities of enterprises that have to be repaid in terms of money, assets or labour services. In terms of payment it can be divided into liquid liabilities and long-term liabilities. Data on this item is obtained from the ending figures on total liabilities from the Assets and Liability Table from the enterprises.

Owner's Equity refers to the ownership of net assets of enterprise by its investors. Net assets equal total assets minus total liabilities of the enterprise, including the actual assets invested into the enterprise by investors, accumulation of capital and operating surplus and non-distributed profits. The enterprise's assets are less than its liabilities if the sum of owner's equity is smaller than zero.

Revenue from Principal Business refers to the annual accumulation of the corresponding item in the "profit table" of the accountant. For enterprises that do not follow the *2001 Enterprise Accounting Standards*, the year-end accumulation of revenue from the sales of products is used as a substitute.

Cost of Principal Business refers to the annual accumulation of the corresponding item in the "profit table" of the accountant. For enterprises that do not follow the *2001 Enterprise Accounting Standards*, the year-end accumulation of cost for the sales of products is used as a substitute.

Tax and Extra Charges from Principal Business refer to the annual accumulation of the corresponding item in the "profit table" of the accountant. For enterprises that do not follow the *2001 Enterprise Accounting Standards*, the year-end accumulation of tax and extra charges from the sales of products is used as a substitute.

Total Profits refer to the final achievement of production and operation activities of the enterprises, represented by total profits after deducting losses (loss is expressed by the negative figure). It is the sum of profits from operation, income from subsidies, investment earnings, net income from activities other than operation, and adjustment of profits and losses of previous years.

Value-added Tax Payable in the Current Year refers to the amount of the value-added tax which should be paid by the enterprises during the reference period. It is the sum of tax on sales, export rebate, and transferred tax on purchases of the current year, minus the tax on purchases of the current year. Value-added tax payable of small-size enterprises is determined by the taxable sales of the year multiplied by the tax rate.

Average Annual Number of Employed Persons Employed persons refer to all those who are employed in enterprises and receive remunerations there from, including currently working employees, retirees who are re-employed, teachers of local-run schools, as well as foreigners, staff from Hong Kong, Macao and Taiwan, part-time employees and persons with second job who are employed by the enterprise, and employees of other units temporarily working in the enterprises, but excluding former employees who left the enterprise with their employment records still being kept by the enterprises.

Average number of employed persons refers to the number of employee everyday during the reference period, calculated with the following formula:

$$\text{Monthly average number} = \frac{\text{sum of actual employees everyday in reference month}}{\text{number of calendar dates in reference month}}$$

$$\text{Quarterly average number} = \frac{\text{sum of monthly average number in reference quarter}}{3}$$

$$\text{Annual average number} = \frac{\text{sum of monthly average number in reference year}}{12}$$

Ratio of Profits, Taxes and Interests to Average Assets reflects the profit-making capability of all assets of the enterprise and is a key indicator manifesting the performance and management and evaluating the profit-making potential of the enterprise. It is calculated as follows:

$$\text{Ratio of Profits, Taxes and Interests to Average Assets (\%)} = \frac{\text{total profits} + \text{total taxes} + \text{interest payment}}{\text{average assets}} \times 100\%$$

In the above formula, total taxes is the sum of tax and extra charges on the sales of products and value-added tax payable; and average assets is the arithmetic mean of the sum of beginning assets and ending assets.

Ratio of Debts to Assets reflects both the operation risk and the capability of the enterprise in making use of the capital from the creditors. It is calculated as follows:

$$\text{Ratio of Debts to Assets (\%)} = \frac{\text{total debts}}{\text{total assets}} \times 100\%$$

Both assets and debts are figures at the end of the reference period.

Turnover of Working Capital refers to the number of times of turnover of working capital in a given period of time, which reflects the speed of the turnover of working capital of industrial enterprises, and is calculated as follows:

$$\text{Turnover of Working Capital} = \frac{\text{sales revenue of products}}{\text{average balance of total working capital}}$$

In the above formula, average balance of total working capital refers to the arithmetic mean of the sum of working capital at the beginning and at the end of the reference period.

Ratio of Profits to Total Industrial Costs refers to the ratio of profits realized in a given period to the total costs in the same period, which reflects the economic efficiency of input cost and is calculated as follows:

$$\text{Ratio of Profits to Total Industrial Cost (\%)} = \frac{\text{total profits}}{\text{total costs}} \times 100\%$$

Total costs in the above formula are the sum of cost of products sold, marketing cost, management cost and financial cost.

Sales Ratio of Products is an indicator reflecting the actual sale of industrial products, analyzing the production-selling and supply-demand relations. It is calculated as:

$$\text{Sales Ratio of Products (\%)} = \frac{\text{value of industrial sales}}{\text{gross industrial output value (current prices)}} \times 100\%$$

十四、建筑业

Construction

资料整理：王　东　郭　涛

简 要 说 明

一、本篇资料反映陕西建筑业概况和发展情况。内容包括：建筑业企业基本情况和生产经营情况。主要指标有企业个数、从业人员数、建筑业总产值、建筑业增加值、房屋建筑面积、利润税金、劳动生产率等。

二、本篇资料的统计范围：根据建筑业发展的实际情况，建筑业统计范围从 2002 年年报起由原具有建筑业资质等级四级及四级以上的独立核算的建筑业企业调整为具有建筑业资质的独立核算建筑业企业。

Brief Introduction

I. This chapter reflects the general situation and the development of the construction industry of Shaanxi Province. They cover the situation of production and management of the construction enterprises, including the number of enterprises, number of employed persons, gross output value and value added of the construction industry, floor space of buildings under construction, profits and taxes and labour productivity etc.

II. Scope of Statistics

In view of the development of the construction industry, starting from 2002 the scope of construction statistics has been adjusted to include all the construction enterprises of various types of ownership with qualification certificates and independent accounting systems, replacing the previous criteria that required construction enterprises of various types of ownership to have qualification certificates at or above Class 4 with independent accounting systems.

14.建筑业

2016年全省具有建筑业资质等级的建筑施工企业		
企业个数	2289	个
#国有及国有控股企业	276	个
总产值	5345.80	亿元
#国有及国有控股企业	3345.56	亿元
房屋建筑竣工面积（不含劳务分包企业）	6758.89	万平方米
房屋建筑面积竣工率（不含劳务分包企业）	27.6	%

建筑施工企业总产值（亿元）

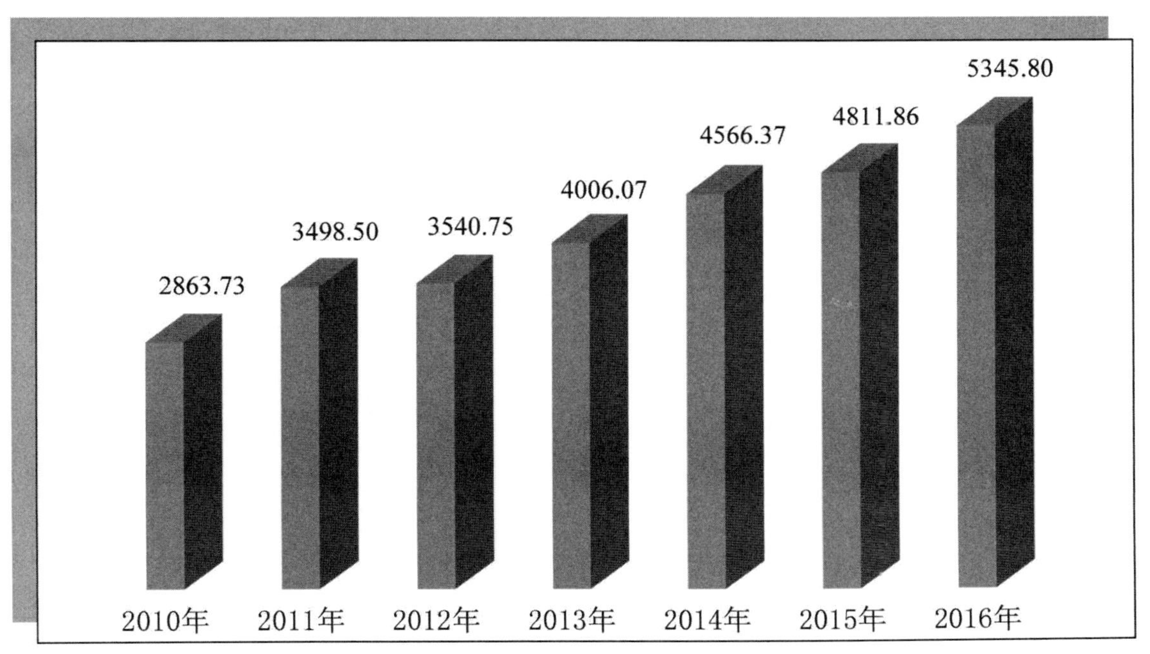

14-1 建筑业总产值
Gross Output Value of Construction

单位：万元 (10 000 yuan)

年 份 Year	建筑业总产值 Gross Output Value of Construction	# 地方属企业 Local-owned	国有企业 State-owned	集体企业 Collective-owned
1978	86642	60131	75082	11560
1979	91932	66057	77854	14078
1980	97607	71142	80505	17102
1981	82528	65171	65789	16739
1982	98176	70799	79749	18427
1983	110401	75874	85828	24573
1984	139234	92633	111271	27963
1985	164405	100322	132119	32286
1986	183081	112965	150795	38357
1987	208180	125264	165971	42209
1988	242409	134927	197920	44489
1989	273554	144417	230069	43485
1990	325034	155840	278358	46676
1991	360774	173400	306098	54676
1992	479806	228929	410445	69361
1993	751613	331449	650865	100649
1994	980260	414949	856685	121941
1995	1065612	501076	914782	143870
1996	1294502	735145	940012	335948
1997	1642493	928341	1158205	461272
1998	1879804	983440	1399161	394712
1999	2183009	1188225	1640515	432628
2000	2423046	1205275	1843456	439089
2001	2797388	1424557	1970842	479810
2002	3473536	1735125	2474524	490351
2003	4409564	2076800	3138873	456851
2004	5231639	2688405	3878423	439996
2005	6586411	3011102	5068215	443869
2006	8306966	3918215	6108524	686188
2007	11734648	5906626	7794313	931517
2008	16556239	8501607	11138979	1036447
2009	23092674	11391659	16741395	1201810
2010	28637317	15426858	20021853	2220240
2011	34984999	20712510	24518351	3152250
2012	35407509	24154390	22000114	3849886
2013	40060698	15161904	24898794	2184911
2014	45663737	17620611	28043125	2177236
2015	48118597	18562290	29556307	1986698
2016	53458015	20002390	33455625	4714710

注：1.1996年以后建筑业年报统计范围由往年的县及县以上(含县级建制镇)各种经济类型的建筑企业，改为具有建筑业资质等级四级及以上的各种经济类型的建筑施工企业；2002年改为具有建筑业资质等级的各种经济类型的建筑施工企业。
2.1998年以后国有经济为国有及国有控股企业。
3.本表资料含劳务分包企业。

a) Since 1996, the statistical range of construction annual report have changed from construction enterprises of all economic types in counties and above counties level (contain county towns) to the construction enterprises of all economic types at fourth or higher quality grades, since 2002 which have changed to the all economic types construction enterprises which possess qualification grades.
b) Since 1998, the state-owned enterprises are the state-owned and the state holding enterprises.
c) Data in the table include the subcontractor of labour services.

14-2 具有资质等级的建筑业企业主要指标(2016年)

指标	Item	企业数（个）Number of Enterprises (unit)	总产值（万元）Total Output Value (10 000 yuan)	# 建筑工程 Construction	# 安装工程 Installation
总计	**Total**	**2289**	**53458015**	**47456032**	**4014959**
# 国有及国有控股企业	State-owned and State-holding Enterprises	276	33455625	30726875	1768156
按登记注册类型分	**By Status of Registration**				
内资企业	Domestic Funded	2285	53450025	47453773	4009228
国有企业	State-owned Enterprises	86	3211146	2808397	313009
集体企业	Collective-owned Enterprises	125	2231679	1811700	378079
股份合作企业	Cooperative Enterprises	4	132386	109165	17137
联营企业	Joint Ownership Enterprises	2	13319	13319	
集体联营企业	Collective Joint Ownership Enterprises	1	10236	10236	
国有与集体联营企业	Joint State-collective Enterprises	1	3083	3083	
有限责任公司	Limited Liability Corporations	860	36262199	33164581	2029694
国有独资公司	State Sole Funded Corporations	55	7315929	7047629	259703
其他有限责任公司	Other Limited Liability Corporations	805	28946271	26116951	1769992
股份有限公司	Share-holding Corporations Limited	70	2550320	2031483	314604
私营企业	Private Enterprises	1137	9037975	7504128	956705
私营独资企业	Private-funded Enterprises	2	6046	4160	1553
私营有限责任公司	Private Limited Liability Corporations	1081	8161929	6851436	861257
私营股份有限公司	Private Share-holding Corporations Ltd.	54	870000	648533	93895
其他企业	Other Enterprises	1	11000	11000	
港、澳、台商投资企业	Enterprises with Funds from Hong Kong, Macao and Taiwan	2	4019	217	3801
外商投资企业	Foreign-invested Enterprise	2	3971	2042	1929
中外合资经营企业	Joint-venture Enterprises	1	2042	2042	
外资企业	Enterprises with Sole Funds	1	1929		1929
按国民经济行业分	**By Sector**				
房屋建筑业	Building	1347	28936348	26535233	1725018
土木工程建筑业	Building and Civil Engineering	547	20118583	18424482	931183
铁路、道路、隧道和桥梁工程建筑	Railway Road Tunnel and Bridge Engineering Construction	325	15759306	15467068	48266
水利和内河港口工程建筑	Water Conservancy and Inland Port	65	2288886	1900017	56981
工矿工程建筑	Industrial and Mining Engineering	52	767268	458016	206594
架线和管道工程建筑	Wiring and Piping Engineering	61	815053	187618	605233
其他土木工程建筑	Other Civil Engineering Construction	44	488071	411762	14109
建筑安装业	Construction Installation	186	3120526	1641577	1085109
电气安装	Electrical Installation	74	648326	433290	146500
管道和设备安装	Piping and Equipment Installation	43	156819	64113	69197
其他建筑安装业	Other Construction and Installation Industry	69	2315381	1144174	869412

Main Production Indicators of Construction Enterprises Which Possess Qualification Grades(2016)

从事主营业务活动从业人员平均人数(人) The Average Number of Employed Persons (person)	从事主营业务活动从业人员年末人数(人) Number of Employed Persons at Year-end (person)	利润总额 (万元) Total Profits (10 000 yuan)	税金 (万元) Tax (10 000 yuan)	按总产值计算劳动生产率 (元/人) Overall Labor Productivity by Gross Output Value (yuan/person)	产值利润率 (%) Ratio of Profit to Gross Output Value (%)	产值利税率 (%) Ratio of Pre-tax Profit to Gross Output Value (%)	资产总计 (万元) Total Assets (10 000 yuan)	负债合计 (万元) Total Liabilities (10 000 yuan)	实收资本 (万元) Paid-in Capitals (10 000 yuan)	资产负债率 (%) Assets-Liability Ratio (%)
1200268	**1384072**	**1641382**	**1013941**	**445384**	**3.1**	**1.9**	**54022358**	**39161663**	**10145243**	**72.5**
559691	646966	778404	452930	597752	2.3	1.4	36211731	30217865	3764091	83.4
1200046	1383784	1640664	1013704	445400	3.1	1.9	54014705	39157463	10142119	72.5
60664	76513	140714	90759	529333	4.4	2.8	3243757	2024558	323213	62.4
81188	81810	107928	84083	274878	4.8	3.8	1477289	833119	474238	56.4
6535	6337	806	13529	202580	0.6	10.2	97071	22877	73901	23.6
529	541	8698	332	251777	65.3	2.5	29701	6558	13847	22.1
425	425	8717	45	240842	85.2	0.4	20328	3032	8000	14.9
104	116	-20	287	296462	-0.6	9.3	9373	3526	5847	37.6
698210	817645	902693	546957	519359	2.5	1.5	37828778	30440629	5238043	80.5
129701	152011	117440	105645	564061	1.6	1.4	7092828	5907858	881449	83.3
568509	665634	785253	441312	509161	2.7	1.5	30735950	24532770	4356594	79.8
47631	50697	67098	32827	535433	2.6	1.3	2086898	1534354	374374	73.5
304687	349639	412728	245043	296631	4.6	2.7	9247975	4294626	3642432	46.4
218	218	45	236	277326	0.7	3.9	10474	6799	3220	64.9
280243	323263	376159	225918	291245	4.6	2.8	8858804	4084560	3527813	46.1
24226	26158	36523	18889	359118	4.2	2.2	378697	203266	111399	53.7
602	602		175	182724		1.6	3237	743	2072	23.0
174	163	540	125	230948	13.4	3.1	3716	2469	1185	66.5
48	125	178	112	827354	4.5	2.8	3937	1731	1939	44.0
45	90	-31	81	453822	-1.5	4.0	3233	1731	1500	53.5
3	35	209	31	6430333	10.8	1.6	705		439	
752006	880988	892961	670635	384789	3.1	2.3	21409306	13427551	5181929	62.7
368516	405221	597110	269658	545935	3.0	1.3	28616345	23014238	4093883	80.4
277622	305285	435424	209275	567653	2.8	1.3	22772842	18717712	2986206	82.2
41751	43975	83464	26246	548223	3.6	1.1	2687910	2090387	407551	77.8
21280	22500	21281	8097	360558	2.8	1.1	1623601	1211580	315241	74.6
19380	22284	33461	17813	420564	4.1	2.2	960520	605562	257869	63.0
8483	11177	23481	8227	575352	4.8	1.7	571472	388997	127017	68.1
49779	53669	101436	45658	626876	3.3	1.5	2946101	2082409	568079	70.7
12084	13637	23701	11291	536516	3.7	1.7	771277	579306	153435	75.1
6782	6996	9347	4752	231228	6.0	3.0	263730	132058	69934	50.1
30913	33036	68389	29615	748999	3.0	1.3	1911094	1371046	344709	71.7

14-2 续表

指　　标	Item	企业数（个）Number of Enterprises (unit)	总产值（万元）Total Output Value (10 000 yuan)	# 建筑工程 Construction	# 安装工程 Installation
建筑装饰和其他建筑业	Building Decoration and Other Construction	209	1282558	854741	273649
建筑装饰业	Construction Decoration	137	584325	353353	162120
工程准备活动	Engineering Preparation	26	321875	313752	90
提供施工设备服务	Construction Equipment Services	9	94311	85069	300
其他未列明的建筑活动	Other Construction Activities Unlisted	37	282047	102567	111139
按隶属关系分	**By Jurisdiction of Management**				
中　央	Central	67	17651578	16802200	408433
省	Provincial	97	11724907	10259862	1081483
市及以下	Cities at Prefecture Level and Below	570	11073832	9820515	904278
其　他	Others	1555	13007698	10573456	1620765
按企业资质等级分	**By Qualification Grade**				
施工总承包	The General Contractor	1817	49025023	44495646	3034206
特　级	Special Grade	9	6829400	6702278	70993
一　级	First Grade	246	27869971	25214891	1746455
二　级	Second Grade	1057	10497692	9173854	936516
三级及以下	Third Grade and Below	505	3827959	3404623	280243
专业承包	The Specialized Contractor	434	4267322	2960386	980752
一　级	First Grade	145	2420710	1930651	367981
二　级	Second Grade	160	1279395	753363	422427
三级及以下	Third Grade and Below	129	567217	276372	190344
劳务分包	The Subcontractor of Labour Services	38	165670		
一　级	First Grade	26	122617		
二　级	Second Grade	7	39593		
三级及以下	Third Grade and Below	5	3460		
按营业状态分	**By Business State**				
营　业	Operating	2266	53449339	47450270	4014959
停业(歇业)	Suspension	20	3541	627	
当年关闭	Closure in This Year	1	35	35	
其　他	Others	1	5100	5100	
按控股情况分	**By Holding Situation**				
国有控股	State-holding	276	33455625	30726875	1768156
集体控股	Group Holdings	186	4714710	4013789	580208
私人控股	Private Holdings	1739	14333424	11881240	1587664
港澳台商控股	Holdings Hong Kong, Macao,Taiwan	1	217	217	
外商控股	Foreign Holdings	2	3971	2042	1929
其　他	Others	85	950067	831869	77002

continued

从事主营业务活动从业人员平均人数(人) The Average Number of Employed Persons (person)	从事主营业务活动从业人员年末人数(人) Number of Employed Persons at Year-end (person)	利润总额(万元) Total Profits (10 000 yuan)	税金(万元) Tax (10 000 yuan)	按总产值计算劳动生产率(元/人) Overall Labor Productivity by Gross Output Value (yuan/person)	产值利润率(%) Ratio of Profit to Gross Output Value (%)	产值利税率(%) Ratio of Pre-tax Profit to Gross Output Value (%)	资产总计(万元) Total Assets (10 000 yuan)	负债合计(万元) Total Liabilities (10 000 yuan)	实收资本(万元) Paid-in Capitals (10 000 yuan)	资产负债率(%) Assets-Liability Ratio (%)
29967	44194	49875	27990	427990	3.9	2.2	1050606	637464	301351	60.7
19032	23496	31348	14180	307022	5.4	2.4	635233	354067	221204	55.7
5725	13861	13368	10194	562228	4.2	3.2	277610	201990	38074	72.8
1112	1137	441	1051	848121	0.5	1.1	15111	7150	3999	47.3
4098	5700	4719	2565	688255	1.7	0.9	122652	74258	38075	60.5
277708	320642	486975	180709	635616	2.8	1.0	24325038	21085585	2353587	86.7
178211	211840	186829	173672	657923	1.6	1.5	8459452	6318088	1125608	80.6
319152	336090	448628	317239	346977	4.1	2.9	7869827	4385067	1844603	55.7
425197	515500	518950	342322	305922	4.0	2.6	13368041	6872922	4821445	51.4
1094757	1261919	1466183	919576	447816	3.0	1.9	50056083	36482777	9295068	72.9
77787	85002	225513	74769	877962	3.3	1.1	13192026	11488253	1291444	87.1
505597	587787	621017	407843	551229	2.2	1.5	24646843	19037957	3352866	77.2
375026	442337	451372	328119	279919	4.3	3.1	9688142	4672039	3731583	48.2
136347	146793	168281	108846	280751	4.4	2.8	2529072	1284528	919175	50.8
89757	106672	164069	89002	475431	3.8	2.1	3890751	2627081	840772	67.5
37749	52926	91242	41109	641265	3.8	1.7	2366963	1758519	436184	74.3
39844	39205	58908	36599	321101	4.6	2.9	1041317	596672	251146	57.3
12164	14541	13919	11294	466308	2.5	2.0	482472	271890	153442	56.4
15754	15481	11130	5363	105161	6.7	3.2	75524	51805	9403	68.6
10678	10408	3109	3250	114831	2.5	2.7	66225	51282	7307	77.4
4716	4715	7823	1814	83955	19.8	4.6	8221	447	1223	5.4
360	358	199	298	96103	5.7	8.6	1079	75	873	6.9
1199519	1383423	1641325	1013418	445590	3.1	1.9	53984837	39145559	10126128	72.5
664	504	-164	285	53325	-4.6	8.1	36104	15455	18347	42.8
5	5	5	0	70000	15.1	0.9	557	457	100	82.0
80	140	215	237	637500	4.2	4.7	860	192	668	22.3
559691	646966	778404	452930	597752	2.3	1.4	36211731	30217865	3764091	83.4
129448	133235	147415	132948	364217	3.1	2.8	3309430	2263045	762261	68.4
486026	571462	672536	401534	294911	4.7	2.8	13897734	6345089	5387087	45.7
6	8	5	6	362000	2.5	2.5	242	413	661	170.8
48	125	178	112	827354	4.5	2.8	3937	1731	1939	44.0
25049	32276	42844	26412	379283	4.5	2.8	599284	333521	229203	55.7

14-3 施工总承包和专业承包建筑业企业主要指标(2016年)

指标	Item	企业数 (个) Number of Enterprises (unit)	从事主营业务活动从业人员平均人数(人) The Average Number of Employed Persons (person)	从事主营业务活动从业人员年末人数(人) Number of Employed Persons at Year-end (person)	# 工程技术人员 Engineers	# 现场施工人员 On-site Construction Personnel
总计	**Total**	**2251**	**1184514**	**1368591**	**176054**	**599763**
# 国有及国有控股企业	State-owned and State-holding Enterprises	276	559691	646966	85113	342251
按登记注册类型分	**By Status of Registration**					
内资企业	Domestic Funded	2247	1184292	1368303	176023	599733
国有企业	State-owned Enterprises	86	60664	76513	9285	31869
集体企业	Collective-owned Enterprises	125	81188	81810	10144	29434
股份合作企业	Cooperative Enterprises	4	6535	6337	442	1240
联营企业	Joint Ownership Enterprises	2	529	541	239	265
集体联营企业	Collective Joint Ownership Enterprises	1	425	425	217	245
国有与集体联营企业	Joint State-collective Enterprises	1	104	116	22	20
有限责任公司	Limited Liability Corporations	843	695391	812869	102042	388889
国有独资公司	State Sole Funded Corporations	55	129701	152011	23303	86142
其他有限责任公司	Other Limited Liability Corporations	788	565690	660858	78739	302747
股份有限公司	Share-holding Corporations Limited	70	47631	50697	5601	14836
私营企业	Private Enterprises	1116	291752	338934	48160	132718
私营独资企业	Private-funded Enterprises	1	214	214	116	124
私营有限责任公司	Private Limited Liability Corporations	1065	271532	316782	45782	124540
私营股份有限公司	Private Share-holding Corporations Ltd.	50	20006	21938	2262	8054
其他企业	Other Enterprises	1	602	602	110	482
港、澳、台商投资企业	Enterprises with Funds from Hong Kong,	2	174	163	4	
外商投资企业	Foreign-invested Enterprise	2	48	125	27	30
中外合资经营企业	Joint-venture Enterprises	1	45	90	25	30
外资企业	Enterprises with Sole Funds	1	3	35	2	
按国民经济行业分	**By Sector**					
房屋建筑业	Building	1329	743079	874318	101643	361913
土木工程建筑业	Building and Civil Engineering	544	364296	401001	59433	204615
铁路、道路、隧道和桥梁工程建筑	Railway Road Tunnel and Bridge Engineering Construction	323	274742	302415	43952	166060
水利和内河港口工程建筑	Water Conservancy and Inland Port Engineering Construction	65	41751	43975	8353	14504
工矿工程建筑	Industrial and Mining Engineering	52	21280	22500	2516	12183
架线和管道工程建筑	Wiring and Piping Engineering	61	19380	22284	3460	9979
其他土木工程建筑	Other Civil Engineering Construction	43	7143	9827	1152	1889
建筑安装业	Construction Installation	179	48066	49984	11056	24758
电气安装	Electrical Installation	73	12038	13591	3555	6479
管道和设备安装	Piping and Equipment Installation	40	5450	5704	744	1936
其他建筑安装业	Other Construction and Installation Industry	66	30578	30689	6757	16343

Main Indicators of General Contracting and Professional Contracting in Construction Enterprises (2016)

建筑业总产值(万元) Total Output Value (10 000 yuan)	建筑工程 Construction	安装工程 Installation	其 他 Others	竣工产值(万元) Output Value ofCompleted Construction (10 000 yuan)	房屋建筑施工面积(万平方米) Floor Space of Buildings under Construction (10 000 sq.m)	# 本年新开工面积 New Buildings	房屋建筑竣工面积(万平方米) Floor Space of Buildings Completed (10 000 sq.m)	# 住宅 Residential Housing	房屋建筑面积竣工率(%) Rate of Floor Space of Buildings Completed (%)
53292345	**47456032**	**4014959**	**1821354**	**22800299**	**24528.29**	**8685.37**	**6758.89**	**4966.55**	**27.6**
33455625	30726875	1768156	960594	13791098	14385.71	3997.56	2364.30	2061.15	19.9
53284355	47453773	4009228	1821354	22796321	24528.29	8685.37	6758.89	4966.55	27.6
3211146	2808397	313009	89740	1178224	1013.07	199.91	286.70	220.40	28.3
2231679	1811700	378079	41901	1163871	1241.47	673.54	675.68	504.62	54.4
132386	109165	17137	6084	74311	52.59	41.55	48.09	37.63	91.4
13319	13319			2965	12.04	3.03	1.48	1.48	12.3
10236	10236			2965	10.24	3.03	1.48	1.48	14.4
3083	3083				1.80				
36235031	33164581	2029694	1040756	15819875	16283.20	5349.65	4029.59	2927.12	24.7
7315929	7047629	259703	8597	3032668	4339.98	1127.73	873.90	589.91	20.1
28919102	26116951	1769992	1032159	12787207	11943.23	4221.92	3155.59	2337.21	26.4
2550320	2031483	314604	204233	518419	1123.81	280.63	239.73	196.29	21.3
8899473	7504128	956705	438640	4037373	4785.98	2135.98	1476.46	1077.84	30.8
6013	4160	1553	300	6013	4.02	3.36	3.54	0.90	88.0
8064863	6851436	861257	352171	3766392	4438.24	1923.90	1341.08	973.81	30.2
828598	648533	93895	86170	264968	343.72	208.72	131.84	103.13	38.4
11000	11000			1283	16.13	1.08	1.17	1.17	7.2
4019	217	3801		179					
3971	2042	1929		3799					
2042	2042			1870					
1929		1929		1929					
28836408	26535233	1725018	576157	13708193	23005.45	8216.07	6519.98	4808.39	28.3
20082180	18424482	931183	726515	7725960	1276.54	390.62	178.41	123.20	14.0
15736157	15467068	48266	220823	6495918	573.04	120.13	131.76	101.99	23.0
2288886	1900017	56981	331887	561711	523.81	238.05	10.80	4.57	2.1
767268	458016	206594	102657	275588	166.61	27.66	31.28	14.28	18.8
815053	187618	605233	22202	247428	2.26	1.00	0.20		8.7
474817	411762	14109	48946	145316	10.81	3.79	4.37	2.36	40.5
3106636	1641577	1085109	379951	861800	213.93	53.91	48.22	31.00	22.5
647012	433290	146500	67223	273618	5.20	4.62	23.60	22.97	453.7
148798	64113	69197	15488	62797	11.15	9.24	4.56	3.48	40.8
2310826	1144174	869412	297239	525384	197.58	40.05	20.07	4.55	10.2

14-3 续表 1

指　　标	Item	企业数(个) Number of Enterprises (unit)	从事主营业务活动从业人员平均人数(人) The Average Number of Employed Persons (person)	从事主营业务活动从业人员年末人数(人) Number of Employed Persons at Year-end (person)	# 工程技术人员 Engineer	# 现场施工人员 On-site Construction Personnel
建筑装饰和其他建筑业	Building Decoration and Other Construction	199	29073	43288	3922	8477
建筑装饰业	Construction Decoration	132	18703	23127	2431	5367
工程准备活动	Engineering Preparation	26	5725	13861	693	1665
提供施工设备服务	Construction Equipment Services	6	557	604	86	154
其他未列明的建筑活动	Other Construction Activities Unlisted	35	4088	5696	712	1291
按隶属关系分	**By Jurisdiction of Management**					
中　央	Central	67	277708	320642	42818	170295
省	Provincial	97	178211	211840	28460	107561
市及以下	Cities at Prefecture Level and Below	564	318409	333342	43200	145039
其　他	Others	1523	410186	502767	61576	176868
按企业资质等级分	**By Qualification Grade**					
施工总承包	The General Contractor	1817	1094757	1261919	161652	565055
特　级	Special Grade	9	77787	85002	18050	39493
一　级	First Grade	246	505597	587787	70156	320102
二　级	Second Grade	1057	375026	442337	53286	147448
三级及以下	Third Grade and Below	505	136347	146793	20160	58012
专业承包	The Specialized Contractor	434	89757	106672	14402	34708
一　级	First Grade	145	37749	52926	7617	19636
二　级	Second Grade	160	39844	39205	4769	9819
三级及以下	Third Grade and Below	129	12164	14541	2016	5253
按营业状态分	**By Business State**					
营　业	Operating	2229	1184067	1368252	176008	599528
停业(歇业)	Suspension	19	362	194	26	215
当年关闭	Closure in This Year	1	5	5		
其　他	Others	1	80	140	20	20
按控股情况分	**By Holding Situation**					
国有控股	State-holding	276	559691	646966	85113	342251
集体控股	Group Holdings	186	129448	133235	16956	51722
私人控股	Private Holdings	1704	470599	556335	70665	196637
港澳台商控股	Holdings Hong Kong, Macao,Taiwan	1	6	8	4	
外商控股	Foreign Holdings	2	48	125	27	30
其　他	Others	82	24722	31922	3289	9123

continued

建筑业总产值(万元) Total Output Value (10 000 yuan)	建筑工程 Construction	安装工程 Installation	其他 Others	竣工产值(万元) Output Value of Completed Construction (10 000 yuan)	房屋建筑施工面积(万平方米) Floor Space of Buildings under Construction (10 000 sq.m)	#本年新开工面积 New Buildings	房屋建筑竣工面积(万平方米) Floor Space of Buildings Completed (10 000 sq.m)	#住宅 Residential Housing	房屋建筑面积竣工率(%) Rate of Floor Space of Buildings Completed (%)
1267122	854741	273649	138731	504347	32.38	24.78	12.23	3.97	37.9
580000	353353	162120	64526	239166	15.96	13.12	0.20	0.20	1.3
321875	313752	90	8034	187977	1.20	1.05	0.20	0.20	16.6
89354	85069	300	3985	2893					
275893	102567	111139	62187	74311	15.21	10.60	11.88	3.57	78.1
17651578	16802200	408433	440945	6554391	3401.75	827.94	255.70	188.05	7.5
11724907	10259862	1081483	383563	5364599	8293.57	2223.73	2048.77	1445.29	24.7
11064227	9820515	904278	339435	5144540	6462.36	2820.74	2455.99	1882.11	38.0
12851633	10573456	1620765	657413	5736768	6370.62	2812.97	1998.43	1451.09	31.4
49025023	44495646	3034206	1495170	21258156	24166.40	8534.34	6611.20	4831.98	27.4
6829400	6702278	70993	56130	1834836	3148.17	868.95	622.63	479.91	19.8
27869971	25214891	1746455	908625	12119265	13814.97	3785.16	2877.27	2073.43	20.8
10497692	9173854	936516	387323	5739167	5726.15	2972.16	2390.57	1731.23	41.8
3827959	3404623	280243	143092	1564889	1477.11	908.07	720.53	547.41	48.8
4267322	2960386	980752	326184	1542143	361.89	151.03	147.70	134.57	40.8
2420710	1930651	367981	122078	1040727	125.78	13.05	26.08	23.95	20.7
1279395	753363	422427	103605	286544	202.37	111.97	102.86	96.39	50.8
567217	276372	190344	100501	214873	33.74	26.01	18.76	14.23	55.6
53286425	47450270	4014959	1821197	22795134	24524.01	8681.13	6758.89	4966.55	27.6
785	627		158		0.01				
35	35			65	0.07	0.04			
5100	5100			5100	4.21	4.21			
33455625	30726875	1768156	960594	13791098	14385.71	3997.56	2864.30	2061.15	19.9
4714710	4013789	580208	120714	2107291	2338.10	1111.33	1093.68	788.87	46.8
14172734	11881240	1587664	703831	6428430	7343.84	3314.18	2611.40	1961.12	35.6
217	217			179					
3971	2042	1929		3799					
945087	831869	77002	36216	469502	460.64	262.30	189.51	155.40	41.1

14-3 续表 2

单位：万元

指 标	Item	资产总计 Total Assets	# 流动资产 Circulating Funds	# 固定资产 Fixed Assets	固定资产原价 Original Value of Fixed Assets
总 计	**Total**	**53946834**	**44276725**	**4062182**	**6119375**
# 国有及国有控股企业	State-owned and State-holding Enterprises	36211731	30508502	1649380	3363523
按登记注册类型分	**By Status of Registration**				
内资企业	Domestic Funded	53939181	44269366	4062109	6119053
国有企业	State-owned Enterprises	3243757	2542860	201167	286226
集体企业	Collective-owned Enterprises	1477289	1161383	223481	282135
股份合作企业	Cooperative Enterprises	97071	75981	16589	5983
联营企业	Joint Ownership Enterprises	29701	26586	994	1431
集体联营企业	Collective Joint Ownership Enterprises	20328	19710	62	222
国有与集体联营企业	Joint State-collective Enterprises	9373	6875	933	1209
有限责任公司	Limited Liability Corporations	37805901	31507013	2301806	3966668
国有独资公司	State Sole Funded Corporations	7092828	5950152	379558	918901
其他有限责任公司	Other Limited Liability Corporations	30713072	25556861	1922248	3047767
股份有限公司	Share-holding Corporations Limited	2086898	1782046	155270	232856
私营企业	Private Enterprises	9195328	7173070	1159991	1340496
私营独资企业	Private-funded Enterprises	10369	4215	2629	2013
私营有限责任公司	Private Limited Liability Corporations	8812987	6892501	1092001	1249183
私营股份有限公司	Private Share-holding Corporations Ltd.	371972	276353	65362	89301
其他企业	Other Enterprises	3237	427	2811	3258
港、澳、台商投资企业	Enterprises with Funds from Hong Kong,	3716	3646	61	277
外商投资企业	Foreign-invested Enterprise	3937	3713	13	46
中外合资经营企业	Joint-venture Enterprises	3233	3029	10	36
外资企业	Enterprises with Sole Funds	705	684	2	11
按国民经济行业分	**By Sector**				
房屋建筑业	Building	21357324	17513479	2133449	2360196
土木工程建筑业	Building and Civil Engineering	28610001	23388125	1646216	3325896
铁路、道路、隧道和桥梁工程建筑	Railway Road Tunnel and Bridge Engineering Construction	22768851	18637493	1170603	2538243
水利和内河港口工程建筑	Water Conservancy and Inland Port Engineering Construction	2687910	2173081	235688	425571
工矿工程建筑	Industrial and Mining Engineering	1623601	1268061	139072	189152
架线和管道工程建筑	Wiring and Piping Engineering	960520	848734	58903	105677
其他土木工程建筑	Other Civil Engineering Construction	569118	460756	41950	67254
建筑安装业	Construction Installation	2939693	2524848	179651	293288
电气安装	Electrical Installation	770347	620227	52169	67250
管道和设备安装	Piping and Equipment Installation	260708	207293	23965	37240
其他建筑安装业	Other Construction and Installation Industry	1908638	1697328	103516	188798

continued

(10 000 yuan)

负债合计 Total Liabilities	所有者权益合计 Owners' Equity	# 实收资本 Paid-in Capitals	营业收入 Operating Revenue	营业成本 Cost of Operating Revenue	营业税金及附加 Taxes and Other Charges on Operating Revenue	管理费用 Manage-ment Expenses	# 税 金 Tax	营业利润 Operating Profit	利润总额 Total Profits	应付职工薪酬 Accrued Employee Payroll
39109858	**14836976**	**10135840**	**56194937**	**51660578**	**935689**	**1547468**	**72889**	**1622275**	**1630252**	**6073782**
30217865	5993866	3764091	38786642	36592379	428705	911322	24225	757354	778404	3896815
39105658	14833523	10132716	56179962	51648263	935482	1545727	72859	1621555	1629534	6071117
2024558	1219199	323213	3381533	3024700	84451	98176	6309	133147	140714	515001
833119	644169	474238	2205651	1767992	75994	114732	8090	109988	107928	279759
22877	74194	73901	109454	90154	13444	792	84	4900	806	6283
6558	23143	13847	38957	29126	252	909	80	8705	8698	2854
3032	17296	8000	32863	23476	41	667	4	8717	8717	2125
3526	5847	5847	6094	5650	211	242	76	-12	-20	729
30428122	7377779	5233806	40136608	37619388	509991	976523	35819	887307	900949	3957912
5907858	1184970	881449	7533406	7085407	102731	216125	2915	116183	117440	809518
24520264	6192809	4352357	32603202	30533981	407260	760398	32904	771124	783509	3148394
1534354	552545	374374	1958230	1801882	30510	49177	2316	66780	67098	189589
4255327	4940001	3637266	8346382	7312111	220668	305381	20159	405717	403342	1119719
6799	3570	3180	6013	5438	233	32	2	37	37	530
4045262	4767725	3522837	7895638	6925226	204317	293719	19261	377539	374606	1056080
203266	168706	111249	444731	381447	16118	11630	896	28141	28699	63109
743	2494	2072	3149	2910	172	36	2	12		
2469	1247	1185	8427	7525	102	267	22	539	540	1455
1731	2207	1939	6548	4790	105	1474	8	180	178	1211
1731	1502	1500	4619	4459	75	115	6	-31	-31	366
	705	439	1929	331	29	1359	2	211	209	845
13387298	7970027	5176873	26156882	23641627	624282	615795	44026	906451	890703	3201498
23014238	5595762	4093883	26043111	24423728	243841	776038	24175	566099	589376	2456732
18717712	4051139	2986206	21381093	20231251	190260	537092	17995	416117	430861	1956277
2090387	597523	407551	2600293	2381593	22648	102646	3598	78396	83464	261477
1211580	412022	315241	760861	687953	7652	40261	445	21211	21281	106834
605562	354958	257869	814715	689507	16137	75850	1677	29066	33461	96087
388997	180121	127017	486148	433423	7145	20189	460	21309	20310	36058
2078939	860755	566079	2885362	2605581	42320	120090	2991	100604	101232	295111
579202	191145	152635	730304	652699	10370	38156	906	23090	23682	60435
129776	130932	69334	203236	174318	4022	11745	441	9308	9453	28339
1369961	538677	344109	1951822	1778564	27929	70189	1643	68207	68097	206337

14-3 续表 3

单位：万元

指 标	Item	资产总计 Total Assets	#流动资产 Circulating Funds	#固定资产 Fixed Assets	固定资产原价 Original Value of Fixed Assets
建筑装饰和其他建筑业	Building Decoration and Other Construction	1039817	850273	102867	139995
建筑装饰业	Construction Decoration	626068	500621	65595	88469
工程准备活动	Engineering Preparation	277610	248530	16162	20853
提供施工设备服务	Construction Equipment Services	13954	8446	4742	7425
其他未列明的建筑活动	Other Construction Activities Unlisted	122184	92676	16367	23248
按隶属关系分	**By Jurisdiction of Management**				
中 央	Central	24325038	20244701	1076453	2501557
省	Provincial	8459452	7434465	372472	595346
市及以下	Cities at Prefecture Level and Below	7856502	6100057	948496	1069429
其 他	Others	13305842	10497503	1664761	1953044
按企业资质等级分	**By Qualification Grade**				
施工总承包	The General Contractor	50056083	41019196	3726047	5700071
特 级	Special Grade	13192026	10366498	288191	542795
一 级	First Grade	24646843	21601959	1419087	2907012
二 级	Second Grade	9688142	7289481	1617611	1739523
三级及以下	Third Grade and Below	2529072	1761258	401159	510741
专业承包	The Specialized Contractor	3890751	3257529	336135	419304
一 级	First Grade	2366963	2096426	140300	243790
二 级	Second Grade	1041317	796984	129779	110857
三级及以下	Third Grade and Below	482472	364120	66057	64657
按营业状态分	**By Business State**				
营 业	Operating	53909965	44252250	4054751	6108442
停业(歇业)	Suspension	35453	23981	6518	9947
当年关闭	Closure in This Year	557	84	473	556
其 他	Others	860	410	440	430
按控股情况分	**By Holding Situation**				
国有控股	State-holding	36211731	30508502	1649380	3363523
集体控股	Group Holdings	3309430	2726818	375160	496768
私人控股	Private Holdings	13830596	10582262	1944785	2128642
港澳台商控股	Holdings Hong Kong, Macao,Taiwan	242	227	14	143
外商控股	Foreign Holdings	3937	3713	13	46
其 他	Others	590898	455203	92830	130253

continued

(10 000 yuan)

负债合计 Total Liabilities	所有者权益合计 Owners' Equity	# 实收资本 Paid-in Capitals	营业收入 Operating Revenue	营业成本 Cost of Operating Revenue	营业税金及附加 Taxes and Other Charges on Operating Revenue	管理费用 Management Expenses	# 税金 Tax	营业利润 Operating Profit	利润总额 Total Profits	应付职工薪酬 Accrued Employee Payroll
629384	410433	299004	1109583	989642	25246	35544	1697	49120	48941	120442
346019	280049	220322	631895	559452	12520	21985	1082	30317	30526	78843
201990	75620	38074	360602	332140	9935	5318	259	13363	13368	27245
7120	6834	2999	19870	18428	618	469	17	340	338	1418
74255	47929	37610	97216	79621	2173	7773	339	5100	4710	12937
21085585	3239453	2353587	23655221	22415444	167467	595928	13241	468960	486975	2281484
6818088	1641364	1125608	11324470	10728401	169719	203350	3953	185011	186829	1201500
4376607	3479895	1843303	9416129	8154607	288818	285906	27978	456150	447009	1072682
6829577	6476264	4813342	11799117	10362125	309685	462284	27717	512154	509439	1518117
36482777	13573306	9295068	52030674	47965405	852130	1362576	67447	1456896	1466183	5689968
11488253	1703773	1291444	12083041	11625574	73414	217758	1354	215049	225513	761387
19037957	5608886	3352866	27127219	25325642	379425	640829	28418	610151	621017	3205920
4672039	5016103	3731583	9642200	8270433	301784	368768	26335	466898	451372	1269466
1284528	1244545	919175	3178214	2743756	97507	135222	11339	164798	168281	453195
2627081	1263670	840772	4164263	3695173	83560	184892	5442	155379	164069	383815
1758519	608443	436184	2647642	2404783	38592	93166	2516	91730	91242	202921
596672	444645	251146	1148781	978818	34466	66214	2134	59068	58908	134567
271890	210582	153442	367841	311572	10502	25512	792	14581	13919	46327
39093854	14816111	10117225	56183902	51650437	935326	1546927	72878	1622294	1630271	6072943
15356	20097	17847	6751	6373	134	487	2	-240	-240	390
457	100	100	65	14	0	46	0	5	5	30
192	668	668	4219	3754	229	9	9	215	215	420
30217865	5993866	3764091	38786642	36592379	428705	911322	24225	757354	778404	3896815
2263045	1046385	762261	3751280	3151188	120314	168839	12634	149365	147415	418811
6300430	7530166	5378784	12801400	11168132	362442	433235	34066	573265	662167	1645079
413	-171	661	217	164	5	35	1	5	5	33
1731	2207	1939	6548	4790	105	1474	8	180	178	1211
326375	264523	228103	848850	743924	24119	32563	1956	42106	42083	111833

14-4 劳务分包建筑业企业主要指标(2016年)

单位：万元

指标	Item	企业数(个) Number of Enterprises (unit)	建筑业总产值 Total Output Value	直接从事生产经营活动平均人数(人) Number of Engaged Persons (person)	年末从业人数(人) Number of Engaged Persons (person)	#工程技术人员 Engineer	#现场施工人员 Site Construction Personnel
总计	**Total**	**38**	**165670**	**15754**	**15481**	**1799**	**8036**
按登记注册类型分	**By Status of Registration**						
内资企业	Domestic Funded	38	165670	15754	15481	1799	8036
有限责任公司	Limited Liability Corporations	17	27169	2819	4776	206	2278
其他有限责任公司	Other Limited Liability Corporations	17	27169	2819	4776	206	2278
私营企业	Private Enterprises	21	138501	12935	10705	1593	5758
私营独资企业	Private-funded Enterprises	1	33	4	4		
私营有限责任公司	Private Limited Liability Corporations	16	97065	8711	6481	1570	4498
私营股份有限公司	Private Share-holding Corporations Ltd.	4	41403	4220	4220	23	1260
按国民经济行业分	**By Sector**						
房屋建筑业	Building	18	99940	8927	6670	1574	4680
土木工程建筑业	Building and Civil Engineering	3	36403	4220	4220	23	1260
铁路、道路、隧道和桥梁工程建筑	Railway Road Tunnel and Bridge Engineering Construction	2	23149	2880	2870	23	1260
其他土木工程建筑	Construction Installation	1	13254	1340	1350		
建筑安装业	Construction Installation	7	13890	1713	3685	132	1470
电气安装	Electrical Installation	1	1314	46	46	3	35
管道和设备安装	Piping and Equipment Installation	3	8021	1332	1292	97	1151
其他建筑安装业	Other Construction and Installation Industry	3	4555	335	2347	32	284
建筑装饰和其他建筑业	Building Decoration and Other Construction	10	15437	894	906	70	626
建筑装饰业	Construction Decoration	5	4325	329	369	36	271
提供施工设备服务	Construction Equipment Services	3	4957	555	533	32	353
其他未列明的建筑活动	Other Construction Activities Unlisted	2	6154	10	4	2	2
按隶属关系分	**By Jurisdiction of Management**						
市及以下	Cities at Prefecture Level and Below	6	9605	743	2748	65	563
其他	Others	32	156065	15011	12733	1734	7473
按企业资质等级分	**By Qualification Grade**						
一级	First Grade	26	122617	10678	10408	1647	6194
二级	Second Grade	7	39593	4716	4715	82	1594
三级及以下	Third Grade and Below	5	3460	360	358	70	248
按营业状态分	**By Business State**						
营业	Operating	37	162914	15452	15171	1742	7825
停业(歇业)	Suspension	1	2756	302	310	57	211
按控股情况分	**By Holding Situation**						
私人控股	Private Holdings	35	160691	15427	15127	1760	7729
其他	Others	3	4979	327	354	39	307

Main Production Indicators of Labor Subcontracting in Construction Enterprises (2016)

(10 000 yuan)

固定资产原价 Original Value of Fixed Assets	本年折旧 Depreciation of Fixed Assets	资产总计 Total Assets	负债合计 Total Liabilities	实收资本 Paid-in Capitals	主营业务收入 Revenue from Principal Business	主营业务成本 Cost of Principal Business	主营业务税金及附加 Taxes and Other Charges on Principal Business	营业利润 Operating Profit	利润总额 Total Profits
6921	**744**	**75524**	**51805**	**9403**	**189756**	**166729**	**5231**	**11179**	**11130**
6921	744	75524	51805	9403	189756	166729	5231	11179	11130
4131	432	22877	12507	4237	25826	21879	1134	1775	1744
4131	432	22877	12507	4237	25826	21879	1134	1775	1744
2789	312	52647	39298	5166	163930	144849	4096	9404	9386
80	8	105		40	33	25	0	8	8
1269	161	45817	39298	4976	122494	113913	2285	1571	1553
1441	143	6725		150	41403	30912	1812	7825	7825
3435	343	51982	40253	5056	112547	103190	2258	2250	2258
1221	125	6345			36403	26312	1593	7734	7734
95	72	3990			23149	16970	983	4563	4563
1125	54	2354			13254	9342	610	3171	3171
1030	104	6408	3471	2000	14113	13057	342	249	205
74	10	930	104	800	1264	1138	15	19	19
313	35	3023	2282	600	9012	8495	235	-106	-106
643	59	2455	1085	600	3837	3424	42	336	292
1235	172	10789	8081	2347	26693	24170	1038	946	934
383	79	9165	8048	882	15581	13921	578	821	822
820	63	1157	30	1000	4957	4200	413	103	103
31	31	467	3	465	6154	6048	47	22	9
3003	270	13325	8460	1300	8945	6422	437	1617	1619
3918	474	62199	43345	8103	180811	160307	4794	9562	9512
4433	454	66225	51282	7307	146733	134771	3170	3157	3109
1737	240	8221	447	1223	39593	29140	1764	7824	7823
751	50	1079	75	873	3430	2818	297	199	199
6680	713	74873	51706	8903	185406	162814	5082	11103	11054
240	31	651	99	500	4350	3915	149	76	76
6658	672	67138	44659	8303	184827	163090	4894	10419	10369
263	72	8386	7146	1100	4929	3638	337	760	761

14-5 各市(区)建筑业企业个数(2016年)

Number of Construction Enterprises by City(District) (2016)

单位：个 (unit)

地区	Region	企业 个数 Number of Enterprises	中央企业 Central	地方企业 Local	施工 总承包 General Contracting	专业 承包 Professional Contracting	国有及国有控股企业 State-owned and State-holding	集体企业 Collective Owned
全　省	**Shaanxi**	**2251**	**67**	**2184**	**1817**	**434**	**276**	**186**
西安市	Xi'an	882	54	828	578	304	147	55
铜川市	Tongchuan	36		36	34	2	14	7
宝鸡市	Baoji	149	2	147	108	41	16	20
咸阳市	Xianyang	123	7	116	104	19	22	19
渭南市	Weinan	130	4	126	120	10	24	17
延安市	Yan'an	154		154	152	2	17	14
汉中市	Hanzhong	129		129	116	13	13	13
榆林市	Yulin	419		419	394	25	4	13
安康市	Ankang	122		122	114	8	9	15
商洛市	Shangluo	71		71	71		6	13
杨凌示范区	Yangling	36		36	26	10	4	

注：本表资料不含劳务分包企业，下表同。

a) Data in the table do not include the subcontractor of labour services. The same applies to the table following.

14-6 各市(区)建筑业企业直接从事主营业务活动平均人数(2016年)

The Average Number of Employed Persons Directly Engaged in the Main Business Activities at Year-end of Construction Enterprises by City(District)(2016)

单位：人 (person)

地区	Region	直接从事主营业务活动平均人数(人) The Average Number of Employed Persons	中央企业 Central	地方企业 Local	施工 总承包 General Contracting	专业 承包 Professional Contracting	国有及国有控股企业 State-owned and State-holding	集体企业 Collective Owned
全　省	**Shaanxi**	**1184514**	**277708**	**906806**	**1094757**	**89757**	**559691**	**129448**
西安市	Xi'an	588418	253011	335407	524819	63599	394411	35979
铜川市	Tongchuan	10440		10440	10170	270	4329	3445
宝鸡市	Baoji	107210	2779	104431	97472	9738	36428	18107
咸阳市	Xianyang	119047	16058	102989	108536	10511	34426	29608
渭南市	Weinan	69918	5860	64058	68282	1636	23229	7844
延安市	Yan'an	48641		48641	48567	74	15411	6330
汉中市	Hanzhong	59258		59258	57772	1486	9082	4910
榆林市	Yulin	71320		71320	70493	827	25191	4692
安康市	Ankang	51111		51111	50057	1054	5538	12260
商洛市	Shangluo	40268		40268	40268		6360	6273
杨凌示范区	Yangling	18883		18883	18321	562	5286	

14-7 各市(区)建筑业企业年末从业人数(2016年)
Annual Average Persons of Construction Enterprises by City(District)(2016)

单位：人 (person)

地 区	Region	从事主营业务活动从业人员年末人数(人) Number of Employed Persons at Year-end	中央企业 Central	地方企业 Local	施工总承包 General Contracting	专业承包 Professional Contracting	国有及国有控股企业 State-owned and State-holding	集体企业 Collective Owned
全 省	**Shaanxi**	**1368591**	**320642**	**1047949**	**1261919**	**106672**	**646966**	**133235**
西 安 市	Xi'an	685938	295598	390340	607354	78584	468757	34250
铜 川 市	Tongchuan	11898		11898	11628	270	5021	3762
宝 鸡 市	Baoji	138856	2755	136101	129353	9503	39841	21574
咸 阳 市	Xianyang	132629	16445	116184	122212	10417	34855	29041
渭 南 市	Weinan	73851	5844	68007	72282	1569	24801	8452
延 安 市	Yan'an	55927		55927	55853	74	18096	5688
汉 中 市	Hanzhong	60917		60917	59402	1515	8976	4880
榆 林 市	Yulin	77888		77888	74988	2900	25609	5891
安 康 市	Ankang	50309		50309	49169	1140	5492	11996
商 洛 市	Shangluo	46513		46513	46513		9271	7701
杨凌示范区	Yangling	33865		33865	33165	700	6247	

注：本表资料不含劳务分包企业，下表同。

a) Data in the table do not include the subcontractor of labour services. The same applies to the table following.

14-8 各市(区)建筑业企业总产值(2016年)
Gross Output Value of Construction Enterprises by City(District)(2016)

单位：万元 (10 000 yuan)

地 区	Region	总产值 Gross Output Value	中央企业 Central	地方企业 Local	施工总承包 General Contracting	专业承包 Professional Contracting	国有及国有控股企业 State-owned and State-holding	集体企业 Collective Owned
全 省	**Shaanxi**	**53292345**	**17651578**	**35640767**	**49025023**	**4267322**	**33455625**	**4714710**
西 安 市	Xi'an	28775481	14210015	14565466	25970579	2804901	22682335	1279808
铜 川 市	Tongchuan	313946		313946	307993	5953	141719	84253
宝 鸡 市	Baoji	6370334	815583	5554751	5517084	853250	2392187	1520565
咸 阳 市	Xianyang	6561166	1686149	4875017	6165375	395791	3785766	843228
渭 南 市	Weinan	2768714	939831	1828883	2735252	33462	1687469	218992
延 安 市	Yan'an	1167934		1167934	1162519	5415	442313	73122
汉 中 市	Hanzhong	1781723		1781723	1721796	59927	559887	94921
榆 林 市	Yulin	1810555		1810555	1780217	30339	567532	118029
安 康 市	Ankang	1196878		1196878	1165735	31143	176841	258048
商 洛 市	Shangluo	1425623		1425623	1425623		486339	223744
杨凌示范区	Yangling	1119991		1119991	1072851	47141	533238	

14-9 各市(区)建筑业企业房屋建筑施工面积(2016年)
Floor Space of Building under Construction in Construction Enterprises by City(District)(2016)

单位：万平方米 (10 000 sq.m)

地区	Region	房屋建筑施工面积 Floor Space of Building under Construction	中央企业 Central	地方企业 Local	施工总承包 General Contracting	专业承包 Professional Contracting	国有及国有控股企业 State-owned and State-holding	集体企业 Collective Owned
全　省	**Shaanxi**	**24528.29**	**3401.75**	**21126.55**	**24166.40**	**361.89**	**14385.71**	**2338.10**
西安市	Xi'an	11945.73	3374.94	8570.78	11877.66	68.07	8998.02	402.39
铜川市	Tongchuan	422.65		422.65	422.65		251.21	125.94
宝鸡市	Baoji	2433.30		2433.30	2349.48	83.82	1092.14	560.62
咸阳市	Xianyang	3338.87	13.79	3325.07	3163.49	175.37	1934.21	462.15
渭南市	Weinan	1224.51	13.01	1211.50	1221.98	2.53	558.40	148.29
延安市	Yan'an	686.18		686.18	686.18		274.94	76.93
汉中市	Hanzhong	1571.13		1571.13	1542.99	28.14	560.04	63.18
榆林市	Yulin	953.21		953.21	953.18	0.03	446.80	84.94
安康市	Ankang	1131.09		1131.09	1129.54	1.55	153.37	282.71
商洛市	Shangluo	649.13		649.13	649.13		92.18	130.95
杨凌示范区	Yangling	172.51		172.51	170.13	2.38	24.42	

注：本表资料不含劳务分包企业，下表同。

a) Data in the table do not include the subcontractor of labour services. The same applies to the table following.

14-10 各市(区)建筑业企业房屋建筑竣工面积(2016年)
Floor Space of Building Completed in Construction Enterprises by City(District)(2016)

单位：万平方米 (10 000 sq.m)

地区	Region	房屋建筑竣工面积 Floor Space of Building Completed	中央企业 Central	地方企业 Local	施工总承包 General Contracting	专业承包 Professional Contracting	国有及国有控股企业 State-owned and State-holding	集体企业 Collective Owned
全　省	**Shaanxi**	**6758.89**	**255.70**	**6503.19**	**6611.20**	**147.70**	**2864.30**	**1093.68**
西安市	Xi'an	2233.20	243.99	1989.22	2219.30	13.91	1442.11	216.72
铜川市	Tongchuan	113.88		113.88	113.88		72.12	28.80
宝鸡市	Baoji	834.28		834.28	798.33	35.95	297.68	190.35
咸阳市	Xianyang	1301.27	2.00	1299.27	1245.90	55.37	510.99	335.35
渭南市	Weinan	484.68	9.72	474.96	483.32	1.36	167.70	65.40
延安市	Yan'an	202.17		202.17	202.17		47.63	19.02
汉中市	Hanzhong	610.21		610.21	570.89	39.32	162.82	44.38
榆林市	Yulin	236.97		236.97	236.97		45.37	31.75
安康市	Ankang	339.79		339.79	338.24	1.55	23.08	104.17
商洛市	Shangluo	351.77		351.77	351.77		89.38	57.75
杨凌示范区	Yangling	50.67		50.67	50.43	0.24	5.42	

14-11 各市(区)建筑业企业竣工房屋价值(2016年)
Valuation of Building Completed in Construction Enterprises by City(District)(2016)

单位：万元 (10 000 yuan)

地 区	Region	竣工房屋价值 Valuation of Building Completed	中央企业 Central	地方企业 Local	施工总承包 General Contracting	专业承包 Professional Contracting	国有及国有控股企业 State-owned and State-holding	集体企业 Collective Owned
全 省	**Shaanxi**	**11562471**	**635067**	**10927404**	**11321477**	**240994**	**5686981**	**1551127**
西 安 市	Xi'an	4609391	613117	3996275	4586805	22586	3210230	367058
铜 川 市	Tongchuan	201575		201575	201575		123791	55243
宝 鸡 市	Baoji	1324516		1324516	1240873	83643	551347	217157
咸 阳 市	Xianyang	1988216	3199	1985017	1886010	102206	857222	444801
渭 南 市	Weinan	780378	18752	761627	777641	2737	312243	105563
延 安 市	Yan'an	404027		404027	404027		142390	22969
汉 中 市	Hanzhong	800704		800704	772498	28206	237581	56262
榆 林 市	Yulin	437285		437285	437285		117179	55301
安 康 市	Ankang	504823		504823	503353	1471	40741	163302
商 洛 市	Shangluo	440849		440849	440849		80990	63471
杨凌示范区	Yangling	70707		70707	70562	146	13268	

注：本表资料不含劳务分包企业，下表同。
a) Data in the table do not include the subcontractor of labour services. The same applies to the table following.

14-12 各市(区)建筑业企业资产合计(2016年)
Total Assets of Construction Enterprises by City(District)(2016)

单位：万元 (10 000 yuan)

地 区	Region	资产合计 Total Assets	中央企业 Central	地方企业 Local	施工总承包 General Contracting	专业承包 Professional Contracting	国有及国有控股企业 State-owned and State-holding	集体企业 Collective Owned
全 省	**Shaanxi**	**53946834**	**24325038**	**29621796**	**50056083**	**3890751**	**36211731**	**3309430**
西 安 市	Xi'an	37077426	21314559	15762868	33885396	3192030	28680929	1841681
铜 川 市	Tongchuan	362426		362426	353414	9012	220921	80002
宝 鸡 市	Baoji	2540029	585024	1955006	2171004	369026	1189295	528261
咸 阳 市	Xianyang	3981894	1609900	2371994	3876368	105526	2936560	229698
渭 南 市	Weinan	1785899	815556	970343	1763328	22571	1177785	108054
延 安 市	Yan'an	1322597		1322597	1308336	14261	131735	40433
汉 中 市	Hanzhong	933712		933712	896537	37175	213441	48074
榆 林 市	Yulin	3076313		3076313	2992678	83635	276888	125632
安 康 市	Ankang	901322		901322	863169	38153	90879	159717
商 洛 市	Shangluo	1094810		1094810	1094810		691966	147878
杨凌示范区	Yangling	870406		870406	851045	19361	601334	

14-13 各市(区)建筑业企业负债合计(2016年)
Total Liability of Construction Enterprises by City(District)(2016)

单位：万元 (10 000 yuan)

地 区	Reion	负债合计 Total Liability	中央企业 Central	地方企业 Local	施工总承包 General Contracting	专业承包 Professional Contracting	国有及国有控股企业 State-owned and State-holding	集体企业 Collective Owned
全 省	**Shaanxi**	**39109858**	**21085585**	**18024273**	**36482777**	**2627081**	**30217865**	**2263045**
西安市	Xi'an	29232356	18511894	10720462	27037469	2194887	24555696	1437977
铜川市	Tongchuan	277910		277910	274834	3076	185726	60984
宝鸡市	Baoji	1946836	538459	1408377	1639176	307660	1059890	427146
咸阳市	Xianyang	2909318	1390736	1518582	2878554	30764	2486937	58997
渭南市	Weinan	1178357	644496	533861	1172867	5490	929112	56158
延安市	Yan'an	607322		607322	597617	9705	106826	16832
汉中市	Hanzhong	520928		520928	499473	21454	178166	20920
榆林市	Yulin	1292236		1292236	1266257	25979	221713	48737
安康市	Ankang	412137		412137	393488	18649	76113	89181
商洛市	Shangluo	180222		180222	180222		34688	46113
杨凌示范区	Yangling	552237		552237	542820	9416	382998	

注：本表资料不含劳务分包企业，下表同。
a) Data in the table do not include the subcontractor of labour services. The same applies to the table following.

14-14 各市(区)建筑业企业固定资产(2016年)
Fixed Assets of Construction Enterprises by City(District)(2016)

单位：万元 (10 000 yuan)

地 区	Region	固定资产合计 Total Fixed Assets	中央企业 Central	地方企业 Local	施工总承包 General Contracting	专业承包 Professional Contracting	国有及国有控股企业 State-owned and State-holding	集体企业 Collective Owned
全 省	**Shaanxi**	**4062182**	**1076453**	**2985730**	**3726047**	**336135**	**1649380**	**375160**
西安市	Xi'an	1878518	901612	976907	1653883	224635	1197388	105990
铜川市	Tongchuan	23771		23771	23617	154	4955	10394
宝鸡市	Baoji	280325	16885	263441	242669	37657	49082	40519
咸阳市	Xianyang	465004	117529	347474	425734	39269	204011	74564
渭南市	Weinan	173532	40427	133104	163322	10209	57243	28639
延安市	Yan'an	264955		264955	262063	2892	14978	11187
汉中市	Hanzhong	130737		130737	126831	3906	4750	4199
榆林市	Yulin	444097		444097	431668	12429	4935	26249
安康市	Ankang	180509		180509	177048	3461	7978	37738
商洛市	Shangluo	118099		118099	118099		22290	35681
杨凌示范区	Yangling	102637		102637	101114	1523	81771	

14-15 各市(区)建筑业企业流动资产(2016年)
Circulating Assets of Construction Enterprises by City(District)(2016)

单位：万元 (10 000 yuan)

地区	Region	流动资产合计 Circulating Assets	中央企业 Central	地方企业 Local	施工总承包 General Contracting	专业承包 Professional Contracting	国有及国有控股企业 State-owned and State-holding	集体企业 Collective Owned
全省	**Shaanxi**	**44276725**	**20244701**	**24032024**	**41019196**	**3257529**	**30508502**	**2726818**
西安市	Xi'an	31027786	17445324	13582462	28286963	2740822	23911543	1662490
铜川市	Tongchuan	310812		310812	305424	5388	202809	65403
宝鸡市	Baoji	2087956	557775	1530181	1783500	304456	1117473	423661
咸阳市	Xianyang	3356972	1468203	1888769	3298497	58475	2640919	135067
渭南市	Weinan	1555095	773399	781695	1542939	12156	1096442	74044
延安市	Yan'an	918961		918961	907669	11292	100741	24787
汉中市	Hanzhong	733677		733677	704318	29359	195594	32791
榆林市	Yulin	2247133		2247133	2196219	50915	268500	90847
安康市	Ankang	629279		629279	599106	30173	74458	112896
商洛市	Shangluo	674691		674691	674691		407282	104831
杨凌示范区	Yangling	734363		734363	719870	14493	492742	

注：本表资料不含劳务分包企业，下表同。

a) Data in the table do not include the subcontractor of labour services. The same applies to the table following.

14-16 各市(区)建筑业企业实收资本(2016年)
Contributed Capital of Construction Enterprises by City(District)(2016)

单位：万元 (10 000 yuan)

地区	Region	实收资本 Contributed Capital	中央企业 Central	地方企业 Local	施工总承包 General Contracting	专业承包 Professional Contracting	国有及国有控股企业 State-owned and State-holding	集体企业 Collective Owned
全省	**Shaanxi**	**10135840**	**2353587**	**7782253**	**9295068**	**840772**	**3764091**	**762261**
西安市	Xi'an	5789722	1997617	3792105	5098996	690727	2941758	361320
铜川市	Tongchuan	61543		61543	60027	1516	16879	18210
宝鸡市	Baoji	451486	36177	415309	405466	45020	92370	69763
咸阳市	Xianyang	703326	155355	547971	672243	31083	292490	116853
渭南市	Weinan	438650	164438	274212	428005	10645	220844	31269
延安市	Yan'an	382023		382023	379688	2335	15095	19308
汉中市	Hanzhong	311033		311033	296935	14099	14389	20286
榆林市	Yulin	1388173		1388173	1356798	31375	15608	46547
安康市	Ankang	264773		264773	259309	5464	11853	33771
商洛市	Shangluo	152503		152503	152503		20306	44936
杨凌示范区	Yangling	192608		192608	185099	7509	122500	

14-17 各市(区)建筑业主营业务收入(2016年)
Revenue from Principal Business of Construction Enterprises by City(District)(2016)

单位: 万元 (10 000 yuan)

地区	Region	主营业务收入 Revenue from Principal Business	中央企业 Central	地方企业 Local	施工总承包 General Contracting	专业承包 Professional Contracting	国有及国有控股企业 State-owned and State-holding	集体企业 Collective Owned
全省	**Shaanxi**	**56194937**	**23655221**	**32539716**	**52030674**	**4164263**	**38786642**	**3751280**
西安市	Xi'an	36005460	20248728	15756731	32891655	3113805	28998488	1450340
铜川市	Tongchuan	371168		371168	360936	10233	178692	85527
宝鸡市	Baoji	3986938	731404	3255534	3483719	503219	2217673	503846
咸阳市	Xianyang	6455589	1870865	4584724	6062689	392901	3757530	831311
渭南市	Weinan	2307199	804223	1502975	2273412	33786	1454151	150538
延安市	Yan'an	1030087		1030087	1027992	2095	213691	78018
汉中市	Hanzhong	1423841		1423841	1388441	35400	428464	89138
榆林市	Yulin	1950638		1950638	1919596	31042	536404	155109
安康市	Ankang	924254		924254	895051	29203	185836	179361
商洛市	Shangluo	1191326		1191326	1191326		479026	228093
杨凌示范区	Yangling	548437		548437	535857	12580	336688	

注：本表资料不含劳务分包企业，下表同。
a) Data in the table do not include the subcontractor of labour services. The same applies to the table following.

14-18 各市(区)建筑业企业利润总额(2016年)
Total Profits of Construction Enterprises by City(District)(2016)

单位: 万元 (10 000 yuan)

地区	Region	利润总额 Total Profits	中央企业 Central	地方企业 Local	施工总承包 General Contracting	专业承包 Professional Contracting	国有及国有控股企业 State-owned and State-holding	集体企业 Collective Owned
全省	**Shaanxi**	**1630252**	**486975**	**1143277**	**1466183**	**164069**	**778404**	**147415**
西安市	Xi'an	888792	448873	439919	748083	140709	596485	33904
铜川市	Tongchuan	4534		4534	4242	293	3666	82
宝鸡市	Baoji	71331	8053	63278	60398	10933	18573	13381
咸阳市	Xianyang	282098	30284	251814	275758	6340	79862	60478
渭南市	Weinan	48417	-235	48652	47080	1337	5787	4118
延安市	Yan'an	55169		55169	55111	58	1648	4434
汉中市	Hanzhong	35137		35137	34594	543	4590	985
榆林市	Yulin	91230		91230	90311	919	8320	10491
安康市	Ankang	45141		45141	43005	2135	2790	9794
商洛市	Shangluo	87673		87673	87673		42225	9748
杨凌示范区	Yangling	20730		20730	19928	802	14457	

14-19　各市(区)建筑业企业税金总额(2016年)
Total Tax of Construction Enterprises by City(District)(2016)

单位：万元　　(10 000 yuan)

地　区	Region	税金总额 Total Tax	中央企业 Central	地方企业 Local	施工总承包 General Contracting	专业承包 Professional Contracting	国有及国有控股企业 State-owned and State-holding	集体企业 Collective Owned
全　省	**Shaanxi**	**1008578**	**180709**	**827869**	**919576**	**89002**	**452930**	**132948**
西安市	Xi'an	463506	148562	314943	402408	61098	290702	39075
铜川市	Tongchuan	9055		9055	9026	29	3597	2513
宝鸡市	Baoji	72684	7998	64685	64020	8564	28372	9884
咸阳市	Xianyang	170499	15873	154625	156352	14147	49042	45236
渭南市	Weinan	45675	8275	37401	43896	1779	18213	4662
延安市	Yan'an	51410		51410	51392	18	26230	1638
汉中市	Hanzhong	50300		50300	48867	1433	11421	3291
榆林市	Yulin	51967		51967	51282	685	2371	5875
安康市	Ankang	33051		33051	32096	955	6102	6664
商洛市	Shangluo	52859		52859	52859		18320	14110
杨凌示范区	Yangling	7573		7573	7379	194	-1439	

注：本表资料不含劳务分包企业，下表同。
a) Data in the table do not include the subcontractor of labour services. The same applies to the table following.

14-20　各市(区)建筑业企业年末应收工程款(2016年)
Account Receivable of Projects at Year-end of Construction Enterprises by City(District)(2016)

单位：万元　　(10 000 yuan)

地　区	Region	年末应收工程款 Account Receivable of Projects at Year-end	中央企业 Central	地方企业 Local	施工总承包 General Contracting	专业承包 Professional Contracting	国有及国有控股企业 State-owned and State-holding	集体企业 Collective Owned
全　省	**Shaanxi**	**14545578**	**5940019**	**8605559**	**13288939**	**1256640**	**10270552**	**634628**
西安市	Xi'an	9643399	4866836	4776563	8583936	1059463	7443934	316681
铜川市	Tongchuan	153996		153996	150589	3407	116474	20677
宝鸡市	Baoji	818178	253514	564664	700440	117738	523221	76217
咸阳市	Xianyang	1367133	570661	796472	1343658	23475	1130165	37607
渭南市	Weinan	580111	249009	331102	576475	3636	405749	18303
延安市	Yan'an	367196		367196	362789	4408	54877	9412
汉中市	Hanzhong	254001		254001	241528	12474	66286	4042
榆林市	Yulin	494881		494881	484545	10335	63201	52390
安康市	Ankang	180619		180619	166519	14100	23401	49397
商洛市	Shangluo	309964		309964	309964		189332	49903
杨凌示范区	Yangling	376101		376101	368498	7603	253912	

14-21 各市(区)建筑业企业主要经济效益指标(2016年)

Main Indicators on Economic Efficiency of Construction Enterprises by City(District)(2016)

地　区	Region	人均利润(元/人) Per Capita Profits (yuan/person)	人均利税(元/人) Per Capita Pre-tax Profit (yuan/person)	人均竣工产值(元/人) Per Capita Output Value ofCompleted Construction (yuan/person)	人均施工面积(平方米/人) Per Capita Floor Space of Buildings under Construction (sq.m/person)	人均竣工面积(平方米/人) Per Capita Floor Space of Buildings Completed (sq.m/person)
全　省	**Shaanxi**	**11912**	**19281**	**166597**	**179.2**	**49.4**
西安市	Xi'an	12957	19715	175362	174.2	32.6
铜川市	Tongchuan	3811	11422	215857	355.2	95.7
宝鸡市	Baoji	5137	10372	129632	175.2	60.1
咸阳市	Xianyang	21270	34125	282836	251.7	98.1
渭南市	Weinan	6556	12741	155439	165.8	65.6
延安市	Yan'an	9864	19057	115361	122.7	36.1
汉中市	Hanzhong	5768	14025	162204	257.9	100.2
榆林市	Yulin	11713	18385	110440	122.4	30.4
安康市	Ankang	8973	15542	132260	224.8	67.5
商洛市	Shangluo	18849	30214	120715	139.6	75.6
杨凌示范区	Yangling	6121	8358	28122	50.9	15.0

14-21 续表 continued

地　区	Region	产值利润率(%) Ratio of Profits to Output Value (%)	产值利税率(%) Ratio of Pre-tax Profit to Gross Output Value (%)	资本利润率(%) Ratio of Profits to Captitals (%)	资本利税率(%) Ratio of Pre-tax Profits to Captitals (%)	资产负债率(%) Assets-Liability Ratio (%)
全　省	**Shaanxi**	**3.1**	**5.0**	**16.1**	**26.0**	**72.5**
西安市	Xi'an	3.1	4.7	15.4	23.4	78.8
铜川市	Tongchuan	1.4	4.3	7.4	22.1	76.7
宝鸡市	Baoji	1.1	2.3	15.8	31.9	76.6
咸阳市	Xianyang	4.3	6.9	40.1	64.4	73.1
渭南市	Weinan	1.7	3.4	11.0	21.5	66.0
延安市	Yan'an	4.7	9.1	14.4	27.9	45.9
汉中市	Hanzhong	2.0	4.8	11.3	27.5	55.8
榆林市	Yulin	5.0	7.9	6.6	10.3	42.0
安康市	Ankang	3.8	6.5	17.0	29.5	45.7
商洛市	Shangluo	6.1	9.9	57.5	92.2	16.5
杨凌示范区	Yangling	1.9	2.5	10.8	14.7	63.4

注：本表资料不含劳务分包企业。

a) Data in the table do not include the subcontractor of labour services. The same applies to the table following.

主要统计指标解释

建筑业统计单位 指从事房屋、构筑物建造和设备安装活动的法人企业。建筑业法人企业应具有建筑业资质并能够独立核算，同时其应具备以下条件：①依法成立，有自己的名称、组织机构和场所，能够承担民事责任；②独立拥有和使用资产，承担负债，有权与其他单位签订合同；③独立核算盈亏，能够编制资产负债表。

建筑业总产值 是以货币形式表现的建筑业企业在一定时期内生产的建筑业产品和提供的服务的总和。建筑业总产值包括：

⑴建筑工程产值：指列入建筑工程预算内的各种工程价值。

⑵安装工程产值：指设备安装工程价值，不包括被安装设备本身的价值。

⑶其他产值：建筑业总产值中除建筑工程、安装工程以外的产值。包括房屋构筑物修理产值、非标准设备制造产值、总包企业向分包企业收取的管理费以及不能明确划分的施工活动所完成的产值。

a.房屋构筑物修理产值：指房屋和构筑物修理所完成的产值，但不包括被修理房屋、构筑物本身价值和生产设备的修理价值。

b.非标准设备制造产值：指加工制造没有定型的非标准生产设备的加工费和原材料价值(如化工厂、炼油厂用的各种罐、槽，矿井生产统一使用的各种漏斗、三角槽、阀门等)以及附属加工厂为本企业承建工程制作的非标准设备的价值。

建筑业增加值 指建筑业企业在报告期内以货币形式表现的建筑业生产经营活动的最终成果。

从 2004 年第一次全国经济普查开始，建筑业现价增加值按生产法和分配法(收入法)两种方法计算，以收入法的计算结果为准，即从收入的角度出发，根据生产要素在生产过程中应得的收入份额计算。具体计算方法：经济普查年度建筑业增加值按照《经济普查年度 GDP 核算方案》计算，非经济普查年度建筑业增加值按照《非经济普查年度 GDP 核算方案》计算。

房屋建筑施工面积 指在报告期内施过工的全部房屋建筑面积，包括本期新开工的房屋面积、上期施工跨入本期继续施工的房屋面积、上期停缓建在本期恢复施工的房屋面积、本期竣工的房屋面积及本期施工后又停缓建的房屋面积。

房屋建筑竣工面积 指在报告期内房屋建筑按照设计要求全部完工，达到了使用条件，经验收鉴定合格，正式移交使用单位的房屋建筑面积。

Explanatory Notes on Main Statistical Indicators

Statistical Unit in the Construction Industry refers to a corporate enterprise engaged in the construction of buildings and structures and in the installation of equipment. A corporate construction enterprise should have qualification certificates with independent accounting system, and should meet the following 3 requirements: a) being set up in line with relevant legal basis, having its full name, organization and location, and capable of taking civil liabilities; b) independently possessing and using its assets and assuming its liabilities, and entitled to sign contracts with other institutions; and c) making independent accounts of its profits and losses, and capable of compiling its own balance sheet.

Gross Output Value of Construction refers to total of construction products and services, expressed in money terms, produced or rendered by construction and installation enterprises during a given period of time. It includes:

(1) Output value of construction projects: the value of projects covered by the project budgets;

(2) Output value of installation projects: the value of the installation of equipment, (excluding the value of the equipment to be installed);

(3) Other output values: the output value of construction industry apart from that of construction projects and installation projects. It includes: output value of repair of buildings and structures; output value of non-standard equipment manufacturing; overhead expenses received by contracted enterprises from the sub-contracted enterprises and the completed output value of construction activities for which there is no clear definition.

a. Output value of repair of buildings and structures: the value created through the repairs of buildings or structures. It does not include the value of buildings or structures being repaired and the value of the repair of production equipment;

b. Output value of manufactured non-standard equipment: the value of non-standard production equipment, including raw materials and manufacturing cost, made for the construction project (i.e., chemical plant; kettles or tanks used by refineries; various fillers, triangle tanks, valves used by mines). It also includes the output value of equipment manufactured by subsidiary workshops.

Value-added of Construction refers to the final result of the activities of production and operation of enterprises of the construction industry in monetary terms during the reference period.

Starting from the 2004 economic census, value-added of construction is calculated by both production approach and income approach, with the figures from the income approach as the final figures. Under the income approach, calculation starts from the perspective of income and is based on the share of income derived from the production process by the relevant factors of production. Specifically, value-added of construction for the Census years is calculated in accordance with the *Programme of Compilation of GDP and National Accounts for the Year of Economic Census*, and value-added of construction for other years is calculated in accordance with the *Programme of Compilation of GDP and National Accounts for the Non Economic Census Years.*

Floor Space of Buildings Under Construction refers to floor space of buildings under construction during the reference period, including the floor space of buildings for which construction has newly started; buildings for which construction has started earlier and is continuing during the reference period; and buildings for which construction has been suspended earlier but has restarted during the reference period; buildings completed during the reference period; and buildings under construction but construction has subsequently been during the reference period.

十五、运输、邮电和服务业

Transport, Post and Telecommunication Services, and Service Industry

资料整理：巨振强　王晓飞　李护堂

简 要 说 明

一、本篇资料反映陕西交通运输业和邮政、电信发展的基本状况，服务业及企业信息化和电子商务情况。

二、规模以上服务业统计范围：

年营业收入1000万元及以上，或年末从业人员50人及以上服务业法人单位。包括：交通运输、仓储和邮政业，信息传输、软件和信息技术服务业，租赁和商务服务业，科学研究和技术服务业，水利、环境和公共设施管理业，教育，卫生和社会工作；以及物业管理、房地产中介服务，自有房地产经营活动，其他房地产业等行业。

年营业收入500万元及以上，或年末从业人员50人及以上服务业法人单位。包括：居民服务、修理和其他服务业，文化、体育和娱乐业。

三、信息化及电子商务情况统计范围是2016年末营业的规模以上企业。

四、本篇交通运输资料来源于西安铁路局、西延铁路公司、省交通运输厅、东方航空公司西北分公司、长安航空有限责任公司、省公安厅车管所等。邮政电信资料来源于省通信管理局、省电信公司、省移动通信公司、省联通公司、省邮政管理局、省邮政公司等。

Brief Introduction

I. This chapter reflects the basic conditions of transportation industry, post and communication industry, service industry, enterprises informationization and electronic commerce of Shaanxi Province.

Ⅱ. The Scopes of Service Industry above Designated Size:

Service industry activity unit with business revenue over 10 million yuan per year or number of employed persons over 50 at year-end. include: transport, storage and post, information transmission, software and information technology, leasing and business services, scientific research and technical services, water conservancy, environment and public facilities administration, education, health and social services, property management, real estate agency services, own real estate business activities and other real estate services..

Service industry activity unit with business revenue over 5 million yuan per year or number of employed persons over 50 at year-end. include: services to households, repair and other services, culture, sports and entertainment.

Ⅲ. The Scopes of enterprises informationization and electronic commerce is enterprises above designated size which have business at the end of 2016.

Ⅳ. Data on transportation industry are obtained from Xi'an Railway Bureau, Xi Yan Railway Company, the Ministry of Transport of Shaanxi Province, Northwest Branch of China Eastern Airlines, Chang'an Airlines and the DMV (deportment of motor vehicles) of Public Security Department of Shaanxi Province, etc.

Data on post and telecommunication are obtained from Shaanxi Communications Administration, Shaanxi Telecommunication Company, Shaanxi Mobile Communication Company, Shaanxi Unicom Company, Shanxi Provincial Postal Administration and Shaanxi Post, etc.

15.运输、邮电和服务业

2016年全省		
客运量	70822	万　　人
旅客周转量	886.84	亿人公里
货运量	149049	万　　吨
货物周转量	3445.91	亿吨公里
邮电业务总量	1203.81	亿　　元
每百人拥有固定电话	17.8	部
每百人拥有移动电话	100.0	部

快递业务量（万件）

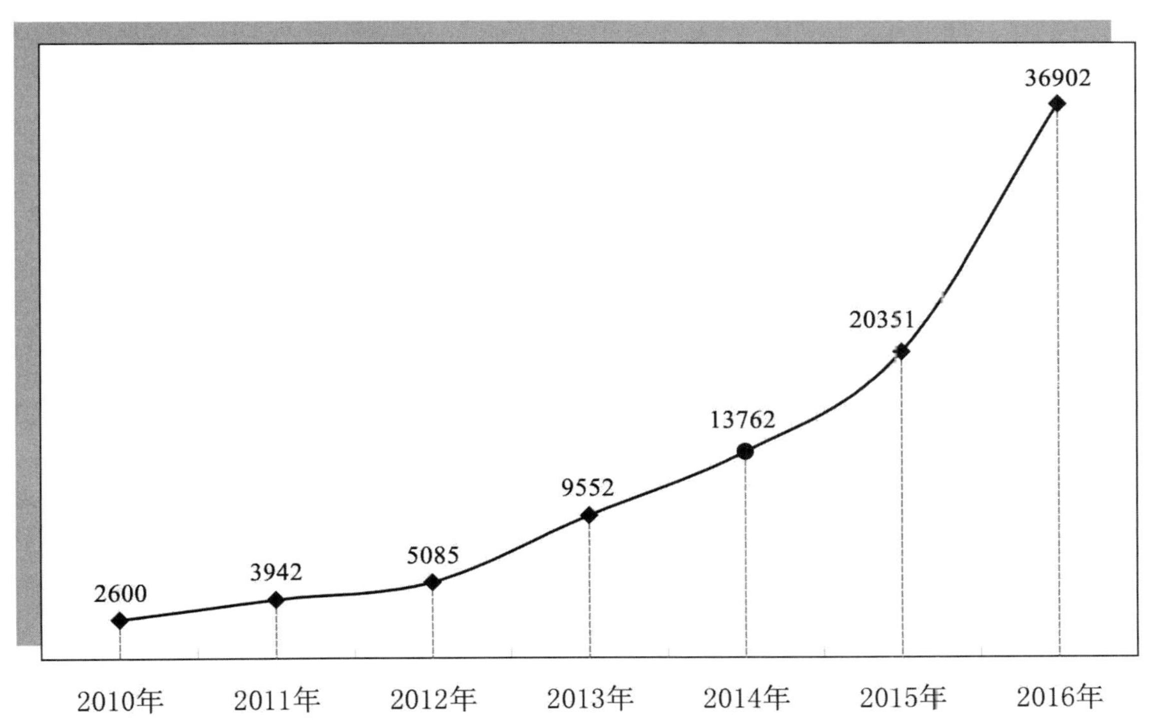

15-1 运输线路里程、质量和运输网密度
Length, Quality and Density of Transportation Routes

指　　标	Item	2015	2016
一、运输线路里程	**Length of Transport Routes**		
铁路正线延展里程　(公里)	Extension Length of the Trunk Lines (km)	9938	10186
#营业里程	Railways in Operation	4676	4748
公路通车里程　(公里)	Total Length of Highways (km)	170069	172471
内河航道里程　(公里)	Navigable Inland Waterways (km)	1066	1066
#机动船航道	Motor Vessels	558	558
民航通航里程　(公里)	Total Civil Aviation Routes (km)	93375419	92561215
#不重复里程	Unique Mileage	86622046	86686008
二、运输线路质量	**Quality of Transport Routes**		
铁路营业里程　(公里)	Length of Railways in Operation (km)	4676	4748
#复线里程	Double-Tracking Length	2905	3025
复线里程比重　(%)	Proportion (%)	62.1	63.7
公路线路里程　(公里)	Length of Highways (km)	170069	172471
#等级公路	Expressway and Class I to IV Highways	153845	156844
等级公路比重　(%)	Proportion (%)	90.5	90.9
内河航道里程　(公里)	Length of Navigable Inland Waterways (km)	1066	1066
#水深一米以上	Depth of Water Above 1 m	558	558
水深一米以上比重 (%)	Proportion (%)	50.7	50.7
三、运输网密度	**Transport Density**		
1.铁　路	Railways		
省内营业里程　(公里)	Length of Province Railways in Operation(km)	4549	4623
密　度　(公里/平方公里)	Density (km/sq.km)	0.022	0.023
2.公　路	Highways		
线路长度　(公里)	Length of Routes (km)	170069	172471
密　度　(公里/平方公里)	Density (km/sq.km)	0.827	0.839
3.水　路	Waterways		
通航里程　(公里)	Length of Waterways in Operation (km)	1066	1066
密　度　(公里/平方公里)	Density (km/sq.km)	0.005	0.005

注：铁路线路为西安铁路局管线路；民航通航里程为陕西民航飞机飞行航线里程。
a) The transport routes are managed by Xi'an Railway Bureau; Total civil aviation routes is the Shaanxi civil aviation's routes.

15-2 铁路、公路线路长度及民航航线
Length of Railways, Highways and Civil Aviation

指　　标	Item	2015	2016
一、铁路线路长度	**Railways**		
正线延展里程 (公里)	Extension Length (km)	9933	10186
#省境内	In Shaanxi	7272	7512
营业里程 (公里)	Length of Railways in operation (km)	4676	4748
#省境内	In Shaanxi	4549	4633
二、公路线路长度	**Highways**		
公路线路里程 (公里)	Length of Highways (km)	170069	172471
#高级路面	High Class and Sub-senior Class Pavement	107366	113804
等级公路 (公里)	Expressway and Class Ⅰ to Ⅳ Highways (km)	153845	156844
#高速公路	Expressway	5094	5181
一级公路	Class Ⅰ Highway	1250	1580
二级公路	Class Ⅱ Highway	8523	8990
三级公路	Class Ⅲ Highway	15190	15340
四级公路	Class Ⅳ Highway	123779	125752
三、民用航空	**Civil Aviation**		
航线里程 (公里)	Length of Civil Aviation Routes (km)	93375419	92561215
# 国际航线	International Routes	7558254	7522700
港澳航线	Regional Routes	1999174	1972600
航线条数 (条)	Numbers of Routes (line)	369	566
#国际航线	International Routes	48	41
通航城市 (个)	Number of Cities (unit)	168	119
#国　际	International Routes	19	14

注：铁路线路省境内长度为国家反馈陕西省境内数据。
a) Data of the length of railways in Shaanxi province refer to those responsed to Shaanxi.

15-3 运 输 工 具
Transportation

指　　标		Item		2015	2016
一、铁路运输工具		**Means of Railway Transportations**			
机　车	(台)	Locomotives	(unit)	1171	1226
#蒸　汽		Steam Locomotives			
内　燃		Diesel Locomotives		232	228
电　力		Electric Locomotives		939	998
客　车	(辆)	Passenger Coaches	(coach)	2559	2924
二、公路运输工具		**Means of Highway Transportations**			
民用汽车	(辆)	Civil Vehicles	(coach)	4520799	5014827
#新注册		New Registrations		632212	711227
载客汽车	(辆)	Passenger Vehicles	(coach)	3830307	4356970
载货汽车	(辆)	Trucks	(coach)	514201	518688
汽车挂车	(辆)	Trailer Trucks	(coach)	44768	49559
拖拉机	(辆)	Tractors	(coach)	329251	335577
三、水运运输工具		**Means of Waterway Transportations**			
机动船	(艘)	Motor Vessels	(unit)	1173	1160
客船载客量	(客位)	Passenger Capacity of Passenger Ships	(seat)	18600	18871
货船净载重量	(吨)	Dead Weight Tonnage of Cargo Ships	(ton)	23862	25598
拖轮功率	(千瓦)	Drawing Power	(kw)	519	405
驳　船	(艘)	Barges	(unit)	267	199
四、民航运输工具		**Means of Civil Aviation Transportations**			
民航飞机	(架)	Civil Aircraft	(unit)	63	57

15-4 各市(区)公路里程(2016年末)
Length of Highways by City(District)(2016)

单位：公里 (km)

地　区	Region	公路里程 Length of Highways	#等级公路 Expressway and Class Ⅰ to Ⅳ Highways	#高速公路 Expressway	#一级公路 Class Ⅰ Highway	#二级公路 Class Ⅱ Highway	#三级公路 Class Ⅲ Highway
全　省	**Shaanxi**	**172471**	**156844**	**5181**	**1580**	**8990**	**15340**
西安市	Xi'an	13336	12834	534	323	1404	1232
铜川市	Tongchuan	3980	3531	236	26	353	311
宝鸡市	Baoji	16328	15055	258	132	964	1670
咸阳市	Xianyang	15832	14098	527	287	827	1839
渭南市	Weinan	19029	16076	367	255	826	1248
延安市	Yan'an	17805	16823	802	31	1453	2713
汉中市	Hanzhong	20062	18262	505	78	816	1032
榆林市	Yulin	28942	27646	1006	375	1483	3049
安康市	Ankang	22981	19464	522	2	471	1148
商洛市	Shangluo	13776	12667	410	68	326	1005
杨凌示范区	Yangling	398	390	12	4	70	93

15-5 客运量、旅客周转量及构成
Passenger Traffic, Passenger-Kilometers and Composition

指　标	Item	2015	2016
一、客运量　(万人)	**Passenger Traffic　(10 000 persons)**	**70806**	**70822**
铁　路	Railways	7866	8302
公　路	Highways	61436	61093
水　运	Waterways	378	425
民用航空	Civil Aviation	1125	1002
二、旅客周转量(百万人公里)	**Passenger-Kilometers (million passenger-km)**	**90858**	**88684**
铁　路	Railways	46444	46417
公　路	Highways	29323	29080
水　运	Waterways	64	70
民用航空	Civil Aviation	15029	13117
三、客运量构成　(%)	**Composition of Passenger Traffic　(%)**	**100.00**	**100.00**
铁　路	Railways	11.11	11.72
公　路	Highways	86.77	86.26
水　运	Waterways	0.53	0.60
民用航空	Civil Aviation	1.59	1.41
四、旅客周转量构成　(%)	**Composition of passenger-Kilometers　(%)**	**100.00**	**100.00**
铁　路	Railways	51.12	52.34
公　路	Highways	32.27	32.79
水　运	Waterways	0.07	0.08
民用航空	Civil Aviation	16.54	14.79

注：本表资料为国家返馈陕西省境数。
a) Data in this table refer to those responsed to Shaanxi.

15-6 货运量、货物周转量及构成
Freight Traffic, Freight Ton-Kilometers and Composition

指　标	Item	2015	2016
一、货运量　(万吨)	**Freight Traffic　(10 000 tons)**	**140908**	**149049**
铁　路	Railways	32951	35459
公　路	Highways	107731	113360
水　运	Waterways	218	224
民用航空	Civil Aviation	8	7
二、货物周转量(百万吨公里)	**Freight Ton-Kilometers　(million ton-km)**	**326464**	**344591**
铁　路	Railways	143591	151827
公　路	Highways	182580	192583
水　运	Waterways	80	83
民用航空	Civil Aviation	113	99
三、货运量构成　(%)	**Composition of Freight Traffic　(%)**	**100.00**	**100.00**
铁　路	Railways	23.39	23.79
公　路	Highways	76.45	76.06
水　运	Waterways	0.15	0.15
民用航空	Civil Aviation	0.01	0.00
四、货物周转量构成　(%)	**Composition of Freight Ton-Kilometers　(%)**	**100.00**	**100.00**
铁　路	Railways	43.98	44.06
公　路	Highways	55.96	55.89
水　运	Waterways	0.02	0.02
民用航空	Civil Aviation	0.03	0.03

注：本表资料为国家返馈陕西省境数。
a) Data in this table refer to those responsed to Shaanxi.

15-7 民用车辆拥有量(2016年末)
Possession of Civil Vehicles(2016)

单位：辆 (unit)

地区	Region	民用汽车总计 Total	#新注册 New Registrations	载客汽车 Passenger Vehicles	载货汽车 Trucks	其他汽车 Others	摩托车 Motorcycles	#普通 Normal Motorcycles
全省	**Shaanxi**	**5014827**	**711227**	**4356970**	**518688**	**139169**	**1157431**	**1137166**
西安市	Xi'an	2442084	351340	2190079	226789	25216	119797	117292
铜川市	Tongchuan	80904	10456	65323	10663	4918	23944	23546
宝鸡市	Baoji	279509	45976	249178	23835	6496	85846	83761
咸阳市	Xianyang	358545	63693	321596	29297	7652	73389	72392
渭南市	Weinan	478700	65974	384372	57330	36998	89783	89280
延安市	Yan'an	284879	34169	240379	35068	9432	13570	13451
汉中市	Hanzhong	231104	42456	198394	22164	10546	327943	319083
榆林市	Yulin	571689	53440	466202	82282	23205	48114	47258
安康市	Ankang	131322	23829	105697	19560	6065	299830	296192
商洛市	Shangluo	77467	13509	62541	7842	7084	63781	63538
杨凌示范区	Yangling	60225	6031	55931	3497	797	8044	7983

15-8 私人车辆拥有量(2016年末)
Possession of Private Vehicles(2016)

单位：辆 (unit)

地区	Region	汽车总计 Total	#载客汽车 Passenger Vehicles	#载货汽车 Trucks	摩托车 Motorcycles	#普通 Normal Motorcycles
全省	**Shaanxi**	**4482777**	**3998161**	**392032**	**1150802**	**1130570**
西安市	Xi'an	2219569	2019125	184443	119323	116818
铜川市	Tongchuan	70047	57902	7616	23877	23483
宝鸡市	Baoji	241197	220840	15695	85602	83518
咸阳市	Xianyang	321627	297198	19283	73144	72151
渭南市	Weinan	411327	356511	38577	89534	89032
延安市	Yan'an	250444	221318	24801	13366	13247
汉中市	Hanzhong	209485	182014	17789	327635	318782
榆林市	Yulin	520733	440503	59625	47843	46987
安康市	Ankang	116805	94932	16995	298812	295190
商洛市	Shangluo	68014	55174	6400	63637	63394
杨凌示范区	Yangling	53526	52641	808	8028	7967

15-9 公路部门营运载客车拥有量(2016年末)

Possession of Vehicles in Operation for Highway Transportation(2016)

地区 Region		载客汽车合计(辆) Total (unit)	班车客运车辆 Scheduled Coach		#高级 Senior		#中级 Medium	
			辆数 (unit)	客位 (seat)	辆数 (unit)	客位 (seat)	辆数 (unit)	客位 (seat)
全　省	**Shaanxi**	**79425**	**16645**	**448707**	**5103**	**183761**	**7672**	**176875**
西安市	Xi'an	36385	2780	111875	1143	49340	816	19426
铜川市	Tongchuan	1881	460	11415	141	5555	139	3127
宝鸡市	Baoji	7151	1850	43599	265	8806	897	23329
咸阳市	Xianyang	6042	1917	48466	897	30124	750	15095
渭南市	Weinan	6514	2258	55984	518	20593	1157	24539
延安市	Yan'an	4773	1528	36889	136	4481	1392	32408
汉中市	Hanzhong	4129	1530	39466	725	20630	692	17710
榆林市	Yulin	6075	1378	37617	581	18721	669	16386
安康市	Ankang	3575	1740	30249	344	11788	440	8554
商洛市	Shangluo	2538	1102	30205	325	12643	655	15025
杨凌示范区	Yangling	362	102	2942	28	1080	65	1276

15-9 续表 continued

地区 Region		#普通 Ordinary		旅游客车 Tourist Bus		其它客车 Others		公共汽车(辆) Bus (unit)	出租客车(辆) Taxi (unit)
		辆数 (unit)	客位 (seat)	辆数 (unit)	客位 (seat)	辆数 (unit)	客位 (seat)		
全　省	**Shaanxi**	**3870**	**88071**	**2497**	**95633**	**9710**	**53376**	**14341**	**36232**
西安市	Xi'an	821	43109	1903	73622	9545	52389	7698	14459
铜川市	Tongchuan	180	2733	6	284			334	1081
宝鸡市	Baoji	688	11464	263	8363			1457	3581
咸阳市	Xianyang	270	3247	100	4876			757	3268
渭南市	Weinan	583	10852	73	2741			1047	3136
延安市	Yan'an			26	910			748	2471
汉中市	Hanzhong	113	1126	65	2560	10	212	664	1860
榆林市	Yulin	128	2510	18	777			884	3795
安康市	Ankang	956	9907	21	683			366	1448
商洛市	Shangluo	122	2537	22	817	155	775	326	933
杨凌示范区	Yangling	9	586					60	200

注：本表数字为在运管部门注册登记的全社会载客汽车数。

a) Data in this table refers to the whole society's for-hire vehicles registered in operation administration departments.

15-10 公路部门营运载货车拥有量(2016年末)
Possession of Vehicles in Operation for Highway Transportation(2016)

地 区 Region	载货汽车合计 Total		普通载货车辆 Ordinary Trucks		#大型 Heavy		#重型 Heavy		#中型 Medium	
	辆数 (unit)	吨位 (ton)	辆数 (unit)	吨位 (ton)	辆数 (unit)	吨位 (ton)	辆数 (unit)	吨位 (ton)	辆数 (unit)	吨位 (ton)
全 省 Shaanxi	**404465**	**2505801**	**323660**	**1457798**	**87220**	**1148434**	**68052**	**1038411**	**10743**	**34868**
西安市 Xi'an	215156	719059	203060	526118	32828	323047	23372	275210	2815	9648
铜川市 Tongchuan	12133	124009	8572	75511	5826	71041	5479	69007	384	979
宝鸡市 Baoji	20945	158718	16194	94014	6422	78108	4950	69287	593	1888
咸阳市 Xianyang	23220	211321	14890	124626	8515	115221	6616	103939	879	2448
渭南市 Weinan	42251	431650	26308	187563	11956	164997	9722	148651	682	2349
延安市 Yan'an	9287	89387	6294	48200	3700	44525	3198	41673	202	638
汉中市 Hanzhong	17315	69137	14460	35804	2193	20914	1102	12965	562	1571
榆林市 Yulin	42209	554473	13308	231608	10212	225133	9524	220298	753	2108
安康市 Ankang	13620	41013	13334	38395	1890	17356	812	11424	2716	9148
商洛市 Shangluo	6312	97158	5862	89832	3239	84030	3043	82780	815	2775
杨凌示范区 Yangling	2017	9876	1378	6127	439	4062	234	3177	342	1316

15-10 续表 continued

地 区 Region	专用载货车辆 Dedicated Trucks		#集装箱 Container		其他机动车 Others		轮胎式拖拉机 Wheeled Tractor	
	辆数 (unit)	吨位 (ton)	辆数 (unit)	TEU	辆数 (unit)	吨位 (ton)	辆数 (unit)	吨位 (ton)
全 省 Shaanxi	**10612**	**151421**	**59**	**107**	**30521**	**34883**	**1930**	**2838**
西安市 Xi'an	4701	71301	59	107				
铜川市 Tongchuan	513	6147			254	177		
宝鸡市 Baoji	417	3782			12	59	29	96
咸阳市 Xianyang	612	9800						
渭南市 Weinan	657	5987			9172	12810	1412	1426
延安市 Yan'an	1981	34185			3054	1819	15	15
汉中市 Hanzhong	403	2837			5191	7139	474	1301
榆林市 Yulin	661	10576						
安康市 Ankang	179	1120			5528	8950		
商洛市 Shangluo	209	3912			7310	3929		
杨凌示范区 Yangling	279	1774						

注：本表数字为在运管部门注册登记的全社会营运载货车数。
a) Data in this table refers to the whole society's for-hire vehicles registered in operation administration departments.

15-11 城市公共汽车情况(2016年)
Basic Statistics on Bus in Cities (2016)

地 区 Region	运营车数(辆) Number of Operations (unit)	#汽油车 Gasoline	#柴油车 Diesel Cars	#天然气车 Natural Gas Vehicles	#双燃料车 Dual-fuel Vehicles	标准运营车数(标台) Number of Standard Operations (unit)	运营线路总长度(公里) Network Length (km)	客运量(万人次) Passengers Transported (10 000 person-times)	运营里程(万公里) Operating Distance (10 000 km)
全 省 Shaanxi	**14341**	**9**	**1302**	**7691**	**2686**	**16359**	**16815**	**252910**	**93197**
西安市 Xi'an	7698		10	5302	951	9018	6398	147089	47020
铜川市 Tongchuan	334		28	65	143	347	251	3684	2089
宝鸡市 Baoji	1457		176	657	487	1724	1831	26335	9256
咸阳市 Xianyang	757		50	289	307	919	856	15497	5170
渭南市 Weinan	1047		179	257	212	1045	1365	10545	6533
延安市 Yan'an	748	6	53	120	370	872	1054	17205	5459
汉中市 Hanzhong	664		292	163	65	692	1317	4435	6259
榆林市 Yulin	884		78	597	111	1014	1641	18052	5954
安康市 Ankang	366		186	170		358	1141	5754	2577
商洛市 Shangluo	326	3	250	51		315	748	3967	2477
杨凌示范区 Yangling	60			20	40	55.5	216	347	402

15-12 城市出租汽车情况(2016年)
Basic Statistics on Taxi in Cities (2016)

地 区	Region	运营车数(辆) Number of Operations (unit)	客运量(万人次) Passengers Transported (10 000 person-times)	运营里程(万公里) Operating Distance (10 000 km)	载客里程(万公里) Passenger Milesdistance (10 000 km)
全 省	**Shaanxi**	**36232**	**121740**	**465212**	**321362**
西安市	Xi'an	14459	45033	201948	134190
铜川市	Tongchuan	1081	4638	14548	10254
宝鸡市	Baoji	3581	10063	41387	25824
咸阳市	Xianyang	3268	11124	39320	26359
渭南市	Weinan	3136	10880	39171	28393
延安市	Yan'an	2471	9911	36520	28858
汉中市	Hanzhong	1860	4754	18841	13023
榆林市	Yulin	3795	13067	43758	33286
安康市	Ankang	1448	7376	11909	8580
商洛市	Shangluo	933	3289	9752	6692
杨凌示范区	Yangling	200	703	3830	2840

15-13 城市轨道交通情况
Urban Rail Transit

指　　标		Item		2015	2016
一、运营车辆		Operating Vechicles			
运营车数	（辆）	Number of Operating Vechicles	(vechicles)	324	630
地铁		Metro		324	630
标准运营车数	（标台）	Number of Standard Operating Vechicles	(vechicles)	810	1575
编组列数	（列）	Number of Train Formation	(trains)	54	105
额定载客量	（人）	Rated Passenger Capacity	(people)	79272	154140
二、场站设施		Station Facilities			
停车场保养场占地面积	（平方米）	Parking and Maintenance Area	(sq.m)	850482	1269000
三、运营线路		Operating Routes			
运营线路条数	（条）	Number of Operating Routes	(line)	2	3
地铁		Metro		2	3
运营线路总长度	（公里）	Length of Operating Routes	(km)	50.9	89.0
地铁		Metro		50.9	89.0
四、运营服务		Operating Services			
客运量	（万人次）	Passenger Traffic	(10 000 persons)	34209	40816
旅客周转量	（万人公里）	Total Passenger Turnover	(10 000 passengers-km)	290780	302609
运营里程	（万列公里）	Operating Mileage	(1 0000 vechicles-km)	660	906
	（万车公里）		(10 000 trains-km)	3962	5437
五、运营能耗		Operating Energy consumption			
电能消耗量	（千瓦时）	Electrical Energy Consumption	(kwh)	158477941	187886121
# 行车电能消耗量		Traffic Electrical Energy Consumption		75320926	95295820

15-14 铁路客货运输量

Passenger and Freight Traffic of Railways

指　标	Item	2015	2016
一、路局范围	Railways Bureau		
客运量（万人）	Passenger Traffic (10 000 persons)	7966	8398
旅客周转量(百万人公里)	passenger-Kilometers(million passenger-km)	52477	52041
货运量（万吨）	Freight Traffic (10 000 tons)	12108	12195
货物周转量(百万吨公里)	Freight Ton-Kilometers (million ton-km)	144695	151367
二、省境内	In Shaanxi Province		
客运量（万人）	Passenger Traffic (10 000 persons)	7866	8302
旅客周转量(百万人公里)	Passenger-Kilometers(million passenger-km)	46444	46417
货运量（万吨）	Freight Traffic (10 000 tons)	32951	35459
货物周转量(百万吨公里)	Freight Ton-Kilometers (million ton-km)	143591	151827

注：本表路局范围为西安铁路局数字，省境内及合资铁路为国家反馈数。

a) Bureau means jointly owned railway bureau of Xi'an. The data in Shaanxi province refer to the number responsed from nation.

15-15 全省公路客货运输量(2016年)

Passenger and Freight Traffic of Highway Departments(2016)

地　区	Region	客运量（万人）Passenger Traffic (10 000 persons)	客运周转量（万人公里）passenger-Kilometers (10 000 passenger-km)	货运量（万吨）Freight Traffic (10 000 tons)	货运周转量（万吨公里）Freight Ton-Kilometers (10 000 ton-km)
全　省	**Shaanxi**	**61093**	**2908032**	**113360**	**19258259**
西安市	Xi'an	15773	908379	23011	3240829
铜川市	Tongchuan	1348	63562	8583	883924
宝鸡市	Baoji	9505	198917	11819	1025129
咸阳市	Xianyang	8435	219306	12014	3062443
渭南市	Weinan	10666	302694	18166	3494239
延安市	Yan'an	3158	213037	4087	221885
汉中市	Hanzhong	2303	232919	3835	611495
榆林市	Yulin	2870	350305	24698	6060351
安康市	Ankang	3371	213601	3657	151636
商洛市	Shangluo	3250	191962	3231	465160
杨凌示范区	Yangling	414	13350	259	41168

15-16 铁路运输主要经济技术指标
Principal Economic and Technical Indicators of Railway Transport

指 标	Item	2015	2016
货车平均静载重 (吨)	Average Static Load of Freight Cars (ton)	64.0	62.2
货车周转时间 (天)	Turning Around Time of Freight Cars (day)	2.3	2.3
货运机车日产量 (万吨公里)	Average Daily Ton-kilometers of Freight Locomotives (10 000 ton-km)	98.9	98.7
内燃机车耗油 (公斤/万吨公里)	Oil Consumption of Diesel Locomotives (kg/10 000 ton-km)	46.4	66.3
电力机车耗电 (千瓦小时/万吨公里)	Electricity Consumption of Electric Locomotives (kwh/10 000 ton-km)	131.6	126.6
货物列车出发正点率 (%)	Punctuality Rate of Freight Trains at Departure (%)	98.6	99.2
货物列车运行正点率 (%)	Punctuality Rate of Freight Trains in Running (%)	99.4	99.6
旅客列车出发正点率 (%)	Punctuality Rate of Passenger Trains at Departure(%)	99.8	99.8
旅客列车运行正点率 (%)	Punctuality Rate of Passenger Trains in Running (%)	99.9	99.9
客运密度 (万人公里/公里)	Density of Passenger Traffic (10 000 person-km/km)	1122.3	1096.1
每万名旅客拥有座卧车数 (辆)	Number of Seat Trains and Sleeping Trains Per 10 000 Passengers (unit)	6.6	5.8
每百万旅客人公里拥有座卧车数 (辆)	Number of Seat Trains and Sleeping Trains Per million Passenger-km (unit)	20.5	17.8
货物列车旅行速度 (公里/小时)	Running Speed of Freight Trains (km/hr)	33.4	32.9
货运密度 (万吨公里/公里)	Density of Freight Traffic (10 000 ton-km/km)	3094.5	3188.0
一次货物作业时间 (小时)	Handling Time of Freigh (hour)	15.7	15.9

15-17 铁路分品类货物发送量
Volume of Freight Dispatched of Railways by Category of Cargo

品 种	Item	2015	2016
合 计	**Total**	**12104**	**12191**
煤	Coal	8548	8310
焦炭	Coke	538	607
石油	Petroleum	1022	938
钢铁及有色金属	Steel and Iron, and Non-Ferrous Metal	316	396
金属矿石	Metal Ores	76	70
非金属矿石	Non-metal Ores	108	100
矿建材料	Mineral Building Materials	228	179
水泥	Cement	1	4
木材	Timber	5	8
化肥及农药	Chemical Fertilizers and Pesticides	244	237
粮食	Grain	205	273
棉花	Cotton		
其他	Others	813	1068

15-18 邮电业务总量
Total Business Volume of Post and Telecommunication Services

年 份 Year	邮电业务总量(万元) Business Volume of Postal and Telecommuni-cation Services (10 000 yuan)	函 件(万件) Number of Letters (10 000 pcs)	报刊期发数(万份) Number of Newspapers and Magazines Issued (10 000 copies)	快 递(万件) Pieces of Express Mail Services (10 000 pcs)	移动电话(户) Number of Subscribers of Mobile Telephones (subscriber)	城市电话(户) Number of Urban Fixed Telephone Subscribers (subscriber)	乡村电话(户) Number of Rural Fixed Telephone Subscribers (subscriber)	互联网宽带用户(户) Number of Internet Users (subscriber)
1978	5025	9188	319			32356	14100	
1980	5595	10386	494			36521	14668	
1985	7871	13275	869			53828	15978	
1990	16936	15955	506			96573	21184	
1995	145408	24277	1017			601136	78244	
1996	206467	26456	1122			882485	153767	
1997	278942	15787	888			1174607	237720	
1998	395410	14281	1335			1507041	311724	
1999	538640	15678	521		601260	1822476	499096	
2000	850392	17444	454	227	1516687	2528584	923865	198744
2001	945861	18518	386	285	2917135	2905202	1285409	697869
2002	1331745	20323	347	298	4813341	3444609	1798321	1106756
2003	1741428	20307	312	335	6110004	4577207	2147725	1687600
2004	2447665	19915	283	366	7886903	5412164	2507240	1946200
2005	3311322	15119	286	397	9381001	5618420	2974747	2369000
2006	4242336	16072	276	489	11835813	5805703	3339014	1613600
2007	5294031	11677	279	607	16126583	5834313	3422573	1936310
2008	6287289	11219	301	767	19122464	5647062	3165318	2351717
2009	7455960	8690	365	883	23373712	5257253	2892457	2550542
2010	9028500	9734	517	2600	25182317	5195501	2623352	3688265
2011	3482544	5877	335	3942	29071848	5190462	2564357	3890780
2012	3855369	6061	337	5085	32647663	5413043	2307643	4395866
2013	4174992	4914	346	9552	35124609	5550224	2142652	5062419
2014	5666602	3310	375	13762	36072076	5566123	1941734	5524403
2015	7570868	2499	379	20351	36496502	5580357	1652401	6054228
2016	12038145	2176	316	36902	38132907	5241524	1557072	8029617

注：邮电业务总量按不变价格计算，2011年起按2010年不变价格计算。

a) Business volume of post and telecommunication services are calculated at constant prices. 2011 are calculated at constant prices in 2010.

15-19 邮电通信水平
Level of Post and Telecommunication Services

指 标	Item	2015	2016
邮政通信水平	**Postal Services Available**		
平均每一营业网点服务面积(平方公里)	Average Area Served by Every Postal Office (sq.km)	115.55	114.14
平均每一营业网点服务人口 (万人)	Average People Served by Every Postal Office (10 000 persons)	2.20	2.11
平均每人每年发函件数 (件)	Annual Number of Letters Mailed per Capita (piece)	0.70	0.57
平均每百人订有报刊数 (份)	Number of Newspaper and Magazine Subscribed per 100 Persons(copy)	10.00	13.00
电信通信水平	**Telecommunication Services Available**		
电话普及率(包括移动电话)(部/百人)	Popularization Rate of Telephone (sets/100 persons)	115.29	117.84
固定电话普及率 (部/百人)	Popularization Rate of Fixed Telephone (sets/100 persons)	19.07	17.83
城 市	City	27.29	24.84
乡 村	Rural Area	9.45	9.14
移动电话数普及率 (部/百人)	Popularization Rate of Mobile Telephone (sets/100 persons)	96.22	100.02

15-20 各市(区)邮政业务量(2016年)
Total Business Volume of Post Services by City(District)(2016)

地 区	Region	邮政业务总量(万元) Business Volume of Postal cation Services (10 000 yuan)	函件(万件) Number of Letters (10 000 pcs)	包裹(万件) Package (10 000 pcs)	快递(万件) Pieces of Express Mail Services (10 000 pcs)	报刊累计数(万份) Number of Total Newspapers and Magazines (10 000 copies)
全 省	**Shaanxi**	**920307**	**2176**	**96**	**36902**	**49692**
西安市	Xi'an	531260	1367	51	27716	15550
铜川市	Tongchuan	9564	61	0	231	1713
宝鸡市	Baoji	62543	193	9	1932	4381
咸阳市	Xianyang	86405	67	9	2896	3650
渭南市	Weinan	56498	125	7	1371	7321
延安市	Yan'an	24681	25	3	566	3655
汉中市	Hanzhong	64153	96	8	718	3262
榆林市	Yulin	31044	51	3	686	4566
安康市	Ankang	31101	46	3	472	2223
商洛市	Shangluo	23059	146	1	314	3371

15-21 各市(区)电信业务量(2016年)
Total Business Volume of Telecommunication Services by City(District)(2016)

地 区	Region	电信业务总量(万元) Business Volume of Telecommuni-cation Services (10 000 yuan)	移动电话用户(户) Number of Subscribers of Mobile Telephones (subscriber)	固定电话用户(户) Number of Subscribers of Fixed Telephones (subscriber)	互联网宽带用户(户) Number of Subscribers of Internet Services (subscriber)
全 省	**Shaanxi**	**11117839**	**38132907**	**6798596**	**8029617**
西安市	Xi'an	4850113	14452274	2986083	3398563
铜川市	Tongchuan	518080	673844	127261	152677
宝鸡市	Baoji	759534	3006135	613186	673262
咸阳市	Xianyang	1058549	3983410	463716	804964
渭南市	Weinan	974693	4138440	744434	930121
延安市	Yan'an	617109	2281481	331015	372659
汉中市	Hanzhong	683726	2667058	497855	503521
榆林市	Yulin	957811	3484333	476855	526969
安康市	Ankang	365261	1999155	330260	403242
商洛市	Shangluo	332963	1446776	227931	263639

15-22 各市(区)邮电局所及邮递线路(2016年)
Postal and Telecommunication Offices and Postal Routes by City(District)(2016)

地区	Region	邮电局所总计(个) Total Number of Postal and Telecommunication Offices(unit)	邮政自办局(所) Number of Self-postal Offices	邮政代办所 Number of Sub-postal Offices	邮政支局 Number of Branch Post Offices	电信代办所 Number of Sub-Telecommunication Offices	邮路长度(公里) Length of Postal Routes (km)	农村投递线路总长度(公里) Total Length of Rural Delivery Routes(km)
全省	**Shaanxi**	**30916**	**427**	**784**	**1363**	**28342**	**65410**	**19793**
西安市	Xi'an	8911	157	61	451	8242	37264	1245
铜川市	Tongchuan	1098	9	26	46	1017	805	259
宝鸡市	Baoji	2185	63	57	168	1897	3611	2197
咸阳市	Xianyang	2835	13	58	82	2682	2548	1899
渭南市	Weinan	4269	49	61	95	4064	2565	2160
延安市	Yan'an	2264	64	96	116	1988	3547	2662
汉中市	Hanzhong	2882	32	110	81	2659	3826	2033
榆林市	Yulin	3595	19	165	174	3237	5529	3915
安康市	Ankang	1629	17	88	87	1437	3474	1862
商洛市	Shangluo	1248	4	62	63	1119	2241	1561

15-23 邮电通信企业主要财务指标
Principal Financial Indicators of Postal and Telecommunication Services Enterprises

单位：万元 (10 000 yuan)

指标	Item	2015	2016
邮电业务收入总计	Total Revenue from Postal and Telecommunication Services	3861029	4118602
# 主营业务收入	Revenue from Principal Business	3822694	4033913
业务支出	Business Expenditure	2831745	3221468
营业外损益净额	Net Amount of Non Operating Profit and Loss	101362	-10322
税金	Tax	140040	209000
教育附加费	Extra Charges for Education	4438	2339
收支差额	Balance of Revenue and Expenditure	368524	279081
年末固定资产原值	Original Value of Fixed Assets at Year-end	9154649	9656178

15-24 规模以上服务业主要经济指标(2016年)

单位：万元

分组	Item	单位数(个) Number of Enterprises (unit)	资产总计 Total Assets	负债合计 Total Liabilities	所有者权益合计 Owners' Equity
总计	**Total**	**2678**	**111629445**	**59784666**	**51845654**
按登记注册类型分	**By Status of Registration**				
内资企业	Domestic Funded	2601	108827673	58330104	50498444
国有企业	State-owned Enterprises	186	25471277	8048259	17423018
集体企业	Collective-owned Enterprises	36	533496	384515	148982
股份合作企业	Cooperative Enterprises	8	17854	10574	7280
联营企业	Joint Ownership Enterprises	1	20770	5586	15184
国有联营企业	State Joint Ownership Enterprises	1	20770	5586	15184
有限责任公司	Limited Liability Corporations	1303	69859234	44402165	25457986
国有独资公司	State Sole Funded Corporations	135	38747406	25837302	12910104
其他有限责任公司	Other Limited Liability Corporations	1168	31111828	18564863	12547883
股份有限公司	Share-holding Corporations Limited	129	9250247	3202453	6047795
私营企业	Private Enterprises	808	3248913	2030252	1218620
私营独资企业	Private-funded Enterprises	85	110334	55708	54626
私营合作企业	Private Partnership Enterprises	27	68759	43222	25537
私营有限责任公司	Private Limited Liability Corporations	653	2926617	1867053	1059523
私营股份有限公司	Private Share-holding Corporations Ltd.	43	143203	64269	78935
其他企业	Other Enterprises	130	425881	246302	179580
港、澳、台商投资企业	Enterprises with Funds from Hong Kong, Macao and Taiwan	33	1021357	469629	551729
合资经营企业(港或澳、台资)	Joint-venture Enterprises	18	524036	214087	309949
合作经营企业(港或澳、台资)	Cooperative Enterprises	1	30607	21136	9471
港澳台商独资经营企业	Enterprises with Sole Investment	8	45091	13306	31786
港澳台商投资股份有限公司	Share-holding Corporations Ltd.	4	417279	220846	196434
其他港、澳、台商投资企业	Other Enterprises with Funds from Hong Kong, Macao and Taiwan	2	4344	255	4090
外商投资企业	Foreign Funded Enterprises	44	1780414	984933	795481
中外合资经营企业	Joint-venture Enterprises	12	809545	606891	202654
中外合作经营企业	Cooperation Enterprises	4	14441	5251	9190
外资企业	Enterprises with Sole Funds	22	581495	218401	363095
外商投资股份有限公司	Share-holding Corporations Ltd.	4	366717	153152	213565
其他外商投资企业	Other Foreign Funded Enterprises	2	8215	1238	6977

Main Indicators of Service Industry Enterprises above Designated Size(2016)

(10 000 yuan)

营业收入 Revenue from Business	营业成本 Cost of Business	销售费用 Operating Expenses	管理费用 Manage-ment Expenses	财务费用 Financial Expenses	投资收益 Investment Income	营业利润 Operating Profit	利润总额 Total Profits	应付职工薪酬 Accrued Employee Payroll	全部从业人员年平均人数(人) Annual Average Employed Persons (person)
27084277	**20622165**	**1389743**	**2517621**	**1137744**	**464405**	**1772547**	**2127512**	**5608745**	**639038**
25722647	19686149	1266924	2389811	1135796	464190	1617365	1963168	5389091	620996
6079344	5745170	73927	411935	9034	57002	-72671	138021	1822456	166004
310668	256096	9131	39225	228	-312	9254	8124	61035	12643
8021	3455	80	5062	-10	336	653	763	2357	736
6675	1363	691	3177	-36		1362	1356	737	128
6675	1363	691	3177	-36		1362	1356	737	128
13324623	9585758	805571	1359662	1022649	363533	879241	1005663	2501169	285395
2363179	1492403	89001	218528	802042	223448	61878	83123	438665	52997
10961444	8093355	716570	1141134	220607	140085	817363	917540	2062505	232398
4173725	2836661	262927	283732	59855	37095	686618	690625	623183	61724
1546041	1061525	105369	246966	37210	4952	91604	96711	314424	78902
66695	41861	6676	14770	559	-14	4909	5137	21706	6521
67737	38691	1903	17144	1573	149	8023	2893	17177	2950
1318409	916354	92104	202011	34313	4730	69552	77743	260751	65773
93201	64619	4686	13040	765	87	9120	10938	14790	3658
273550	196123	9228	40053	6866	1585	21304	21906	63729	15464
541241	388833	54635	65261	3294	-6	19806	22386	61180	6764
242557	182956	16349	31781	1977	4	6960	9371	29127	3191
22328	5101		4377	819		11684	11651	2468	116
47913	20459	5024	13574	234	-10	8104	8414	8579	746
225828	179591	31585	15153	257		-6705	-6814	20127	2514
2615	726	1676	377	8		-237	-237	880	197
820389	547184	68184	62549	-1345	220	135376	141958	158474	11278
108339	98903	12685	11726	-76	132	-16500	-16864	14199	1373
14381	5475	277	1324	189	18	6538	6537	1702	316
403386	252525	29111	40880	-1354	70	78380	83967	99163	5915
278149	176808	26109	7125	-16		65727	66432	34605	2680
16135	13473	3	1495	-88		1231	1836	8806	994

15-24 续表

单位：万元

分　组	Item	单位数（个） Number of Enterprises (unit)	资产总计 Total Assets	负债合计 Total Liabilities	所有者权益合计 Owners' Equity
按国民经济行业分	**By Sector**				
铁路运输业	Railway Transport	9	26054880	7913279	18141602
道路运输业	Road Transport	428	25119624	18831321	6288262
水上运输业	Water Transport	2	723	15	708
航空运输业	Air Transport	13	3222758	1017262	2205496
管道运输业	Transport Via Pipelines	2	1092078	516883	575195
装卸搬运和运输代理业	Loading,Unloading and Forwarding Agency	32	406364	298562	107802
仓储业	Storage	108	1623759	1255275	368484
邮政业	Post	33	728580	450288	278293
电信、广播电视和卫星传输服务	Telecommunication, Radio and Television and Satellite Transmission Service	46	11988567	5121751	6866816
互联网和相关服务	Internet and Related Service	15	222465	79337	143128
软件和信息技术服务业	Software and Information Technology	162	2080448	1114802	965546
物业管理	Property Management	262	1105708	703825	403180
房地产中介服务	Real Estate Intermediary Service	4	11593	6317	5276
自有房地产经营活动	Own Real Estate Business Activities	12	105383	76421	28962
其他房地产业	Other Real Estate	1	7189	3363	3826
租赁业	Leasing	18	784697	559878	224819
商务服务业	Business Services	380	21502842	12765437	8737124
研究和试验发展	Research and Experimental Development	22	880694	304637	576056
专业技术服务业	Professional Technical Services	265	4848105	3105541	1742565
科技推广和应用服务业	Science and Technology Popularization and Application Services	55	913849	543810	370039
水利管理业	Management of Water Conservancy	7	721643	344514	377129
生态保护和环境治理业	Ecological Protection and Environmental	5	163898	108973	54925
公共设施管理业	Management of Public Facilities	120	3398207	2034179	1364028
居民服务业	Services to Households	46	200031	186490	13541
机动车、电子产品和日用产品修理业	Repair of Motor Vehicle,Electronics and Household Products	65	206349	149035	57314
其他服务业	Other Services	19	18109	8350	9759
教　育	Education	123	253251	152091	101160
卫　生	Health	160	713513	418461	295052
社会工作	Social Service	6	3592	991	2601
新闻和出版业	Journalism and Publishing Activities	29	450871	257722	193149
广播、电视、电影和影视录音制作业	Radio, Television, Motion Picture and Videotape Programme Production Services	84	549061	336056	213005
文化艺术业	Cultural and Art Activities	65	1913758	876243	1037515
体　育	Sports Activities	13	61437	47319	14117
娱乐业	Entertainment	67	275420	196240	79180

continued

(10 000 yuan)

营业收入 Revenue from Business	营业成本 Cost of Business	销售费用 Operating Expenses	管理费用 Management Expenses	财务费用 Financial Expenses	投资收益 Investment Income	营业利润 Operating Profit	利润总额 Total Profits	应付职工薪酬 Accrued Employee Payroll	全部从业人员年平均人数(人) Annual Average Employed Persons (person)
4386453	3773035	5525	171199	121054	28804	329827	306521	1328608	96278
2433623	1659379	36771	226316	717671	29680	-183754	-43630	574228	100620
487	387		69	6		41	41	205	112
401809	336292	5436	32557	21964	13610	14935	22218	119955	9733
759721	660744	1104	13905	14779	722	69232	69872	39386	2360
298726	256831	8601	22792	749	-24	6348	6732	34754	5802
1059294	1048905	29665	47791	28097	3096	-97122	8820	40926	7886
858762	767644	5553	131023	2489		-28567	-29599	282071	35249
6055097	4211329	781351	310981	-15630	931	705520	686446	752545	65144
263560	189762	3379	14556	330	4	7810	7998	22671	2670
2129932	1415728	73005	465080	3916	1718	158631	208139	805612	44759
513109	387360	22868	77048	8492	1911	14519	16316	191559	52552
10942	2352	1133	3880	-23	680	4021	4068	3444	370
30767	19313	318	11787	220	46	124	-1303	2992	614
7515			6535	-4		830	831	768	100
42491	31120	3307	5372	1995	104	319	9093	5333	963
2054885	1506586	111517	250662	144168	273367	311744	330007	290877	61775
390828	273959	8881	55862	1449	12869	56640	61167	85359	6150
3104421	2492290	92499	328452	-4305	61255	290387	302894	542877	48985
119020	83122	5634	16983	5831	862	5801	7048	25388	3779
43417	32472	1760	6414	13217	43	-14083	-12155	8681	1311
33554	17913	6255	2654	2114	12	3872	6364	7035	891
614746	449274	32144	76289	32591	3384	67343	75462	97784	21046
63094	45729	6543	12253	644	-355	-3234	-2688	22122	6781
80441	61206	5713	10004	1785	3	3316	3362	11352	2875
22299	17659	699	2974	-12		1047	1154	9765	3204
167624	112267	10860	34326	3207	-285	8217	9536	56520	13551
494803	387291	24184	72421	6570	1996	10909	5820	127701	24439
2571	1297	185	382	59		659	662	889	377
255634	182676	30561	36728	-576	574	6419	13704	42932	4088
196437	106788	25478	31321	7602	2924	25730	37495	18031	3702
112690	52364	34190	25799	12702	25776	-9284	9853	37044	6302
17226	7306	4450	3131	313	-78	1615	1727	4517	1132
58304	31786	10176	10078	4284	775	2737	3541	14819	3438

15-25 各市(区)规模以上服务业主要经济指标(2016年)

单位：万元

地　区	Region	单位数（个）Number of Enterprises (unit)	资产总计 Total Assets	负债合计 Total Liabilities	所有者权益合计 Owners' Equity	营业收入 Revenue from Business	营业成本 Cost of Business
全　省	**Shaanxi**	**2678**	**111629445**	**59784666**	**51845654**	**27084277**	**20622165**
西安市	Xi'an	1224	70706084	44500949	26205716	17699509	13037905
铜川市	Tongchuan	72	321673	215522	106151	188165	173197
宝鸡市	Baoji	209	1389918	742388	647530	645981	499332
咸阳市	Xianyang	223	1722135	986402	735733	955187	682251
渭南市	Weinan	153	2552395	1234972	1317423	869854	664418
延安市	Yan'an	201	2323351	1425984	897368	719030	576097
汉中市	Hanzhong	131	948835	459393	489442	522620	390964
榆林市	Yulin	185	7801990	3326293	4476271	1740022	1116285
安康市	Ankang	227	972359	453969	518110	376591	265607
商洛市	Shangluo	47	2623198	1551564	1071634	212957	175903
杨凌示范区	Yangling	5	23525	12863	10662	39223	36193
省　直	Others	1	20243983	4874368	15369615	3115137	3004013

Main Indicators of Service Industry Enterprises above Designated Size by City(District)(2016)

(10 000 yuan)

销售费用 Operating Expenses	管理费用 Manage-ment Expenses	财务费用 Financial Expenses	投资收益 Investment Income	营业利润 Operating Profit	利润总额 Total Profits	应付职工薪酬 Accrued Employee Payroll	全部从业人员年平均人数(人) Annual Average Employed Persons (person)
1389743	**2517621**	**1137744**	**464405**	**1772547**	**2127512**	**5608745**	**639038**
979373	1806746	1032444	382392	1149588	1422770	3362254	359745
18030	21007	1241	-74	-25015	-16019	51349	10594
50134	65101	8357	1326	21713	42924	112271	23423
65147	89448	16265	88	103853	108990	156818	28571
64462	65358	16772	8377	43911	69831	118145	27130
52174	95988	13282	151	-5784	1524	106914	22771
40705	53056	4781	3625	36707	50541	107477	19225
65091	170458	62994	36605	338962	329931	308109	35579
32390	47316	1776	3040	28892	37312	77940	17830
16504	20523	4661	575	3149	4657	34538	6490
612	3361	506		-624	582	1378	355
5121	79260	-25333	28299	77195	74468	1171551	87325

15-26 按行业分企业信息化及电子商务情况(2016年)

行业	Industry	企业数(个) Number of Enterprises (unit)	期末使用计算机数(台) Computers Used at the End of Period (unit)
总计	**Total**	**18859**	**925114**
采矿业	Mining	717	68006
制造业	Manufacturing	4728	228716
电力、热力、燃气及水生产和供应业	Production and Supply of Electricity, Heat, Gas and Water	265	36201
建筑业	Construction	2248	96325
批发和零售业	Wholesale and Retail Trades	4341	98924
交通运输、仓储和邮政业	Transport, Storage and Post	625	58643
住宿和餐饮业	Hotels and Catering Services	1893	35903
信息传输、软件和信息技术服务业	Information Transmission, Software and Information Technology	223	156578
房地产业	Real Estate	2279	46048
租赁和商务服务业	Leasing and Business Services	397	16202
科学研究和技术服务业	Scientific Research and Technical Services	341	48215
水利、环境和公共设施管理业	Management of Water Conservancy, Environment and Public Facilities	132	5199
居民服务、修理和其他服务业	Service to Households, Repair and Other Services	129	2165
教育	Education	123	9089
卫生和社会工作	Health and Social Service	164	10803
文化、体育和娱乐业	Culture, Sports and Entertainment	254	8097

15-27 各市(区)企业信息化及电子商务情况(2016年)

地区	Region	企业数(个) Number of Enterprises (unit)	期末使用计算机数(台) Computers Used at the End of Period (unit)	每百人使用计算机数(台) Computers Used Per 100 Persons (unit)	企业拥有网站数(个) Websites of Enterprises (unit)
全省	**Shaanxi**	**18859**	**925114**	**26**	**10644**
西安市	Xi'an	5736	588732	39	4058
铜川市	Tongchuan	560	13519	16	252
宝鸡市	Baoji	2021	59907	21	1265
咸阳市	Xianyang	2206	53932	12	1067
渭南市	Weinan	1531	43330	17	797
延安市	Yan'an	1008	34296	17	532
汉中市	Hanzhong	1324	29326	16	679
榆林市	Yulin	1950	55123	22	877
安康市	Ankang	1725	24542	15	605
商洛市	Shangluo	552	15721	15	330
杨凌示范区	Yangling	246	6686	22	182

注：有电子商务交易活动的企业是指通过互联网开展电子商务销售或电子商务采购的企业。
a) Enterprises with E-Commerce Transactions refers to those enterprises which performed sales or purchases through Internet.

Informatization and E-Commerce of Enterprises by Industrial Sector(2016)

每百人使用计算机数(台) Computers Used Per 100 Persons (unit)	企业拥有网站数(个) Websites of Enterprises (unit)	每百家企业拥有网站数(个) Websites Per 100 Enterprises (unit)	有电子商务交易活动 With Ecommerce Transactions		电子商务销售额(万元) Sales of Ecommerce (10 000 yuan)	# 大陆以外区域销售 Sourcing Outside Mainland Area	电子商务采购额(万元) Perchases of Ecommerce (10 000 yuan)	# 大陆以外区域采购 Sourcing Outside Mainland Area
			企业数(个) Enterprises (unit)	比重(%) Proportion (%)				
26	**10644**	**56**	**2300**	**12.2**	**10475418**	**97837**	**7001566**	**22702**
19	294	41	31	4.3	36076		13993	6
22	3566	75	643	13.6	2905710	62091	646386	2591
30	147	55	19	7.2	1980		1174137	1
12	1112	49	124	5.5	26343	301	837637	818
34	2056	47	517	11.9	5758596	9535	4164646	5507
22	240	38	55	8.8	595550	7	2482	1
24	881	47	514	27.2	94011	2380	2233	7
147	215	96	66	29.6	92747	15927	32165	12960
34	1109	49	111	4.9	1964	1	31131	5
26	261	66	54	13.6	908827	7532	13186	355
78	252	74	30	8.8	921		30563	450
24	90	68	37	28	11389	11	5500	
17	75	58	16	12.4	173	1	45445	1
66	79	64	10	8.1	14221		648	
44	117	71	11	6.7	300		137	
44	150	59	62	24.4	26610	51	1277	

Informatization and E-Commerce of Enterprises by City(District)(2016)

每百家企业拥有网站数(个) Websites Per 100 Enterprises (unit)	有电子商务交易活动 With E-commerce Transactions		电子商务销售额(万元) Sales of Ecommerce (10 000 yuan)	# 大陆以外区域销售 Sourcing Outside Mainland Area	电子商务采购额(万元) Perchases of Ecommerce (10 000 yuan)	# 大陆以外区域采购 Sourcing Outside Mainland Area
	企业数(个) Enterprises (unit)	比重(%) Proportion (%)				
56	**2300**	**12.2**	**10475418**	**97837**	**7001566**	**22702**
71	798	13.9	6683365	41181	4182687	17015
45	56	10	86365	5	92224	1169
63	293	14.5	512985	28697	365938	1868
48	193	8.7	600145	7433	810755	919
52	141	9.2	399946	446	378096	103
53	124	12.3	266356	1049	205247	16
51	196	14.8	362996	4522	306752	50
45	159	8.2	1046695	1566	409982	24
35	192	11.1	256763	12053	70436	501
60	94	17	217840	572	143900	1033
74	54	22	41962	313	35549	4

主要统计指标解释

铁路营业里程 又称营业长度(包括正式营业和临时营业里程)，指办理客货运输业务的铁路正线总长度。凡是全线或部分建成双线及以上的线路，以第一线的实际长度计算；复线、站线、段管线、岔线和特殊用途线以及不计算运费的联络线都不计算营业里程。该指标可以反映铁路运输业基础设施的发展水平，也是计算客货周转量、运输密度和机车车辆运用效率等指标的基础资料。

铁路电气化里程 指在全部铁路营业里程中已安装了供电线路及设备，可以供电力机车牵引列车运行的区段的总里程。

公路里程 指在一定时期内实际达到《公路工程[WTBZ]技术标准 JTJ01-88》规定的等级公路，并经公路主管部门正式验收交付使用的公路里程数。包括大中城市的郊区公路以及通过小城镇街道部分的公路里程和桥梁、渡口的长度，不包括大中城市的街道、厂矿、林区生产用道和农业生产用道的里程。两条或多条公路共同经由同一路段，只计算一次，不得重复计算里程长度。该指标可以反映公路建设的发展规模，也是计算运输网密度等指标的基础资料。

内河航道里程 也称内河通航里程，指在一定时期内，能通航运输船舶及排筏的天然河流、湖泊水库、运河及通航渠道的长度。包括全年季节性通航累计三个月以上的航道，不包括仅供零散流放竹、木排的河道。该指标可以反映内河水运网的规模、水平和发展情况。

民用航空航线里程 指统计期间内全部民用航空航线的航线总长度。航线长度指民用航空航线的计费距离。计算航线里程可按重复和不重复两种方法，前者是指各航线长度相加的总和；后者则要扣除各航线之间相同航段重复计算的部分。

货(客)运量 指在一定时期内，各种运输工具实际运送的货物(旅客)数量。该指标是反映运输业为国民经济和人民生活服务的数量指标，也是制定和检查运输生产计划、研究运输发展规模和速度的重要指标。货运按吨计算，客运按人计算。货物不论运输距离长短、货物类别，均按实际重量统计。旅客不论行程远近或票价多少，均按一人一次客运量统计；半价票、小孩票也按一人统计。

货物(旅客)周转量 指在一定时期内，由各种运输工具运送的货物(旅客)数量与其相应运输距离的乘积之总和。该指标可以反映运输业生产的总成果，也是编制和检查运输生产计划，计算运输效率、劳动生产率以及核算运输单位成本的主要基础资料。计算货物周转量通常按发出站与到达站之间的最短距离，也就是计费距离计算。计算公式为：

货物（旅客）周转量=Σ（货物（旅客）运输量×运输距离）

铁路货车平均静载重 指铁路货车在始发站静止状态下平均每车装载的货物重量，用以分析货车完成装车时车辆载重力的利用情况。计算公式为：

$$货车平均静载量=\frac{货物发送吨数}{装车数}$$

静载重的多少取决于运送货物的性质、种类、车辆的类型和装载技术的高低。根据货车的平均标记载重与静载重进行对比，可以反映货车载重能力的利用程度。计算公式为：

$$货车载重力利用率(\%)=\frac{货车平均静载重}{货车平均标记载重}\times 100\%$$

铁路货运机车日产量 指在一定时期内，平均每台货运机车在一昼夜内所完成的总重吨公里数，包括载运货物的重量和车辆本身的自重。该指标从时间和牵引能力两方面反映了机车运用效率。计算公式为：

$$货运机车平均日产量=\frac{货运总重吨公里数}{货运机车台日数}$$

民用汽车拥有量 指报告期末，在公安交通管理部门按照《机动车注册登记工作规范》，已注册登记领有民用车辆牌照的全部汽车数量。汽车拥有量统计的主要分类：根据汽车结构分为载客汽车、载货汽车及其他汽车；根据汽车所有者不同分为个人(私人)汽车、单位汽车；根据汽车的使用性质分为营运汽车、非营运汽车；根据汽车大小规格不同载客汽车分为大型、中型、小型和微型，载货汽车分为重型、中型、轻型和微型。

邮电业务总量 指以货币形式表示的邮电企业为社会提供各类邮电服务的总数量，是用于观察邮电业务发展变化总趋势的综合性总量指标。分别按邮政业务总量和电信业务总量统计。邮电业务总量是以各类业务的实物量分别乘以相应的不变单价，得出各类业务的货币量再加总求得。

移动电话用户 指在电信运营企业营业网点办理开户登记手续，通过移动电话交换机进入移动电话网，占用移动电话号码的各类电话用户。包括 GSM 数字移动电话用户、CDMA 数字移动电话用户和电信运营企业发行的报告期末已激活充值的能异地漫游的各种智能卡用户。

固定电话用户 指在电信运营企业营业网点办理开户登记手续并已接入固定电话网上的全部电话用户。包括普通电话用户、公用电话用户、窄带综合业务数字网（N—ISDN）用户、智能网专用接入终端用户等。按行政区划分为城市电话用户和农村电话用户。

城市电话用户 指直辖市、省辖市、地级市、县级市的市区、市郊区及县城范围内接入局用交换机的电话用户。包括分布在农村地区县团级以上建制的独立工矿区、林区、驻军等电话用户。

农村电话用户 指县城关镇以下的集镇和农村接入局用交换机的电话用户。

Explanatory Notes on Main Statistical Indicators

Length of Railways in Operation refers to the total length of the trunk line for passenger and freight transportation (including both full operation and temporary operation). The calculation is based on the actual length of the first line if this line has a full or partial double (or more). Not included are double tracks, station sidings, tracks under the charge of stations, branch lines, special-purpose lines and non-payable connecting lines. The length of railways in operation is an important indicator to show the development of the infrastructure of railway transport. It is also essential data to calculate volume of passenger freight transport, traffic density and utilization efficiency of locomotives and carriages.

Length of Electrified Railways refers to the length of the section of railways in operation in which the power supply lines and other equipment are installed for the running of electrified locomotives. The proportion of the length of electrified railways to the total length of railways in operation is an important indicator to show the modernization of railways.

Length of Highways refers to the length of highways which are built in conformity with the grades specified by the highway engineering standard [Highways WTBZ-Technical Standard JTJ01-88] formulated by the Ministry of Transport, and have been formally checked and accepted by the departments of highways and put into use. The length of highways includes that of the suburb highways at large and medium-sized cities, highways passing through streets at small cities and towns, and also the length of bridges and ferry piers. It does not include the length of streets in big and medium-sized cities and highways built for the production purpose at factories, mines, forest areas and agricultural areas. If two or more highways go the same section of the way, the length of the section is only calculated for once and no duplication is allowed. The length of highways is an indicator to show the development of the scale of highway construction and to provide essential information to calculate the transport network density.

Length of Navigable Inland Waterways is an indicator reflecting the size and development of inland water network. It refers to the length of the natural rivers, lakes, reservoirs, canals, and ditches open to navigation during a given period, which enables transportation by ships and rafts. It includes the channels open to navigation for over an accumulated period of 3 months in a year, yet this does not include the river courses which are only used to float odd logs and bamboo rafts. This indicator can reflect the scale, level and development situation of the inland waterway network.

Length of Civil Aviation Routes refers to the length of all routes for civil aviation flights, which is used to account the freight, during the period of statistics.. There are usually two ways to calculate the route length: duplicated calculation and non-duplicated calculation, the former is the sum of length of all civil aviation routes, and the latter should deduct the duplication length of same route among all routes.

Freight (Passenger) Traffic refers to the volume of freight (passenger) transported with various means within a specific period of time. This indicator reflects the service of the transport industry towards the national economy and people's living conditions, as well as an important indicator used in formulating and monitoring transport production plans and research into the scale and pace of transport development. Freight transport is calculated in tons and passenger traffic is calculated in terms of number of persons. Freight transport is calculated in terms of the actual weight of the goods and takes no account of the type of freight and distance of travel. Passenger traffic is calculated by the principle that one person can be counted only once in one trip and takes no account of the travelling distance and ticket price. The passengers who travel with a half price ticket or a child's ticket is also calculated as one person.

Freight Ton-kilometres (Passenger-kilometres) refers to the sum of the product of the volume of transported cargo (passengers) multiplied by the transport distance. It is an important indicator to reflect the achievement of the transportation industry. This is an important indicator to show the total results of the transport industry; to prepare and examine the transport plan; and to serve as the main basic data for calculating the efficiency, labour productivity and unit cost of transport. Normally, the shortest distance between the departure station and the destination station (i.e., the payable distance) is the basis in calculating the freight ton-kilometres. The formula is as follows:

$$\begin{matrix}\text{Freight ton - kilometres} \\ \text{(passenger - kilometres)}\end{matrix} = \sum \begin{matrix}\text{freight} \\ \text{(passenger) traffic}\end{matrix} \times \begin{matrix}\text{distance of} \\ \text{transportation}\end{matrix}$$

Average Static Load of Freight Cars refers to the average cargo weight as loaded by each freight car under the static condition at the departure station. It is used to show the utilization extent of the loading capacity of the freight cars. The formula is:

$$\begin{matrix}\text{Static load (ton)} \\ \text{of freight car}\end{matrix} = \frac{\text{tonnage of goods dispatched}}{\text{number of freight cars loaded}}$$

The static load of freight cars is determined by the nature and type of goods loaded the type of vehicles, and the technique of loading. Comparison of the average marked load with the static load of freight cars provides indication on the degree of utilization of loading capacity of freight cars. For its calculation the following formula is applied:

$$\begin{matrix}\text{Utilization rate of} \\ \text{capacity of freight cars (\%)}\end{matrix} = \frac{\text{Average static load}}{\text{Average marked load}} \times 100\%$$

Average Daily Haul of Freight Locomotives refers to the average total ton-kilometres accomplished by each freight transport locomotive over one day and night during a given period of time. It includes both the weight of the goods carried and the dead weight of the train itself. It is a comprehensive indicator reflecting the locomotive efficiency in terms of both time and the pulling force.

$$\begin{array}{c}\text{Average daily haul of} \\ \text{freight transport locomotive} \\ \text{(ton - kilometre)}\end{array} = \frac{\text{Total ton - kilometres of freight}}{\text{Daily number of freight transport locomotive}}$$

Possession of Civil Motor Vehicles refer to the total numbers of vehicles that are registered and received vehicles license tags according to the *Work Standard for Motor Vehicles Registration* formulated by the Transport Management Office under the department of public security at the end of the reference period. They are divided into categories. According to the structure of motor vehicles, they are divided into passenger vehicles, trucks and others; according to ownership into private vehicles and vehicles for the unit's use; according to kind of usage into working vehicles and non-working vehicles; and according to size of vehicles into large passenger vehicles, medium-sized passenger vehicles, small passenger vehicles and mini passenger vehicles, heavy trucks, light-heavy trucks, light trucks and mini-trucks.

Business Volume of Post and Telecommunications refers to the total amount of postal and telecommunication services, expressed in value terms, provided by the post and telecommunications departments for society. This indicator reflects the overall results of development of postal and telecommunication services. It can be classificated as postal services and telecommunication services. Business volume of post and telecommunications is the sum of all services in kind multiplying with the unit price (constant price) to get the total business value.

Mobile Telephone Subscribers refer to persons who have gone through registration procedures in the operation points of enterprises engaged in telecommunications and are hence connected with the mobile telephone communication network through the mobile telephone switchboards and occupy mobile phone numbers. Included are GSM digital mobile phone subscribers, CDMA digital mobile phone subscribers and subscribers to intelligent phone cards with roaming facility issued by telecommunications enterprises and which have been subscribed to and activated at the end of the reference period.

Local Telephone Subscribers refer to all subscribers who have gone through registration procedures in the operation points of enterprises engaged in telecommunications and are hence connected to the local telecommunications service provider through fixed line network. Included are general subscribers, public telephones subscribers, N-ISDN subscribers and intelligent network terminal subscribers. They are also classified in terms of administrative districts as urban telephone subscribers and rural telephone subscribers according to location.

Urban Telephone Subscribers refer to the number of telephone subscribers, located at the different administrative districts of municipalities directly under the Central Government, cities under the jurisdiction of province, cities at prefecture level, downtown and suburb of city at county level town and county towns, that are connected to the public line telephone network, including rural mineral area, forest area, military area.

Rural Telephone Subscribers refer to telephone subscribers, located at the towns below the level of county town and villages, that are connected to the public line telephone network.

十六、批发、零售和住宿、餐饮业

资料整理：张　兵

简 要 说 明

一、本篇资料反映陕西批发和零售业、住宿和餐饮业的发展与经营状况，主要内容包括：社会消费品零售总额，限额以上批发和零售业、住宿和餐饮业基本情况、连锁经营情况，重点交易市场情况等。

二、限额以上企业指年主营业务收入2000万元及以上的批发企业（单位）；500万元及以上的零售业企业（单位）；200万元及以上的住宿和餐饮业企业（单位）。

三、批发业、零售业、住宿业、餐饮业大中小微型划分标准按照2011年《统计上大中小微型企业划分办法》标准执行。

Brief Introduction

I. This chapter reflects the management and development of wholesale and retail trades, hotels and catering services, mainly including: total retail sales of consumer goods, the basic conditions of enterprises above designated size in wholesale and retail trades, hotels and catering services, the conditions of chain stores, focus on transaction markets, etc.

II. Enterprises above designated size cover wholesale enterprises with revenue from principal business over 20 million yuan, retail enterprises with revenue from principal business over 5 million yuan, wholesale and retail enterprises with revenue from principal business over 2 million yuan.

III. The division standard of large/medium/small/mini sized enterprises of wholesale, retail trades,hotels and catering services is based on *the Division Standard of Large/Medium/Small/Mini Sized Enterprises* in 2011.

16.批发、零售和住宿、餐饮业

2016年全省			
限额以上法人企业数	6327	个	
批发业	1047	个	
零售业	3354	个	
住宿业	798	个	
餐饮业	1128	个	
社会消费品零售总额	7367.57	亿元	比上年增长 12.0%
商品零售	6616.96	亿元	比上年增长 12.1%
餐饮收入	750.61	亿元	比上年增长 11.5%

社会消费品零售总额构成

（2016年）

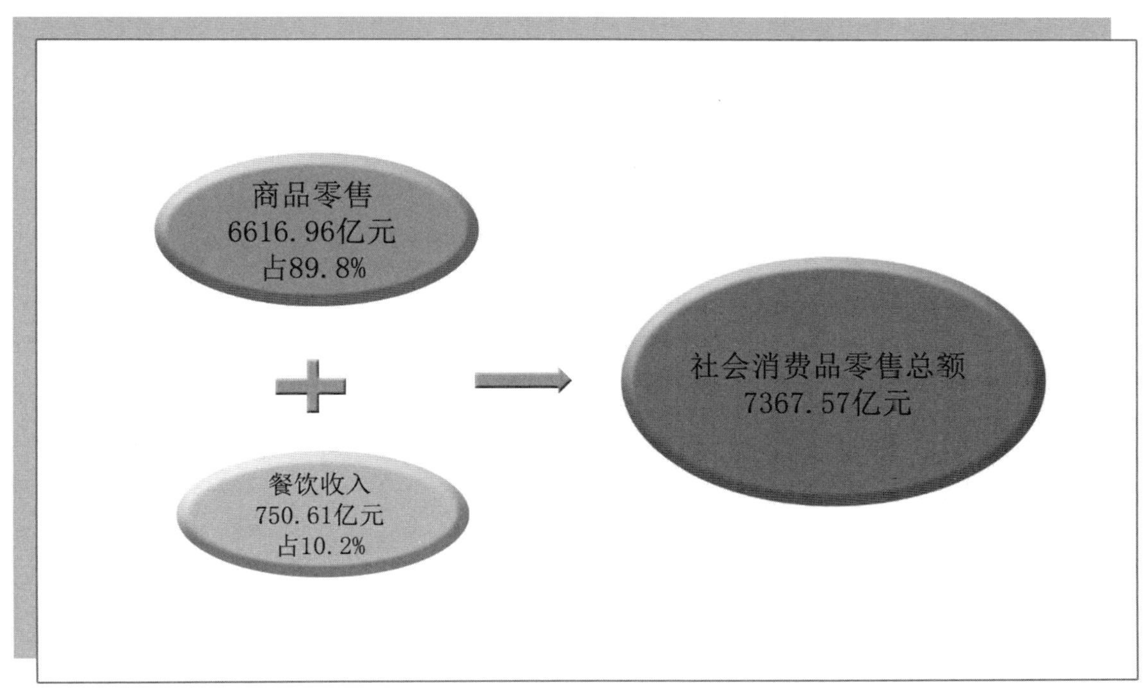

16-1 限额以上批发和零售业、住宿和餐饮业法人企业数和从业人员数(2016年)

Number of Corporation Enterprises above Designated Size in Wholesale and Retail Trades, Hotels and Catering Services and Employed Persons(2016)

地区	Region	法人企业数(个) Number of Corporation Enterprises (unit)	批发业 Wholesale Trade	零售业 Retail Trade	住宿业 Hotels	餐饮业 Catering Service
全省	**Shaanxi**	**6327**	**1047**	**3354**	**798**	**1128**
西安市	Xi'an	1582	423	591	246	322
铜川市	Tongchuan	185	17	118	26	24
宝鸡市	Baoji	800	106	463	87	144
咸阳市	Xianyang	780	56	490	62	172
渭南市	Weinan	625	58	386	55	126
# 韩城市	Hancheng	57	4	41	5	7
延安市	Yan'an	428	86	212	78	52
汉中市	Hanzhong	423	52	248	63	60
榆林市	Yulin	557	129	297	71	60
安康市	Ankang	699	88	401	71	139
商洛市	Shangluo	178	26	100	30	22
杨凌示范区	Yangling	70	6	48	9	7

16-1 续表 continued

地区	Region	从业人员数(人) Number of Employed Persons (person)	批发业 Wholesale Trade	零售业 Retail Trade	住宿业 Hotels	餐饮业 Catering Service
全省	**Shaanxi**	**446982**	**80573**	**215834**	**69629**	**80946**
西安市	Xi'an	207686	42691	93261	32733	39001
铜川市	Tongchuan	10440	1941	6199	1282	1018
宝鸡市	Baoji	40976	6106	22354	5089	7427
咸阳市	Xianyang	40115	4552	21613	5211	8739
渭南市	Weinan	35048	3944	19400	3833	7871
# 韩城市	Hancheng	3814	90	2993	393	338
延安市	Yan'an	20567	3759	9464	4571	2773
汉中市	Hanzhong	23265	3761	12629	4581	2294
榆林市	Yulin	30919	7167	13417	6230	4105
安康市	Ankang	25784	4157	12743	2873	6011
商洛市	Shangluo	9730	2252	3671	2607	1200
杨凌示范区	Yangling	2452	243	1083	619	507

16-2 社会消费品零售总额

Total Retail Sales of Consumer Goods in the Whole Province

单位：亿元 (100 million yuan)

年 份 Year	社会消费品零售总额 Total Retail Sales of Consumer Goods	按地区分 By Region 市的零售额 City	县的零售额 County	县以下的零售额 Under County Level	按行业分 By Sector # 批发和零售业 Wholesale and Retail TradesTrades	# 住宿和餐饮业 Hotels and Catering Services
1978	33.37	11.93	9.79	11.65	28.29	1.32
1980	43.38	17.47	12.18	13.73	35.86	1.78
1985	80.01	39.83	19.45	20.73	61.23	3.84
1990	159.67	91.21	34.29	34.17	118.55	7.99
1991	176.60	102.21	36.98	37.41	126.83	9.29
1992	227.53	132.25	47.31	47.97	156.17	16.22
1993	259.87	154.35	52.41	53.12	172.50	19.63
1994	318.70	192.44	62.69	63.58	203.73	24.57
1995	398.87	242.85	80.30	75.73	253.42	31.22
1996	474.87	289.83	93.90	91.14	308.35	39.50
1997	552.37	344.26	104.09	104.03	358.21	50.15
1998	601.89	371.47	114.28	116.14	386.19	62.37
1999	657.80	407.97	124.74	125.08	427.36	69.88
2000	725.64	454.84	135.78	135.02	476.18	81.27
2001	809.31	514.23	147.77	147.31	536.74	95.08
2002	907.64	585.01	162.28	160.36	616.17	105.10
2003	1010.95	649.27	183.56	178.12	878.03	113.87
2004	1162.80	756.54	206.49	199.77	1012.57	126.59
2005	1331.35	874.47	232.07	224.81	1162.77	141.93
2006	1542.37	1006.11	275.80	260.46	1344.44	167.76
2007	1837.25	1221.28	311.78	304.20	1598.15	204.31
2008	2317.11	1542.33	401.04	373.74	2013.65	262.94

年 份 Year	社会消费品零售总额 Total Retail Sales of Consumer Goods	按销售单位所在地分 By Location of Establishments 城 镇 Urban Areas	# 城 区 Urban District	乡 村 Rural Areas	按消费形态分 By Consumption Patterns 商品零售 Retail Sales	餐饮收入 Catering income
2009	2725.67	2367.26	1588.16	358.42	2412.13	313.55
2010	3257.54	2834.08	1935.09	423.46	2886.52	371.02
2011	3900.58	3442.78	2492.10	457.80	3471.61	428.96
2012	4581.62	4037.26	3086.68	544.36	4078.21	503.41
2013	5245.04	4620.77	3552.88	624.27	4706.69	538.35
2014	5918.71	5233.56	3921.36	685.14	5336.86	581.85
2015	6578.14	5794.94	4295.96	783.20	5904.80	673.34
2016	7367.57	6489.03	4887.28	878.53	6616.96	750.61

注：2009-2013年数据依据第三次经济普查结果进行了修订。
a) Data from 2009 to 2013 were adjusted according to the 3rd national economic census.

16-3 各市(区)社会消费品零售总额
Total Retail Sales of Consumer Goods by City(District)

单位：亿元 (100 million yuan)

年 份 Year	全 省 Shaanxi	西安市 Xi'an	铜川市 Tongchuan	宝鸡市 Baoji	咸阳市 Xianyang	渭南市 Weinan
1992	227.53	100.84	5.89	25.87	24.49	21.36
1993	259.87	116.73	6.43	30.58	25.75	23.61
1994	318.70	148.03	7.44	33.48	31.53	26.18
1995	398.87	186.60	9.06	42.04	40.49	33.87
1996	474.87	222.94	10.53	49.21	48.68	41.41
1997	552.37	264.47	11.90	55.60	55.54	48.04
1998	601.89	291.45	12.31	59.76	58.21	52.79
1999	657.80	323.37	12.95	65.01	63.78	55.15
2000	725.64	360.42	13.79	71.89	70.35	58.53
2001	809.31	406.21	14.64	80.61	79.16	62.37
2002	907.64	459.76	15.96	91.19	88.83	66.68
2003	1010.95	502.65	17.73	105.06	101.56	73.21
2004	1162.80	578.60	19.94	122.91	119.07	81.58
2005	1331.35	670.56	21.76	137.48	133.03	93.02
2006	1542.37	784.95	24.12	155.23	148.88	108.65
2007	1837.25	936.21	27.58	179.81	173.11	131.96
2008	2317.11	1176.58	33.54	220.90	212.67	175.03
2009	2725.67	1398.37	40.56	260.10	250.59	202.80
2010	3257.54	1678.01	49.15	307.52	296.35	240.77
2011	3900.58	2039.24	59.15	358.23	345.10	284.08
2012	4581.62	2400.67	71.12	412.83	401.08	335.00
2013	5245.04	2742.89	84.70	473.39	462.68	387.70
2014	5918.71	3093.89	96.64	539.67	528.84	441.98
2015	6578.14	3405.38	110.05	612.84	601.59	503.25
2016	7367.57	3767.20	134.97	702.16	688.55	574.01

16-3 续表 continued

单位：亿元 (100 million yuan)

年 份 Year	延安市 Yan'an	汉中市 Hanzhong	榆林市 Yulin	安康市 Ankang	商洛市 Shangluo	杨凌示范区 Yangling
1992	6.65	17.92	8.68	8.93	6.19	0.72
1993	7.99	20.96	9.63	10.33	7.06	0.80
1994	10.33	27.06	13.03	12.31	8.42	0.89
1995	12.13	31.19	16.17	15.50	10.66	1.15
1996	14.02	34.97	20.59	18.54	12.63	1.37
1997	15.99	36.95	26.25	22.24	13.96	1.43
1998	17.79	38.82	29.18	24.55	15.59	1.42
1999	20.36	40.50	31.85	25.76	17.50	1.55
2000	22.63	42.91	35.77	27.68	19.91	1.77
2001	26.22	45.22	40.40	29.88	22.59	2.01
2002	30.78	48.31	46.02	32.36	25.40	2.35
2003	34.99	52.69	55.55	36.06	28.65	2.79
2004	41.10	57.23	65.08	41.19	32.71	3.38
2005	47.53	65.30	76.33	46.75	35.97	3.62
2006	54.70	76.10	91.98	53.83	40.01	3.92
2007	65.85	91.80	116.02	64.12	46.22	4.57
2008	84.80	116.66	154.11	80.72	56.70	5.40
2009	96.86	133.02	176.72	93.56	66.79	6.30
2010	117.06	157.50	213.64	110.78	79.19	7.54
2011	140.48	184.44	259.18	129.72	92.18	8.76
2012	168.30	216.05	307.70	151.49	107.28	10.11
2013	192.28	248.15	348.27	171.72	121.82	11.44
2014	218.24	281.65	374.74	193.18	136.92	12.95
2015	241.09	319.00	396.41	219.20	154.66	14.66
2016	257.95	369.17	422.05	259.81	174.93	16.76

注：2009-2013年数据依据第三次经济普查结果进行了修订。
a) Data from 2009 to 2013 were adjusted according to the 3rd national economic census.

16-4 各市(区)按销售单位所在地和消费形态分的社会消费品零售总额(2016年)

Total Retail Sales of Consumer Goods by Location of Establishments and Consumption Patterns by City(District)(2016)

单位：万元 (10 000 yuan)

地区	Region	社会消费品零售总额 Total Retail Sales of Consumer Goods	# 限额以上消费品零售额 Retail Sales of Enterprises above Designated Size	按销售单位所在地分 By Location of Establishments: 城镇 Urban Areas	# 城区 Urban District	乡村 Rural Areas	按消费形态分 By Consumption Patterns: 商品零售 Retail Sales	餐饮收入 Catering Income
全省	**Shaanxi**	**73675653**	**45603135**	**64890306**	**48872848**	**8785347**	**66169589**	**7506064**
西安市	Xi'an	37672015	24695143	36393188	32666904	1278828	34862121	2809894
铜川市	Tongchuan	1349748	749829	1008122	734732	341626	1101621	248127
宝鸡市	Baoji	7021616	4293064	6351049	5083268	670567	6251115	770502
咸阳市	Xianyang	6885480	4647200	5279338	2685086	1606143	5647967	1237513
渭南市	Weinan	5740098	3697502	4315680	2507303	1424418	5084581	655518
# 韩城市	Hancheng	482436	309186	337021	205313	145414	439896	42540
延安市	Yan'an	2579467	1253915	2020807	924224	558660	2310912	268555
汉中市	Hanzhong	3691688	2228366	3012790	1247615	678898	3256387	435301
榆林市	Yulin	4220516	1949102	2889250	1767595	1331266	3796696	423820
安康市	Ankang	2598136	1558661	2175016	779984	423120	2154145	443991
商洛市	Shangluo	1749280	429709	1312805	343874	436475	1564081	185200
杨凌示范区	Yangling	167609	100643	132263	132263	35346	139964	27644

16-5 各市、县(市、区)社会消费品零售总额
Total Retail Sales of Consumer Goods by City and County(City and District)

单位：万元 (10 000 yuan)

地区	Region	2015	2016	2016年比2015年增长% Growth Rate in 2016 over 2015(%)
全省	**Shaanxi**	**65781385**	**73675653**	**12.0**
西安市	**Xi'an**	**34053816**	**37672015**	**10.6**
新城区	Xincheng	5575912	6079842	9.0
碑林区	Beilin	5614587	6105271	8.7
莲湖区	Lianhu	4518207	4917248	8.8
灞桥区	Baqiao	1732664	2008157	15.9
未央区	Weiyang	5152112	5861678	13.8
雁塔区	Yanta	6564690	7143663	8.8
阎良区	Yanliang	379026	412174	8.7
临潼区	Lintong	779895	846604	8.6
长安区	Chang'an	1833669	2024940	10.4
高陵区	Gaoling	317265	445415	40.4
蓝田县	Lantian	563996	620818	10.1
周至县	Zhouzhi	384668	506357	31.6
户县	Huxian	637125	699849	9.8
铜川市	**Tongchuan**	**1100536**	**1349748**	**22.6**
王益区	Wangyi	457369	549369	20.1
印台区	Yintai	204353	244207	19.5
耀州区	Yaozhou	369852	450814	21.9
宜君县	Yijun	68961	105358	52.8
宝鸡市	**Baoji**	**6128420**	**7021616**	**14.6**
渭滨区	Weibin	2001551	2333330	16.6
金台区	Jintai	1548666	1772906	14.5
陈仓区	Chencang	555907	626003	12.6
凤翔县	Fengxiang	429015	481598	12.3
岐山县	Qishan	460904	523336	13.5
扶风县	Fufeng	291604	330256	13.3
眉县	Meixian	283249	322356	13.8
陇县	Longxian	184208	206686	12.2
千阳县	Qianyang	86355	99492	15.2
麟游县	Linyou	59711	66914	12.1
凤县	Fengxian	184850	210939	14.1
太白县	Taibai	42401	47801	12.7
咸阳市	**Xianyang**	**6015875**	**6885480**	**14.5**
秦都区	Qindu	1235389	1435060	16.2
渭城区	Weicheng	975536	1083460	11.1
三原县	Sanyuan	412871	460223	11.5
泾阳县	Jingyang	433399	530396	22.4
乾县	Qianxian	593759	661175	11.4

16-5 续表 1 continued

单位：万元 (10 000 yuan)

地 区	Region	2015	2016	2016年比2015年增长% Growth Rate in 2016 over 2015(%)
礼泉县	Liquan	462883	539774	16.6
永寿县	Yongshou	180459	208526	15.6
彬 县	Binxian	285386	336827	18.0
长武县	Changwu	151067	172136	13.9
旬邑县	Xunyi	193398	222120	14.9
淳化县	Chunhua	153041	175833	14.9
武功县	Wugong	374897	425042	13.4
兴平市	Xingping	563791	634908	12.6
渭南市	**Weinan**	**5032508**	**5740098**	**14.1**
临渭区	Linwei	1361381	1560768	14.6
华州区	Huazhou	198929	225232	13.2
潼关县	Tongguan	138248	156679	13.3
大荔县	Dali	612249	694628	13.5
合阳县	Heyang	327164	373720	14.2
澄城县	Chengcheng	302866	345757	14.2
蒲城县	Pucheng	603488	688507	14.1
白水县	Baishui	231956	263575	13.6
富平县	Fuping	581531	661500	13.8
韩城市	Hancheng	421444	482436	14.5
华阴市	Huayin	253254	287296	13.4
延安市	**Yan'an**	**2410879**	**2579467**	**7.0**
宝塔区	Baota	1121350	1173356	4.7
安塞区	Ansai	119499	124557	4.2
延长县	Yanchang	84372	89109	5.6
延川县	Yanchuan	106093	118251	11.5
子长县	Zichang	153968	170615	10.8
志丹县	Zhidan	122938	133322	8.4
吴起县	Wuqi	83554	97018	16.1
甘泉县	Ganquan	56928	58501	2.8
富 县	Fuxian	106892	115030	7.6
洛川县	Luochuan	203647	219456	7.8
宜川县	Yichuan	63209	71248	12.7
黄龙县	Huanglong	26155	29075	11.2
黄陵县	Huangling	162274	179431	10.6
汉中市	**Hanzhong**	**3190013**	**3691688**	**15.7**
汉台区	Hantai	1273379	1454853	14.3
南郑县	Nanzheng	304305	348278	14.5
城固县	Chenggu	361240	413078	14.4
洋 县	Yangxian	174905	223779	27.9
西乡县	Xixiang	171520	221146	28.9

16-5 续表 2 continued

单位：万元 (10 000 yuan)

地 区	Region	2015	2016	2016年比2015年增长% Growth Rate in 2016 over 2015(%)
勉 县	Mianxian	311823	357194	14.6
宁 强 县	Ningqiang	187705	213193	13.6
略 阳 县	Lueyang	178908	203193	13.6
镇 巴 县	Zhenba	165005	187537	13.7
留 坝 县	Liuba	37306	42326	13.5
佛 坪 县	Foping	23919	27112	13.4
榆 林 市	**Yulin**	**3964087**	**4220516**	**6.5**
榆 阳 区	Yuyang	1185171	1250501	5.5
横 山 区	Hengshan	509750	539063	5.8
神 木 县	Shenmu	472693	510277	8.0
府 谷 县	Fugu	469953	474508	1.0
靖 边 县	Jingbian	596719	641528	7.5
定 边 县	Dingbian	301731	328398	8.8
绥 德 县	Suide	115684	125236	8.3
米 脂 县	Mizhi	101158	110044	8.8
佳 县	Jiaxian	26850	29601	10.2
吴 堡 县	Wubu	48310	53140	10.0
清 涧 县	Qingjian	67880	82213	21.1
子 洲 县	Zizhou	68188	76007	11.5
安 康 市	**Ankang**	**2192032**	**2598136**	**18.5**
汉 滨 区	Hanbin	1008981	1165194	15.5
汉 阴 县	Hanyin	153530	200466	30.6
石 泉 县	Shiquan	109174	130942	19.9
宁 陕 县	Ningshan	46893	53395	13.9
紫 阳 县	Ziyang	198923	226124	13.7
岚 皋 县	Langao	94441	107091	13.4
平 利 县	Pingli	121163	137496	13.5
镇 坪 县	Zhenping	32696	45159	38.1
旬 阳 县	Xunyang	307869	398050	29.3
白 河 县	Baihe	118363	134220	13.4
商 洛 市	**Shangluo**	**1546601**	**1749280**	**13.1**
商 州 区	Shangzhou	381485	429545	12.6
洛 南 县	Luonan	278777	315229	13.1
丹 凤 县	Danfeng	211292	239637	13.4
商 南 县	Shangnan	138389	157004	13.5
山 阳 县	Shanyang	244453	277726	13.6
镇 安 县	Zhen'an	192193	217218	13.0
柞 水 县	Zhashui	100012	112920	12.9
杨凌示范区	**Yangling**	**146619**	**167609**	**14.3**

16-6 限额以上批发和零售企业(单位)商品零售类值
Total Sales of Enterprises above Designated Size in Retail Trades by Category of Commodities

单位：万元 (10 000 yuan)

类　别	Item	2015	2016
合　计	**Total**	**38555540**	**43380308**
1.粮油、食品类	Food	2925966	3942065
# 粮油类	Grain and Oil	943920	1092592
肉禽蛋类	Meat, Poultry and Eggs	325628	394561
水产品类	Aquatic Products	257532	300429
蔬菜类	Vegetables	391497	641462
干鲜果品类	Dried and Fresh Melons and Fruits	490355	864416
2.饮料类	Beverages	881133	760600
3.烟酒类	Tobacco and Liquor	886171	1074308
4.服装、鞋帽、针纺织品类	Garments, Shoes and Hats, Knitwear and Textiles	5247730	5872122
(1)服装类	Garments	4124358	4547726
(2)鞋帽类	Shoes and Hats	679537	816449
(3)针纺织品类	Knitwear and Textiles	443835	507947
5.化妆品类	Cosmetics	595166	649600
6.金银珠宝类	Gold, Silver and Jewellery	704918	764017
7.日用品类	Daily Consumer Articles	1044025	1235200
# 儿童玩具类	Children Toys	143132	154469
8.五金、电料类	Hardware	321061	363282
9.体育、娱乐用品类	Sports and Recreation Articles	310928	433881
# 照相机类	Cameras	67611	55993
10.书报杂志类	Newspapers and Magazines	380456	422755
11.电子出版物及音像制品类	E-journals and Video Products	58186	93298
12.家用电器和音像器材类	Household Appliances and Audio/Video Equipments	2304924	2622685
13.中西药品类	Traditional Chinese and Western Medicines	1034898	1246947
# 西药类	Western Medicine	768056	889490
中草药及中成药类	Traditional Chinese Medicines	189956	253191
14.文化办公用品类	Cultural and Office Appliances	719547	863421
# 计算机及其配套产品	Computers and Accessories	75805	251368
15.家具类	Furniture	1301241	1507767
16.通讯器材类	Communication Appliances	869862	1053823
17.煤炭及制品类	Coal and Related Products	1591336	1442006
18.木材及制品类	Wood and Wooden Products		
19.石油及制品类	Petroleum and Related Products	6030111	6384601
20.化工材料及制品类	Chemical Materials and Related Products		
21.金属材料类	Metal Materials		
22.建筑及装潢材料类	Building and Decoration Materials	1325129	1457783
23.机电产品及设备类	Mechanical and Electrical Products	90329	128425
24.汽车类	Automobiles	9133684	10036537
25.种子饲料类	Seeds and Feedstuff		
26.棉麻类	Cotton and Hemp	447	526
27.其他类	Others	798293	1024660

16-7 限额以上批发业商品购进、销售、库存总额(2016年)

单位：万元

指　　标	Item	商品购进总额 Total Purchases Value	# 进口 Imports
总　　计	**Total**	**46845082**	**160546**
按批发行业分	**By Wholesale Trade Sector**		
农、林、牧产品批发	Wholesale of Farming, Forestry, Animal Husbandry Products	404998	
谷物、豆及薯类批发	Wholesale of Cereals, Beans and Tubers	252508	
种子批发	Wholesale of Seeds and Forages	31826	
饲料批发	Wholesale of Feedstuff	17300	
棉、麻批发	Wholesale of Cotton and Hemp	49272	
林业产品批发	Wholesale of Forestry Products	15369	
牲畜批发	Wholesale of Livestock	361	
其他农牧产品批发	Others	38363	
食品、饮料及烟草制品批发	Wholesale of Food, Beverages and Tobaccos	5418123	650
米、面制品及食用油批发	Wholesale of Rice, Flour and Edible Oil	240149	
糕点、糖果及糖批发	Wholesale of Cake and Sugar	65087	
果品、蔬菜批发	Wholesale of Vegetables and Fruits	1467744	650
肉禽蛋奶及水产品批发	Wholesale of Poultry, Egg and Milk & Marine Products	115383	
盐及调味品批发	Wholesale of Salt and Condiments	40839	
酒、饮料及茶叶批发	Wholesale of Wines, Beverages and Tea	632840	
烟草制品批发	Wholesale of Tobaccos	2781374	
其他食品批发	Others	74708	
纺织服装及家庭用品批发	Wholesale of Textiles, Garments and Daily Consumer Articles	3662693	90
纺织品、针织品及原料批发	Wholesale of Textiles, Knitwear and Textile Materials	23100	
服装批发	Wholesale of Garments	2705119	
鞋帽批发	Wholesale of Shoes and Hats	54984	
化妆品及卫生用品批发	Wholesale of Cosmetics and Health Consumer Articles	143778	
厨房、卫生间用具及日用杂货批发	Wholesale of Kitchen and Washroom Appliance and Various Household Supplies	53798	
家用电器批发	Wholesale of Domestic Appliances	681914	90
文化、体育用品及器材批发	Wholesale of Culture, Sports Appliances and Equipment	438758	
文具用品批发	Wholesale of Stationary	101165	
体育用品及器材批发	Wholesale of Sports Goods and Equipments	32462	
图书批发	Wholesale of Books	133537	
首饰、工艺品及收藏品批发	Wholesale of Jewelry, Artwork and Collections	171593	
医药及医疗器材批发	Wholesale of Medicines and Medical Appliances	2907532	10995
西药批发	Wholesale of Western Medicine	2094479	
中药批发	Wholesale of Traditional Chinese Medicinal	734944	4
医疗用品及器材批发	Wholesale of Medical Treatment and Equipment	78109	10991
矿产品、建材及化工产品批发	Wholesale of Mineral Products, Building Materials and Chemical Products	31864030	69732
煤炭及制品批发	Wholesale of Coal and Related Products	7374021	
石油及制品批发	Wholesale of Petroleum and Related Products	12008951	6135
非金属矿及制品批发	Wholesale of Metal Materials	23565	464
金属及金属矿批发	Wholesale of Metal Mine and Its Manufacture	10600169	30591
建材批发	Wholesale of Building Materials	754590	2310
化肥批发	Wholesale of Garments	238758	
农药批发	Wholesale of Pesticides	25657	
农用薄膜批发	Wholesale of Agricultural Film	3080	
其他化工产品批发	Others	835239	30232
机械设备、五金交电及电子产品批发	Wholesale of Machinery, Hardware and Electronic Equipment	1978683	77535
农业机械批发	Wholesale of Agricultural Machinery	87120	
汽车批发	Wholesale of Vehicles	670204	

Total Purchases, Sales and Inventory of Enterprises above Designated Size in Wholesale Trades(2016)

(10 000 yuan)

商品销售总额 Total Sales	# 公共网络商品销售额 Sales of Public Network	# 银行卡支付商品销售额 Sales of Bank Card Payment	# 批发 Wholesale Trades	# 出口 Exports	年末库存 Stock at Year-end
57548247	**3419588**	**3330167**	**50215662**	**1050927**	**2279735**
433616	4269	7459	414836	11132	33715
265591		1154	259652	8194	21498
33973	4269	2695	33369		4831
19467			19467		1729
50345			50345		1597
20639		3610	12081		1960
583			375		274
43019			39547	2938	1825
7650412	3159249	2751220	7007901	141002	490502
269730	0	4332	192237		15982
78591			61911		8651
1918076	5799	49588	1510321	4443	89079
134123			131326		5473
67812			67346		2527
1037105	1880	18016	908950	136044	208739
4070348	3151554	2679273	4066440		147732
74628	16	11	69371	515	12320
3763895	2462		2583922	245413	176579
23551			23551		866
2744434			1647914	121076	5570
101044			53608		33341
160618			152553		38810
53718			27714		868
680531	2462		678582	124337	97125
476262		4800	469510	5486	46306
115054		4800	112943		6659
33661			29021		3942
151049			151049		28789
176497			176497	5486	6916
3709033	27544	27580	3396526	4492	285631
2818727	11087		2604677	4492	211633
801204	16458	20339	715165		65004
89102		7241	76684		8994
39192133	193962	503794	34215065	180297	1095752
11992743	16349	315647	11060501	114318	415608
13610187	159547	124267	10184741		203038
27924			27924	17377	1392
11570321	12106	16280	11018294	23334	403604
820062	1343	26315	769977	7183	30126
255364		10762	243003		14554
27278	1320		27278		6148
3297	3297		3297	3297	
884956		10523	880050	14788	21283
2136112	26175	35264	1979299	418049	143144
102288			74138		8538
683731	422	596	661003	147091	10369

16-7 续表

单位：万元

指　　标	Item	商品购进总额 Total Purchases Value	# 进口 Imports
汽车零配件批发	Wholesale of Vehicle Parts	43456	13000
摩托车及零配件批发	Wholesale of Motorcycles and Motorcycle Parts	18989	
五金产品批发	Wholesale of Hardware Products	143115	38057
电气设备批发	Wholesale of Electrical Equipments	270933	11787
计算机、软件及辅助设备批发	Wholesale of Computer, Software and Peripherals	259968	
通讯及广播电视设备批发	Wholesale of Communications and Broadcast and Television Equipments	23098	
其他机械设备及电子产品批发	Others	461799	14691
贸易经纪与代理	Trade Broker and Agency	52282	1545
贸易代理	Trade Agency	52282	1545
其他批发	Others	117983	
再生物资回收与批发	Recovery and Wholesale of Regeneration Material	70707	
其他未列明的批发	Any Other Wholesale	47275	
按登记注册类型分	**By Status of Registration**		
内资企业	Domestic Funded Enterprises	41700462	130492
国有企业	State-owned Enterprises	4550874	3345
集体企业	Collective-owned Enterprises	108584	
股份合作企业	Cooperative Enterprises	32401	
有限责任公司	Limited Liability Corporations	23604338	71012
国有独资公司	State Sole Funded Corporations	5294657	9087
其他有限责任公司	Other Limited Liability Corporations	18309682	61924
股份有限公司	Share-holding Corporations Ltd.	9643049	3333
私营企业	Private Enterprises	3459444	52803
私营独资企业	Private-funded Enterprises	18799	
私营合伙企业	Private Partnership Enterprises	1732	
私营有限责任公司	Private Limited Liability Corporations	3129101	49822
私营股份有限公司	Private Share-holding Corporations Ltd.	309813	2981
其他企业	Other Enterprises	301772	
港、澳、台商投资企业	Enterprises with Funds from Hong Kong, Macao & Taiwan	306409	
港澳台商合资经营企业	Joint-venture Enterprises	180866	
港澳台商合作经营企业	Cooperative Enterprises	70558	
港澳台商独资经营企业	Enterprises with Sole Investment	54984	
外商投资企业	Foreign Funded Enterprises	4838211	30053
中外合资经营企业	Joint-venture Enterprises	4701923	
外资企业	Enterprises with Sole Fund	136288	30053
按控股情况分	**By Status of Share Holding**		
国有控股	State-holding	23553311	64694
集体控股	Collective-holding	488275	
私人控股	Private-holding	16314961	60426
港澳台商控股	Hong Kong, Macao & Taiwan-holding	68184	
外商控股	Foreign-holding	208397	30053
其　　他	Others	6211954	5372
按经营形式分	**By Form of Management**		
独立门店	Independent Stores	25639723	81015
连锁总店	General Chain Stores	1999467	
连锁门店	Branch Chain Stores	690334	
其　　他	Others	18515558	79531
按单位规模分	**By scale**		
大　型	Large	19197476	11787
中　型	Medium	22351144	96226
小　型	Small	5115769	45926
微　型	Mini	180692	6607

continued

(10 000 yuan)

商品销售总额 Total Sales	# 公共网络商品销售额 Sales of Public Network	# 银行卡支付商品销售额 Sales of Bank Card Payment	# 批发 Wholesale Trades	# 出口 Exports	年末库存 Stock at Year-end
49510			39762	1917	9474
20660			20660		2790
155840	182	2360	152228	79276	16753
289627			287040	106372	25949
281105	141	9428	214018	58851	2641
23748		133	23425		1437
529605	25431	22747	507026	24543	65194
56757			56757	45056	4923
56757			56757	45056	4923
130027	5926	51	91846		3183
75528	5926		47662		943
54499		51	44184		2240
52272123	3419588	3330167	45058822	1045527	2192129
6042794	2903924	2681584	5895796	25836	202688
115920			100451		2561
34950			32806		209
30025193	60369	392023	26403375	537805	1159186
10041724		25395	8482183	172876	315671
19983468	60369	366628	17921192	364929	843515
11564936	159547	156033	8568925	285501	486910
4091147	45700	86214	3705112	193447	323506
20265		276	15010		1336
1826	141	80			57
3756134	45559	85857	3431069	193447	309191
312922			259033		12923
397183	250049	14314	352358	2938	17069
368739			253213		59360
192537			124447		26009
75158			75158		10
101044			53608		33341
4907385			4903627	5400	28246
4755699			4755699		19620
151686			147928	5400	8626
31637255	3308696	3090587	27154041	504209	963804
511673		1715	420230		17497
17633616	83235	222996	15581939	401395	722766
117483			66607		33341
229584			225826	5400	36457
7418635	27657	14870	6767019	139924	505870
31908955	1243406	1356938	26931456	553321	1061790
2683683	1591667	1549336	2212964		93463
733992			396595		8623
22221617	584515	423894	20674647	497606	1115859
25862620	3307716	2760754	19966855	253463	799616
25951429	79001	458258	24806954	505317	1138666
5543765	30852	110828	5257753	283967	318750
190433	2019	327	184100	8180	22703

16-8 限额以上零售业商品购进、销售、库存总额(2016年)

单位：万元

指标	Item	商品购进总额 Total Purchases Value	# 进口 Imports
总计	**Total**	**30026298**	**724552**
按零售行业分	**By Retail Trades Sector**		
综合零售	Integrated Retail	6102031	5142
百货零售	Retail of General Merchandise	3076191	5142
超级市场零售	Retail of Supermarkets	2623916	
其他综合零售	Others	401924	
食品、饮料及烟草制品专门零售	Special Retail of Food, Beverages and Tobaccos	1023701	6587
粮油零售	Retail of Grain and Oil	122986	
糕点、面包零售	Retail of Cake and Bread	13282	52
果品、蔬菜零售	Retail of Melons and Fruits,Vegetables	288406	450
肉、禽、蛋及水产品零售	Retail of Meat, Poultry, Eggs and Aquatic Products	163715	
营养和保健品零售	Retail of Nourishment and Health Products	1925	366
酒、饮料及茶叶零售	Retail of Beverages and Tea	174704	2738
烟草制品零售	Retail of Tobaccos	64954	
其他食品零售	Others	193729	2981
纺织、服装及日用品专门零售	Special Retail of Textiles, Garments and Daily Consumer Articles	1784258	24500
纺织品及针织品零售	Retail of Textiles and Knitwear	34229	
服装零售	Retail of Garments	1351523	24500
鞋帽零售	Retail of Shoes and Hats	163892	
化妆品及卫生用品零售	Retail of Cosmetics and Health Consumer Articles	53742	
钟表、眼镜零售	Retail of Clocks and Watches,Spectacles	40654	
箱、包零售	Retail of Luggage and Bags	779	
厨房用具及日用杂品零售	Retail of Kitchenware and Daily-use Sundry Goods	2647	
自行车零售	Retail of Bicycles	720	
其他日用品零售	Others	136073	
文化、体育用品及器材专门零售	Special Retail of Culture, Sports Appliances and Equipments	773589	2522
文具用品零售	Retail of Stationery	3240	
体育用品及器材零售	Retail of Sports Goods	254426	240
图书、报刊零售	Retail of Books	415785	1659
珠宝首饰零售	Retail of Jewelry	90028	
工艺美术品及收藏品零售	Retail of Artwork and Collections	4123	623
乐器零售	Retail of Musical Instrument	4407	
其他文化用品零售	Others	1581	
医药及医疗器材专门零售	Special Retail of Medicines and Medical Appliances	879862	1201
药品零售	Retail of Medicines	855802	1201
医疗用品及器材零售	Retail of Medical Supplies and Appliances	24060	
汽车、摩托车、燃料及零配件专门零售	Special Retail of Motor Vehicles, Motorcycles, Fuel and Parts	12356693	656194
汽车零售	Retail of Motor Vehicles	9529252	654917
汽车零配件零售	Retail of Motor Vehicles and Parts	86998	
摩托车及零配件零售	Retail of Motorcycles and Parts	92803	
机动车燃料零售	Retail of Fuel of Motor Vehicles	2647640	1277

Total Purchases, Sales and Inventory of Enterprises above Designated Size in Retail Trades (2016)

(10 000 yuan)

商品销售总额 Total Sales	# 公共网络商品销售额 Sales of Public Network	# 银行卡支付商品销售额 Sales of Bank Card Payment	# 批发 Wholesale Trades	# 出口 Exports	年末库存 Stock at Year-end
35336725	**2376252**	**7592336**	**1413410**	**25181**	**3021803**
8186370	232289	1859730	72775		954272
4469839	225659	1327549	52762		194327
3298867	5069	522837	11440		738943
417664	1561	9344	8573		21002
1156205	76605	66412	139069		110513
138489	34388	2442	12714		16877
17367	1955	48	232		1666
335423	15093	3478	18690		18233
182350	5584	34669	25534		9094
2402	819		367		633
201567	4856	3923	19909		29419
73137		19422	652		8639
205470	13909	2430	60971		25952
2046622	8140	212173	69662		219298
41110		714	347		2452
1635454	8029	77451	58815		89993
142614		69539			36635
65896		25493	7176		5733
52017	112	17424			30901
852					608
2177			1893		469
1030					115
105472		21552	1430		52392
874677	1125	85361	90677		156923
3429		33			62
293432		57216	85238		41221
427995		16472	2809		93281
138183		9314	1324		19334
5193	1057	313	917		1079
4649	69	1125			1417
1796		890	389		528
1018389	21205	91355	108501		129357
987663	20818	91008	108212		128265
30726	387	347	290		1092
13780519	209709	2671762	607648	17002	1176003
10638014	204698	2345662	418933	17002	1090085
91347		2455	7543		8865
112097	2980	13702	9920		12450
2939062	2032	309943	171251		64603

16-8 续表 1

单位：万元

指　标	Item	商品购进总额 Total Purchases Value	# 进口 Imports
家用电器及电子产品专门零售	Special Retail of Household Appliances and Electronic Products	2794862	3246
家用视听设备零售	Retail of Home Audio-visual Equipment	1137158	
日用家电设备零售	Retail of Household Appliances	1046847	2726
计算机、软件及辅助设备零售	Retail of Computer, Software and Peripherals	487295	520
通信设备零售	Retail of Communication Equipment	88759	
其他电子产品零售	Others	34804	
五金、家具及室内装修材料专门零售	Special Retail of Hardware, Furniture and Decoration Materials	2442462	23574
五金零售	Retail of Hardware	114281	100
灯具零售	Retail of Light Fittings	134000	
家具零售	Retail of Furniture	1317181	5474
涂料零售	Retail of Dope	1294	
卫生洁具零售	Retail of Sanitary	1952	
木质装饰材料零售	Retail of Wooden Decorating Materials	12969	
陶瓷、石材装饰材料零售	Retail of Porcelainou Sand Stone Finishing Decorating Materials	48851	
其他室内装修材料零售	Other Domestic Decorating Materials	811936	18000
货摊无店铺及其他零售业	Non-shop and Other non-mentiones-above Retails	1868840	1587
互联网零售	E-commerce Retails	1614060	1587
邮购及电视电话零售	Mail-order & Phone-order Retails	180819	
生活用燃料零售	Retail of Life Fuels	58168	
其他未列明的零售	Other Retail Not Classified Elsewhere	15792	
按登记注册类型分	**By Status of Registration**		
内资企业	Domestic Funded Enterprises	25124647	591149
国有企业	State-owned Enterprises	1470206	
集体企业	Collective-owned Enterprises	504322	
股份合作企业	Cooperative Enterprises	81934	
联营企业	Joint Ownership Enterprises	850	
集体联营企业	Collective Joint Ownership Enterprises	850	
有限责任公司	Limited Liability Corporations	14625605	322583
国有独资公司	State Sole Funded Corporations	411748	1659
其他有限责任公司	Other Limited Liability Corporations	14213856	320924
股份有限公司	Share-holding Corporations Ltd.	1686481	80545
私营企业	Private Enterprises	6651124	186885
私营独资企业	Private-funded Enterprises	328956	
私营合伙企业	Private Partnership Enterprises	99896	
私营有限责任公司	Private Limited Liability Corporations	5755721	125615
私营股份有限公司	Private Share-holding Corporations Ltd.	466550	61270
其他企业	Other Enterprises	104125	1137
港、澳、台商投资企业	Enterprises with Funds from Hong Kong, Macao & Taiwan	1694133	133163
港澳台商合资经营企业	Joint-venture Enterprises	500472	
港澳台商独资经营企业	Enterprises with Sole Investment	1133335	108753
港澳台商投资股份有限公司	Share-holding Corporations Ltd.	27366	24410
其他港澳台投资企业	Other Enterprises with Funds from Hong Kong, Macao & Taiwan	32961	

continued

(10 000 yuan)

商品销售总额 Total Sales	# 公共网络商品销售额 Sales of Public Network	# 银行卡支付商品销售额 Sales of Bank Card Payment	# 批发 Wholesale Trades	# 出口 Exports	年末库存 Stock at Year-end
3427953	175136	514007	233580		159343
1197273	5262	72706	122588		46807
1339526	162669	394443	72604		77921
624320	7137	6450	33973		14697
216320	68	39941	1523		12377
50515		467	2892		7541
2816797	24853	697897	51881	8180	76268
122726	1563	1603	16585	180	10095
154942		51257	899		597
1610756	10334	625097	18174		33130
1887			100		270
1951			50		534
16442		3463	778		1020
57734	2956	424	3175		2177
850359	10000	16053	12122	8000	28444
2029192	1627190	1393640	39618		39826
1748618	1627190	1225434	26164		33479
181410		168206	447		933
72885			12852		4376
26280			155		1038
29510224	1064512	5057865	1318478	25181	2661589
1578863	5120	622160	341107		116596
536736	351	10205	16192		22973
91712					807
850					8
850					8
17684316	367521	2754541	620150	8000	1763198
445520		79841	1719		69843
17238796	367521	2674700	618431	8000	1693355
1869753	123898	413486	134098	17002	95252
7614661	557166	1248509	201521	180	653187
368124		13119	7233		20755
107977		143	152		7097
6644411	551780	1058081	171583	180	597615
494149	5387	177167	22553		27720
133334	10456	8964	5410		9568
2112112	21372	916116	55653		209990
655863	620	399822	28137		75325
1381717	20095	509434	26643		130624
35684					2401
38848	658	6860	873		1640

16-8 续表 2

单位：万元

指　　标	Item	商品购进总额 Total Purchases Value	# 进口 Imports
外商投资企业	Foreign Funded Enterprises	3207518	240
中外合资经营企业	Joint-venture Enterprises	1608980	
外资企业	Enterprises with Sole Fund	1541825	240
外商投资股份有限公司	Share-holding Corporations Ltd. with Foreign Investment	42780	
其他外商投资企业	Other Foreign Funded Enterprises	13933	
按控股情况分	**By Status of Share Holding**		
国有控股	State-holding	4645534	4397
集体控股	Collective-holding	1322783	11845
私人控股	Private-holding	17252013	445838
港澳台商控股	Hong Kong, Macao & Taiwan-holding	1579567	133163
外商控股	Foreign-holding	1761396	10240
其　他	Others	3465006	119070
按经营形式分	**By Form of Management**		
独立门店	Independent Stores	23350126	694372
连锁总店	General Chain Stores	1632066	117
连锁门店	Branch Chain Stores	986794	42
其　他	Others	4066077	30021
按单位规模分	**By Scale**		
大　型	Large	9753419	12715
中　型	Medium	13975377	564228
小　型	Small	5582079	138172
微　型	Mini	715422	9436
按零售业态分	**By Business Categories**		
有店铺零售	Shop Retails	28002886	722599
食杂店	Grocery Store	127650	
便利店	Convenience Store	291973	
折扣店	Discount Store	1049	
超　市	Supermarket	1568944	450
大型超市	Hypermarket	1954979	
仓储会员店	Warehouse Club	15704	
百货店	Department Store	3195788	5142
专业店	Specialty Store	9633435	302311
专卖店	Franchised Store	7070685	384722
家居建材商店	Building Material Store	1798214	5474
购物中心	Shopping Center	1953566	24500
厂家直销中心	Factory Outlets Center	390901	
无店铺零售	Non-shop Retails	2023411	1953
# 电视购物	TV Shopping	180819	
邮　购	Mail-order	3566	366
网上商店	Web Storefronts	1621220	1587
其　他	Others	217806	

continued

(10 000 yuan)

商品销售总额 Total Sales	# 公共网络商品销售额 Sales of Public Network	# 银行卡支付商品销售额 Sales of Bank Card Payment	# 批发 Wholesale Trades	# 出口 Exports	年末库存 Stock at Year-end
3714389	1290368	1618355	39279		150223
1882108		249671			32020
1778356	1290368	1345472			113539
42882		20167	39279		7
11042		3045			4657
5214802	53231	1121567	448064		303458
1465422	21439	163436	77387		72881
19735644	854948	2940071	651545	25181	1612080
1969096	21372	860869	26643		170936
2194815	1291187	1494763	68235		162322
4756945	134075	1011631	141536		700127
27813602	799378	4862841	901842	25002	2410522
1982760	94349	636128	59269		224988
1283539	9619	358769	159642		98029
4426880	1472906	1734597	428701	136224	396213
11330252	1436507	4997081	609432		1027080
16767938	607346	2218873	508318	17002	1361021
6441079	276735	359651	250953	8000	564523
797457	55665	16731	44707	180	69179
33152816	736321	6193347	1378477	25181	2965051
134559		1808	59204		12928
333227	8138	19632	28948		15895
1041					30
1778206	10479	85755	47705		157925
2401311	2295	484897			664537
17847	3162	203	2945		1866
4703817	218550	1288991	57512		186547
10917041	264619	2267670	669362	8000	964945
7983422	197228	1297248	315921	17002	816450
2008728	13230	529680	29973		33843
2447858		147574	137194		71402
425759	18620	69889	29713	180	38684
2183909	1639931	1398989	34933		56752
181410		168206	447		933
3615	2308	380	367		862
1758900	1637622	1227432	27289		35146
239985		2971	6830		19811

16-9 各市(区)限额以上批发业商品购进总额(2016年)

Total Purchases of Enterprises above Designated Size in Wholesale Trades by City(District)(2016)

单位：亿元 (100 million yuan)

地区	Region	合计 Total	#国有控股 State-holding	内资企业 Domestic Funded Enterprises	国有企业 State-owned Enterprises	集体企业 Collective-owned Enterprises	股份合作企业 Cooperative Enterprises
全省	**Shaanxi**	**4684.5**	**2355.3**	**4170.1**	**455.1**	**10.9**	**3.2**
西安市	Xi'an	2494.9	1033.9	1980.5	182.0	0.2	
铜川市	Tongchuan	43.5	30.5	43.5	5.2		
宝鸡市	Baoji	527.9	151.4	527.9	45.3	1.3	
咸阳市	Xianyang	346.1	263.7	346.1	29.7	2.7	
渭南市	Weinan	261.2	139.1	261.2	29.3	2.7	
#韩城市	Hancheng	100.3		100.3			
延安市	Yan'an	90.5	51.0	90.5	0.1		
汉中市	Hanzhong	114.4	66.5	114.4	24.1		
榆林市	Yulin	647.0	535.8	647.0	92.4	2.0	2.7
安康市	Ankang	96.6	36.6	96.6	16.3	1.9	
商洛市	Shangluo	57.5	43.3	57.5	28.4		0.5
杨凌示范区	Yangling	4.9	3.5	4.9	2.5		

16-9 续表 continued

单位：亿元 (100 million yuan)

地区	Region	联营企业 State Joint Ownership Enterprises	有限责任公司 Limited Liability Corporations	股份有限公司 Share-holding Corporations Ltd.	私营企业 Private Enterprises	港、澳、台商投资企业 Enterprises with Funds from Hong Kong, Macao & Taiwan	外商投资企业 Enterprises with Foreign Investment
全省	**Shaanxi**		**2360.4**	**964.3**	**345.9**	**30.6**	**483.8**
西安市	Xi'an		1352.4	235.6	209.0	30.6	483.8
铜川市	Tongchuan		10.4	23.8	4.1		
宝鸡市	Baoji		91.2	370.9	13.9		
咸阳市	Xianyang		31.2	230.1	50.9		
渭南市	Weinan		224.7	0.5	3.6		
#韩城市	Hancheng		100.3				
延安市	Yan'an		26.8	33.5	12.1		
汉中市	Hanzhong		66.8		23.5		
榆林市	Yulin		502.6	36.2	7.3		0.1
安康市	Ankang		46.6	19.5	12.3		
商洛市	Shangluo		6.7	13.1	8.9		
杨凌示范区	Yangling		0.9	1.1	0.4		

16-10 各市(区)限额以上零售业商品购进总额(2016年)
Total Purchases of Enterprises above Designated Size in Retail Trades by City(District)(2016)

单位：亿元 (100 million yuan)

地区	Region	合计 Total	# 国有控股 State-holding	内资企业 Domestic Funded Enterprises	国有企业 State-owned Enterprises	集体企业 Collective-owned Enterprises	股份合作企业 Cooperative Enterprises
全省	**Shaanxi**	**3002.6**	**464.6**	**2512.4**	**146.9**	**50.4**	**8.2**
西安市	Xi'an	1780.4	296.8	1316.3	86.5	2.9	
铜川市	Tongchuan	41.8	7.4	41.8	0.9	1.3	
宝鸡市	Baoji	223.1	24.8	217.5	4.8	12.3	
咸阳市	Xianyang	294.7	36.3	276.6	8.6	7.8	8.2
渭南市	Weinan	190.3	24.2	190.3	12.7	13.9	
# 韩城市	Hancheng	22.3	1.1	22.3	0.8	1.2	
延安市	Yan'an	76.6	11.5	76.5	0.3		
汉中市	Hanzhong	132.1	24.8	130.6	6.9	10.0	
榆林市	Yulin	136.5	33.6	136.5	25.3	0.2	
安康市	Ankang	95.3	2.3	95.3	0.6	2.0	
商洛市	Shangluo	23.7	2.4	23.0	0.1		
杨凌示范区	Yangling	8.1	0.5	8.1	0.2		

16-10 续表 continued

单位：亿元 (100 million yuan)

地区	Region	联营企业 State Joint Ownership Enterprises	有限责任公司 Limited Liability Corporations	股份有限公司 Share-holding Corporations Ltd.	私营企业 Private Enterprises	港、澳、台商投资企业 Enterprises with Funds from Hong Kong, Macao & Taiwan	外商投资企业 Enterprises with Foreign Investment
全省	**Shaanxi**	**0.1**	**1462.6**	**168.6**	**665.1**	**169.4**	**320.8**
西安市	Xi'an		811.5	102.1	312.6	156.6	307.6
铜川市	Tongchuan		29.9	1.0	7.5		
宝鸡市	Baoji	0.1	153.8	19.5	24.8		5.6
咸阳市	Xianyang		91.7	10.2	148.4	11.1	6.9
渭南市	Weinan		96.6	28.2	37.3		
# 韩城市	Hancheng		16.1	0.5	2.7		
延安市	Yan'an		69.7		5.3	0.1	
汉中市	Hanzhong		66.4		46.1	1.5	
榆林市	Yulin		74.0	5.3	31.1		
安康市	Ankang		49.0	1.2	42.3		
商洛市	Shangluo		13.2	1.1	8.5		0.6
杨凌示范区	Yangling		6.7		1.2		

16-11 各市(区)限额以上批发业商品销售总额(2016年)
Total Sales of Enterprises above Designated Size in Wholesale Trades by City(District)(2016)

单位：亿元 (100 million yuan)

地　区	Region	合　计 Total	# 国有控股 State-holding	内资企业 Domestic Funded Enterprises	国有企业 State-owned Enterprises	集体企业 Collective-owned Enterprises	股份合作企业 Cooperative Enterprises
全　省	**Shaanxi**	**5754.8**	**3163.7**	**5227.3**	**604.3**	**11.6**	**3.5**
西安市	Xi'an	3029.5	1464.5	2501.9	235.0	0.2	
铜川市	Tongchuan	51.8	34.9	51.8	7.5		
宝鸡市	Baoji	639.5	176.6	639.5	55.9	1.6	
咸阳市	Xianyang	442.8	326.8	442.8	42.8	2.8	
渭南市	Weinan	319.9	192.9	319.9	40.4	2.9	
# 韩城市	Hancheng	101.0		101.0			
延安市	Yan'an	108.2	64.2	108.2	0.2		
汉中市	Hanzhong	136.0	85.5	136.0	39.7		
榆林市	Yulin	830.1	708.4	830.0	113.8	2.1	3.0
安康市	Ankang	126.2	55.7	126.2	33.3	2.0	
商洛市	Shangluo	65.2	50.0	65.2	32.4		0.5
杨凌示范区	Yangling	5.8	4.2	5.8	3.2		

16-11 续表 continued

单位：亿元 (100 million yuan)

地　区	Region	联营企业 State Joint Ownership Enterprises	有限责任公司 Limited Liability Corporations	股份有限公司 Share-holding Corporations Ltd.	私营企业 Private Enterprises	港、澳、台商投资企业 Enterprises with Funds from Hong Kong, Macao & Taiwan	外商投资企业 Enterprises with Foreign Investment
全　省	**Shaanxi**		**3002.5**	**1156.7**	**409.1**	**36.9**	**490.7**
西安市	Xi'an		1747.9	287.8	229.5	36.9	490.7
铜川市	Tongchuan		14.2	25.5	4.5		
宝鸡市	Baoji		112.2	447.8	15.3		
咸阳市	Xianyang		32.3	279.6	83.8		
渭南市	Weinan		270.9	0.5	4.7		
# 韩城市	Hancheng		101.0				
延安市	Yan'an		30.8	38.1	13.5		
汉中市	Hanzhong		72.5		23.9		
榆林市	Yulin		660.1	39.2	7.7		0.1
安康市	Ankang		53.4	21.4	16.1		
商洛市	Shangluo		7.0	15.7	9.7		
杨凌示范区	Yangling		1.1	1.1	0.5		

16-12 各市(区)限额以上零售业商品销售总额（2016年）

Total Sales of Enterprises above Designated Size in Retail Trades by City(District)(2016)

单位：亿元 (100 million yuan)

地　区	Region	合　计 Total	# 国有控股 State-holding	内资企业 Domestic Funded Enterprises	国有企业 State-owned Enterprises	集体企业 Collective-owned Enterprises	股份合作企业 Cooperative Enterprises
全　　省	**Shaanxi**	**3533.7**	**521.5**	**2951.0**	**157.9**	**53.7**	**9.2**
西 安 市	Xi'an	2096.8	333.8	1540.2	91.1	3.1	
铜 川 市	Tongchuan	49.8	8.5	49.8	1.9	1.3	
宝 鸡 市	Baoji	287.8	26.1	282.8	5.2	12.9	
咸 阳 市	Xianyang	327.5	43.0	309.3	9.1	8.2	9.2
渭 南 市	Weinan	235.9	27.6	235.9	14.7	15.5	
# 韩城市	Hancheng	24.6	1.3	24.6	0.8	1.5	
延 安 市	Yan'an	83.9	13.1	83.5	0.6		
汉 中 市	Hanzhong	160.4	27.7	158.9	7.2	10.3	
榆 林 市	Yulin	147.9	35.9	147.8	27.1	0.3	
安 康 市	Ankang	109.2	2.8	109.2	0.7	2.1	
商 洛 市	Shangluo	25.2	2.4	24.4	0.2		
杨凌示范区	Yangling	9.2	0.7	9.2	0.2		

16-12 续表 continued

单位：亿元 (100 million yuan)

地　区	Region	联营企业 State Joint Ownership Enterprises	有限责任公司 Limited Liability Corporations	股份有限公司 Share-holding Corporations Ltd.	私营企业 Private Enterprises	港、澳、台商投资企业 Enterprises with Funds from Hong Kong, Macao & Taiwan	外商投资企业 Enterprises with Foreign Investment
全　　省	**Shaanxi**	**0.1**	**1768.4**	**187.0**	**761.5**	**211.2**	**371.4**
西 安 市	Xi'an		978.0	107.5	359.7	198.2	358.4
铜 川 市	Tongchuan		35.9	1.0	8.1		
宝 鸡 市	Baoji	0.1	215.2	19.6	27.4		5.0
咸 阳 市	Xianyang		105.7	12.9	162.4	11.0	7.2
渭 南 市	Weinan		118.2	37.6	47.6		
# 韩城市	Hancheng		18.2	0.6	2.3		
延 安 市	Yan'an		74.8		5.9	0.4	
汉 中 市	Hanzhong		81.1		59.1	1.5	
榆 林 市	Yulin		80.6	5.9	33.4	0.1	
安 康 市	Ankang		57.5	1.3	47.5		
商 洛 市	Shangluo		14.2	1.1	8.8		0.8
杨凌示范区	Yangling		7.2		1.6		

16-13 各市(区)限额以上批发业商品库存总额(2016年)
Total Inventory of Enterprises above Designated Size in Wholesale Trades by City(District)(2016)

单位：亿元 (100 million yuan)

地　区	Region	合　计 Total	# 国有控股 State-holding	内资企业 Domestic Funded Enterprises	国有企业 State-owned Enterprises	集体企业 Collective-owned Enterprises	股份合作企业 Cooperative Enterprises
全　省	**Shaanxi**	**228.0**	**96.4**	**219.2**	**20.3**	**0.3**	
西 安 市	Xi'an	120.3	42.8	111.5	7.9		
铜 川 市	Tongchuan	2.4	0.6	2.4	0.3		
宝 鸡 市	Baoji	29.6	3.0	29.6	1.7	0.1	
咸 阳 市	Xianyang	9.9	5.3	9.9	1.2		
渭 南 市	Weinan	5.1	2.6	5.1	2.1		
# 韩城市	Hancheng	1.4		1.4			
延 安 市	Yan'an	10.0	1.5	10.0			
汉 中 市	Hanzhong	5.0	3.1	5.0	1.6		
榆 林 市	Yulin	37.5	33.6	37.5	2.4	0.1	
安 康 市	Ankang	6.0	2.4	6.0	2.1		
商 洛 市	Shangluo	1.9	1.2	1.9	0.8		
杨凌示范区	Yangling	0.2	0.2	0.2	0.1		

16-13 续表 continued

单位：亿元 (100 million yuan)

地　区	Region	联营企业 State Joint Ownership Enterprises	有限责任公司 Limited Liability Corporations	股份有限公司 Share-holding Corporations Ltd.	私营企业 Private Enterprises	港、澳、台商投资企业 Enterprises with Funds from Hong Kong, Macao & Taiwan	外商投资企业 Enterprises with Foreign Investment
全　省	**Shaanxi**		**115.9**	**48.7**	**32.4**	**5.9**	**2.8**
西 安 市	Xi'an		62.3	17.9	23.4	5.9	2.8
铜 川 市	Tongchuan		1.6	0.3	0.3		
宝 鸡 市	Baoji		2.3	23.6	1.3		
咸 阳 市	Xianyang		0.8	4.1	3.8		
渭 南 市	Weinan		2.8		0.1		
# 韩城市	Hancheng		1.4				
延 安 市	Yan'an		7.6	0.6	0.9		
汉 中 市	Hanzhong		2.7		0.6		
榆 林 市	Yulin		33.4	0.9	0.6		
安 康 市	Ankang		1.8	1.1	1.0		
商 洛 市	Shangluo		0.5	0.2	0.4		
杨凌示范区	Yangling		0.1				

16-14 各市(区)限额以上零售业商品库存总额(2016年)
Total Inventory of Enterprises above Designated Size in Retail Trades by City(District)(2016)

单位：亿元 (100 million yuan)

地 区	Region	合 计 Total	# 国有控股 State-holding	内资企业 Domestic Funded Enterprises	国有企业 State-owned Enterprises	集体企业 Collective-owned Enterprises	股份合作企业 Cooperative Enterprises
全 省	**Shaanxi**	**302.2**	**30.3**	**266.2**	**11.7**	**2.3**	**0.1**
西安市	Xi'an	189.6	20.4	156.1	9.6	0.2	
铜川市	Tongchuan	3.4	0.2	3.4		0.1	
宝鸡市	Baoji	21.1	2.1	20.2	0.4	0.7	
咸阳市	Xianyang	22.7	2.3	21.3	0.4	0.1	0.1
渭南市	Weinan	16.7	0.7	16.7	0.3	0.6	
# 韩城市	Hancheng	1.4	0.1	1.4			
延安市	Yan'an	9.8	0.3	9.7			
汉中市	Hanzhong	11.7	2.4	11.5	0.6	0.5	
榆林市	Yulin	12.7	1.1	12.7	0.2		
安康市	Ankang	10.6	0.3	10.6	0.1	0.2	
商洛市	Shangluo	3.3	0.4	3.2			
杨凌示范区	Yangling	0.7	0.1	0.7			

16-14 续表 continued

单位：亿元 (100 million yuan)

地 区	Region	联营企业 State Joint Ownership Enterprises	有限责任公司 Limited Liability Corporations	股份有限公司 Share-holding Corporations Ltd.	私营企业 Private Enterprises	港、澳、台商投资企业 Enterprises with Funds from Hong Kong, Macao & Taiwan	外商投资企业 Enterprises with Foreign Investment
全 省	**Shaanxi**		**176.3**	**9.5**	**65.3**	**21.0**	**15.0**
西安市	Xi'an		113.5	3.2	29.6	19.5	14.0
铜川市	Tongchuan		2.8		0.4		
宝鸡市	Baoji		13.7	0.6	4.6		0.9
咸阳市	Xianyang		7.4	0.6	12.7	1.3	0.1
渭南市	Weinan		8.6	4.7	2.5		
# 韩城市	Hancheng		0.6	0.1	0.7		
延安市	Yan'an		8.4		0.8		
汉中市	Hanzhong		5.8		4.6	0.2	
榆林市	Yulin		7.8	0.2	4.5		
安康市	Ankang		5.8	0.1	4.5		
商洛市	Shangluo		2.1	0.1	1.0		0.1
杨凌示范区	Yangling		0.5		0.1		

16-15 限额以上住宿业经营情况(2016年)

指　标	Item	企业数(个) Number of Enterprises (unit)	营业额(万元) Business Value (10 000 yuan)	#银行卡支付营业额 Business Value of Bank Card Payment
总　计	**Total**	**798**	**1122572**	**194403**
按住宿行业分	**By Hotels**			
旅游饭店	Tour Restaurant	487	835728	159183
一般旅馆	General Restaurant	276	246054	35077
其他住宿服务	Other Hotel Services	35	40790	143
按登记注册类型分	**By Status of Registration**			
内资企业	Domestic Funded Enterprises	780	1018527	157207
国有企业	State-owned Enterprises	64	102485	11231
集体企业	Collective-owned Enterprises	9	6284	429
股份合作企业	Cooperative Enterprises	2	8417	4963
有限责任公司	Limited Liability Corporations	355	528556	97453
国有独资公司	State Sole Funded Corporations	12	41945	6656
其他有限责任公司	Other Limited Liability Corporations	343	486611	90797
股份有限公司	Share-holding Corporations Ltd.	21	21843	245
私营企业	Private Enterprises	321	341823	42816
私营独资企业	Private-funded Enterprises	37	29588	818
私营合伙企业	Private Partnership Enterprises	12	12528	284
私营有限责任公司	Private Limited Liability Corporations	249	265966	39232
私营股份有限公司	Private Share-holding Corporations Ltd.	23	33741	2483
其他企业	Other Enterprises	8	9119	71
港、澳、台商投资企业	Enterprises with Funds from Hong Kong, Macao & Taiwan	8	47654	14669
与港澳台商合资经营企业	Joint-venture Enterprises	5	34403	7080
港澳台商独资经营企业	Enterprises with Sole Investment	3	13251	7589
外商投资企业	Foreign Funded Enterprises	10	56391	22528
中外合资经营企业	Joint-venture Enterprises	4	19332	3979
中外合作经营企业	Cooperation Enterprises	1	2450	892
外资企业	Enterprises with Sole Fund	4	30571	17486
其他外商投资企业	Other Foreign Funded Enterprises	1	4038	171
按控股情况分	**By Status of Share Holding**			
国有控股	State-holding	106	246358	35305
集体控股	Collective-holding	23	28799	2694
私人控股	Private-holding	567	573205	77256
港澳台商控股	Hong Kong, Macao & Taiwan-holding	7	46776	14669
外商控股	Foreign-holding	9	50760	24074
其　他	Others	86	176675	40405
按经营形式分	**By Form of Management**			
独立门店	Independent Stores	709	1009081	166629
连锁总店(总部)	General Chain Stores	3	13377	4963
连锁门店	Branch Chain Stores	25	18919	4213
其　他	Others	61	81194	18598
按单位规模分	**By Scale**			
大　型	Large	5	73435	41253
中　型	Medium	110	471928	86764
小　型	Small	653	573669	65992
微　型	Mini	30	3540	394
按星级分	**By Star Rating**			
五　星	Five-star Level	14	111332	43963
四　星	Four-star Level	53	121432	27599
三　星	Three-star Level	154	221094	15457
二　星	Two-star Level	48	61388	5963
一　星	One-star Level	2	1167	406
其　他	Others	527	606159	101016

Management of Enterprises above Designated Size of Hotels(2016)

#客房收入 From Hotel Rooms	#公共网络客房收入 Public Network Income	#餐费收入 From Meals	#公共网络餐费收入 Public Network Income	#商品销售收入 From Commodities	客房间数(间) Number of Hotel Rooms (unit)	床位数(个) Number of Beds (unit)	餐位数(位) Number of Dining-seats (seat)	餐饮营业面积(平方米) Operating Area (sq.m)
524986	**38708**	**490117**	**8107**	**47125**	**101317**	**174687**	**256176**	**1453355**
382966	33180	364618	7288	36936	71251	122775	188304	964350
123745	5419	106467	810	9263	26569	45878	59669	424498
18275	110	19032	9	926	3497	6034	8203	64507
476370	32938	452105	7811	42190	96518	167263	245471	1406072
44107	2082	47925	54	2657	8204	15251	28099	129811
1558	6	2539	60	1248	536	1010	1770	11850
1114		7304			157	342	245	700
252609	18686	222509	6271	25833	51458	88344	116337	719725
18653	1627	19941	89	773	3675	6179	7199	30817
233956	17059	202568	6182	25061	47783	82165	109138	688908
9058	261	10926	6	553	2468	4509	6900	32590
164796	11892	156206	1421	11691	32875	56404	89854	492338
12258	802	15443	117	1438	2485	4564	7673	45706
4749	77	6626	103	872	1621	2954	3881	22179
135468	11013	115063	1201	8263	26509	44700	70038	378433
12322		19075		1118	2260	4186	8262	46020
3128	13	4697		208	820	1403	2266	19058
18373	2928	17323	220	3275	2235	3528	5275	27647
9222	1655	13463	120	3275	1232	2121	3050	23120
9151	1273	3859	100		1003	1507	2225	4527
30243	2842	20689	77	1661	2564	3796	5430	19636
11347	773	5825		819	940	1430	3137	7321
1461	140	796		0	280	478	450	1865
15526	1510	12111	21	803	1090	1528	1228	7950
1909	419	1958	55	40	254	360	615	2500
105720	6800	113157	618	5883	18985	33743	52359	238216
9153	429	15784	92	2894	2616	4918	6585	48008
292064	21579	244262	4643	17962	62012	106418	149881	902656
17987	2928	16851	220	3259	2054	3408	4755	20847
28832	2842	17651	77	952	2358	3399	4193	15875
71230	4129	82414	2458	16174	13292	22801	38403	227753
469281	35281	445158	7521	42352	90789	157214	235220	1323506
3022		9274		184	547	837	292	1708
16991	1742	739	52	251	3325	5246	1081	12210
35692	1685	34947	534	4339	6656	11390	19583	108721
35892	2559	30219		930	2326	3467	7162	23359
200846	19233	224539	4562	13198	29116	49083	74845	361617
285256	16915	234978	3545	32853	68248	119376	172309	1043576
2992	1	383		145	1627	2761	1860	24803
52746	6946	50712	676	1476	5279	8133	12444	54826
61979	5884	50161	1299	2752	12286	21494	27208	142224
82409	2580	113346	615	8935	19931	36806	58106	306419
20018	262	37387	229	2988	4409	8149	17523	74116
1013	69			135	165	255	120	1200
306822	22966	238512	5289	30841	59247	99850	140775	874570

16-16 限额以上餐饮业经营情况(2016年)

指　标	Item	企业数(个) Number of Enterprises (unit)	营业额(万元) Business Value (10 000 yuan)	#银行卡支付营业额 Business Value of Bank Card Payment
总　计	**Total**	**1128**	**1594376**	**136406**
按餐饮行业分	**By Catering Services**			
正餐服务	Restaurant	1080	1502768	131136
快餐服务	Fast Food	23	59947	439
饮料及冷饮服务	Beverages and Cold Drinks	4	3067	
茶馆服务	Teahouse	1	573	
咖啡馆服务	Café	3	2494	
其他餐饮服务	Others	21	28594	4830
小吃服务	Snack	13	15416	123
餐饮配送服务	Catering Distribution	3	230	
其他未列明餐饮业	Other Catering Service not Classified	5	12948	4707
按登记注册类型分	**By Status of Registration**			
内资企业	Domestic Funded Enterprises	1111	1445867	132727
国有企业	State-owned Enterprises	16	23825	392
集体企业	Collective-owned Enterprises	6	21777	100
联营企业	State Joint Ownership Enterprises	1	1478	
集体联营企业	Collective State Joint Ownership Enterprises	1	1478	
有限责任公司	Limited Liability Corporations	501	655136	57343
国有独资公司	State Sole Funded Corporations	7	12153	1167
其他有限责任公司	Other Limited Liability Corporations	494	642983	56177
股份有限公司	Share-holding Corporations Ltd.	23	164076	30082
私营企业	Private Enterprises	543	552471	44381
私营独资企业	Private-funded Enterprises	89	93227	2767
私营合伙企业	Private Partnership Enterprises	5	2611	22
私营有限责任公司	Private Limited Liability Corporations	428	436935	40386
私营股份有限公司	Private Share-holding Corporations Ltd.	21	19697	1205
其他企业	Other Enterprises	21	27105	429
港、澳、台商投资企业	Enterprises with Funds from Hong Kong, Macao & Taiwan	7	40371	1326
与港澳台商合资经营企业	Joint-venture Enterprises	2	7009	
与港澳台商合作经营企业	Cooperative Enterprises	1	18968	303
港澳台商独资经营企业	Enterprises with Sole Investment	4	14394	1023
外商投资企业	Foreign Funded Enterprises	10	108137	2353
中外合资经营企业	Joint-venture Enterprises	2	332	
外资企业	Enterprises with Sole Fund	5	104383	1257
其他外商投资企业	Other Foreign Funded Enterprises	3	3423	1096
按控股情况分	**By Status of Share Holding**			
国有控股	State-holding	33	146372	25349
集体控股	Collective-holding	16	41971	3527
私人控股	Private-holding	960	1103807	75849
港澳台商控股	Hong Kong, Macao & Taiwan-holding	6	34050	1326
外商控股	Foreign-holding	7	105552	1257
其　他	Others	106	162624	29099
按经营形式分	**By Form of Management**			
独立门店	Independent Stores	1029	1316383	101090
连锁总店	General Chain Stores	17	170014	8967
连锁门店	Branch Chain Stores	18	38033	12388
其　他	Others	64	69947	13962
按单位规模分	**By Scale**			
大　型	Large	10	259328	47096
中　型	Medium	84	425907	42316
小　型	Small	968	886734	46682
微　型	Mini	66	22406	312

Management of Enterprises above Designated Size of Catering Services(2016)

#客房收入 From Hotel Rooms	#公共网络客房收入 Public Network Income	#餐费收入 From Meals	#公共网络餐费收入 Public Network Income	#商品销售收入 From Commodities	客房间数(间) Number of Hotel Rooms (unit)	床位数(个) Number of Beds (unit)	餐位数(位) Number of Dining-seats (seat)	餐饮营业面积(平方米) Operating Area (sq.m)
137550	**3112**	**1309554**	**22617**	**117030**	**25337**	**46242**	**477550**	**2156530**
134424	2631	1229511	16927	115801	25091	45808	460187	2082787
50		52330	5622	356	20	40	7992	26963
		2203	32	864			282	3150
		573					80	1000
		1630	32	864			202	2150
3075	481	25511	36	9	226	394	9089	43630
64		15352			31	59	7399	21780
		230					10	9500
3011	481	9929	36	9	195	335	1680	12350
137076	3112	1169565	15643	116699	25225	46062	455606	2065198
4208	63	15904	97	2684	839	1523	6260	28035
6820		13453	139	1503	154	290	1595	12200
		1478					240	3000
		1478					240	3000
65760	1430	541440	6376	35710	13564	24626	214297	998538
2132	31	6268	25	3290	582	901	2418	7411
63628	1399	535172	6351	32420	12982	23725	211879	991127
7845	21	123162	1392	26738	765	1384	17608	116270
49656	1598	452265	7639	47798	9346	17136	208521	873621
8167	83	74182	206	10007	1561	2877	31763	112551
147		2416		48	65	99	1640	8880
38360	1515	360522	7432	36218	7289	13324	168417	721910
2983		15145		1525	431	836	6701	30280
2786		21862		2266	557	1103	7085	33534
368		38990	6021	224	59	118	5998	32399
368		5628	550	224	59	118	1378	14783
		18968	4099				1100	6745
		14394	1372				3520	10871
106		100999	953	107	53	62	15946	58933
106		226			53	62	351	403
		97351	736	107			14710	52448
		3423	217				885	6082
6794	115	103799	1098	23553	1545	2646	25301	150278
10024		27389	139	3051	956	1754	10462	61800
101652	2428	923465	13098	70292	19341	35446	370482	1626318
		34050	5471				4711	17916
		98520	736	107			15195	53048
19079	569	122331	2076	20027	3495	6396	51399	247170
126886	3060	1063978	16648	95899	23399	42683	412989	1880542
405		168922	4179	686	71	95	33024	108053
275		35866	516	1884	40	82	6090	28731
9983	52	40788	1273	18561	1827	3382	25447	113570
4986	21	225628	5516	22160	370	644	56840	246790
34106	977	342045	3757	34484	4304	7577	72722	333204
97356	2115	721746	13267	59279	20526	37762	341466	1489986
1102		20134	76	1107	137	259	6522	86550

16-17 各市(区)限额以上住宿业和餐饮业经营情况(2016年)

地　区	Region	企业数(个) Number of Enterprises (unit)	营业额(万元) Business Value (10 000 yuan)	#银行卡支付营业额 Business Value of Bank Card Payment	#客房收入 From Hotel Rooms	#公共网络客房收入 Public Network Income
一、住 宿 业	**Hotels**					
全　省	**Shaanxi**	**798**	**1122572**	**1122572**	**524986**	**38708**
西 安 市	Xi'an	246	534174	142642	288234	30588
铜 川 市	Tongchuan	26	27989	6317	9607	368
宝 鸡 市	Baoji	87	93613	7264	34763	1195
咸 阳 市	Xianyang	62	99710	7317	38890	1030
渭 南 市	Weinan	55	93155	161	24172	3
#韩城市	Hancheng	5	5596		2297	1
延 安 市	Yan'an	78	52795	5961	31639	463
汉 中 市	Hanzhong	63	59058	7212	7212	1534
榆 林 市	Yulin	71	76663	9962	31409	1436
安 康 市	Ankang	71	51386	5372	27383	745
商 洛 市	Shangluo	30	27324	1258	12309	907
杨凌示范区	Yangling	9	6706	936	3168	439
二、餐 饮 业	**Catering Services**					
全　省	**Shaanxi**	**1128**	**1594376**	**136406**	**137550**	**3112**
西 安 市	Xi'an	322	596637	96472	20565	896
铜 川 市	Tongchuan	24	24300	600	2630	
宝 鸡 市	Baoji	144	142542	14346	19872	864
咸 阳 市	Xianyang	172	402558	8005	32402	349
渭 南 市	Weinan	126	167661	3905	16068	56
#韩城市	Hancheng	7	5551		237	
延 安 市	Yan'an	52	34303	1561	7360	51
汉 中 市	Hanzhong	60	34191	1463	2192	73
榆 林 市	Yulin	60	43592	2963	9740	19
安 康 市	Ankang	139	128794	6950	20965	803
商 洛 市	Shangluo	22	14434	48	5021	
杨凌示范区	Yangling	7	5364	94	735	

Management of Enterprises above Designated Size in Hotels and Catering Services by City(District)(2016)

# 餐费收入 From Meals	# 公共网络餐费收入 Public Network Income	# 商品销售收入 From Commo-dities	客房间数(间) Number of Hotel Rooms (unit)	床位数(个) Number of Beds (unit)	餐位数(位) Number of Dining-seats (seat)	餐饮营业面积(平方米) Operating Area (sq.m)
490117	**8107**	**47125**	**101317**	**174687**	**256176**	**1453355**
194035	4349	8262	44931	75407	79200	353233
16905	4	308	2066	3609	7307	47541
39792	165	17615	9578	16258	30499	218498
53747	1137	3650	5732	9912	23316	101130
59758	6	7303	5225	9924	18848	107270
3299			598	1150		
18792	126	589	8402	15160	18029	149056
31902	909	2339	5451	9271	26358	105602
39938	565	2177	9152	16151	25212	179821
19667	416	3244	5780	10194	13079	109824
12860	399	1349	3812	6714	11091	62094
2721	33	290	1188	2087	3237	19286
1309554	**22617**	**117030**	**25337**	**46242**	**477550**	**2156530**
522949	15089	30814	4000	6907	183039	797219
21305	53	365	249	438	7149	40142
115120	3665	4969	3290	6022	54805	241241
313808	386	54976	4497	8027	60408	236982
136519	84	13522	3337	6441	51639	220594
5313			95	155		
25646	317	322	1768	3297	22629	87427
29996	565	1716	721	1299	20696	84433
32276	9	1359	3227	5916	27885	163213
98578	2312	8542	2932	5414	41806	245360
8856	137	381	1075	2013	4884	27419
4501		64	241	468	2610	12500

16-18 限额以上批发业主要财务指标(2016年)

单位：万元

指　　标	Item	企业数(个) Number of Enterprises (unit)
总　计	**Total**	**1047**
按批发行业小类分	**By Subitem of Wholesale Trade**	
农、林、牧产品批发	Wholesale of Farm Produce and Livestock Products	50
谷物、豆及薯类批发	Wholesale of Cereals,Beans and Tubers	20
种子批发	Wholesale of Seeds and Forages	11
饲料批发	Wholesale of Feedstuff	4
棉、麻批发	Wholesale of Cotton and Hemp	2
林业产品批发	Wholesale of Forestry Products	5
牲畜批发	Wholesale of livestock	1
其他农牧产品批发	Others	7
食品、饮料及烟草制品批发	Wholesale of Food, Beverages and Tobaccos	244
米、面制品及食用油批发	Wholesale of Rice, Flour and Edible Oil	32
糕点、糖果及糖批发	Wholesale of Cake and Sugar	7
果品、蔬菜批发	Wholesale of Vegetables and Fruits	123
肉、禽、蛋、奶及水产品批发	Wholesale of Meat, Poultry, Eggs and AquaticProducts	12
盐及调味品批发	Wholesale of Salt and Condiments	11
酒、饮料及茶叶批发	Wholesale of Beverages and Tea	39
烟草制品批发	Wholesale of Tobaccos	12
其他食品批发	Others	8
纺织、服装及日用品批发	Wholesale of Textiles, Garments and Daily Consumer Articles	39
纺织品、针织品及原料批发	Wholesale of Textiles, Knitwear and Textile Materials	4
服装批发	Wholesale of Garments	10
鞋帽批发	Wholesale of Shoes and hats	1
化妆品及卫生用品批发	Wholesale of Cosmetics and Health Consumer Articles	11
厨房、卫生间用具及日用杂货批发	Wholesale of Livestock Kitchen, Bathroom Appliances and Groceries	2
家用电器批发	Wholesale of Household Appliances	11
文化、体育用品及器材批发	Wholesale of Culture, Sports Appliances and Equipment	19
文具用品批发	Wholesale of Stationary	7
体育用品及器材批发	Wholesale of Sports Goods	2
图书批发	Wholesale of Books	5
首饰、工艺品及收藏品批发	Wholesale of Jewelry, Artwork and Collections	5
医药及医疗器材批发	Wholesale of Medicines and Medical Appliances	116
西药批发	Wholesale of Western Medicine	69
中药批发	Wholesale of Traditional Chinese Medicinal Materials and Medicines	31
医疗用品及器材批发	Wholesale of Medical Materials and Medical Instruments	16
矿产品、建材及化工产品批发	Wholesale of Mineral Products, Building Materials and Chemical Products	436
煤炭及制品批发	Wholesale of Coal and Related Products	124
石油及制品批发	Wholesale of Petroleum and Related Products	67
非金属矿及制品批发	Wholesale of Metal Materials	3
金属及金属矿批发	Wholesale of Metal Materials	100
建材批发	Wholesale of Building Materials	56
化肥批发	Wholesale of Garments	32
农药批发	Wholesale of Pesticides	4
农用薄膜批发	Wholesale of Agricultural Film	1
其他化工产品批发	Others	49
机械设备、五金交电及电子产品批发	Wholesale of Machinery, Hardware and Electronic Equipment	120
农业机械批发	Wholesale of Agricultural Machinery	14
汽车批发	Wholesale of Motor Vehicles	16
汽车零配件批发	Wholesale of Motor Parts	6

Main Financial Indicators of Enterprises above Designated Size in Wholesale Trades(2016)

(10 000 yuan)

资产合计 Total Assets	# 流动资产 Working Capital	# 固定资产 Fixed Assets	负债合计 Total Liabilities	主营业务收入 Business Revenue	主营业务成本 Cost of Principal Business	销售费用 Business Expenditure	营业利润 Profits from Principal Business	利润总额 Total Profits
19388028	**14503387**	**1285704**	**13641371**	**51676640**	**47886466**	**1491280**	**1081674**	**1137800**
222232	131394	48979	148336	432035	410205	7520	4680	15426
97108	70273	21391	69869	265385	259085	2447	-61	8588
34739	17761	11431	9871	33718	29181	1638	693	3143
4585	4464	100	3079	19467	17760	887	354	394
71756	29980	12664	59977	50345	49262	1166	240	260
4180	2413	834	1798	19519	17956	347	525	430
547	483	64	447	583	418	14	47	47
9318	6020	2496	3296	43019	36544	1022	2883	2566
3022325	2254627	507553	1199946	7024609	5521328	281993	502224	499822
119460	76314	16616	76613	263260	232167	7581	8350	11458
21423	18800	2024	18893	75372	65079	4975	2159	2168
476269	239223	168215	164836	1905288	1794397	19573	49195	45230
43940	39251	3812	45230	127346	111030	10355	2980	3414
97802	72277	6372	35044	64497	47587	3552	8675	9140
1011113	783152	153397	573517	955932	721881	127053	73330	79845
1219933	1006048	145582	271946	3566390	2496902	106884	340934	347132
32386	19563	11535	13866	66524	52285	1920	16602	1435
654764	581462	34067	552700	2865999	2729079	56913	42747	43616
16123	13114	3007	10288	22582	21533	509	-31	-56
110482	72031	22690	79239	1960217	1905089	12987	21522	21884
39447	37022	2421	30312	84385	52851	18140	7043	7043
74692	66660	1471	52726	137822	122203	12470	2184	2266
16005	1469	333	3176	53621	39800	553	10319	10319
398016	391167	4147	376959	607372	587603	12254	1709	2160
262149	163557	10737	168317	452770	371682	14840	58006	58359
53657	50239	958	38797	98806	93928	2836	601	486
8315	8219	96	7473	30897	29473	1524	-346	-345
153513	89076	7241	81263	147298	130638	7127	5198	5599
46664	16023	2442	40784	175770	117642	3354	52553	52620
1955821	1831164	44112	1729629	3420021	3241916	75507	24713	25429
1457710	1359893	33348	1299568	2598335	2470929	54743	16635	17403
419315	396348	9575	377484	737847	698586	18295	3727	3667
78797	74923	1188	52578	83839	72401	2469	4350	4359
11957846	8398701	556121	8741923	35342123	33592617	999508	449989	495182
4753845	3529284	71562	3303038	11769247	10969453	571961	174455	199042
2473330	939442	395049	1920281	12050477	11443259	306761	202545	205194
15174	15026	147	13447	27924	25459	1951	100	99
4006920	3343350	38751	3060717	9673164	9456425	87571	30933	47116
371033	322130	14382	270232	732126	692420	9055	15508	17323
67814	50023	10255	46395	249238	226331	10228	3111	5240
14224	12012	680	1623	27454	24640	1097	1314	-540
491	473	18	438	3297	3080		6	6
255016	186961	25278	125753	809197	751550	10883	22018	21702
1249377	1093079	77612	1065635	1954250	1857849	47362	-7178	-6458
35889	24975	5588	16681	110440	103641	2239	1383	1155
277628	250616	9181	257227	617043	602715	16561	-8401	-7753
78589	15817	48967	55449	42504	36073	785	1842	1887

16-18 续表

单位：万元

指　　标	Item	企业数（个） Number of Enterprises (unit)
摩托车及零配件批发	Hardware	2
五金产品批发	Wholesale of Household Appliances	14
电气设备批发	Wholesale of Electrical Appliance	3
计算机、软件及辅助设备批发	Wholesale of Computer, Software and Peripherals	13
通讯及广播电视设备批发	Wholesale of Communications and Broadcast and Television Equipments	4
其他机械设备及电子产品批发	Others	48
贸易经纪与代理	Trade Broker and Agency	3
贸易代理	Trade Agency	3
其他批发	Others	20
再生物资回收与批发	Recovery and Wholesale of Regeneration Material	6
其他未列明的批发	Any other Wholesale	14
按登记注册类型分	**By Status of Registration**	
内资企业	Domestic Funded Enterprises	1029
国有企业	State-owned Enterprises	69
集体企业	Collective-owned Enterprises	12
股份合作企业	Cooperative Enterprises	3
有限责任公司	Limited Liability Corporations	564
国有独资公司	State Sole Funded Corporations	30
其他有限责任公司	Other Limited Liability Corporations	534
股份有限公司	Share-holding Corporations Ltd.	40
私营企业	Private Enterprises	311
私营独资企业	Private-funded Enterprises	4
私营合伙企业	Private Partnership Enterprises	1
私营有限责任公司	Private Limited Liability Corporations	295
私营股份有限公司	Private Share-holding Corporations Ltd.	11
其他企业	Other Enterprises	30
港、澳、台商投资企业	Enterprises with Funds from Hong Kong, Macao & Taiwan	5
与港澳台商合资经营企业	Joint-venture Enterprises	3
与港澳台商合作经营企业	Cooperation Enterprises	1
港澳台商独资经营企业	Enterprises with Sole Investment	1
外商投资企业	Foreign Funded Enterprises	13
中外合资经营企业	Joint-venture Enterprises	5
外资企业	Enterprises with Sole Fund	8
按控股情况分	**By Status of Share Holding**	
国有控股	State-holding	183
集体控股	Collective-holding	27
私人控股	Private-holding	723
港澳台商控股	Hong Kong, Macao & Taiwan-holding	2
外商控股	Foreign-holding	11
其　　他	Others	101
按经营形式分	**By Form of Management**	
独立门店	Independent Stores	749
连锁总店	General Chain Stores	15
连锁门店	Branch Chain Stores	8
其　　他	Others	275
按单位规模分	**By Scale**	
大　型	Large	52
中　型	Medium	338
小　型	Small	560
微　型	Mini	97

continued

(10 000 yuan)

资产合计 Total Assets	# 流动资产 Working Capital	# 固定资产 Fixed Assets	负债合计 Total Liabilities	主营业务收入 Business Revenue	主营业务成本 Cost of Principal Business	销售费用 Business Expenditure	营业利润 Profits from Principal Business	利润总额 Total Profits
7135	7070	64	6669	17658	16838	189	32	32
98276	90506	2327	68813	145221	134666	4163	2579	2716
283526	275730	2170	256403	281434	266626	4028	2176	2408
171290	162981	700	156851	251403	241994	4949	1900	1972
8021	6950	571	6621	22880	22395	425	-89	-73
289023	258434	8044	240920	465668	432901	14024	-8599	-8802
23586	22766	393	17261	56757	51853	2917	1032	1034
23586	22766	393	17261	56757	51853	2917	1032	1034
39927	26638	6130	17624	128076	109938	4721	5460	5390
10615	6008	887	3524	74485	67360	755	3379	3371
29312	20630	5243	14100	53591	42578	3966	2081	2019
18333111	13801460	1257799	12822039	47133999	43450830	1455510	1065493	1121491
2131147	1592037	193377	840897	5407219	4306845	133562	349507	361154
27955	22878	4170	24454	109710	101893	2077	2203	2201
14817	14596	148	12175	34950	32345	59	941	1296
9972804	8068672	393762	7466659	28078477	26415223	890726	433619	469784
2346792	1965820	97411	2111008	9913019	9315021	447604	67072	68788
7626013	6102852	296351	5355650	18165458	17100202	443122	366547	400995
4078277	2431197	427406	3027050	9303986	8755322	304350	169178	153056
1985355	1585150	211996	1401111	3805075	3538342	103248	89047	112831
4475	3696	760	2211	20367	18723	590	378	378
146	118	28	20	1826	1732	4	-29	-29
1856190	1476225	209365	1311525	3477806	3236366	98561	76069	99830
124543	105111	1843	87355	305076	281521	4092	12628	12652
122757	86931	26940	49694	394582	300860	21489	20999	21169
121673	113184	6877	105893	327839	281458	26330	10920	10863
73950	68239	4290	67625	168295	159156	7739	-30	-87
8275	7923	166	7956	75158	69451	450	3907	3907
39447	37022	2421	30312	84385	52851	13140	7043	7043
933245	588743	21029	713439	4214803	4154179	9441	5261	5447
876486	544522	11211	683267	4063456	4021098	2435	-850	-839
56758	44221	9818	30172	151346	133081	7006	6111	6285
9820425	7004417	619071	6795972	29008592	26434851	1007828	723109	740739
183701	121995	30133	147705	466903	432448	11735	21089	6578
5615935	4185960	432628	3997039	15653191	14782854	321113	257912	308332
49160	41921	6617	36980	98436	64133	20567	6741	6741
133547	112262	16682	99218	220416	199223	10177	3732	3831
3585259	3036833	180573	2564456	6229101	5972958	119861	69091	71580
10892037	7561055	717698	7592702	28534416	26336560	1005474	650489	680730
903949	674086	103986	379054	2343724	1796519	64596	199053	201380
219315	153513	38876	198713	660493	634983	14420	1546	1428
7372726	6114732	425144	5470902	20138007	19118404	406790	230587	254263
8146513	6001404	537577	5849712	22288051	19908089	997055	562997	568078
8207529	6043910	551519	5808800	24007531	22956326	353201	411399	447492
2718795	2231074	182877	1792985	5211732	4861100	138154	105946	121158
315191	226998	13731	189874	169327	160951	2871	1332	1063

16-19 限额以上零售业主要财务指标(2016年)

单位：万元

指 标	Item	企业数(个) Number of Enterprises (unit)
总 计	**Total**	**3354**
按零售行业小类分	**By Retail Trades**	
综合零售	Integrated Retail	772
百货零售	Retail of General Merchandise	385
超级市场零售	Retail of Supermarkets	306
其他综合零售	Others	81
食品、饮料及烟草制品专门零售	Special Retail of Food, Beverages and Tobaccos	416
粮油零售	Retail of Grain and Oil	60
糕点、面包零售	Retail of Cake and Bread	11
果品、蔬菜零售	Retail of Melons and Fruits, Vegetables	117
肉、禽、蛋及水产品零售	Retail of Meat, Poultry, Eggs and Aquatic Products	41
营养和保健品零售	Retail of Nourishment and Health Products	3
酒、饮料及茶叶零售	Retail of Beverages and Tea	112
烟草制品零售	Retail of Tobaccos	14
其他食品零售	Others	58
纺织、服装及日用品专门零售	Special Retail of Textiles, Garments and Daily Consumer Articles	156
纺织品及针织品零售	Retail of Textiles and Knitwear	18
服装零售	Retail of Garments	100
鞋帽零售	Retail of Shoes and Hats	7
化妆品及卫生用品零售	Retail of Cosmetics and Health Consumer Articles	10
钟表、眼镜零售	Retail of Clocks and Watches,Spectacles	10
箱、包零售	Retail of Luggage and Bags	1
厨房用具及日用杂品零售	Retail of Kitchenware and Daily-use Sundry Goods	1
自行车零售	Retail of Bicycles	1
其他日用品零售	Others	8
文化、体育用品及器材专门零售	Special Retail of Culture, Sports Appliances and Equipments	146
文具用品零售	Retail of Stationery	3
体育用品及器材零售	Retail of Sports Goods	12
图书、报刊零售	Retail of Books	81
珠宝首饰零售	Retail of Jewelry	36
工艺美术品及收藏品零售	Retail of Artwork and Collections	9
乐器零售	Retail of Musical Instrument	2
其他文化用品零售	Others	3
医药及医疗器材专门零售	Special Retail of Medicines and Medical Appliances	177
药品零售	Retail of Medicines	169
医疗用品及器材零售	Retail of Medical Supplies and Appliances	8
汽车、摩托车、燃料及零配件专门零售	Special Retail of Motor Vehicles, Motorcycles, Fuel and Parts	960
汽车零售	Retail of Motor Vehicles	665
汽车零配件零售	Retail of Motor Vehicles and Parts	20
摩托车及零配件零售	Retail of Motorcycles and Parts	39
机动车燃料零售	Retail of Fuel of Motor Vehicles	236
家用电器及电子产品专门零售	Special Retail of Household Appliances and Electronic Products	319
家用视听设备零售	Retail of Home Audio-visual Equipment	38
日用家电设备零售	Retail of Household Appliances	169
计算机、软件及辅助设备零售	Retail of Computer, Software and Peripherals	68
通信设备零售	Retail of Communication Equipment	25
其他电子产品零售	Others	19
五金、家具及室内装修材料专门零售	Special Retail of Hardware, Furniture and Decoration Materials	257
五金零售	Retail of Hardware	64
灯具零售	Retail of Light Fittings	4
家具零售	Retail of Furniture	121
涂料零售	Retail of Dope	2
卫生洁具零售	Retail of Sanitary	3
木质装饰材料零售	Retail of Dooden Decorating Materials	6
陶瓷、石材装饰材料零售	Retail of Porcelainous, Stone Finishing Decorating Materials	14
其他室内装修材料零售	Others	43
货摊、无店铺及其他零售	Non-shop and Other Retails	151
互联网零售	E-commerce Retails	111
邮购及电视、电话零售	Mail-order & Phone-order Retails	2
生活用燃料零售	Retail of Life Fuels	25
其他未列明的零售	Other Retail not Classified Elsewhere	13

Main Financial Indicators of Enterprises above Designated Size in Retail Trades(2016)

(10 000 yuan)

资产合计 Total Assets	# 流动资产 Working Capital	# 固定资产 Fixed Assets	负债合计 Total Liabilities	主营业务收入 Business Revenue	主营业务成本 Cost of Principal Business	销售费用 Business Expenditure	营业利润 Profits from Principal Business	利润总额 Total Profits
17368125	**9665016**	**2557551**	**9843014**	**31069432**	**27151894**	**1618333**	**1186481**	**1073266**
7829995	3082966	1163607	3583511	7038972	5961393	612090	190558	147667
6049387	1732979	982347	2431084	3813464	3211361	276605	59147	46323
1699137	1292838	168504	1108455	2816155	2398346	314941	116199	93107
81470	57149	12756	43973	409352	351686	20545	15212	8237
643285	366073	181033	291430	1114193	926111	51896	65382	50378
76810	48065	17472	42034	133801	115487	5090	6122	6026
9630	4654	4429	3156	17311	12396	1203	1855	898
261832	111315	96984	86466	334012	268523	14423	25049	19077
63427	43226	16643	27731	175673	148075	6359	14684	7435
1732	1343	318	669	2229	1671	39	55	65
126759	89134	23705	71723	195530	157742	13921	10486	9633
28752	20409	5251	15198	69530	60084	2206	3041	3559
74343	47927	16231	44453	186108	162135	3654	4092	3685
604339	350155	62337	261371	1729328	1491291	95369	87489	85223
18397	13429	2370	8872	40996	29561	2074	7299	7085
443229	222273	48248	210190	1329527	1182213	52406	54301	52835
59252	51069	5435	1985	142199	107134	18146	11808	11542
22634	16949	2266	11485	65546	43633	11594	7651	7538
34146	29253	1500	9747	44406	34249	5874	3410	3187
957	833	124	856	852	608	320	-146	-146
861	685	175	645	1861	1262		379	379
1841	1724	117	1332	1030	836	28	40	52
23022	13941	2104	16259	102912	91796	4926	2749	2750
619678	399219	95869	348447	799904	641208	54056	58444	64282
2023	1667	130	1167	3429	2919	148	85	119
177940	105891	5157	77615	225304	163248	15626	33363	38718
367057	237407	83156	229793	422131	337424	33663	23630	24188
64254	47437	6172	35534	137884	128485	3973	902	818
4977	3776	1096	1573	5163	4133	221	295	302
2261	2025	20	1698	4197	3516	262	99	112
1166	1018	139	1068	1796	1483	163	71	25
442192	380578	37236	342040	936956	782764	78349	31428	26582
426399	369692	34238	332951	920727	772295	77888	29058	24216
15794	10886	2998	9089	16229	10469	461	2370	2366
5381879	3838544	656278	3973996	11918454	10971194	398733	229803	196302
4329250	3396588	467394	3379623	9592807	9042739	239429	69217	46234
37563	24180	10313	28271	90385	81526	2467	2369	1606
43735	28888	5275	23742	108730	93210	3437	5728	4468
971332	388889	173296	542360	2126532	1753718	153400	152489	143994
820899	643092	106062	447756	3125172	2734245	145571	138963	133736
158186	126411	28211	53191	1036846	896344	59764	24457	23750
443973	355618	47640	273396	1171657	1034479	70193	33344	30909
124723	79996	28108	65492	657926	558696	6765	78965	77877
60639	54601	860	41605	212109	203952	7267	391	487
33379	26466	1243	14072	46635	40776	1582	1804	712
691278	393402	162860	424861	2557070	2066133	65262	296020	278618
78111	60182	10804	42441	119410	100425	3264	5578	3421
8406	1908	3362	7159	124521	91442	1737	28238	28188
491572	273984	115150	317286	1469997	1131886	35320	226894	224914
867	695	126	454	1749	1466	50	131	131
1056	823	144	505	1884	1341	330	387	275
5186	4243	821	3467	15853	10814	1027	2373	2644
12509	9178	2996	9078	52246	40753	11127	2946	2927
93573	42389	29457	44470	771411	688006	12408	29473	16118
334579	210986	92269	169602	1849383	1577555	117008	88395	90478
166936	130991	24191	101845	1570402	1395145	108268	14101	16688
65571	23628	38230	3054	181410	103485	4044	68194	68300
79561	39369	26293	49647	72923	60100	3364	5167	3866
22511	16998	3554	15057	24647	18825	1333	932	1624

16-19 续表

单位：万元

指　　标	Item	企业数(个) Number of Enterprises (unit)
按登记注册类型分	**By Status of Registration**	
内资企业	Domestic Funded Enterprises	3292
国有企业	State-owned Enterprises	74
集体企业	Collective-owned Enterprises	97
股份合作企业	Cooperative Enterprises	4
联营企业	Joint Ownership Enterprises	1
集体联营企业	Collective Joint Ownership Enterprises	1
有限责任公司	Limited Liability Corporations	1680
国有独资公司	State Sole Funded Corporations	54
其他有限责任公司	Other Limited Liability Corporations	1626
股份有限公司	Share-holding Corporations Ltd.	75
私营企业	Private Enterprises	1314
私营独资企业	Private-funded Enterprises	154
私营合伙企业	Private Partnership Enterprises	25
私营有限责任公司	Private Limited Liability Corporations	1082
私营股份有限公司	Private Share-holding Corporations Ltd.	53
其他企业	Other Enterprises	47
港、澳、台商投资企业	Enterprises with Funds from Hong Kong, Macao & Taiwan	33
港澳台商合资经营企业	Joint-venture Enterprises	6
港澳台商独资经营企业	Enterprises with Sole Investment	22
港澳台商投资股份有限公司	Share-holding Corporations Ltd.	2
其他港澳台投资企业	Other Enterprises with Funds from Hong Kong, Macao & Taiwan	3
外商投资企业	Foreign Funded Enterprises	29
中外合资经营企业	Joint-venture Enterprises	8
外资企业	Enterprises with Sole Fund	19
外商投资股份有限公司	Share-holding Corporations Ltd. with Foreign Investment	1
其他外商投资企业	Other Foreign Funded Enterprises	1
按控股情况分	**By Status of Share Holding**	
国有控股	State-holding	216
集体控股	Collective-holding	158
私人控股	Private-holding	2593
港澳台商控股	Hong Kong, Macao & Taiwan-holding	31
外商控股	Foreign-holding	30
其　他	Others	326
按经营形式分	**By Form of Management**	
独立门店	Independent Stores	2947
连锁总店	General Chain Stores	79
连锁门店	Branch Chain Stores	75
其　他	Others	253
按单位规模分	**By Scale**	
大　型	Large	62
中　型	Medium	902
小　型	Small	1797
微　型	Mini	593
按零售业态分	**By Business Categories**	
有店铺零售	Shop Retails	3188
食杂店	Grocery Store	26
便利店	Convenience Store	55
折扣店	Discount Store	1
超　市	Supermarket	453
大型超市	Hypermarket	67
仓储会员店	Warehouse Club	8
百货店	Department Store	375
专业店	Specialty Store	1078
专卖店	Franchised Store	900
家居建材商店	Building Material Store	126
购物中心	Shopping Center	37
厂家直销中心	Factory Outlets Center	62
无店铺零售	Non-shop Retails	166
#电视购物	TV shopping	2
邮　购	Mail-order	5
网上商店	Web Storefronts	118
其 他	Others	41

continued

(10 000 yuan)

资产合计 Total Assets	# 流动资产 Working Capital	# 固定资产 Fixed Assets	负债合计 Total Liabilities	主营业务收入 Business Revenue	主营业务成本 Cost of Principal Business	销售费用 Business Expenditure	营业利润 Profits from Principal Business	利润总额 Total Profits
14673519	8021181	2125638	8315581	26466422	23215122	1210665	1022860	904794
672611	457305	105353	564306	1328950	1197313	62309	23436	19075
95917	49538	26220	52035	528962	458304	24299	16832	14956
5279	2168	3060	178	91712	59217	6879	10946	10946
52	50	1	7	850	834	8	2	2
52	50	1	7	850	834	8	2	2
7377408	4937033	1271069	5122963	15716551	13842433	763447	543263	477416
317620	197469	80677	188598	427503	367885	27572	16426	18061
7059788	4739564	1190392	4934365	15289048	13474548	735875	526837	459355
3608219	548335	242910	691440	1620903	1473626	64266	35163	31485
2864351	1999466	466969	1858888	7051133	6073020	285001	386955	345725
84158	49678	27094	41099	360847	307138	10146	28170	26266
28588	15505	12086	10944	106824	90070	4376	6083	6359
2532205	1810163	348146	1711647	6113927	5310159	255143	280357	240101
219401	124120	79644	95198	469536	365652	15337	72346	72998
49683	27288	10055	25764	127363	110376	4456	6264	5190
1618323	1139272	135804	924420	1802145	1556214	165913	47871	54803
513984	420473	27654	250665	547713	485182	33313	17819	22952
1019807	671284	82544	597623	1186969	1012402	125585	30846	31719
71442	36727	23342	67903	30906	28796	2279	-1534	-1474
13090	10788	2265	8228	36557	29834	4737	740	1606
1076283	504562	296109	603014	2800865	2380558	241755	115750	113669
734035	273680	222022	347707	1210646	959973	97501	112535	112901
333373	224326	71770	247152	1545066	1380079	137888	4104	1683
5206	5172	35	2952	34480	32011	2923	-633	-653
3668	1386	2283	5203	10673	8494	3443	-255	-262
2094641	1202378	401658	1404201	4142286	3574039	265134	169180	163934
349336	217894	77434	248620	1398082	1202766	66631	56820	53499
7138649	4975819	1188175	4921327	17923160	15670362	711136	764421	681412
1526749	1046971	138115	903248	1728320	1499756	154411	45122	45840
864633	478613	292204	533829	1834079	1628767	170771	-165	4415
5394118	1743341	459965	1831790	4043504	3576205	250250	151103	124167
11623657	7504551	2107498	7705716	24637440	21673400	1097569	941485	837431
4120317	992251	244962	1122608	1570477	1321054	187567	38453	31255
471600	290097	65039	379994	1097971	951767	96200	29173	25225
1152551	878117	140052	634696	3763544	3205673	236998	177371	179355
7286066	2922751	734204	3103970	9096227	7741493	717788	496501	485828
7270463	4871334	1311686	5157237	15113209	13452035	641938	407188	387557
2482297	1642288	452565	1410687	6098990	5300286	239547	242563	168156
329299	228643	59096	171121	761005	658080	19060	40229	31724
16948192	9411797	2450828	9633417	29085958	25437396	1496836	1103339	986949
25633	15652	9191	11551	118259	107959	2395	3790	3791
158924	106269	19470	134298	275162	226834	21843	7451	7246
750	85	662		1041	781	35	31	31
614298	406485	125257	366670	1719242	1437945	108052	76266	69815
1297895	979741	132572	876199	1970344	1682764	268213	69593	37666
20866	18422	1610	5743	16604	12345	1093	1584	1542
6085668	1888683	786734	2350235	3912722	3323510	250824	90907	78225
4376166	2964757	680051	2938311	9530399	8385815	487817	308864	265477
3236622	2454700	351180	2245725	7132059	6534239	235298	151501	133135
478189	251045	120166	306563	1800186	1451537	44153	244542	243969
443284	158979	199918	251371	2203007	1908501	63003	137545	137415
209897	166981	24016	146751	406934	365167	14111	11267	8638
419933	253218	106722	209598	1983474	1714498	121497	83142	86317
65571	23628	38230	3054	181410	103485	4044	68194	68300
2453	672	346	2001	3443	2331	182	275	16
252892	144542	60947	136275	1579697	1404079	109177	12417	15588
99017	84377	7199	68268	218925	204604	8094	2256	2414

16-20 限额以上住宿业主要财务指标(2016年)

单位：万元

指标	Item	企业数(个) Number of Enterprises (unit)
总计	**Total**	**798**
按住宿行业小类分	**By Subitem of Hotels**	
旅游饭店	Tour Restaurant	487
一般旅馆	General Restaurant	276
其他住宿服务	Other Hotel Services	35
按登记注册类型分	**By Status of Registration**	
内资企业	Domestic Funded Enterprises	780
国有企业	State-owned Enterprises	64
集体企业	Collective-owned Enterprises	9
股份合作企业	Cooperative Enterprises	2
有限责任公司	Limited Liability Corporations	355
国有独资公司	State Sole Funded Corporations	12
其他有限责任公司	Other Limited Liability Corporations	343
股份有限公司	Share-holding Corporations Ltd.	21
私营企业	Private Enterprises	321
私营独资企业	Private-funded Enterprises	37
私营合伙企业	Private Partnership Enterprises	12
私营有限责任公司	Private Limited Liability Corporations	249
私营股份有限公司	Private Share-holding Corporations Ltd.	23
其他企业	Other Enterprises	8
港、澳、台商投资企业	Enterprises with Funds from Hong Kong, Macao & Taiwan	8
与港澳台商合资经营企业	Joint-venture Enterprises	5
港澳台商独资经营企业	Enterprises with Sole Investment	3
外商投资企业	Foreign Funded Enterprises	10
中外合资经营企业	Joint-venture Enterprises	4
中外合作经营企业	Enterprises with Sole Fund	1
外资企业	Share-holding Corporations Ltd. with Foreign Investment	4
其他外商投资企业	Other Foreign Funded Enterprises	1
按控股情况分	**By Status of Share Holding**	
国有控股	State-holding	106
集体控股	Collective-holding	23
私人控股	Private-holding	567
港澳台商控股	Hong Kong, Macao & Taiwan-holding	7
外商控股	Foreign-holding	9
其他	Others	86
按经营形式分	**By Form of Management**	
独立门店	Independent Stores	709
连锁总店(总部)	General Chain Store	3
连锁门店	Branch Chain Stores	25
其他	Others	61
按单位规模分	**By Scale**	
大型	Large	5
中型	Medium	110
小型	Small	653
微型	Mini	30
按星级分	**By Star Rating**	
五星	Five-star Level	14
四星	Four-star Level	53
三星	Three-star Level	154
二星	Two-star Level	48
一星	One-star Level	2
其他	Others	527

Main Financial Indicators in Hotels above Designated Size(2016)

(10 000 yuan)

资产合计 Total Assets	# 流动资产 Working Capital	# 固定资产 Fixed Assets	负债合计 Total Liabilities	主营业务收入 Business Revenue	主营业务成本 Cost of Principal Business	销售费用 Business Expenditure	营业利润 Profits from Principal Business	利润总额 Total Profits
4226890	**925119**	**2070537**	**2640016**	**1086362**	**496062**	**297637**	**-54658**	**-52654**
3659247	729407	1838260	2303990	807088	353882	231601	-53238	-49281
424971	148233	170546	278402	239307	125775	54736	-212	-1643
142673	47479	61730	57624	39966	16406	11300	-1209	-1730
3861162	793608	1867587	2333051	986634	455591	272173	-53970	-52922
282876	54227	183297	167196	99111	42344	26734	-1658	-1156
16098	9308	5538	20508	6283	4304	786	-827	-748
1558	285	487	1151	6722	4396	202	679	1
2007883	465575	1017222	1705971	512753	217495	164920	-55034	-54358
180770	36531	131210	151190	40453	11156	17690	-15194	-15262
1827113	429044	886012	1554781	472300	206339	147230	-39840	-39096
43119	4347	30697	30395	21205	12148	4506	1507	1344
1490344	257065	617615	394312	332543	170607	73541	2518	3249
33979	12579	16620	13339	30152	20621	1932	2089	1649
10150	3924	4726	2773	12541	7035	2087	1346	956
1389701	226059	563303	346356	258083	123151	65431	-3282	-1758
56515	14503	32966	31844	31766	19801	4091	2365	2403
19284	2803	12732	13519	8018	4296	1485	-1155	-1254
208157	72007	111572	149878	46874	22919	10126	-4688	-3748
169036	63956	85809	115368	33902	20326	6467	-3379	-3453
39121	8051	25763	34511	12972	2593	3658	-1309	-295
157572	59504	91378	157086	52854	17553	15338	4000	4016
53248	19501	30999	94966	18568	7713	5282	-1360	-1370
4555	813	3735	18180	2414	509	761	-636	-310
98783	38232	56616	42870	28012	8697	7396	5834	5515
986	957	28	1070	3860	634	1898	161	181
1228424	181583	799369	950407	240191	110973	71512	-38494	-39355
56113	21948	30064	63257	28808	15997	4263	99	-105
2152715	554859	827100	909369	558532	266328	140831	-5170	-2419
204840	69337	110924	134332	46030	22787	9431	-4423	-3484
130982	57500	66745	128350	47151	13221	15260	5767	5780
453817	39892	236335	454301	165650	66757	56339	-12436	-13071
3919055	796987	1946287	2412069	980191	445957	266986	-54743	-52485
5010	714	3030	3910	10744	7570	201	966	323
44762	23643	9846	34312	17407	3529	10295	487	720
258063	103775	111374	189725	78020	39007	20154	-1368	-1212
551537	87132	392038	378205	70765	32984	22349	-2766	-4472
2024668	392369	855148	1338498	459037	183595	129114	-48360	-48096
1634495	442521	813729	912813	553257	277595	145667	-3639	-183
16191	3098	9622	10500	3303	1888	507	106	97
422817	161680	206105	400355	107674	39083	29391	-13174	-12795
347806	118361	201778	337274	118063	31331	40277	-6095	-5342
390297	123589	192209	314901	216111	116359	50139	-1927	-1130
63681	23358	29468	35367	58035	30955	8609	7719	6425
375	134	227	475	1010	449	480	121	121
3001915	497998	1440749	1551644	585468	277885	168741	-41302	-39884

16-21 限额以上餐饮业主要财务指标(2016年)

单位：万元

指标	Item	企业数(个) Number of Enterprises (unit)
总计	**Total**	**1128**
按餐饮行业小类分	**By Catering Services**	
正餐服务	Restaurant	1080
快餐服务	Fast Food	23
饮料及冷饮服务	Beverages and Cold Drinks	4
茶馆服务	Teahouse	1
咖啡馆服务	Café	3
其他餐饮服务	Others	21
小吃服务	Snack	13
餐饮配送服务	Catering Distribution	3
其他未列明餐饮业	Other Catering Service not Classified	5
按登记注册类型分	**By Status of Registration**	
内资企业	Domestic Funded Enterprises	1111
国有企业	State-owned Enterprises	16
集体企业	Collective-owned Enterprises	6
联营企业	Joint Ownership Enterprises	1
集体联营企业	Collective Joint Ownership Enterprises	1
有限责任公司	Limited Liability Corporations	501
国有独资公司	State Sole Funded Corporations	7
其他有限责任公司	Other Limited Liability Corporations	494
股份有限公司	Share-holding Corporations Ltd.	23
私营企业	Private Enterprises	543
私营独资企业	Private-funded Enterprises	89
私营合伙企业	Private Partnership Enterprises	5
私营有限责任公司	Private Limited Liability Corporations	428
私营股份有限公司	Private Share-holding Corporations Ltd.	21
其他企业	Other Enterprises	21
港、澳、台商投资企业	Enterprises with Funds from Hong Kong, Macao & Taiwan	7
与港澳台商合资经营企业	Joint-venture Enterprises	2
与港澳台商合作经营企业	Cooperative Enterprises	1
港澳台商独资经营企业	Enterprises with Sole Investment	4
外商投资企业	Foreign Funded Enterprises	10
中外合资经营企业	Joint-venture Enterprises	2
外资企业	Enterprises with Sole Fund	5
其他外商投资企业	Other Foreign Funded Enterprises	3
按控股情况分	**By Status of Share Holding**	
国有控股	State-holding	33
集体控股	Collective-holding	16
私人控股	Private-holding	960
港澳台商控股	Hong Kong, Macao & Taiwan-holding	6
外商控股	Foreign-holding	7
其　他	Others	106
按经营形式分	**By Form of Management**	
独立门店	Independent Stores	1029
连锁总店	General Chain Stores	17
连锁门店	Branch Chain Stores	18
其　他	Others	64
按单位规模分	**By Scale**	
大　型	Large	10
中　型	Medium	84
小　型	Small	968
微　型	Mini	66

Main Financial Indicators of Enterprises above Designated Size in Catering Services(2016)

(10 000 yuan)

资产合计 Total Assets	# 流动资产 Working Capital	# 固定资产 Fixed Assets	负债合计 Total Liabilities	主营业务收入 Business Revenue	主营业务成本 Cost of Principal Business	销售费用 Business Expenditure	营业利润 Profits from Principal Business	利润总额 Total Profits
1627394	**669539**	**591138**	**1052570**	**1555769**	**944250**	**317416**	**66619**	**66297**
1535794	638277	548045	989024	1474504	899264	298834	59073	60275
47360	23932	12102	30846	52277	29127	14708	4943	4294
1013	127	741	303	803	593	187	70	70
344	81	122	244	573	414	11	92	92
668	46	618	59	230	179	176	-22	-22
43228	7202	30250	32397	28186	15266	3687	2533	1659
7347	2509	4427	4427	15413	9477	1099	3077	2206
3486	397	62	621	230	178	15	-136	-134
32395	4296	25761	27348	12543	5612	2573	-408	-413
1546943	641112	570058	990857	1418171	877705	269531	61798	62040
19984	5755	11065	9306	23061	13796	3728	2660	2723
2696	1098	1473	2029	15556	12172	372	1067	509
57	34	10	16	1478	1100		353	353
57	34	10	16	1478	1100		353	353
856202	378063	321239	649796	639147	376917	147472	10455	10254
9089	2483	3945	13985	11760	6613	2624	-1574	-1531
847112	375581	317295	635812	627387	370305	144848	12029	11785
166776	74606	29515	57809	162051	115392	21533	8321	12688
483363	174994	197103	266322	546438	336470	94499	36808	34302
52969	22256	20924	23253	93100	59501	8798	11432	13046
874	531	170	446	2608	2003	340	102	102
411197	144796	169574	233603	431301	263112	81686	25424	21144
18323	7412	6435	9020	19429	11854	3676	-150	11
17866	6562	9652	5579	30439	21857	1927	2135	1212
26059	8274	7954	28989	39983	19661	16055	298	182
4720	1517	292	8337	6755	4045	2258	-699	-504
13098	2693	4601	13339	18906	6006	11197	213	38
8242	4064	3061	7314	14322	9610	2600	784	648
54392	20154	13126	32724	97616	46885	31830	4523	4074
126	113	6	545	332	90	204	-20	-6
53625	19498	13045	31550	93884	45024	30390	4459	4193
641	543	75	629	3401	1771	1236	84	-113
207595	87514	50323	110707	139427	95633	25805	715	5812
80066	35068	34960	60455	35791	23404	4218	3027	2390
1026463	420118	383675	650336	1091243	682433	196677	55696	52684
21708	6866	7678	21271	33916	15846	14410	760	645
53754	19568	13096	32113	95053	45817	30530	4540	4173
237808	100406	101407	177688	160338	81117	45775	1882	593
1396068	572674	526641	901120	1281951	815427	224751	56778	57056
90920	27799	24041	70974	170732	76850	63090	3965	3643
13830	6836	3980	8654	33966	18663	10639	1808	1898
126577	62231	36475	71822	69120	33311	18936	4068	3699
286931	114383	58364	153205	256601	127708	86875	8884	13112
387510	150447	175546	273503	414144	257951	91189	2427	3368
942533	400692	354716	623046	868584	547644	137935	52774	47740
10420	4017	2512	2816	16440	10947	1418	2534	2076

16-22 批发和零售业、住宿和餐饮业连锁经营情况(2016年)
Chain Management of Enterprises of Wholesale, Retail Trades, Hotels and and Catering Services(2016)

类别	Item	合计 Total	直营店 Regular Chain	加盟店 Franchise Chain
批发和零售业	**Wholesale and Retail Trades**			
门店总数 (个)	Number of Stores (unit)	2531	2352	179
年末零售营业面积 (平方米)	Retail Operating Area at year-end (sq.m)	2583636	2567822	15814
年末从业人员数 (人)	Number of Employed Persons at year-end (person)	34564	33692	872
连锁门店商品购进总额 (万元)	Total Purchases Value of General Chain Stores(10 000 yuan)	7354286	7324311	29975
# 统一配送商品购进额	Centralized Purchase and Delivery	5500513	5470538	29975
# 自有配送商品购进额	Self Centralized Purchase and Delivery	2868318	2846364	21954
非自有配送商品购进额	Non-self Centralized Purchase and Delivery	750037	750037	
连锁门店商品销售额 (万元)	Total Sale of General Chain Stores (10 000 yuan)	9180532	9142546	37986
# 零售额	Retail Value	3588354	3550876	37478
住宿和餐饮业	**Hotels and Catering Services**			
门店总数 (个)	Number of Stores (unit)	202	197	5
年末餐饮营业面积 (平方米)	Retail Operating Area at year-end (sq.m)	97026	96326	700
年末从业人员数 (人)	Number of Employed Persons at year-end (person)	8919	8596	323
餐位数 (位)	Number of Dining-seats (seat)	61528	61362	166
连锁门店商品购进总额 (万元)	Total Purchases Value of General Chain Stores (10 000 yuan)	60018	58994	1024
# 统一配送商品购进额	Centralized Purchase and Delivery	57750	57750	
# 自有配送商品购进额	Self Centralized Purchase and Delivery	50090	50090	
非自有配送商品购进额	Non-self Centralized Purchase and Delivery	4655	4655	
连锁门店营业额 (万元)	Business Revenue of General Chain Stores (10 000 yuan)	125277	123644	1633
餐费收入	Revenue From Meals	124434	122801	1633
商品销售额	Total Sales of Commodities	843	843	

16-23 限额以上产业活动单位和个体户批发业商品购、销、存总额(2016年)
Total Purchases, Sales and Inventory of Industrial Activity Units and Individuals above Designated Size in Wholesale Trades(2016)

单位：万元 (10 000 yuan)

指标	Item	商品购进总额 Total Purchases Value	商品销售总额 Total Sales	年末库存 Stock at Year-end
总计	**Total**	**52095**	**65060**	**4195**
按批发行业分	**By Wholesale Trade Sector**			
食品、饮料及烟草制品批发	Wholesale of Food, Beverages and Tobaccos	28629	38630	2753
米、面制品及食用油批发	Wholesale of Rice, Flour and Edible Oil	4422	5037	149
果品、蔬菜批发	Wholesale of Fruit and Vegetables	15569	24194	1945
肉、禽、蛋、奶及水产品批发	Wholesale of Meat, Poultry, Eggs, Milk and Aquatic Products	4980	5156	380
酒、饮料及茶叶批发	Wholesale of Beverages and Tea	3658	4242	280
纺织服装及家庭用品批发	Wholesale of Textiles, Garments and Daily	6101	6559	190
厨房、卫生间用具及日用杂货批发	Wholesale of Kitchen and Washroom Appliances and Groceries	6101	6559	190
文化、体育用品及器材批发	Wholesale of Culture, Sports Appliances and Equipments	2000	2220	780
文具用品批发	Wholesale of Stationery	2000	2220	780
医药及医疗器材批发	Wholesale of Medicines and Medical Appliances	2500	3223	280
西药批发	Wholesale of Western Medicine	2500	3223	280
矿产品、建材及化工产品批发	Wholesale of Mineral Products, Building Materials and Chemical Products	4544	4665	192
建材批发	Wholesale of Building Materials	2827	3040	98
化肥批发	Wholesale of Garments	1717	1625	94
机械设备、五金交电及电子产品批发	Wholesale of Machinery, Hardware and Electronic Equipment	8321	9763	
农业机械批发	Wholesale of Agricultural Machinery	8321	9763	
按登记注册类型分	**By Status of Registration**			
内资企业	Domestic Funded Enterprises	24159	35734	209
集体企业	Collective-owned Enterprises	9737	19413	20
股份有限公司	Share-holding Corporations Ltd.	14422	16322	190
个体经营	Individual Business	27936	29325	3985
个体户	Individual	27936	29325	3985
按经营形式分	**By Form of Management**			
独立门店	Independent Stores	40162	53719	2080
其他	Others	11933	11340	2115

16-24 限额以上产业活动单位和个体户零售业商品购、销、存总额(2016年)

Total Purchases, Sales and Inventory of Industrial Activity Units and Individuals above Designated Size in Retail Trades(2016)

单位：万元 (10 000 yuan)

指　　标	Item	商品购进总额 Total Purchases Value	商品销售总额 Total Sales	年末库存 Stock at year-end
总　　计	**Total**	**1783747**	**1887275**	**88342**
按零售行业分	**By Retail Trades Sector**			
综合零售	Integrated Retail	330032	342116	27178
百货零售	Retail of General Merchandise	187816	190264	16980
超级市场零售	Retail of Supermarkets	117788	124840	8686
其他综合零售	Others	24429	27013	1513
食品、饮料及烟草制品专门零售	Special Retail of Food, Beverages and Tobaccos	293474	300062	9551
粮油零售	Retail of Grain and Oil	62035	62433	1123
糕点、面包零售	Retail of Cake and Bread	3522	4215	377
果品、蔬菜零售	Retail of Melons and Fruits,Vegetables	10576	12218	230
肉、禽、蛋及水产品零售	Retail of Meat, Poultry, Eggs and Aquatic Products	171300	170550	5412
营养和保健品零售	Retail of Nourishment and Health Products	1777	2922	100
酒、饮料及茶叶零售	Retail of Beverages and Tea	36690	39274	2064
烟草制品零售	Retail of Tobaccos	1908	1940	41
其他食品零售	Others	5667	6511	205
纺织、服装及日用品专门零售	Special Retail of Textiles, Garments and Daily Consumer Articles	174684	190287	7848
纺织品及针织品零售	Retail of Textiles and Knitwear	8266	9236	213
服装零售	Retail of Garments	67530	79169	4770
鞋帽零售	Retail of Shoes and Hats	2221	2504	105
化妆品及卫生用品零售	Retail of Cosmetics and Health Consumer Articles	27884	31315	1090
自行车零售	Retail of Bicycle	1939	1939	19
其他日用品零售	Others	66844	66124	1652
文化、体育用品及器材专门零售	Special Retail of Culture, Sports Appliances and Equipments	68987	71509	2817
文具用品零售	Retail of Stationary	4614	5277	194
体育用品及器材零售	Retail of Sports Goods	3744	3675	82
图书、报刊零售	Retail of Books	2388	2413	92
珠宝首饰零售	Retail of Jewelry	54977	56820	2179
工艺美术品及收藏品零售	Retail of Artwork and Collections	2864	2823	120
其他文化用品零售	Others	401	502	150
医药及医疗器材专门零售	Special Retail of Medicines and Medical Appliances	47526	51763	3213
药品零售	Retail of Medicines	47526	51763	3213
汽车、摩托车、燃料及零配件专门零售	Special Retail of Motor Vehicles, Motorcycles, Fuel and Parts	215453	230846	8154
汽车零售	Retail of Motor Vehicles	15554	19717	4486
摩托车及零配件零售	Retail of Motor Vehicles and Parts	11069	10794	2239
机动车燃料零售	Retail of Fuel of Motor Vehicles	188830	200335	1429
家用电器及电子产品专门零售	Special Retail of Household Appliances and Electronic Products	448379	459196	21689
家用视听设备零售	Retail of Home Audio-visual Equipment	30079	31170	1174
日用家电设备零售	Retail of Household Appliances	137483	142964	6701
计算机、软件及辅助设备零售	Retail of Computer, Software and Peripherals	30716	36914	1710

16-24 续表 continued

单位：万元 (10 000 yuan)

指标	Item	商品购进总额 Total Purchases Value	商品销售总额 Total Sales	年末库存 Stock at year-end
通信设备零售	Retail of Communication Equipment	247253	245526	11496
其他电子产品零售	Others	2848	2622	607
五金、家具及室内装修材料	Special Retail of Hardware, Furniture and Decoration Materials	202228	238511	7836
五金零售	Retail of Hardware	25137	27729	1458
灯具零售	Retail of Light Fittings	2655	2396	299
家具零售	Retail of Furniture	39234	40796	2578
涂料零售	Retail of Coating	491	501	121
卫生洁具零售	Retail of Sanitary	1799	1798	18
木质装饰材料零售	Retail of Dooden Decorating Materials	17667	21890	714
陶瓷、石材装饰材料零售	Retail of Porcelainous, Stone Finishing Decorating Materials	32262	39575	1510
其他室内装修材料零售	Others	82984	103826	1139
货摊无店铺及其他零售业	Non-shop and Other Retails	2982	2984	57
生活用燃料零售	Retail of Life Fuels	908	907	7
其他未列明的零售	Other Retail Not Classified Elsewhere	2075	2077	50
按登记注册类型分	**By Status of Registration**			
内资企业	Domestic Funded Enterprises	106164	114127	14132
国有企业	State-owned Enterprises	36236	45460	366
集体企业	Collective-owned Enterprises	3255	3679	103
有限责任公司	Limited Liability Corporations	66033	64342	13344
其他有限责任公司	Other Limited Liability Corporations	66033	64342	13344
私营企业	Private Enterprises	641	646	318
私营有限责任公司	Private Limited Liability Corporations	641	646	318
个体经营	Individual Business	1677582	1773148	74210
个体户	Individual	1574878	1671873	72239
个人合伙	Individual Partnership	102705	101275	1971
按经营形式分	**By Form of Management**			
独立门店	Independent Stores	1759669	1856118	82954
连锁总店	General Chain Stores	1000	1182	28
连锁门店	Branch Chain Stores	9608	14858	4794
其他	Others	13470	15117	566
按零售业态分	**By Business Categories**			
有店铺零售	Shop Retails	1733747	1887275	88342
食杂店	Grocery Store	9542	12332	389
便利店	Convenience Store	27599	28254	812
折扣店	Discount Store	1200	1015	237
超市	Supermarket	268739	281323	16794
大型超市	Hypermarket	3930	3790	150
百货店	Department Store	138422	139389	13117
专业店	Specialty Store	953280	1012038	33104
专卖店	Franchised Store	312855	328686	20028
家居建材商店	Building Material Store	60545	71235	3123
购物中心	Shopping Center	5562	7177	381
厂家直销中心	Factory Outlets Center	2074	2037	209

16-25 限额以上产业活动单位和个体户住宿业经营情况(2016年)
Management of Industrial Activity Units and Individuals above Designated Size of Hotels(2016)

单位：万元 (10 000 yuan)

指标	Item	营业额 Business Value	# 客房收入 From Hotel Rooms	# 餐费收入 From Meals	# 商品销售收入 From Commodities
总计	**Total**	**175613**	**60327**	**84014**	**26762**
按住宿行业分	**By Hotels**				
旅游饭店	Tour Restaurant	135494	39895	66179	25121
一般旅馆	General Restaurant	37899	19553	16560	1628
其他住宿服务	Other Hotel Services	2219	879	1276	13
按登记注册类型分	**By Status of Registration**				
内资企业	Domestic Funded Enterprises	124393	32268	63405	25085
国有企业	State-owned Enterprises	67476	8310	37802	20570
集体企业	Collective-owned Enterprises	527	265	262	
有限责任公司	Limited Liability Corporations	40674	18358	20082	416
其他有限责任公司	Other Limited Liability Corporations	40674	18358	20082	416
股份有限公司	Share-holding Corporations Ltd.	13907	4497	4296	4100
私营企业	Private Enterprises	1809	838	963	
私营有限责任公司	Private Limited Liability Corporations	1809	838	963	
港澳台商投资企业	Enterprises with Funds from Hong Kong, Macao & Taiwan	13382	7805	5248	
港澳台商独资企业	Enterprises with Sole Investment	13382	7805	5248	
个体经营	Individual Business	37837	20254	15361	1677
个体户	Individual	37837	20254	15361	1677
按经营形式分	**By Form of Management**				
独立门店	Independent Stores	164194	53863	79599	26597
其　他	Others	11419	6464	4416	165
按星级分	**By Star Rating**				
五　星	Five-star Level	29890	17062	11628	264
四　星	Four-star Level	10105	3942	5285	
三　星	Three-star Level	54728	3114	31495	19945
二　星	Two-star Level	3235	1127	2018	71
一　星	One-star Level	3760	1507	1833	420
其　他	Others	73894	33574	31755	6063

16-26 限额以上产业活动单位和个体户餐饮业经营情况(2016年)
Management of Industrial Activity Units and Individuals above Designated Size of Catering Services(2016)

单位：万元 (10 000 yuan)

指标	Item	营业额 Business Revenue	#客房收入 From Hotel Rooms	#餐费收入 From Meals	#商品销售收入 From Commo-dities
总计	**Total**	**374194**	**31261**	**316525**	**23208**
按餐饮行业分	**By Catering Services**				
正餐服务	Restaurant	365136	31251	307887	22895
快餐服务	Fast Food	2784		2720	64
其他餐饮服务	Others	6275	10	5918	250
小吃服务	Snack	2197	10	1841	250
其他未列明餐饮业	Other Catering Service not Classified	4077		4077	
按登记注册类型分	**By Status of Registration**				
内资企业	Domestic Funded Enterprises	56711	23452	28271	2413
国有企业	State-owned Enterprises	10521	2207	7583	730
集体企业	Collective-owned Enterprises	632	214	418	
有限责任公司	Limited Liability Corporations	31761	14797	13308	1437
其他有限责任公司	Other Limited Liability Corporations	31761	14797	13308	1437
私营企业	Private Enterprises	2619	546	1837	236
私营独资企业	Private-funded Enterprises	1589	546	1043	
私营有限责任公司	Private Limited Liability Corporations	1030		794	236
其他企业	Other Enterprises	11179	5688	5124	10
个体经营	Individual Business	317483	7809	288255	20795
个体户	Individual	317098	7809	287870	20795
个人合伙	Individual Partnership	385		385	
按经营形式分	**By Form of Management**				
独立门店	Independent Stores	339980	16601	298986	21625
连锁门店	Branch Chain Stores	5472		4515	958
其他	Others	28742	14660	13025	626

16-27 重点交易市场情况(2016年)
Focus on Transaction Markets(2016)

分类	Item	市场数（个） Number of Markets (unit)	摊位数（个） Number of Booths (unit)	年末出租摊位数（个） Number of Rented Stall(unit)	营业面积（平方米） Operating Area (sq.m)	成交额（万元） Turnover (10 000 yuan)
总　计	**Total**	**51**	**38748**	**35672**	**3377062**	**6518428**
按市场类别分	**By Type of Markets**					
1.综合市场	Integrated Markets	6	6518	5507	315200	1379190
工业消费品综合市场	Industrial Consumable Comprehensive Markets	2	2780	2537	123000	53810
农产品综合市场	Farm Produce Comprehensive Markets	3	3520	2764	168200	1298352
其他综合市场	Other Comprehensive Markets	1	218	206	24000	27028
2.专业市场	Special Markets	45	32230	30165	3061862	5139238
生产资料市场	Production Markets	11	8308	7833	1459300	1184554
建材市场	Building Material Markets	9	7298	6935	1274100	689594
金属材料市场	Metallic Material Markets	1	210	105	5200	326400
机械设备市场	Mechanical Equipment Markets	1	800	793	180000	168560
农产品市场	Farm Produce Markets	12	6161	5454	379040	1849836
粮油市场	Grain and Oil Markets	1	244	244	5496	294245
肉禽蛋市场	Meat, Poultry and Eggs Markets	1	1200	897	31526	18920
水产品市场	Aquatic Product Markets	1	720	650	23000	20800
蔬菜市场	Vegetables Markets	6	2622	2496	207718	975420
干鲜果品市场	Dried and Fresh Melons and Fruits Markets	2	275	260	71300	87851
其他农产品市场	Others	1	1100	907	40000	452600
食品、饮料及烟酒市场	Food, Beverages, Tobacco and Liquor Markets	1	1616	1616	51000	79325
茶叶市场	Tea Markets	1	1616	1616	51000	79325
纺织、服装、鞋帽市场	Textiles, Clothing, Shoes and Hats Markets	7	9340	9015	471382	750687
布料及纺织品市场	Cloth and Textiles Markets	1	320	320	20000	17937
服装市场	Clothing Markets	5	6911	6674	301200	503127
鞋帽市场	Shoes and Hats Markets	1	2109	2021	150182	229623
电器、通讯器材、电子设备市场	Electrical Appliances, Communication Appliances and Electronical Appliances Markets	5	2477	2477	131000	557393
通讯器材市场	Communication Appliances Markets	2	1057	1057	30800	122896
照相、摄像器材市场	Photographic and Camera Equipments Markets	1	570	570	40000	22893
计算机及辅助设备市场	Computer and Auxillary Equipments Markets	2	850	850	60200	411604
家具、五金及装饰材料市场	Furniture,Hardware and Decoration Materials Markets	6	2772	2231	479189	164901
家具市场	Furniture Markets	2	920	671	288109	40711
装饰材料市场	Decoration Materials Markets	2	772	697	168080	93000
灯具市场	Light Fittings Markets	1	280	280	12000	21190
五金材料市场	Hardware Materials Markets	1	800	583	11000	10000
汽车、摩托车及零配件市场	Cars, Motorcycles and Spare Parts Markets	3	1556	1539	90951	552542
汽车市场	Cars Markets	2	1136	1133	89551	487612
机动车零配件市场	Motor Vehicle Spare Parts Markets	1	420	406	1400	64930
按营业状态分	**By Operating Status**					
常年营业	Perennial Operating	51	38748	35672	3377062	6518428
按经营方式分	**By Mode of Management**					
以批发为主	Wholesale Trade	30	20931	18828	1670902	4318547
以零售为主	Retail Trade	21	17817	16844	1706160	2199881
按经营环境分	**By Environment of Management**					
露天式	Open air	12	9065	8453	1012622	1399957
封闭式	Closed	30	23938	22318	1945160	3562177
其　他	Others	9	5745	4901	419280	1556294

16-28 重点交易市场商品销售类值(2016年)

Total Sales at Main Trade Markets by Category of Commodities(2016)

类别	Item	年末出租摊位数(个) Number of Rented Stall(unit)	成交额(万元) Turnover (10 000 yuan)
总计	**Total**	**35672**	**6518428**
粮油、食品类	Food	7856	2948147
# 粮油类	Grain and Oil	617	337770
肉禽蛋类	Meat, Poultry and Eggs	1088	202204
水产品类	Aquatic Products	702	283333
蔬菜类	Vegetables	3685	825435
干鲜果品类	Dried and Fresh Melons and Fruits	1659	1295172
饮料类	Beverages	1999	93673
烟酒类	Tobacco and Liquor	215	1790
服装、鞋帽、针纺织品类	Garments, Shoes and Hats, Knitwear and Textiles	9667	738364
服装类	Garments	6749	492977
鞋帽类	Shoes and Hats	1621	164766
针纺织品类	Knitwear and Textiles	1297	80621
化妆品类	Cosmetics	120	3797
金银珠宝类	Gold, Silver and Jewelry	46	843
日用品类	Daily Consumer Articles	824	33895
# 儿童玩具类	Children Toys	72	634
五金、电料类	Hardware	1058	31337
体育、娱乐用品类	Sports and Recreation Articles	464	18973
# 照相器材类	Photographic Equipments	360	15157
书报杂志类	Newspapers and Magazines	2	18
电子出版物及音像制品类	E-journals and Video Products	1	8
家用电器和音像器材类	Household Appliances and Audio/Video Equipments	186	12243
中西药品类	Chinese and Western Medicine	98	200177
# 中草药及中成药类	Chinese Herbal Medicine and Chinese Traditional Pat	98	200177
文化办公用品类	Cultural and Office Appliances	832	217409
# 计算机及其配套产品	Computer and Auxillary Equipments	432	183318
家具类	Furniture	614	52606
通讯器材类	Communication Appliances	1313	234521
木材及制品类	Wood and Wooden Products	5	153
化工材料及制品类	Chemical Materials and Products	30	123100
金属材料类	Metal Materials	75	203300
建筑及装潢材料类	Building and Decoration Materials	7678	783876
机电产品及设备类	Mechanical and Electrical Products and Equipments	806	168810
汽车类	Automobiles	1539	552542
种子饲料类	Seeds and Feedstuff	2	76
其他类	Others	242	98770

16-29 重点交易市场成交情况(2016年)
Turnover of Main Commodity Transaction Markets(2016)

市 场 Market	年末出租摊位数(个) Number of Rented Stall(unit)	成交额(万元) Turnover (10 000 yuan)	市 场 Market	年末出租摊位数(个) Number of Rented Stall(unit)	成交额(万元) Turnover (10 000 yuan)
海星手机市场	580	11850	贝斯特建材五金机电市场	580	10900
陕西义乌商城物业管理有限公司	946	24032	同泰灯具城(陕西同泰实业有限公司)	280	21190
西安金康茶叶街市场	1616	79325	大明宫钻石店(西安大明宫家居实业有限公司)	260	25300
(新城区长乐中路街道办)			西安大明宫五金机电灯饰城	583	10000
陕西银邦经营管理有限公司	2955	376060	西北管材铝塑型材批发基地	106	18246
陕西多彩商城市场	1500	24546	(西安源兴实业有限公司)		
(陕西多彩企业集团有限公司)			北三环大明宫建材家居市场	3500	420000
陕西时丹达服装城管理有限公司	453	19582	(西安大明宫建材家居有限公司)		
陕西丹尼尔商贸城有限公司	815	34290	西安五龙汽车城有限公司	90	10001
锦绣国际商贸城有限公司	2021	229623	西安朱雀农副产品物流中心	907	452600
西安胡家庙果品批发市场	125	41690	西安海荣赛格电子市场有限公司	477	111046
西安粮油批发交易市场	244	294245	西安雨润农产品全球采购有限公司	622	1270509
西安胡家庙蔬菜批发市场	266	31005	宝鸡市恒丰园农产品发展有限公司	444	65788
西安铁路局西铁大市场	358	10435	宝鸡市冠森大世界现代家居建材(城)有限公司	426	56795
西安赛格电脑城	760	406822	咸阳市秦都区嘉惠商业区	951	48649
(西安赛格商贸有限公司)			咸阳南郊装饰建材市场	380	37235
西安东新科技贸易中心	570	22893	咸阳天元建材市场	600	67160
西安赛博数码广场有限公司	90	4782	咸阳新阳光西北农副产品交易中心	725	561120
西安市文艺南路纺织品批发市场	320	17937	陕西泾云现代农业股份有限公司	300	99818
西安市玉林汽配批发市场有限责任公司	406	64930	大荔县同州农副产品批发市场	1784	17408
西安海纳汽车服务有限公司西安汽配市场	1043	477611	汉中市多联水果批发市场	135	46161
西安蔚蓝机电市场有限公司	793	168560	汉中市汽车运输总公司运达批发市场	1591	29778
陕西三盟庆安建材市场	395	11300	汉中皇冠过街楼蔬菜批发市场	433	197329
西安市方欣冷冻市场	650	20800	汉中华夏建材城	722	34022
西安国亨市场	897	18920	汉中汉森建材城	226	33936
陕西省生产资料第一交易市场	105	326400	绥德县五一商城综合批发市场	206	27028
振穆实业有限公司穆将王市场	328	20360	安康市满意建材市场有限公司	437	80000
西安大明宫灞桥建材家具股份有限公司	411	15411	安康市兴华建设集团有限公司综合批发市场	260	13000

主要统计指标解释

批发业 指批发商向批发、零售单位及其他企事业、机关单位批量销售生活用品和生产资料的活动，以及从事进出口贸易和贸易经纪与代理的活动。批发商可以对所批发的货物拥有所有权，并以本单位、公司的名义进行交易活动；也可以不拥有货物的所有权，而以中介身份做代理销售商。还包括各类商品批发市场中固定摊位的批发活动。

零售业 指百货商店、超级市场、专门零售商店、品牌专卖店、售货摊等主要面向最终消费者（如居民等）的销售活动。包括以互联网、邮政、电话、售货机等方式的销售活动，还包括在同地点，后面加工生产，前面销售的店铺（如前店后厂的面包房）。不包括：谷物、种子、饲料、牲畜、矿产品、生产用原料、化工原料、农用化工产品、机械设备（用车、计算机及通信设备等除外）等生产资料的销售（批发业）；非零售单位附带的零售活动（如汽车修理单位销售汽车零件）；商业零售单位所在商厦的物业管理（物业管理）；商业零售单位所在的商品市场、商业大厦的市场管理活动（市场管理）。

住宿业 指有偿为顾客提供临时住宿的服务活动，不包括提供长期住宿场所的活动（如出租房屋、公寓等）。

餐饮业 指在一定场所，对食物进行现场烹饪、调制，并出售给顾客主要供现场消费的服务活动。

社会消费品零售总额 指批发和零售业、餐饮业、新闻出版业、邮政业和其他服务业等，售予城乡居民用于生活消费的商品和社会集团用于公共消费的商品之总量。社会消费品零售总额包括：

一、批发和零售业企业（单位）售予城乡居民用于生活消费和社会集团用于公共消费的商品。包括：

1.售予城乡居民的各种生活消费品；

2.售予入境旅游的外国人、华侨、港澳台同胞的各类商品；

3.售予行政事业单位、社会团体、军队和武警等机构的商品，以及以零售方式售予各类企业的商品。具体包括：用于非生产和社会交往的办公用品，如通讯设备、计算器具和设备、电讯网络设备、文印设备、音像视听器材和设备、纸张、本册、文具及装订文印材料、家具、日用电器、针纺织品、清洁卫生用品、文体用品、奖品、纪念品、礼品等；供内部人员乘坐的交通工具和燃料；用于办公设施修缮的各类配件、材料、工具等；用于取暖和防暑降温的设备、燃料、材料及食品等；专用于教学的用品和设备；非营利医疗机构的中、西药品、中药材和医疗设备器材；非专用的劳动保护用品；不对外营业的内部食堂用的餐具、炊具、设备、清洁卫生工具和食品、燃料等；军队、武警用于其人员生活的衣着品和个人用品；其他各类非生产性设备和用品。

二、餐饮业出售的主食、菜肴、烟酒饮料和其他商品。

三、新闻出版业、邮政业售予城乡居民、企事业单位、军队和武警等机构的书报杂志、音像制品、邮品等。

四、其他服务业出售的食品、烟酒饮料、服装鞋帽、日常生活用品、医药保健用品、艺术品、工艺美术品、玩具、殡葬用品以及其他消费品。

批发和零售业商品购进、销售、库存总额 指各种登记注册类型的批发和零售业企业(单位)以本企业(单位)为总体的，从国内、国外市场购进的商品总量，销售和出口的商品总量、库存的商品总量等情况。该指标可以反映商品流转过程中商品的购进、销售、库存之间的比例关系和存在的问题。

购进总额 指从本企业(单位)以外的单位和个人购进(包括从境外直接进口)作为转卖或加工后转卖的商品总额。它反映批发和零售业从国内、国外市场上购进商品的总量。商品购进包括：(1)从工农业生产者购进的商品；(2)从出版社、报社的出版发行部门购进的图书、杂志和报纸；(3)从各种登记注册类型的批发和零售业企业(单位)购进的商品；(4)从其他单位购进的商品，如从机关、团体、企业等单位购进的剩余物资，从住宿和餐饮业、其他服务业购进的商品，从海关、市场管理部门购进的缉私和没收的商品，从居民手中收购的废旧商品等；(5)从国(境)外直接进口的商品。不包括企业(单位)为自身经营用和未通过买卖行为而收入的商品以及销售退回、商品升溢等。

销售总额 指对本企业(单位)以外的单位和个人出售(包括对境外直接出口)的商品总额。它反映批发和零售业在国内市场上销售商品以及出口商品的总量。商品销售包括：(1)售给城乡居民和社会集团消费用的商品；(2)售给工业、农业、建筑业、运输邮电业、批发和零售业、住宿和餐饮业、其他服务业等作为生产、经营使用的商品；(3)售给批发和零售业作为转卖或加工后转卖的商品；(4)对国(境)外直接出口的商品。不包括出售本企业(单位)自用的废旧包装用品，未通过买卖行为付出的商品，经本单位介绍、由买卖双方直接结算、本单位只收取手续费的业务，购货退出的商品以及商品损耗和损失等。

库存总额 指报告期末各种登记注册类型的批发和零售业企业(单位)已取得所有权的商品。它反映批发和零售业企业(单位)的商品库存情况和对市场商品供应的保证程度。商品库存包括：(1)存放在批发和零售业经营单位(如门市部、批发站、经营处)仓库、货场、货柜和货架中的商品；(2)挑选、整理、包装中的商品；(3)已记入购进而尚未运到本单位的商品，即发货单或银行承兑凭证已到而货未到的商品；(4)寄放他处的商品，如因购货方拒绝承付而暂时存放在购货方的商品和已办完加工成品收回手续而未提回的商品；(5)委托其他单位代销(未作销售或调出)尚未售出的商品；(6)代其他单位购进尚未交付的商品。不包括所有权不属于本单位的商品、委托外单位加工生产尚未收回成品的商品、外贸企业代理其他单位从国外进口尚未付给订货单位的商品、代国家物资储备部门保管的商品等。

住宿和餐饮业营业额 指住宿和餐饮业法人企业（单位）在经营活动中因提供服务或销售商品等取得的收入。包括：客房收入、餐费收入、商品销售额和其他收入。客房收入指住宿和餐饮业法人企业（单位）在经营活动中因提供住宿服务取得的收入。餐费收入指住宿和餐饮业法人企业、（单位）因为顾客提供就餐服务取得的收入，包括经烹饪、调制加工后出售的各种食品，如主食、炒菜、凉拌菜等的收入。商品销售额指住宿和餐饮业法人企业（单位）伴随服务而出售商品所取得的收入（含增值税）。其他收入指营业收入中除客房收入、餐费收入、商品销售额以外的其他收入，包括娱乐、健身和商务服务等。

连锁企业（或称连锁店、连锁公司） 指在核心企业或总店的领导下，由分散的、经营同类商品或服务的企业或活动单位，采取共同方针，实行集中采购和分散销售的有机结合，通过规范化经营，实现规模效益的经济联合组织形式。一般连锁店应由若干个分店组成。其经营特征：(1)经营同类商品；(2)使用统一商号；(3)统一采购配送，采购与销售相分离（部分商品可根据物流合理和保质保鲜原则，由供应商直接送货到门店，其余均由总部统一配送）。

连锁门店的形式分为直营连锁和加盟连锁。

直营连锁也叫正规连锁。指连锁门店均由总部独资或控股开设，在总部的直接领导下统一经营。总部采取纵深似的管理方式，直接下令掌管所有的零售门店，零售门店也必须完全接受总部指挥。这是大型垄断商业资本通过吞并、兼并或独资、控股等途径，发展壮大自身实力和规模的一种形式。

加盟连锁包括特许连锁和自由连锁两种形式。

特许连锁指各连锁门店（被特许人）通过合同形式，取得使用总部（特许人）商标、商号、经营技术和销售总部开发的商品的特许权，各加盟连锁门店为独立法人，在总部指导下统一经营。

自由连锁也称自愿连锁。指连锁公司的门店均为独立法人，各自的资产所有权关系不变，在公司总部的指导下共同经营。各成员店使用共同的店名，与总部订阅有关购、销、宣传等方面的合同，并按合同开展经营活动。在合同规定的范围之外，各成员店可以自由活动。根据自愿原则，各成员店可自由加入连锁体系，也可自由退出。

Explanatory Notes on Main Statistical Indicators

Wholesale Trade refers to the activities of wholesaler selling at wholesale commodities for daily use and capital goods to enterprises of wholesale and retail trades and other enterprises, institutions and government offices, including the activities of wholesaler engaged in import and export and acting as a trade agent. The wholesaler may have the right of ownership over the commodities of wholesale and trade in the name of its own or a company, the wholesaler may not have the right of ownership, only acts an agent. The wholesale trade also include the activities of wholesaler at the fixed stalls of the wholesale market of different commodities.

Retail Trade refers to the activities of department store, supermarket, franchised store, brand store, retail stall and on-the-spot-making-selling store selling commodities to the final consumers (citizens) by any means including internet, post, telephone, sales machine. Retail trade excludes the activities of sales of capital goods such a grain, seed, feed, livestock, mineral products, raw material for production, industrial chemicals, chemical products for farm, machine and equipment (vehicle, computer and communication equipment), and the activities of supplementary sales of non-retailer such as the sales of spare parts of car repair business

Hotel Services refer to the activities of enterprises providing paid services of lodging to the customer, excluding the activities of providing long period of services of lodging (such as leased house and apartments).

Catering Services refer to the activities of enterprises providing on-the-spot services of selling food cooked and prepared to the customer in certain sites

Total Retail Sales of Consumer Goods refer to the sum of retail sales of commodities sold by wholesale and retail trades, catering services, publishing, post and telecommunications and other service industries to urban and rural households for household consumption and to social institutions for public consumption. Retail sales of consumer goods include:

1) Sales sold by wholesale and retail trades to urban and rural households for household consumption and to social institutions for public consumption.

a) Of commodities to urban and rural households;

b) Of commodities to foreigners, overseas Chinese and Chinese compatriots from Hong Kong, Macao and Taiwan visiting China;

c) Of commodities to government agencies, institutions, social organizations, military and armed police units, and commodities to enterprises in the form of retail sales. More specifically, they include: office facilities and articles for non-production purposes such as communications equipment, computing equipment and instruments, TV and network equipment, printing and copying equipment, audio-visual equipment and instruments, paper, notebooks, stationeries, furniture, electric appliances, knitwear, sanitation and cleaning articles, cultural and sport articles, articles for prizes, souvenirs, etc.; transport vehicles and fuels for employees; materials, spare parts and tools for the maintenance of office facilities; equipment, fuels, materials and food for winter heating or summer cooling purposes; articles and equipment for teaching purpose; Chinese and western medicines and medical equipment and facilities purchased by non profit-making medical institutes; non-specialized work safety articles; cooking utensils, tableware, equipment, cleaning articles, food and fuels purchased by in-house cafeterias; clothes and personal articles purchased by military or armed police units for their officials and soldiers; and other equipment and articles for non-production purposes.

2) Sales of stable food, cooked dishes, beverages, tobaccos and other articles by catering units.

3) Sales of books, newspapers, magazines, audio-visual products and post products by publishing, post and telecommunications departments to urban and rural households and to enterprises, institutions, military and armed police units.

4) Sales of food, beverages, tobaccos, clothing, hats, footwear, articles for daily use, medicines, medical and health articles, work of art, handicrafts, toys, funeral articles and other articles by other service industries.

Purchase, Sales and Stock of Commodities by Wholesale and Retail Trades refer to the total volume of commodities purchased, total volume of sales and exports, and the stock of commodities by wholesale and retail enterprises (establishments) of different status of registration from domestic and overseas markets. This indicator reflects the relationship among purchase, sales and stock of commodities in the circulation of goods and reveals the existing problems.

Total Purchases of Commodities refer to the total value of purchases of commodities by enterprises (establishments) from other establishments or individuals (including direct import from abroad) for the purpose of re-selling, either with or without further processing of the commodities purchased. The commodities include: (1) commodities purchased from agricultural and industrial producer, wholesaler, retailer, publishing house and other service business; (2) commodities purchased from institutions and government departments; (3) confiscated goods purchased from the customs authorities or market management agencies; (4) second-hand goods and wastes purchased from residents; The commodities exclude 1 commodities purchased by enterprises (establishments) for use in their own business operation, commodities obtained without buying or selling procedures such as materials, consumable goods of low value, office appliances, etc. 2 received goods without trading, such as goods handed over from others, borrowed goods, preserved goods for others, donated goods from others, processed and retrieved goods, etc. 3. Goods of direct settlement between buyer and seller with handling fees introduced by others, 4. Goods returned or refused to pay by the buyer, 5. Excessive goods.

Total Sales of Commodities refer to value of commodities sold by the establishments to other establishments and individuals (including goods sold for self consumption, including the value-added tax). The commodities include: (1) Commodities sold to urban and rural residents and social groups for their consumption; (2) Commodities sold to establishments in all industries for their production and operation, including agriculture, industry, construction, transportation, post and telecommunications, catering services, and public utility including commodities sold to wholesale and retail establishments for re-selling, with or without further processing; and (3) Commodities for direct export to abroad. Excluded are (1) Extended commodities without trading, such as goods handed over to other enterprises and institutions because of the change of organizations, lent goods, returned goods preserved for others, extended processing materials and samples donated to others, (2) Goods of direct settlement between buyer and seller with handling fees introduced by others, 3. Goods returned after purchase, (4) Damaged and spoiled goods, (5) waste and used goods of self use,

Total Stock of Commodities refers to total commodities possessed by wholesaler and retailer of various types of registration status at the end of the reference period, reflecting the commodity stock level of various wholesaler and retailer and the potential for market supply. It includes: (1) Commodities located in storage, garages, counters, and shelves of operating places (such as sale stores, wholesale centres, and operating offices); (2) Commodities in the process of being selected, sorted, and packed; (3) Commodities not arrived but recorded as purchase in the account, i.e. commodities not arrived but payment receipts for the commodities from the sellers or the banks arrived; (4)Commodities deposited in other places rather than places mentioned above, for instance: commodities in the hold of purchasers temporarily due to the refusal of payment and commodities not taken back after going through the formalities; (5) Commodities entrusted to other units to sell but not sold yet; (6) Commodities purchased for other units but not delivered yet. Commodities not included as stock are those not owned by the enterprises (units), commodities on commission for processing but not yet delivered, imported commodities of agency of foreign trade enterprise but not yet delivered to ordering units and finally those put in stock on behalf of the state material reserves units.

Business Revenue of Hotels and Catering Services refers to revenue received from providing services or selling commodities by corporate enterprises and establishments engaged in hotels and catering services, including income from hotels, from catering services, from selling of commodities and from other services. Income from hotels refers to income of corporate enterprises and establishments engaged in hotels and catering services by providing lodging services. Income from catering services refers to income of corporate enterprises and establishments engaged in hotels and catering services by providing catering services, including selling of cooked or prepared foods such as staple food, cooked dishes or cold dishes. Income from selling of commodities refers to income of corporate enterprises and establishments engaged in hotels and catering services by selling commodities (including value-added tax) that accompany the services they provide. Income from other activities refers to income received other than income from hotels, catering services or selling of commodities, such as income from providing recreation, fitness or business services.

Chain Head Stores (headquarter) refer to the core leading stores responsible for development, allocation, administration and utilization of resources (name of stores, brand of stores, operation model, service standard, management way, ect.) of chain stores. Chain stores refers to the stores engaged in providing homogeneous commodities or services, with the central leadership of head store and guided by common policies, conduct centralized purchase and distributed selling of commodities, in order to gain better efficiency through standardized operation. The chain stores include regular chain stores, franchise chain stores and voluntary chain stores.

Regular Chain store refers to chain stores that are invested or controlled by the headquarters. They operate under direct and unified management from the headquarters.

Franchise chain store refers to the chain stores (franchisees)

十七、对外经济贸易和旅游

Foreign Trade and Tourism

资料整理：贾佩佩

简要说明

一、本篇资料反映陕西对外贸易和旅游业发展状况，内容包括进出口总值，进出口货物的品种、数(重)量、金额，利用外资、旅游人数和旅游收入，星级饭店基本情况等。

二、进出口商品总值按经营单位所在地统计。经营单位所在地是指境内进出口企业报关注册的登记地。

三、本篇资料由西安海关、省商务厅、省旅游局提供。

Brief Introduction

I. This chapter reflects development of international trades and tourism of Shaanxi, including kind, quantity(weight) and value of imported and exported products, utilization of foreign funds, tourist number and tourism revenue, basic conditions of star hotels, etc.

II. Total value of imported and exported commodities are calculated according to the location of operating units. The location of operating units is the place of registration where the resident imported and exported enterprises declare and register at customs.

III. The data sources are provided by Xi'an Customs District, the Department of Commerce Shaanxi Province and Tourism Administration of Shaanxi Province.

17.对外经济贸易和旅游

2016年全省				
进出口总值	1976.30	亿　元	比上年增长	4.3%
#出　口	1045.07	亿　元	比上年增长	13.8%
实际利用外商直接投资额	50.12	亿美元	比上年增长	8.5%
入境旅游人数	338.20	万　人	比上年增长	15.4%
国际旅游收入	23.39	亿美元	比上年增长	16.9%

实际利用外资额（亿美元）

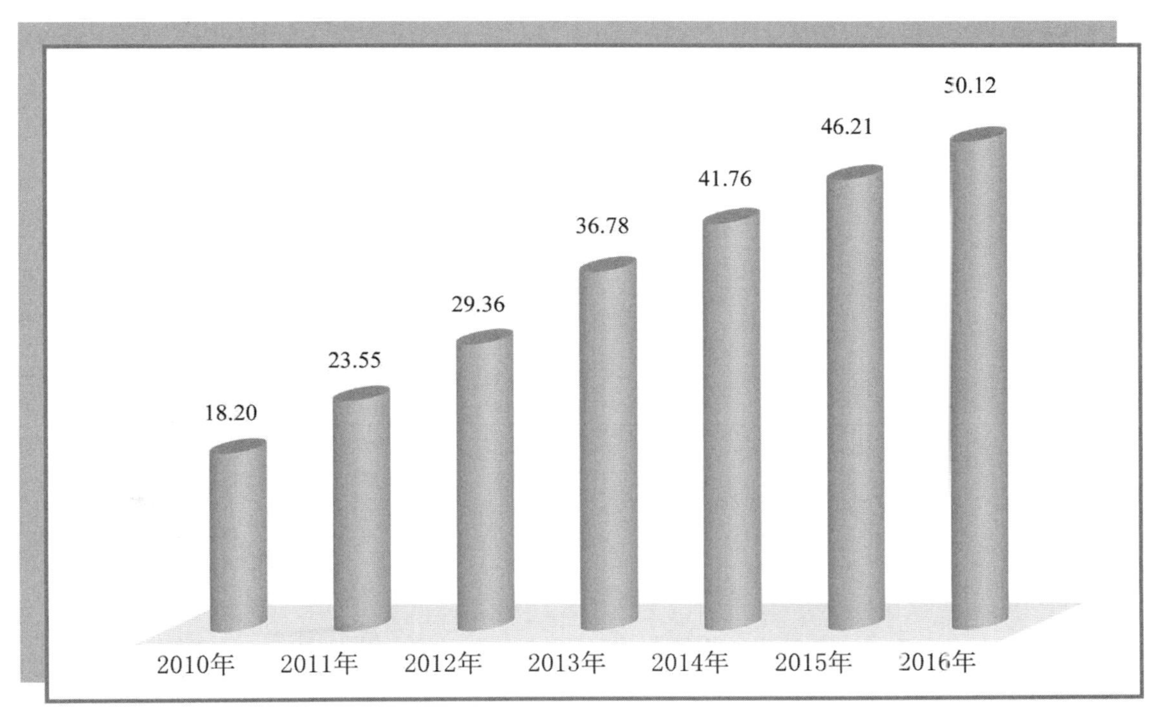

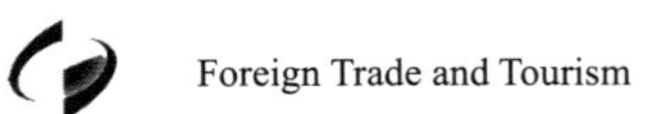

17-1　外贸进出口总值
Total Value of Imports and Exports in Foreign Trade

年　份 Year	进出口总值(万美元) Total Value of Imports and Exports (USD 10 000)	出　口 Exports	进　口 Imports
1978		1190	
1980		973	
1985	15712	10359	5353
1990	57728	46059	11669
1991	81359	60502	20857
1992	111885	76531	35354
1993	149599	99347	50252
1994	160061	121615	38446
1995	173323	128261	45062
1996	178406	126922	51484
1997	173413	123120	50293
1998	205148	117668	87480
1999	200834	115225	85609
2000	214009	131003	83006
2001	206444	111044	95400
2002	222517	137717	84800
2003	278371	173523	104848
2004	364238	239658	124580
2005	457684	307581	150103
2006	536025	362960	173065
2007	688804	467244	221560
2008	832867	538066	294801
2009	840539	398815	441724
2010	1208283	620773	587510
2011	1462344	701085	761258
2012	1479854	865178	614677
2013	2012881	1022617	990265

年　份 Year	进出口总值(万元人民币) Total Value of Imports and Exports (10 000 yuan)	出　口 Exports	进　口 Imports
2014	16807150	8554836	8252314
2015	18952493	9184651	9767842
2016	19763020	10450661	9312360

17-2 按贸易方式分外贸进口总值
Total Value of Imports in Foreign Trade by Type of Trade

单位：万元 (10 000 yuan)

贸易方式类别	Type of Trade	2015	2015	2016年比2015年增长(%) Growth Rate in 2016over 2015(%)
进 口 总 值	**Total Imports**	**9767842**	**9312360**	**-4.7**
1.一般贸易	General Trade	2123081	2391505	12.6
2.国家间、国际组织无偿援助和赠送的物资	Between Countries, International Organizations Aid and Donated Materials	512		
3.华侨、港澳台同胞、外籍华人捐赠物资	The overseas Chinese, Hong Kong, Macao, Taiwan,Chinese of foreign Donated Materials	89		
4.来料加工装配贸易	Assembly Processing Trade	27765	40203	44.8
5.进料加工贸易	Processing With Imported Trade	4934742	5613786	13.8
6.来料加工装配进口的设备	Assembly Processing Trade Equipment	2054		
7.租赁贸易	Lease Trade	4	25	489.9
8.外商投资企业作为投资进口的设备、物品	Foreign-invested Enterprises as the Import Investment of Equipment, Goods	29635	47393	59.9
9.出料加工贸易	Material Processing	59	1216	1952.0
10.易货贸易	Barter	121		
11.保税监管场所进出境货物(保税仓库进出境货物)	Inward and Outward Goods of Free Trade Storehouse	18384	19432	5.7
12.海关特殊监管区域物流货物(保税区仓储转口货物)	Re-export Goods of Free Trade Zone Re-exports	626423	343327	-45.2
13.海关特殊监管区域进口设备(出口加工区进口设备)	Export Processing Zones Imported Equipment	1982609	838470	-57.7
14.其 他	Other	22365	17004	-24.0

17-3 按贸易方式分外贸出口总值
Total Value of Exports in Foreign Trade by Type of Trade

单位：万元 (10 000 yuan)

贸易方式类别	Type of Trade	2015	2016	2016年比2015年增长(%) Growth Rate in 2016 over 2015(%)
出 口 总 值	**Total Exports**	**9184651**	**10450661**	**13.8**
1.一般贸易	General Trade	2792878	2869142	2.7
2.国家间、国际组织无偿援助和赠送的物资	Between Countries, International Organizations Aid and Donated Materials	9155	1248	-86.4
3.来料加工装配贸易	Assembly Processing Trade	42437	41181	-3.0
4.进料加工贸易	Processing With Imported Trade	5797781	7300299	25.9
5.对外承包工程出口货物	Exports Contracted Projects	141899	122526	-13.7
6.租赁贸易	Lease Trade			
7.易货贸易	Barter			
8.出料加工贸易	Material Processing	5	733	13235.7
9.保税监管场所进出境货物(保税仓库进出境货物)	Inward and Outward Goods of Free Trade Storehouse	142	266	87.2
10.海关特殊监管区域物流货物	Re-export Goods of Free Trade Zone	397229	113327	-71.5
11.其 他	Others	3125	1939	-37.9

17-4 按国别(地区)分外贸进出口总值(2016年)

Total Value of Imports and Exports in Foreign Trade by Country (Region)(2016)

单位: 万元 (10 000 yuan)

国别(地区)	Country(Region)	进出口 Total	出口 Exports	进口 Imports
总 值	**Total**	**19763020**	**10450661**	**9312360**
阿富汗	Afghanistan	142	142	
巴 林	Bahrain	2714	2697	17
孟加拉国	Bangladesh	29180	29122	58
不 丹	Bhutan	35	35	
文 莱	Brunei	433	433	
缅 甸	Myanmar	22893	22891	2
柬埔寨	Cambodia	5278	5277	2
塞浦路斯	Cyprus	733	717	15
朝 鲜	Korea DPR	2184	2184	
中国香港	Hong Kong, China	2328152	2317354	10797
印 度	India	181657	143449	38208
印 尼	Indonesia	60533	46262	14270
伊 朗	Iran	61686	57341	4345
伊拉克	Iraq	3426	3426	
以色列	Israel	43902	16822	27080
日 本	Japan	1248946	443705	805241
约 旦	Jordan	8562	8154	408
科威特	Kuwait	7608	7608	
老 挝	Laos	6109	6109	
黎巴嫩	Lebanon	1835	1835	
中国澳门	Macao, China	445	445	
马来西亚	Malaysia	229854	150193	79661
马尔代夫	Maldives	140	140	
蒙 古	Mongolia	6789	5274	1515
尼泊尔联邦民主共和国	Nepal	3202	3202	
阿 曼	Oman	5912	5838	74
巴基斯坦	Pakistan	125425	125412	14
巴勒斯坦	Palestine	339	339	
菲律宾	Philippines	86748	43881	42867
卡塔尔	Qatar	1833	1480	353
沙特阿拉伯	Saudi Arabia	62075	61774	301
新加坡	Singapore	411352	293875	117478
韩 国	Korea Rep.	3471664	1989833	1481832
斯里兰卡	Sri Lanka	5213	5108	105
叙利亚	Syria	1386	1386	
泰 国	Thailand	160780	130143	30637
土耳其	Turkey	33200	31993	1206
阿拉伯联合酋长国	United Arab Emirates	237615	237614	1
也 门	Republic of Yemen	1267	1267	
越 南	Vietnam	68661	65557	3104
中 国	P. R. China	115512	14	115498
中国台湾	Taiwan, China	4163935	383575	3780360
东帝汶	Timor Leste	6763	6763	
哈萨克斯坦	Kazakhstan	17103	14664	2439
吉尔吉斯	Kirghizia	7442	7207	235
塔吉克斯坦	Tadzhikistan	4482	4482	
土库曼斯坦	Turkmenistan	351	351	
乌兹别克斯坦	Uzbekistan	4765	4765	

17-4 续表 1 continued

单位：万元 (10 000 yuan)

国别(地区)	Country(Region)	进出口 Total	出　口 Exports	进　口 Imports
阿尔及利亚	Algeria	48292	48292	
安哥拉	Angola	8595	8595	
贝　宁	Benin	2071	2071	
博茨瓦纳	Botswana	240	240	
喀麦隆	Cameroon	3537	3350	186
中　非	Central Africa	6	6	
乍　得	Chad	27	27	
刚　果	Congo	1217	1217	
吉布提	Djibouti	2432	2432	
埃　及	Egypt	60462	60167	296
赤道几内亚	Eq. Guinea	682	682	
埃塞俄比亚	Ethiopia	7349	7349	
加　蓬	Gabon	415	415	
冈比亚	Gambia	54	54	
加　纳	Gambia	10969	9901	1068
几内亚	Guinea	764	764	
可特迪瓦	Cote d'lvoire	1642	1581	60
肯尼亚	Kenya	4945	4945	
利比里亚	Liberia	265	265	
利比亚	Libya	2901	2901	
马达加斯加	Madagascar	3103	3015	88
马拉维	Malawi	40	40	
马　里	Mali	928	767	161
毛里塔尼亚	Mauritania	15900	584	15316
毛里求斯	Mauritius	802	795	7
摩洛哥	Morocco	9631	2982	6649
莫桑比克	Mozambique	4118	3887	231
纳米比亚	Namibia	340	262	78
尼日尔	Niger	38	38	
尼日利亚	Nigeria	22788	22028	760
留尼汪	Reunion	16	16	
卢旺达	Rwanda	1102	1102	
圣多美和普林西比	Sao Tome & Principe	33	33	
塞内加尔	Senegal	1299	1299	
塞舌尔	Seychelles	41	41	
塞拉利昂	Sierra Leone	25	25	
索马里	Somalia	55	55	
南　非	South Africa	252040	52613	199427
苏　丹	Sudan	9657	9627	29
坦桑尼亚	Tanzania	8300	8300	
多　哥	Togo	3987	3987	
突尼斯	Tunisia	3200	3106	94
乌干达	Uganda	661	661	
布基纳法索	Burkina Faso	166	166	
扎伊尔	Zaire	4278	4248	30
赞比亚	Zambia	11194	2253	8941
津巴布韦	Zimbabwe	635	635	
莱索托	Lesotho	604	604	
斯威士兰	Swaziland	229	213	16
厄立特里亚	Eritrea	15	15	
南苏丹	South Sudan	12	12	

17-4 续表 2 continued

单位：万元 (10 000 yuan)

国别(地区)	Country(Region)	进出口 Total	出口 Exports	进口 Imports
比利时	Belgium	164978	46491	118487
丹　麦	Denmark	33463	5764	27698
英　国	United Kingdom	227731	179350	48381
德　国	Germany	408147	145402	262745
法　国	France	286972	233003	53969
爱尔兰	Ireland	57335	17884	39451
意大利	Italy	148647	52434	96213
卢森堡	Luxembourg	120	40	79
荷　兰	Netherlands	311298	193186	118112
希　腊	Greece	4358	4352	6
葡萄牙	Portugal	1985	1799	185
西班牙	Spain	36895	31369	5526
阿尔巴尼亚	Albania	10405	10317	88
奥地利	Austria	99670	89272	10398
保加利亚	Bulgaria	2055	1689	366
芬　兰	Finland	11894	8591	3303
匈牙利	Hungary	11952	9638	2315
冰　岛	Iceland	132	132	
列支敦士登	Liechtenstein	177	19	158
马耳他	Malta	90	75	15
摩纳哥	Monaco	2	2	
挪　威	Norway	5338	4025	1313
波　兰	Poland	37838	30010	7828
罗马尼亚	Romania	17130	14247	2884
瑞　典	Sweden	37667	15423	22244
瑞　士	Switzerland	82839	8456	74383
爱沙尼亚	Estonia	5720	5653	67
拉脱维亚	Latvia	3932	3099	833
立陶宛	Lithuania	2408	1482	926
格鲁吉亚	Georgia	1909	1715	194
亚美尼亚	Armenia	100	100	
阿塞拜疆	Azerbaijan	435	435	
白俄罗斯	Byelorussia	3531	3113	418
摩尔多瓦	Moldavia	221	133	88
俄罗斯	Russia	92928	60449	32479
乌克兰	Ukraine	21335	9722	11613
斯洛文尼亚共和国	Slovenia	2725	2371	353
克罗地亚共和国	Croatia	702	674	28
捷　克	Czech	63330	48727	14603
斯洛伐克	Slovak	26786	25483	1303
前南斯拉夫马其顿	Macedonia	1917	138	1779
波斯尼亚-黑塞哥维那	Bosnia & Herzegovina	32	30	2
塞尔维亚	Serbia	533	533	
黑山	Montenegro	5	5	
安提瓜和巴布达	Antigua & Barbuda	17	17	
阿根廷	Argentina	37819	10041	27778
阿鲁巴岛	Aruba	58	58	
巴哈马	Bahamas	16	16	
巴巴多斯	Barbados	159	159	
伯利兹	Belize	53	53	
玻利维亚	Bolivia	400	400	

17-4 续表 3 continued

单位：万元 (10 000 yuan)

国别(地区)	Country(Region)	进出口 Total	出口 Exports	进口 Imports
巴　西	Brazil	171452	27489	143963
开曼群岛	Cayman Is.	49	49	
智　利	Chile	98763	12631	86131
哥伦比亚	Colombia	7169	7141	28
多米尼克	Dominica	180	180	
哥斯达黎加	Costa Rica	1760	1757	3
古　巴	Cuba	4198	4174	24
库腊索岛	Curacao	7	7	
多米尼加	Dominica Rep.	2070	2067	2
厄瓜多尔	Ecuador	58535	58531	4
法属圭亚那	French Guiana	2	2	
格林纳达	Grenada	1	1	
瓜德罗普	Guadeloupe	25	25	
危地马拉	Guatemala	4380	4265	115
圭亚那	Guyana	15	15	1
海　地	Haiti	30	30	
洪都拉斯	Honduras	7887	7887	
牙买加	Jamaica	318	318	
马提尼克	Martinique	1	1	
墨西哥	Mexico	100786	90967	9820
尼加拉瓜	Nicaragua	1092	1092	
巴拿马	Panama	10121	10117	4
巴拉圭	Paraguay	5358	5354	4
秘　鲁	Peru	29992	7253	22739
波多黎各	Puerto Rico	19050	420	18630
圣卢西亚	Saint Lucia	37	37	
圣文森特和格林纳丁斯	Saint Vincent & Grenadines	17	17	
萨尔瓦多	El Salvador	362	362	
苏里南	Surinam	238	238	
特立尼达和多巴哥	Trinidad and Tobago	751	751	
乌拉圭	Uruguay	4201	4201	
委内瑞拉	Venezuela	4104	3402	703
荷属安地列斯群岛	Andreas Is. (N)	64	64	
加拿大	Canada	94727	59149	35578
美　国	United States	2703931	1826858	877073
格陵兰	Greenland	10	10	
百慕大	Bermuda	6	6	
澳大利亚	Australia	389162	58538	330624
斐　济	Fiji	848	848	
新喀里多尼亚	New Caledonia (Fr)	376	376	
瓦努阿图	Vanuatu	128	17	111
新西兰	New Zealand	10762	4186	6576
诺福克岛	Norfolk Islands	12	12	
巴布亚新几内亚	Papua New Guinea	1161	1161	
所罗门群岛	Solomon Is.	48	48	
汤加	Tonga	9	9	
萨摩亚	Samoa	138	138	
基里巴斯	Kiribati	5	5	
马绍尔群岛共和国	Marshall.Is.	14		14
法属波利尼西亚	Polynesia (F)	65	65	
大洋州其他国家(地区)	Other countries (regions) in Oceania	16	16	
国(地)别不详	Others	36		36

17-5 进出口商品分类金额(2016年)
Value of Imports and Exports by HS Section and Division(2016)

单位：万元 (10 000 yuan)

商品分类	HS Section and Division	出口 Exports	进口 Imports
总值	**Total**	**10450661**	**9312360**
第一类 活动物；动物产品	**Live Animals; Animal Products**		
第1章 活动物	Live Animals	570	4831
第2章 肉及食用杂碎	Meat and Edible Meat Offal		1027
第3章 鱼、甲壳动物、软体动物及其他水生无脊椎动物	Fish and Crustaceans Molluscs and Other Aquatic Invertebrates		390
第4章 乳品；蛋品；天然蜂蜜；其他食用动物产品	Dairy Produce; Birds' Eggs; Natural Honey; Edible Products of Animal Origin, not ElsewhereSpecified or Included	1722	2357
第5章 其他动物产品	Products of Animal Origin, not Elsewhere Specified or Included	1723	
第二类 植物产品	**Vegetable Products**		
第6章 活树及其他活植物；鳞茎、根及类似品；插花及装饰用簇叶	Live Tree and Other Plants; Bulbs, Roots and the Like; Cut Flowers and Ornamental Foliage	183	987
第7章 食用蔬菜、根及块茎	Edible Vegetables and Certain Roots and Tubers	24350	12
第8章 食用水果及坚果；甜瓜或柑桔属水果的果皮	Edible Fruit and Nuts; Peel of Citrus Fruit or Melons	83522	1786
第9章 咖啡、茶、马黛茶及调味香料	Coffee, Tea, Mate and Spices	9043	665
第10章 谷物	Cereals	88	
第11章 制粉工业产品；麦芽；淀粉；菊粉；面筋	Products of The Milling Industry; Malt; Starches;Inulin; Wheat Gluten	109	945
第12章 含油子仁及果实；杂项子仁及果实；工业用或药用植物；稻草、秸秆及饲料	Oil Seeds and Oleaginous Fruits; Miscellaneous Grains, Seeds and Fruit; Industrial or Medicinal Plants; Straw and Fodder	5161	133185
第13章 虫胶；树胶、树脂及其他	Lac; Gums, Resins And Other Vegetable Saps and Extracts	57385	3005
第14章 编结用植物材料；其他植物产品	Vegetable Plaiting Materials; Vegetable Products Not Elsewhere Specified or Included	152	53
第三类 动、植物油、脂及其分解产品；精制的食用油脂	**Animal or Vegetable Fats and Oils and their Cleavage Products; Prepared**		
第15章 动、植物油、脂及其分解产品；精制的食用油脂；动、植物蜡	Animal or Vegetable Fats and Oils and Their Products; Prepared Edible Fats; Animal or Vegetable Waxes	176	1821
第四类 食品；饮料、酒及醋；烟草、烟草及烟草代用品的制品	**Prepared Foodstuffs; Beverages, Spirits And Vinegar; Tobacco and Manufactured Tobacco Substitutes**		
第16章 肉、鱼、甲壳动物、软体动物及其他水生无脊椎动物的制品	Preparations of Meat, of Fish or of Crustaceans, Molluscs or other Aquatic Invertebrates	1	
第17章 糖及糖食	Sugars and Sugar Confectionery	403	11
第18章 可可及可可制品	Cocoa and Cocoa Preparations	2	75
第19章 谷物、粮食粉、淀粉或乳的制品；糕饼点心	Preparations of Cereals, Flour, Starch or Milk; Pastry-Cooks' Products	173	5702
第20章 蔬菜、水果、坚果或植物其他部分的制品	Preparations of Vegetables, Fruit, Nuts or Other Parts of Plants	153063	699
第21章 杂项食品	Miscellaneous Edible Preparations	5148	658
第22章 饮料、酒及醋	Beverages, Spirits and Vinegar	432	3722
第23章 食品工业的残渣及废料；配制的动物饲料	Residues and Waste from The Food Industries; Prepared Animal Fodder	1783	1078
第24章 烟草、烟草及烟草代用品的制品	Tobacco and Manufactured Tobacco Substitutes	8948	

17-5 续表 1 continued

单位：万元 (10 000 yuan)

商 品 分 类	HS Section and Division	出 口 Exports	进 口 Imports
第五类 矿产品	**Mineral Products**		
第25章 盐；硫磺；泥土及石料；石膏料、石灰及水泥	Salt; Sulphur; Earths and Stone; Plastering Materials, Lime and Cement	16582	3091
第26章 矿砂、矿渣及矿灰	Ores, Slag and Ash	178	496465
第27章 矿物燃料、矿物油及其蒸馏产品；沥青物质；矿物蜡	Mineral Fuels, Mineral Oils and Products of Their Distillation; Bituminous Substances; Mineral Waxes	27116	46003
第六类 化学工业及其相关工业的产品	**Products of The Chemical or Industries Allied**		
第28章 无机化学品；贵金属、稀土金属、放射性元素及其同位素的有机及无机化合物	Inorganic Chemicals; Organic or Inorganic Compounds of Precious Metals, of Rare-Earth Metals, of Radioactive Elements or of Isotopes	62591	300788
第29章 有机化学品	Organic Chemicals	167608	158970
第30章 药品	Pharmaceutical Products	5090	161204
第31章 肥料	Fertilizers	5824	
第32章 鞣料浸膏及染料浸膏；鞣酸及其衍生物；染料、颜料及其他着色料；油漆及清漆；油灰及其他类似胶粘剂；墨水、油墨	Tanning or Dyeing Extracts; Tannins and Their Derivatives; Dyes, Pigments and Other Colouring Matter;Paints and Varnishes; Putty and Other Mastics; Inks	5207	8353
第33章 精油及香膏；芳香料制品及化妆盥洗品	Essential Oils and Retinoid; Perfumery, Cosmetic or Toilet Preparations	1528	127
第34章 肥皂、有机表面活性剂、洗涤剂、润滑剂、人造蜡、调制蜡、光洁剂、蜡烛及类似品、塑型用膏、"牙科 用蜡"及牙科用熟石膏制剂	Soap,Organic Surface-Active Agents,Washing Preparations,Lubricating Preparations, Waxes, Polishing or Scouring Preparations, Candles and Similar Articles, Modelling Pastes, "Dental Waxes" And Dental Preparations With a Basis of Plast	1424	24740
第35章 蛋白类物质；改性淀粉；胶；酶	Albuminoidal Substances; Modified Starches; Glues; Enzymes	2546	2301
第36章 炸药；烟火制品；火柴；引火合金；易燃材料制品	Explosives; Pyrotechnic Products; Matches; Pyrophoric Alloys; Certain Combustible Preparations	133	14877
第37章 照相及电影用品	Photographic or Cinematographic Goods	541	35484
第38章 杂项化学产品	Miscellaneous Chemical Products	243559	100323
第七类 塑料及其制品；橡胶及其制品	**Plastics and Articles Thereof Rubber and Articles Thereof**		
第39章 塑料及其制品	Plastics and Articles Thereof	56565	81063
第40章 橡胶及其制品	Rubber and Articles Thereof	65450	15678
第八类 生皮、皮革、毛皮及其制品；鞍具及挽具；旅行用品、手提包及类似品；动物肠线(蚕胶丝除外)制品	**Raw Hides and Skins, Leather, Fur Skins and Thereof; Saddlery and Harness; Travel Goods,Articles Handbags and Similar Containers; Articles of Animal Gut (Other Than Silk- Worm Gut)**		
第41章 生皮(毛皮除外)及皮革	Raw Hides and Skins(Other Than Fur Skins) and Leather	2	5
第42章 皮革制品；鞍具及挽具；旅行用品、手提包及类似容器；动物肠线(蚕胶丝除外)制品	Articles of Leather; Saddlery and Harness; Travel Goods, Handbags and Similar Containers; Articles of Animal Gut(Other Than Silk-Worm Gut)	16697	111
第43章 毛皮、人造毛皮及其制品	Fur Skins and Artificial Fur; Manufactures Thereof	161	

17-5 续表 2 continued

单位：万元 (10 000 yuan)

商品分类	HS Section and Division	出口 Exports	进口 Imports
第九类 木及木制品；木炭；软木及软木制品；稻草，秸秆、针茅或其他编结材料制品；篮筐及柳条编结品	**Wood and Articles of Wood; Wood Charcoal; Cork and Articles of Cork; Manufactures of Straw, of Esparto or of Other Plaiting Materials; Basket Ware and Wickerwork**		
第44章 木及木制品；木炭	Wood and Articles of Wood; Wood Charcoal	3042	1370
第45章 软木及软木制品	Cork and Articles of Cork	1488	113
第46章 稻草、秸秆、针茅或其他编结材料制品；篮筐及柳条编结品	Manufactures of Straw, of Esparto or of Other Plaiting Materials; Basket Ware and Wickerwork	196	
第十类 木浆及其他纤维状纤维素浆；纸及纸板的废碎品；纸、纸板及其制品	**Pulp of Wood or of Other Fibrous Cellulosic Material; Waste and Scrap of Paper or Paperboard; Paper and Paperboard and Articles Thereof**		
第47章 木浆及其他纤维状纤维素浆；回收(废碎)纸或纸板	Pulp of Wood or of Other Fibrous Cellulosic Material; Waste and Scrap of Paper or Paperboard	3050	644
第48章 纸及纸板；纸浆、纸或纸板制品	Paper and Paperboard; Articles of Paper Pulp, of Paper or Paperboard	8831	6157
第49章 书籍、报纸、印刷图画及其他印刷品；手稿、打字稿及设计图纸	Printed Books, Newspapers, Pictures and Other Products of The Printing Industry; Manuscripts, Typescripts and Plans	1620	5068
第十一类 纺织原料及纺织制品	**Textiles and Textile Articles**		
第50章 蚕丝	Silk	1787	
第51章 羊毛、动物细毛或粗毛；马毛纱线及其机织物	Wool, Fine or Coarse Animal Hair; Horsehair Yarn and Woven Fabric	5883	4
第52章 棉花	Cotton	24784	518
第53章 其他植物纺织纤维；纸纱线及其机织物	Other Vegetable Textile Fibres; Paper Yarn and Woven Fabrics of Paper Yarn	93	
第54章 化学纤维长丝	Man-Made Filaments	3884	77
第55章 化学纤维短纤	Man-Made Short Fibres	63823	220
第56章 絮胎、毡呢及无纺织物；特种纱线；线、绳、索、缆及其制品	Wadding, Felt and Nonwoven; Special Yarns; Twine, Cordage, Ropes and Cables and Articles Thereof	4680	514
第57章 地毯及纺织材料的其他铺地制品	Carpets and Other Textile Floor Coverings	773	2
第58章 特种机织物；簇绒织物；花边；装饰毯；装饰带；刺绣品	Special Woven Fabrics; Tufted Textile Fabrics; Lace; Tapestries; Trimmings; Embroidery	1032	33
第59章 浸渍、涂布、包覆或层压的纺织物；工业用纺织制品	Impregnated, Coated, Covered or Laminated Textile Fabrics; Textile Articles of a Kind Suitable for Industrial Use	2855	1339
第60章 针织物及钩编织物	Knitted or Crocheted Fabrics	12464	122
第61章 针织或钩编的服装及衣着附件	Articles of Apparel and Clothing Accessories, Knitted or Crocheted	32971	108
第62章 非针织或非钩编的服装及衣着附件	Articles of Apparel and Clothing Accessories, not Knitted or Crocheted	25857	116
第63章 其他纺织制成品；成套物品；旧衣着及旧纺织品；碎织物	Other Made Up Textile Articles; Sets; Worn Clothing And Worn Textile Articles; Rags Articles; Rags	16311	680

17-5 续表 3 continued

单位：万元 (10 000 yuan)

商品分类	HS Section and Division	出口 Exports	进口 Imports
第十二类 鞋、帽、伞、杖、鞭及其零件；已加工的羽毛及其制品；人造花；人发制品	**Footwear, Headgear, Umbrellas, Sun Umbrellas, Walking-Sticks, Seat-Sticks, Whips, Riding-Crops and Parts Thereof; Prepared Feathers and Articles Made Therewith; Artificial Flowers; Articles of Human Hair**		
第64章 鞋靴、护腿和类似品及其零件	Footwear, Gaiters and The Like; Parts of Such Articles	7668	63
第65章 帽类及其零件	Headgear and Parts Thereof	1102	53
第66章 雨伞、阳伞、手杖、鞭子、马鞭及其零件	Umbrellas, Sun Umbrellas, Walking-Sticks, Seat-Sticks, Whips, Riding-Crops And Parts Thereof	467	273
第67章 已加工羽毛、羽绒及其制品；人造花；人发制品	Prepared Feathers and Down and Articles Made of Feathers or of Down; Artificial Flowers; Articles of Human Hair	1096	196
第十三类 石料、石膏、水泥、石棉、云母及类似材料的制品；陶瓷产品；玻璃及其制品	**Articles of Stone, Plaster, Cement, Asbestos, Mica or Similar Materials; Ceramic Products; Glass and Glassware**		
第68章 石料、石膏、水泥、石棉、云母及类似材料的制品	Articles of Stone, Plaster, Cement, Asbestos, Mica or Similar Materials; Ceramic Products; Glass and Glassware	6791	5988
第69章 陶瓷产品	Ceramic Products	4589	8822
第70章 玻璃及其制品	Glass and Glassware	58407	26634
第十四类 天然或养殖珍珠、宝石或半宝石、贵金属、包贵金属及其制品；仿首饰；硬币	**Natural or Cultured Pearls, Precious or Semi-Precious Stones, Precious Metals, Metals Clad With Precious Metal and Stones, Precious Metals, Metals Clad With Precious Metal and Articles Thereof; Imitation Jewellery; Coin**		
第71章 天然或养殖珍珠、宝石或半宝石、 贵金属、包贵金属及其制品；仿首饰；硬币	Natural or Cultured Pearls, Precious or Semi-Precious Stones, Precious Metals, Metals Clad With Precious Metal and Articles Thereof; Imitation Jewellery; Coin	113699	177874
第十五类 贱金属及其制品	**Base Metals and Articles of Base Metal**		
第72章 钢铁	Iron and Steel	33232	16836
第73章 钢铁制品	Articles of Iron or Steel	147719	55716
第74章 铜及其制品	Copper and Articles Thereof	20138	234920
第75章 镍及其制品	Nickel and Articles Thereof	1049	15122
第76章 铝及其制品	Aluminium and Articles Thereof	22552	37375
第78章 铅及其制品	Lead and Articles Thereof	28	44
第79章 锌及其制品	Zinc and Articles Thereof	122	54
第80章 锡及其制品	Tin and Articles Thereof	38	39
第81章 其他贱金属、金属陶瓷及其制品	Other Base Metals; Cermets; Articles Thereof	138910	35901
第82章 贱金属工具、器具、利口器、餐匙、餐叉及其零件	Tools, Implements, Cutlery, Spoons and Forks, of Base Metal; Parts Thereof of Base Metal	26341	14769
第83章 贱金属杂项制品	Miscellaneous Articles of Base Metal	17669	2847
第十六类 机器、机械器具、电气设备及其零件； 录音机及放声机、电视图像	**Machinery and Mechanical Appliances; Electrical Equipment; Parts Thereof; Sound Recorders and Reproducers, Television Image and Sound Recorders and Reproducers; and and Accessories of Recorders and Reproducers; and Parts and Accessories of Such Artic**		
第84章 核反应堆、锅炉、机器、机械器具及其零件	Nuclear Reactors, Boilers, Machinery and Mechanical Appliances; Parts Thereof	3695607	1090419

17-5 续表 4 continued

单位：万元 (10 000 yuan)

商品分类	HS Section and Division	出口 Exports	进口 Imports
第85章 电机、电气设备及其零件；录音机及放声机、电视图像、声音的录制和重放设备及其零件、附件	Electrical Machinery and Equipment and Parts Thereof; Sound Recorders and Reproducers, Television Image and Sound Recorders and Reproducers, and Parts and Accessories of Such Articles	4408346	5316001
第十七类 车辆、航空器、船舶及有关运输设备	**Vehicles, Aircraft, Vessels and Associated Transport Equipment**		
第86章 铁道及电车道机车、车辆及其零件；铁道及电车轨道固定装置及其零件、附件；各种机械(包括电动机械)交通信号设备	Railway or Tramway Locomotives, Rolling-Stock and Parts Thereof; Railway or Tramway Track Fixtures And Fittings and Parts Thereof; Mechanical(Including Electro-Mechanical) Traffic Signalling Equipment of All Kinds	2397	33663
第87章 车辆及其零件、附件，但铁道及电车道车辆除外	Vehicles Other Than Railway or Tramway Rolling-Associated Stock, and Parts and Accessories Thereof	270833	22856
第88章 航空器、航天器及其零件	Aircraft, Spacecraft, and Parts Thereof	38972	32825
第89章 船舶及浮动结构体	Ships, Boats and Floating Structures	65	140
第十八类 光学、照相、电影、计量、检验、医疗或外科用仪器及设备、精密仪器及设备；钟表；乐器；上述物品的零件、附件	**Optical, Photographic, Cinematographic, Measuring, Checking, Precision, Medical or Surgical Instruments and Apparatus; Clocks And Watches; Musical Instruments; Parts and Accessories Thereof**		
第90章 光学、照相、电影、计量、检验、医疗或外科用仪器及设备、精密仪器及设备；上述物品的零件、附件	Optical, Photographic, Cinematographic, Measuring, Checking, Precision Medical or Surgical Instruments and Apparatus; Parts and Accessories Thereof	122763	546855
第91章 钟表及其零件	Clocks and Watches and Parts Thereof	587	130
第92章 乐器及其零件、附件	Musical Instruments; Parts and Accessories of Such Articles	310	998
第十九类 武器、弹药及其零件、附件	**Arms and Ammunition; Parts and Accessories Thereof**		
第93章 武器、弹药及其零件、附件	Arms and Ammunition; Parts and Accessories Thereof		
第二十类 杂项制品	**Miscellaneous Manufactured Articles**		
第94章 家具；寝具、褥垫、弹簧床垫、软坐垫及类似的填充制品；未列名灯具及照明装置；发光标志、发光名牌及类似品；活动房屋	Furniture; Bedding, Mattresses, Mattress Supports, Cushions and Similar Stuffed Furnishings; Lamps and Lighting Fittings, not Elsewhere Specified or Included; Illuminated Signs, Illuminated	42787	2959
第95章 玩具、游戏品、运动用品及其零件、附件	Toys, Games and Sports Requisites; Parts and Accessories Thereof	9067	1468
第96章 杂项制品	Miscellaneous Manufactured Articles	8714	770
第二十一类 艺术品、收藏品及古物	**Works of Art, Collectors' Pieces and Antiques**		
第97章 艺术品、收藏品及古物	Works of Art, Collectors' Pieces and Antiques	51	6
第二十二类 特殊交易品及未分类商品	**Commodities and Transactions not Classified According to Kind**		
第98章 特殊交易品及未分类商品	Commodities and Transactions not Classified According to Kind	178	69

17-6 主要出口商品数量、金额(2016年)
Main Export Commodities in Volume and Value(2016)

商品名称		Item		数量 Volume	金额(万元) Value
谷物及谷物粉	(千克)	Cereals and Cereals Flour	(kg)	220569	119
#稻谷和大米		Rice		75000	60
蔬菜	(千克)	Vegetable	(kg)	15295416	12944
#鲜或冷冻蔬菜		Fresh Vegetables		12637007	6055
干的食用菌类		Dry Edible Fungus		223051	2293
干豆	(千克)	Dried Beans	(kg)	11303372	13903
鲜的、干水果及坚果	(千克)	Fresh, Dried Fruits and Nuts	(kg)	136297802	83471
#橘、橙		Mandarins and Oranges		1597071	1103
鲜苹果		Apples		110970773	65740
食用油籽	(千克)	Edible Oil Seeds	(kg)	4368	5
#大豆		Soybean		3016	3
花生、花生仁		Peanuts		1250	2
食用植物油(包括棕榈油)	(千克)	Edible Vegetable Oil	(kg)	9620	16
#菜子油		Rapeseed Oil		9120	15
食糖	(千克)	Sugar	(kg)		
天然蜂蜜	(千克)	Natural Honey	(kg)	295725	593
茶叶	(千克)	Tea	(kg)	279213	5836
猪肉罐头	(千克)	Canned Pork	(kg)	187	1
蘑菇罐头	(千克)	Canned Mushrooms	(kg)	106080	461
植物榨油后的剩余物	(千克)	The Leftovers from The Plant Oil	(kg)	20000	7
猪鬃	(千克)	Bristles	(kg)	6100	72
肠衣	(千克)	Casing	(kg)	26000	328
药材	(千克)	Medical Materials	(kg)	430851	2465
烤烟	(千克)	Flue-cured Tobacco	(kg)	3125219	5323
纸烟	(五条)	Cigarette	(5 items)	21750	320
锯材	(立方米)	Wood Sawn	(cu.m)	6727	11
生丝	(千克)	Raw Silk	(kg)	58843	1759
山羊绒	(千克)	Cashmere	(kg)	37042	2410
黏土及其他耐火矿物	(千克)	Clay and Other Refractory Minerals	(kg)	4008590	509
#天然石墨		Natural Graphite		14530	31
天然碳酸镁;氧化镁		Natural Magnesium Carbonate;Magnesium Oxide		3590600	400
天然硫酸钡(重晶石)	(千克)	Barite	(kg)	27000	4
氧化铝	(千克)	Aluminum Oxide	(kg)	1500	4
焦炭、半焦炭	(千克)	Coke and Semi-coke	(kg)	200927607	24498
成品油	(千克)	Petroleum Products Refined	(kg)	176739	253
氧化锌及过氧化锌	(千克)	Zinc Oxide and Zinc Peroxide	(kg)	10000	23
糠醛	(千克)	Furfural	(kg)	3221600	2479
合成有机染料	(千克)	Synthetic Organic Dyestuffs	(kg)	189075	536
锌钡白(立德粉)	(千克)	lithopone	(kg)	25000	12
医药品	(千克)	Medical and Pharmaceutical Products	(kg)	1204033	40808
#抗菌素(制剂除外)		Antibiotics(Except Preparations)		248389	6599
中式成药		Medicaments of Chinese Type		16400	1044
医用敷料		Pharmaceutical Goods		11220	101

17-6 续表 1 continued

商品名称		Item		数量 Volume	金额（万元） Value
初级形状的聚氯乙烯	（千克）	The Primary PVC	(kg)	31529432	15631
新的充气橡胶轮胎	（条）	Rubber Tyres	(unit)	45590066	59673
家用或装饰用木制品	（千克）	Wood Articles for Household or Decoration Use	(kg)	965097	1389
纸及纸板(未切成型的)	（千克）	Paper and Paperboard in Rolls	(kg)	1667076	3730
纺织纱线、织物及制品		Textiles			136885
#棉纱线	（千克）	Cotton Yarn	(kg)	2206	9
含合成短纤85%及以上的纱线	（千克）	Containing 85% or More by Synthetic Staple Fibers of Yarn	(kg)	3637609	7150
合成短纤与棉混纺纱线	（千克）	Synthetic Staple Fibers and Cotton Blended Yarn	(kg)	28880	52
人造纤维短纤纱线(缝纫线)	（千克）	Rayon Staple Yarn (Sewing Thread)	(kg)	40	1
丝织物	（米）	Silk fabrics	(m)	4243	26
坯 绸	（米）	Grey silk		4243	26
棉机织物	（米）	Cotton Cloth	(m)	37057788	24799
亚麻及苎麻机织物	（米）	Flax or Ramie Woven Fabric	(m)	102163	84
合成短纤与棉混纺机织物	（米）	Synthetic Short Fibre and Cotton-fibre Mixture Woven Fabric	(m)	47727065	21967
人造纤维短纤机织物	（米）	Man-made Short Fibre Fabric	(m)	11993258	6216
地 毯	（米）	Carpets	(m)	374317	773
棉浴巾	（米）	Cotton Towel	(m)	323735	294
针织或钩编台布、盘垫	（件）	Tablecloth and Plate Pad,Knitted or Crocheted	(unit)	31523	43
塑料编织带(周转带除外)	（条）	Bags of PP or PE Strip (Except Turnover Bags)	(unit)	3418547	255
水 泥	（千克）	Cement	(kg)	14855300	486
花岗岩石材及制品	（千克）	Granite Material and Products	(kg)	513434	195
平板玻璃	（平方米）	Plate Glass	(sq.m)	444832	176
玻璃制品		Glass Products			35796
家用陶瓷器皿	（千克）	Porcelain and Pottery Wares for Household Use	(kg)	104471	290
装饰用陶瓷制品	（千克）	Porcelain and Pottery Wares for Decoration Use	(kg)	213525	640
珍珠、宝石及半宝石	（千克）	Pearls、Gems and Semi-gems	(kg)	29063	29653
硅 铁	（千克）	Ferrosilicon	(kg)	5535700	3841
钢 材	（千克）	Rolled Steel	(kg)	149989386	106767
#钢铁棒材		Steel Bar		7316299	2687
角钢及型钢		Angle Iron and Steel		2801911	1011
钢铁板材		Steel Plate		6140483	5806
钢铁线材		Steel Wire		16215896	7668
钢铁管配件		Steel Tube Accessories		22292904	35019
未锻造的铜及铜材	（千克）	Unwrought Copper and its Alloys	(kg)	5996690	18851
未锻造的铜(包括铜合金)		Unwrought Copper (Including Copper Alloys)		250	3
铜 材		Rolled Copper		5996440	18848
未锻造的铝及铝材	（千克）	Unwrought Aluminum and its Alloys	(kg)	6582311	11248
未锻造的铝(包括铝合金)		Unwrought Aluminum (Including Aluminum Alloys)		7300	13
铝 材		Rolled Aluminum		6575011	11235
钢铁或铜制标准紧固件	（千克）	Iron or Copper Nails, Bolts, etc.	(kg)	2936605	4435

17-6 续表 2 continued

商品名称		Item		数 量 Volume	金 额（万元） Value
不锈钢厨具、餐具等家用器具	（千克）	Stainless Steel Kitchenware, Tableware and Other Household Appliances	(kg)	225989	674
餐桌、厨房及其他家用搪瓷器	（千克）	Table, Enamel Kitchen and other Household Devices	(kg)	956679	997
手用或机用工具	（千克）	Hand Tools and Tools for Machines	(kg)	8339260	23730
锁	（千克）	Lock	(kg)	198013	717
电 扇	（台）	Fans	(unit)	584485	2092
纺织机械及零件		Textile Machinery			2494
普通缝纫机	（台）	Sewing Machines	(unit)	1270	54
工业用缝纫机	（台）	Industrial Use Sewing Machines	(unit)	167384	52691
金属加工机床	（台）	Machine Tools	(unit)	41556	19544
#车 床		Lathes		1158	10989
铣 床		Milling Machines		61	179
电子计算器(包括具有计算功能)	（台）	Electric Calculator	(unit)	44550	22
自动数据处理设备及其部件	（台）	Automatic Data Processing Machines and Components	(unit)	32127077	1777815
#数字式自动数据处理设备		Digital Automatic Processing Equipments		7864	9128
数字式中央处理部件		Digital Central Processing Unit		318	1364
输入或输出部件		Input or Output Components		52073	316
键盘、鼠标器		Keyboard, Mouse		45637	89
自动数据处理设备零件		Parts for Auto Data Processing Equipment			1160612
轴 承	（套）	Bearings	(unit)	43793449	19575
电动机及发电机	（台）	Electric Motors and Generators	(unit)	1698298	16419
变压器	（个）	Transformers	(unit)	3738171	34273
静止式变流气	（个）	Static Converters	(unit)	11142580	30012
原电池	（个）	Primary Cells and Batteries	(unit)	2305335	187
蓄电池	（个）	Electric Accumulators	(unit)	79376	2541
手电筒	（个）	Flashlights	(unit)	950775	1147
有线电话机(包括无绳电话机)	（台）	Wireless Telephone Sets	(unit)	142433	9566
扬声器	（个）	Loudspeakers	(unit)	2713675	23915
录、放像机	（台）	VCR and videoplayers	(unit)	98918	2028
录音机及收录(放)音组合机	（台）	Sound Recording Apparatus	(unit)	125894	2370
收音机	（台）	Radio Sets	(unit)	15762	120
录放音、像机及唱机的零附件	（千克）	Parts of Sound Recorders, Video Tape Recorders and Phonographs	(kg)	8682	126
电视、收音机及无线电讯设备的		Parts of Television, Radio and Wireless		981655	10608
电容器	（千克）	Electrical Capacitors	(kg)	1454788	12265
印刷电路	（块）	Printed Circuit	(unit)	20871465	15526
通断保护电路装置及零件		Electrical Apparatus for Swithing or Protecting Electrical Circuit			100332
二极管及类似半导体器件	（个）	Diode and Semi Conductors	(unit)	331312910	145290
电线和电缆	（千克）	Insulated Wire or Cable	(kg)	4135578	26634
集装箱	（个）	Container	(unit)	5	9
汽 车	（辆）	Motor Vehicles	(unit)	12276	143381
汽车零件		Parts of Motor Vehicles			89517

17-6 续表 3 continued

商品名称		Item		数 量 Volume	金 额（万元） Value
摩托车	（辆）	Motorcycle	(unit)	4005	628
自行车	（辆）	Bicycles	(unit)	3414	73
摩托车及自行车的零件		Parts of Motorcycles and Bicycles			2782
船 舶	（艘）	Ships	(unit)	5	65
医疗仪器和器械		Medical Instruments and Appliances			14953
手 表	（只）	Wrist Watches	(set)	79218	66
电动手表		Electric Watches		79218	66
日用钟	（只）	Clocks	(set)	112608	360
家具及其零件		Furniture			19449
床垫、寝具及类似品		Mattresses and Bedding Articles			3262
灯具、照明装置及类似品		Lights and Lighting Apparatus			18153
旅行用品及箱包		Boxes,Bags and Travel Goods			16347
服装及衣着附件		Garments and Clothing Accessories			60359
#织物制服装		Textile Garments			54114
非针织钩编织物服装		Garments(Excluding Knitwear and Crochet)			23331
针织或钩编的服装		Garments, Knitted or Crocheted			30783
裘皮服装	（千克）	Fur clothing	(kg)	30	3
皮革手套	（双）	Leather Gloves	(pair)	100619	280
织物制手套	（双）	Textiles Gloves	(pair)	6310071	2648
织物制袜子	（双）	Textiles Socks	(pair)	1388905	324
帽 类	（个）	Hats	(unit)	1257911	1097
鞋 类		Footwear			7668
鞋	（双）	Shoes	(pair)	1614293	7197
鞋靴零件；护腿及类似品	（千克）	Shose Accessories, Leg Guards and Analogs	(kg)	56207	471
塑料制品	（千克）	Plastic Articles	(kg)	12622256	22965
玩 具		Toys			1206
圣诞用品	（千克）	Articles for Christmas	(kg)	219924	834
足球、篮球、排球	（个）	Football,Basketball,Volleyball	(unit)	269064	340
铅 笔	（吨）	Penciles	(ton)	1018	3457
艺术品、收藏品及古董		Artwork, Collections and Antiques			51
贵金属或包贵金属的首饰		Precious Metal or Jewelry Clad with Precious Metal			21750
伞	（把）	Umbrellas	(unit)	51653	153
鬃 刷	（把）	Bristles Brushes	(unit)	1479526	281
人造花	（千克）	Artificial Flowers	(kg)	147115	880
热水瓶	（个）	Thermos	(unit)	43520	36
机电产品		Machanical and Electrical Products			8740009
金属制品		Metal Products			168545
机械设备		Machinery and Equipments			3695607
电器及电子产品		Electric and Electronic Products			4408346
运输工具		Transport Equipments			312267
仪器仪表		Instruments and Meters			122763
其 他		Others			32480

17-6 续表 4 continued

商品名称		Item		数量 Volume	金额（万元） Value
高新技术产品		High and New-tech Products			7425132
生物技术		Biotechnology			18778
生命科学技术		Life Sciences Technology			79257
光电技术		Photoelectric Technology			9682
计算机与通信技术		Computer and Communication Technology			3046439
电子技术		Electronic Technology			3819544
计算机集成制造技术		Computer Integrated Manufacturing			56238
材料技术		Material Technology			234837
航空航天技术		Aerospace Technology			150214
其他技术		0thers			10078
粮 食	（千克）	Grain	(kg)	12327587	14208
#淀粉块茎及薯类		Tubers		800630	184
豆 类		Beans		11306388	13906
苹 果	（千克）	Apples	(kg)	110970773	65740
乳 品	（千克）	Milk and Dairy Products	(kg)	53000	395
果蔬汁	（千克）	Vegetable and Fruit Juice	(kg)	202300746	145108
#橙 汁		Orange Juice		9305	13
苹果汁		Apple Juice		188838245	134480
菜子油和芥子油	（千克）	Rapeseed Oil and Mustard Oil	(kg)	9120	15
稀土及其制品	（千克）	Rare earth and its products	(kg)	95870	226
钨 品	（千克）	Tungsten Products	(kg)	104082	5002
钨及其制品		Tungsten and its Products		104082	5002
维生素C	（千克）	Vitamin C	(kg)	2760	28
农 药	（千克）	Pesticide	(kg)	313503	1261
初级形状的聚氯乙烯	（千克）	The Primary PVC	(kg)	31529432	15631
牛皮纸	（千克）	Kraft Paper	(kg)	47505	274
铁合金	（千克）	Ferroalloy	(kg)	11346200	15782
冰 箱	（台）	Refrigerator	(unit)	584	84
洗衣机	（台）	Washing Machine	(unit)	29	4
微波炉	（个）	Microwave Oven	(unit)	39	3
打印机(包括多功能一体机)	（台）	Printer(Including Multi-function Printer)	(unit)	1263	301
液晶显示板	（个）	Liquid Crystal Display	(unit)	1397647	581
节能灯	（只）	Energy-saving Lamps	(unit)	1167720	718
处理器及控制器	（个）	Processor and controller	(unit)	42833340	7251
存储器	（个）	Memorizer	(unit)	2013515285	3543110
放大器	（个）	Amplifier	(unit)	25364229	1241
照相机	（架）	Cameras	(unit)	676	782
数字式照相机		Digital Cameras		676	782
箱包及类似容器		Suitcases,Bags and Similar Containers			16347
小轿车(包括整套散件)	（辆）	Cars(including a Complete Set of Spare Parts)	(unit)	7585	31267
货车(包括整套散件)	（辆）	Trucks(including a Complete Set of Spare Par	(unit)	3219	83155
打火机	（个）	Lighters	(unit)	9887400	611

17-7 主要进口商品数量、金额(2016年)
Main Import Commodities in Volume and Value(2016)

商品名称		Item		数量 Volume	金额(万元) Value
冻 鱼	(千克)	Frozen Chicken	(kg)	200496	208
鲜、干水果及坚果	(千克)	Fresh, Dried Fruits and Nuts	(kg)	20051	91
谷物及谷物粉	(千克)	Grain and grain powder	(kg)	5707400	905
大 豆	(千克)	Soybean	(kg)	451786313	122594
食用植物油	(千克)	Edible Vegetable Oil	(kg)	2511245	1482
其他植物油	(千克)	Other Vegetable Oils	(kg)	195058	112
饲料用鱼粉	(千克)	The Fishmeal for Feed	(kg)	526730	561
配制的动物饲料	(千克)	Animal Feed	(kg)	95529	302
天然橡胶(包括胶乳)	(千克)	Natural Rubber (including Latex)	(kg)	3628800	3004
合成橡胶(包括胶乳)	(千克)	Synthetic Rubber (including Latex)	(kg)	295878	622
原 木	(立方米)	Logs	(cu.m)	892403	231
锯 材	(立方米)	Wood Sawn	(cu.m)	1643198	924
纸 浆	(千克)	Pulp	(kg)	1628383	644
棉 花	(千克)	Cotton	(kg)	148920	152
纺织用合成纤维	(千克)	Synthetic Fibers Suitabl	(kg)	28000	130
铁矿砂及其精矿	(千克)	Iron Ore	(kg)	9289900156	340311
锰矿砂及其精矿	(千克)	Manganese ores	(kg)	1871619	73
铜矿砂及其精矿	(千克)	Copper Ores	(kg)	960718	628
铬矿砂及其精矿	(千克)	Chromium ores	(kg)	3559	8
氧化铝	(千克)	Aluminum Oxide	(kg)	157374	240
煤	(千克)	Coal	(kg)	642946000	30164
成品油	(千克)	Petroleum Products Refined	(kg)	15720	53
乙二醇	(千克)	Glycol	(kg)	1440	26
医药品	(千克)	Pharmaceutical Products	(kg)	300992	162068
钛白粉	(千克)	Fertilizer	(kg)	204000	432
聚合物油漆及清漆	(千克)	Polymer Paint	(kg)	49312	482
感光材料		Photosensitive Materials			888
初级形状的塑料	(千克)	Plastic in primary Forms	(kg)	10321937	22334
#初级形状的聚乙烯		The Primary PVC		670	5
初级形状的聚丙烯		Polyethylene in primary Forms		17350	28
初级形状的聚苯乙烯		The primary shape of polystyrene		1600	15
初级形状的聚酯		Polyethylene in primary Forms		37875	204
非泡沫塑料的板、片、膜、箔	(千克)	Non-Form-Plastic Plates,Sheets,Films and Foils	(kg)	1526013	8326
农 药	(千克)	Pesticides	(kg)	323284	268
牛皮革及马皮革	(千克)	Cow Leather and Horse Leather	(kg)	5	1
纸及纸板(未切成型的)	(千克)	Paper and Paperboard (Unchopped in Shape)	(kg)	2864535	4792
#牛皮纸		Kraft Papers		1394126	779
瓦楞原纸		Corrugating Medium		1414	8
无机物涂布纸		Inorganic Coated Papers		147029	207
毛纱线	(千克)	Wool yarn	(kg)	93	2
棉纱线	(千克)	Cotton yarn	(kg)	120205	172
合成纤维纱线	(千克)	Fiber Yarns	(kg)	1938	16
棉机织物	(米)	Cotton Cloth	(m)	78346	197
合成纤维长丝机织物	(米)	Synthetic Fibers Long Silk Woven Fabric	(m)	13663	66
合成短纤与棉混纺机织物	(米)	Synthetic Short Fibre and Cotton-fibre Mixture Woven Fabric	(m)	5480	20
涂覆浸渍塑料的织物	(千克)	Coated plastic impregnated fabric	(kg)	25644	139

17-7 续表 1 continued

商品名称		Item		数 量 Volume	金 额（万元） Value
针织或钩编织物	（千克）	Knitted or crocheted fabrics	(kg)	30031	122
玻璃纤维及其制品	（千克）	Glass Fibers and Relative Products	(kg)	900426	3662
钻 石	（克）	Diamonds	(g)	43258	30357
其他宝石及半宝石	（千克）	Other Gems and Semi-precious Stones	(kg)	99	1
钢 材	（千克）	Rolled Steel	(kg)	9122675	31945
#钢铁棒材		Steel Bar		3723525	12466
角钢及型钢		Angle Iron and Steel		192641	248
钢铁板材		Steel Plate		1823904	2461
钢铁管材及空心异型材		Steel Tube Accessories		2149007	7905
钢铁制标准坚固件	（千克）	Standard Fastener Made of Steel	(kg)	252328	8929
未锻造的铜及铜材	（千克）	Unforged Copper and Rolled Copper	(kg)	69498369	232709
未锻造的铜(包括铜合金)		Unwrought Copper (Including Copper Alloys)		66942407	214955
铜 材		Rolled Copper		2555962	17755
未锻造的铝及铝材	（千克）	Unforged Aluminum	(kg)	6155405	29072
未锻造的铝(包括铝合金)		Unwrought Aluminum (Including Aluminum Alloys)		17302	539
铝 材		Rolled Aluminum		6138103	28533
钢铁或铝制结构体及其部件	（千克）	Structure and Relative Parts Made of Steel or Aluminu	(kg)	1710970	6390
钢铁或铝制绞股线及类似品	（千克）	Wires and Relative Products Made of Steel or Alumini	(kg)	154930	477
蒸汽锅炉及过热水锅炉	（台）	Steam Boilers and Superheated Boilers	(unit)	6	114
蒸汽及过热水锅炉的辅助设备	（吨）	Auxiliary Equipment for Steam and Overwater Boiler	(ton)	1600	19
汽轮机零件	（千克）	The Steam Turbine Parts	(kg)	11530	866
活塞式内燃机的零件	（千克）	Parts of Piston Combustion Engines	(kg)	1307693	13530
涡轮喷气发动机	（台）	Turbojet EngineS	(unit)	16	305
液泵及液体提升机	（台）	Liquid Pumps and Elevators	(unit)	4670	3366
制冷设备用压缩机	（台）	Compressors for Refrigerating Equipment	(unit)	2030	2213
空气调节器	（台）	Air Conditioning	(unit)	170	2020
冷冻机和制冷设备		Refrigerators and Refrigerating Equipment			411
非家用型水的过滤、净化机器	（台）	Non-family Machinery for Filtering and Purifing	(unit)	14335	3058
机械提升搬运装卸设备及零件		Mechanical Elevators for Transport and Relative Parts			9168
载客电梯	（台）	Elevatoring	(unit)	3	397
建筑及采矿用机械及零件		Machinery and parts for Construction and Mining			15818
食品加工机械及零件		Machinery and parts for Food Processing			1392
制造纸及纸制品用机械及零件		Machinery for Paper and Paper Products Manufacturing and Relative Parts			1590
印刷、装订机械及零件		Machinery and parts for Printing and Binding			5212
纺织机械及零件		Textile Machinery and Relative Parts			4887
#纺织纱线生产及预处理机	（台）	Textile Yarn and Pre-production Machines	(unit)	5	830
织 机	（台）	Knitting machine	(unit)	60	1992
花边绣品饰带织机，簇绒机	（台）	Lace Embroidery Weaving Machine,Tufting Machine	(unit)	11	476
纱线织物等后整理机器	（台）	Yarn, Fabric and other Finishing Machines	(unit)	97	228
工业用缝纫机	（台）	Industrial Use Sewing Machines	(unit)	389	458
金属加工机床	（台）	Machine Tools	(unit)	560	78821

17-7 续表 2 continued

商品名称		Item		数 量 Volume	金 额（万元） Value
金属冶炼铸造设备及零件		Metal Smelting and Forging Equipment and Relative Parts			597
金属轧机及零件		Metal Mills and Relative Parts			1453
玻璃热加工机械及零件		Machinery and parts for Glass Hot Processing			249
橡胶或塑料加工机械及零件		Machinery and for Rubber or Plastic Processing			7902
型模及金属铸造用型箱		Casting Molds for Metal Forging			1356
阀 门	（套）	Valves	(unit)	357349	19508
自动数据处理设备及其部件	（台）	Automatic Data Processing Machines and Components	(unit)	24983	9609
#数字式自动数据处理设备		Automatic Data Processing Equipments		129	1530
数字式中央处理部件		Digital Central Processing Unit		544	3884
输入或输出部件		Input and Output Operations		4205	313
自动数据处理设备的零件	（千克）	Parts of Data Processing Machines	(kg)	200278	28868
电动机及发电机	（台）	Electric Motors and Generators	(unit)	11768	5144
发电机组及旋转式变流机	（台）	Dynamo Units and Rotated Converters	(unit)	19	4989
旋转式电力设备的零件	（千克）	Parts of Rotated Electric Equipment	(kg)	73666	1614
变压、整流、电感器及零件		Transformers, Rectifiers, Inductancers and Relative Parts			35878
电 池	（个）	Batteries	(unit)	609572	254
焊接机器及零件		Welders and Relative Parts			10486
未录的磁带及类似品		Unrecorded Tapes and The Analogs			11986
无线电导航雷达及遥控设备	（台）	Radar for Radio Navigationequipment and Control Equipment	(unit)	119	364
录、放像机机	（台）	Record, like machine	(unit)	8	26
录放音、像机及唱机的零附件	（千克）	Recorders,VCRs and Parts for Record Player	(kg)	2	2
电视、收音机及无线电讯设备的零附件	（千克）	Parts of Television, Radio and Wireless Telecommunication Equipment	(kg)	1108	621
电容器	（千克）	Electrical Capacitors	(kg)	236763	21608
电阻器	（千克）	Resistor	(kg)	218731	37466
印刷电路	（块）	Printed Circuit	(unit)	325913643	62985
断路保护电路装置及零件		Breaking-off and Safety CircuitSets and Parts			70016
彩色数据/图形显示管	（只）	Color Data / Graphic Display Tube	(unit)	1	7
二极管及类似半导体器件	（个）	Diodes Transistors and Semiconductor Devices	(unit)	548511093	106305
电线和电缆	（千克）	Insulated Wire or Cable	(kg)	441846	9171
汽车零件		Auto parts			21899
飞 机	（架）	Airplanes	(unit)	28	3714
航空器零件	（千克）	Parts of Air Craft	(kg)	120673	28882

17-7 续表 3 continued

商品名称	Item	数 量 Volume	金 额（万元） Value
船 舶 （艘）	Camera Accessories (unit)	1	113
医疗仪器及器械	Medical Instruments and Appliances		28664
计量检测分析自控仪器及器具	Measuring, Checking and Analyzing Auto-controlling Apparatus		465350
计钟表机芯及钟表零件	Design Watch Movement and Watch Parts		41
印刷品 （千克）	Presswork (kg)	128485	5068
塑料制品 （千克）	Plastic Articles (kg)	3024422	32656
玩 具	Toys		604
纽扣及其零件 （千克）	Buckles and Relative Parts (kg)	294	6
拉链及其零件 （千克）	Zippers and Relative Parts (kg)	44838	13
机电产品	Machanical and Electrical Products		7131679
金属制品	Metal Products		82744
机械设备	Machinery and Equipments		1090419
电器及电子产品	Electric and Electronic Products		5316001
运输工具	Transport Equipments		89484
仪器仪表	Instruments and Meters		546855
其 他	0thers		6145
高新技术产品	High and New-tech Products		6448254
生命科学技术	Life Sciences Technology		314921
光电技术	Photoelectric Technology		116134
计算机与通信技术	Computer and Communication Technology		60055
电子技术	Electronic Technology		5083296
计算机集成制造技术	Computer Integrated Manufacturing Technology		707897
材料技术	Material Technology		63028
航空航天技术	Aerospace Technology		101662
其他技术	0thers		6032
其他燃料油 （千克）	Other Fuel Oil (kg)	930	2
橄榄油 （千克）	Olive Oil (kg)	13157	84
酒 类	Liquor		3664
#啤 酒	Beer		957
葡萄酒	Wine		2678
初级形状的线型低密度聚乙烯	Linear Low Density Polyethylene in Primary Form		264
美容化妆品及护肤品	Cosmetics and skin care products		30
涂布纸	Coated Papers		404
加工中心	Machining Center		36092
数控铣床	NC Milling Machine		24167
制造单晶柱或晶圆用的机器及装置	Boules or Wafers of a Single Plant and Equipment		30076
制造半导体器件或集成电路用的机器及装置	Semiconductor Devices or Integrated Circuits Used in Machinery and Equipment		312413
制造平板显示器用的机器及装置	Flat Panel Display Manufacturing Machines and Equipment		696
蓄电池	Electric Accumulators		696

17-8 利用外资情况
Utilization of Foreign Capital

单位：万美元 (USD 10 000)

年份 Year	签订合同项目（个） Number of Signed Projects (unit)	签订外商直接投资合同 Contracts of Direct Foreign Investments		实际利用外商直接投资 Amount of FDI Actually Utilized	
		金额 Value	比上年增长% Growth Rate as Preceding Year(%)	金额 Value	比上年增长% Growth Rate as Preceding Year(%)
1983	2	823		25	
1984	7	154	-81.3	129	416.0
1985	50	42848	27723.4	818	534.1
1986	34	34786	-18.8	942	15.2
1987	18	17381	-50.0	2890	206.8
1988	14	2096	-87.9	18007	523.1
1989	22	2650	26.4	9679	-46.2
1990	24	1134	-57.2	4191	-56.7
1991	54	2068	82.4	3159	-24.6
1992	424	52290	2428.5	4583	45.1
1993	790	92204	76.3	23432	411.3
1994	444	41142	-55.4	23809	1.6
1995	272	41518	0.9	32407	36.1
1996	280	60054	44.6	33008	1.9
1997	182	64954	8.2	61016	84.9
1998	196	37582	-42.1	30010	-50.8
1999	157	42693	13.6	24197	-19.4
2000	215	49931	17.0	28842	19.2
2001	223	73009	46.2	36455	26.4
2002	203	84060	15.1	41064	12.6
2003	229	83428	-0.8	46602	13.5
2004	271	104877	25.7	52664	13.0
2005	256	158237	50.9	62839	19.3
2006	255	203530	28.6	92489	47.2
2007	184	197311	-3.1	119516	29.2
2008	156	181781	-7.9	136954	14.6
2009	101	140117	-22.9	151053	10.3
2010	139	221030	57.8	182006	20.5
2011	138	254910	15.3	235483	29.4
2012	144	515036	102	293609	24.7
2013	204	372078	-28	367800	25.3
2014	141	585453	57.4	417557	13.5
2015	112	578208	-1.2	462118	10.7
2016	116	463330	-19.9	501178	8.5

17-9 外商投资情况
Foreign Investment

单位：万美元 (USD 10 000)

分 组	Groups	项目数(个) Number of Projects (unit)		合同外资 Contracted Foreign Investments		实际外资 Actually Utilized Foreign Investments	
		2015	2016	2015	2016	2015	2016
总 计	**Total**	**112**	**116**	**578208**	**463330**	**462118**	**501178**
按投资方式分	**By Investment Form**						
中外合资企业	Equity Joint Venture	34	49	105821	116503	81480	68427
中外合作企业	Contractural Joint Venture		1	2546	3950	369	2492
外资企业	Wholly Foreign-owned Enterprise	77	64	469518	335862	380059	428168
外商投资股份制	FDI Shareholding Inc.	1	2	323	7015	210	2091
按国民经济行业分	**By Sector**						
农、林、牧、渔业	Agriculture, Forestry, Animal Husbandry and Fishery	3	3	1352	3305	845	350
采矿业	Mining	2		2662		1494	600
制造业	Mining	22	17	440639	228629	404106	303772
电力、热力、燃气及水生产和供应业	Production and Supply of Electricity, Heat, Gas and Water	3	6	4537	5221	4688	2650
建筑业	Construction	1	2	-2563	159	1621	135
批发和零售业	Wholesale and Retail Trades	25	18	38433	18103	15932	19455
交通运输、仓储和邮政业	Transport, Storage and Post	12	6	22666	15881	9395	18461
住宿和餐饮业	Hotels and Catering Services	7	7	-891	2339	690	2
信息传输、软件和信息技术服务业	Information Transmission, Software and Information Technology	3	6	1026	2936	537	1325
金融业	Financial Intermediation	6	30	28234	88063	4437	33810
房地产业	Real Estate	5	2	39678	91080	13675	118873
租赁和商务服务业	Leasing and Business Services	18	12	161	3027	1634	277
科学研究和技术服务业	Scientific Research and Technical Services	1	2	99	752	1045	1
水利、环境和公共设施管理业	Management of Water Conservancy,Environment	1	2	1407	3174		1375
居民服务、修理和其他服务业	Services to Households, Repair and Other Services		2	-41	756	131	
教 育	Education						
卫生和社会工作	Health and Social Service	1		515	-310	1361	
文化、体育和娱乐业	Culture, Sports and Entertainment	2	1	394	215	527	92

17-9 续表 continued

单位：万美元 (USD 10 000)

分组	Groups	项目数(个) Number of Projects (unit)		合同外资 Contracted Foreign Investments		实际外资 Actually Utilized Foreign Investments	
		2015	2016	2015	2016	2015	2016
按国别(地区)分	**By Country(Region)**						
孟加拉	Bangladesh		1		76		
香 港	Hong Kong, China	53	60	132765	254279	49047	191516
印 度	India	2		66			
日 本	Japan		1	1557	933	1395	
澳 门	Macao, China		1		2246		2168
马来西亚	Malaysia		1		1052	105	
沙特阿拉伯	Saudi Arabia		1		15		
新加坡	Singapore	4	4	21215	14196	23304	14253
韩 国	Korea Rep.	25	24	341453	65281	309400	166191
台湾省	Taiwan, China	4	2	1863	336	2732	57
乌兹别克斯坦	Uzbekistan		1		92		
塞舌尔	Seychelles	1		192	141		141
比利时	Belgium			7		7	
英 国	United Kingdom			934	421	954	422
德 国	Germany	1	2	29363	918	27890	2
法 国	France	2	2	3117	192	75	878
意大利	Italy	2		-95	-1		
荷 兰	Netherlands			62			
葡萄牙	Portugal			-3			
西班牙	Spain		1		1		
冰 岛	Iceland			767		735	
挪 威	Norway					7750	
瑞 士	Switzerland	1		594		75	
阿根廷	Argentina			-486			
开曼群岛	Cayman Islands				47553	1333	54753
巴拿马	Panama						
乌拉圭	Uruguay			486			
维尔京群岛	Virgin Is. (E)	1	1	3270	1666	2546	789
加拿大	Canada	3		237	213	40	6
美 国	United States	2	2	2554	42956	2282	39901
澳大利亚	Australia	2		7	40		40
新西兰	New Zealand		2	75	-145	75	
萨摩亚	Samoa		1	133	4193	153	3871
创业投资	Venture Investments					294	
股权投资	Equity Investments			4631			
投资性公司投资	Investment Companies	4	9	28809	26676	28675	26190

17-10 旅游总收入和总人数
Total Income and Number of Visitors

年 份 Year	总收入 (亿元) Total Income (100 million yuan)	国内旅游收入 (亿元) Domestic Tourism (100 million yuan)	国际旅游收入 (万美元) International Tourism (USD 10 000)	总人数 (万人) Total Number (10 000 persons)	国内游客 Domestic Vistiors	国际游客 International Vistiors
1991	27	23	5482	1532	1500	32
1992	31	25	7505	1594	1550	44
1993	35	28	8900	1746	1700	46
1994	39	30	11279	1794	1750	44
1995	54	42	14090	2144	2100	44
1996	77	61	19820	2350	2300	50
1997	86	67	22464	2554	2500	54
1998	95	74	24717	2604	2550	54
1999	111	88	27189	2663	2600	63
2000	150	127	28000	3131	3060	71
2001	168	142	30871	3436	3360	76
2002	187	158	35097	3818	3733	85
2003	160	144	19800	3347	3300	47
2004	301	271	36136	5312	5232	80
2005	353	316	44625	6081	5988	93
2006	418	378	51000	7056	6950	106
2007	504	458	61200	8138	8015	123
2008	607	561	66011	9182	9056	126
2009	767	715	77107	11555	11410	145
2010	984	916	101596	14566	14354	212
2011	1324	1240	129505	18406	18135	270
2012	1713	1610	159747	23276	22941	335
2013	2135	2031	167620	28514	28161	352
2014	2521	2435	141630	33219	32953	266
2015	3006	2904	200022	38567	38274	293
2016	3813	3659	233855	44913	44575	338

17-11 旅游业发展情况
Development of Tourism

指 标	Item	2012	2013	2014	2015	2016
入境旅游人数 (万人次)	Number of Overseas Visitor Arrivals (10 000 person-times)	335.24	352.06	266.30	293.03	338.20
1.港澳同胞	Chinese Compatriots From Hong Kong and Macao	60.34	59.97	46.46	58.08	63.86
2.台湾同胞	Chinese Compatriots From Taiwan Province	41.23	40.97	34.00	40.80	45.82
3.外 国 人	Foreigners	233.66	251.13	185.83	194.15	228.52
国际旅游外汇收入(万美元)	Foreign Exchange Earnings from International Tourism (USD 10 000)	159747	167620	141630	200022	233855
1.长途交通	Long Distance Transportation	57349	60176	52828	69170	80914
飞 机	Civil Aviation	44569	49280	42206	54943	61972
火 车	Railway	7189	9219	9772	7824	10757
汽 车	Highway	5591	1676	850	6403	8185
2.景区游览	Sightseeing	9904	10728	9489	27529	10056
3.住 宿	Accommodation	19968	20953	19120	12101	34611
4.餐 饮	Food and Beverage	7348	8213	8781	8705	14265
5.购 物	Shopping	30512	30172	23935	8327	39522
6.娱 乐	Entertainment	11182	12069	10197	33772	9588
7.邮电通讯	Postal and Communication Services	3385	3352	3257	4924	7016
8.市内交通	Local Transportation	5911	7375	6090	6390	6080
9.其他服务	Other Service	14217	14583	7931	29102	31804
入境游客在陕人均天花费 (美元/人天)	Per Capita Days Spent of Visitors in Shaanxi (USD/per-day)	188	186	188		195
国内旅游人数 (万人次)	Number of Domestic Visitors (10 000 person-times)	22941	28161	32953	38274	44575
国内旅游收入 (亿元)	Earnings from Domestic Tourism (100 million yuan)	1610	2031	2435	2904	3659
旅行社数 (个)	Number of Travel Agencies (unit)	716	730	735	665	708

17-12 分国别入境旅游人数
Number of Oversea Visitor Arrivals by Country/Region

单位：人 (person)

国别和地区	Country and Region	2011	2012	2013	2014	2015	2016
总　　计	**Total**	**2704071**	**3352365**	**3520663**	**2663015**	**2930347**	**3382047**
港澳同胞	Chinese Compatriots From Hong Kong and Macao	469588	603423	599709	464644	580847	638628
台湾同胞	Chinese Compatriots From Taiwan Province	335390	412320	409679	340025	408011	458230
日　　本	Japan	186715	183751	123623	104793	95712	115270
韩　　国	Korea Rep.	169337	226323	250518	229839	348803	401291
蒙　　古	Mongolia	30472	35649	36297	20334	1160	1758
菲 律 宾	Philippines	18543	22923	23081	17094	5292	5691
印　　度	India	25488	28763	29671	22468	28589	32560
越　　南	Vietnam	2892	8071	8751		3352	4047
缅　　甸	Myanmar	1030		4772		1268	2377
朝　　鲜	Korea DPR	384		7020		868	500
巴基斯坦	Pakistan	3112		7580	6438	7228	10909
英　　国	United Kingdom	91032	101833	99891	78693	126863	143895
法　　国	France	82170	101525	92517	63344	107090	101837
德　　国	Germany	83101	98644	93660	68041	115683	104782
意 大 利	Italy	39122	44622	38324	27566	43236	55928
瑞　　士	Switzerland	14511	18574	21719	15197	19359	18146
瑞　　典	Sweden	16310	17590	17458	10352	12548	12079
俄 罗 斯	Russia	33933	47328	40822	30136	19874	25319
西 班 牙	Spain	38955	40709	32563	27449	41910	54082
美　　国	United States	231349	261415	273831	192320	300857	352475
加 拿 大	Canada	88490	90882	88572	53441	72815	94364
澳大利亚	Australia	63355	78231	76771	59882	97878	115144
新 西 兰	New Zealand	14477	18036	19299	10701	14226	17995
泰　　国	Thailand	20585	29224	39369	21458	25544	37824
新 加 坡	Singapore	48552	52001	50022	42738	36520	51783
印度尼西亚	Indonesia	31064	37139	32186	25270	14049	18289
马来西亚	Malaysia	39264	45979	44980	81747	81058	103793
其　　他	Others	524850	747410	957978	649045	319707	403051

17-13 各市(区)对外经济和国际旅游情况(2016年)
Foreign Economy Trade and International Tourism by City(District)(2016)

地　　区	Region	进出口总值 (万元) Total Value of Imports and Exports (10 000 yuan)	# 出　口 Exports	外商投资 Foreign Capital: 项目数 (个) Number of Projects (unit)	合同外资 (万美元) Contracts of Foreign Investments (USD 10 000)	实际外资 (万美元) Actually Utilized Foreign Investments (USD 10 000)	星级饭店数 (个) Number of Star-rated Hotel (unit)
全　　省	**Shaanxi**	**19763020**	**10450661**	**116**	**463330**	**501178**	**341**
西 安 市	Xi'an	18299475	9473083	71	328455	450461	102
铜 川 市	Tongchuan	21429	21429				9
宝 鸡 市	Baoji	636136	455261	2	515		28
咸 阳 市	Xianyang	305861	160953	4	1820	1995	15
渭 南 市	Weinan	121270	106490	3	739	3	31
延 安 市	Yan'an	14628	11679	1	1742	840	49
汉 中 市	Hanzhong	70246	47960	4	23606	2013	30
榆 林 市	Yulin	96837	40869	2	-6026	3558	27
安 康 市	Ankang	20243	18443	1	3043		26
商 洛 市	Shangluo	144223	98530				18
杨凌示范区	Yangling	32672	15964		428		6
西咸新区	Xixian New Area					10527	
其　　他	Others			28	109008	31781	

17-14 主要星级饭店基本情况(2016年)
Basic Conditions of Main Star-Degree-Hotels(2016)

饭店名称	Name of Hotel	地址	Address
五星级	**Five Star**		
喜来登大酒店	Sharaton Hotel	西安市沣镐东路262号	No.262 East Fenghao Avenue,Xi'an
西安君樂城堡酒店	Grand Park Hotel,Xi'an	西安市环城南路西段12号	No.12 West Section ,South City Ring Road,Xi'an
索菲特人民大厦	Sofitel,Renmin Square, Xi'an	西安市东新街319号	No.319 East New Street,Xi'an
西安香格里拉大酒店	Shangri-la Hotel,Xi'an	西安市科技路38号乙	No.38 Keji Road,Xi'an
陕西世纪金源大饭店	Empark Grand Hotel	西安市建工路19号	No.19 Jiangong Road,Xi'an
天域凯莱大酒店	Tian-yu Gloria Plaza Hotel	西安市雁塔北路15号	No.15 North Yanta Road,Xi'an
西安建国饭店	Jianguo Hotel,Xi'an	西安市互助路2号	No.2 Huzhu Road,Xi'an
吉朗丽大酒店	Branley Hotel	西安市高新区沣惠南路22号	No.22 West Fenghui Avenue,Xi'an
西安阳光国际大酒店	Grand Soluxe International Hotel Xi'an	西安市解放路177号	No.177 Jiefang Road,Xi'an
西安赛瑞喜来登大酒店	Sheraton Xian North City Hotel	西安市未央路32号	No.32 Jiefang Road,Xi'an
西安新兴戴斯大酒店	Days Hotel Suites Xinxing Xi'an	西安市金花北路189号	No.189 North Jinhua Road,Xi'an
西安万达希尔顿酒店	Hilton Xian	西安市东新街199号	No.199 East New Street,Xi'an
西安皇冠假日酒店	Crowne Plaza Xi'an	西安市朱雀路中段1号	No.1 Middle Zhuque Road,Xi'an
西安威斯汀酒店	The Westin Xian	西安曲江新区慈恩路66号	No.66 Ci'en Road,Xi'an
西安悦豪酒店	Yohol Hotel	西安市二环南路西段180号	No.180 West Section ,South Erhuan Road,Xi'an
榆林永昌国际大酒店	Yongchang International Hotel,Yulin	榆林市高新技术产业园朝阳路	Zhaoyang Road,High Technology Industry Park,Yulin
四星级	**Four Star**		
唐华宾馆	Xi'an Garden Hotel	西安市雁引路40号	No.40 Yanyin Road,Xi'an
古都文化大酒店	Grand Dynasty Culture Hotel	西安市莲湖路172号	No.172 Lianhu Road,Xi'an
西安宾馆	Xi'an Hotel	西安市长安北路58号	No.58 North Chang'an Road,Xi'an
西安骊苑大酒店	Le Garden Hotel,xian	西安市劳动南路8号	No.8 South Laodong Road,Xi'an
唐城宾馆	Tangcheng Hotel	西安市含光路南段229号	No.229 South Hanguang Road,Xi'an
陕西皇城豪门酒店	Imperial City Haomen Hotel	西安市东大街334号	No.334 East Street,Xi'an
东方大酒店	East Hotel	西安市朱雀大街393号	No.393 Zhuque Street,Xi'an
润天宾馆	Runtian Hotel	西安市阎良区润天大道15号	No.15 Runtian Road,Yanlian District,Xi'an
高速神州酒店	Sino Pearl Hotel	西安市环城东路9号	No.9 East City Ring Road,Xi'an
陕西奥罗国际大酒店	Aurum International Hotel	西安市南新街30号	No.30 South New Street,Xi'an
西京国际饭店	West Capital International Hotel	西安市西大街241号	No.241 West Street,Xi'an
天翼新商务酒店	Tianyi Commercial Hotel,Xi'an	西安市西二环南段281号	No.281 South Section ,West Second
西安美居人民大厦	Mercure on Renmin Square,Xi'an	西安市东新街319号	No.319 East New Street,Xi'an
西安志诚丽柏酒店	Ziction Liberal Hotel,Xi'an	西安市高新路46号	No.46 Gaoxin Road,Xi'an

饭店名称	Name of Hotel		Address
万年饭店	Eternity Hotel,Xi'an	西安市长乐中路副11号	No.11 Changle Road,Xi'an
陕西中江之旅时代大酒店	ZhongJiang Journey Time Hotel,Shaanxi	西安市文景路18号	No.18 Wenjing Road,Xi'an
西安皇后大酒店	Xi'an Empress Hotel	西安市兴庆路45号	No.45 Xingqing Road,Xi'an
西安美丽豪国际酒店	Mei Li Hao International Hotel,Xi'an	西安市西大街79号	No.79 West Street,Xi'an
西安绿地假日酒店	Green Holiday Hotel,Xi'an	西安市锦业路5号	No.5 Jinye Road, Xi'an
西安维也纳国际大酒店	Vienna International Hotel,Xi'an	西安市西影路西段609号	No.609 West of Xiying Road, Xi'an
陕西华山国际酒店	Huashan International Hotel,Shaanxi	西安市北大街199号	No.199 North Street,Xi'an
长庆宾馆	Changqing Hotel	西安市未央路151号	No.151 Jiefang Road,Xi'an
西安长征国际酒店	Long March International Hotel	西安市高新区西部大道1号	No.1,West Avenue,New&Hi-tech Industrial Development Zone,Xi'an
西安新都酒店	Xin Du Hotel,Xi'an	西安市长安区郭杜北街58号	No.58 North Guodu Street,Chang'an District,Xi'an
西安富海明都酒店	Fu Hai Ming Du Hotel,Xi'an	西安市文艺北路228号	No.228 North Wenyi Road,Xi'an
陕西省止园饭店	ZhiYuan hotel,Shaanxi	西安市青年路111号	No.111 Qingnian Road, Xi'an
怡和酒店	Jardine Matheson Hotel	宝鸡市火炬路中段	Middle Section ,Huoju Road,Baoji
高新君悦国际酒店	Gaoxin Junyue International Hotel	宝鸡市高新区高新大道69号	No.69,New&Hi Avenue,New&Hi-tech Industrial Development Zone,Baoji
红螺湾假日酒店	Red screw holiday Hotel	咸阳市渭阳西路中段	Middle Section ,West Weiyang Road, Xianyang
国贸大酒店	International Trade Hotel	咸阳市渭阳中路	Weiyang Zhong Road,Xianyang
邮政大酒店	Post Hotel	汉中市天汉大道中段	Middle Section,Tianhan Avenue,Hanzhong
红叶大酒店	Red Leaf Hotel	汉中市劳动东路中段33号	Middle Section,East Laodong Road, Hanzhong
金江大酒店	Jinjian Hotel	汉中市人民路北段123号	No.123 North Renmin Road,Hanzhong
明江国际酒店	MingJiang International Hotel	安康市滨江大道3号	No.3 Binjiang Avenue,AnKang
延安旅游大厦	Yan'an Tourism Hotel	延安市中心街	Central Street,Yanan
延安丽森酒店	Lisen Hotel,Yan'an	延安市双拥大道	Double Support Avenue,Yanan
黄陵桥山滨湖酒店	Huangling Bridge Lake Hotel	黄陵县黄帝陵西侧	West Tomb of Huangdi,Huangling
延安高第华苑大酒店	Gaodee Garden Hotel	延安市大桥街6号	No.6 Daqiao Street,Yanan
延安维也纳国际大酒店	Vienna International Hotel,Yan'an	延安市火车站南侧	South of Railway Station,Yanan
延安龙飞盛世国际酒店	Long Fei Sheng Shi International Hotel,Yan	延安市双拥大道3333号	No.3333 Double Support Avenue,Yanan
延安隆华花园酒店	Longhua Garden Hotel	延安市隆华路1号	No.1 Longhua Road, Yanan
延安圣通大酒店	Shengtong Hote	延安市东滨路103号	No.103 Dongbin Road, Yanan
亚华商务酒店	Yahua Business Hotel	神木县东新街南端	South Section, East New Street,Shenmu
五洲国际大饭店	Wuzhou International Hotel	神木县东兴街北段	Nouth Section,Dongxing Street,Shenmu
天峰国际酒店	Tianfeng International Hotel	神木县中兴街东段	East Section,Zhongxing Street,Shenmu
天鹿酒店	Tianlu Hotel	商南县塘坝广场西南角	Southwestern Corner,Tangba Square, Shangnan
正阳国际大酒店	Zhengyang International Hotel	铜川新区正阳路16号	No.16 Zhengyang Road, New Zone of Tongchuan
杨凌国际会展中心酒店	International Exhibition Centers	杨凌示范区新桥北路1	

主要统计指标解释

进出口总额 指实际进出我国国境的货物总金额。包括对外贸易实际进出口货物，来料加工装配进出口货物，国家间、联合国及国际组织无偿援助物资和赠送品，华侨、港澳台同胞和外籍华人捐赠品，租赁期满归承租人所有的租赁货物，进料加工进出口货物，边境地方贸易及边境地区小额贸易进出口货物(边民互市贸易除外)，中外合资企业、中外合作经营企业、外商独资经营企业进出口货物和公用物品，到、离岸价格在规定限额以上的进出口货样和广告品(无商业价值、无使用价值和免费提供出口的除外)，从保税仓库提取在中国境内销售的进口货物，以及其他进出口货物。该指标可以观察一个国家在对外贸易方面的总规模。我国规定出口货物按离岸价格统计，进口货物按到岸价格统计。

商品经营单位所在地进、出口额 指在所在地海关注册登记的有进出口经营权的企业实际进、出口额。

商品目的地进口额和商品货源地出口额 目的地进口额指进口货物的消费、使用或最终抵运地的实际进口额；货源地出口额指出口货物的产地或原始发货地的实际出口额。

利用外资 指我国各级政府、部门、企业和其他经济组织通过对外借款、吸收外商直接投资以及用其他方式筹措的境外现汇、设备、技术等。

外商直接投资 指外国企业和经济组织或个人(包括华侨、港澳台胞以及我国在境外注册的企业)按我国有关政策、法规，用现汇、实物、技术等在我国境内开办外商独资企业、与我国境内的企业或经济组织共同举办中外合资经营企业、合作经营企业或合作开发资源的投资(包括外商投资收益的再投资)，以及经政府有关部门批准的项目投资总额内企业从境外借入的资金。

旅游人数

(1)入境旅游人数：指报告期内来我国观光、度假、探亲访友、就医疗养、购物、参加会议或从事经济、文化、体育、宗教活动的外国人、港澳台同胞等入境游客。统计时，外国人、港澳台同胞每入境一次统计 1 人次。

(2)出境人数：指中国（大陆）居民因公或因私出境前往其他国家、中国香港特别行政区、澳门特别行政区和台湾省观光、度假、探亲访友、就医疗养、购物、参加会议或从事经济、文化、体育、宗教活动的人数，即出境游客。统计时，按每出境一次统计 1 人次。

(3)国内旅游人数：指在报告期内在中国（大陆）观光游览、度假、探亲访友、就医疗养、购物、参加会议或从事经济、文化、体育、宗教活动的中国（大陆）居民人数，其出游的目的不是通过所从事的活动谋取报酬。统计时，国内游客按每出游一次统计 1 人次。

国际旅游(外汇)收入 指入境游客在中国（大陆）境内旅行、游览过程中用于交通、参观游览、住宿、餐饮、购物、娱乐等全部花费。

国内旅游收入 又称旅游总花费指国内游客在国内旅行、游览过程中用于交通、参观游览、住宿、餐饮、购物、娱乐等全部花费。

国际旅行社 指经营业务范围包括入境旅游业务、出境旅游业务和国内旅游业务的旅行社。

国内旅行社 指经营范围仅限于国内旅游业务的旅行社。

星级饭店 指设备、设施、服务符合《旅游饭店星级的划分与评定》(GB/T14308-2003)，通过相关旅游管理部门评定，并取得星级饭店称号的饭店（含预备星级饭店）。

Explanatory Notes on Main Statistical Indicators

Total Imports and Exports at Customs refer to the real value of commodities imported and exported across the border of China. They include the actual imports and exports through foreign trade, imported and exported goods under the processing and assembling trades and materials, supplies and gifts as aid given gratis between governments and by the United Nations and other international organizations, and contributions donated by overseas Chinese, compatriots in Hong Kong and Macao and Chinese with foreign citizenship, leasing commodities owned by tenant at the expiration of leasing period, the imported and exported commodities processed with imported materials, commodities trading in border areas (excluding mutual exchange goods), the imported and exported commodities and articles for public use of the Sino-foreign joint ventures, cooperative enterprises and ventures with sole foreign investment. Also included is import or export of samples and advertising goods for which CIF or FOB value are beyond the permitted ceiling (excluding goods of no trading or use value and free commodities for export), imported goods sold in China from bonded warehouses and other imported or exported goods. The indicator of the total imports and exports at customs can be used to observe the total size of external trade in a country. In accordance with the stipulation of the Chinese government, imports are calculated at CIF, while exports are calculated at FOB.

Import Export Value by Location of China's Foreign Trade Managing Units refers to actual value of imports and exports carried out by corporations which have been registered by the local Customs house and are vested with right to run import export business.

Import Value of Commodities by Place of Destination and Export Value of Commodities by Place of Origin in China The former indicator refers to the value of import commodities of the places of their consumption, utilization or the places of their final destination. The latter indicator refers to the value of export commodities of the places of their origin or the places of the commodities dispatched.

Utilization of Foreign Capitals refers to remittance, equipment and technology financed from abroad, by loans, foreign direct investment and other forms undertaken by the Chinese governments at all levels, by various departments, enterprises and other economic units.

Foreign Borrowings refer to funds borrowed from abroad through formal signing of borrowing agreements with foreign institutions, including loans of foreign governments, loans of international financial institutions, commercial loans of foreign banks, export credit, and funds raised by Chinese bonds (and shares before 1996) issued abroad. It is an important part of China's utilization of foreign capitals.

Foreign Direct Investment refers to the investments inside China by foreign enterprises and economic organizations or individuals (including overseas Chinese, compatriots from Hong Kong, Macao and Taiwan, and Chinese enterprises registered abroad), following the relevant policies and laws of China, for the establishment of ventures exclusively with foreign own investment, Sino-foreign joint ventures and cooperative enterprises or for co-operative exploration of resources with enterprises or economic organizations in China.

Number of Tourists

(1) Visitor arrivals refer to the number of foreigners, Chinese compatriots from Hong Kong, Macao and Taiwan Chinese (mainland) who come to China (mainland) for sight-seeing, vacation, visiting relatives, medical treatment, shopping, attending conference, or to engage in economic, cultural, sports and religious activities. In compiling statistics, each time of entering China is counted as one person-time.

(2) Number of Chinese residents going abroad refer to the number of Chinese (mainland) residents going to other countries, Hong Kong Special Administrative region, Macao Special Administrative region and Taiwan for on official or private purposes, for sight-seeing, vacation, visiting relatives, medical treatment, shopping, attending conference, or to engage in economic, cultural, sports and religious activities. In compiling statistics, each time of leaving is counted as one person-time.

(3) Number of domestic tourists refers to the number of Chinese (mainland) residents who travel within China (mainland) for sight-seeing, vacation, visiting relatives, medical treatment, shopping, attending conference, or to engage in economic, cultural, sports and religious activities. In compiling statistics, each time of travelling is counted as one person-time.

Foreign Exchange Earnings from International Tourism refer to the total expenditure of foreigners, overseas Chinese, Chinese compatriots from Hong Kong, Macao and Taiwan during their stay in the mainland of China on transportation, sighting, accommodation, food, shopping and entertainment.

Income from Domestic Tourism refer to expenditure of domestic tourists on transportation, sighting, accommodation, food, shopping and entertainment while they travel.

International Travel Agencies refer to travel agencies engaged in tourism entering China, Chinese residents going abroad and domestic tourism.

Domestic Travel Agencies refer to travel agencies only engaged in domestic tourism.

Star-rated Hotels refer to hotels rated with stars as assessed by the relevant tourism authorities according to GB/T14308-2003 standard with reference to their infrastructure, facilities and service levels.

十八、教育、科技和文化

Education, Science, Technology and Culture

资料整理：杨小侠　宋　鑫　董清刚

简 要 说 明

一、本篇资料反映陕西教育、科学技术活动和文化事业的基本情况。

二、本篇资料主要包括:

1. 各级各类教育基本情况，指标主要包括各级各类的学校数、在校生数、招生数、毕业生数、教职工数和专任教师数等。

2. 科技活动情况，科技成果及科技人员情况，专利申请和授权，规模以上工业企业研究与试验发展（R&D）活动发展情况等。

3. 文化艺术、文物、图书馆、新闻出版、广播、电影、电视等文化事业的机构、人员及业务活动开展情况等。

三、本篇资料来源:

教育统计资料由省教育厅提供。

科技统计资料由省科技厅、省人力资源和社会保障厅提供（其中规模以上工业企业科技活动由统计局根据统计年报整理）。

文化统计资料由省文化厅、省新闻出版广电局（省版权局）、省文物局等有关部门提供。

Brief Introduction

Ⅰ. This chapter reflects the basic conditions on the development Shaanxi's education, science and technology.

Ⅱ. The data in this chapter mainly include:

1. The data on tertiary, secondary, primary, and kindergarten education and various types of adult education at all levels, including the number of schools, the number of students enrolled, the number of new enrollments, the number of graduates, the number of staff and workers, and the number of full-time teachers of various levels and categories.

2. The data on scientific and technological, including personnel, achievements and prizes of scientific and technical, numbers of patent applications accepted and granted, R&D activities development of industrial enterprises above designated size, etc.

3. The data on institutions, personnel and business activities of culture and arts, cultural relics, libraries, news and publication, radio, film and television, etc.

III. Data sources:

Data on education are provided by Shaanxi Provincial Department of Education.

Data on science and technology are provided by Shaanxi Provincial Department of Science and Technology, Shaanxi Provincial Department of Human Resources and Social Security. (Science and technology activities of industrial enterprises above designated size are processed and prepared in accordance with the annual statistical reports provided by Shaanxi Provincial Bureau of Statistics.

Data on culture are provided by Shaanxi Provincial Department of Culture, Shaanxi Bureau of Press 、 Publicatioon 、 Radio 、 Film and Television, Shaanxi Provincial Cultural Heritage Bureau and the related departments.

18.教育、科技和文化

2016年全省

普通高等学校在校学生	107.63	万人
普通高等学校毕业生	32.13	万人
从事科技活动人员	27.52	万人
专利申请量	69611	件
专利授权量	48455	件

高等学校在校学生数（万人）

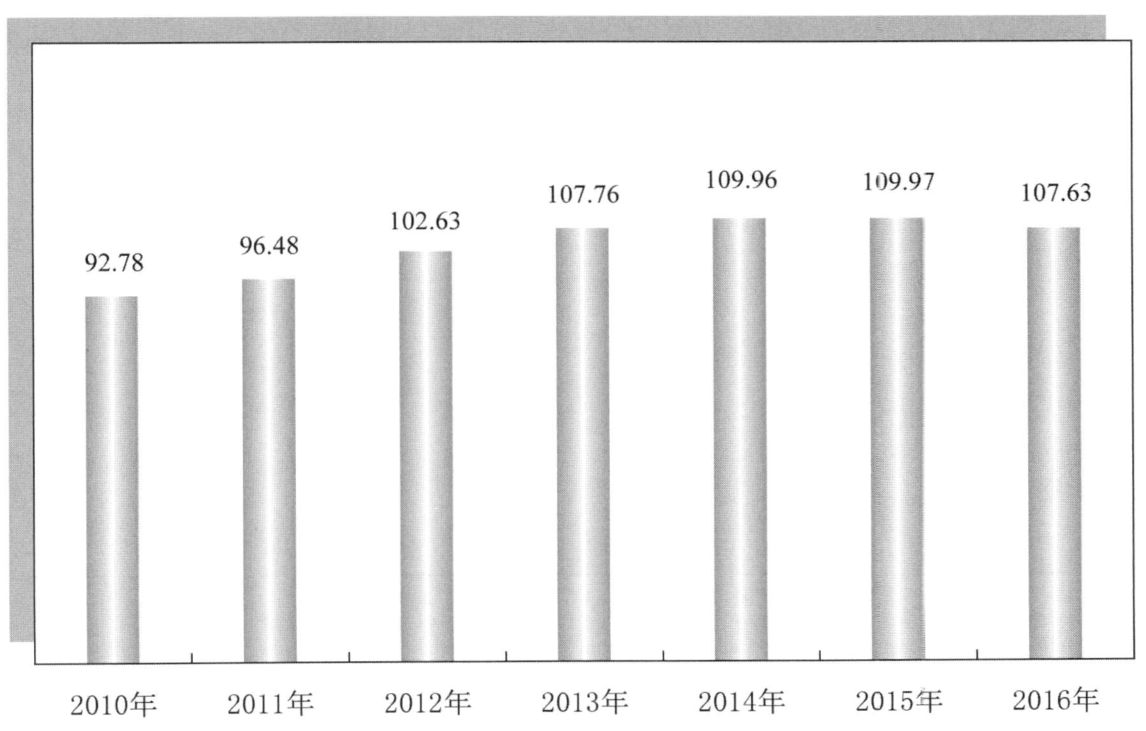

18-1 各级各类教育基本情况(2016年)
Basic Statistics on Schools by Level and Type of School(2016)

指标	Item	学校数(所) Number of Schools (unit)	毕业生数(人) Graduates (person)	招生数(人) New Enrollment (person)	在校学生数(人) Total Enrollment (person)	教职工数(人) Teachers and Staff (person)	# 专任教师 Full-time Teachers
一、高等教育	Higher Education	118	473983	521307	1552994	106250	68229
1.研究生(含科研机构)	Institutions Providing Postgraduate Programs (Include Research Institutions)	49	28104	34230	105671		15804
# 普通高校	Regular Institutions of Higher Education	27	27879	34043	105041		15217
2.普通高等教育	Regular Higher Education	81	321348	304539	1076254	103453	66133
# 地方院校	Local Universities	75	293562	275525	959413	80046	52992
(1)本　科	Enrolled in Full Undergraduate Courses	43	183804	167306	677259		
# 地方院校	Local Universities	37	156018	138292	560418		
(2)专　科	Enrolled in Specialized Courses	38	137544	137233	398995		
# 地方院校	Local Universities	38	137544	137233	398995		
3.成人高等教育	Higher Education for Adult		56646	52804	160622		
# 成人高等学校	Institutions of Higher Education for Adult	15	5135	5073	17720	2797	1509
4.网络本专科	Students Enrolled in Internet-based Courses		67885	129734	210447		
# 本　科	Enrolled in Full Undergraduate Courses		29193	50684	85760		
5.自考助学班	Students Taking Unified Exams after Completing Self-learning Programs						
二、中等职业教育学校	Vocational Secondary Education	398	151949	156949	411708	31655	22643
普通中等专业学校	Regular Specialized Secondary Schools	37	25936	18122	63168	3751	2485
成人中等专业学校	Adult Specialized Secondary Schools	7	1181	194	1560	1483	1010
职业高中学校	Vocational Senior Secondary Schools	221	86473	74998	213104	15984	11976
技工学校	Technical Schools	133	38359	63635	133876	10437	7172
三、普通中学	Regular Secondary Schools	2176	643153	614157	1834150	198548	159395
高　中	Senior Secondary Schools	485	277569	257192	783114		57471
初　中	Junior Secondary Schools	1691	365584	356965	1051036		101924
四、小　学	Primary Schools	5507	359791	462397	2417852	156019	142761
五、幼儿园(含学前班)	Kindergartens(include Pre-schools)	7313	505499	709586	1431294	140656	83827
六、特殊教育学校	Special Education	56	1099	1905	10560	1452	1161
七、工读学校	Schools for Juvenile Delinquents	1	20	14	26	43	33
八、成人中、小学	Adult High and Primary Schools	621	71220		65215	1316	869
九、职业技术培训机构	Vocational and Technical Training Institution	7527	1411210		142033	34026	21609

注：1.研究生培养机构中所含24所普通高等学校的教职工数已计入高等学校教职工总数中。
2.12所独立学院未计入普通高等学校数中，其学生及教职工数等已分别计入高等教育相应指标总数中。

a) Teachers and staff of regular institutions of higher education include the 24 regular institutions of higher education in institutions providing postgraduate programs.

b) 12 non-university tertiary don't count the number of regular institutions of higher education schools. But its students and teachers count corresponding item of regular institutions of higher education respectively.

18-2 普通高等学校基本情况
Basic Statistics on Regular Institutions of Higher Education

年 份 Year	学校数 (所) Number of Schools (unit)	招生数 (万人) New Enrollment (10 000 persons)	在校学生数 (万人) Total Enrollment (10 000 persons)	毕业生数 (万人) Graduates (10 000 persons)	教职工数 (人) Teachers and Staff (person)	# 专任教师 Full-time Teachers
1978	30	1.37	3.44	0.82	27210	10699
1980	34	1.44	5.39	0.38	31694	12066
1985	45	2.86	8.21	1.47	43210	16516
1990	47	2.62	9.54	2.81	51130	19558
1995	46	4.07	12.83	3.75	52440	20200
2000	39	9.52	24.17	3.51	52220	20723
2001	47	11.55	31.74	4.35	58846	23613
2002	52	14.70	41.16	5.16	63412	27637
2003	57	16.84	49.97	7.98	67405	35716
2004	62	19.98	58.39	11.10	74607	37145
2005	72	20.89	66.69	14.06	82317	42864
2006	76	21.91	72.62	16.23	87981	47549
2007	76	24.36	77.65	19.55	90306	50741
2008	76	27.64	83.97	21.73	94196	53740
2009	77	27.30	89.37	21.20	96485	56171
2010	78	27.44	92.78	23.55	98536	58288
2011	78	29.69	96.48	25.89	99010	59171
2012	79	32.45	102.63	26.53	100881	61500
2013	80	31.13	107.76	25.38	102017	64171
2014	80	30.64	109.96	27.74	103332	64970
2015	80	30.61	109.97	29.97	103911	66506
2016	81	30.45	107.63	32.13	103453	66133

18-3 中等职业学校基本情况
Basic Statistics on Vocational Secondary Schools

年 份 Year	学校数 (所) Number of Schools (unit)	招生数 (万人) New Enrollment (10 000 persons)	在校学生数 (万人) Total Enrollment (10 000 persons)	毕业生数 (万人) Graduates (10 000 persons)	教职工数 (人) Teachers and Staff (person)	# 专任教师 Full-time Teachers
1978	89	1.77	2.93	0.45	10401	3297
1980	162	2.54	6.55	0.92	15246	5699
1985	382	5.54	11.92	3.14	29279	11893
1990	499	7.48	17.99	5.89	39880	17960
1995	569	11.64	27.01	8.39	41736	20926
2000	648	13.66	36.37	11.38	40692	21693
2001	535	13.07	34.43	11.49	38050	20746
2002	533	17.26	38.54	10.80	37540	22760
2003	607	20.12	45.57	12.14	41265	25043
2004	588	22.61	50.88	13.33	41817	23868
2005	563	25.43	55.84	15.92	40698	28525
2006	573	28.78	63.55	18.12	40347	25902
2007	691	37.18	76.44	23.09	31986	20916
2008	676	37.19	84.99	25.41	49713	35742
2009	680	35.23	89.91	25.98	52727	36834
2010	663	35.20	89.93	27.35	51534	34619
2011	616	31.45	84.67	30.59	48923	33274
2012	564	24.98	73.31	29.09	44041	30063
2013	520	21.43	60.56	25.76	43440	33025
2014	491	17.71	50.26	22.43	37306	27483
2015	435	14.93	43.69	15.91	30890	21704
2016	398	15.69	41.17	15.19	31655	22643

18-4 普通中学基本情况
Basic Statistics on Regular Secondary Schools

年 份 Year	学校数 (所) Number of Schools (unit)	招生数 (万人) New Enrollment (10 000 persons)	在校学生数 (万人) Total Enrollment (10 000 persons)	毕业生数 (万人) Graduates (10 000 persons)	教职工数 (人) Teachers and Staff (person)	# 专任教师 Full-time Teachers
1978	7558	90.52	193.47	73.47	116097	91701
1980	5838	52.56	180.85	31.21	127056	97643
1985	3103	56.24	170.33	41.32	122187	93102
1990	3041	47.18	132.64	45.95	127861	98272
1995	2788	55.71	145.07	37.48	129046	100084
2000	2599	88.94	230.52	56.25	149267	122279
2001	2680	97.02	254.75	63.42	160109	131183
2002	2699	103.01	278.26	72.35	169628	140192
2003	2714	104.15	295.41	80.51	178330	148437
2004	2719	103.73	302.56	90.27	185508	154242
2005	2727	102.44	304.56	97.20	191041	159138
2006	2688	102.32	307.93	97.72	193560	162876
2007	2637	96.95	300.09	101.67	195705	166340
2008	2583	93.73	288.87	101.84	198259	169126
2009	2509	88.08	274.68	98.86	198656	170177
2010	2436	83.18	259.91	93.76	198543	170482
2011	2363	79.47	246.80	89.61	210135	170878
2012	2295	73.02	225.70	83.86	207578	168822
2013	2252	68.31	210.13	77.35	206168	167457
2014	2220	63.94	196.83	71.17	203128	164374
2015	2215	61.07	187.57	66.95	200853	161752
2016	2176	61.42	183.42	64.32	198548	159395

18-5 普通小学基本情况
Basic Statistics on Regular Primary Schools

年 份 Year	学校数 (所) Number of Schools (unit)	招生数 (万人) New Enrollment (10 000 persons)	在校学生数 (万人) Total Enrollment (10 000 persons)	毕业生数 (万人) Graduates (10 000 persons)	教职工数 (人) Teachers and Staff (person)	# 专任教师 Full-time Teachers
1978	39747	117.01	450.51	67.91	180682	173003
1980	40800	87.10	452.14	58.76	198082	187394
1985	38815	59.93	367.87	61.41	186208	169225
1990	37155	58.42	353.75	42.74	193292	176756
1995	36471	86.30	451.58	50.12	200359	183152
2000	33336	68.22	480.93	77.00	199395	182297
2001	29359	66.87	461.57	81.32	200185	183464
2002	26989	59.51	433.22	83.04	203733	188394
2003	24922	53.01	401.48	80.62	206447	190964
2004	22988	48.16	370.97	76.57	204007	188062
2005	20711	43.59	340.09	72.46	203262	186644
2006	18590	48.52	325.11	67.98	200256	184573
2007	16316	45.43	305.53	65.26	198058	182940
2008	14185	43.18	286.48	61.79	196323	180898
2009	11583	40.99	271.44	55.56	193530	178320
2010	9710	40.86	261.04	50.59	190545	175184
2011	8867	40.77	253.60	46.46	173769	171011
2012	7994	37.89	234.62	44.86	169723	166822
2013	7356	38.81	227.33	40.05	163908	162841
2014	6574	40.50	226.41	37.46	160287	147511
2015	5851	42.58	233.11	34.76	155843	143064
2016	5507	46.24	241.78	35.98	156019	142761

18-6 技工学校基本情况(2016年)
Basic Statistics on Technical Schools(2016)

指　标	Item	学校数(所) Number of Schools (unit)	招生数(人) New Enrollment (person)	在校学生数(人) Total Enrollment (person)	毕业生数(人) Graduates (person)	教职工数(人) Teachers and Staff (person)	#专任教师 Full-time Teachers
总　计	**Total**	**133**	**63635**	**133876**	**38359**	**10437**	**7172**
一、劳动部门办校	Run by Labour Department	8	8856	15191	5256	1109	789
二、国有经济单位办校	Run by State-owned Unit	45	11068	37538	12573	3654	2785
行业办校	Run by Sector	19	6174	19438	6165	1902	1474
企业办校	Run by Enterprise	26	4894	18100	6408	1752	1311
三、民　办	Run by Private	80	43711	81147	20530	5674	3598

18-7 全省科技活动情况
Scientific and Technological Activities in the Whole Province

指　标	Item	2014	2015	2016
一、从事科技活动人员　(人)	Personnel Engaged in S&T Activities　(person)	249058	241730	275169
中　央	Central	123878	115622	122571
地　方	Local	125130	126108	152598
二、机构数　(个)	Number of Institutions　(unit)			
1.科研院所	Research Institutions	113	111	106
2.高等院校	Regular Institutions of Higher Education	337	401	443
3.规模以上工业企业	Large and Medium-sized Industrial Enterprises	574	552	626
4.其　他	Others	100	112	122
三、R&D经费内部支出　(万元)	Internal Expenditure on R&D　(10 000 yuan)	3667730	3931727	4195554
1.按来源构成分	By Composition of Source			
政府资金	Government Funds	1999843	2202211	2231466
企业资金	Self-raised Funds by Enterprises	1552916	1629506	1856926
境外资金	Foreign capital	1191	2140	2774
其他资金	Others	113781	97870	104388
2.按隶属关系分	By Jurisdiction of Management			
中　央	Central	2652539	2750933	2761864
地　方	Local	1015191	1180794	1433689
四、科技成果与著作情况	Achievements and Books in S&T			
1.科技论文　(篇)	Technical and Scientific Papers　(piece)	64798	71779	74300
2.出版科技著作　(种)	Kinds of Published Scientific Books　(unit)	1454	1693	1768

18-8 全省地方登记的科技成果
Achievements in Science and Technology in the Whole Province

单位：项 (unit)

行　　业	Sector	2014	2015	2016
总　　计	**Total**	**2462**	**3299**	**3220**
农、林、牧、渔业	Agriculture, Forestry, Animal Husbandry and Fishery	217	234	357
采矿业	Mining	84	81	112
制造业	Manufacturing	447	447	559
电力、燃气及水的生产和供应业	Production and Distribution of Electricity,Gas and Water	142	203	382
建筑业	Construction	40	57	130
批发和零售业	Wholesale and Retail Trades	1	6	4
交通运输、仓储和邮政业	Traffic, Transport, Storage and Post	46	68	95
住宿和餐饮业	Hotels and Catering Services	1	4	17
信息传输、软件和信息技术服务业	Information Transmission, Software and Information Services	185	320	456
金融业	Financial Intermediation	2	4	17
房地产业	Real Estate	1	1	1
租赁和商务服务业	Leasing and Business Services		1	
科学研究和技术服务业	Scientific Research, Technology Services	888	911	618
水利、环境和公共设施管理业	Management of Water Conservancy, Environment and Public Facilities	56	42	94
居民服务、修理和其他服务业	Residents Service, Repair and other Services	25	40	16
教　育	Education	24	2	2
卫生和社会工作	Health, Social Work	271	262	317
文化、体育和娱乐业	Culture, Sports and Entertainment	18	7	31
公共管理、社会保障和社会组织	Public Management, Social Security and Social Organization	14	10	10
国际组织	International Organizations			2
其　他	Others		599	

18-9 地方公有经济企业专业技术人才分行业情况(2016年)
Situation of Professional and Technical Personnel in Local Public Economy Enterprises(2016)

单位：人 (person)

行业	Sector	总计 Total	#工程技术人员 Engineering	#农业技术人员 Agriculture	#科学研究人员 Scientific Research	#卫生技术人员 Health Care	#教学人员 Teaching
总计	**Total**	**151115**	**84042**	**1135**	**973**	**8232**	**1860**
农、林、牧、渔业	Agriculture, Forestry, Animal Husbandry and Fishery	3252	1007	847	53	209	50
采矿业	Mining	32557	18168	106	43	2691	643
制造业	Manufacturing	42194	24920	35	670	1325	546
电力、燃气及水的生产和供应业	Production and Distribution of Electricity, Gas and Water	8833	6145	5		11	42
建筑业	Construction	25247	20268	15	21	144	14
批发和零售业	Wholesale and Retail Trades	5226	211	20	1	2425	4
交通运输、仓储和邮政业	Traffic, Transport, Storage and Post	10647	5362	20	14	80	48
住宿和餐饮业	Hotels and Catering Services	1699	260			14	7
信息传输、软件和信息技术服务业	Information Transmission, Software and Information Services	671	259	1		5	9
金融业	Financial Intermediation	3260	97		5		2
房地产业	Real Estate	1261	541				10
租赁和商务服务业	Leasing and Business Services	237	45			1	
科学研究和技术服务业	Scientific Research, Technology Services	6405	5241	1	158	116	87
水利.环境和公共设施管理业	Management of Water Conservancy, Environment and Public Facilities	1384	939	25	8	3	1
居民服务、修理和其他服务业	Residents Service, Repair and other Services	2450	347			150	25
教育	Education	748					344
卫生和社会工作	Health, Social Work	1118	8			1055	
文化、体育和娱乐业	Culture, Sports and Entertainment	3363	216			3	28
公共管理、社会保障和社会组织	Public Management, Social Security and Social Organization	563	8	60			

18-10 规模以上工业企业研究与试验发展(R&D)人员和经费支出情况(2016年)
R&D Personnel and Expenditure of Industrial Enterprises above Designated (2016)

分组	Item	R&D人员(人) R&D Personnel (person)	#研究人员 Research Personnel	R&D经费内部支出(万元) R&D Internal Expenditure (10 000 yuan)	#政府资金 Government Funds	#企业资金 Enterprises Funds	#境外资金 Foreign Funds
总　计	**Total**	**70832**	**27881**	**1844216**	**396019**	**1433213**	**107**
按企业规模分	**Grouped by Size of Enterprises**						
大　型	Large Enterprises	44739	17465	1247415	366776	879595	
中　型	Medium-sized Enterprises	13723	5707	281813	16071	259260	101
小　型	Small Enterprises	12249	4662	311856	13137	291260	6
微　型	Micro Enterprises	121	47	3132	35	3097	
按登记注册类型分	**By Status of Registration**						
内资企业	Domestic Funded	68099	26646	1664292	395597	1254372	92
国有企业	State-owned Enterprises	13550	5803	301996	77214	224738	
集体企业	Collective-owned Enterprises	37	18	971	250	721	
股份合作企业	Cooperative Enterprises	17	7	169		169	
有限责任公司	Limited Liability Corporations	43551	16248	1098202	302494	787569	92
国有独资公司	State Sole Funded Corporations	11252	4775	251159	35317	215842	
其他有限责任公司	Other Limited Liability Corporations	32299	11473	847043	267177	571727	92
股份有限公司	Share-holding Corporations Limited	6159	2839	154429	8770	142844	
私营企业	Private Enterprises	4785	1731	108526	6869	98331	
私营独资企业	Private-funded Enterprises	80	23	2818	25	2793	
私营合伙企业	Private Partnership Enterprises	12	3	25		25	
私营有限责任公司	Private Limited Liability Corporations	4164	1516	92194	6391	82629	
私营股份有限公司	Private Share-holding Corporations Ltd.	529	189	13490	453	12885	
其他企业	Other Enterprises						
港、澳、台商投资企业	Enterprises with Funds from Hong Kong, Macao and Taiwan	508	160	17029	230	16238	
合资经营企业(港或澳、台资)	Joint-venture Enterprises	71	25	4287	208	3517	
港澳台商独资经营企业	Enterprises with Sole Investment	170	42	11098	12	11086	
港澳台商投资股份有限公司	Share-holding Corporations Ltd.	56	28	902		902	
其他港澳台投资企业	Other Enterprises with Funds from Hong Kong, Macao and Taiwan	211	65	742	10	732	
外商投资企业	Foreign Funded Enterprises	2225	1075	162896	192	162603	15
中外合资经营企业	Joint-venture Enterprises	760	373	49095	74	48921	15
外资企业	Enterprises with Sole Funds	1422	679	112961		112961	
外商投资股份有限公司	Share-holding Corporations Ltd.	43	23	839	118	721	
按国民经济行业分	**By Sector**						
采矿业	Mining	4386	1995	77444	2791	74462	
煤炭开采和洗选业	Mining and Washing of Coal	1282	573	33020		33020	
石油和天然气开采业	Extraction of Petroleum and Natural Gas	894	474	8233	1737	6496	
有色金属矿采选业	Mining and Processing of Non-Ferrous Metal Ores	1471	579	20477	306	20171	
非金属矿采选业	Mining and Processing of Nonmetal Ores	23	5	586	2	393	
开采辅助活动	Support Activities for Mining	716	364	15129	747	14382	
制造业	Manufacturing	63657	25297	1741698	393111	1333793	107
农副食品加工业	Processing of Food from Agricultural Products	1172	374	42133	1455	39834	
食品制造业	Manufacture of Foods	685	191	28270	494	25083	

18-10 续表 continued

分组	Item	R&D人员（人）R&D Personnel (person)	#研究人员 Research Personnel	R&D经费内部支出（万元）R&D Internal Expenditure (10 000 yuan)	#政府资金 Government Funds	#企业资金 Enterprises Funds	#境外资金 Foreign Funds
酒、饮料和精制茶制造业	Manufacture of Wine,Beverages and Refined Tea	889	301	27482	2118	25363	
烟草制品业	Manufacture of Tobacco	99	40	2086		2086	
纺织业	Manufacture of Textile	208	102	5038		5038	
纺织服装、服饰业	Manufacture of Textile and Clothing	148	31	2131	38	2093	
皮革、毛皮、羽毛及其制品和制鞋业	Manufacture of Leather, Fur, Feather and Related Products and Footwear	59	10	2716		2716	
木材加工和木、竹、藤、棕、草制品业	Processing of Timber, Manufacture of Wood, Bamboo, Rattan,Palm and Straw Products	156	57	8920	10	8910	
家具制造业	Manufacture of Furniture	26	12	376		376	
造纸和纸制品业	Manufacture of Paper and Paper Products	109	31	5341	5	5336	
印刷和记录媒介复制业	Printing, Reproduction of Recording Media	220	98	4823		3847	
石油加工、炼焦和核燃料加工业	Processing of Petroleum, Coking, Processing Nuclear Fuel	1638	734	72357	1983	70282	92
化学原料和化学制品制造业	Manufacture of Chemical Raw Material and Chemical Products	4053	1708	125623	7096	117056	
医药制造业	Manufacture of Medicines	2498	979	81396	1223	79595	
化学纤维制造业	Manufacture of Chemical Fibers	37	16	3111		3111	
橡胶和塑料制品业	Manufacture of Rubber and Plastics	527	222	11207	3033	8175	
非金属矿物制品业	Manufacture of Non-metallic Mineral Products	976	347	23112	781	21386	
黑色金属冶炼和压延加工业	Smelting and Pressing of Ferrous Metals	492	121	36273	323	35950	
有色金属冶炼和压延加工业	Smelting and Pressing of Non-ferrous Metals	2831	947	88445	9671	78273	
金属制品业	Manufacture of Metal Products	2467	959	48212	16300	31760	
通用设备制造业	Manufacture of General Purpose Machinery	2922	1302	72130	10012	61521	
专用设备制造业	Manufacture of Special Purpose Machinery	3592	1705	76266	11026	64860	9
汽车制造业	Automotive Industry	3833	1500	91971	1974	85790	
铁路、船舶、航空航天和其他运输设备制造业	Manufacture of Railway,Shipping,Aerospace and Other Transport Equipments	18758	6655	486146	295307	190704	6
电气机械和器材制造业	Manufacture of Electrical Machinery and Equipment	4544	1711	112654	3004	109477	
计算机、通信和其他电子设备制造业	Manufacture of Computers,Communication and Other Electronic Equipment	7130	3387	216595	8345	208127	
仪器仪表制造业	Manufacture of Measuring Instrument and Machinery	3314	1621	58293	18761	38605	
其他制造业	Other Manufacturing	96	42	3023	53	2970	
废弃资源综合利用业	Utilization of Waste Resources	27	14	1141		1141	
金属制品、机械和设备修理业	Industry of Metalwork,Machinery, and Equipment Repair	151	80	4429	98	4330	
电力、热力、燃气及水生产和供应业	Production and Distribution of Electricity, Gas and Water	2789	589	25074	116	24958	
电力、热力生产和供应业	Production and Supply of Electric Power and Heat Power	2759	582	24280	116	24163	
燃气生产和供应业	Production and Supply of Gas	30	7	794		794	

18-11 规模以上工业企业研究与试验发展(R&D)项目情况(2016年)
The Situation of Industrial Enterprises above Designated Projects (2016)

分组	Item	项目数 (项) Number of R&D Projects (item)	参加项目人员 (人) R&D Personnel (person)	项目人员全时当量 (人年) Full-time Equivalent of R&D Personnel (man-year)	项目经费内部支出 (万元) Expenditure on R&D Projects (10 000 yuan)
总计	**Total**	**4487**	**63077**	**39611**	**1653152**
按企业规模分	**Grouped by Size of Enterprises**				
大型	Large Enterprises	1963	39555	25927	1117683
中型	Medium-sized Enterprises	1087	12163	7610	256704
小型	Small Enterprises	1416	11252	6022	276640
微型	Micro Enterprises	21	107	51	2125
按登记注册类型分	**By Status of Registration**				
内资企业	Domestic Funded	4326	60477	37680	1487035
国有企业	State-owned Enterprises	715	11902	8008	281766
集体企业	Collective-owned Enterprises	10	35	18	763
股份合作企业	Cooperative Enterprises	3	17	12	169
有限责任公司	Limited Liability Corporations	2475	39082	24397	980673
国有独资公司	State Sole Funded Corporations	695	9447	5594	230153
其他有限责任公司	Other Limited Liability Corporations	1780	29635	18803	750520
股份有限公司	Share-holding Corporations Limited	647	5044	3071	130002
私营企业	Private Enterprises	476	4397	2173	93661
私营独资企业	Private-funded Enterprises	7	79	43	1741
私营合伙企业	Private Partnership Enterprises	2	12	5	25
私营有限责任公司	Private Limited Liability Corporations	425	3865	1990	80550
私营股份有限公司	Private Share-holding Corporations Ltd.	42	441	135	11346
其他企业	Other Enterprises				
港、澳、台商投资企业	Enterprises with Funds from Hong Kong, Macao and Taiwan	26	440	333	16867
合资经营企业(港或澳、台资)	Joint-venture Enterprises	12	63	31	4281
港、澳、台商独资经营企业	Enterprises with Sole Investment	7	121	74	11095
港、澳、台商投资股份有限公司	Share-holding Corporations Ltd.	2	56	50	749
其他港澳台投资企业	Other Enterprises with Funds from Hong Kong, Macao and Taiwan	5	200	178	742
外商投资企业	Foreign Funded Enterprises	135	2160	1597	149250
中外合资经营企业	Joint-venture Enterprises	103	738	418	35872
外资企业	Enterprises with Sole Funds	30	1384	1176	112675
外商投资股份有限公司	Share-holding Corporations Ltd.	2	38	3	702
按国民经济行业分	**By Sector**				
采矿业	Mining	355	3273	1690	74623
煤炭开采和洗选业	Mining and Washing of Coal	75	925	454	31863
石油和天然气开采业	Extraction of Petroleum and Natural Gas	74	661	425	7320
有色金属矿采选业	Mining and Processing of Non-Ferrous Metal Ores	82	1009	528	19799
非金属矿采选业	Mining and Processing of Non-metal Ores	3	22	16	585
开采辅助活动	Support Activities for Mining	121	656	267	15057
制造业	Manufacturing	4021	57099	37034	1554411
农副食品加工业	Processing of Food from Agricultural Products	132	1092	457	36284
食品制造业	Manufacture of Foods	49	618	341	27600

18-11 续表 continued

分　组	Item	项目数 (项) Number of R&D Projects (item)	参加项目人员 (人) R&D Personnel (person)	项目人员全时当量 (人年) Full-time Equivalent of R&D Personnel (man-year)	项目经费内部支出 (万元) Expenditure on R&D Projects (10 000 yuan)
酒、饮料和精制茶制造业	Manufacture of Wine,Beverages and Refined Tea	87	792	393	25397
烟草制品业	Manufacture of Tobacco	19	99	24	1134
纺织业	Manufacture of Textile	17	123	42	4925
纺织服装、服饰业	Manufacture of Textile and Clothing	5	130	43	1303
皮革、毛皮、羽毛及其制品和制鞋业	Manufacture of Leather, Fur, Feather and Related Products and Footwear	9	59	50	2681
木材加工和木、竹、藤、棕、草制品业	Processing of Timber, Manufacture of Wood, Bamboo, Rattan,Palm and Straw Products	10	150	70	7984
家具制造业	Manufacture of Furniture	3	24	20	366
造纸和纸制品业	Manufacture of Paper and Paper Products	6	107	45	4543
印刷和记录媒介复制业	Printing, Reproduction of Recording Media	17	213	133	4009
石油加工、炼焦和核燃料加工业	Processing of Petroleum, Coking, Processing Nuclear Fuel	99	1380	880	69783
化学原料和化学制品制造业	Manufacture of Chemical Raw Material and Chemical Products	468	3688	2475	107892
医药制造业	Manufacture of Medicines	331	2255	1437	63245
化学纤维制造业	Manufacture of Chemical Fibers	2	35	23	2456
橡胶和塑料制品业	Manufacture of Rubber and Plastics	63	436	151	9864
非金属矿物制品业	Manufacture of Non-metallic Mineral Products	87	943	486	21614
黑色金属冶炼和压延加工业	Smelting and Pressing of Ferrous Metals	45	476	241	32565
有色金属冶炼和压延加工业	Smelting and Pressing of Non-ferrous Metals	203	2280	1303	80074
金属制品业	Manufacture of Metal Products	155	2334	1744	44733
通用设备制造业	Manufacture of General Purpose Machinery	188	2328	1435	65489
专用设备制造业	Manufacture of Special Purpose Machinery	306	2993	1947	69427
汽车制造业	Automotive Industry	171	3447	2413	76909
铁路、船舶、航空航天和其他运输设备制造业	Manufacture of Railway,Shipping,Aerospace and Other Transport Equipments	518	17398	12419	440044
电气机械和器材制造业	Manufacture of Electrical Machinery and Equipment	514	4221	1947	96039
计算机、通信和其他电子设备制造业	Manufacture of Computers,Communication and Other Electronic Equipment	365	6184	4240	196646
仪器仪表制造业	Manufacture of Measuring Instrument and Machinery	127	3094	2200	54677
其他制造业	Other Manufacturing	10	80	46	2982
废弃资源综合利用业	Utilization of Waste Resources	4	26	15	1093
金属制品、机械和设备修理业	Industry of Metalwork,Machinery, and Equipment Repair	11	94	14	2655
电力、热力、燃气及水生产和供应业	Production and Distribution of Electricity, Gas and Water	111	2705	887	24118
电力、热力生产和供应业	Production and Supply of Electric Power and Heat Power	107	2675	862	23428
燃气生产和供应业	Production and Supply of Gas	4	30	25	690

18-12 规模以上工业企业新产品开发、生产及销售情况(2016年)
Developing, Producing and Sales of Industrial Enterprises above Designated (2016)

分组	Item	新产品开发项目数(项) Number of New products Development Project (item)	新产品开发经费支出(万元) New products Development Expenditure (10 000 yuan)	新产品产值(万元) New products Output Value (10 000 yuan)	新产品销售收入(万元) New products Sales Income (10 000 yuan)
总计	**Total**	**4506**	**1898166**	**15594646**	**12364855**
按企业规模分	**Grouped by Size of Enterprises**				
大型	Large Enterprises	1592	1269009	11830077	9008362
中型	Medium-sized Enterprises	1192	276905	2106993	1765988
小型	Small Enterprises	1701	348045	1646840	1580170
微型	Micro Enterprises	21	4208	10736	10335
按登记注册类型分	**By Status of Registration**				
内资企业	Domestic Funded	4303	1703722	14985376	11869073
国有企业	State-owned Enterprises	648	314816	1764919	1675729
集体企业	Collective-owned Enterprises	10	964	9358	10180
股份合作企业	Cooperative Enterprises	2	337	2034	2034
有限责任公司	Limited Liability Corporations	2385	1122833	11011798	8178907
国有独资公司	State Sole Funded Corporations	577	221944	2015675	1945071
其他有限责任公司	Other Limited Liability Corporations	1808	900890	8996123	6233836
股份有限公司	Share-holding Corporations Limited	604	140785	1816276	1639410
私营企业	Private Enterprises	654	123986	376928	358750
私营独资企业	Private-funded Enterprises	5	2616	893	820
私营有限责任公司	Private Limited Liability Corporations	574	110810	356005	335618
私营股份有限公司	Private Share-holding Corporations Ltd.	75	10561	20031	22312
其他企业	Other Enterprises			4063	4063
港、澳、台商投资企业	Enterprises with Funds from Hong Kong, Macao and Taiwan	37	17602	299600	227577
合资经营企业(港或澳、台资)	Joint-venture Enterprises	23	12789	249346	165292
港澳台商独资经营企业	Enterprises with Sole Investment	4	2609	1175	1098
港澳台商投资股份有限公司	Share-holding Corporations Ltd.	2	849		27813
其他港澳台投资企业	Other Enterprises with Funds from Hong Kong, Macao and Taiwan	8	1355	49079	33374
外商投资企业	Foreign Funded Enterprises	166	176843	309670	268205
中外合资经营企业	Joint-venture Enterprises	127	59245	237717	207747
外资企业	Enterprises with Sole Funds	35	115804	70653	59788
外商投资股份有限公司	Share-holding Corporations Ltd.	3	1667	1300	671
按国民经济行业分	**By Sector**				
采矿业	Mining	119	32565	20133	16831
煤炭开采和洗选业	Mining and Washing of Coal	33	19923		500
石油和天然气开采业	Extraction of Petroleum and Natural Gas	18	3824		
有色金属矿采选业	Mining and Processing of Non-Ferrous Metal Ores	41	5612		
非金属矿采选业	Mining and Processing of Nonmetal Ores	2	204	2493	2270
开采辅助活动	Support Activities for Mining	25	3002	17640	14061
制造业	Manufacturing	4356	1854012	15570047	12340640
农副食品加工业	Processing of Food from Agricultural Products	137	47637	141136	139942
食品制造业	Manufacture of Foods	60	21078	129784	113494

18-12 续表 continued

分组	Item	新产品开发项目数（项）Number of New products Development Project (item)	新产品开发经费支出（万元）New products Development Expenditure (10 000 yuan)	新产品产值（万元）New products Output Value (10 000 yuan)	新产品销售收入（万元）New products Sales Income (10 000 yuan)
酒、饮料和精制茶制造业	Manufacture of Wine,Beverages and Refined Tea	99	30308	174568	184324
烟草制品业	Manufacture of Tobacco	24	2046	166769	137400
纺织业	Manufacture of Textile	22	11488	16705	16063
纺织服装、服饰业	Manufacture of Textile and Clothing	9	1802	6595	11336
皮革、毛皮、羽毛及其制品和制鞋业	Manufacture of Leather, Fur, Feather and Related Products and Footwear	10	2930	34118	34883
木材加工和木、竹、藤、棕、草制品业	Processing of Timber, Manufacture of Wood, Bamboo, Rattan, Palm and Straw Products	6	2080	1610	1461
家具制造业	Manufacture of Furniture	2	166	360	280
造纸和纸制品业	Manufacture of Paper and Paper Products	8	5769	3193	3757
印刷和记录媒介复制业	Printing, Reproduction of Recording Media	13	3696	15618	37767
石油加工、炼焦和核燃料加工业	Processing of Petroleum, Coking, Processing Nuclear Fuel	57	20143	41986	41933
化学原料和化学制品制造业	Manufacture of Chemical Raw Material and Chemical Products	474	136694	1339126	1330471
医药制造业	Manufacture of Medicines	341	88352	692722	588342
化学纤维制造业	Manufacture of Chemical Fibers	2	3111		
橡胶和塑料制品业	Manufacture of Rubber and Plastics	66	13469	46861	41569
非金属矿物制品业	Manufacture of Non-metallic Mineral Products	61	17563	125321	122151
黑色金属冶炼和压延加工业	Smelting and Pressing of Ferrous Metals	41	20403	24889	49303
有色金属冶炼和压延加工业	Smelting and Pressing of Non-ferrous Metals	207	93428	1142812	1113932
金属制品业	Manufacture of Metal Products	173	50706	186808	195418
通用设备制造业	Manufacture of General Purpose Machinery	245	74862	478662	491155
专用设备制造业	Manufacture of Special Purpose Machinery	463	98793	676992	570038
汽车制造业	Automotive Industry	217	165950	4633369	1872163
铁路、船舶、航空航天和其他运输设备制造业	Manufacture of Railway,Shipping,Aerospace and Other Transport Equipments	476	524033	3044099	3081314
电气机械和器材制造业	Manufacture of Electrical Machinery and Equipment	563	132044	1262133	1117960
计算机、通信和其他电子设备制造业	Manufacture of Computers,Communication and Other Electronic Equipment	391	238570	797415	692917
仪器仪表制造业	Manufacture of Measuring Instrument and Machinery	160	33634	357693	323406
其他制造业	Other Manufacturing	14	3331	3227	3350
金属制品、机械和设备修理业	Industry of Metalwork,Machinery, and Equipment Repair	15	9928	25478	24513
电力、热力、燃气及水生产和供应业	Production and Distribution of Electricity, Gas and Water	31	11589	4467	7384
电力、热力生产和供应业	Production and Supply of Electric Power and Heat Power	26	10506	2119	5188
燃气生产和供应业	Production and Supply of Gas	5	1083	2347	2196

18-13 规模以上工业企业自主知识产权保护情况(2016年)

分组	Item	专利申请数(件) Number of Patent Application (piece)	#发明专利 Patent of Invention
总计	**Total**	**8142**	**3360**
按企业规模分	**Grouped by Size of Enterprises**		
大型	Large Enterprises	4060	1791
中型	Medium-sized Enterprises	1549	498
小型	Small Enterprises	2506	1057
微型	Micro Enterprises	27	14
按登记注册类型分	**By Status of Registration**		
内资企业	Domestic Funded	7945	3266
国有企业	State-owned Enterprises	1374	799
集体企业	Collective-owned Enterprises	55	
股份合作企业	Cooperative Enterprises	6	1
有限责任公司	Limited Liability Corporations	4234	1537
国有独资公司	State Sole Funded Corporations	1082	360
其他有限责任公司	Other Limited Liability Corporations	3152	1177
股份有限公司	Share-holding Corporations Limited	1249	410
私营企业	Private Enterprises	1025	518
私营独资企业	Private-funded Enterprises	1	
私营有限责任公司	Private Limited Liability Corporations	969	494
私营股份有限公司	Private Share-holding Corporations Ltd.	55	24
其他企业	Other Enterprises	2	1
港、澳、台商投资企业	Enterprises with Funds from Hong Kong, Macao and Taiwan	76	24
合资经营企业(港或澳、台资)	Joint-venture Enterprises	53	20
港、澳、台商独资经营企业	Enterprises with Sole Investment	1	1
港、澳、台商投资股份有限公司	Share-holding Corporations Ltd.	3	3
其他港澳台投资企业	Other Enterprises with Funds from Hong Kong, Macao and Taiwan	19	
外商投资企业	Foreign Funded Enterprises	121	70
中外合资经营企业	Joint-venture Enterprises	111	66
外资企业	Enterprises with Sole Funds	4	1
外商投资股份有限公司	Share-holding Corporations Ltd.	2	
其他外商投资企业	Other Foreign Funded Enterprises	4	3
按国民经济行业分	By Sector		
采矿业	Mining	578	215
煤炭开采和洗选业	Mining and Washing of Coal	215	48
石油和天然气开采业	Extraction of Petroleum and Natural Gas	280	122
有色金属矿采选业	Mining and Processing of Non-Ferrous Metal Ores	45	25
非金属矿采选业	Mining and Processing of Nonmetal Ores	11	
开采辅助活动	Support Activities for Mining	27	20

Proprietary Intellectual Property Rights of Industrial Enterprises above Designated (2016)

有效发明专利数（件）Number of Effective Patent Invention (piece)	#境外授权 Abroad Authorization	专利所有权转让及许可数（项）Number of Patent Ownership Transfer and Permission (item)	专利所有权转让与许可收入（万元）Income of Patent Ownership Transfer and Permission (10 000 yuan)	发表科技论文（篇）Pulish Technical Thesis (piece)	拥有注册商标数（件）Number of Registered Trademark (piece)	#境外注册 Abroad Register	形成国家或行业标准数（项）Number of National and Trade Standards (item)
11520	**558**	**187**	**11210**	**6061**	**10040**	**1285**	**827**
5002	431	30	505	4733	3955	963	431
2214	57	80	8906	879	2895	301	201
4245	70	77	1799	419	3187	21	194
59				30	3		1
11106	557	186	11210	6015	9709	1273	821
2305	64	10	1706	1690	453	88	147
5					3		1
28	2	1			1		
5503	400	91	7291	3072	5544	915	388
1041	22	1	45	906	731	140	111
4462	378	90	7245.5	2166	4813	775	277
1714	71	39	2000	1180	1983	257	169
1550	20	45	213	73	1724	13	116
1471	20	45	213	66	1639	13	112
79				7	85		4
1					1		
147				5	75		1
82				2	16		1
6				3	1		
40							
19					58		
267	1	1		41	256	12	5
230	1	1		38	12		3
34					242	12	
2				3	2		2
1							
481	2	1	45	1529	22		43
143				471	10		1
244				831	1		10
20		1	45	66	1		32
5				2	2		
69	2			150	8		

18-13 续表

分　组	Item	专利申请数 (件) Number of Patent Application (piece)	#发明专利 Patent of Invention
制造业	Manufacturing	7321	3044
农副食品加工业	Processing of Food from Agricultural Products	118	43
食品制造业	Manufacture of Foods	26	3
酒、饮料和精制茶制造业	Manufacture of Wine,Beverages and Refined Tea	122	35
烟草制品业	Manufacture of Tobacco	49	4
纺织业	Manufacture of Textile	7	
纺织服装、服饰业	Manufacture of Textile and Clothing	7	
皮革、毛皮、羽毛及其制品和制鞋业	Manufacture of Leather, Fur, Feather and Related Products and Footwear	15	4
印刷和记录媒介复制业	Printing, Reproduction of Recording Media	5	5
石油加工、炼焦和核燃料加工业	Processing of Petroleum, Coking, Processing Nuclear Fuel	96	41
化学原料和化学制品制造业	Manufacture of Chemical Raw Material and Chemical Products	766	457
医药制造业	Manufacture of Medicines	180	88
橡胶和塑料制品业	Manufacture of Rubber and Plastics	46	22
非金属矿物制品业	Manufacture of Non-metallic Mineral Products	137	32
黑色金属冶炼和压延加工业	Smelting and Pressing of Ferrous Metals	91	40
有色金属冶炼和压延加工业	Smelting and Pressing of Non-ferrous Metals	219	146
金属制品业	Manufacture of Metal Products	174	72
通用设备制造业	Manufacture of General Purpose Machinery	378	113
专用设备制造业	Manufacture of Special Purpose Machinery	1055	360
汽车制造业	Automotive Industry	718	203
铁路、船舶、航空航天和其他运输设备制造业	Manufacture of Railway,Shipping,Aerospace and Other Transport Equipments	1119	651
电气机械和器材制造业	Manufacture of Electrical Machinery and Equipment	809	263
计算机、通信和其他电子设备制造业	Manufacture of Computers,Communication and Other Electronic Equipment	786	316
仪器仪表制造业	Manufacture of Measuring Instrument and Machinery	293	93
其他制造业	Other Manufacturing	37	12
废弃资源综合利用业	Utilization of Waste Resources	18	8
金属制品、机械和设备修理业	Industry of Metalwork,Machinery, and Equipment Repair	50	33
电力、热力、燃气及水生产和供应业	Production and Distribution of Electricity, Gas and Water	243	101
电力、热力生产和供应业	Production and Supply of Electric Power and Heat Power	243	101

continued

有效发明专利数(件) Number of Effective Patent Invention (piece)	#境外授权 Abroad Authorization	专利所有权转让及许可数(项) Number of Patent Ownership Transfer and Permission (item)	专利所有权转让与许可收入(万元) Income of Patent Ownership Transfer and Permission (10 000 yuan)	发表科技论文(篇) Pulish Technical Thesis (piece)	拥有注册商标数(件) Number of Registered Trademark (piece)	#境外注册 Abroad Register	形成国家或行业标准数(项) Number of National and Trade Standards (item)
10864	556	186	11165	4193	100[illegible]7	1285	765
46	6	2	290	16	1[illegible]0		12
61		6		21	353	4	89
87				29	408	6	20
11				68	156		1
5				18	2	1	4
1					3		
3							
64							8
208				348	35		
1178	14	42	1715	397	2043	174	58
570	23	8	2200	62	1842	32	56
62				30	31		8
260				47	70		
103	27	19		242	3		79
616	5	1		205	442	53	39
423		9	305	142	71		4
497				194	279	46	26
1270	19	14	1196	319	414	26	81
369	57	20	0	177	1998	759	19
2078	314	8		833	211	2	94
972	14	27	5460	242	323	80	41
1094	75	24		477	1032	102	87
774	2	6		304	74		39
76				18	54		
36				4			
175				339	1		19
175				339	1		19

18-14 专 利 项 目

Patent Items

单位:件 (piece)

指 标	Item	2014	2015	2016
一、申请量总计	**Patents Application Accepted**	**57512**	**74904**	**69611**
发明专利	Inventions	24399	17322	22565
实用新型专利	Utility Models	16067	21449	27149
外观设计专利	Designs	17046	36133	19897
二、授权量总计	**Patents Application Granted**	**22820**	**33350**	**48455**
发明专利	Inventions	4885	6812	7503
实用新型专利	Utility Models	15405	16151	17084
外观设计专利	Designs	2530	10387	23868

18-15 各类技术合同签定情况

Statistics on Technical Contracts Signed by Type

指 标	Item	合同数(项) Number of Contracts (unit)		成交金额(亿元) Turnover Fulfilled (100 million yuan)	
		2015	2016	2015	2016
合 计	**Total**	**22499**	**21033**	**721.76**	**802.74**
技术开发合同	Technical Development Contracts	9342	8609	312.88	296.74
技术转让合同	Technology Transfer Contracts	378	299	11.93	13.32
技术咨询合同	Technical Consultation Contracts	431	1274	6.93	12.48
技术服务合同	Technical Service Contracts	12348	10851	390.02	480.20

18-16 文化事业
Development of Culture Industry

指标	Item	2014	2015	2016
艺术表演团体演出场次(万场次)	Number of Performance of Art Troupes (10 000 shows)	2.4	3.4	3.9
观众人次 (万人次)	Number of Spectators (10 000 person-times)	2110	4322	3241
图书馆藏书数 (万册)	Total Collections in Public Libraries (10 000 volumes)	1514	1506	1626
书刊文献外借人次 (万人次)	Number of Books Borrowed by the Readers (10 000 person-times)	354	389	411
书刊文献外借册数 (万册次)	Number of Books and Magazines Lent to Readers (10 000 volume-times)	635	681	707

18-17 文化事业机构和人员
Number of Institution and Personnel in Cultural Industry

指标	Item	2014		2015		2016	
		机构数(个) Number of Institutions (unit)	人数(人) Number of Persons (person)	机构数(个) Number of Institutions (unit)	人数(人) Number of Persons (person)	机构数(个) Number of Institutions (unit)	人数(人) Number of Persons (person)
总计	**Total**	**2136**	**22019**	**2134**	**21523**	**2130**	**21071**
# 一、艺术事业	Arts	177	7841				
# 表演团体	Arts Performance Troupes	91	6137	93	6171	93	6220
表演场所	Arts Performance Places	83	1687	83	1639	82	1059
二、图书馆事业	Public Libraries	114	2167	110	2121	110	2123
三、群众文化事业	Mass Culture	1772	7590	1591	7384	1581	7254
四、艺术教育事业	Culture and Education	5	217	4	157	4	160

18-18　群众艺术馆、文化馆(站)活动情况
Activities Statistics on Mass Art Centers and Cultural Centers(Stations)

指　　标	Item	2014	2015	2016
机构数 (个)	Number of Institutions (unit)	1772	1591	1581
举办展览次数 (次)	Number of Exhibitions (unit)	5299	5229	6251
组织文艺活动次数 (次)	Art Performances and Story-telling Sessions (time)	20186	21539	23904
举办训练班班次 (次)	Number of Training Courses (time)	12222	11801	12659
举办训练班结业人数(万人次)	Number of Training Course Completers (10 000 person-times)	103	99	99
藏　书 (万册)	Books Collected (10 000 volumes)	515	492	501
总收入 (万元)	Total Income (10 000 yuan)	56658	57119	58300
总支出 (万元)	Total Expenditure (10 000 yuan)	57618	57491	62187

注：本表含乡镇文化站的活动情况。
a) Data in this table include those of township cultural stations.

18-19　文　物　事　业
Development of Cultural Relics

指　　标	Item	2014	2015	2016
文物机构	**Cultural Relics Institutions**			
机构数 (个)	Number of Institutions (unit)	493	625	654
人员数 (人)	Number of Persons (person)	13054	14099	15153
藏品件数 (件)	Number of Collections (piece)	1636437	2885836	2617470
# 一级品	Grade One	8180	8612	8560
二级品	Grade Two	14592	15068	14779
三级品	Grade Three	86507	87292	84770
参观人次 (万人次)	Number of Spectators (10 000 person-times)	4927	5291	6907
# 博物馆	**Museums**			
机构数 (个)	Number of Institutions (unit)	238	249	274
人员数 (人)	Number of Persons (person)	7101	8245	8947
藏品件数 (件)	Number of Collections (piece)	1436898	2675637	2409927
# 一级品	Grade One	7630	7788	7735
二级品	Grade Two	13141	13299	13050
三级品	Grade Three	74626	75224	72742
参观人次 (万人次)	Number of Spectators (10 000 person-times)	3831	4208	5338
基本陈列 (个)	Permanent Exhibition (unit)	531	652	729
举办展览 (个)	Exhibition Hold (unit)	259	392	454

注：1.2015年行政主管机构纳入机构统计数。
2.博物馆含民营博物馆、行业博物馆。
3.2014年规范了临时展览的统计口径，由承办展览单位填报，出展单位不再重复填报。
a) The Number of Institutions include Administrative Institutions.
b) Museums include those run by private institutions and Industry museums.
c) The statistic scope of temporary exhibition was revised in 2014,which refers to number reported by the organizer.

18-20 广播电视基本情况
Basic Statistics on Radio and Television

指　　标	Item	2014	2015	2016
一、无线广播宣传基本情况	**Radio**			
广播电台　　　　(座)	Number of Broadcasting Stations (set)	10	10	10
调频广播发射台　(座)	Relaying Stations of Frequency Modulation Broadcasting (unit)	171	213	214
调频广播发射机部数和功率　(部／千瓦)	Stations and Power of Frequency Modulation Broadcasting (unit/kw)	381/475.95	383/480.05	394/492.25
节目套数　　　　(套)	Number of Radio Programs (set)	107	107	109
全年播出时间(时：分)	Length of Public Radio Programs Broadcasted(hour:minute)	484669：18	470310：11	471540:53
广播人口覆盖率　(%)	Radio Coverage of Population (%)	97.77	98.06	98.27
全年制作广播节目(时)	Length of Radio Programs Produced (hour)	241756	245921	241550
新闻节目	News Programs	45578	43085	37349
专题节目	Special Subject Programs	63228	60596	62196
文艺节目	General Entertainment Programs	58997	66413	63107
其他类	Others	73953	75827	78898
二、电视宣传基本情况	**Television**			
电视台　　　　　(座)	Number of TV Stations (set)	10	10	10
发射台及转播台　(座)	TV Transmission and Relaying Stations (unit)	124	213	214
发射机功率(部／千瓦)	Power of Transmision (unit/kw)	238/537.44	240/538.44	229/513.9
节目套数　　　　(套)	Number of TV Programs (set)	123	123	123
全年播出时间(时：分)	Length of Public TV Programs Broadcasted (hour:minute)	611069	594965:17	605489:24
电视人口覆盖率　(%)	TV Coverage of Population (%)	98.49	98.71	98.87
制作电视节目　　(时)	Length of TV Programs Produced (hour)	110336	117762	127759
新闻节目	News Programs	35747	36806	38419
专题节目	Special Subject Programs	27729	26420	27181
文艺节目	General Entertainment Programs	14638	15938	16899
影视剧节目	TV Play Programs	486	461	505
其他节目	Others	31735	38137	44755
三、县广播电视台　(个)	Number of Broadcasting Stations (unit)	88	88	88

注：2015年调频广播发射台含调频广播发射台和电视发射台。

a) Number of relaying stations of frequency modulation in 2015 include relaying stations of frequency modulation and TV.

18-21 图 书 出 版
Number of Books Published

类 别	Category	图书种数(种) Number of Publications(kind)		总印数(万册) Printed Copies(10 000 copies)	
		2015	2016	2015	2016
图书总计	**Total**	**10459**	**10284**	**20625**	**19304**
一、使用"中国标准书号"部分合计	Publications with "China International Standard Book Number"	10455	10284	20625	19303
A.马列主义、毛泽东思想	Marxism-Leninism, Mao Zedong Though	20	18	13	12
B.哲 学	Philosophy	155	148	40	46
C.社会科学总论	General Social Sciences	59	60	16	16
D.政治、法律	Politics and Law	178	211	397	321
E.军 事	Military Affairs	38	23	15	12
F.经 济	Economics	333	312	73	60
G.文化、科学、教育、体育	Culture, Science, Education and Sports	5573	5447	18271	17001
H.语言、文字	Languages	425	314	197	117
I.文 学	Literature	913	1150	684	773
J.艺 术	Arts	214	224	53	62
K.历史、地理	History and Geography	315	358	110	129
N.自然科学总论	General Natural Sciences	8	6	6	5
O.数理科学、化学	Mathematics and Chemistry	208	188	115	129
P.天文学、地球科学	Astronomy and Geology	39	38	19	34
Q.生物科学	Biology	66	43	72	27
R.医药、卫生	Medicine and Health Care	844	580	246	164
S.农业科学	Agricultural Science	102	87	18	15
T.工业技术	Industrial Technology	803	910	199	274
U.交通运输	Transportation	48	66	36	37
Y.航空、航天	Aeronautics and Aerospace	34	37	18	7
X.环境科学	Environmental Science	25	25	12	20
Z.综合性图书	General Books	55	39	16	40
二、不使用"中国标准书号"部分合计	Publications without "China International Standard Book Number"	4		0.1	1

18-22 杂志、报纸出版
Number of Magazines and Newspapers Published

类 别	Category	种 数(种) Number of Publications(kind)		总印数(万份) Printed Copies(10 000 copies)		总印张(千印张) Printed Sheets(1 000 sheets)	
		2015	2016	2015	2016	2015	2016
一、杂 志	**Magazines**	**268**	**268**	**3693**	**3067**	**224506**	**190713**
# 少年儿童	Children's Books	5	5	970	645	37739	25332
画 刊	Pictorials	2	2	20	12	1897	1148
1.综 合	Synthesis	5	5	86	86	5353	5042
2.哲学、社会科学	Philosophy and Social Science	52	52	1707	1491	95456	82409
3.自然科学技术	Natural Science and Technology	160	160	860	577	53532	45091
4.文化教育	Culture and Education	37	37	789	684	53922	43168
5.文学、艺术	Literature and Arts	14	14	250	229	16242	15003
二、报 纸	**Newspapers**	**43**	**43**	**60132**	**56382**	**2239657**	**1597094**
1.省 级	Provincial-level Newspapers	27	27	36723	34474	1489832	1083413
2.市 级	City-level Newspapers	16	16	23409	21908	749825	513680

18-23 各市(区)文化事业情况(2016年)
Basic Statistics on Cultural Industry by City(District)(2016)

地 区	Region	公共图书馆 (个) Public Libraries (unit)	公共图书馆藏书量 (千册) Total Collections (1000 volumes)	群众艺术馆文化馆 (个) Art Centers Cultural Centers (unit)	文化站 (个) Cultural Stations (unit)	广播人口覆盖率 (%) Radio Coverage of Population (%)	电视人口覆盖率 (%) TV Coverage of Population (%)
全 省	**Shaanxi**	**110**	**16260**	**122**	**1459**	**98.27**	**98.87**
西安市	Xi'an	12	2094	15	174	99.62	99.11
铜川市	Tongchuan	5	584	5	38	99.68	99.98
宝鸡市	Baoji	13	1570	14	114	99.93	99.97
咸阳市	Xianyang	12	1547	14	161	99.49	99.67
渭南市	Weinan	11	1001	12	137	96.00	97.59
# 韩城市	Hancheng	1	147	1	8	99.60	99.95
延安市	Yan'an	13	1004	15	175	99.40	99.83
汉中市	Hanzhong	11	849	13	193	98.45	99.26
榆林市	Yulin	12	1358	13	223	97.29	97.33
安康市	Ankang	11	689	11	140	95.85	97.95
商洛市	Shangluo	8	680	8	98	96.34	99.09
杨凌示范区	Yangling	1	20	1	5	100.00	100.00
省直单位	Others	1	4864	1			

注：公共图书馆藏书量不含电子图书。
a)The public library hldings don't include electronic book.

主要统计指标解释

普通高等学校 指按国家规定的设置标准和审批程序批准举办的，通过全国普通高等学校统一招生考试，招收高中毕业生为主要培养对象，实施高等学历教育的全日制大学、独立设置的学院和高等专科学校、高等职业学校及其他机构（独立学院和分校、大专班）。

大学、独立设置的学院主要实施本科层次以上教育。高等专科学校、高等职业学校实施专科层次教育。其他机构是承担国家普通招生计划任务不计校数的机构，包括独立学院、普通高等学校分校、大专班和批准筹建的普通高等学校等。独立学院指由普通本科高校按新机制、新模式举办的本科层次的二级学院，一些普通本科高校按公办机制和模式建立的二级学院，“分校”或其他类似的二级办学机构不属此范畴。

成人高等学校 指按照国家规定的设置标准和审批程序批准举办的，通过全国成人高等教育统一招生考试，招收具有高中毕业或同等学历的人员为主要培养对象，利用函授、业余、脱产等多种形式对其实施高等学历教育的学校。包括职工高等学校、农民高等学校、管理干部学院、教育学院、独立函授学院、广播电视大学、其他机构等。其他机构是承担国家成人招生计划任务不计校数的机构。

小学学龄儿童净入学率 指调查范围内已入小学学习的学龄儿童占校内外学龄儿童总数(包括弱智儿童，不包括盲聋哑儿童)的比重。计算公式为:

$$\text{小学学龄儿童净入学率}=\frac{\text{已入学的小学学龄儿童数}}{\text{校内外小学学龄儿童总数}}\times 100\%$$

研究与试验发展(R&D) 指在科学技术领域，为增加知识总量，以及运用这些知识去创造新的应用进行的系统的创造性的活动，包括基础研究、应用研究、试验发展三类活动。国际上通常采用 R&D 活动的规模和强度指标反映一国的科技实力和核心竞争力。

R&D 人员 指参与研究与试验发展项目研究、管理和辅助工作的人员，包括项目(课题)组人员，企业科技行政管理人员和直接为项目(课题)活动提供服务的辅助人员。反映投入从事拥有自主知识产权的研究开发活动的人力规模。

R&D 人员全时当量 指全时人员数加非全时人员按工作量折算为全时人员数的总和。例如：有两个全时人员和三个非全时人员(工作时间分别为 20%、30%和 70%)，则全时当量为 2+0.2+0.3+0.7=3.2 人年。为国际上比较科技人力投入而制定的可比指标。

R&D 经费支出合计 指调查单位用于内部开展 R&D 活动（基础研究、应用研究和试验发展）的实际支出。包括用于 R&D 项目（课题）活动的直接支出，以及间接用于 R&D 活动的管理费、服务费、与 R&D 有关的基本建设支出以及外协加工费等。不包括生产性活动支出、归还贷款支出以及与外单位合作或委托外单位进行 R&D 活动而转拨给对方的经费支出。

专业技术人员 指从事专业技术工作和专业技术管理工作的人员，即企事业单位中已经聘任专业技术职务从事专业技术工作和专业技术管理工作的人员，以及未聘任专业技术职务，现在专业技术岗位上工作的人员。包括工程技术人员，农业技术人员，科学研究人员，卫生技术人员，教学人员，经济人员，会计人员，统计人员，翻译人员，图书资料、档案、文博人员，新闻出版人员，律师、公证人员，广播电视播音人员，工艺美术人员，体育人员，艺术人员及企业政治思想工作人员，共十七个专业技术职务类别。用来反映科技人力资源情况。

专利 是专利权的简称，是对发明人的发明创造经审查合格后，由专利局依据专利法授予发明人和设计人对该项发明创造享有的专有权。包括发明、实用新型和外观设计。反映拥有自主知识产权的科技和设计成果情况。

发明（专利） 指对产品、方法或者其改进所提出的新的技术方案。是国际通行的反映拥有自主知识产权技术的核心指标。

实用新型（专利） 指对产品的形状、构造或者其结合所提出的适于实用的新的技术方案。反映具有一定技术含量的技术成果情况。

外观设计（专利） 指对产品的形状、图案、色彩或者其结合所作出的富有美感并适于工业上应用的新设计。反映拥有自主知识产权的外观设计成果情况。

艺术表演团体 指由文化部门主办或实行行业管理（经文化市场行政部门审批或已申报登记并领取相关许可证)，专门从事表演艺术等活动的各类专业艺术表演团体，含民间职业剧团。如话剧团、方言话剧团、滑稽剧团、儿童剧团、歌剧团、木偶团、皮影团等以及由若干剧种组成的综合性专业艺术表演团体。不包括群众业余文艺表演团体。

艺术表演场馆 指由文化部门主办或实行行业管理（经文化市场行政部门审批或已申报登记并领取相关许可证)，有观众席、舞台、灯光设备，公开售票、专供文艺团体演出的文化活动场所。附属于文化部门机构内非独立核算的剧场、排演场，公开营业的也应单独统计。

广播/电视节目综合人口覆盖率 指根据原国家广电总局制定的《广播电视人口覆盖率统计技术标准和方法》进行统计调查的，在对象区内能接收到由中央、省、地市或县通过无线、有线或卫星等各种技术方式转播的各级广播/电视节目的人口数占全国总人口数的百分比。

Explanatory Notes on Main Statistical Indicators

Regular Institutions of Higher Education refer to educational establishments set up according to the government evaluation and approval procedures, recruiting graduates from senior secondary schools as the main target by National Matriculation TEST. They include full-time universities, colleges, institutions of higher professional education, institutions of higher vocational education, institutions of higher vocational education and others (non-university tertiary, branch schools and undergraduate classes).

Universities and colleges primarily provide undergraduate courses; institutions of higher professional education and institutions of higher vocational education primarily provide professional trainings; and others refer to educational establishments, which are responsible for enrolling higher education students under the State Plan but not enumerated in the total number of schools, including: branch schools of universities and colleges, and universities and colleges that have been approved and under plan for construction. Non-university tertiary refers to the regular undergraduate branch college which is running in new mechanism and mode, excluding the branch schools and other similar branches of educational institutions.

Institutions of Higher Education for Adults refer to educational establishments, set up in line with relevant rules approved by the government, enrolling staff and workers with senior secondary school or equivalent education, and providing higher education courses in many forms of correspondence, spare time, or full time for adults. Professionals thus trained receive a qualification equivalent to graduates studying regular courses at regular universities, colleges and professional colleges. Institutions of higher learning for adults include schools of higher education for staff and workers, schools of higher education for peasants, colleges for management cadres, pedagogical colleges, independent correspondence colleges, Radio and TV universities and other educational establishments. Other educational establishments have undertakings to enrol adult students but not enumerated in the schools under the State Plan.

Net Enrolment Ratio of Primary Schools refers to the proportion of school age children enrolled at schools to the total number of school age children both in and outside schools (including retarded children, but excluding blind, deaf and mute children). The formula is:

$$\text{Net Enrolment Ratio of Primary Schools} = \frac{\text{Total Primary School-age Children at Schools}}{\text{Total Primary School-age Children Whether or Not Attending School}} \times 100\%$$

Research and Development (R&D) refers to systematic and creative activities in the field of science and technology aiming at increasing the knowledge and using the knowledge for new application. R&D includes 3 categories of activities: basic research, applied research and experimentation for development. The scale and intensity of R&D are widely used internationally to reflect the strength of S&T and the core competitiveness of a country in the world.

R & D Personnel refer to persons engaged in research, management and supporting activities of R & D, including persons in the project teams, persons engaged in the management of S&T activities of enterprises and supporting staff providing direct service to the research projects. This indicator reflects the size of personnel engaged in R&D activities with independent intellectual property.

Full-time Equivalent of R&D Personnel refers to the sum of the full-time persons and the full-time equivalent of part-time persons converted by workload. For instance, if there are 2 full-time persons and 3 part-time workers (20%, 30% and 70% of working hours respectively on R&D activities), the full-time equivalent are 2+0.2+0.3+0.7=3.2 person-years. This is an internationally comparable indicator of S&T manpower input.

Total Expenditure of Funds on R&D refers to the real expenditure of surveyed units on their own R&D activities (basic research, application study, test and development) including direct expenditure on R&D activities, indirect expenditure of management and services on R&D activities, expenditure on capital construction and material processing by others. Excluding the expenditure on production activities, return of loan, and fees transferred to cooperated and entrusted agencies on R&D activities.

Professional and Technical Personnel refer to persons engaged in professional and technical work or in the management of professional and technical activities, i.e., people with professional or technical positions who are engaged in professional and technical work or in the management of professional and technical activities, and people without professional or technical positions but are working on professional or technical posts. They include professionals and technicians working in 17 categories of technical occupations including engineering, agriculture, scientific researches, medical service, teaching, economic research and application, accounting, statistics, translation, libraries, archives, cultural and museum service, journalism and publication, lawyers, notarization service, radio and television broadcasting, handicraft and fine arts, sports, performing art, and political workers in enterprises. This indicator reflects the condition of human resources in S&T.

Patent is an abbreviation for the patent right and refers to the exclusive right of ownership by the inventors or designers for the creation or inventions, given from the patent offices after due process of assessment and approval in accordance with the Patent Law. Patents are granted for inventions, utility models and designs. This indicator reflects the achievements of S&T

and design with independent intellectual property.

Patented Inventions refer to new technical proposals to the products or methods or their modifications. This is universal core indicator reflecting the technologies with independent intellectual property.

Patented Utility Models refer to the practical and new technical proposals on the shape and structure of the product or the combination of both. This indicator reflects the condition of technological results with certain technical content.

Designs refer to the aesthetics and industrially applicable new designs for the shape, pattern and colour of the product, or their combinations. This indicator reflects the appearance design achievements with independent intellectual property.

Arts Performance Troupes refer to the various professional performing arts groups, which sponsored by the cultural sectors or guided by the cultural society (approved by the cultural market administration, or registered and permitted with the relative certificate), including non-governmental troupes, such as drama troupes, dialect troupes, comedy troupes, children troupes, Opera troupes, puppetry troupes, Shadowgraph troupes, etc., comprehensive professional arts performance troupes. The mass sparetime arts performance troupes are not included.

Arts Performance Places refer to the various sites for cultural activities, which sponsored by the cultural sectors or guided by the cultural society (approved by the cultural market administration, or registered and permitted with the relative certificate), with the facility of auditorium, stage, and lighting, and selling tickets in public, including the opera halls and rehearse sites, etc. which are affiliated to the culture sectors without independent financial accounts and open to the public.

The Population Coverage Rate of Radio/Television refers to the percentage of the whole country's population who can receive radio/television programmes transmitted by national, provincial, municipal or county stations through wireless, cable or satellite techniques, according to *Statistical Standard and Method on Television and Radio Coverage of Population* established by the former State Administration of Broadcasting, Film and Television.

十九、体育、卫生和其他

资料整理：杨小侠

简 要 说 明

一、本篇资料反映陕西体育、卫生、社会福利、安全生产等情况。

二、本篇资料主要内容及资料来源:

体育部分主要包括体育系统职工人数、群众体育活动开展情况及运动竞技成绩等，资料由省体育局提供。

卫生部分主要包括卫生机构、床位及人员数，农村合作医疗情况等，资料由省卫生计生委提供。

社会福利部分主要包括各种社会福利事业的机构数、收养救济人数、婚姻登记状况等，资料由省民政厅提供。

交通、火灾、伤亡事故情况由省公安厅、省安全生产监督管理局提供。

律师、公证及人民调解工作等资料由省司法厅提供。

Brief Introduction

Ⅰ. This chapter reflects the development of Shaanxi's sports, public health, social welfare, safe production and other undertakings.

Ⅱ. Primary coverage and data sources:

The data on sports mainly include the number of staff and workers in sports departments, mass sports and athletics sports, etc. The data are provided by Shaanxi Provincial Bureau of Sports.

The data on public health mainly include the number of health institutions, hospital beds and personnel, situation of rural cooperative medical service and etc. The data are provided by Shaanxi Health and Family Planning Commission.

The data on social welfare mainly include the number of institutions, the number of persons receiving social welfare relief funds and marriage registration status, etc. The data are provided by Shaanxi Provincial Department of Civil Affairs.

The data on traffic, fire and casualties accident are provided by Shaanxi Provincial Department of Public Security and Shaanxi Provincial Bureau of Work Safety.

The data on lawyer, notarization and the people's mediation work are provided by Shaanxi Province Federation of Trade Unions, Shaanxi Women's Federation and Shaanxi Provincial Department of Justice.

19.体育、卫生和其他

2016年全省		
等级运动员发展人数	1162	人
等级裁判员发展人数	2450	人
卫生机构数（不含个体诊所）	5823	个
# 医 院	2655	个
卫生技术人员	28.88	万人
# 执业(助理)医师	8.57	万人

卫生技术人员和医生数（万人）

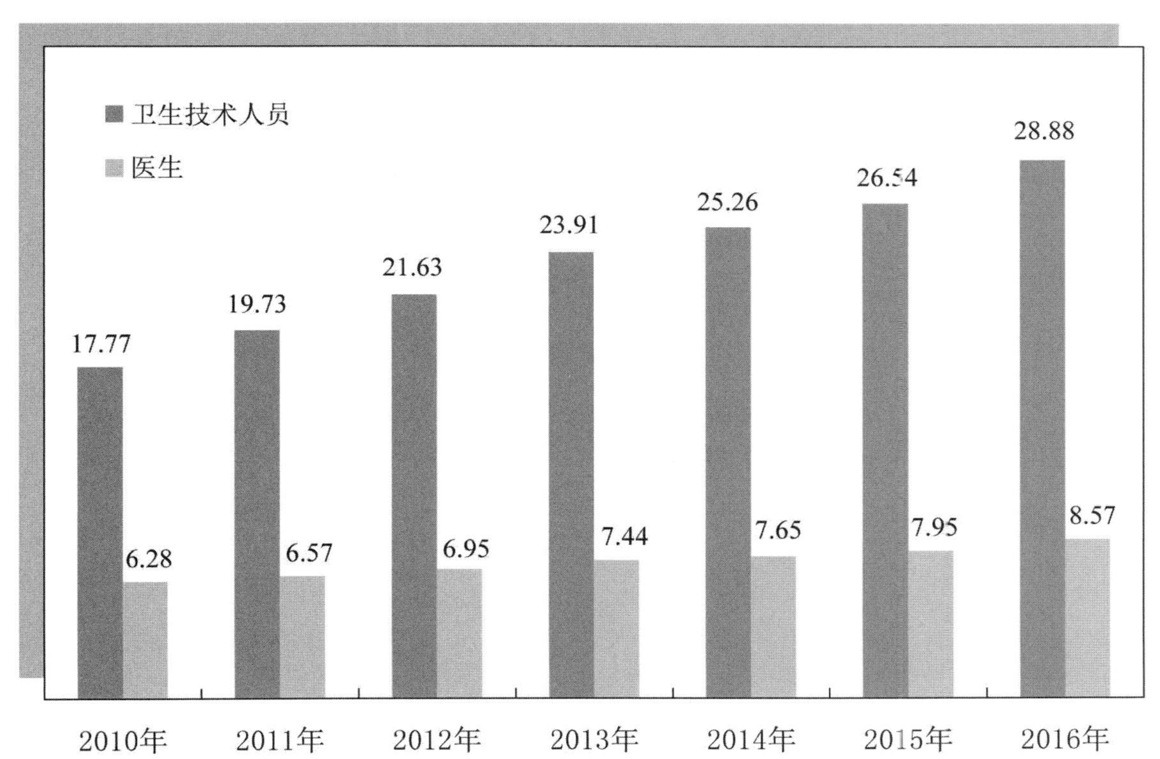

19-1 体 育 事 业
Statistics on Sports Industry

指　标	Item	2011	2012	2013	2014	2015	2016
一、体育系统职工人数　(人)	Employees Sports System　(person)	5393	5770	5172	5514	5446	5420
二、等级运动员发展人数 (人)	Number of Class Athlete Development (person)	466	496	685	832	593	1162
#女运动员	Female Athletes	180	152	245	348	150	331
#国际健将	International Masters Sports	4	5	1	5	2	4
运动健将	Masters of Sports	35	21	35	30	33	40
三、等级裁判员发展人数 (人)	Number of Graded Referees　(person)	519	965	1191	2403	1886	2450
#女裁判员	Female Referees	135	255	271	672	456	560
#国家级	National Referees	16			17		12
四、少年儿童业余体校　(所)	Spare-time Sports School　(unit)	66	82	65	81	76	66
#重点体校	Key Sports School	26	8	8	10	10	57
在校学生　(人)	Number of Students in School　(person)	8967	9822	10233	10835	9861	15580
五、取得冠军次数　(次)	Number of Champions　(time)	41	26	35	26	18	15
世界冠军	International Champion	16	10	16	7	2	2
亚洲冠军	Asian Champions		2	2	10	1	3
全国冠军	National Champion	25	14	17	9	15	10

19-2 等级运动员发展人数(2016年)
Number of Athletes in Grades by Type of Sports (2016)

单位：人　　(person)

地　区	Region	等级运动员 Number of Athletesin Grades	# 女 Women	# 国际级健将 International Masters Sports	# 运动健将 Masters of Sports	# 一　级 First Grade	# 二　级 Second Grade
全　省	**Shaanxi**	**1162**	**331**	**4**	**40**	**305**	**813**
省级直属	Directly under the Provincial	372	47	4	40	305	23
西 安 市	Xi'an	252	79				252
铜 川 市	Tongchuan	44	36				44
宝 鸡 市	Baoji	104	48				104
咸 阳 市	Xianyang	46	12				46
渭 南 市	Weinan	80	34				80
#韩城市	Hancheng	3	3				3
延 安 市	Yan'an	42	13				42
汉 中 市	Hanzhong	78	28				78
榆 林 市	Yulin	115	29				115
安 康 市	Ankang	17	3				17
商 洛 市	Shangluo	12	2				12

19-3 卫生机构、床位及人员数
Number of Health Units, Beds and Staff

年份 Year	卫生机构(个) Health Institutions (unit)	#医院 Hospitals	卫生机构床位(万张) Number of Hospital Beds (10 000 beds)	#医院 Hospitals	卫生技术人员(万人) Medical Technical Personnel (10 000 persons)	#医生 Doctors	#护士(师) Nurses
1978	5598	3064	5.39	4.99	7.12	3.43	1.11
1979	5780	3078	5.78	5.32	7.58	3.60	1.17
1980	5845	3095	6.08	5.52	8.05	3.72	1.19
1981	6158	3109	6.37	5.72	8.84	4.07	1.40
1982	6369	3113	6.51	5.92	9.23	4.20	1.57
1983	6280	3106	6.66	6.06	9.57	4.38	1.73
1984	6251	3119	6.87	6.23	10.01	4.63	1.81
1985	6346	2218	7.20	6.46	10.61	4.97	1.88
1986	6309	2439	7.45	6.70	10.89	5.12	1.93
1987	6293	2559	7.68	6.95	11.22	5.29	2.04
1988	6248	2502	8.03	7.22	11.48	5.70	2.41
1989	6312	2515	8.29	7.47	11.63	5.84	2.64
1990	6416	2521	8.55	7.80	11.82	5.91	2.72
1991	6433	2577	9.02	8.22	11.99	5.87	2.81
1992	6404	2604	9.29	8.51	12.33	5.97	2.87
1993	6215	2389	9.56	8.81	12.28	5.89	2.91
1994	6227	3040	9.84	9.07	12.60	6.20	3.03
1995	6215	3313	9.88	9.05	12.80	6.28	3.10
1996	6033	3315	9.59	9.05	12.82	6.30	3.10
1997	5947	3217	9.48	9.04	12.99	6.23	3.25
1998	5639	2779	9.48	9.09	13.03	6.17	3.37
1999	5493	2753	9.68	9.22	13.28	6.37	3.48
2000	5572	2779	9.69	9.26	13.34	6.43	3.56
2001	5563	2780	9.91	9.43	13.53	6.60	3.62
2002	5240	2748	10.00	9.53	13.53	5.95	3.65
2003	5039	2740	10.27	9.89	13.47	6.03	3.72
2004	5138	2710	10.31	9.97	13.46	5.97	3.75
2005	5366	2674	10.67	10.34	13.66	6.03	3.85
2006	5385	2672	11.12	10.90	13.91	6.06	4.07
2007	4753	2645	11.78	11.42	14.17	5.93	4.25
2008	4429	2629	12.52	12.31	14.82	5.81	4.69
2009	4421	2660	13.45	13.05	16.29	6.13	5.44
2010	4638	2639	14.24	13.72	17.77	6.28	6.13
2011	4669	2611	15.38	14.69	19.73	6.57	7.02
2012	4684	2603	16.92	16.31	21.63	6.95	7.94
2013	6290	2634	18.51	17.93	23.91	7.44	8.96
2014	6314	2587	19.94	19.37	25.26	7.65	9.72
2015	6186	2612	21.19	20.63	26.54	7.95	10.43
2016	5823	2655	22.54	22.10	28.88	8.57	11.69

注：1.本表卫生机构不含个体诊所，医院、医院床位数含卫生院、妇幼保健院和专科疾病防治院。2013年起新增计划生育技术服务机构。
2.2002年起医生为执业医师和执业助理医师，护士(师)为注册护师。

a) The health institutions in the table does not include private clinics.Hospitals and hospital beds include health center, women and children care agencies and specialized disease prevention &treatment institutes. Since 2013, Family Planning Technical Service Institutions.

b) Since 2002, doctors refer to practicing physicians, practicing physician assistants, nurses (division) refer to registered nurses.

19-4 各类卫生机构、床位及人员数(2016年)
Number of Various Health Units, Beds and Staff (2016)

指 标	Item	机构数(个) Health Institutions (unit)	床位数(张) Beds (bed)	人员合计(人) Persons Engaged (person)	卫生技术人员 Medical Technical Personnel	其他技术人员 Other Technical Personnel	管理人员 Management	工勤人员 Support Staff
总 计	**Total**	**36598**	**225400**	**372859**	**288831**	**3385**	**24185**	**23752**
一、医院	Hospitals	1085	180316	226453	191403	1917	15911	17222
综合医院	Comprehensive Hospitals	740	133884	172635	146753	1376	11959	12547
中医医院	Hospitals of Traditional Chinese Medicine	157	27668	33828	28695	389	2092	2652
中西医结合医院	Hospitals Combined by Medium Doctors	10	1504	1762	1514	26	152	70
专科医院	Specialized Hospitals	176	17205	18179	14405	124	1705	1945
护理院	Nursing homes	2	55	49	36	2	3	8
二、基层医疗卫生机构	Basic Medical and Health Institutions	34017	36346	111464	71827	397	3313	3221
社区卫生服务中心(站)	Community Health Service Center (station)	623	3308	11688	9998	67	906	717
社区卫生服务中心	Community Health Service Center	249	2960	8203	6926	41	610	626
社区卫生服务站	Community Health Service station	374	348	3485	3072	26	296	91
卫生院	Commune Hospitals	1570	32802	42376	37814	294	2196	2072
街道卫生院	Hospitals in the Streets	9	80	187	162	1	12	12
乡镇卫生院	Township Hospitals	1561	32722	42189	37652	293	2184	2060
中心卫生院	Center Hospital	641	19425	23597	21140	154	1063	1240
乡卫生院	Rural Hospitals	920	13297	18592	16512	139	1121	820
村卫生室	Village Clinic	25412		36633	3927			
门诊部	Outpatient Departments	285	236	4240	3812	36	211	181
综合门诊部	Comprehensive Outpatient Departments	175	212	2806	2517	23	132	134
中医门诊部	Chinese Medical Outpatient Department	29		335	295	1	25	14
中西医结合门诊部	Combination of Traditional Chinese and Western Medicine Outpatient Department	7		71	63	1	6	1
专科门诊部	Specialist OutPatient Department	74	24	1028	937	11	48	32
诊所、卫生所、医务室	Clinics, Health Institute, Medical Office	6127		16527	16276			251
诊 所	Clinics	5363		13892	13730			162
卫生所、医务室	Health Institute, Medical Office	764		2635	2546			89
三、专业公共卫生机构	Specialty Public Health Agency	1390	7970	32515	24121	941	4407	3046
疾病预防控制中心	Disease Prevention and Controlling Center	119		6331	4875	164	688	604
专科疾病防治院(所、站)	Specialized Disease Prevention and Treatment Centers (stations)	5	916	678	513	1	83	81
健康教育所(站、中心)	Health Education Offices (stations or centers)	5		142	63	35	24	20
妇幼保健院(所、站)	Maternity and Child Care Centers (stations)	116	7054	13570	11326	123	1102	1019
急救中心(站)	First-aid Center (station)	4		185	68	2	50	65
采供血机构	Blood Collecting and Supply Organizations	10		795	514	33	111	137
卫生监督所(中心)	Health Supervision Centers	115		2977	2261	40	379	297
计划生育技术服务机构	Family Planning Technical Service Institutions	1016		7837	4501	543	1970	823
四、其他卫生机构	Other Health Institutions	106	768	2427	1480	130	554	263
疗养院	Sanatoriums	3	768	242	154	8	44	36
医学科学研究机构	Research Institutes of Medical Science	10		244	168	15	41	20
医学在职培训机构	Medical On-the-job Training Organizations	36		916	565	74	193	84
统计信息中心	Statistical Information Center	2		165	37	1	61	66
临床检验中心(所、站)	Clinical Laboratory Center	1		6			6	
其 他	Others	54		854	556	32	209	57

注：本表人员合计中含乡村医生和卫生员。

a) Summation-personnel in this table includes country doctors and medical orderlies.

19-5　传染病发病率和死亡率(2016年)
The Incidence and Death of Infectious Diseases(2016)

病　名	Diseases	发病率 (1/10万) Incidence (1/100 000)	死亡率 (1/10万) Death Rate (1/100 000)	病死率 (%) Mortality Rate (%)
合　计	**Total**	**194.3541**	**0.5141**	**0.26**
鼠　疫	The Plague			
霍　乱	Cholera			
肝　炎	Hepatitis	77.3346	0.0158	0.02
痢　疾	Dysentery	11.6719		
伤寒+副伤寒	Typhoid and Paratyphoid Fever	0.1055		
艾滋病	AIDS	2.1329	0.3507	16.44
淋　病	Gonorrhea	4.5296		
梅　毒	Syphilis	26.0911		
脊　灰	Poliomyelitis			
麻　疹	Measles	0.8885		
百日咳	Pertussis	1.5661		
白　喉	Diphtheria			
流　脑	Epidemic Encephalitis	0.0079		
猩红热	Scarlet Fever	8.0678		
出血热	Hemorrhagic Fever	2.4599	0.0026	0.11
狂犬病	Hydrophobia	0.0369	0.0369	100.00
血吸虫病	Schistosomiasis			
布　病	Brucellosis	2.4994		
炭　疽	Anthrax	0.0158		
斑疹伤寒	Typhus	0.0712		
乙　脑	JE	0.3164		
黑热病	Black Fever	0.0211		
疟　疾	Malaria	0.2162	0.0026	1.20
新生儿破伤风	Newborn Tetanus	0.0026		
登革热	Dengue Fever	0.0158		
肺结核	Pulmonary Tuberculosis	56.3030	0.1055	0.19
非　典	SARS			

19-6 出院病人前十位疾病构成（2016年）
Discharged Patients Diseases of the Top Ten (2016)

序号 NO.	城市 Urban		
	疾病	Diseases	构成 (%) Constitute
1	呼吸系统疾病	Respiratory System Diseases	21.00
2	妊娠、分娩和产褥期	Pregnancy, Childbirth and the Puerperium	18.00
3	循环系统疾病	Circulatory System Diseases	13.81
4	损伤、中毒	Injury, Poisoning	7.68
5	消化系统疾病	Digestive Diseases	6.92
6	泌尿生殖系统疾病	Disease of the Genitourinary System	5.32
7	起源于围生期疾病	Originated in the Perinatal Diseases	3.47
8	眼和附器疾病	Diseases of the Eye and Adnexa	3.38
9	肌肉骨骼系统和结缔组织疾病	Musculoskeletal and Connective Tissue Diseases	3.25
10	传染病和寄生虫病	Infectious and Parasitic Diseases	2.91
	构成合计	Total	85.76

19-6 续表 continued

序号 NO.	农村 Rural		
	疾病	Disease	构成 (%) Constitute
1	呼吸系统疾病	Respiratory System Diseases	31.07
2	循环系统疾病	Circulatory System Diseases	19.39
3	妊娠、分娩和产褥期	Pregnancy, Childbirth and the Puerperium	10.86
4	消化系统疾病	Digestive Diseases	8.20
5	损伤、中毒	Injury, Poisoning	6.52
6	传染病和寄生虫病	Infectious and Parasitic Diseases	4.28
7	神经系统疾病	Nervous System Diseases	3.04
8	肌肉骨骼系统和结缔组织疾病	Musculoskeletal and Connective Tissue Diseases	2.59
9	泌尿生殖系统疾病	Disease of the Genitourinary System	2.41
10	内分泌、营养和代谢疾病	Endocrine,Nutritional and Metabolic Diseases	1.89
	构成合计	Total	90.26

19-7 各市(区)卫生机构、床位及人员数(2016年)
Number of Health Institutions, Beds and Persons Engaged by City(District) (2016)

地 区	Region	机构数(个) Health Institutions (unit)	床位数(张) Beds Total (bed)	人员数(人) Total Staff (person)	卫生技术人员(人) Medical Technical Personnel (person)	# 执业(助理)医师 Lecensed (Assistant) Doctors	# 注册护士 Registered Nurses
全 省	**Shaanxi**	**36598**	**225400**	**372859**	**288831**	**85734**	**116908**
西安市	Xi'an	5869	56332	107906	86258	27864	37518
铜川市	Tongchuan	950	5939	10167	8159	2321	3428
宝鸡市	Baoji	3024	24506	34840	27307	8858	10612
咸阳市	Xianyang	4744	29653	51155	42323	10767	16817
渭南市	Weinan	4291	26972	41518	30575	8651	11593
延安市	Yan'an	3151	13384	22412	16030	4803	6894
汉中市	Hanzhong	3698	20580	28965	21973	6660	8308
榆林市	Yulin	4631	20436	33589	24890	6659	9942
安康市	Ankang	3042	13976	21346	16276	4754	6394
商洛市	Shangluo	3028	12282	18556	13031	3829	4499
杨凌示范区	Yangling	170	1340	2405	2009	568	903

19-8 农村村级卫生组织情况(2016年)
Situations of Health Institutions in Rural Village (2016)

地 区	Region	村卫生室(个) Village Health Room (unit)	乡村医生和卫生员(人) Rural Doctors and Health Workers (person)	乡村医生 Rural Doctors	卫生员 Health Workers
全 省	**Shaanxi**	**25412**	**32706**	**31080**	**1626**
西安市	Xi'an	2951	3430	3229	201
铜川市	Tongchuan	543	555	539	16
宝鸡市	Baoji	1845	3075	2859	216
咸阳市	Xianyang	3311	3708	3643	65
渭南市	Weinan	3223	6068	5874	194
延安市	Yan'an	2479	2494	2455	39
汉中市	Hanzhong	2661	3418	3245	173
榆林市	Yulin	3487	3984	3517	467
安康市	Ankang	2391	2562	2479	83
商洛市	Shangluo	2409	3264	3102	162
杨凌示范区	Yangling	112	148	138	10

19-9 社区卫生服务中心(站)情况(2016年)
Statistics on Community Health Service Centers (Stations) (2016)

地区	Region	社区卫生服务中心(站)(个) Community Health Service Center(station) (unit)	床位数(张) Beds (bed)	人员数(人) Persons Engaged (person)	卫生技术人员(人) Medical Technical Personnel (person)	# 执业(助理)医师 Lecensed (Assistant) Doctors	# 注册护士 Registered Nurses
全　省	**Shaanxi**	**623**	**3308**	**11688**	**9998**	**3406**	**3633**
西安市	Xi'an	215	1594	5728	4811	1534	1630
铜川市	Tongchuan	43	191	382	321	106	148
宝鸡市	Baoji	75	580	1242	1071	419	392
咸阳市	Xianyang	114	400	1772	1604	566	694
渭南市	Weinan	70	196	964	837	331	293
延安市	Yan'an	27	129	346	290	118	104
汉中市	Hanzhong	19	36	292	236	88	84
榆林市	Yulin	37	102	565	476	114	165
安康市	Ankang	16	40	223	196	77	71
商洛市	Shangluo	4	40	121	109	42	34
杨凌示范区	Yangling	3		53	47	11	18

19-10 新型农村合作医疗情况
Statistics on New Cooperative Medical System

年份 Years	实行新型农村合作医疗县(区)(个) Number of Counties Implementing NCMS (unit)	参加新农合人数(万人) Number of Enrollees (10 000 persons)	参合率(%) Rate of Enrollees (%)
2007	104	2434.95	90.05
2008	104	2495.47	91.58
2009	104	2566.11	92.97
2010	104	2581.38	95.00
2011	104	2631.66	97.10
2012	104	2649.65	98.70
2013	91	2550.35	99.40
2014	91	2569.95	99.80
2015	92	2581.16	99.97
2016	92	2578.28	99.83

19-11 社会福利事业、企业单位机构和人员
Social Welfare, Business Unit Organizations and Personnel

指标	Item	机构(个) Institutions (unit)		工作人员(人) Staff (person)	
		2015	2016	2015	2016
一、收养性社会福利事业单位	Adopting Social Welfare Institutions	691	708	8832	9599
二、社会福利企业单位	Social Welfare Enterprises	176	160	10903	10037
(工商部门登记)	(the business sector registered)				
福利工厂	Welfare Factories	147	132	8814	8089
假肢厂(康复辅具机构)	Artificial Limb Factories (Rehabilitation Auxiliary Facilities)	1	1	88	87
其他福利企业	Other Welfare Enterprises	28	27	2001	1861
三、烈士纪念建筑物管理单位	Martyrs Memorial Building Management Unit	40	38	342	354
四、救助管理站	The Salvation Management Station	89	89	912	980
五、殡葬服务单位	Institutions of Funeral service	116	115	2560	2577

19-12 社会福利事业单位基本情况(2016年)
Basic Statistics on Social Welfare Institutions (2016)

指标	Item	院数(个) Number of Homes (unit)	工作人员(人) Number of Staff and Workers (person)	床位(张) Number cf Beds (bed)	年在院总人数(万人) Number of Persons Housed (10 000 persons)
一、民政部门办收养性社会福利事业单位	Adopting Social Welfare Institutions Established by the Home Department	182	3228	28589	190.6
#优抚休、疗养院	Convalescent Homes Founded by the Home Department	23	749	2185	51.2
城市福利院	Urban Welfare	44	1267	10461	229.8
二、老年收养性机构	Adoption of the Old Institutions	471	5735	75402	1140.4

注：1.优抚休、疗养院包括荣誉军人康复医院、复退军人慢性疗养院、复退军人精神病院和国家办光荣院。
2.城市福利院包括社会福利院、社会儿童福利院、社会精神病人福利院。
3.老年收养性机构包括城镇、农村的敬老院、养老院、老年性公寓。

a) Convalescent Homes include the honor military rehabilitation hospital, Futuijunren chronic nursing homes, psychiatric hospitals and the state office of honor Futuijunren hospital.
b) Urban welfare include social welfare, social welfare homes, social welfare of mental patients.
c) Old adoption of institutions include urban and rural areas of the nursing home, nursing homes, senile apartment.

19-13 社会福利企业基本情况(2016年)
Basic Statistics on Social Welfare Enterprises (2016)

地 区	Region	单位数 (个) Number of Homes (unit)	年末职工人数 (人) Number of Workers (person)	# 残疾职工 Disabled Employees	# 女 性 Female
全 省	**Shaanxi**	**160**	**10037**	**3591**	**1225**
西 安 市	Xi'an	51	3060	1179	360
铜 川 市	Tongchuan	3	44	44	12
宝 鸡 市	Baoji	35	2376	666	202
咸 阳 市	Xianyang	14	1027	404	131
渭 南 市	Weinan	11	1495	678	274
延 安 市	Yan'an	6	546	119	60
汉 中 市	Hanzhong	18	485	226	71
榆 林 市	Yulin	13	774	213	81
安 康 市	Ankang	1	18	11	9
商 洛 市	Shangluo	6	110	40	22
厅级小计	Others	2	102	11	3

19-14 城镇社区服务设施(2016年)
Urban Welfare Facilities (2016)

地 区	Region	城镇社区服务设施数 (个) Urban Welfare Facilities (unit)	便民利民服务网点 (个) Convenience Services (unit)	从业人员 (人) Employed Persons (person)
全 省	**Shaanxi**	**6953**	**1835**	**25821**
西 安 市	Xi'an	1015	773	6166
铜 川 市	Tongchuan	432	68	1244
宝 鸡 市	Baoji	890	319	2732
咸 阳 市	Xianyang	1466	308	3819
渭 南 市	Weinan	839	1	2999
延 安 市	Yan'an	309	82	1460
汉 中 市	Hanzhong	334	28	1538
榆 林 市	Yulin	270		928
安 康 市	Ankang	985	246	3293
商 洛 市	Shangluo	413	10	1642
杨凌示范区	Yangling			

19-15 工会工作(2016年)
Basic Statistics on Trade Unions (2016)

项目		Item		实有数 Number
基层工会	(个)	Basic Trade Unions	(unit)	108883
工会女职工组织	(个)	Women Workers Organization	(unit)	105423
工会经费审查委员会	(个)	Review Organization of Trade Union Funds	(unit)	48486
工会会员	(万人)	Union Members	(10 000 persons)	821
#女　性		Women		293
#农民工		Migrant Workers		306
专职工会工作人员	(人)	Full-time Union Staff	(person)	28342
兼职职工会工作人员	(人)	Part-time Union Staff	(person)	276085
建立职代会制度的工会	(个)	Union System Workers'Congress	(unit)	88705
职代会制度覆盖职工	(万人)	The Number of Staff and Workers covered by Workers Congress System	(10 000 persons)	659
#职代会中职工代表		Workers representatives of workers' congress		68
建立职工技协组织	(个)	Establish Staff Technical Association Organizations	(unit)	832
职工技协组织会员	(万人)	Staff Technical Association Members	(10 000 persons)	5
建立劳动争议调解委员会	(个)	Establish Labor Dispute Mediation Mommittees	(unit)	49632

19-16 律师、公证及人民调解工作(2016年)
Lawyers, Notarization and Mediation of Civil Disputes (2016)

项目	Item	实有数 Number
一、律师工作	**Lawyers**	
律师人员(人)	Number of Lawyers(person)	7774
#专　职	Full-time Lawyers	7008
兼　职	Part-time Lawyers	512
刑事诉讼辩护及代理(件)	Agent of Criminal Defense(case)	1557
民事诉讼代理(件)	Agent of Civil Case(case)	60514
行政诉讼代理(件)	Agent of Administrative Action (case)	2215
担任法律顾问(家)	As Legal Advisers(unit)	8730
代写法律文书(件)	Legal Document Written on Behalf of Clients(case)	40700
律师事务所(个)	Number of Law Offices(unit)	510
二、公证工作	**Notarial Personnel**	
公证处(个)	Number of Notary Offices(unit)	117
#涉外公证处	Foreign-related Notary Offices	18
公证人员(人)	Notarial Personnel(person)	471
办理公证文书(件)	Notarized Documents (case)	285397
三、人民调解工作	**Number of People's Mediation**	
人民调解委员会(个)	Number of People's Mediation Committees(unit)	27241
调解委员(人)	Member of a Mediation Committee(person)	103598
调解民间纠纷(件)	Number of Civil Disputes Mediated(case)	132505

19-17 国内公证文书分类(2016年)

Domestic Notarized Documents by Type (2016)

分　类	Type	办证件数(件) Number of Notarial Documents Issued (case)	分　类	Type	办证件数(件) Number of Notarial Documents Issued (case)
合　计	**Total**	**198557**	赠　与	Presentation Documents	1704
合同(协议)	Contracts	78594	遗　嘱	Testaments	694
买卖合同	Sale and Purchase Contracts	4210	保证(担保)	Guarantees	192
赠与合同	Gift Contracts	2127	承诺(要约)	Offer(Acceptance)	411
借款合同	Loan Contracts	38487	其　他	Others	544
租赁合同	Lease Contracts	909	现场监督	Field Supervision	834
承揽合同	Work Contracts	297	招标投标	Bidding	446
建设工程合同	Engineering and Construction Contracts	135	拍　卖	Auctions	78
			开奖、评选	Lottery	66
委托合同	Application Contracts	5515	公司会议	Corporate Meeting	10
担保合同	Guaranty Contracts	11346	抽签(摇号)	Draw Lots	158
土地使用权合同	Land Use Rights Contracts	116	其　他	Others	76
知识产权合同	Intellectual Property Contracts	20	保全证据	Evidence Preservation	4464
承包合同	Contracts	739	公司章程	Corporation Constitutions	72
企业经营合同	Operation Enterprises Contracts	41	组织资格	Organization Qualification	67
劳动(劳务)合同	Labor contracts	1386	财产权	Property Right	43
其他合同	Other contracts	4195	身　份	Status	165
合伙协议	Partnership Agreements	132	收养关系	Adoption Relationship	79
财产分割协议	Property Partitioning Contracts	202	婚姻状况	Marital Status	175
财产约定协议	Property Agreements	799	亲属关系	Kindred Relationship	1716
扶养协议	Legacy-support Agreements	79	有无违法犯罪记录	have or no Illegal and Criminal Record	1648
出国留学协议	Foreign Study Agreements	1625	其他有法律意义事实	Other Facts of Legal Significance	790
拆迁安置协议	Compensation and Resettlement Agreements	305	证书(执照)	Certificate(License)	1038
			签名(印鉴)	Signatures and Seals	24808
赔偿协议	Indemity Agreements	506	文本相符	Text Conformity	2175
还款协议	Payment Contracts	3091	赋予执行效力	Given Executory Effect	28855
其　他	Others	2332	执行证书	Execution Certificate	2154
继　承	Inheritances	13846	抵押登记	Mortgage Registration	133
单方法律行为	Unilateral Legal Act	34585	提　存	Drawing	28
委　托	Proxy	20333	保　管	Reserve	
声　明	Announcement	10707	其　他	Others	2288

19-18 婚姻登记情况

Registered Marriages

指　　标		Item		2014	2015	2016
一、登记结婚数	**（对）**	**Number of Registered Marriages**	**(couples)**	**381682**	**356413**	**332952**
1.内地居民登记结婚数	（对）	Registered Marriages in the Mainland	(couples)	381221	355978	332406
初婚数	（人）	Number of First Marriages	(person)	655587	598491	544943
再婚数	（人）	Number of Re-marriages	(person)	106855	113465	119869
#恢复结婚数		Restoration of Marriages		1910	6997	12670
2.涉外婚姻数	（对）	Number of Marriages with Foreigner	(couples)	461	435	546
二、登记离婚数	**（对）**	**Number of Registered Divorces**	**(couples)**	**68323**	**74097**	**78588**
1.内地居民登记离婚数	（对）	Registered Divorces in the Mainland	(couples)	68281	74038	78526
2.涉外婚姻数	（对）	Number of Divorces with Foreigner	(couples)	47	59	62

19-19 各市(区)婚姻登记情况(2016年)

Registered Marriages by City(District) (2016)

地　区	Region	内地居民登记结婚数(对) Number of Marriages Registered (couples)	初婚数(人) Number of First Marriages (person)	再婚数(人) Number of Re-marriages (person)	#恢复结婚数 Restoration of Marriages	内地居民登记离婚数(对) Number of Divorces Registered (couples)
全　省	**Shaanxi**	**332406**	**544943**	**119869**	**12670**	**78526**
西安市	Xi'an	74489	120448	28530	2559	20925
铜川市	Tongchuan	6903	10844	2962	362	1980
宝鸡市	Baoji	28710	47647	9773	743	5878
咸阳市	Xianyang	50661	84251	17071	1828	10468
渭南市	Weinan	50874	83043	18705	1788	11345
延安市	Yan'an	19721	31915	7527	1541	4833
汉中市	Hanzhong	25877	40123	11631	562	6901
榆林市	Yulin	33950	56899	11001	2476	7446
安康市	Ankang	22389	37671	7107	457	5490
商洛市	Shangluo	18286	31269	5303	353	3260
厅级小计	Others	546	833	259	1	

19-20 交通事故情况
Basic Statistics on Traffic Accidents

地 区	Region	事故次数(起) Number of Accidents (case)		死亡人数(人) Number of Deaths (person)		受伤人数(人) Number of Injuries (person)		损失折款(万元) Converted into Cash Losses (10 000 yuan)	
		2015	2016	2015	2016	2015	2016	2015	2016
全 省	**Shaanxi**	**5406**	**5917**	**1615**	**1576**	**5137**	**5777**	**3742**	**3813**
西安市	Xi'an	2392	2943	481	476	2318	3012	1470	1654
铜川市	Tongchuan	208	192	36	36	276	269	152	94
宝鸡市	Baoji	931	861	152	147	818	831	360	323
咸阳市	Xianyang	157	131	107	100	169	90	168	88
渭南市	Weinan	440	417	149	145	489	433	333	283
延安市	Yan'an	260	257	200	198	157	164	193	137
汉中市	Hanzhong	311	272	148	139	280	255	166	137
榆林市	Yulin	382	539	174	171	325	414	635	809
安康市	Ankang	112	111	75	73	94	104	205	232
商洛市	Shangluo	184	167	89	89	179	174	55	50
杨凌示范区	Yangling	29	25	4	2	32	29	6	5
铁 路	Railway		1				1		0.5
民 航	Civil Aviation		1				1		0.2

19-21 火灾事故情况
Basic Statistics on Fires

地 区	Region	事故次数(起) Number of Accidents (case)		死亡人数(人) Number of Deaths (person)		受伤人数(人) Number of Injuries (person)		损失折款(万元) Losses Converted into Cash (10 000 yuan)	
		2015	2016	2015	2016	2015	2016	2015	2016
全 省	**Shaanxi**	**13548**	**17639**	**41**	**48**	**19**	**13**	**11180**	**12757**
西安市	Xi'an	2590	3322	20	16	7	7	2402	1922
铜川市	Tongchuan	306	347	2	3	2	1	203	219
宝鸡市	Baoji	2176	2197	3	3	1	1	1394	1266
咸阳市	Xianyang	2384	2542	2	4	1		2167	1070
渭南市	Weinan	1974	2995	4	7			975	1267
延安市	Yan'an	525	815	1	2	2		550	1792
汉中市	Hanzhong	797	1421	1	3	4		810	1454
榆林市	Yulin	1605	1918	2	3		1	1310	1143
安康市	Ankang	520	636	1	1	2	1	825	785
商洛市	Shangluo	568	781	4	4		2	433	1120
杨凌示范区	Yangling	103	138	1				111	132
西咸新区	Xixian New Area		527		2				587

19-22 各类伤亡事故情况(2016年)

Statistics on Various Fatal Accidents (2016)

类别	Type	总计 Total		较大事故 Larger Accidents		重大事故 Major Accidents	
		起数(起) Times (time)	死亡(人) Deaths (person)	起数(起) Times (time)	死亡(人) Deaths (person)	起数(起) Times (time)	死亡(人) Deaths (person)
全省	**Shaanxi**	1757	925	21	84	1	11
农林牧渔业	Agriculture, Forestry, Animal Husbandry and Fishery	**28**	**8**				
#农业机械	Agricultural Machinery	23	4				
采矿业	Mining	43	65	2	9	1	11
煤矿	Coal Mine	15	32	1	6	1	11
金属非金属矿山	Metallic and Nonmetallic Mine	28	33	1	3		
商贸制造业	Manufacturing	50	57	2	7		
#化工	Chemical Industry	9	11				
烟花爆竹	Fireworks	1	2				
冶金机械八行业	Eight Branches about Metallurgy Machinery	29	27				
建筑业	Construction	72	74				
#屋建筑及市政工程	Housing Construction and Municipal Engineering	59	61				
交通建设工程	Transportation Construction	10	10				
交通运输和仓储业	Traffic, Transport, Storage and Post	1531	690	17	68		
#铁路运输业	Railway Transport	46	33				
道路运输业	Road Transport	1480	652	17	68		
水上运输业	Water Transport	1	1				
其他行业	Others	33	31				

19-23 社会捐赠和收养登记情况(2016年)

Statistics on Social Donation and Adopting Registration (2016)

地区	Region	捐赠款数额(万元) Donated Fund (10 000 yuan)	捐赠其他物资价值(万元) Value of Other Donated Materials (10 000 yuan)	收养登记合计(人) Number of Registered Adoption (person)	中国公民 Adoption by Chinese	外国人 Adoption by Foreigners
全省	**Shaanxi**	**743.3**	**46.0**	**376**	**216**	**160**
西安市	Xi'an	518.0		76	76	
铜川市	Tongchuan			6	6	
宝鸡市	Baoji	6.1		20	20	
咸阳市	Xianyang	219.2		44	44	
渭南市	Weinan			8	8	
延安市	Yan'an					
汉中市	Hanzhong			17	17	
榆林市	Yulin		46.0	8	8	
安康市	Ankang			28	28	
商洛市	Shangluo			9	9	
厅级小计	Others			160		160

主要统计指标解释

卫生机构 指从卫生行政部门取得《医疗机构执业许可证》，或从民政、工商行政、机构编制管理部门取得法人单位登记证书，为社会提供医疗保健、疾病控制、卫生监督服务或从事医学科研和教育等工作的单位。卫生机构包括医院、疗养院、社区卫生服务中心(站)、卫生院、门诊部、诊所(卫生所、医务室)、急救中心(站)、采供血机构、妇幼保健院(所、站)、专科疾病防治院(所、站)、疾病预防控制中心(防疫站)、卫生监督所、卫生监督检验(监测、检测)机构、医学科研机构、医学在职培训机构、健康教育所(站)等其他卫生机构。

卫生技术人员 包括执业(助理)医师、注册护士、药剂人员、检验和影像人员等卫生专业人员。不包括从事管理工作的卫生技术人员(一律计入管理人员)。

执业医师 指具有《医师执业证》及其“级别”为“执业医师”且实际从事医疗、预防保健工作的人员，不包括实际从事管理工作的执业医师。执业医师类别分为临床、中医、口腔和公共卫生。

执业助理医师 指具有《医师执业证》及其“级别”为“执业助理医师”且实际从事医疗、预防保健工作的人员，不包括实际从事管理工作的执业助理医师。执业助理医师类别同样分为临床、中医、口腔和公共卫生四类。

社区卫生服务中心(站) 指为本社区居民提供预防、医疗、保健、康复、健康教育、计划生育技术服务等的基层卫生机构。包括社区卫生服务中心和社区卫生服务站。

社会福利企业 指以集中安置有一定劳动能力的残疾人员就业为目（残疾职工占生产人员 10%以上）、带有社会福利性质的企业总称。主要包括福利工厂、假肢厂和其他福利企业。

城镇社区服务设施数 指报告期末城镇（街道办事处、居委会）设立的以非盈利为目的，为本社区居民服务，特别是为老年人、残疾人、儿童服务的社区服务中心、活动站、服务站、养老院、老年公寓（托老所），残疾人工疗站、残疾儿童日托所、家务服务站、婚姻介绍所等福利性设施以及职工社会保险管理服务的机构数。几种不同类型的社区服务单位，共用一个场所的，只能统计为一个社区服务设施。成为社区服务设施的条件：（1）是独立核算单位；（2）有固定的从业人员；（3）有一定的服务项目；（4）有一定的场所。

公证人员 指在公证处工作的人员总称，包括公证处主任、副主任、公证员、公证员助理(助理公证员)和其他从事辅助性工作的人员。

公证文书 指公证处根据当事人申请，依照事实和法律，按照法定程序制作的，具有法律效力的司法证明文书。

受理劳动争议案件数 指劳动争议仲裁委员会根据国家有关规定，对劳动争议当事人的申请予以审查，符合受理条件而正式立案、准备处理的劳动争议案件数。

Explanatory Notes on Main Statistical Indicators

Health Care Institutions refer to the units which have been qualified the Certification of Health Care Institution by the administration of public health, or qualified the Certification of Corporate Unit by the civil affairs, administration for industry and commerce, commission office for public sector reform, and engaging in medical care, disease prevention and control, health supervision and inspection, medicine research and health education, etc., including: hospitals, sanatoriums, community health service centers (stations), health centers, clinics (health stations and infirmaries), first-aid canters (stations), blood gathering and supplying institutions, women and children care agencies (centers and stations), special disease prevention and curing agencies (canters and stations), disease prevention and control centers (epidemic prevention stations), health supervision and inspection agencies, sanitary inspection institutions, medicinal scientific research and on-job training institutions, health education canters and so on.

Medical Technical Personnel refer to the professional staff engaged in health care, including licensed (assistant) doctors, registered nurse, pharmacists, laboratory technician, and imaging staff, excluding the medical technical personnel engaged in management job (included as the management staff).

Licensed Doctors refer to the medical workers who have obtained the licenses of qualified doctors and are employed in medical treatment, disease prevention or healthcare institutions, excluding the licensed doctors engaged in management job. The classification of licensed doctors is clinician, Chinese medicine, dentist and public health.

Licensed Assistant Doctors refer to the medical workers who have obtained the licenses of qualified assistant doctors and are employed in medical treatment, disease prevention or healthcare institutions, excluding the licensed assistant doctors engaged in management job. The classification of licensed assistant doctors is clinician, Chinese medicine, dentist and public health.

Community Health Service Centers (stations) refer to the primary units that provide the health care for community residents, such as disease prevention and control, medical treatment, health care, rehabilitation, health education, family planning technical services, including community health service centers and community health service stations.

Social Welfare Enterprises refers to those welfare-oriented enterprises employing a significant number of handicapped people with certain labour ability (handicapped employees shall exceed 10% of the production staff), including welfare factories, artificial limb plants as well as other welfare enterprises.

Number of Service Facilities in Urban Communities refers to the number non-profit welfare facilities set up by urban communities (community offices and residents' committees) to serve the community residents, including, among others, community-based centers that serve senior citizens, the handicapped or children, recreational centers, service centers, nursing homes, apartments for the elderly (nursery for the aged), work and treatment stations for the handicapped, day-care centers for handicapped children, domestic help agencies and dating services, as well as social insurance management agencies for the employees. Different types of community service providers that share the same premise are regarded as one community service facility. The requirements for a social service facility of communities include: (1) independent accounting; (2) fixed employees; (3) provision of services; and (4) premises.

Notary Personnel refers to people working for notary offices including: directors, deputy directors, notaries, assistant notaries and other people providing assistance.

Notary Documents refer to the judicial notary documents drawn up at the request of the interested party and are in accordance with facts and the law and following certain legal proceedings.

Number of Labour Disputes Cases Accepted refers to the number of cases of labour disputes submitted that, after being reviewed by the labour dispute arbitration committees in line with the relevant national regulations, are accepted and registered for treatment.

二十、水利

Irrigation

资料整理：陈　艳　郭力涛　文　燕

简 要 说 明

一、本篇资料反映陕西水利建设基本情况。主要内容包括水利建设投资，水利工程供水，水库，灌区，灌溉面积，水土保持，农村饮水等情况。

二、本篇资料由省水利厅提供。

Brief Introduction

Ⅰ. This chapter reflects the basic conditions of Shaanxi's water conservancy, mainly including investment in water conservancy projects, water supply of water conservancy projects, reservoir, irrigated area, water and soil conservation, drinking water in rural areas and etc.

Ⅱ. The data are provided by Shaanxi Province Department of Water Resources.

20.水 利

2016年全省

水利建设投资	256.69	亿　元
有效灌溉面积	1251.39	千公顷
水利工程供水量	90.83	亿立方米
水库数量	1098	座

水利建设投资（亿元）

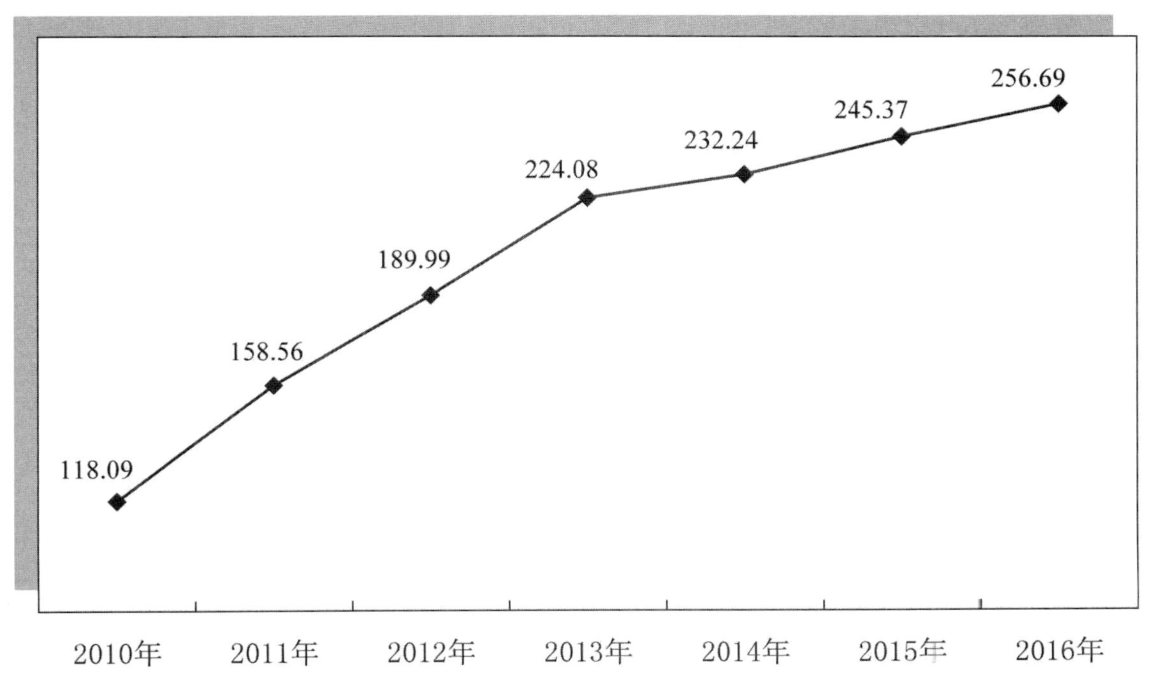

20-1 水利建设投资情况(2016年)
Construction Investment Situation of Hydroproject(2016)

单位：万元 (10 000 yuan)

地 区	Region	水利建设投资总计 Total	中 央 Central Level	省 级 Provincial Level	市 级 City Level	县及县以下 at and below County Level	民间投资 Nongovernment Investment
全 省	**Shaanxi**	**2566931**	**965780**	**324121**	**501591**	**201233**	**574205**
省 属	Provincial	504791	276979	99998		40308	87506
西安市	Xi'an	521539	23046	11413	259111		227970
铜川市	Tongchuan	35168	14927	8681	7793	3767	
宝鸡市	Baoji	150298	55647	23315	13064	16634	41639
咸阳市	Xianyang	207492	59003	31769	43530	31248	41942
渭南市	Weinan	226464	165774	40649	9765	5608	4668
# 韩城市	Hancheng	21777	13651	1340		2118	4668
延安市	Yan'an	282676	161411	23587	78835	18843	
汉中市	Hanzhong	160892	56122	29665	5623	5779	63703
榆林市	Yulin	171751	44157	21104	65078	36936	4477
安康市	Ankang	168449	60337	21829	11617	16183	58484
商洛市	Shangluo	126517	46979	10240	419	25062	43817
杨凌示范区	Yangling	10893	1397	1873	6757	866	

注：水利建设投资主要包括：防洪、险库、重点水源及枢纽、灌排、城乡供排水、水土保持及生态治理、农村小水电、渔业等。
a)Construction investment of hydroproject mainly includes flood protection ,dangerous reservoir,key water source and key position,irrigation and drainage ,potable water,water and soil conservation ,rual small hydropower ,fishery industry etc.

20-2 灌溉面积(2016年)
Irrigated Areas(2016)

单位：千公顷

地 区	Region	设施灌溉面积 Irrigated Areas by Facilities	本年灌溉面积 Irrigated Areas This Year	有效灌溉 Effective Irrigated Areas	林地灌溉 Irrigated Wooded-land Areas	园地灌溉 Garden Plot Irrigated Areas	牧草地灌溉 Irrigated Pasture
全 省	**Shaanxi**	**1558.57**	**1387.50**	**1251.39**	**13.11**	**121.88**	**1.12**
西 安 市	Xi'an	188.79	186.01	171.11	2.39	12.51	
铜 川 市	Tongchuan	30.09	25.46	19.41		6.05	
宝 鸡 市	Baoji	198.24	177.85	151.75	0.78	25.31	0.01
咸 阳 市	Xianyang	287.85	244.11	230.74	1.91	11.46	
渭 南 市	Weinan	421.27	369.58	329.59	2.29	37.70	
#韩城市	Hancheng	16.90	12.89	12.77		0.12	
延 安 市	Yan'an	45.74	42.85	33.95	0.10	8.80	
汉 中 市	Hanzhong	125.28	115.6	109.73	1.38	4.49	
榆 林 市	Yulin	166.11	147.4	133.32	2.65	10.47	0.96
安 康 市	Ankang	66.07	49.67	43.11	1.58	4.83	0.15
商 洛 市	Shangluo	23.21	23.11	23.11			
杨凌示范区	Yangling	5.92	5.86	5.57	0.03	0.26	

20-2 续表 Continued

单位：千公顷 (1 000 hectares)

地 区	Region	节水灌溉面积 Water Saving Irrigation Areas	喷 灌 Spray Irrigation	微 灌 Micro Irrigation	低压管灌 Low Pressure Pipe Irrigation	渠道防渗 Canal Seepage Control	有效实灌面积 Effectively Irrigated Areas	旱涝保收面积 Stable-harvest Farming Areas
全 省	**Shaanxi**	**906.88**	**33.66**	**51.67**	**320.76**	**500.79**	**1028.19**	**748.02**
西 安 市	Xi'an	149.47	5.25	3.75	75.49	64.98	143.19	123.23
铜 川 市	Tongchuan	19.68	0.73	6.21	11.11	1.63	5.56	4.01
宝 鸡 市	Baoji	148.24	5.80	10.50	49.22	82.72	119.22	114.28
咸 阳 市	Xianyang	161.83	3.28	8.15	60.47	89.93	187.20	124.90
渭 南 市	Weinan	235.91	3.71	10.84	50.69	170.67	276.20	173.35
#韩城市	Hancheng	11.35	0.02	0.01	3.31	8.01	9.28	8.50
延 安 市	Yan'an	32.99	4.14	7.26	21.59		23.58	13.75
汉 中 市	Hanzhong	65.95	3.57	0.95	2.39	59.04	97.82	82.67
榆 林 市	Yulin	44.44	4.28	0.76	37.04	2.36	117.79	68.85
安 康 市	Ankang	35.36	2.03	1.76	5.85	25.72	36.00	30.93
商 洛 市	Shangluo	8.59	0.84	0.26	4.82	2.67	16.18	7.43
杨凌示范区	Yangling	4.42	0.03	1.23	2.09	1.07	5.45	4.62

20-3 易涝耕地面积治理情况(2016年)
Management Situation of Areas of Floating Plowland (2016)

单位：千公顷 (1 000 hectares)

地　区	Region	易涝耕地面积 Areas of Floating Plowland	除涝面积 Area of Waterlogging Control	# 本年新增 New-added in This Year	# 本年减少 Decrease in This Year
全　省	**Shaanxi**	**160.78**	**133.56**	**1.77**	**0.93**
西安市	Xi'an	48.34	44.27	1.04	0.84
铜川市	Tongchuan				
宝鸡市	Baoji	3.91	2.98		
咸阳市	Xianyang	28.09	24.24		
渭南市	Weinan	35.38	30.55	0.28	0.09
# 韩城市	Hancheng	0.4	0.35	0.08	0.09
延安市	Yan'an				
汉中市	Hanzhong	13.35	10.17	0.42	
榆林市	Yulin	22.73	19.47	0.03	
安康市	Ankang				
商洛市	Shangluo	8.75	1.65		
杨凌示范区	Yangling	0.23	0.23		

20-4 用水总量(2016年)
Water Use (2016)

单位：万立方米 (10 000 cu.m)

地　区	Region	用水总量 Water Use	农田灌溉用水量 Farmland Irrigation Water	林牧渔畜用水量 Water Consumption of Forestry, Animal Husbandry, Fishery and Livestock	工业用水量 Consumption of Industry Water	城镇公共用水 Consumption of Town Public Water	乡村生活用水量 Residents Living Water	生态环境用水量 Ecological Environment Water
全　省	**Shaanxi**	**908287**	**480583**	**95674**	**136921**	**114168**	**50061**	**30880**
西安市	Xi'an	184677	56076	10350	42391	48416	7629	19815
铜川市	Tongchuan	8380	2246	974	2230	2102	613	215
宝鸡市	Baoji	80244	41927	10746	9977	10467	5600	1527
咸阳市	Xianyang	106512	54927	12444	19608	10887	6885	1761
渭南市	Weinan	152020	97434	19732	15196	11264	6176	2218
# 韩城市	Hancheng	8428	1678	679	4060	1038	468	505
延安市	Yan'an	25604	5899	4990	6916	4205	2817	777
汉中市	Hanzhong	164274	126820	12944	10383	6930	6176	1021
榆林市	Yulin	79134	43390	6429	16531	6406	4897	1481
安康市	Ankang	72751	39659	12114	7062	6743	6403	770
商洛市	Shangluo	30678	10154	4557	6434	5723	2723	1087
杨凌示范区	Yangling	4013	2051	394	193	1025	142	208

20-5 水利工程供水总量(2016年)
Water Supply by Water Projects(2016)

单位：万立方米 (10 000 cu.m)

地 区	Region	供水总量 Water Supply	地表水源供水量 Surface Water Supply	蓄 水 Reserve Water	引 水 Channel Water	提 水 Draw Water	人工载运 Artificial Ferried
全 省	**Shaanxi**	**908287**	**555246**	**204721**	**243357**	**107052**	**116**
西安市	Xi'an	184677	82059	51847	26384	3828	
铜川市	Tongchuan	8380	5269	2806	1449	996	18
宝鸡市	Baoji	80244	38915	22512	13201	3190	12
咸阳市	Xianyang	106512	45497	7121	30965	7411	
渭南市	Weinan	152020	88366	17225	14002	57119	20
# 韩城市	Hancheng	8428	2793	2381	277	135	
延安市	Yan'an	25605	15961	5390	5045	5477	48
汉中市	Hanzhong	164274	142257	54756	75577	11924	
榆林市	Yulin	79134	44906	14047	20823	10021	15
安康市	Ankang	72751	68753	21595	40903	6255	
商洛市	Shangluo	30678	21940	7422	13727	788	3
杨凌示范区	Yangling	4013	1324		1281	43	

20-5 续表 continued

单位：万立方米 (10 000 cu.m)

地 区	Region	地下水源供水量 Groundwater Supply	深层水 Deep Water	浅层水 Shallow Water	微咸水 A Little Salty Water	其他水源供水量 Other Walter Supply	污水处理回用 Waste Water reuse	雨水利用 Rain Use
全 省	**Shaanxi**	**332812**	**4698**	**325922**	**2192**	**20230**	**19016**	**1214**
西安市	Xi'an	89609	1643	87629	337	13009	12934	75
铜川市	Tongchuan	2906		2906		205	41	164
宝鸡市	Baoji	40003	38	39965		1326	1017	309
咸阳市	Xianyang	58258	1029	57229		2757	2630	127
渭南市	Weinan	62055	448	60545	1062	1599	1586	13
# 韩城市	Hancheng	4677		4677		958	958	
延安市	Yan'an	8997	1540	7457		647	568	79
汉中市	Hanzhong	21830		21830		137		187
榆林市	Yulin	33912		33119	793	316	240	76
安康市	Ankang	3879		3879		119		119
商洛市	Shangluo	8673		8673		65		65
杨凌示范区	Yangling	2689		2689				

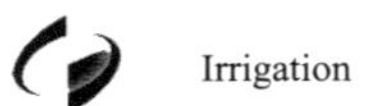

20-6 堤防情况(2016年)
Dikes Situation(2016)

地区	Region	堤防总长度(公里) Dikes Total Length (km)	1级堤防 Level 1 Dikes	2级堤防 Level 2 Dikes	3级堤防 Level 3 Dikes	4级堤防 Level 4 Dikes	5级堤防 Level 5 Dikes	5级以下堤防 Other Grades Dikes	达标堤防长度(公里) Length of Standard Dikes (km)	1级堤防 Level 1 Dikes	2级堤防 Level 2 Dikes
全　省	**Shaanxi**	**8368**	**417**	**459**	**819**	**1610**	**1940**	**3123**	**4409**	**410**	**389**
西安市	Xi'an	1014	192	117	103	226	306	70	656	192	90
铜川市	Tongchuan	196		1	44	79	64	7	76		
宝鸡市	Baoji	518	104	79	61	129	114	31	469	100	79
咸阳市	Xianyang	248	37	32	26	59	91	2	236	34	32
渭南市	Weinan	474	50	87	22	104	169	43	397	50	76
# 韩城市	Hancheng	38			9	26	3		38		
延安市	Yan'an	411		42	282	49	25	14	358		15
汉中市	Hanzhong	1153	17	50	87	363	172	465	462	17	46
榆林市	Yulin	548		19	110	67	131	222	315		19
安康市	Ankang	1019	4	2	35	252	232	495	469	4	2
商洛市	Shangluo	2764		30	47	275	637	1775	958		30
杨凌示范区	Yangling	22	12	1	2	7			15	12	1

20-6 续表 continued

地区	Region	3级堤防 Level 3 Dikes	4级堤防 Level 4 Dikes	5级堤防 Level 5 Dikes	本年新增堤防达标长度(公里) Newly Increased Standard Dikes Length This Year(km)	本年减少达标堤防长度(公里) Newly Reduced This Year Standard Dikes Length	全部堤防保护人口(万人) All the Dikes Protected the Population (10 000 persons)	# 本年新增 Newly Increased This Year	全部堤防保护耕地(千公顷) All the Dikes Protected the Farmland (1 000 hectares)	# 本年新增 Newly Increased This Year
全　省	**Shaanxi**	**764**	**1284**	**1562**	**232**	**72**	**1104.19**	**25.43**	**606.76**	**11.31**
西安市	Xi'an	103	195	77	6		243.14	1.00	99.08	1.00
铜川市	Tongchuan	5	11	60	4		37.75	0.20	6.55	0.15
宝鸡市	Baoji	54	122	114	45		145.52	4.97	67.95	3.03
咸阳市	Xianyang	25	59	85	7		100.41	3.46	25.99	2.65
渭南市	Weinan	22	95	153	6		80.25	0.07	89.19	0.15
# 韩城市	Hancheng	9	26	3	6		2.27	0.07	1.65	0.15
延安市	Yan'an	276	48	19	7	0	115.06	1.35	147.43	0.15
汉中市	Hanzhong	86	206	106	38	37	118.78		83.64	
榆林市	Yulin	109	67	121	26		85.52	6.02	10.38	0.86
安康市	Ankang	34	223	206	24	1	70.83	4.17	24.25	0.70
商洛市	Shangluo	47	259	622	68	35	100.81	4.19	50.20	2.62
杨凌示范区	Yangling	2					6.12		2.10	

20-7　万亩以上灌区基本情况(2016年)
Basic Irrigated Area above 10 000 Acres (2016)

地　区	Region	灌区数 (处) Number of Irrigated Areas (unit)	50万亩以上 Over 500000 Mu	30～50万亩 300000-500000 Mu	10～30万亩 100000-300000 Mu	5～10万亩 50000-100000 Mu	1～5万亩 10000-50000 Mu
全　省	**Shaanxi**	**186**	**8**	**4**	**12**	**18**	**144**
西安市	Xi'an	24			3	2	19
铜川市	Tongchuan	4		1			3
宝鸡市	Baoji	21	1	1	1	2	16
咸阳市	Xianyang	29	2	1	2	3	21
渭南市	Weinan	48	4	1	3	3	37
# 韩城市	hancheng	3			1		2
延安市	Yan'an	9				1	8
汉中市	Hanzhong	20	1		3	5	11
榆林市	Yulin	16					16
安康市	Ankang	7				2	5
商洛市	Shangluo	8					8

20-7　续表　continued

地　区	Region	灌区耕地面积 (千公顷) Area of Irrigated Land (1000 hectares)	50万亩以上 Over 500000 Mu	30～50万亩 300000-500000 Mu	10～30万亩 100000-300000 Mu	5～10万亩 50000-100000 Mu	1～5万亩 10000-50000 Mu
全　省	**Shaanxi**	**838.40**	**443.60**	**72.65**	**109.75**	**71.57**	**140.83**
西安市	Xi'an	64.44		3.42	41.02	10.97	9.03
铜川市	Tongchuan	8.01		4.38			3.63
宝鸡市	Baoji	129.64	83.34	17.48	6.19	9.47	13.16
咸阳市	Xianyang	178.00	103.30	24.04	14.24	12.00	24.42
渭南市	Weinan	321.06	233.38	23.33	22.18	9.20	32.97
# 韩城市	hancheng	11.91			7.88		4.03
延安市	Yan'an	7.71				3.00	4.71
汉中市	Hanzhong	79.70	23.58		26.12	14.37	15.63
榆林市	Yulin	22.47					22.47
安康市	Ankang	17.38				12.56	4.82
商洛市	Shangluo	9.99					9.99

20-8 水库情况(2016年)
Situation of Reservoir (2016)

地区	Region	水库数量(座) Reservoir Volume (block)	水库库容(万立方米) Reservoir Storage Capacity (10 000 cu.m)	# 兴利库容 Hennessy Capacity	# 防洪库容 flood control Storage	已淤积库容(万立方米) Storage Capacity Sedimented (10 000 cu.m)	灌溉面积(万亩) Irrigated Area (10 000 acres) 设计 Design Irrigation	本年实灌 Actual Irrigation This Year
全省	**Shaanxi**	**1098**	**898921.26**	**440080.09**	**192982.64**	**174976.02**	**6962.57**	**737.62**
西安市	Xi'an	93	38077.60	29176.82	23711.20	5219.60	82.61	20.42
铜川市	Tongchuan	32	11741.59	6040.50	2037.52	3709.80	31.85	20.59
宝鸡市	Baoji	105	91735.10	60963.38	24962.70	17610.39	657.89	288.24
咸阳市	Xianyang	73	50603.75	20696.94	16629.64	9197.08	298.19	149.83
渭南市	Weinan	112	28246.14	16847.28	9630.47	3626.94	84.16	18.89
# 韩城市	hancheng	11	6565.33	4043.08	2365.10	1030.51	15.15	2.59
延安市	Yan'an	41	61952.94	14317.85	13284.47	30695.17	5634.94	172.17
汉中市	Hanzhong	345	64322.88	40112.83	12048.93	10741.99	100.09	49.21
榆林市	Yulin	94	131324.66	23672.75	28080.16	58086.61	20.41	9.74
安康市	Ankang	151	406601.59	220517.76	58237.71	33635.62	40.00	7.85
商洛市	Shangluo	52	14315.01	7733.98	4359.84	2452.82	12.43	0.69

20-9 水土保持情况(2016年)
Basic Statistics on Soil and Water Conservation(2016)

单位：千公顷 (1 000 hectares)

地区	Region	累计水土流失治理面积 Total Area of Soil Erosion under Control	# 小流域治理面积 Area of Small Watershed under Control	本年新增治理面积(含生态修复) Area of Newly Increased Soil Erosion under Control This Year	# 小流域治理面积 Area of Small Watershed under Control	本年减少水土流失面积 Area of Decreased Soil Erosion This Year	# 因植被死亡或破坏 For Death or Destruction of Vegetation	# 因开发建设或开荒、过牧 For Development and Construction or Land Clearing and Overgrazing
全省	**Shaanxi**	**7571.21**	**2868.25**	**657.95**	**105.73**	**375.06**	**213.26**	**91.06**
西安市	Xi'an	196.81	24.19	28.33	0.29	15.51	5.39	7.33
铜川市	Tongchuan	201.67	75.68	20.25	3.04	14.76	4.78	4.60
宝鸡市	Baoji	594.41	157.82	40.20	5.71	15.45	6.89	5.91
咸阳市	Xianyang	498.60	204.09	50.58	14.13	19.72	11.12	4.44
渭南市	Weinan	489.99	180.24	59.14	12.72	33.63	10.53	9.72
# 韩城市	Hancheng	70.26	20.38	4.01	0.55	0.80		0.73
延安市	Yan'an	1511.41	399.87	105.12	35.56	62.47	35.67	13.67
汉中市	Hanzhong	849.90	365.05	85.00	4.18	44.88	32.25	8.49
榆林市	Yulin	1789.34	786.85	114.20	23.98	100.47	64.89	18.91
安康市	Ankang	693.12	288.06	84.61	3.35	26.96	16.97	9.99
商洛市	Shangluo	739.69	380.68	70.00	2.77	41.00	24.77	7.79
杨凌示范区	Yangling	6.27	5.72	0.52		0.21		0.21

20-10 农村水电装机情况(2016年)
Basic Statistics on Rural Hydropower Installed Capacity(2016)

地 区	Region	处 数 (处) Number (unit)	容 量 (千瓦) Capacity (kw)	1(含)~5万千瓦(含) 10 000 kw (inclusive) - 50 000 kw (inclusive)		0.1(含)~1万千瓦 1 000 kw (inclusive) - 10 000 kw	
				处 数 (处) Number (unit)	容 量 (千瓦) Capacity (kw)	处 数 (处) Number (unit)	容 量 (千瓦) Capacity (kw)
全 省	**Shaanxi**	**690**	**1449174**	**28**	**526000**	**235**	**786590**
省 属	Directly under the Provincial Government	10	67350	2	37400	7	29450
西 安 市	Xi'an	48	80633	1	20000	16	50500
铜 川 市	Tongchuan	1	4200			1	4200
宝 鸡 市	Baoji	123	159275	1	26000	37	97060
咸 阳 市	Xianyang	9	87100	1	48000	7	38300
渭 南 市	Weinan	9	36080			8	35830
延 安 市	Yan'an	10	5790			1	1500
汉 中 市	Hanzhong	203	471847	13	229100	60	207610
榆 林 市	Yulin	5	16750			4	15850
安 康 市	Ankang	186	448630	9	150000	78	267920
商 洛 市	Shangluo	85	70799	1	15500	16	38370
杨 凌 区	Yangling	1	720				

20-10 续表 continued

地 区	Region	0.1万千瓦以下 Under 1 000 kw		本年新增装机 Newly Increased Hydropower Installed Capacity This Year		全年发电量 (万千瓦时) Annual Electricity Generation (10 000 kwh)	年利用小时 (小时) Annual Use Hours (hour)
		处 数 (处) Number (unit)	容 量 (千瓦) Capacity (kw)	处 数 (处) Number (unit)	容 量 (千瓦) Capacity (kw)		
全 省	**Shaanxi**	**427**	**136584**	**11**	**63670**	**342894**	**2366**
省 属	Directly under the Provincial Government	1	500			17339	2574
西 安 市	Xi'an	31	10133			24688	3062
铜 川 市	Tongchuan					880	2095
宝 鸡 市	Baoji	85	36215	1	1630	28456	1787
咸 阳 市	Xianyang	1	800			20268	2327
渭 南 市	Weinan	1	250			8563	2373
延 安 市	Yan'an	9	4290			1180	2038
汉 中 市	Hanzhong	130	35137	4	27780	92385	1958
榆 林 市	Yulin	1	900			7730	4615
安 康 市	Ankang	99	30710	5	18760	125222	2791
商 洛 市	Shangluo	68	16929	1	15500	15923	2249
杨 凌 区	Yangling	1	720			260	3611

主要统计指标解释

灌溉面积 指一个地区当年农、林、牧等灌溉面积的总和。总灌溉面积=有效灌溉面积（耕地）+林地灌溉面积+园地灌溉面积+牧草灌溉面积+其他灌溉面积。

有效灌溉面积(农田或耕地灌溉面积) 指灌溉工程或设备已基本配套，有一定水源，土地比较平整，在一般年景可以进行正常灌溉的农田或耕地灌溉面积。

有效实灌面积 指利用灌溉工程和设施，在有效灌溉面积中当年实际已进行正常(灌水一次以上)灌溉的耕地面积。在同一亩耕地上，报告期内无论灌水几次，都应按一亩计算，而不应按灌溉亩次计算。凡是肩挑、人抬、马拉抗旱点种的面积，一律不算实灌面积。

旱涝保收面积 指有效灌溉面积中，遇旱能灌，遇涝能排的面积。灌溉设施的抗旱能力，按各地不同情况，应达到三十天到五十天，适宜发展双季稻的地方，应达到五十到七十天，除涝达到五年一遇以上标准，防洪一般达到二十年一遇标准的有效灌溉面积。

机电排灌面积 是指由固定站、流动站、机电井、喷灌机械等所有机械、电动力设备进行排水、灌溉的耕地面积。其中，只要有固定的机械排灌的设施，能够进行正常排灌，不论当年是否进行排灌，都应统计为机电排灌面积（含灌排结合面积)。

纯排面积 指在机电排灌面积中，机电设备只单纯用于排水（不需灌溉）的耕地面积。一般地，这部分面积的灌溉往往通过自流方式灌溉，不需要机电灌溉设备来完成。

节水灌溉面积 是指在给农作物进行灌溉时采用先进的设备和手段，在满足农作物需要用水的同时减少了用水。一般要有水源保证，利用渠道防渗、管灌、喷滴灌等工程节水措施，当年已进行正常灌溉的农田、果园、林地、牧草等面积，不包括农作物种植方式、种植品种改变等非工程节水措施的灌溉面积。节水灌溉面积包括渠道防渗面积、低压管道输水灌溉面积、喷灌面积、微灌面积和其他工程节水灌溉面积。在同一灌溉面积上，采用多种节水灌溉工程措施时，只能依主要工程或措施统计一种，不得重复计算。

易涝面积 一些地区由于地势低洼，降雨径流不能及时排走，田间积水超过农作物的耐淹能力，造成农业损失，即为涝。形成的受淹农田面积称为易涝面积，易涝耕地面积是指抗涝能力标准低的低洼涝耕地面积。

除涝面积 通过水利工程如围埝、抽水等对易涝面积进行治理，使易涝耕地免除淹涝称除涝面积。按除涝的标准分为3－5年、5－10年和10年以上。易涝面积虽经过治理，但标准尚未达到三年一遇标准的，不作为除涝面积统计。

水土流失 是由于水力、重力、风力等外力引起的水土资源和土地生产力遭到破坏和损失的现象。造成水土流失的原因可分为自然原因和人类活动原因两类。遭到水土流失侵害和损失的土地面积称水土流失面积。

水土流失治理面积（又称水土保持面积） 是指在水土流失面积上，按照综合治理的原则，采取各种治理措施如：坡改梯、淤地坝、谷坊、造林、种草、封山育林育草（指有种林、种草补植任务的）等，以及按小流域综合治理措施所治理的水土流失面积总和。

农村饮水安全标准 农村饮用水安全卫生评价指标体系分安全和基本安全两个档次，由水质、水量、方便程度和保证率四项指标组成。四项指标中只要有一项低于安全或基本安全最低值，就不能定为饮用水安全或基本安全。水质：符合国家《生活饮用水卫生标准》要求的为安全；符合《农村实施〈生活饮用水卫生标准〉准则》要求的为基本安全。水量：每人每天可获得的水量不低于 40～60 升为安全；不低于 20～40 升为基本安全。方便程度：人力取水往返时间不超过 10 分钟为安全；取水往返时间不超过 20 分钟为基本安全。保证率：供水保证率不低于 95%为安全；不低于 90%为基本安全。

农村饮水安全达标人口 是指满足农村饮水基本安全标准的农村地区（即城市及县城关镇以外地区）年末常住人口。农村饮水包括农村居民餐饮、洗涤以及散养畜禽等日常生活用水。

灌区 是指在蓄水灌溉工程、引水灌溉工程、提水灌溉工程等灌溉工程中，灌溉设备齐全、渠系配套完整，自成灌溉体系，有统一管理，设计灌溉面积为万亩及以上和有效灌溉面积达到万亩及以上的灌溉区域。灌区由各省水利厅审定、备案。

堤防 是指修筑在江、河、湖、海岸适用于防止洪水的工程。堤防工程按防洪标准分为五个级别：防洪标准[重现期(年)]>=100 为 1 级，100-50 为 2 级，50-30 为 3 级，30-20 为 4 级，20-10 为 5 级。

供水量 指各种水利供水工程为农业灌溉、工业生产、城镇生活、乡村生活、生态环境等方面的实际供水量，它包括输水损失的毛水量，按供水对象所在区域进行统计。供水量来源包括地表水供水量（蓄水、引水、提水、调水)、地下水供水量和其他水源供水量。

农业灌溉供水量 是指水利工程为农田、林地、果园、牧草灌溉实际毛供水量的总和。

工业生产供水量 是指水利工程为城市及县以下乡镇工业的供水。1991 年以前乡镇工业供水统计在农业供水中，从 1992 年开始统计在工业供水中。乡镇企业供水指水利工程为乡镇工业及农副产品加工实际毛供水量。

城镇生活供水量 是指水利工程对城镇居民生活供水，还包括用于餐饮、服务以及市政环卫等公共服务方面的供水。生活供水主要统计各类水利工程向自来水厂或城镇居民

供应的原水量，即未经任何处理的水量。

乡村生活供水量 除居民生活用水外，还包括牲畜用水。

生态环境供水 主要指通过水利工程设施向城镇、乡村生态脆弱地区或恶化地区以及其他地区补水，以维持、控制、恢复、改善原有的生态环境状态，如为了避免湿地萎缩、维持地下水位、防止海水入侵、维持河川基流、恢复原有湖泊、保护植被等目的，以及为了维持人类居住地的生态环境需要所进行的补水。

水利发电供水量 指水利工程为水电站的供水，全国水电供水量2400亿立方米/年，但它基本不消耗水量，如果和工业、农业供水等并列计入供水总量，将影响水资源的平衡核算研究。现行水利统计报表制度规定、水电供水量单独进行统计，不计入供水量总计。

水库 在江河上筑坝（闸）所形成的拦洪蓄水和调节水流的水利工程建筑物，可以用来灌溉、发电、防洪和养鱼。总库容在1亿立方米及以上为大型水库，1000（含1000）万立方米至1亿立方米为中型水库，10万立方米至1000万立方米为小型水库。

水库库容 校核洪水位以下的水库容积，包括死库容、兴利库容、调洪库容（减掉和兴利库容重复部分）之总和，称为总库容。它是一项表示水库工程规模的代表性指标，是划分水库等级、确定工程安全标准的重要依据。

兴利库容 水库在正常运用情况下，为满足兴利要求在开始供水时应蓄到的水位，称正常蓄水位，又称正常高水位、兴利水位，或设计蓄水位。正常蓄水位至死水位之间的水库容就是兴利库容，即调节库容。它主要用以调节径流，提供水库的供水量。

死库容 水库死水位以下的水库容积。除特殊情况外，死库容不参与径流调节，即不动用这部分库容内的水量。

Explanatory Notes on Main Statistical Indicators

Irrigated Area The sum of irrigated areas for agricultural, forest, pasture and grazing areas in a particular region. The total irrigation area is equal to the sum of effective irrigated areas (arable land), forest irrigated areas, orchard irrigated areas, grazing irrigated areas and other irrigated areas.

Effective Irrigated Areas (irrigated areas of farmland or cultivated land) The effective irrigated area refers to farmland or cultivated land with irrigation in normal years, equipped with installed irrigation facilities, water source and relatively leveled land.

Actual Effective Irrigated Area The area of effective irrigated land has been applied irrigation (once or more than once) in the current year, taking the advantage of irrigation works or facilities. No matter how many times irrigation is made in the same area of land within report period, it is all counted as one mu, but not be counted according to the irrigation times. All non-mechanized irrigated areas such as irrigated area with drought-relief measures of people or animal carrying water for irrigation are not included.

Farmlands with Stable Yields Despite of Drought or Waterlogging Farmlands, within effective irrigation areas, can irrigate in drought season and drain in flood season. According to drought-resistant capacity of irrigation facilities under varied conditions of different regions, irrigation may last for 30 days to 50 days, and may last for 50 days to 70 days in the regions suitable for double cropping rice. Waterlogging control in the effective irrigated areas should reach the standard of once in five years return period and flood control should reach the standard of once in twenty years return period.

Electromechanical Irrigation and Drainage Areas The areas are drainage or irrigated by electromechanical facilities, such as fixed and movable irrigation and drainage facilities, electromechanical wells and sprinklers. No matter whether farmlands were irrigated in the current year, whenever fixed irrigation facilities are placed, the area is included in electromechanical irrigation and drainage areas.

Pure Drainage Areas It refers to the area of cultivated land that the electromechanical equipment is used only for drainage in Electromechanical irrigation and drainage areas. Generally speaking, the irrigation of this part is self irrigation, with no need of electromechanical equipment.

Water-saving Irrigated Areas It refers to reducing water consumption by advanced equipment and measures when irrigating, which also meeting the need of plants. Generally, there are actual water resources, and taking measures of leakage free channel, pipe irrigation, jetting and dropping irrigation to save water. The normal irrigation area of arable land, forest areas, orchard areas, grazing areas etc., which do not take water saving measures, such as non engineering measures of planting manner and planting variety in the current year are not included in this indicator. It includes leakage free channel, jetting and dropping irrigation, tiny irrigation, and others. In the same area, with more than two water saving measures taken, only one main project can be counted.

Prone-waterlogging Farmland In some area, for low lying, rain can not be drained in time, plants submerged into water are over endurance, leading to agricultural losses. Farmland of waterlogging are called prone- waterlogging farmland, which refers to low lying farmland with low standard of preventing waterlogging.

Waterlogging Control Areas The controlled area of prone-waterlogging farmland by waterworks such as cofferdams and water pump. The standard of waterlogging control can be divided into 3-5 years, 5-10 years and above 10 years. The area of waterlogging farmland with control measures but has not reached to the standard of once in three years return period, are excluded from waterlogging control areas.

Soil Erosion Damage or losses of water resources and land productivity caused by external forces, such as water power, gravity and wind etc. Soil erosion is usually caused by two reasons of nature or human activities. The damaged or lost farmland areas caused by soil erosion are termed as soil erosion areas.

Improved Eroded Area (also named soil and water conservation area) The sum of improved eroded areas in Mountinous or hilly areas, has implemented comprehensive control measures, including terraced fields, silt retention dam, check dam, reforestation, grass plantation, enclosed reforestation and grass planting (refers to the area with tasks of planting forest and grass) and small watershed comprehensive management, in line with the principle of integrated management.

Standard of Safe Drinking Water in Rural Areas The evaluation index system of drinking water safety in rural areas divides the water into two levels of safe and generally safe, which is formed by four elements of water quality, water quantity, convenience of access to water and guarantee rate. If the value of one of the four indices is lower than the minimum level of safety or generally safety, the drinking water can not be deemed as safe or generally safe. Water quality: water quality that meets the "National Sanitary Standards for Drinking Water" is deemed as safe; water quality that meets the "Implementing Rules of National Sanitary Standards for Drinking Water in Rural Areas" is deemed as generally safe. Water quantity: each person can get 40-60 L water per day or above is deemed as safe; each person get no less than 20-40 L water per day is deemed as generally safe. Convenience of access to water: manpower getting water with no more than 10 minutes is deemed as safe and no more than 20 minutes as generally safe. Guarantee rate: 95% of water supply or more than 95% of water supply is guaranteed is deemed as safe; the guarantee rate is not lower than 90% is deemed as generally safe.

Rural Population with Safe Drinking Water Permanent residential population in the rural areas (outside of urban areas and counties) where drinking water safety standard has been met at the end of the year. Rural drinking water includes daily water use of rural residents for cooking, washing and raising livestock etc.

Irrigation District Irrigation area has above 10,000 mu of designed and effective irrigated area, with complete irrigation facilities, sub-canal system, self-established irrigation system and unified management system, under water storage irrigation project, water diversion irrigation project or pumping irrigation projects. Irrigation districts are approved and recorded by provincial departments of water resources.

Embankment Embankment project is constructed along the banks of river, lake or coast to prevent flood disasters. Embankment project can divided into five classes according to the standard of preventing flood disasters. Class 1: with reappear year over 100 years, class 2: 100-50, class 3: 50-30; class 4: 30-20, class 5: 20-10.

Quantity of Water Supply Actual quantity of water supply provided by all kinds of water supply projects for irrigation, industrial, domestic water use in urban and rural areas and ecological environment etc, including gross water loss in water transportation and data are sorted according to water consumption region for statistics. The quantity of water supply consists of quantity of surface water (water storage, water diversion, pumping and water transfer), groundwater and quantity of water supply of other water sources.

Quantity of Water Supply for Irrigation The sum of actual gross water provided by water projects for farmlands, forests, orchards and grazing irrigation.

Quantity of Water Supply for Industries Water supply provided by water projects for industrial water use in urban and rural areas. Before 1991, the quantity of water supply for township industries is included in agricultural water supply, but from 1992 it began to be counted in industrial water supply. Water supply for township enterprise means actual gross quantity of water supply provided by water projects for township industries and processing of agricultural products and by-products.

Quantity of Urban Water Supply Water supply for urban residents, including restaurants, service industry, municipal environment, sanitation and other public utilities. The quantity of urban water supply is the original quantity of water provided by all kinds of water projects to water plants or urban residents, i.e. quantity of untreated water.

Quantity of Rural Water Supply Quantity of water supply for both rural residents and livestock or big animals.

Water Supply for Ecological Environment. Refers to water recharged to ecological frailty area or ecological deterioration area through water projects, in order to sustain, control, restore and improve the original ecosystem and environment, such as prevent wetlands shrinking, sustain groundwater level, prevent seawater intrusion, keep base-flow of rivers, restore original lake and vegetations, and consider the needs of sustaining ecological environment of living places of human being.

Water Supply for Hydropower Generation Water supply provided by water projects for hydropower generation. In China, the annual water supply for hydropower generation is 2.4×10^{11} m^3, but power generation does not consume water resources. If it is included in the total quantity of water supply as industrial and agricultural water supply, it shall exert impact on water balance calculation. According to the current statistic regulation of water resources, water supply for hydropower generation is calculated independently and excluded from the total quantity of water supply.

Reservoir Storage area that is formed by constructing dams (gates) to detain and store water resources and regulate water flow. Large reservoir: the total storage capacity is over 100 million m^3.Medium reservoir: the total storage capacity is between 10 million m^3 (including 10 million m^3) to 100 million m^3.Small reservoir: the total storage capacity is between 0.1 million m^3 to 10 million m^3.

Storage Capacity of Reservoir It is also called total storage capacity. It refers to storage capacity above the check water level, including dead storage capacity, usable storage capacity, and flood control storage capacity (deducting the repeating part of usable storage). It is a key index for the total scale of a reservoir, and is a key index for dividing the class of reservoir and deciding standard of project safety.

Usable Storage Capacity of Reservoir refers to the water level which called normal water level, that should be reached for providing water in normal conditions. Storage capacity of reservoir between normal water level and dead storage capacity level are called usable storage capacity, which also called adjusting capacity. It is used for adjusting runoff, providing quantity of reservoir.

Dead Storage Capacity of Reservoir It refers to storage below the dead storage water level. It does not take part in adjusting of runoff, it can't be moved.

二十一、全国各省、市、自治区主要指标

Main Indicators of National Economy by Countrywide, Province, Municipality and Autonomous Region

资料整理：孙士梅

简 要 说 明

一、本篇资料反映全国各省、市、自治区经济发展情况，包括生产总值、人口、固定资产投资、居民消费价格指数、城乡居民收入及消费支出、主要产品产量、社会消费品零售总额、进出口总额等指标。

二、本篇资料来源于《中国统计摘要-2017》。

Brief Introduction

Ⅰ. This chapter reflects economic development of China's provinces, cities and autonomous region, including gross domestic product, population, investment in fixed assets, consumer price indices, incomes and consumptions of both rural and urban residents, output of major products, total retail sales of consumer goods, total export import volume, etc.

Ⅱ. The data sources are obtained from "Chinese statistical abstract-2017".

21-1 年末常住人口
Resident Population and Per Capita GDP

地区	Region	年末常住人口(万人) Resident Population at year-end (10 000 persons)		城镇人口比重(%) Proportion of Urban Population(%)	
		2015	2016	2015	2016
全　国	**National Total**	**137462**	**138271**	**56.10**	**57.35**
北　京	Beijing	2171	2173	86.50	86.50
天　津	Tianjin	1547	1562	82.64	82.93
河　北	Hebei	7425	7470	51.33	53.32
山　西	Shanxi	3664	3682	55.03	56.21
内蒙古	Inner Mongolia	2511	2520	60.30	61.19
辽　宁	Liaoning	4382	4378	67.35	67.37
吉　林	Jilin	2753	2733	55.31	55.97
黑龙江	Heilongjiang	3812	3799	58.80	59.20
上　海	Shanghai	2415	2420	87.60	87.90
江　苏	Jiangsu	7976	7999	66.52	67.72
浙　江	Zhejiang	5539	5590	65.80	67.00
安　徽	Anhui	6144	6196	50.50	51.99
福　建	Fujian	3839	3874	62.60	63.60
江　西	Jiangxi	4566	4592	51.62	53.10
山　东	Shandong	9847	9947	57.01	59.02
河　南	Henan	9480	9532	46.85	48.50
湖　北	Hubei	5852	5885	56.85	58.10
湖　南	Hunan	6783	6822	50.89	52.75
广　东	Guangdong	10849	10999	68.71	69.20
广　西	Guangxi	4796	4838	47.06	48.08
海　南	Hainan	911	917	55.12	56.78
重　庆	Chongqing	3017	3048	60.94	62.60
四　川	Sichuan	8204	8262	47.69	49.21
贵　州	Guizhou	3530	3555	42.01	44.15
云　南	Yunnan	4742	4771	43.33	45.03
西　藏	Tibet	324	331	27.74	29.56
陕　西	**Shaanxi**	**3793**	**3813**	**53.92**	**55.34**
甘　肃	Gansu	2600	2610	43.19	44.69
青　海	Qinghai	588	593	50.30	51.63
宁　夏	Ningxia	668	675	55.23	56.29
新　疆	Xinjiang	2360	2398	47.23	48.35

21-2 居民人均可支配收入
Per Capita Disposable Income of Households

单位：元 (yuan)

地区	Region	全体居民人均可支配收入 Per Capita Disposable Income of Households		城镇居民人均可支配收入 Per Capita Disposable Income of Urban Households		农村居民人均可支配收入 Per Capita Disposable Income of Rural Households	
		2015	2016	2015	2016	2015	2016
全国	**National Total**	**21966**	**23821**	**31195**	**33616**	**11422**	**12363**
北京	Beijing	48458	52530	52859	57275	20569	22310
天津	Tianjin	31291	34074	34101	37110	18482	20076
河北	Hebei	18118	19725	26152	28249	11051	11919
山西	Shanxi	17854	19049	25828	27352	9454	10082
内蒙古	Inner Mongolia	22310	24127	30594	32975	10776	11609
辽宁	Liaoning	24576	26040	31126	32876	12057	12881
吉林	Jilin	18684	19967	24901	26530	11326	12123
黑龙江	Heilongjiang	18593	19838	24203	25736	11095	11832
上海	Shanghai	49867	54032	52962	57692	23205	25520
江苏	Jiangsu	29539	32070	37173	40152	16257	17606
浙江	Zhejiang	35537	38529	43714	47237	21125	22866
安徽	Anhui	18363	19998	26936	29156	10821	11720
福建	Fujian	25404	27608	33275	36014	13793	14999
江西	Jiangxi	18437	20110	26500	28673	11139	12138
山东	Shandong	22703	24685	31545	34012	12930	13954
河南	Henan	17125	18443	25576	27233	10853	11697
湖北	Hubei	20026	21787	27051	29386	11844	12725
湖南	Hunan	19317	21115	28838	31284	10993	11930
广东	Guangdong	27859	30296	34757	37684	13360	14512
广西	Guangxi	16873	18305	26416	28324	9467	10359
海南	Hainan	18979	20653	26356	28453	10858	11843
重庆	Chongqing	20110	22034	27239	29610	10505	11549
四川	Sichuan	17221	18808	26205	28335	10247	11203
贵州	Guizhou	13697	15121	24580	26743	7387	8090
云南	Yunnan	15223	16720	26373	28611	8242	9020
西藏	Tibet	12254	13639	25457	27802	8244	9094
陕西	**Shaanxi**	**17395**	**18874**	**26420**	**28440**	**8689**	**9396**
甘肃	Gansu	13467	14670	23767	25693	6936	7457
青海	Qinghai	15813	17302	24542	26757	7933	8664
宁夏	Ningxia	17329	18832	25186	27153	9119	9852
新疆	Xinjiang	16859	18355	26275	28463	9425	10183

21-3 地方一般公共预算收支
Local General Public Budget Revenue and Expenditure

单位：亿元 (100 million yuan)

地区	Region	一般公共预算收入 General Public Budget Revenue 2015	2016	一般公共预算支出 General Public Budget Expenditure 2015	2016
地方合计	**Region Total**	**83002.0**	**87194.8**	**150335.6**	**160437.1**
北京	Beijing	4723.9	5081.3	5737.7	6405.2
天津	Tianjin	2667.1	2723.5	3232.4	3700.6
河北	Hebei	2649.2	2850.8	5632.2	6038.0
山西	Shanxi	1642.4	1557.0	3423.0	3441.7
内蒙古	Inner Mongolia	1964.5	2016.5	4253.0	4526.3
辽宁	Liaoning	2127.4	2199.3	4481.6	4582.4
吉林	Jilin	1229.4	1263.8	3217.1	3586.1
黑龙江	Heilongjiang	1165.9	1148.4	4020.7	4228.2
上海	Shanghai	5519.5	6406.1	6191.6	6918.9
江苏	Jiangsu	8028.6	8121.2	9687.6	9990.1
浙江	Zhejiang	4809.9	5301.8	6646.0	6976.3
安徽	Anhui	2454.3	2672.8	5239.0	5529.9
福建	Fujian	2544.2	2654.8	4001.6	4287.4
江西	Jiangxi	2165.7	2151.4	4412.5	4619.5
山东	Shandong	5529.3	5860.2	8250.0	8749.6
河南	Henan	3016.1	3153.5	6799.4	7456.6
湖北	Hubei	3005.5	3102.0	6132.8	6453.1
湖南	Hunan	2515.4	2697.9	5728.7	6337.0
广东	Guangdong	9366.8	10346.7	12827.8	13414.4
广西	Guangxi	1515.2	1556.2	4065.5	4472.5
海南	Hainan	627.7	637.5	1239.4	1378.4
重庆	Chongqing	2154.8	2227.9	3792.0	4001.9
四川	Sichuan	3355.4	3389.4	7497.5	8011.9
贵州	Guizhou	1503.4	1561.3	3939.5	4261.7
云南	Yunnan	1808.1	1812.3	4712.8	5019.6
西藏	Tibet	137.1	155.6	1381.5	1585.5
陕西	**Shaanxi**	**2060.0**	**1834.0**	**4376.1**	**4389.4**
甘肃	Gansu	743.9	786.8	2958.3	3152.7
青海	Qinghai	267.1	238.4	1515.2	1522.6
宁夏	Ningxia	373.4	387.7	1138.5	1257.7
新疆	Xinjiang	1330.9	1299.0	3804.9	4140.7

21-4 居民消费价格分类指数(2016年)
Consumer Price Index by Category(2016)

(上年=100) (preceding year=100)

地区	Region	总指数 General Index	一、食品烟酒 Food, Alcohol and Tobacco	二、衣着 Clothing	三、居住 Residence	四、生活用品及服务 Articles and Services for Daily Use	五、交通和通信 Transportation and Communication	六、教育文化和娱乐 Education, Culture and Recreation	七、医疗保健 Health Care	八、其他用品和服务 Other Articles and Services
全国	**National Total**	**102.0**	**103.8**	**101.4**	**101.6**	**100.5**	**98.7**	**101.6**	**103.8**	**102.8**
北京	Beijing	101.4	103.0	100.2	103.7	99.2	96.6	98.3	102.6	104.3
天津	Tianjin	102.1	102.1	100.1	103.6	99.4	98.3	100.6	108.8	103.8
河北	Hebei	101.5	102.6	101.8	100.7	100.5	98.3	101.3	104.4	103.3
山西	Shanxi	101.1	102.8	101.0	99.9	100.0	98.3	101.3	102.4	101.2
内蒙古	Inner Mongolia	101.2	102.2	101.4	100.0	100.1	98.9	100.7	104.4	101.8
辽宁	Liaoning	101.6	102.5	101.4	100.5	100.7	99.8	102.8	102.5	101.6
吉林	Jilin	101.6	103.2	101.8	99.7	100.5	98.7	100.6	106.1	102.2
黑龙江	Heilongjiang	101.5	102.6	101.0	100.0	100.4	100.0	101.7	103.7	102.1
上海	Shanghai	103.2	103.7	100.8	105.1	101.2	97.0	102.7	109.0	103.3
江苏	Jiangsu	102.3	103.8	101.8	101.2	101.6	98.8	100.9	109.1	102.7
浙江	Zhejiang	101.9	104.4	101.5	101.0	100.2	98.7	102.7	101.3	102.5
安徽	Anhui	101.8	103.7	100.8	101.1	100.2	97.6	102.3	103.6	102.3
福建	Fujian	101.7	103.9	100.3	100.7	99.8	99.4	101.2	102.9	102.5
江西	Jiangxi	102.0	104.4	100.9	101.0	100.1	98.8	101.5	102.7	102.6
山东	Shandong	102.1	103.6	101.7	100.9	100.8	99.6	101.9	104.9	102.9
河南	Henan	101.9	103.2	100.7	102.2	100.2	98.3	102.4	102.8	103.9
湖北	Hubei	102.2	104.0	102.3	102.8	100.4	97.2	102.2	101.9	102.8
湖南	Hunan	101.9	104.3	101.5	101.2	100.0	98.4	100.8	103.1	101.6
广东	Guangdong	102.3	104.8	102.7	101.7	100.2	98.5	101.4	102.8	102.8
广西	Guangxi	101.6	103.4	101.3	100.3	99.9	98.8	101.6	103.7	101.9
海南	Hainan	102.8	105.1	97.9	102.6	100.8	98.5	103.0	104.4	103.6
重庆	Chongqing	101.8	103.6	102.4	101.1	100.6	100.6	99.5	101.8	102.6
四川	Sichuan	101.9	104.1	100.6	101.2	100.3	98.6	102.5	101.6	102.9
贵州	Guizhou	101.4	103.6	99.6	100.8	99.9	98.7	101.3	101.5	101.0
云南	Yunnan	101.5	103.5	100.2	101.2	100.0	99.3	100.7	102.4	101.3
西藏	Tibet	102.5	104.9	103.2	100.8	101.5	99.5	101.1	102.1	103.1
陕西	**Shaanxi**	**101.3**	**103.1**	**101.1**	**100.9**	**99.5**	**98.3**	**100.0**	**102.4**	**102.2**
甘肃	Gansu	101.3	103.2	101.4	100.8	100.4	99.0	100.0	100.8	101.5
青海	Qinghai	101.8	102.3	101.2	105.2	100.4	97.3	100.6	102.6	102.4
宁夏	Ningxia	101.5	102.4	101.7	100.4	100.3	98.6	102.2	102.9	103.2
新疆	Xinjiang	101.4	101.9	101.3	101.2	100.6	99.3	101.6	102.7	103.1

21-5 固定资产投资

Investment in Fixed Assets

单位：亿元 (100 million yuan)

地区	Region	全社会固定资产投资 Total Investment in Fixed Assets in the Whole Province		固定资产投资(不含农户) Investment in Fixed Assets (Excluding Rural Households)	
		2015	2016	2015	2016
全　国	**National Total**	**561999.83**	**606465.66**	**551590.04**	**596500.75**
北　京	Beijing	7495.99	7943.89	7446.02	7888.69
天　津	Tianjin	11831.99	12779.39	11814.57	12756.36
河　北	Hebei	29448.27	31750.02	28905.74	31340.07
山　西	Shanxi	14074.15	14197.98	13744.59	13859.35
内蒙古	Inner Mongolia	13702.22	15080.01	13529.15	14893.96
辽　宁	Liaoning	17917.89	6692.25	17640.37	6436.33
吉　林	Jilin	12705.29	13923.20	12508.59	13773.17
黑龙江	Heilongjiang	10182.95	10648.35	9884.28	10432.55
上　海	Shanghai	6352.70	6755.88	6349.39	6751.68
江　苏	Jiangsu	46246.87	49663.21	45905.17	49370.85
浙　江	Zhejiang	27323.32	30276.07	26664.72	29571.00
安　徽	Anhui	24385.97	27033.38	23803.93	26577.37
福　建	Fujian	21301.38	23237.35	20973.98	22927.99
江　西	Jiangxi	17388.13	19694.21	16993.90	19378.69
山　东	Shandong	48312.44	53322.94	47381.46	52364.49
河　南	Henan	35660.35	40415.09	34951.28	39753.93
湖　北	Hubei	26563.90	30011.65	26086.42	29503.88
湖　南	Hunan	25045.08	28353.33	24324.17	27688.45
广　东	Guangdong	30343.03	33303.64	29950.48	32947.30
广　西	Guangxi	16227.78	18236.78	15654.95	17652.95
海　南	Hainan	3451.22	3890.45	3355.40	3747.03
重　庆	Chongqing	14353.24	16048.10	14208.15	15931.78
四　川	Sichuan	25525.90	28811.95	24965.56	28229.79
贵　州	Guizhou	10945.54	13204.00	10676.70	12929.17
云　南	Yunnan	13500.62	16119.40	13069.39	15662.49
西　藏	Tibet	1295.68	1596.05	1295.68	1596.05
		(20177.86)		**(19826.65)**	
陕　西	**Shaanxi**	**18582.24**	**20825.25**	**18231.03**	**20474.85**
甘　肃	Gansu	8754.23	9663.99	8626.50	9534.10
青　海	Qinghai	3210.63	3528.05	3144.17	3455.51
宁　夏	Ningxia	3505.45	3794.25	3426.42	3709.04
新　疆	Xinjiang	10813.03	10287.53	10525.42	9983.86

注：本表各地区固定资产投资不含跨省项目，括号内数据为陕西含跨省项目投资额。

a) This table, investment in fixed assets by region do not include inter-provincial projects, data in the brackets are investment of Shaanxi that include inter-provincial projects.

21-6 房地产开发企业投资和商品房销售额
Total Investment in Real Estate Development and Total Sale of Commercialized Buildings

单位：亿元 (100 million yuan)

地区	Region	房地产开发投资额 Total Investment in Real Estate Development		商品房销售额 Total Sale of Commercialized Buildings		#住宅 Residential Buildings	
		2015	2016	2015	2016	2015	2016
全国	**National Total**	**95978.8**	**102580.6**	**87280.8**	**117627.0**	**72769.8**	**99064.2**
北京	Beijing	4177.0	4000.6	3517.6	4561.6	2512.9	2795.8
天津	Tianjin	1871.5	2300.0	1790.0	3478.2	1663.3	3245.6
河北	Hebei	4285.3	4695.6	3371.6	4301.8	2854.2	3710.9
山西	Shanxi	1494.9	1597.4	775.6	1027.1	702.3	900.8
内蒙古	Inner Mongolia	1081.1	1133.5	1052.2	1149.1	766.1	838.1
辽宁	Liaoning	3558.6	2094.8	2255.0	2256.9	1907.6	1988.0
吉林	Jilin	924.2	1016.8	816.9	1029.6	680.3	806.5
黑龙江	Heilongjiang	992.1	864.8	1027.1	1121.0	824.2	903.7
上海	Shanghai	3468.9	3709.0	5093.5	6695.8	4319.9	5233.3
江苏	Jiangsu	8153.7	8956.4	8396.2	12293.0	7374.9	11055.4
浙江	Zhejiang	7111.9	7469.4	6299.5	9605.1	5519.3	8280.8
安徽	Anhui	4424.9	4603.6	3369.4	5035.5	2714.3	4231.6
福建	Fujian	4469.6	4588.8	3585.8	4530.8	2839.8	3793.4
江西	Jiangxi	1520.1	1770.9	1863.7	2678.4	1606.7	2207.2
山东	Shandong	5892.2	6323.4	5408.0	6902.9	4510.8	6070.5
河南	Henan	4818.9	6179.1	3945.6	5612.9	3300.3	4839.0
湖北	Hubei	4249.2	4296.4	3661.4	4994.1	3198.5	4383.8
湖南	Hunan	2613.7	2957.0	2738.9	3751.9	2253.8	3113.6
广东	Guangdong	8538.5	10307.8	11442.8	16214.6	9967.3	14240.3
广西	Guangxi	1909.1	2398.0	1747.8	2207.5	1459.4	1948.2
海南	Hainan	1704.0	1787.6	982.8	1490.2	908.6	1385.3
重庆	Chongqing	3751.3	3725.9	2952.2	3432.0	2244.4	2635.6
四川	Sichuan	4813.0	5282.6	4199.8	5358.9	3269.5	4296.3
贵州	Guizhou	2205.1	2149.0	1571.7	1790.5	1068.1	1269.4
云南	Yunnan	2669.0	2688.3	1666.9	1917.8	1236.8	1411.4
西藏	Tibet	50.0	48.5	21.1	38.1	16.7	34.7
陕西	**Shaanxi**	**2494.3**	**2736.8**	**1597.4**	**1785.2**	**1381.3**	**1585.7**
甘肃	Gansu	768.1	850.0	704.9	873.5	603.1	712.3
青海	Qinghai	336.0	396.9	206.0	236.4	139.8	172.1
宁夏	Ningxia	633.6	728.2	370.3	409.7	284.0	325.9
新疆	Xinjiang	998.9	923.4	849.2	846.8	641.6	648.9

21-7 农林牧渔业总产值(2016年)

Gross Output Value of Farming, Forestry, Animal Husbandry and Fishery (2016)

地区	Region	农林牧渔业总产值(亿元) Total Gross Output Value (100 million yuan)	#农业 Farming	#林业 Forestry	#牧业 Animal Husbandry	#渔业 Fishery	农林牧渔业总产值比上年增长(%) Total Gross Output Value Over the Previous Year (%)
全国	**National Total**	**112091.3**	**59287.8**	**4631.6**	**31703.2**	**11602.9**	**3.5**
北京	Beijing	338.1	145.2	52.2	122.7	9.2	-9.9
天津	Tianjin	494.4	244.3	8.4	140.9	89.0	3.3
河北	Hebei	6083.9	3459.4	132.3	1939.2	211.0	3.5
山西	Shanxi	1534.0	958.1	100.3	376.2	9.9	3.2
内蒙古	Inner Mongolia	2794.2	1415.1	98.6	1202.9	33.0	3.1
辽宁	Liaoning	4421.8	1859.5	143.7	1575.7	639.6	-2.6
吉林	Jilin	2724.9	1232.0	107.2	1252.8	43.0	3.2
黑龙江	Heilongjiang	5197.8	2873.9	219.9	1854.8	129.2	5.5
上海	Shanghai	285.1	148.5	13.2	62.6	50.2	-9.2
江苏	Jiangsu	7235.1	3714.6	129.3	1331.5	1621.9	0.8
浙江	Zhejiang	3146.1	1521.2	158.1	434.3	962.0	2.5
安徽	Anhui	4655.5	2234.1	291.1	1375.7	513.2	3.4
福建	Fujian	4155.7	1782.0	315.1	681.7	1235.5	3.7
江西	Jiangxi	3130.3	1446.9	324.6	788.6	458.9	4.1
山东	Shandong	9325.9	4641.3	147.5	2540.8	1485.6	4.4
河南	Henan	7799.7	4577.2	121.3	2611.3	128.3	4.5
湖北	Hubei	6278.4	2921.3	203.4	1715.2	1030.0	4.9
湖南	Hunan	6081.9	3255.1	321.6	1762.7	396.7	3.6
广东	Guangdong	6078.4	3134.4	314.7	1221.8	1195.6	2.9
广西	Guangxi	4591.4	2347.9	323.5	1266.4	464.2	3.3
海南	Hainan	1470.4	695.6	100.0	267.1	353.8	4.3
重庆	Chongqing	1968.3	1151.8	73.4	627.4	85.3	4.5
四川	Sichuan	6831.1	3711.0	219.1	2551.7	223.9	4.0
贵州	Guizhou	3097.2	1888.6	195.0	797.2	68.7	6.2
云南	Yunnan	3633.1	1943.6	330.4	1141.8	94.2	5.8
西藏	Tibet	173.0	52.2	2.4	113.8	0.2	12.6
陕西	**Shaanxi**	**2985.8**	**2027.6**	**85.5**	**695.9**	**26.2**	**4.1**
甘肃	Gansu	1778.0	1274.7	30.8	299.7	2.2	4.2
青海	Qinghai	338.8	155.5	8.3	165.7	3.3	5.4
宁夏	Ningxia	493.6	311.9	10.1	131.7	17.0	4.4
新疆	Xinjiang	2969.7	2163.1	50.3	653.2	22.2	6.0

注：本表绝对数按当年价格计算，增长速度按可比价格计算。

a) Level data in this table are calculated at current prices, while the growth rate are at constant prices.

21-8 主要农产品产量(2016年)
Output of Major Farm Crops (2016)

单位：万吨 (10 000 tons)

地　区	Region	粮 食 Grain	油 料 Oil-bearing Crops	棉 花 Cotton	蔬 菜 Vegetables	水 果 Fruit	肉 类 Meat	奶 类 Milk
全　国	**National Total**	**61625.0**	**3629.5**	**530.0**	**79779.7**	**28351.1**	**8537.8**	**3712.1**
北　京	Beijing	53.7	0.6	0.01	183.6	79.0	30.4	45.7
天　津	Tianjin	196.4	1.6	2.3	450.4	61.5	45.5	68.0
河　北	Hebei	3460.2	156.5	30.0	8193.4	2138.5	457.7	448.0
山　西	Shanxi	1318.5	15.4	1.0	1294.5	840.8	84.4	95.9
内蒙古	Inner Mongolia	2780.3	220.0	0.0	1502.3	316.3	258.9	741.3
辽　宁	Liaoning	2100.6	81.3	0.11	2257.5	802.3	430.9	144.2
吉　林	Jilin	3717.2	82.5		852.4	241.1	260.4	53.4
黑龙江	Heilongjiang	6058.5	21.7		936.8	259.9	231.2	548.6
上　海	Shanghai	99.2	0.9	0.0	334.2	50.6	17.4	26.0
江　苏	Jiangsu	3466.0	131.9	7.4	5593.9	893.0	355.6	59.0
浙　江	Zhejiang	752.2	29.1	1.7	1865.1	724.3	118.1	15.3
安　徽	Anhui	3417.4	214.8	18.5	2774.7	1043.5	411.4	32.7
福　建	Fujian	650.9	31.0	0.01	1951.6	853.8	225.6	15.9
江　西	Jiangxi	2138.1	122.0	7.3	1420.2	617.4	330.9	13.5
山　东	Shandong	4700.7	326.8	54.8	10327.0	3255.4	777.5	276.8
河　南	Henan	5946.6	619.1	9.8	7807.6	2871.3	697.0	336.6
湖　北	Hubei	2554.1	329.8	18.8	4001.7	1010.4	425.2	16.9
湖　南	Hunan	2953.2	242.9	12.3	4196.4	1048.2	529.8	10.1
广　东	Guangdong	1360.2	113.3		3569.1	1717.0	415.5	13.0
广　西	Guangxi	1521.3	68.9	0.3	2928.8	1882.5	411.2	9.7
海　南	Hainan	177.9	11.2		579.8	395.4	76.3	0.2
重　庆	Chongqing	1166.0	62.7		1875.1	408.7	210.8	5.5
四　川	Sichuan	3483.5	311.3	0.9	4388.6	979.3	696.3	62.8
贵　州	Guizhou	1192.4	103.4	0.1	1878.5	243.9	199.3	6.4
云　南	Yunnan	1902.9	68.5	0.00	1968.6	759.1	375.6	64.1
西　藏	Tibet	101.9	6.2		70.7	1.5	27.7	34.7
陕　西	**Shaanxi**	**1228.3**	**63.8**	**3.4**	**1896.2**	**2017.8**	**111.7**	**189.1**
甘　肃	Gansu	1140.6	76.0	2.0	1951.5	738.0	97.3	40.7
青　海	Qinghai	103.5	30.0		170.0	4.0	36.0	34.2
宁　夏	Ningxia	370.6	14.7		593.1	305.8	30.9	139.5
新　疆	Xinjiang	1512.3	71.4	359.4	1966.5	1790.9	161.0	164.4

注：水果产量含果用瓜。

a) The fruit production includes melons for fruits use.

21-9 主要工业产品产量(2016年)
Output of Major Industrial Products(2016)

地 区	Region	原 煤 (万吨) Coal (10 000 units)	原 油 (万吨) Crude oil (10 000 units)	天然气 (亿立方米) Natural Gas (100 million cu.m)	水 泥 (万吨) Cement (10 000 units)	粗 钢 (万吨) Crude Steel (10 000 units)	钢 材 (万吨) Rolled Steel (10 000 units)	汽 车 (万辆) Motor Vehicles (10 000 units)	发电量 (亿千瓦小时) Electricity (100 million kwh)
全 国	**National Total**	**341060.4**	**19968.5**	**1368.7**	**241352.6**	**80836.6**	**113801.2**	**2811.9**	**61424.9**
北 京	Beijing	317.6		21.7	510.3		162.8	238.0	434.4
天 津	Tianjin		3273.3	19.7	788.6	1798.9	8667.1	52.9	617.5
河 北	Hebei	6484.3	546.0	7.8	9898.6	19260.0	26150.4	128.6	2630.6
山 西	Shanxi	83043.7		43.2	3851.5	3936.1	4279.0	0.7	2535.1
内蒙古	Inner Mongolia	84558.9	44.9	0.3	6298.4	1813.2	2016.8	2.1	3949.8
辽 宁	Liaoning	4169.7	1017.3	5.5	4011.0	6029.0	5905.3	107.9	1778.8
吉 林	Jilin	1684.1	610.7	19.8	3086.8	832.0	961.4	254.0	760.3
黑龙江	Heilongjiang	5890.5	3656.0	38.0	3381.0	372.3	332.8	7.6	900.4
上 海	Shanghai		6.5	2.0	418.4	1709.1	2080.1	260.8	807.3
江 苏	Jiangsu	1367.9	166.0	1.3	18038.1	11080.5	13469.7	138.6	4709.4
浙 江	Zhejiang				10848.0	1299.6	3760.9	58.1	3197.7
安 徽	Anhui	12235.6		3.4	13584.1	2731.3	3225.8	139.1	2252.7
福 建	Fujian	1383.9			8106.0	1516.8	2859.6	21.8	2007.4
江 西	Jiangxi	1556.8		0.2	9553.3	2241.5	2585.0	53.6	1085.4
山 东	Shandong	12817.6	2295.3	4.2	16156.1	7167.1	9788.2	86.9	5329.3
河 南	Henan	11946.8	315.7	3.3	15672.1	2849.5	4667.9	58.5	2652.7
湖 北	Hubei	593.9	58.1	1.3	11600.5	2948.5	3563.8	243.5	2479.0
湖 南	Hunan	2787.2			12239.7	1827.8	1998.7	47.7	1385.1
广 东	Guangdong		1556.3	79.2	15080.6	2283.2	4113.3	280.1	4263.7
广 西	Guangxi	432.5	47.4	0.2	12034.9	2109.6	3644.7	245.3	1346.5
海 南	Hainan		29.4	1.4	2227.9	27.6	36.3	6.7	287.7
重 庆	Chongqing	2437.0		51.7	6790.2	366.5	1234.2	266.3	701.2
四 川	Sichuan	6164.8	10.8	296.9	14615.5	2007.7	2837.2	53.0	3273.9
贵 州	Guizhou	16850.6		3.4	10798.5	515.9	526.2	1.6	1904.0
云 南	Yunnan	4586.9		0.02	11104.4	1417.3	1654.7	13.3	2692.5
西 藏	Tibet				623.3		1.8		54.5
陕 西	**Shaanxi**	**51151.4**	**3502.4**	**411.9**	**7555.9**	**924.7**	**1233.8**	**42.0**	**1734.8**
甘 肃	Gansu	4254.3	40.4	0.1	4640.4	628.4	665.9	1.2	1214.3
青 海	Qinghai	787.3	221.0	60.8	1895.4	114.9	125.1		553.0
宁 夏	Ningxia	7069.3	6.2		1984.7	159.2	164.1		1144.4
新 疆	Xinjiang	16073.1	2564.9	291.2	4250.2	868.4	1087.6	2.1	2719.1

21-10 社会消费品零售总额和进出口总额
Total Retail Sales of Consumer Goods and Total Import and Export

地区	Region	社会消费品零售总额(亿元) Total Retail Sales of Consumer Goods(100 million yuan)		进出口总额(亿美元) Total Import and Export (100 million USD)		出口总额(亿美元) Total Exports (100 million USD)	
		2015	2016	2015	2016	2015	2016
全国	**National Total**	**300930.8**	**332316.3**	**39530.3**	**36855.7**	**22734.7**	**20981.5**
北京	Beijing	10338.0	11005.1	3194.4	2820.3	546.7	518.4
天津	Tianjin	5257.3	5635.8	1142.8	1026.5	511.6	442.9
河北	Hebei	12990.7	14364.7	515.1	466.2	329.3	305.8
山西	Shanxi	6033.7	6480.5	146.8	166.4	84.2	99.3
内蒙古	Inner Mongolia	6107.7	6700.8	127.3	116.2	56.5	43.7
辽宁	Liaoning	12787.2	13414.1	959.5	865.2	507.1	430.7
吉林	Jilin	6651.9	7310.4	188.8	184.4	46.1	42.1
黑龙江	Heilongjiang	7640.2	8402.5	210.1	165.4	80.4	50.4
上海	Shanghai	10131.5	10946.6	4492.4	4338.4	1959.1	1834.7
江苏	Jiangsu	25876.8	28707.1	5455.6	5095.3	3386.4	3192.7
浙江	Zhejiang	19784.7	21970.8	3467.8	3365.0	2763.3	2678.6
安徽	Anhui	8908.0	10000.2	478.4	443.3	322.7	284.4
福建	Fujian	10505.9	11674.5	1688.5	1568.5	1126.8	1036.8
江西	Jiangxi	5925.5	6634.6	424.0	400.8	331.2	298.1
山东	Shandong	27761.4	30645.8	2406.1	2342.1	1439.3	1371.6
河南	Henan	15740.4	17618.4	737.8	711.9	430.6	427.9
湖北	Hubei	14003.2	15649.2	455.5	393.5	292.1	260.2
湖南	Hunan	12024.0	13436.5	293.0	262.5	191.4	176.7
广东	Guangdong	31517.6	34739.1	10225.0	9555.1	6431.7	5988.6
广西	Guangxi	6348.1	7027.3	510.9	478.3	279.3	229.6
海南	Hainan	1325.1	1453.7	139.7	113.3	37.4	21.2
重庆	Chongqing	6424.0	7271.4	744.7	627.7	551.9	406.9
四川	Sichuan	13877.7	15601.9	511.9	493.2	330.9	279.3
贵州	Guizhou	3283.0	3709.0	122.2	56.9	99.5	47.4
云南	Yunnan	5103.2	5722.9	244.9	198.9	166.2	114.8
西藏	Tibet	408.5	459.4	9.1	7.8	5.9	4.7
陕西	**Shaanxi**	**6578.1**	**7367.6**	**305.0**	**299.2**	**147.9**	**158.3**
甘肃	Gansu	2907.2	3184.4	79.5	68.8	58.1	40.9
青海	Qinghai	691.0	767.3	19.3	15.2	16.4	13.7
宁夏	Ningxia	789.6	850.1	37.4	32.7	29.6	25.0
新疆	Xinjiang	2606.0	2825.9	196.7	176.6	175.0	156.1

2016年陕西省统计局大事记

1月4日，由国家统计局教育中心组织的“第三届全国统计从业人员继续教育培训资源大赛”揭晓评比结果，省统计局《企业统计服务系列教材》荣获作品一等奖，《统计业务实用教材》荣获作品三等奖，《房地产制度介绍》荣获作品优秀奖。教育中心在大赛中荣获优秀组织一等奖。

1月7日，按照省委统一部署，省统计局领导班子召开“三严三实”专题民主生活会。会议由局党组书记、局长丁云祥同志主持，省纪委第一纪检监察室主任周明同志、省委组织部经济干部处田华同志到会指导。

1月12日，省统计局召开2015年度目标责任考核测评大会，省委第六考核组在省人大常委会研究室主任周耀生组长的带领下对省统计局进行了年度目标责任考核，局党组书记、局长丁云祥主持会议，全体局领导和副处级以上干部共100余人参加了考核测评大会。

1月19日，2016年度全省统计工作会议在西安召开。时任陕西省委副书记、省长娄勤俭对统计工作作出重要批示。局党组书记、局长丁云祥作了题为《深化改革优化服务为“十三五”良好开局提供有力统计保障》的大会报告。

1月22日，陕西省人民政府新闻办公室举行新闻发布会，省统计局新闻发言人、副局长张晓光发布了2015年全省国民经济运行情况，并回答了记者提问。

1月23日至29日，陕西省十一届政协四次会议、十二届人大四次会议分别召开，省统计局进一步创新“两会”统计咨询服务形式，将编印的统计资料按代表团分别发送至每位代表、委员住处，确保了代表、委员及时掌握最新统计信息。

1月28日，局机关党委举办机关党务知识培训会，局机关党委委员、纪委委员，各支委委员和局机关党员干部50余人参加了培训。

1月29日，省统计局召开中心组学习(扩大)会议，传达学习习近平总书记重要讲话精神、十八届中央纪委六次全会精神和中共中央办公厅相关文件精神。

2月3日，省统计局召开2015年目标责任考核总结大会，局党组书记、局长丁云祥做了工作总结，会议表彰了2015年度目标责任考核优秀单位和个人，以及2015年优秀文明处室。

2月5日，省统计局党组召开会议，组织学习省纪委十二届六次全会精神，并就贯彻落实进行了安排部署。

2月25日，省统计局和省委宣传部联合编印了《陕西文化统计概览—2015》。

2月26日，省委、省政府在省委党校召开全省年度目标责任考核工作总结部署会议，省统计局荣获2015年度目标责任考核优秀单位。

3 月 3 日，在全国两会召开之际，张晓光副局长应邀接受陕西电视台专访，做为嘉宾参与两会重点话题访谈，就“十二五”时期陕西经济发展情况、“十三五”展望和两会热点问题与记者进行了深入交流。

3 月 10 日，陕西省第三次全国农业普查办公室召开全体人员会议，全省第三次农业普查领导小组办公室工作全面铺开。

3 月 15 日，经省政府领导审定，省统计局在《陕西日报》要闻版整版全文刊登《2015 年陕西省国民经济和社会发展统计公报》。

3 月 18 日，省统计局召开目标责任考核动员部署会议，就 2016 年度省统计局目标责任考核工作进行了动员部署，签订了 2016 年目标考核责任书。

3 月 18 日，省统计局召开全省统计系统党风廉政建设暨行风建设工作会议，认真贯彻落实中纪委、省纪委六次全会精神以及中央巡视组对国家统计局巡视反馈意见和整改要求，签订了 2016 年党风廉政建设责任书。

3 月 25 日，省统计局召开全面深化统计改革工作推进会，介绍了 2016 年度全面深化统计改革工作考核体制的新变化，安排布署了统计改革相关工作任务，研究讨论了 2016 年改革任务落实措施。

3 月 25 日，省统计局党组召开专题会议，组织学习全国两会精神，并就贯彻落实进行了安排部署。

3 月 28 日，省扶贫办、省委组织部、省人社厅联合发文就 2015 年全省驻村联户扶贫工作考核发出通报。省统计局荣获 2015 年度驻村联户扶贫工作优秀单位。

3 月 30 日，省统计局制定实施了《陕西省统计局 2016 年依法行政工作要点》，从六个方面对全局依法行政工作进行了安排部署。

3 月 31 日，陕西日报全文刊登了省统计局《2015 年陕西果业发展统计公报》。公报从园林水果生产规模和生产水平、果品主产区生产规模和生产水平等方面详细反映了我省果业发展现状和水平。

4 月 12 日，省统计局召开建立陕西省全面建成小康社会县级统计监测指标体系会议。介绍了全省全面建成小康社会县级统计监测指标体系，同时对全面建成小康社会市级统计监测指标体系变动情况进行了说明。

4 月 14 日，省统计局党组召开会议，传达学习了中央“两学一做”学习教育工作座谈会议精神，学习毛万春同志在全省“两学一做”学习教育工作视频会议上的讲话精神，对省统计局开展“两学一做”学习教育做出安排部署。

4 月 15 日，省统计局召开机关党建工作会议。传达学习中央办公厅主任栗战书同志在中央办公厅机关党建工作会议上的讲话精神，学习省委常委秘书长、省直机关工委书记刘小燕同志在省直机关党建工作会议上的讲话精神，安排部署了 2016 年机关党建工作重点任务。

4 月 16 日，陕西省统计学会与西安欧亚学院、统计之都、北京大学光华管理学院联合承办的“2016 年数据与价值暨第九届中国 R 语言”学术研讨会圆满结束。

4 月 20 日，陕西省人民政府新闻办公室举行新闻发布会，省统计局新闻发言人、副局长张晓光发布了 2016 年一季度全省国民经济运行情况，并回答了记者提问。

4 月 23 日，陕西省第三次全国农业普查综合试点总结表彰大会在咸阳市泾阳县举行。至此，我省第三次全国农业普查综合试点工作圆满完成。

4 月 26 日，省统计局制定了《陕西省统计部门推广随机抽查工作实施方案》，对全系统“双随机”工作进行了安排部署，印发各市（区）实施。

4 月 29 日，省统计局召开“两学一做”学习教育动员部署会议，会议对省统计局“两学一做”学习教育工作做了具体安排，丁云祥局长出席会议并作重要讲话。

5 月 3 日，省统计局联合省发改委、省信息中心开通全省投资项目库查询平台，实现了部门信息共享，确保了投资项目应统尽统、不重不漏。

5 月 10 日，省统计局召开全省统计信息化和信息安全工作会议。传达学习了全国统计信息化和信息安全工作会议精神，总结了上年度全省统计信息化和信息安全工作，安排部署了下个年度全省统计信息化和信息安全工作任务。

5 月 11 日，省统计局制定并印发了《陕西省“三新”专项统计工作方案》，我省“三新”专项统计工作顺利实施。

5 月 11 日，省统计局印发关于全面开展基本单位名录库更新维护节点延伸工作的通知，在全省范围内统一开展统计基本单位名录库更新维护节点向乡镇（街道）延伸工作。

5 月 13 日至 14 日，国家发展改革委副主任兼国家统计局局长、党组书记宁吉喆一行来陕调研统计改革创新工作。

5 月 18 日至 25 日，省统计局在省委党校举办了两期处级以上干部“学习贯彻十八届五中全会精神落实五大发展理念”专题培训班。局领导及处级以上干部近 100 人参加了培训。

5 月 23 日，陕西省统计局正式发布《陕西省 2015 年 1%人口抽样调查主要数据公报》。

5 月 27 日至 28 日，2016 年全国地方统计年鉴编辑工作会议在陕西西安召开。国家统计局中国统计出版社总编辑朱维盛，副总编辑徐辉出席会议。

5 月 29 日，国家统计局局长宁吉喆对我省未央区统计局《规范引领、精细操作，夯实统计基层基础》的工作汇报作出重要批示。

6 月 2 日，省统计局召开全省统计系统主要负责人座谈会。会议围绕落实中省领导重要批示及国家统计局会议精神，全力提高统计数据质量做出全面部署。

6 月 13 日至 17 日，省统计局开展《“两学一做”促发展把脉经济稳增长》实践调研活动。6 个调研组分别由局领导亲自带队，深入全省 11 个市区实地走访各行各业的重点企业 45 家，召开重点企业、部门座谈会 45 次，形成了调研报告和系列分析，于 6 月 22 日以《信息专报》形式呈送省委、省政府主要领导审阅，为省委省政府决策提供了重要参考和依据。

6 月 14 日，我省第三次全国农业普查领导小组第一次会议在西安召开。省农普领导小组组长、副省长冯新柱主持会议并讲话。他强调，要统一思想、立足全局、扩大宣传、通力协作，全力保障农业普查任务的圆满完成。会议研究部署了 2016 年全省三农普下阶段重点工作。

6 月 23 日至 24 日，省统计局举办市县统计局长法治培训示范班。全省各市县及开发区统计局长 140 余人参加了培训。

6 月 28 日，省统计局编印了《追赶超越“十二五”》资料汇编，全面、系统地反映了“十二五”时期陕西经济社会发展取得的伟大成就。

6 月 29 日，省统计局召开上半年全省经济形势分析会。会议深入剖析了今年以来全省经济运行中出现的深层次问题，提出了有针对性的对策建议，并对下半年经济运行趋势进行了分析预判。

7 月 1 日，庆祝中国共产党成立 95 周年大会在北京人民大会堂隆重举行，中共中央总书记、国家主席、中央军委主席习近平出席大会并发表重要讲话。省统计局组织处级领导干部、党员干部及职工通过中央电视台、人民网、新华网等平台收听收看大会直播，并开展了纪念中国共产党成立 95 周年系列活动。

7 月 7 日，省统计局开展 2017 年投入产出调查国家试点工作。

7 月 12 日，省统计局召开党组会议，专题学习习近平总书记在庆祝中国共产党成立 95 周年纪念大会上的重要讲话。

7 月 15 日，省统计局组织优秀党员、优秀党务工作者、各党支部书记、局机关党委委员，赴照金镇陈家坡村开展《走进红色照金，弘扬革命精神》主题党课活动。

7 月 20 日，陕西省人民政府新闻办公室举行新闻发布会，邀请省统计局新闻发言人、副局长张晓光发布了 2016 年上半年全省国民经济运行情况，并回答了记者提问。

7 月 25 日，省统计局组织开展全省民营企业发展情况问卷调查，共调查全省各县区共计 1320 家民营企业。

7 月 26 日，省统计局召开党组会议，专题学习《中国共产党问责条例》，并部署贯彻落实工作。局党组书记、局长丁云祥主持会议，局党组成员参加会议。

7 月 26 日，省统计局领导班子召开“两学一做”学习教育第二专题研讨交流学习会议，围绕“坚定理想信念，增强规矩意识”这一主题，开展了集中研讨交流。

7 月 29 日，省统计局召开中心组扩大会议，传达学习省委十二届九次全会精神，局党组成员、局领导及各处室主要负责人参加了学习。

8 月 5 日，省统计局召开局党组会，通过了《省统计局关于服务省委三项机制实施细则》、《省统计局干部鼓励激励实施细则》、《省统计局工作人员容错纠错实施细则》、《省统计局推进领导干部能上能下实施细则》，全面认真贯彻落实省委“三项机制”。

8月12日，省统计局党组书记、局长丁云祥带领局领导班子一行9人，赴定点帮扶的扶风县杏林镇东坡村开展“践行两学一做推动扶贫帮困”主题活动。

8月13日至14日，省统计局召开“中国应对气候变化统计核算制度与方法”学术研讨会。

8月26日，省委决定，张晓光同志任省统计局党组书记。

9月8日，省政府决定，张晓光同志任省统计局局长。

9月19日，《陕西统计年鉴-2016》编印出版。

9月19日，驻省发改委纪检组组织省发改委、省统计局、省粮食局召开夯实“两个责任”加强反腐倡廉建设座谈会。

9月20日，省统计局在西安市高陵区昭慧广场举办第七届“中国统计开放日”活动。

9月25日，省统计局在西安召开全省统计工作座谈会，学习传达贯彻国家统计局、省委省政府最近一个时期对统计工作的新指示、新要求，总结前三季度工作，安排部署全省统计系统四季度重点工作。

9月26日，由中央网信办主办的“长征路上奔小康”网络媒体“走转改”大型主题采访活动在西安举行，张晓光局长应邀出席采访活动，向与会代表介绍了陕西经济社会发展情况。

9月27日，省统计局党组开展“两学一做”学习教育第三专题学习研讨，就“强化宗旨意识，提升统计服务水平”进行了学习研讨。

9月27日，省政府发文表彰“2016丝绸之路国际博览会暨第二十届中国东西部合作与投资贸易洽谈会”先进单位，省统计局因出色完成大会成果统计及分析工作，荣获“综合服务优秀单位”表彰。

10月4日，省统计局正式出版《陕西省第三次经济普查论文集》。

10月13日，陕西省政府正式发布《陕西省人民政府关于开展第三次全国农业普查的通告》，告知和动员社会各界广泛参与、配合支持农业普查工作。

10月16日，全省1990名考生在10个市，82个考场参加全国统计专业技术资格考试。省统计局顺利完成了考试的组织工作，并向各市考点派出巡视组进行了巡视。

10月17日至19日，国务院督查组来陕督导检查农业普查准备工作。国务院第三次全国农业普查领导小组成员、国土资源部副部长王广华充分肯定我省农业普查准备工作取得的成绩。省农业普查领导小组组长、副省长冯新柱出席督查意见反馈会并讲话。

10月21日，陕西省人民政府新闻办公室举行新闻发布会，邀请省统计局新闻发言人、局长张晓光发布了2016年前三季度全省国民经济运行情况，并回答了记者提问。

10月23日，省统计局首次在《陕西日报》发布《2015年陕西省研发经费投入统计公报》。

11月2日，省统计局召开中心组扩大会议开展党风廉政建设警示教育，省统计局党组书记、局长张晓光强调坚定不移推进全局党风廉政建设，省统计局局领导、副处级以上干部参加了学习。

11月2日，省统计局召开党组中心组学习（扩大）会议，专题学习十八届六中全会精神，并对全局深入学习贯彻落实全会精神进行全面部署。局党组书记、局长张晓光主持会议。

11 月 14 日，省政府决定，任命葛小伟为陕西省统计局副巡视员。

11 月 14 日，省统计局完成 2015 年度陕西统计科学研究课题汇编。

11 月 14 日至 18 日，全国第三届统计从业人员师资大赛在成都落下帷幕。省统计局率领的陕西省代表队以优异成绩荣获集体一等奖。

11 月 21 日，省统计局撰写的《陕西国有文化企业“双效统一”政策落实情况调研报告》上报国家统计局后，以《“双效统一”政策落实较好存在问题亟需重视》为题上报中央并得到中央领导同志批示。

11 月 22 日，省统计局完成《2010 年-2015 年陕西非公有制经济统计资料》编印工作。

11 月 24 日，省统计局领导班子召开了“两学一做”第四专题“发挥党员作用，勇于担当作为”学习研讨会，局党组书记、局长张晓光同志主持会议，全体局领导参加了学习研讨。

11 月 25 日，省统计局制定并印发了《陕西一套表调查单位管理改革方案（试行)》。

12 月 1 日，省统计局圆满完成 2016 年统计地理信息系统建设目标。

12 月 7 日，省统计局印发“五证合一”改革工作实施方案。

12 月 8 日，在《中华人民共和国统计法》颁布 33 周年纪念日，陕西省统计局与国家统计局陕西调查总队联合举办《统计法》颁布 33 周年纪念活动。

12 月 9 日，省统计局召开全省统计行政处罚案卷评查会，会议严格按照统计行政处罚案卷评查标准对抽取的共计 46 份案卷进行了现场交叉评查。

12 月 12 日，陕西省 2015 年全国 1%人口抽样调查课题圆满结题。

12 月 12 日，省统计局完成 2016 年度各市（区）和省直部门工作满意度调查工作，省考核办、省纪委和省统计局三方签收了调查结果。

12 月 13 日，省统计学会完成 2016 年度统计科学研究项目工作，经专家评审验收，共结题项目 27 个。

12 月 13 日，省统计局党组书记、局长张晓光带领办公室、综合处、工业处、投资处负责人，赴局驻村联户帮扶点东坡村调研指导驻村扶贫工作。

12 月 14 日，根据国家统计局的安排部署，省统计局顺利完成 2017 年全国投入产出调查试点省份试点工作。

12 月 20 日，《陕西省志•统计志》印刷出版。

12 月 21 日，省统计局召开局党组中心组学习（扩大）会议，集中学习中央经济工作会议精神及省委省政府传达会议要求，张晓光局长对近期重点工作进行了安排部署和强调。

12 月 23 日，2016 年全省经济形势分析会在西安召开。会议结合当前经济政策，对经济运行中的新情况、新问题、新趋势进行了深刻剖析，同时对 12 月即将上报的数据质量提出具体要求。

12 月 30 日，省统计局召开处以上干部会议，学习传达省委第十二届委员会第十一次全体会议精神，并安排部署贯彻落实措施。

12 月 30 日，省统计局召开局党组（扩大）会议，传达贯彻全国统计工作会议精神。会议由省统计局党组书记、局长张晓光主持。全体局领导及处级以上干部参加会议。

（张述嵩）

2016 年陕西调查总队大事记

1 月 7 日，陕西总队印发《关于 2015 年度优秀调查分析报告评选结果的通报》(陕调办字〔2016〕1 号)，对市县国家调查队及省属社会经济调查队的 46 篇调查分析报告、95 名作者予以通报表彰。

1 月 7 日至 8 日，陕西总队召开陕西国家统计调查系统 2015 年财务决算培训会议。

1 月 8 日，国家统计局发文，免去孙广田同志国家统计局陕西调查总队副巡视员（副厅局级）职务，从 2016 年 1 月起退休。

1 月 14 日–15 日，陕西总队分别召开全省改进小微企业抽样调查试点工作培训会议、全省采购经理调查年报暨联网直报培训会议。

1 月 15 日，陕西总队召开遥感测量试点工作成果验收会，标志着陕西遥感测量试点工作圆满完成。

1 月 18 日，陕西总队印发《关于 2015 年度市、县（区）国家调查队工作综合考核结果的通报》(陕调字〔2016〕4 号)，对 13 个获得优秀等次、13 个获得良好等次的单位予以通报表彰。

1 月 20–21 日，陕西总队召开陕西国家统计调查工作会议，孙法臣作题为《勇于担当 主动作为 奋力开创陕西统计调查事业新局面》的工作报告。

1 月 25 日，陕西总队荣获西安市新城区 2015 年度“交通安全先进单位”称号。

1 月 26 日，陕西总队印发《关于机关网络信息工作考评结果的通报》(陕调办字〔2016〕5 号)，对 6 个先进处室、11 个先进个人进行了通报表彰。

1 月 29 日，省长娄勤俭听取陕西总队专题工作汇报，并对陕西总队工作作出批示：“长期以来，调查总队为陕西经济社会发展提供了大量翔实的统计信息，为省委、省政府科学决策提供了有力支撑。在此，表示慰问和感谢。希望新的一年，按照国家统计局的部署，围绕全省中心工作和重点任务，为陕西发展提供更加有效的统计调查服务”。

1 月 29 日，陕西总队印发《2016 年陕西国家统计调查工作要点》。

2 月 4 日，陕西总队党组书记、总队长孙法臣发表 2016 年新春贺词。

2 月 4 日，陕西总队印发《关于总队机关 2015 年度考核结果的通知》(陕调字〔2016〕7 号)，对优秀处室和优秀公务员以通报表彰。

2 月 4 日，陕西总队印发《关于市县调查队 2015 年度考核结果的通知》(陕调字〔2016〕8 号)，对市县调查队 2015 年度优秀公务员予以通报表彰。

2 月 26 日至 27 日，陕西总队开展 2016 年系统新招录公务员面试工作。

2 月 29 日，陕西总队召开陕西国家统计调查系统党风廉政建设工作会，回顾总结了系统 2015 年党风廉政建设工作，安排部署了 2016 年工作任务。

2 月，省委书记赵正永对陕西总队 2016 年统计课题研究工作计划作出批示，高度肯定调查总队主动服务、积极作为的工作精神，并对统计科研成果和服务新常态经济发展成效寄予厚望。

3 月 2 日，陕西总队和省统计局联合发布《2015 年陕西省国民经济和社会发展统计公报》。

3 月 7 日，陕西总队党组召开落实巡视整改专题民主生活会。

3 月 10 日，陕西总队成立“三农普”农作物面积遥感测量工作领导小组。

3 月 16 日，陕西总队印发《国家统计局陕西调查总队 2016 年省级文明标兵单位创建工作计划》。

3 月 17 日，陕西总队印发《国家统计局陕西调查总队“厚德陕西”实践活动实施方案》。

3 月 18 日，陕西总队印发《关于进一步规范数据对外提供的通知》（陕调办字〔2016〕25 号），进一步加强陕西国家统计调查系统数据对外提供的规范性，维护国家调查数据安全和利益。

3 月 19，陕西总队举办为期 26 天的无人机驾驶员培训班，全系统 23 名同志参加了首批无人机驾驶员培训。

3 月 24 日至 25 日，陕西国家调查队系统法治培训班在安康举行。

3 月 25 日，陕西总队召开法制工作会议，安排部署系统法制重点工作。

3 月 31 日，陕西总队印发《关于调整总队保密工作机构成员的通知》（陕调办字〔2016〕27 号）。

4 月 6 日，陕西总队印发《关于进行党员基本情况摸底排查的通知》（陕调机党字〔2016〕2 号），成立陕西总队党员基本情况摸底排查工作领导小组及办公室，对党员基本情况开展摸底排查。

4 月 8 日，陕西总队印发《关于第二批入选陕西统计调查分析研究人才库人选的通知》（陕调办字〔2016〕30 号），聘请 12 名同志入选陕西统计调查分析研究人才库。

4 月 13 日，陕西总队印发《陕西国家统计调查队系统 2016 年党风廉政建设工作要点》。

4 月 18 日，陕西总队印发《2016 年陕西国家调查队系统统计设计管理工作要点》《2016 年陕西国家调查队系统统计法治工作要点》。

4 月 18 日，陕西总队召开巡察动员培训会议,启动 2016 年第一轮巡察工作。

4 月 18 日-19 日，陕西总队召开系统涉密人员保密审查审核会，对系统涉密人员基本情况进行现场审查。

4 月 22 日,陕西总队党组召开专题会议，贯彻落实国家统计局“两学一做”学习教育动员部署视频会议精神，研究部署陕西国家统计调查系统“两学一做”学习教育。

4 月 22 日-23 日，陕西总队联合省统计局召开全省劳动力调查业务培训会，邀请国家统计局人口司专家授课。

4 月 25 日，陕西总队正式启用国家统计局培训中心建设的在线学习中心平台，将系统在职干部全部纳入该平台。

4 月 25 日，陕西总队印发《中共国家统计局陕西调查总队党组开展“学党章党规、学系列讲话、做合格党员”学习教育实施方案》。

4 月 27 日，陕西总队制定《陕西调查总队 2016 年度保密工作要点》。

4 月 27 日-28 日，陕西总队举办陕西调查队系统养老保险经办工作人员培训会。

4 月 28 日，陕西总队分别在西安、咸阳、汉中、榆林分片召开陕西国家统计调查系统“两学一做”学习教育动员部署会议，学习贯彻国家统计局“两学一做”学习教育动员部署会议精神，学习总队“两学一做”学习教育实施方案，动员部署系统“两学一做”学习教育工作，传达贯彻国家统计局“三新”专项统计工作动员部署视频会议精神。

4 月，按照国家统计局的统一安排部署，陕西总队完成改进小微企业抽样调查试点工作。

5 月 5 至 6 日，陕西总队与西北农林科技大学联合举办统计科研暨统计课题研讨会议,进一步强化“政校”共建。

5 月 6 日,陕西总队印发《关于开展“两学一做”学习教育第一专题具体安排的通知》(陕调机党字〔2016〕4 号)。

5 月 9-10 日，陕西总队召开全省中间消耗调查联网直报程序培训会。

5 月 10 日，陕西总队印发《关于表彰系统优秀青年的通知》(陕调机党字〔2016〕5 号)，对 13 名荣获陕西国家统计调查系统优秀青年称号的同志予以通报表彰。

5 月 11-13 日，陕西总队召开第三次全国农业普查遥感测量工作暨调查业务培训会议，研究部署全省遥感测量工作。

5 月 13-14 日，国家统计局局长、党组书记宁吉喆一行来陕调研统计改革创新工作，省委书记娄勤俭，省长胡和平，省委常委、常务副省长姚引良，副省长王丽霞会见宁吉喆一行。调研期间，宁吉喆局长听取了陕西总队工作汇报。

5 月 16 日，陕西总队成立国家统计局陕西调查总队党建工作领导小组及办公室。

5 月 17 日，省农普办、陕西总队、省农业厅联合印发《关于认真做好我省第三次全国农业普查农作物面积遥感测量工作的通知》(陕农普办字〔2016〕10 号)。

5 月 17 日，陕西总队印发《关于开展保密宣传月活动的通知》(陕调办字〔2016〕47 号)，安排部署 2016 年陕西国家统计调查系统保密宣传月活动。

5 月 17 日，陕西总队印发《2016 年陕西调查系统资产清查工作方案》，成立资产清查工作领导小组及办公室，明确职责分工、各环节重点工作及要求。

5 月 19 日至 20 日，陕西总队在临潼召开党组中心组（扩大）学习会，传达习近平总书记在“两学一做”学习教育工作座谈会上的讲话精神等。

5 月 23 日，陕西总队印发《关于开展系统国有资产清查工作的通知》(陕调字〔2016〕40 号)，安排部署开展国有资产清查工作。

5 月 26 至 27 日，陕西总队召开国家统计调查系统资产清查工作培训会议。

5 月 31 日，陕西总队印发《陕西国家调查队系统统计执法检查随机抽查实施方案》。

6 月 6 日，陕西总队召开学习贯彻中央领导同志关于统计工作重要指示批示精神座谈会。

6 月 7 日，陕西总队印发《关于建立统计执法骨干人才库的通知》（陕调字〔2016〕49 号），75 名同志入选陕西国家调查队统计执法骨干人才库。

6 月 12 日至 18 日，由国家统计局教育培训中心主办，陕西调查总队牵头组织，联合天津、内蒙、宁夏调查总队在浙江大学（玉泉校区），成功举办部分国家调查队系统领导干部能力提升培训班，四省调查队处级领导干部共 100 人参加了培训。

6 月 20 日至 23 日，陕西总队在延安举办系统党支部书记培训班，系统全体党委、党支部书记 60 余人参加培训。

6 月 21 日，陕西总队荣获全省舆情信息工作先进单位。

6 月 24 日，陕西总队印发《陕西调查总队党员积分制管理工作实施方案（试行）》，对党组织关系隶属于总队机关党委的共产党员实施积分制管理。

6 月 28 日至 29 日，陕西总队召开全省部分企业采购经理座谈。

6 月 30 日，陕西总队印发《2016 年国家统计局陕西调查总队政务公开工作要点》。

6 月 30 日至 7 月 25 日，陕西总队召开全省农业普查秋冬播农作物遥感测量数据汇审会议，分市汇审农业普查秋冬播农作物面积遥感测量数据。

7 月 1 日，陕西总队举办“两学一做”学习教育“七一”专题党课活动。

7 月 7 日，陕西总队印发《关于机关优秀统计分析报告评选结果的通报》（陕调字〔2016〕60 号），对评选出的 7 篇优秀课题、16 篇优秀专题、20 篇优秀进度性分析、27 篇优秀经济信息予以通报表彰。

7 月 11 日，陕西总队印发《关于“两学一做”第二专题学习教育具体安排的通知》（陕调机党字〔2016〕9 号）。

7 月 12 日，陕西总队印发《陕西调查总队领导分管市县调查队工作制度》《国家统计局陕西调查总队上挂下派交流任职干部管理规定》《中共国家统计局陕西调查总队党组深入贯彻执行中央八项规定精神的实施办法》。

7 月 21 日至 22 日，陕西总队召开深化“两学一做”推进调查工作年中座谈会，孙法臣作题为《深化学习教育 提升党建水平 推动陕西统计调查事业再上新台阶》的工作报告。

8 月 2 日，陕西总队机关党委印发《关于表彰优秀共产党员、优秀党务工作者和先进党支部的通知》（陕调机党字〔2016〕10 号），对 1 个先进党支部、12 名优秀共产党员、6 名优秀党务工作者予以通报表彰。

8 月 10 日至 11 日，陕西总队在渭南召开陕西国家统计调查系统 2016 年上半年市级队纪检组长履职汇报暨培训会议。

8 月 15 日，国家统计局发文，任命程军虎同志担任国家统计局西安调查队党组书记、队长（副厅长级），保留陕西调查总队党组成员职务。

8 月 18 日，陕西总队举办部分调查队财务基础工作培训班，开展财务赛账。

8 月 19 日，陕西总队印发《陕西国家统计调查系统干部选拔任用纪实工作规程（试行）》。

8 月 26 日，陕西总队印发《关于进一步加强市县调查队主要负责同志外出请假报告工作的通知》(陕调办字〔2016〕70 号)。

8 月 31 日至 9 月 1 日，陕西总队召开陕西国家统计调查系统综合统计工作座谈会暨培训会。

9 月 5 日至 9 日，由国家统计局教育培训中心主办，陕西总队牵头组织，联合河北、内蒙古、河南、甘肃在石河子大学举办第 2 期部分国家调查队系统领导干部能力提升培训班，五省 130 余人次参加了培训。

9 月 6 日，陕西总队印发《关于市县国家调查队统计课题专题立项的通知》(陕调办字〔2016〕72 号)，决定对 21 个市县队的 39 项课题、专题进行立项。

9 月 20 日，陕西总队举办以“农业普查福到农家”为主题的第七届中国统计开放日活动，传播“三农普”知识，展示高科技在“三农普”的应用。

9 月 21 日至 22 日，陕西总队在咸阳举办学习系列讲话、加强业务建设座谈会。

9 月 23 日，国家统计局发文，任命孙卫南同志担任国家统计局陕西调查总队党组成员、副总队长（副厅长级，试用期 1 年）。

10 月 11 日至 13 日，陕西总队召开全省住户调查业务培训会。

10 月 17 日，陕西总队印发《关于设置信息技术应用处的通知》(陕调字〔2016〕78 号)，决定撤销总队办公室信息网络办，设置陕西调查总队信息技术应用处。

10 月 17 日至 18 日，陕西总队召开小微建筑业年报培训暨小微企业专题调查座谈会。

10 月 17 日至 21 日，陕西总队举办 2016 年新招录公务员初任培训班。

10 月 18 日，国家统计局发文，免去王恩斗国家统计局陕西调查总队党组成员、副总队长（副厅长级）职务，从 2016 年 11 月起退休。

10 月 18 日至 19 日，陕西总队召开陕西国家统计调查系统政务工作培训会暨保密工作会议。

10 月 20 日至 21 日，陕西总队召开系统离退休人员养老金调整和在职人员基本工资调整培训会。

10 月 24 日，总队先后召开党组会、全体干部职工大会，传达宁吉喆在统计系统贯彻落实中央深改组会议精神会议上的重要讲话及中央深改组会议精神，研究部署贯彻落实工作。

10 月 24 日至 25 日，陕西总队召开统计巡查培训会，开展第二轮统计巡查工作。

10 月 26 日，陕西总队成立统计违法案件审议委员会。

10 月 26 日，陕西总队印发《关于开展国有企业党风廉政建设民意调查工作的通知》(陕调字〔2016〕81 号)，成立陕西 2016 年国有企业党风廉政建设民意调查工作领导小组。

统计职业道德规范

忠诚统计
乐于奉献
实事求是
不出假数
依法统计
严守秘密
公正透明
服务社会

陕西统计人精神

严谨　求实　卓越　奉献

严谨：是统计人的科学态度。严谨即严肃谨慎、严密周到。体现在统计人在工作中不浮夸、不马虎、不好高骛远、不粗枝大叶，认真求证每一个统计数据和统计指标、仔细核对每一张统计报表、深入分析每一次统计调查，努力提高统计数据质量、维护政府统计公信力。

求实：是统计人的职业素养。“求”是探究、求证；“实”，真也，是反映在统计数据中的真理、规律。求实，是贯穿于统计生产全过程的一种工作理念。

卓越：是统计人的工作标准。卓越，意味着杰出与超越。是社会发展对统计工作提出的要求，也是检验统计工作好坏的标准。

奉献：是统计人的职业要求。奉献就是付出、给予、呈现。展现统计人在平凡的岗位上，将甘于奉献化作对工作的无限热爱，受得清苦、耐得寂寞、吃苦耐劳、无怨无悔。